全注全译四书五经

四书五经

（春秋）孔子等 著

王洋 编著

中国华侨出版社

北京

图书在版编目（CIP）数据

全注全译四书五经／（春秋）孔子等著；王洋编著.—北京：中国华侨出版社，2018.1
ISBN 978-7-5113-6642-9

Ⅰ.①全… Ⅱ.①孔… ②王… Ⅲ.①儒家②四书—注释③四书—译文④五经—注释⑤五经—译文 Ⅳ.①B222.1②Z126.1

中国版本图书馆CIP数据核字（2017）第030085号

全注全译四书五经

著　　者：（春秋）孔子等
编　　著：王　洋
出 版 人：刘凤珍
责任编辑：墨　林
封面设计：异一设计
文字编辑：单团结
美术编辑：宇　枫
经　　销：新华书店
开　　本：650毫米×940毫米　　1/16　　印张：60　　字数：880千字
印　　刷：北京德富泰印务有限公司
版　　次：2018年6月第1版　2018年6月第1次印刷
书　　号：ISBN 978-7-5113-6642-9
定　　价：68.00元

中国华侨出版社　北京市朝阳区静安里26号通成达大厦3层　　邮编：100028
法律顾问：陈鹰律师事务所
发 行 部：（010）88866079　　传　真：（010）88877396
网　　址：www.oveaschin.com
E-mail：oveaschin@sina.com

如发现印装质量问题，影响阅读，请与印刷厂联系调换。

前言

四书五经是"四书"和"五经"的合称，自南宋定名后一直延续至今，影响极为深远。

所谓"四书"，是指《大学》《论语》《孟子》《中庸》；所谓"五经"，是《周易》《尚书》《诗经》《礼记》和《春秋》。

《大学》相传经由孔子的学生曾参整理成文，是孔子讲授"学入德之门"的要籍。主要讲述"修身""齐家""治国""平天下"的重要思想。

《论语》由孔子的弟子及其再传弟子编撰而成，是儒家学派的经典著作之一，集中体现了孔子的政治主张、伦理思想、道德观念及教育原则等。

《孟子》由孟子和他的弟子记录并整理而成儒家经典著作，是孟子言论的汇编，记录了孟子的治国思想、政治观点和政治行动，成书大约在战国中期。

《中庸》相传是"孔门传授心法"的著作，是孔子的孙子子思"笔之子书，以授孟子"的。中庸是儒家的一种主张，意思是"执两用中"。

"四书"一起表达了儒学的基本思想体系，是研治儒学的最重要文献。而与"四书"相比，"五经"则是儒家学子最为重要的五本基础研究书籍。

《周易》被誉为"群经之首，大道之源"，是我国最古老且最深邃的哲学经典。它在内容上特别强调宇宙变化生生不息的性质，提出了"天地之大德曰生""生生之谓易"的主张；又提出通变观念，"穷则变，变则通，通则久"，发挥了"物极必反"的思想，强调"居安思危"的忧患意识；还肯定了变革的重要意义。

《尚书》是我国现存最早的官方史书，是上古历史文件的汇编。该书分为《虞书》《夏书》《商书》和《周书》四个部分，主要记录虞、夏、商、周各代一部分帝王的言行。

《诗经》是我国第一部诗歌总集，收录西周初年至春秋中叶三百余首诗歌，划分为"风""雅""颂"三部分，全面反映了先秦时期社会生活，并开创了我国传统诗歌的现实主义之先河。

《礼记》是一部儒家思想的资料汇编，以礼乐为核心，记载和论述先秦的礼制、礼仪，记述修身做人的准则等，涉及政治、伦理、哲学、美学、教育、宗教、文化等各方面的思想学说。它的思想理论性内容深厚而丰富。

《春秋》是中国现存最早的一部编年体史书，据传是由孔子修订的。记载了从鲁隐公元年（公元前722年）到鲁哀公十四年（公元前481年）的历史，内容包括诸侯国间的聘问、会盟、征伐、婚丧、篡弑等。

四书五经是儒家思想文化的重要核心载体，是中华民族最为宝贵的精神财富。古代上至帝王将相、下至黎民百姓，他们修身、齐家、治国、立德都以四书五经为根本依据。自西汉"独尊儒术"后，这些经典就一直备受推崇。现代人要想真正了解中华传统文化经典，就必须阅读四书五经。

阅读四书五经，通晓古今智慧，既可增智广识，又可修身养性，还可立德励志，成就不一样的人生。然而，"四书五经"对我们多数人来说可能存在着某些阅读障碍，加之篇幅浩繁，影响了普通读者对于这座巨大宝库的开掘。有鉴于此，我们精心选编了"四书五经"中最为人称道的篇章，并进行精准的译白，用通俗而不失文采的现代语言为读者扫除了字、词、句等阅读障碍，使两千年前的经典浅显易解。同时，为帮助读者更为直观地理解和领会古代先贤的思想与精神，本书选取了与正文相契合的精美插图，原汁原味地再现了当时历史背景、社会生活和人物的情感、精神风貌，诠释圣贤的思想和言论。对于文章中难以理解的部分，更做了详细图解，让读者一目了然。

本书全新设计，图文配合，与经典古籍相得益彰，集阅读价值、收藏价值于一体，是国学爱好者的理想读本，适合广大读者收藏，且可以装饰书架，增添书房藏书的文化品味，对弘扬国粹和提高读者的国学素养大有裨益。

目 录

第一卷　大学

大学 …………………………………… 5

第二卷　中庸

中庸 …………………………………… 29

第三卷　论语

学而篇第一 …………………………… 75
为政篇第二 …………………………… 83
八佾篇第三 …………………………… 94
里仁篇第四 ………………………… 106
公冶长篇第五 ……………………… 115
雍也篇第六 ………………………… 128
述而篇第七 ………………………… 141
泰伯篇第八 ………………………… 156
子罕篇第九 ………………………… 165
乡党篇第十 ………………………… 178

先进篇第十一 ……………………… 188
颜渊篇第十二 ……………………… 201
子路篇第十三 ……………………… 212
宪问篇第十四 ……………………… 225
卫灵公篇第十五 …………………… 244
季氏篇第十六 ……………………… 258
阳货篇第十七 ……………………… 265
微子篇第十八 ……………………… 277
子张篇第十九 ……………………… 283
尧曰篇第二十 ……………………… 293

第四卷　孟子

梁惠王章句上 ……………………… 300
梁惠王章句下 ……………………… 309
公孙丑章句上 ……………………… 317
公孙丑章句下 ……………………… 327
滕文公章句上 ……………………… 333
滕文公章句下 ……………………… 338
离娄章句上 ………………………… 343

离娄章句下	350	国风·鄘风	419
万章章句上	352	柏舟	419
万章章句下	358	君子偕老	422
告子章句上	362	桑中	424
告子章句下	367	相鼠	427
尽心章句上	371	载驰	428
尽心章句下	375	国风·卫风	431
		硕人	431

第五卷 诗经

		氓	434
		河广	437
国风·周南	387	木瓜	439
关雎	387	国风·王风	441
卷耳	389	黍离	441
桃夭	391	君子于役	444
汉广	393	扬之水	446
国风·召南	396	采葛	448
鹊巢	396	国风·郑风	450
草虫	398	缁衣	450
采蘋	400	叔于田	452
甘棠	402	风雨	453
国风·邶风	404	子衿	455
柏舟	404	国风·齐风	457
绿衣	406	东方未明	457
燕燕	408	甫田	460
击鼓	410	国风·魏风	462
式微	413	园有桃	462
静女	415	伐檀	464
新台	416	硕鼠	467
二子乘舟	418	国风·唐风	469

绸　缪	469
有秋之杜	472
国风·秦风	**474**
蒹　葭	474
无　衣	476
国风·陈风	**478**
衡　门	478
月　出	480
国风·桧风	**483**
匪　风	483
国风·曹风	**485**
蜉　蝣	485
国风·豳风	**487**
七　月	487
小　雅	**491**
鹿　鸣	491
常　棣	493
采　薇	496
鸿　雁	499
鹤　鸣	500
斯　干	502
宾之初筵	505
采　绿	508
何草不黄	510
大　雅	**512**
文　王	512
思　齐	515
板	517
荡	520

桑　柔	523
云　汉	527
崧　高	530
烝　民	532
韩　奕	534
江　汉	538
常　武	540
颂·周颂	**542**
维天之命	542
烈　文	544
昊天有成命	545
颂·鲁颂	**547**
駉	547
有　駜	549
颂·商颂	**551**
玄　鸟	551

第六卷　尚书

虞　书	**558**
尧　典	558
舜　典	563
益　稷	570
夏　书	**575**
禹　贡	575
甘　誓	587
商　书	**588**
汤　誓	588
伊　训	589

周　书……………………592
　牧　誓……………………592
　酒　诰……………………594
　秦　誓……………………598

第七卷　易经

上　经……………………618
　乾卦第一…………………618
　坤卦第二…………………624
　屯卦第三…………………628
　蒙卦第四…………………630
　需卦第五…………………632
　讼卦第六…………………634
　师卦第七…………………636
　比卦第八…………………638
　小畜卦第九………………640
　履卦第十…………………642
　泰卦第十一………………644
　否卦第十二………………646
　同人卦第十三……………648
　大有卦第十四……………650
　谦卦第十五………………652
　豫卦第十六………………654
　随卦第十七………………656
　蛊卦第十八………………658
　临卦第十九………………660
　观卦第二十………………662
　噬嗑卦第二十一…………664

　贲卦第二十二……………666
　剥卦第二十三……………668
　复卦第二十四……………670
　无妄卦第二十五…………672
　大畜卦第二十六…………674
　颐卦第二十七……………676
　大过卦第二十八…………678
　坎卦第二十九……………680
　离卦第三十………………682

下　经……………………684
　咸卦第三十一……………684
　恒卦第三十二……………686
　遁卦第三十三……………688
　大壮卦第三十四…………690
　晋卦第三十五……………692
　明夷卦第三十六…………694
　家人卦第三十七…………696
　睽卦第三十八……………698
　蹇卦第三十九……………700
　解卦第四十………………702
　损卦第四十一……………704
　益卦第四十二……………706
　夬卦第四十三……………708
　姤卦第四十四……………710
　萃卦第四十五……………712
　升卦第四十六……………714
　困卦第四十七……………716
　井卦第四十八……………718
　革卦第四十九……………720

鼎卦第五十··············	722
震卦第五十一············	724
艮卦第五十二············	727
渐卦第五十三············	729
归妹卦第五十四··········	731
丰卦第五十五············	733
旅卦第五十六············	735
巽卦第五十七············	737
兑卦第五十八············	739
涣卦第五十九············	741
节卦第六十··············	743
中孚卦第六十一··········	744
小过卦第六十二··········	746
既济卦第六十三··········	749
未济卦第六十四··········	751
系辞传··················	**753**
系辞上传··············	753
系辞下传··············	768

第八卷　春秋

隐　公················	**791**
元　年··············	791
二　年··············	792
三　年··············	793
四　年··············	794
五　年··············	794
七　年··············	795
桓　公················	**796**
元　年··············	796
二　年··············	797
三　年··············	797
四　年··············	798
五　年··············	799
六　年··············	799
十二年··············	800
庄　公················	**801**
元　年··············	801
二　年··············	802
四　年··············	803
五　年··············	803
九　年··············	804
十一年··············	805
十五年··············	805
十九年··············	806
二十三年············	807
三十一年············	807
僖　公················	**808**
元　年··············	808
五　年··············	809
十五年··············	810
二十三年············	811
二十六年············	811
三十一年············	812
三十三年············	813
文　公················	**814**
元　年··············	814
二　年··············	814

三　年	815	十五年	835
五　年	816	十六年	836
六　年	817	十七年	837
九　年	817	**襄　公**	**838**
十　年	818	元　年	838
十二年	819	二　年	839
十四年	820	五　年	840
十五年	820	八　年	840
十六年	821	九　年	841
十七年	822	十一年	842
宣　公	**822**	十四年	843
元　年	822	十六年	844
四　年	824	十九年	844
五　年	824	二十二年	845
九　年	825	二十九年	846
十　年	826	**昭　公**	**847**
十二年	826	元　年	847
十五年	827	六　年	848
十七年	828	七　年	848
十八年	828	十一年	849
成　公	**829**	十二年	850
元　年	829	十五年	850
三　年	830	二十二年	851
四　年	831	二十四年	852
五　年	831	二十九年	853
六　年	832	三十二年	853
八　年	833	**定　公**	**854**
九　年	833	元　年	854
十四年	834	二　年	855

六　年…………………… 856
十　年…………………… 856
十四年…………………… 857
十五年…………………… 858
哀　公…………………… 859
元　年…………………… 859
二　年…………………… 860
六　年…………………… 861
十　年…………………… 862
十二年…………………… 862
十三年…………………… 863
十四年…………………… 864

第九卷　礼记

曲礼上第一…………………… 872
曲礼下第二…………………… 905
学记第十八…………………… 922
冠义第四十三………………… 931
昏义第四十四………………… 933
燕义第四十七………………… 938
聘义第四十八………………… 941

四书的来源

《大学》《论语》《孟子》和《中庸》这"四书"一起表达了儒学的基本思想体系，是研究儒学的最重要文献。

《大学》原是《礼记》中第四十二篇，相传经由孔子的学生曾参整理成文，是孔子讲授"初学入德之门"的要籍。主要讲述"修身""齐家""治国""平天下"的重要思想。

《中庸》原是《礼记》中第三十一篇，相传是"孔门传授心法"的著作，是孔子的孙子子思"笔之子书，以授孟子"的。中庸是儒家的一种主张，意思是"执两用中"。"中"即是在两个极端中间找到最适合的那一个，而不是中间的那一个。

《论语》由孔子的弟子及其再传弟子编撰而成，它是儒家学派的经典著作之一，集中体现了孔子的政治主张、伦理思想、道德观念及教育原则等。汉有《鲁论》《齐论》《古论》，今本以《鲁论》为主。

《孟子》由孟子和他的弟子记录并整理而成，它是战国时期孟子言论的汇编，记录了战国时期思想家孟子"仁政"的治国思想和"民本"的政治策略，同时它从性善论的角度出发，提出了"兼爱""非攻""尚贤"的德治主张和用人原则。

五经的来源

"五经"是儒家学子最为重要的五本基础研究书籍。

先秦时孔门教材是"六经":《诗》(《诗经》),《书》(《尚书》),《易》(《周易》),《礼》("三礼"),《乐》(《乐经》),《春秋》。至汉代,《乐经》失传,成"五经",即《诗经》《书经》《易经》《礼经》《春秋》。所谓的《礼经》,原本是以《仪礼》一书为经,后来《礼记》的地位提高,后人遂将立于学官的《周礼》一并合称为"三礼",即《仪礼》《礼记》《周礼》。

经的意义和范围

"经"是纺织的时候织物组织中纵向的线,(横线叫作纬线)有经纬才能构成一个织物（《说文解字》解释"经"："织纵丝也"）。由于"经"是构成织物的最基本的线，我们的先人就把那些构成我们文化的最基本、最重要的书称为"经"了。

中国最基本的经典，也就是经书，是"六经"，也称为"六艺"。最早提出"六经"之说的是庄子，他说："《诗》以道志，《书》以道事，《礼》以道行，《乐》以道和，《易》以道阴阳，《春秋》以道名分。"（《庄子·天下》）。

庄子像

第二位是司马迁，他引用了孔子的话说："六艺于治一也。礼以节人，乐以发和，书以道事，诗以达意，易以神化，春秋以道义。"（《史记·滑稽列传》）。

司马迁像

"六经"的次序

有两种不同的排列法：一、《易》《书》《诗》《礼》《乐》《春秋》；二、《诗》《书》《礼》《乐》《易》《春秋》。第一种排列法是依著作的时代先后为序的，认为"六经"是周公的旧典。第二种排列法是依著作本身影响程度的深浅为序的，认为"六经"是孔子所作。这中间也反映了今文家和古文家对于经学见解的不同，这里我们就不讨论了。

需要说明的是人们始终没有见到《乐经》这部书

六经

历代所说的六经实际上只有五经，即《诗》《书》《易》《礼》《春秋》。

从汉以后，又有过"七经"之说、"九经"之说、"十经"和"十二经"之说，到宋代就已经有了"十三经"之说。南宋光宗绍熙年间已有《十三经注疏》的合刊本，成为经部的一部丛书。其内容是：

1.五经：《诗》《书》《易》《礼》《春秋》。《汉书·武帝纪》记载说武帝置五经博士。又东汉灵帝熹平四年（175年），诏诸儒正定五经，刊之石碑，树之太学，蔡邕著名的隶书《熹平石经》即是指此。

2.六经：《诗》《书》《礼》《乐》《易》《春秋》（《庄子·天运》）。

3.七经：其说有五，最早者为《后汉书·张纯传》李贤注，指《诗》《书》《礼》《乐》《易》《春秋》《论语》。

4.九经：其说有六，最早者为唐所立学官，以《易》《诗》《书》"三礼""三传"为九经。唐玄宗开元八年，国子司业李元瓘奏定以九经取士。

5.十三经：南宋时于十二经之外，又加《孟子》，合刻《十三经注疏》。

第一卷

大学

| 大 学 | 《大学》虽然只有2000多字，但却讲了齐家、治国、平天下的大道理。孙中山先生称之为中国最有系统的政治哲学。|

《大学》

| 作者 曾参 | 时代 春秋末年 | 内容 初学入德之门 |

曾子，姓曾，名参，字子舆。他出身于没落的贵族家庭，性格相当豪放。他勤奋好学，是儒学的积极推广者，是孔子之后具有承上启下作用的重要人物。

西戎、犬戎与申侯伐周，杀周幽王于骊山，镐京大乱，周平王东迁洛邑。周室衰微，诸侯兼并相篡弑，诸侯领地动辄百里，王畿仅数里。礼崩乐坏，时局动荡，战祸不息，历时数百年。

朱熹自《礼记》中取出《大学》一篇，分经一章，传十章，并且做了注。

曾子的学生把老师阐释的"大学之道"记录下来，编成书本。但在当时，这本书没有得到应有的重视，学者们只把它收在《礼记》中。一直到了唐朝，《大学》才受到了大儒韩愈的推崇。至宋代，朱熹还把它定为"四书"的第一部书，并特意为《大学》作章句集注。

曾子得到了孔子的真传。

"三纲八目"是"大学之道"的核心。"三纲"指的是明德、亲民、至善；"八目"是格物、致知、诚意、正心、修身、齐家、治国、平天下。实际上，儒家学说都是围绕"大学之道"展开的，若是懂得了它，就好比得到了一把打开儒学大门的金钥匙，到时就可以登堂入室，领略儒学经典中蕴藏的全部精义了。

孔子之后，曾子将儒学继续发扬光大。

曾参认为，早在夏商周时代，就已经开始强调品德之事了，他还引用《尚书》中的《康诰》《太甲》《帝尧》来论证：《康诰》篇上说：能够光大美好的品德。《太甲》篇上说：上天赋予的光明禀性是应该经常被注视的。《帝尧》篇上说：伟大美德能够得以弘扬。这些都是在说光明正大的美德应该得到发扬。

格物致知是"大学之道"的第一个阶梯，是要我们研究了解每一种事物，这样的话心中的知识才有可能推究到极点。人的心灵最为敏锐，能够认识各种事物；而天下的各种事物，都有一定的道理可寻。只要对这些道理深入研究，就能让知识充实。

看得出，《大学》一书的形成和成熟，不但有孔子的智慧，也有曾子的智慧，甚至朱熹的智慧也渗透其间。因此，也可以说《大学》是中国知识分子集体智慧的结晶。

三纲领

"大学之道,在明明德,在亲民,在止于至善",这就是《大学》的第一句话,它讲的正是儒家学者的终极理想。儒家认为成人学习的根本有三点:

明明德

首先是要"明明德",就是要把原本人自身所具备的善良通明的品德展现出来。虽然每个人都有这样的品德,但不是每个人都能将它们展现出来。所以儒家首先要倡导彰显自身的光明的德行,以光明整个社会。

亲民

其次是要"亲民",就是要鼓励天下人革除自己身上的旧习,这样才可以创造一个和谐的社会环境。

止于至善

最后是要"止于至善",就是让人民达到善的最高境界。

儒家心目中有一个理想的大同世界，在这个世界里，人们单纯善良，不欺互助，和谐无间。而要实现这样的大同，无疑需要每个人的努力。"明明德""亲民""止于至善"，统称为《大学》的三纲目，是儒家教育希望每个儒者应该具备的人生终极目的。

八条目

格物

就是要求人们亲历其事，亲操其物，即物穷理，增长见识。在读书中求知，在实践中求知，而后明辨事物，穷尽事物之理。

致知

就是从推格事物之理中，求为真知。所谓知，指道德意识，知既至，则能明是非、善恶之辨，闻见所及，胸中了然。物格而后知至。

诚意

诚意，就是要意念诚实。好善之意发于心之自然，非有所矫饰，自然能做到不欺人，亦不自欺，要在"慎独"上下功夫，严格要求自己，修养德性。

 正心 正心，就是要除去各种不安的情绪，不为物欲左右，保持心灵的安静。心得其正，则公正诚明，无所偏倚。故意诚而后心正。

 修身 修身，就是要不断提高自己的品德修养。只有自身的品德端正，修养深厚，无偏见，无邪念，才能为人民所拥护。

 齐家 齐家，就是要整治好自己的家庭，只有教育好自己的家庭成员，才能教化人民。

 治国 治国，就是要为政以德，实行德治，施仁政于国中。君主要像保护赤子那样保护人民，以至善之德教化人民，使人民除旧布新。

 平天下 平天下，就是要布仁政于天下，使天下太平。平天下最重要的是要求君主具有"絜矩之道"，即以度己之心度人的崇高品质，作为人民的榜样。

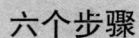

六个步骤

知止是知道目的和标准。人生要有方向,事业要有目标,做人要有本分。事物之优劣,人事之是非都有标准,所以无论治国、齐家、修身都要知道目的和标准是什么。

目的既明,方向明确,则心志便能确定不移了。人生最怕没有方向,心志飘移,蹉跎岁月,一事无成。

心志确定下来,知道为了什么而活着,向着哪个方向去努力,就会平心静气了。浮躁归于宁静,宁静方能致远。

"安"是随处而安稳。朱子释"安"字为"安,谓随处而安"。《管子·内业》曰:"圣人与时变而不化,从物而不移,能正能静,然后能定。"

虑　"虑"是思考精审。朱子《大学章句》释"虑"字为"虑，谓处事精详"。凡事需周密考虑再行动，方能最大限度地避免各种偏颇与失误。

得　"得"有完成、达成的意思。朱子《大学章句》释"得"字为"得，谓得其所止"，就是最终达到当初所设定的目的和标准。

伟大的孙中山先生说："我们今天要恢复民族精神，不但是要唤醒固有的道德，就是固有的知识也应该唤醒他。中国有什么固有的知识呢？就人生对于国家的观念，中国古时有很好的政治哲学。我们以为欧美的国家，近来很进步，但是说到他们的新文化，还不如我们政治哲学的完全。中国有一段最有系统的政治哲学，在外国的大政治家还没有见到，还没有说到那样清楚的，就是大学中所说的'格物、致知、诚意、正心、修身、齐家、治国、平天下'那一段话。把一个人从内发扬到外，由一个人的内部做起，推到平天下止。像这样精微开展的理论，无论外国什么政治哲学家都没有见到，都没有说出，这就是我们政治哲学的知识中独有的宝贝，是应该要保存的。这种正心、诚意、修身、齐家的道理，本属于道德的范围，今天要把他放在知识范围内来讲，才是适当。我们祖宗对于这些道德上的功夫，从前虽然是做过了的，但是自失了民族精神之后，这些知识的精神，当然也失去了。所以普通人读书，虽然常用那一段话做口头禅，但是多是习而不察，不求甚解，莫明其妙的。"

【原文】

大学之道①，在明明德②，在亲民③，在止于至善④。

知止而后有定⑤，定而后能静，静而后能安，安而后能虑，虑而后能得⑥。

物有本末⑦，事有终始。知所先后，则近道矣。

古之欲明明德于天下者先治其国。

古之欲明明德于天下者，先治其国；欲治其国者，先齐其家；欲齐其家者，先修其身；欲修其身者，先正其心；欲正其心者，先诚其意；欲诚其意者，先致其知；致知在格物⑧。

物格而后知至，知至而后意诚，意诚而后心正，心正而后身修，身修而后家齐，家齐而后国治，国治而后天下平。

自天子以至于庶人，壹是皆以修身为本⑨。

其本乱⑩，而未治者，否矣。其所厚者薄，而其所薄者厚，未之有也。

【注解】

①道：指一定的人生观、世界观、政治主张和思想体系。②明明德：前一个"明"为动词，使……明显。明德，就是美德，光明的德行。③亲民：亲，当作"新"，动词，使……革旧更新。民，天下的人。④止：达到。至善：指善的最高境界。至，极。⑤止：所到达的地方，作用名词，指上文所说的"止于至善"。⑥得：获得。⑦本：树的根本。末：树梢。⑧致知：致，达到，求得。知，知识。格物：推究事物的原理。⑨壹是：一切。⑩乱：紊乱。这里指破坏的意思。

【译文】

大学的主旨,在于使人们的美德得以显明,在于鼓励天下的人革除自己身上的旧习,在于使人们达到善的最高境界。

知道所应达到的境界是"至善",而后才能有确定的志向,有了确定的志向,而后才能心静不乱,心静不乱而后才能安稳泰然,安稳泰然而后才能行事思虑精详,行事思虑精详而后才能达到善的最高境界。

世上万物都有本有末,万事都有了结和开始,明确了它们的先后秩序,那么就与道接近了。

自古以来,想要使美德显明于天下的人,首先要治理好他的国家;想要治理好自己国家的人,首先要整治好他的家庭;想要整治好自己家庭的人,首先要努力提高自身的品德修养;想要提高自身品德修养的人,首先要使他心正不邪;想要心正不邪,首先要他自己意念诚实;想要意念诚实,首先要获得一定的知识;而获得知识的方法就在于穷究事物的原理。

只有将事物的原理一一推究到极处,而后才能彻底地了解事物,只有彻底地了解事物,而后才能意念诚实,只有意念诚实,而后才能心正不邪,只有心正不邪,而后才能提高自身的品德修养,只有提高了自身的品德修养,而后才能整治家庭,只有整治好家庭,而后才能治理好国家,只有治理好国家,而后才能使天下太平。

从天子到老百姓,都要以提高自身品德修养作为根本。

自身的品德修养这个根本被破坏了,却要家齐、国治、天下平,那是不可能的。正如我所厚待的人反而疏远我,我所疏远的人反而厚待我,这样的事情是没有的。

【原文】

《康诰》曰①:"克明德②。"

《太甲》曰③:"顾諟天之明命④。"

《帝典》曰⑤:"克明峻德⑥。"皆自明也。

【注解】

①《康浩》：是《尚书·周书》中的篇名。周公在平定三监（管叔、蔡叔、霍叔）武庚所发动的叛乱后，便封康叔于殷地。这个诰就是康叔上任之前，周公对他所作的训辞。②克：能够。明：崇尚。③《太甲》：是《尚书·商书》中的篇名。④顾諟天之明命：这是伊尹告太甲的话。顾，回顾，这里指想念。諟（shì），是，此。明命，即明德，古人认为是天所赋予的，故称为明命。⑤《帝典》：即《尧典》，《尚书·虞书》中的篇名，主要记述尧、舜二帝的事迹。⑥峻：大。

【译文】

《康诰》中说："能够崇尚美德。"

《太甲》中说："经常想念上天赋予的美德。"

《尧典》中说："使大德能够显明。"这些都是说要使自己的美德得以发扬。

【原文】

汤之盘铭曰①："苟日新②，日日新，又日新。"

《康诰》曰："作新民。"

《诗》曰③："周虽旧邦④，其命维新⑤。"

是故，君子无所不用其极⑥。

【注解】

①汤：即商汤，商朝的建立者。盘：青铜制的盥洗器具。铭：是镂刻在器皿上用以称颂功德或申鉴戒的文字，后来成为一种文体。②苟：假如，如果。③《诗》：指《诗经》。是我国第一部诗歌总集。这里所引的两句诗，出自《诗经·大雅·文王》，这是一首歌颂周文王的诗。④周：指周国。邦：古代诸侯封国之称。⑤命：天命。⑥君子：这里指统治者。极：尽头，顶点。

【译文】

商汤在盘器上镂刻警辞说:"如果能在一天内洗净身上的污垢,那么就应当天天清洗,每日不间断。"

《康诰》中说:"振作商的遗民,使他们悔过自新。"

《诗经》中说:"周国虽是一个旧的诸侯国,但由于周文王初守天命除旧布新,所以它的生命力还是旺盛的。"

所以,那些执政者在新民方面,没有一处不用尽心力,力求达到善的最高境界。

【原文】

《诗》云:"邦畿千里①,维民所止②。"

《诗》云:"缗蛮黄鸟③,止于丘隅④。"子曰:"于止,知其所止,可以人而不如鸟乎⑤?"

《诗》云:"穆穆文王,于缉熙敬止⑥。"为人君,止于仁;为人臣,止于敬;为人子,止于孝;为人父,止于慈;与国人交,止于信。

《诗》云:"瞻彼淇澳⑦,菉竹猗猗⑧。有斐君子⑨,如切如磋⑩,如琢如磨⑪。瑟兮僩兮⑫,赫兮咺兮⑬。有斐君子,终不可谖兮⑭!""如切如磋"者,道学也;"如琢如磨"者,自修也;"瑟兮僩兮"者,恂慄⑮也;"赫兮喧兮"者,威仪也;"有斐君子,终不可谖兮"者,道盛德至善,民之不能忘也。

《诗》云:"于戏⑯!前王不忘。"君子贤其贤而亲其亲,小人乐其乐而利其利,此以没世不忘也⑰。

【注解】

①邦畿(jī),古代指直属于天子的疆域。即京都附郭地区,以后多指京城管辖地区。千里:方圆千里。②维:犹"为"。止,居住。③缗(mín)蛮:鸟鸣声。缗。原诗为"绵"字。黄鸟:即麻雀。④止:栖息。丘:多树的土山。隅:原诗为"呵(ē)"字,即较大的丘陵。这

邦畿千里,维民所止。

两句诗引自《诗经·小雅·绵蛮》篇。⑤"子曰"一句:孔子这段话的意思是,鸟都知道在应该栖息的地方栖息,那么人更应当努力达到善的最高境界。⑥于:同"於",乌的古字,叹词。缉熙:光明的样子。止:语气词。这两句诗引自《诗经·大雅·文王》篇。⑦淇:淇水,在今河南省北部。澳(yù):水弯曲的地方。⑧猗猗:优美茂盛的样子。⑨斐:有文采的样子。君子:指卫武公。⑩如切如磋:切,用刀切断。磋,用锉锉平。指治学应如切锉骨器那样严谨。⑪如琢如磨:琢,用刀雕刻。磨,用沙磨光。指修身应如琢磨玉器那样精细。⑫瑟:庄重。僩(xiàn):威严。⑬赫:光明。咺(xuān):有威仪貌。⑭谊:忘记。⑮恂:惶恐。慄:恐惧。恂慄,即谦恭谨慎的样子。⑯于戏:音义同"呜呼",叹词,相当于现代汉语的"哎呀"。⑰没世:终身,一辈子。

【译文】

《诗经》中说:"方圆千里的京都,那里都为许多百姓所居住。"

《诗经》中说:"缗蛮叫着的黄鸟,栖息在山丘多树的地方。"孔子说:"黄鸟在栖息的时候,都知道栖息在它所应当栖息的处所,难道人反而不如鸟吗?"

《诗经》中说:"端庄美好的周文王啊,为人光明磊落,做事始终庄重谨慎。"做君主的要尽力施行仁政,做臣子的要尽力恭敬君主,做儿女的就要尽力孝顺父母;做父亲的就要尽力做到对儿女慈爱,与他人交往,要尽力做到诚实守信。

《诗经》中说:"看那淇水弯曲的岸边,绿竹优美茂盛。那富有文采的卫武公,研究学问如切磋骨器,修炼自身如琢磨美玉,认真精细。他的仪表庄重威严,他的品德光明显赫。这样的一位文采斐然的卫武公,真是令人难忘啊！""如切如磋"，是说他研求学问的工夫；"如琢如磨"，是说他省察克治的工夫；"瑟兮僴兮"是说他戒慎恐惧的态度；"赫兮喧兮"，是说他令人敬畏的仪表；"有斐君子，终不可諠兮"，是说他盛大德性臻于至善的地步，人民所以不能忘记他啊。

诗经上说："呜呼！前代贤王的德行我们不能忘记啊！"后世的贤人和君主，仰赖前代贤王的教化，尊敬他们所尊敬的贤人，亲近他们所亲近亲人；后世的人民，也仰赖前代贤王的教化，享受他们赐予的安乐和福利。所以在他们没世以后永久也不忘记啊！

【原文】

子曰："听讼，吾犹人也，必也使无讼乎①！"无情者不得尽其辞②。大畏民志③，此谓知本。

听讼，吾犹人也，必也使无讼。

【注解】

①"子曰"一句：引自《论语·颜渊》。听：处理，判断。讼：诉讼，争讼。②无情：情况不真实。辞：此处指虚诞之辩。③畏：作动词，让……敬服。意谓在上者之明德既明，自然能使人民的心志为之畏服。

【译文】

孔子说："听诉讼审理案子，我也和别人一样，最要紧的，在于使诉讼不再发生。"使隐瞒真实情况的人不敢陈说虚诞的言辞来控告别人，自然没有争讼。让人民敬服圣德，没有争讼，这才叫知道根本。

【原文】

此谓知本①。此谓知之至也②。

【注解】

①此谓知本：这一句和上一章的末句相同，程子以为是"衍文"，就是多余的一句，应该删去。②此谓知之至也：朱子以为这一句的上面有阙文，这是阙文结尾的一句。

【译文】

这才叫知道听讼的根本。这才叫了解得彻底。

【原文】

所谓诚其意者，毋自欺也①。如恶恶臭②，如好好色③，此之谓自谦④。故君子必慎其独也⑤。

小人闲居为不善⑥，无所不至。见君子而后厌然⑦，揜其不善⑧，而著其善⑨。人之视己，如见其肺肝然，则何益矣！此谓诚于中，形于外。故君子必慎其独也。

曾子曰："十目所视，十手所指，其严乎⑩！"

富润屋，德润身⑪，心广体胖⑫，故君子必诚其意。

【注解】

①自欺：自己欺骗自己。②恶（wù）恶（è）：前一个"恶"字，动词，憎也。后一个"恶"字，形容词，不善也。③好（hào）好（hǎo）：前一个"好"字，动词，爱也。后一个"好"字，形容词，美也。④谦：同"慊（qiè）"，快也，足也。⑤独：独处也。⑥闲居：即独处。⑦厌然：闭藏貌。就是藏藏躲躲见不得人的样子。⑧揜：覆蔽也，就是遮掩的意思。⑨著：显明。⑩其严乎：严，敬畏也。其严乎，是说敬畏之甚也。⑪润身：谓润益其身，荣泽见於外也。可引伸为修养身心之意。润，益也，泽也。⑫心广体胖（pán）：广，宽大之意。胖，舒坦。

【译文】

　　经文中所说"诚其意"的意思，是说不要自己欺骗自己。要使厌恶不好的事物如同厌恶腐坏的气味一样，喜爱善良如同喜爱美色一样，这就是求得满足，没有丝毫矫饰的意思。所以君子致力于自修，特别慎重在一个人独处，所行所为没有别人知道的时候。

　　小人在他一个人独处的时候做坏事，无所不为，见到君子便藏藏躲躲地掩盖他的坏处，彰显他的善良。可是别人看来，看到他的坏处如同看见他的肺腑一样清清楚楚，这样掩饰，又有什么益处呢？这就是说，一个人内心的真实，一定会表现于外的。所以君子致力于自修，特别慎重在一个人独处，所行所为没有别人知道的时候。

　　曾子说："在一个人独处的时候，就像有十只眼睛在注视着自己，十只手在指着自己，这是多么严峻而可畏啊！"

　　财富可以修饰房屋，道德可以修饰人身，使心胸宽广而身体舒泰安康。所以，品德高尚的人一定要使自己的意念真诚。

【原文】

　　所谓修身，在正其心者。身有所忿懥①，则不得其正；有所恐惧，则不得其正；有所好乐，则不得其正；有所忧患，则不得其正。

　　心不在焉，视而不见，听而不闻，食而不知其味。

　　此谓修身，在正其心。

【注解】

　　①身：程颐认为应为"心"。忿懥（zhì）：愤怒。

【译文】

　　经文中所说"修身在正其心"的意思，是说心里有了忿怒，于是心就不得端正；有了恐惧，于是心就不得端正；有了贪图，于是心就不得端正；有了愁虑，于是心就不得端正。

如果心不专注，心中有了忿怒、恐惧、贪图、愁虑而不知检察，为它们所支配。那么，眼睛看着东西却像没有看到，耳朵听着声音却像没有听到，口里吃着东西也不知道是什么滋味了。

所以说修身在于端正自己的心。

【原文】

所谓齐其家，在修其身者。人之其所亲爱而辟焉①，之其所贱恶而辟焉，之其所畏敬而辟焉，之其所哀矜而辟焉②，之其所敖惰而辟焉③。故好而知其恶，恶而知其美者，天下鲜矣！

故谚有之曰："人莫知其子之恶，莫知其苗之硕④。"

此谓身不修，不可以齐其家。

【注解】

①之：同"于"，对于。辟：偏向。②哀矜：同情，怜悯。《诗经·小雅·鸿雁》："爰及矜人，哀此鳏寡。"③敖：倨慢。惰：怠慢，不敬。④硕：本谓头大，引申为大，这里是茂盛的意思。

【译文】

经文中所说"齐其家在修其身"的意思，是说一般人对于自己所亲近爱护的人往往有过分亲近的偏向；对于自己所轻蔑厌恶的人往往有过分轻蔑厌恶的偏向；对于自己所畏服敬重的人往往有过分敬畏尊重的偏向；对于自己所哀怜悯恤的人往往有过分爱怜悯恤的偏向；对于自己所鄙视怠慢的人往往有过分鄙视怠慢的偏向。所以，喜爱一个人而又能了解他的坏处，厌恶一个人而又能了解他的好处，这种人真是天下少有了。

因此谚语有说："人都不知道自己儿子的缺点，不满足自己禾苗的茁壮。"这就叫作不提高自身的品德修养，就不能整治好家庭。

【原文】

所谓治国，必先齐其家者，其家不可教而能教人者无之。故君子不出家而成教于国。孝者，所以事君也；弟者，所以事长也；慈者，所以使众也。

《康诰》曰："如保赤子①。"心诚求之，虽不中，不远矣，未有学养子而后嫁者也。

一家仁，一国兴仁；一家让，一国兴让；一人贪戾，一国作乱；其机如此。此谓一言偾事②，一人定国。

尧、舜率天下以仁而民从之③。桀、纣率天下以暴而民从之，其所令，反其所好，而民不从。是故，君子有诸己而后求诸人④；无诸己而后非诸人，所藏乎身不恕，而能喻诸人者，未之有也。

故治国，在齐其家。

《诗》云："桃之夭夭，其叶蓁蓁。之子于归，宜其家人⑤。"宜其家人，而后可以教国人。

《诗》云："宜兄宜弟⑥。"宜兄宜弟，而后可以教国人。

《诗》云："其仪不忒，正是四国⑦。"其为父子兄弟足法，而后民法之也。

此谓治国，在齐其家。

欲治其国先齐其家。

桃之夭夭，其叶蓁蓁。之子于归，宜其家人。

如保赤子。

【注解】

①赤子：初生的婴儿。孔颖达疏："子生赤色，故言赤子。"《尚书·周书·康诰》原文作"若保赤子。"②偾（fèn）事：犹言败事。偾，覆盖。③帅：同"率"，率领，统帅。④有诸己：为自己所有的。这里指自己有了善的品德。诸，"之于"的合音。⑤"桃之"四句：这四句诗引自《诗经·周南·桃夭》的最后一段。《桃夭》这首诗是祝贺女子出嫁时所唱的歌。夭夭：草木茂盛的样子。诗以桃树喻少女。蓁蓁（zhēn）：树叶茂盛的样子。之子：那个少女，指待嫁少女。于归：出嫁。⑥宜兄宜弟：这句诗引自《诗经·小雅·蓼萧》。《蓼萧》是一首感恩祝福的诗歌。宜兄宜弟意为使家中兄弟互相友爱。⑦"其仪"两句：这两句诗引自《诗经·曹风·鸤鸠》。仪：指礼仪。忒：差错。正是：亦作"是正""整正"的意思。

【译文】

所谓治理国家，必须首先治好家庭，意思是说，如果连自己的家人都不能教育好而能教育好一国人民的人，那是没有的。所以君子能够不出家门，就把他的教化推及全国。在家里孝顺父母，就是能侍奉君主的；在家里恭顺兄长，就是能侍奉尊辈长上的；在家里慈爱子女，就是能善于使用属下和民众的。

《康诰》中说："（爱护百姓）如同爱护婴儿一样。"这就要求做父母的以诚恳之心去忖度婴儿的心情。虽然不能完全中意，但是也不会差得很远。爱子之心出于天性，人人都有。谁也没有见过女子先学会抚养孩子的方法而后再出嫁的。

国君的一家能够践行仁爱，仁爱就会在一个国家里盛行起来；国君的一家能够践行礼让，礼让就会在一个国家里盛行起来；要是国君自己贪婪暴戾，那么一国的人也会跟着起来作乱了。国君所作所为的关键作用竟有这样的重要。这就叫做一句话可以败坏事业，一个人的行为可以安定国家。

尧、舜用仁政统率天下，于是人民就跟随着仁爱；桀、纣以暴政统率治天下，那么人民也就跟他们不讲仁爱。他们要人民从善的政令，与他们喜好暴虐的本性是相违背的，于是人民不服从他们的政令。所以说，国君自己有了善的品德而后才能要求别人为善，自己身上没有恶习而后才能去批评别人，使人改恶从善。如果自己不讲恕道，却去开导别人要讲恕道，那是办不到的事。

所以君主要治理好国家，首先要治好他的家庭。

《诗经》中说："桃花是那么娇嫩美好，叶子又是那么茂盛，像花一样美好的这个女子，嫁到夫家，一定会和他的家人和睦相处。"君主只有使一家人和睦相亲，而后才能教育全国的人民。

《诗经》中说："家中兄弟和睦友爱。"君主只有使自家兄弟和睦相处，互相友爱，而后才能教育全国的人民。

《诗经》中说："他的行为规范仪容端庄没有差错，才能整正各国。"国君要使自己家中的人，做父亲的讲慈爱，做儿子的讲孝顺，做兄长的讲友爱，做弟弟的讲恭敬，只有使他们的言行足以成为全国人民的标准，然后全国人民才会效法。

这些都说明，国君要治理好国家，首先要整治好他的家庭。

【原文】

所谓平天下，在治其国者，上老老而民兴孝①，上长长而民兴弟②，上恤孤而民不倍③，是以君子有絜矩之道也④。

所恶于上，毋以使下；所恶于下，毋以事上；所恶于前，毋以先后；所恶于后，毋以从前；所恶于右，毋以交于左；所恶于左，毋以交于右，此之谓絜矩之道。

《诗》云："乐只君子⑤，民之父母。"民之所好好之，民之所恶恶之。此之谓民之父母。

《诗》云："节彼南山，维石岩岩。赫赫师尹，民具尔瞻。"有国者不可以不慎，辟则为天下僇矣⑥。

《诗》云："殷之未丧师，克配上帝。仪监于殷，峻命不易⑦。"道得众，则得国；失众，则失国。

是故君子先慎乎德⑧。有德此有人，有人此有土，有土此有财，有财此有用。

德者，本也；财者，末也。

外本内末，争民施夺⑨。

是故财聚则民散，财散则民聚。

是故言悖而出者，亦悖而入；货悖而入者，亦悖而出。

《康诰》曰："惟命不于常⑩。"道善则得之；不善则失之矣。

《楚书》曰："楚国无以为宝，惟善以为宝。"

舅犯曰："亡人无以为宝，仁亲以为宝⑪。"

《秦誓》曰："若有一个臣，断断兮无他技⑫。其心休休焉⑬，其如有容焉。人之有技，若己有之。人之彦圣，其心好之，不啻若自其口出⑭。寔能容之⑮。以能保我子孙黎民，尚亦有利哉。人之有技，媢疾以恶之⑯。人之彦圣，而违之俾不通⑰。寔不能容，以不能保我子孙黎民，亦曰殆哉！"

唯仁人放流之，进诸四夷⑱，不与同中国⑲。此谓"唯仁人为能爱人，能恶人。"

见贤而不能举，举而不能先，命也⑳。见不善而不能退㉑，退而不能远，过也。

好人之所恶，恶人之所好，是谓拂人之性，菑必逮夫身㉒。

是故君子有大道，必忠信以得之，骄泰以失之。

生财有大道，生之者

外本内末，争民施夺。

见贤而不能举，举而不能先，命也。

众，食之者寡，为之者疾，用之者舒㉓，则财恒足矣！

仁者以财发身，不仁者以身发财。

未有上好仁，而下不好义者也；未有好义，其事不终者也㉔；未有府库财，非其财者也。

唯仁人为能爱人。

孟献子曰㉕："畜马乘㉖，不察于鸡豚㉗；伐冰之家㉘，不畜牛羊；百乘之家㉙，不畜聚敛之臣，与其有聚敛之臣，宁有盗臣。"此谓国不以利为利，以义为利也。

长国家而务财用者，必自小人矣。彼为善之㉚，小人之使为国家，菑害并至，虽有善者，亦无如之何矣。此谓国不以利为利，以义为利也。

【注解】

①老老：尊敬老人。②长长（zhǎng）：尊重长上。③恤：体恤，怜爱。倍：同"背"，违背。④絜：量度。矩：制作方形的工具。⑤只：犹"哉"，语气词。⑥节：高峻，雄伟的样子。维：发语词。岩岩：高峻的山崖。赫赫：显赫。师尹：太师尹氏的简称。师，太师，周王朝执政大臣之一。具：通"俱"。瞻：望。这里是"注视"的意思。僇（lù）：通"戮"，杀戮。⑦丧：丧失。师：众人。克：能。配：符合。仪监于殷：是说应以失败的殷商为借鉴。峻命：指天命。峻，大。⑧乎：在。⑨争民：使人民争斗。施夺：进行抢夺。⑩惟：只。命：指天命。不于常：没有一定常规。⑪亡人：流亡在外的人。⑫断断：诚恳的样子。⑬休休：平易宽容的样子。⑭不啻（chì）：不仅，不但。⑮寔："实"的异体字。《尚书》为"是"，可以通用。是，"这"的意思。⑯媢（mào）疾：嫉妒。"媢"，《尚书》为"冒"。⑰俾：使。不通：即不达于君。通，《尚书》为"达"。⑱迸：通"屏"，驱除。四夷：古代泛指我国边境的

少数民族。东夷、西戎、南蛮、北狄，谓之四夷。⑲中国：汉族多建都于黄河南北，故称其地为"中国"。⑳先：尽早地使用。命：当作"慢"字，是怠慢的意思。㉑退：离去。引申为摈斥。㉒菑："灾"的异体字，灾祸。逮：及，到。㉓舒：舒缓，适当。㉔终：完成。㉕孟献子：鲁国的大夫。姓仲孙名蔑。㉖乘（shèng）：古时一车四马为一乘。㉗察：细看。引申为计较。㉘伐：凿。㉙百乘之家：指诸侯之下的大夫，有封邑，可出兵车百辆。㉚彼为善之：朱注："此句上下，疑有阙文误字。"

【译文】

　　所谓要使天下太平在于治理好国家，是因为国君尊敬老人，便会使孝敬之风在全国人民中兴起，国君尊敬长上，便会使敬长之风在全国人民中兴起，国君怜爱孤幼，便会使全国人民照样去做。所以，做国君应当作到推己及人，在道德上起示范的作用。

　　我憎恶上面的人以无礼待我，我就不能以无礼对待我下面的人；我憎恶下面的人以不忠诚待我，我就不能以不忠诚来侍奉我上面的人；我憎恨前面的人以不善待我，我就不能把不善加在我后面人的身上；我憎恶后面的人以不善待我，我就不能以不善施于我前面的人；我憎恶右边的人以不善待我，我就不能以不善施于我左边的人；我憎恨我左边的人对我不善，我就不能以不善对待我右边的人。这就是所说的道德上的示范作用。

　　《诗经》中说："快乐啊国君，你是全国人民的父母。"国君应当喜爱人民所喜爱的东西，憎恶人民所憎恶的东西。这才能称为人民的父母。

　　《诗经》中说："雄伟高峻那南山，石崖高峻不可攀。权势显赫尹太师，人民目光把你瞻。"掌握了国家大权的人不可以不慎重，如有偏差，就会被天下人民所不容。

　　《诗经》中说："殷代没有丧失众人拥护的时候，还能与上天的旨意相配合。今天我们周朝应以殷商的失败为借鉴，因为天命是不容易获得的。"国君能在道德上起模范作用，就会得到众人的拥护，也就会得到国家；否则，就会失去众人的拥护，也就会失去国家。

　　所以，国君首先要在道德修养上慎重从事，有了道德就会有人；有了人就会有国土；有了国土就会有财富；有了财富国家就好派用场。

道德像是树的根本，财富像是树的枝梢。

如果国君把道德和财富二者本末倒置，就会使人民相互争斗、抢夺。

所以，国君只是聚敛财富，就会使人民离散；国君把财富散发给人民，就会使人民归聚在他的周围。

所以，用违背情理的言语出口去责备别人，别人也将以违背情理的言语来回敬；用违背道理的手段聚敛来的财富，最终也会被别人用违背道理的手段掠夺去。

《康诰》中说："只有天命的去留没有常规。"好的道德就能得到天命，没有好的道德就会失去天命。

《楚书》说："楚国没有什么可以当作宝贝的，只有把'善'当作宝贝。"

（晋献公之丧，秦穆公使人吊公子重耳）重耳的舅舅子犯教晋文公回答说："逃亡在外的人没有什么可以当作宝贝，只有把热爱父亲当作宝贝。"

《秦誓》中说："假如我有这样一个臣子，忠诚老实而没有其他本领，但是他品德高尚，胸怀宽广，能够容人，别人有才能，就像他自己有才能一样；别人具有美德，他打从内心喜爱，不只是像从他口中说出来的那样，这种胸怀宽广的人如果加以重用，那是完全可以保住我子孙后代和人民的幸福的，是完全可以为我子孙后代和人民谋利益的。如果别人有才能，便嫉妒和憎恨他；别人有美德，便对人家进行压抑，使别人的美德不能被国君所了解，这种心胸狭窄的人如果加以任用，那是不能够保住我子孙后代和人民的幸福的，这种人也是太危险了啊！

只有有仁德的人，才能把这种避贤忌才的人给予流放，驱逐他到边远蛮荒的地方，不许他们与贤能的人同留在中原地区。这就是说"只有有仁德的人，才懂得爱什么人，恨什么人。"

见到贤才而不能荐举，或是虽然推举却又不能先于己而重用，这是以怠慢的态度对待贤才；见到坏人而不能予以黜退，或是已予黜退却有不能驱之远离，这是政治上的失误。

如果你喜爱大家所厌恶的坏人，厌恶大家所喜爱的好人，这叫作违背了人的本性，灾祸必然会降临到你的身上。

若有一个臣，断断兮无他技。其心休休焉，其如有容焉。

所以国君要有起示范作用的道德，必须以忠诚老实的态度才能获得它，如果傲恣放纵，那就会失掉它。

创造财富有个重要方法，这就是让众多的人投入到生产中去，减少消费的人数，并且要使生产加快，使用资财留有余地。这样才能使国家财富经常充足。

有仁德的国君会用散财使自身兴起，没有仁德的国君会用尽心机专门聚敛财富。

从来没有在上的国君爱行仁政，而在下的臣民不以忠义事君的事情；从来没有臣民都爱好仁义，而有什么事情做不成功的道理；没有听说过人民爱好忠义，而不能把国家府库中的财富当成自家财富那样给予保护的道理。

鲁国的贤大夫孟献子曾说："有四匹马拉车的大夫之家，不应该去计较那些饲养鸡豚的微利；能够凿冰丧祭的卿大夫之家，不应该饲养牛羊以图利；有兵车百乘并有封地的卿大夫之家，不应该蓄养只懂得聚敛民财的家臣。与其有这种敛财的家臣，还不如有盗窃府库的家臣。这就是说，一个国家不应该以财货为利，而应该以仁义为利。

治理国家的君主专门致力于财富的聚敛，这一定是受了来自小人好利心理的影响。那些小人想以此投其所好，以获得国君的喜爱。如果国君重用那些小人来治理国家，那么天灾人祸就会同时到来。到那时，虽然有善人贤才，也是无可奈何，挽救不了的。这说明治理国家的人不能以自己的私利为利益，而应当以仁义为利益。

第二卷

中庸

中庸

宋代朱熹说，《中庸》是"孔门"传授心法。《中庸》的内容，论述了人性、社会、政治、哲学，提出了具有普遍意义的中庸之道。

《中庸》

- 作者 子思
- 时代 战国初年
- 内容 孔门心法
  - 不偏不倚
  - 过犹不及
  - 忠恕之道

子思是孔子的孙子，子思的父亲早在孔子在世时就死了，但子思却获得了经常与孔子交流的机会。孔子死后，子思又拜曾子为师，成为儒家八派中的一个代表，他将他所得真传传给了孟子，便是《中庸》。我们现在经常说孔孟之道，要知道在孔子和孟子之间，还有曾子和子思为儒家作出的贡献。

战国始于公元前475年，或者从韩、赵、魏三家分晋（公元前403年）算起，至公元前221年秦并六国。战国时期，齐、楚、燕、韩、赵、魏、秦这七个诸侯强国连年征战，在军事、政治、外交各方面的斗争十分激烈。由于秦国的商鞅变法发挥了富国强兵的重要作用，秦国终于后来居上，逐一灭掉了其他六国，完成了"秦王扫六合"的统一大业。

中庸，其实是一种处世方法，这种方式融入人的行为方式，就自然成为一种道德素养；融入国家管理，则成为政治管理原则。这里所讲的，就是这种处世方法的理论和运用。

安贫守志的子思

鲁缪公曾多次邀请子思做官，子思坚持不受。为了潜心研究学问，他移居到了宋国，以免被人打扰。鲁缪公这人倒是很执着，一次被拒绝了不死心，就派了使者去宋国拜见子思，还带了一份厚礼。子思二话没说，当即把人赶了出去。子思一辈子也没做官，学生求学时给他的一点见面礼就成了他唯一的生活来源，所以他一辈子住在破旧的陋巷中度日，过着饥寒交迫的日子，跟颜回有点像。饱受生活折磨的子思，到了六十二岁的时候再也支撑不下去了，终于离开了人世。

子思作《中庸》。

何为"中庸"？《中庸》里主要讲了什么？

所谓中庸，宋代程颐解为："不偏之谓中，不易之谓庸。"《中庸》云："喜怒哀乐之未发，谓之中；发而皆中节，谓之和。中也者，天下之大本；和也者，天下之达道也。致中和，天地位焉，万物育焉。"这是《中庸》的核心思想，写出了天地和谐的自然天性，是宇宙的本来状态，而天地之间的人一旦拥有这样的和谐状态，就达到很高的境界。天地万物达到一种和谐无碍的境界，人与天地合为一体，行事自在，万物欣欣向荣，人则可以得到可持续的发展。

《中庸》不长，不到一万字，却是跟《论语》《孟子》并列的经典，它主要说的是什

么呢？说白了就是中庸之道，就是用中正、中和的方式做人做事，这是《中庸》最核心的东西。

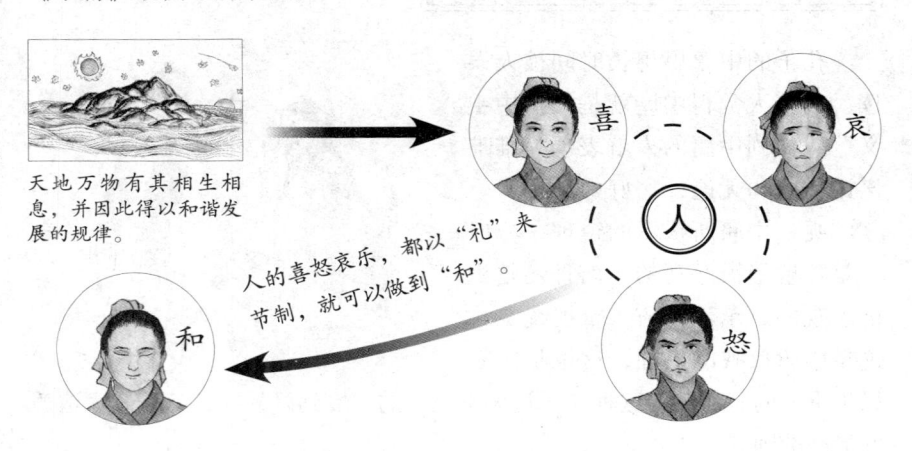

天地万物有其相生相息，并因此得以和谐发展的规律。

人的喜怒哀乐，都以"礼"来节制，就可以做到"和"。

"中"原意不是现在人想的"持中，中立"那么简单，它其实是有点玄机的，首先是叫人不要过头了、极端了，不偏不倚是为"中"，万事都要刚好才行。就像是一道菜，火候适中时候才能烧好。《中庸》里还说"喜怒哀乐之未发谓之中"，可见它还指人的本心，人人心里都有个"礼"，喜怒哀乐变成行为的时候，这个"礼"就让行为做到恰当、自如、不过分。"庸"如何解呢？孔子说"不易之谓庸"，庸就是稳定不变的东西。一句话，中庸就是让人的内心和行为做到协调，做事情不要有过和有不及。

如果说《大学》是治世哲学，那《中庸》可称得上修身哲学，如书中说"自诚明，谓之性；自明诚，谓之教。诚则明也，明则诚也"，说的是心诚跟明理的关系，如果理顺了，读书人可受益一辈子。所以历史上的朱熹、顾炎武、曾国藩诸人，读懂了《中庸》，才做到了至善、至诚的中庸境界。

《中庸》还提出了"诚"的概念。人要想与天地并列，达到天人合一的境界，就必须要"至诚"。曾子也把"诚"作为达到最高理想的必要修养，子思把诚发挥到极致。只有诚，才能充分发挥自己固有的天性，才能发挥事物最大的能力，才能参与天地化育。

高明之道，中庸不是折中主义

孔子的中庸思想长时间被人误读。很多人觉得中庸就是"折中主义"，做到中庸的人就表现为唯唯诺诺，软弱无能，"好好先生"。其实呢，中庸所揭示的道理，非但不是这般消极悲观的，而且还是积极乐观的。承认矛盾，重视统一，这是中庸反映的道理，这也是儒家思想重要的一部分。这种"无过无不及"的"恰到好处"，就是儒家道德的最高准则。

《中庸》解释的不单是做人的道德准则，还涉及国计民生的问题，所以它才会成为人们终身受用的经典和"实学"。

【原文】

天命之谓性①，率性之谓道②，修道之谓教③。

道也者，不可须臾离也；可离，非道也。是故君子戒慎乎其所不睹，恐惧乎其所不闻。莫见乎隐④，莫显乎微⑤。故君子慎其独也。

喜怒哀乐之未发，谓之中⑥；发而皆中节⑦，谓之和。中也者，天下之大本也；和也者，天下之达道也。致中和，天地位焉，万物育焉。

【注解】

①天命之谓性：人的本性是上天所赐予的。命，令也。性，指天赋予人的本性。②率：循，遵循。道：是指事物运动变化所应遵循的普遍规律。③教：教化，政教。④见：通"现"，表现。隐：隐蔽，暗处。⑤微：细事。⑥中：指不偏不倚，不过与不及。⑦发：表露。中（zhòng）：合乎，符合。节：法度。

【译文】

　　天所赋予人的就是本性，遵循着本性行事发展就是道，把道加以修明并推广于众就是教化。

　　道，是不可以片刻离开的，如果可以离开，那就不是道了。所以，君子就是在没有人看见的地方也是谨慎小心的，在没有人听见的地方也是有所戒惧的。要知道，最隐暗的地方，也是最容易发现的。最微细得看不见的事物也是最容易显露的。因此，君子要特别谨慎一个人独居的时候。

　　人们喜怒哀乐的感情没有表露出来的时候无所偏向，叫作中；表现出来以后符合法度，叫做和。中，是天下万事万物的根本；和，是天下共行的普遍标准。达到"中和"的境界，那么，天地一切都各安其所，万物也都各遂其生了。

【原文】

　　仲尼曰："君子中庸①，小人反中庸，君子之中庸也，君子而时中②。小人之反中庸也，小人而无忌惮也。"

【注解】

　　①中庸：不偏不倚，无过不及。②时中：做事恰到好处。

【译文】

　　孔子说："君子的言行都符合中庸不偏不倚的标准，小人的言行违背了中庸的标准，君子之所以能够达到中庸的标准，是因为他们的言行处处符合中道。小人之所以处处违背中庸的标准，是因为他们无所顾忌和畏惧！"

【原文】

　　子曰："中庸其至矣乎！民鲜能久矣①。"

【注解】

①鲜：少。

【译文】

孔子说："中庸是最高的道德标准了吧！可是人民已经长时间不能做到了。"

【原文】

子曰："道之不行也①，我知之矣：知者过之②，愚者不及也。道之不明也，我知之矣：贤者过之，不肖者不及也③。人莫不饮食也，鲜能知味也。"

子曰：人莫不饮食也，鲜能知味也。

【注解】

①道：中庸之道。②知者：指智慧超群的人。知，通"智"，智慧，聪明。③不肖者：柔懦的庸人，与贤者相对。

【译文】

孔子说："中庸之道不能在天下实行，我知道原因了：聪明的人自以为是，实行的时候超过了它的标准，而愚蠢的人智力不及，不能达到它的标准。中庸之道不能为人所明了，我也知道原因了：有德行的人要求过高，因而把它神秘化了，没有德行的人要求又太低，因而把它庸俗化了。这正像人们没有谁不吃不喝，但却很少有人能够真正品尝滋味。"

【原文】

子曰："道其不行矣夫①！"

【注解】

①其：助词，表示推测。矣夫：感叹语，意犹未尽的意思。

【译文】

孔子说："中庸之道恐怕不能在天下实行了啊！"

【原文】

子曰："舜其大知也与！舜好问而好察迩言①，隐恶而扬善，执其两端，用其中于民。其斯以为舜乎！"

【注解】

①迩言：浅近的话。《诗经·小雅·小旻》："维迩言是听，维迩言是争。"

【译文】

孔子说："舜帝可算是一个拥有大智慧的人吧！他乐于向别人请教，而且喜欢对那些浅近的话进行仔细审察。他替别人包涵缺点而表扬优点，他度量人们认识上"过"与"不及"两个极端的偏向，用中庸之道去引导人们。这就是舜之所以成为舜的原因吧！"

【原文】

子曰："人皆曰'予知'，驱而纳诸罟擭陷阱之中①，而莫之知辟也。人皆曰'予知'，择乎中庸，而不能期月守也②。"

【注解】

①罟（gǔ）：网的总称。擭（huò）：装有机关的捕兽木笼。罟擭陷阱，这里比喻利的圈套。②期（jī）月：一整月。

【译文】

孔子说:"人人都说:'我是明智的',但是在利欲的驱使下,他们却都像禽兽那样落入捕网木笼的陷阱中,连躲避都不知道。人人都说:'我是明智的',但是选择了中庸之道却连一个月也不能坚持下去。"

【原文】

子曰:"回之为人也①,择乎中庸。得一善,则拳拳服膺②,而弗失之矣。"

【注解】

①回:即颜回,字子渊,鲁国人,孔子最得意的门生之一。②拳拳:奉持之貌,牢握不舍的意思。服膺:谨记在心。

【译文】

孔子说:"颜回的为人,选择了中庸之道。他得到了这一善道,就牢牢地把它记在心中,丝毫不敢忘却。"

【原文】

子曰:"天下国家可均也①,爵禄可辞也②,白刃可蹈也③,中庸不可能也。"

【注解】

①均:平治。②爵禄:爵位俸禄。辞:辞掉。③蹈:踩踏。

【译文】

孔子说:"天下国家是可以平治的,官爵俸禄是可以辞掉的,利刃是可以践踏上去的,只有中庸之道是不容易做到的。"

【原文】

　　子路问强。子曰："南方之强与？北方之强与？抑而强与①？宽柔以教，不报无道②，南方之强也，君子居之。衽金革③，死而不厌④，北方之强也，而强者居之⑤。故君子和而不流⑥，强哉矫⑦！中立而不倚，强哉矫！国有道，不变塞焉⑧，强哉矫！国无道，至死不变，强哉矫！"

【注解】

①抑：抑或，表示选择。而：同"尔""汝"，指子路。②报：报复。无道：横暴无礼。③衽金革：枕着武器、盔甲睡觉。衽，卧席，这里作动词用。金，指刀枪剑戟之类。革，指盔甲之类。④厌：悔恨。⑤居之：属这一类。⑥流：随波逐流，无原则地迁就。⑦矫：强盛的样子。⑧不变塞：不改变穷困时的操守。塞，原指堵塞，这里指穷困。

【译文】

　　子路问孔子要怎样才算得刚强。孔子回答说："你问的是南方人的刚强呢，还是北方人的刚强呢，还是像你这样的刚强呢？用宽容温和的态度去教化别人，即便别人对我蛮横无礼也不加以报复，这是南方人的刚强，君子就属于这一类。经常枕着刀枪、穿着盔甲睡觉，在战场上拼杀，战死而不悔，这是北方人的刚强，性格强悍的人属于这一类。所以，君子善于与人协调，又决不无原则地迁就别人，这才是真正的刚强啊！君子真正独立，不偏不倚，这才是真正的刚强啊！国家太平、政治清明时，君子不改变穷苦时的操守，这才是真正的刚强啊！国家混乱，政治黑暗时，君子到死坚持操守，这才是真正的刚强啊！"

【原文】

　　子曰："素隐行怪①，后世有述焉，吾弗为之矣。君子遵道而行，半途而废，吾弗能已矣。君子依乎中庸，遁世不见知而不悔②，唯圣者能之。"

【注解】

①素：据《汉书》，应为"索"，寻求。②遁世：避世。

【译文】

孔子说："世上有些人总爱去追求那些隐僻的道理，去做那些怪异荒诞的事情，虽然后代有人称道他们，但是我绝不会做这样的事。有些君子遵循中庸之道行事，却往往半途而废，但我是不会中途停止的。有些君子依着中庸之道行事，虽然避世隐居不为人们所了解，他也不悔恨，这只有圣人才能做到。"

君子之道，造端乎夫妇。

【原文】

　　君子之道，费而隐。
　　夫妇之愚可以与知焉①，及其至也②，虽圣人亦有所不能焉。夫妇之不肖，可以能行焉，及其至也，虽圣人亦有所不能焉。天地之大也，人犹有所憾③。故君子语大，天下莫能载焉；语小，天下莫能破焉。
　　《诗》云："鸢飞戾天，鱼跃于渊④。"言其上下察也。
　　君子之道，造端乎夫妇⑤，及其至也，察乎天地。

【注解】

①夫妇：非指夫妻之夫妇，而是指匹夫匹妇。②至：最，指最精微之处。③憾：不满意。④"鸢飞"两句：这两句诗引自《诗经·大雅·旱麓》。《旱麓》是一首赞扬有道德修养的人，求福得福，能培养人才的诗。戾：

到达。⑤造端：开始。

【译文】

　　君子所持的中庸之道，作用非常广泛而且本体非常精微。

　　匹夫匹妇虽然愚昧，但是对于日常的道理他们也是可以知道的，若要论及这些道理的精微之处，那即使是圣人也会有不知道的奥秘。匹夫匹妇虽然不贤，但是对于日常的道理他们也是能够实行的，若是达到这些道理的最高标准，那即使是圣人也有不能达到的地方。天地可以说是十分辽阔广大的了，但仍然不能使人一切都感到满意。因此，君子所持的道，就大处来讲，天下没有什么能承载得了的；就小处来讲，天下没有谁能剖析得了的。

　　《诗经》中说："老鹰高飞上青天，鱼儿跳跃在深渊。"这两句诗是比喻持中庸之道的人能够对上对下进行详细审察。

　　君子所持的中庸之道，开始于匹夫匹妇之间，达到最高境界，便彰明于天地之间，到处存在。

【原文】

　　子曰："道不远人。人之为道而远人，不可以为道。
　　《诗》云：'伐柯伐柯，其则不远①。'执柯以伐柯，睨而视之②，犹以为远。故君子以人治人，改而止。
　　忠恕违道不远③，施诸己而不愿，亦勿施于人。
　　君子之道四④，丘未能一焉⑤。所求乎子以事父，未能也；所求乎臣以事君，未能也；所求乎弟以事兄，未能也；所求乎朋友先施之，未能也。庸德之行⑥，庸言之谨，有所不足，不敢不勉，有余不敢尽。言顾行，行顾言，君子胡不慥慥尔⑦！"

【注解】

　　①"伐柯"两句：这两句诗引自《诗经·豳风·伐柯》。《伐柯》是一首描写关于婚姻的诗。伐：砍。柯：斧柄。②睨：斜视。③忠恕：儒家伦理

思想。尽己之心为"忠";推己及人为"恕"。④君子之道四:即孝、悌、忠、信。⑤丘:孔子自称其名。⑥庸德:平常的道德。⑦胡:何。慥慥(zào):笃厚真实的样子。

【译文】

孔子说:"中庸之道并不是远离人们的,假若有的人在行道时使它远离人们,那就不可以叫作中庸之道了。

《诗经》中说:'砍斧柄啊砍斧柄,斧柄的样子在眼前。'拿着斧柄作样子来砍制斧柄,斜着眼睛瞧瞧就看得见,但对砍制斧柄的人来说,还算是离得远的。所以,君子以其人之道还治其人之身,直到他们改了为止。

能够做到忠和恕,那就离中庸之道不远了。何为忠恕?心中不乐意别人加给自己的东西,也施加给别人。

君子之道有四种,我孔丘一种也不能做到。做儿子的道理在于孝,我常要求做儿子的必须孝顺父母,但我却不能完全做到这一点;做臣子的道理在于忠,我常要求臣子必须忠于国君,但我自己却不能对国君尽忠;做弟弟的道理在于尊敬兄长,我常要求做弟弟的这样做,但我自己往往不能完全做到这一点;做朋友的道理在讲信用,我常要求别人这样做,但我自己往往不能首先这样做。在平常道德的实行上,在日常语言的谨慎上,我有许多做得不够的地方,这使我不敢不努力去加以弥补,有做得较好的地方,也不敢把话全部说尽。言语要照顾到行动,行动也要照顾到言语。如果能这样做,那么君子的心中还有什么不笃实的呢!"

【原文】

君子素其位而行①,不愿乎其外②。素富贵,行乎富贵;素贫贱,行乎贫贱;素夷狄,行乎夷狄;素患难,行乎患难;君子无入而不自得焉。

在上位,不陵下③。在下位,不援上④。正己而不求于人,则无怨,上不怨天,下不尤人。故君子居易以俟命⑤,小人行险以徼幸⑥。

子曰:"射有似乎君子⑦,失诸正鹄⑧,反求诸其身。"

【注解】

①素:处在。位:地位。②愿:倾慕,羡慕。其外:指本位之外的东西。③陵:同"凌",凌虐,欺压。④援:攀附,巴结。⑤居易:处在平易而不危险的境地。俟:等候。命:天命。⑥行险:即冒险。徼:"侥"的异形字。⑦射有似乎君子:这句是以射箭的道理来比喻君子"正己而不求于人"的道理。⑧失诸正鹄:指未射中靶子。失,这里指没有射中。正鹄,箭靶。

【译文】

君子在自己所处的低位上行使自己所奉行的道理,从来不会倾慕本位之外的东西。处于富贵的地位上,就做富贵地位上所应该做的事情;处于贫贱的地位上,就做在贫贱地位上所应该做的事情;处在夷狄的地位上,就做在夷狄地位上所应该做的事情;处于患难中,就做处在患难中应该做的事情。君子无论处于什么地位,都不会感到不安适的。

君子高居上位,不会去凌虐居于下位的人。君子居于下位,也不会去巴结居于上位的人。自己正直就不会去乞求别人,这样,就无所怨恨,对上不怨恨天命,对下不归咎别人。所以,君子按照自己现时所处的地位来等候天命的到来,而小人则企图以冒险的行为来求得偶然成功或意外地免除不幸。

孔子说:"射箭的道理与君子'正己而不求于人'的道理有相似之处。比如没有射中靶子,应该回过头来从自己身上去找原因。"

【原文】

君子之道①,辟如行远,必自迩;辟如登高,必自卑。

《诗》曰:"妻子好合,

妻子好合,如鼓瑟琴。

如鼓瑟琴。兄弟既翕，和乐且耽。宜尔室家，乐而妻帑②。"子曰："父母其顺矣乎！"

【注解】

①君子之道：指求取君子之道的方法。②"妻子"六句：这几句诗引自《诗经·小雅·棠棣》。《棠棣》是一首称述家庭和睦、兄弟友爱的诗。鼓：弹奏。琴瑟：是古代两种拨弦乐器的名称，比喻夫妻感情和谐。翕：聚合。耽：久。原诗为"湛"字。妻帑：妻子儿女的统称。帑，儿子。

【译文】

　　求取君子之道的方法，就像走远路一样，一定要从近处开始；就像登高处一样，一定要从低处开始。

　　《诗经》中说："你和妻子很和好，就像琴瑟声调妙；兄弟相处极和睦。团聚快乐实在好。组织一个好家庭，你和妻儿感情深。"孔子赞叹说："像这样，父母就能安乐无忧，心情舒畅啊！"

【原文】

　　子曰："鬼神之为德①，其盛矣乎！视之而弗见；听之而弗闻；体物而不可遗。使天下之人，齐明盛服②，以承祭祀③，洋洋乎如在其上④，如在其左右。

　　《诗》曰：'神之格思，不可度思，矧可射思⑤。'夫微之显⑥，诚之不可掩，如此夫！"

【注解】

①鬼：古代迷信者认为人死后精灵不灭，称之为鬼。一般指已死的祖先。神：宗教及古代神话中所幻想的主宰物质世界，超乎自然，具有人格和意识的精灵。②齐明：在祭祀之前必须斋戒沐浴，以示虔诚。齐（zhāi），同"斋"。盛服：衣冠穿戴整齐华美。③承：奉。祭祀：指祭鬼祀神。④洋洋：舒缓漂浮的样子。⑤"神之"五句：这几句诗引自《诗经·大雅·抑》。《抑》主要写的是

规劝周朝统治者修德守礼,指责某些执政者的昏庸。格:至,来。思:语助词,无意义。矧(shěn):况且。射(yì):厌弃。⑥微:这里指鬼神的事情隐匿虚无。显:指鬼神可将祸福显现于人间,所以又是明显的。

【译文】

　　孔子说:"鬼神的德行可真是大得很啊!看它也看不见,听它也听不到,但它却体现在万物之中使人无法离开它。天下的人都斋戒净心,穿着庄重整齐的服装去祭祀它,无所不在啊!好像就在你的头上,好像就在你左右。

　　《诗经》说:'神的降临,不可揣测,怎么能够怠慢不敬呢?'从隐微到显著,真实的东西就是这样不可掩盖!"

【原文】

　　子曰:"舜其大孝也与!德为圣人,尊为天子,富有四海之内,宗庙飨之①,子孙保之。故大德,必得其位,必得其禄,必得其名,必得其寿。故天之生物,必因其材而笃焉,故栽者培之,倾者覆之。

　　《诗》曰:'嘉乐君子,宪宪令德。宜民宜人,受禄于天。保佑命之,自天申之②。'故大德者必受命。"

【注解】

①宗庙飨之:指在宗庙里受祭献。飨,祭献。②"嘉乐"六句:《这是诗经·大雅·假乐》中的第一章。《假乐》是一首为周成王歌功颂德的诗。嘉乐:喜欢,快乐。嘉,原诗为"假"字。宪宪:原诗为"显显",意同,即盛明的样子。令德:美德。令,善,美。民:泛指庶人。人:不包括庶人的"民"在内,一般指士大夫以上的人,即在位的人。这句意为,周成王既能与在下之民相处得好,又能与在位之人相处得好。

【译文】

　　孔子说:"舜帝可以说是个大孝子吧!他有圣人的崇高品德,有天子的尊贵地位，普天下都是他的财富，世世代代在宗庙中享受祭献，子子孙孙永保祭祀不断。所以，像舜这样有大德大仁的人，必然会获得天下至尊的地位，必然会获得厚禄，必然会获得美好的名声，而且必然会获得高寿。所以，天生万物，必定要由各自资质的本身来决定是否给予厚施，能够栽培的就一定会去栽培它，而要倾覆的也就只能让它倾覆。

《诗经》中说：'欢喜快乐周成王，美德盛明放光芒。善处庶人百官中，获得天赐厚禄长。上帝保佑周成王，使他福禄能长享。'所以说，有崇高道德品质的人，一定会受到上天的命令而成为天下的君主。"

【原文】

子曰："无忧者，其惟文王乎①！以王季为父②，以武王为子③，父作之④，子述之⑤，武王缵大王、王季、文王之绪⑥，壹戎衣而有天下⑦，身不失天下之显名，尊为天子，富有四海之内，宗庙飨之，子孙保之。

武王末受命，周公成文武之德⑧，追王大王、王季⑨，上祀先公以天子之礼。斯礼也，达乎诸侯大夫，及士庶人。父为大夫，子为士，葬以大夫，祭以士；父为士，子为大夫，葬以士，祭以大夫。期之丧⑩，达乎大夫；三年之丧，达乎天子；父母之丧，无贵贱，一也。"

【注解】

①文王：指周文王。②王季：名季烈，周太王子，周文王之父。③武王：周武王，西周王朝的建立者。④父作之：指父亲王季为文王开创了基业。作，开创，创始。⑤子述之：指儿子武王继承文王的遗志，完成统一大业。述，循、继承。⑥缵：继承。大王："大"古读"太"。大王，即王季之父古公亶父。绪：事业，这里指前人未竟的功业。⑦壹戎衣：即歼灭大殷。壹，同"殪"，歼灭。戎，大。衣，"殷"之误读。⑧周公：西周初年的政治家。姓姬名旦，武王之弟，故又称"叔旦"，因采邑周地，又称"周公"。⑨王：第一个"王"为动词，即尊……为王。⑩丧：丧礼。

【译文】

孔子说:"自古帝王中,无忧无虑的大概只有周文王吧!因为他有显明的王季做父亲,有英勇的武王做儿子,父亲王季为他开创了基业,儿子武王继承了他的遗志,完成了他所没有完成的事业。武王继承了太王、王季、文王的未竟功业,灭掉了殷朝,取得了天下。周武王这种以下伐上的行动,不仅没有使他自身失掉显赫天下的美名,反而被天下人尊为天子,普天下都是他的财富,世世代代在宗庙中享受祭献,子子孙孙永保祭祀不断。

周武王直到晚年才受上天之命而为天子,因此他也有许多没有完成的事业。武王死后,周公辅助成王才完成了文王和武王的功德,追尊太王、王季为王,用天子的礼节来追祭祖先,并且把这种礼节一直用到诸侯、大夫以及士和庶人中间。周公制定的礼节规定:如果父亲是大夫,儿子是士的,当父亲亡故时,那就必须以大夫的礼节来安葬他,在祭祀时儿子只能用士的礼节。父亲是士,儿子是大夫的,当父亲亡故时,那就必须以士的礼节来安葬他,在祭祀时儿子用大夫的礼节。为期一年的丧礼,只能在大夫中使用;为期三年的丧礼,就只有天子才能使用;至于父母的丧礼,没有贵贱之分,天子、庶人都是一样的。"

【原文】

子曰:"武王周公其达孝矣乎!夫孝者,善继人之志;善述人之事者也。春秋①,修其祖庙,陈其宗器②,设其裳衣,荐其时食③。

宗庙之礼,所以序昭穆也④;序爵,所以辨贵贱也;序事,所以辨贤也;旅酬下为上⑤,所以逮贱也⑥;燕毛⑦,所以序齿也⑧。

践其位,行其礼,奏其乐;敬其所尊,爱其所亲;事死如事生,事亡如事存,孝之至也。

郊社之礼⑨,所以事上帝也;宗庙之礼,所以祀乎其先也。明乎郊社之礼,禘尝之义⑩,治国其如示诸掌乎⑪!"

【注解】

①春秋：四季的代称。这里指祭祖的时节。②陈：陈列。宗器：古代宗庙祭祀时所用的器物。③荐：进献。时食：指古代祭祀祖先所进献的时鲜食品。④昭穆：是古代一种宗法制度。宗庙的次序是有规定的，始祖庙居中，以下是父子（祖、父）递为昭穆，左为昭，右为穆。昭穆，在这里指祭祀的时候，可以排出父子、长幼、亲疏的次序。⑤旅：众。酬：以酒相劝为酬。⑥逮：及。⑦燕毛：指祭祀完毕，举行宴饮时，以毛发的颜色来区别老少长幼，安排宴会的座次。燕，同"宴"，宴会。毛，头发。⑧序齿：即根据年龄的大小来定宴会的席次或饮酒的次序。齿，年龄。⑨郊社：周代于冬至的时候，在南郊举行祭天的仪式，称为"郊"；夏至的时候，在北郊进行祭地的仪式，称之为"社"。⑩禘尝：在此应为宗庙四时祭祀之一，每年夏季举行。尝，也是四时祭祀之一，在秋季举行。《礼记·王制》："天子诸侯宗庙之祭，春曰礿，夏曰禘，秋曰尝，冬曰烝。"⑪示：同"视"。

【译文】

孔子说："周武王和周公，他们可以算达到孝的最高标准吧！所谓孝的标准，就是要像周武王和周公那样，善于继承前人的遗志；善于完成前人所未完成的事业。在春秋祭祀的时节，及时整修祖宗庙宇；陈列祭祀要用的祭器，摆设先王遗留下来的衣裳；进献时鲜食品。

按照宗庙的礼节，就能把父子、长幼、亲疏的次序排列出来；把官职爵位的秩序排列出来，就能将贵贱分辨清楚；排列祭祀时各执事的秩序，就能分辨清楚才能的高低；在众人劝酒时，晚辈必须为长辈举杯，这样就能使爱抚之情延伸到地位低下的人身上；以毛发的颜色来决定宴席的座次，就能使老老少少秩序井然。

站立在先前排定的位置上，行使祭祀的礼节；奏起祭祀的音乐；尊敬那些理应尊敬的人；爱护那些理应亲近的人；侍奉死去的人就像侍奉活着的人一样；侍奉亡故的人就像侍奉生存着的人一样，这才是孝的最高标准。

制定了祭祀天地的礼节，是用来侍奉上帝；制定了宗庙的礼节，是用来祭祀祖先。明白了郊社的礼节和夏祭秋祭的意义，那么治理天下国家的道理，也就像看着自己手掌上的东西那样明白容易啊！"

【原文】

哀公问政①。子曰："文武之政，布在方策②。其人存，则其政举；其人亡，则其政息。人道敏政③，地道敏树④。夫政也者，蒲卢也⑤。

故为政在人，取人以身，修身以道，修道以仁。仁者，人也⑥，亲亲为大⑦。义者，宜也，尊贤为大。亲亲之杀⑧，尊贤之等，礼所生也⑨。

在下位不获乎上，民不可得而治矣⑩。故君子不可以不修身；思修身，不可以不事亲；思事亲，不可以不知人；思知人，不可以不知天。

天下之达道五，所以行之者三。曰：'君臣也；父子也；夫妇也；昆弟也⑪；朋友之交也'。五者，天下之达道也。'知、仁、勇'三者⑫，天下之达德也。所以行之者一也⑬。

或生而知之，或学而知之，或困而知之，及其知之一也。或安而行之，或利而行之，或勉强而行之，及其成功一也。"

子曰："好学近乎知，力行近乎仁，知耻近乎勇。

知斯三者，则知所以⑭修身；知所以修身，则知所以治人；知所以治人，则知所以治天下国家矣。

凡为天下国家有九经⑮，曰：修身也；尊贤也；亲亲也；敬大臣也；体群臣也；子庶民也⑯；来百工也⑰；柔远人也⑱；怀诸侯也⑲。

修身，则道立；尊贤，则不惑；亲亲，则诸父昆弟不怨；敬大臣，则不眩⑳；体群臣，则士之报礼重㉑；子庶民，则百姓劝；来百工，则财用足；柔远人，则四方归之；怀诸侯，则天下畏之。

齐明盛服㉒，非礼不动，所以修身也；去谗远色㉓，贱货而贵德，所以劝贤也；尊其位，重其禄，同其好恶，所以劝亲亲也；官盛任使㉔，所以劝大臣也；忠信重禄，所以劝士也；时使薄敛㉕，所以劝百姓也；日省月试，既禀称事㉖，所以劝百工也；送往迎来，嘉善而矜不能，所以柔远人也；继绝世㉗，举废国，治乱持危，朝聘以时㉘，厚往而薄来，所以怀诸侯也。凡为天下国家有九经，所以行之者一也。

凡事豫则立，不豫则废。言前定，则不跲㉙；事前定，则不困；行前定，则不疚；道前定，则不穷。

在下位不获乎上，民不可得而治矣；获乎上有道，不信乎朋友，不获乎上矣；信乎朋友有道，不顺乎亲，不信乎朋友矣；顺乎亲有道，反诸身不诚，不顺乎亲矣；诚身有道，不明乎善，不诚乎身矣。

诚者，天之道也；诚之者，人之道也。诚者，不勉而中，不思而得，从容中道㉚，圣人也。诚之者，择善而固执之者也㉛。

博学之，审问之，慎思之，明辨之，笃行之。有弗学，学之弗能弗措也；有弗问，问之弗知弗措也；有弗思，思之弗得弗措也；有弗辨，辨之弗明弗措也；有弗行，行之弗笃弗措也。人一能之，己百之；人十能之，己千之。果能此道矣，虽愚必明，虽柔必强。

【注解】

①哀公：即鲁哀公，名蒋。春秋时鲁国国君，在位二十七年，谥号哀公。②布：陈列。方策：指典籍。方，方版，古时书写用的板。策，同"册"，竹简。③人道：是我国古代哲学中与"天道"相对的概念。这里指以人施政的道理。敏：迅速。④地道：谓以沃土种植的道理。⑤蒲卢：即芦苇。⑥仁者，人也：意思是说，所谓仁就是人民之间相亲相爱。⑦亲亲为大：意思是说，人们虽然相互亲爱，但都是以爱自己的亲属为主要方面。亲亲，前一个"亲"为动词，意为"爱"。后一个"亲"指亲属。⑧杀（shài）：降等。⑨礼所生也：这句是说"亲亲之杀，尊贤之等。"都是从礼仪中产生。礼，泛指奴隶社会或封建社会贵族等级制的社会规

范和道德规范。⑩此句疑误印，与下文重复。⑪昆弟：兄弟。昆，兄长。⑫知、仁、勇：这三种是儒家的伦理思想，被誉为通行于天下的美德。⑬一：专一，诚实。⑭所以：怎样。⑮经：常规。⑯子：动词，即爱……如子。庶民：众民，指一般的人民。⑰来：招来，招集。百工：西周时对工奴的总称，春秋时沿用此称，并作为各种手工业工匠的总称。⑱柔：安抚，怀柔，引申为优待。远人：这里指远方的来客，即外族人。⑲怀：安抚。⑳眩：眼花，引申为迷惑。㉑报：报答。礼：这里是敬意。重：深厚。㉒齐明：这里专指内心虔诚。盛服：衣冠穿戴整齐，这里指外表仪容端庄。㉓去谗：摒弃谗佞小人的坏话。去，摒弃。谗，谗佞小人的坏话。远色：远离女色。㉔官盛：官属众多。任使：听任差使。㉕时使：使用百姓要适时。薄敛：减轻赋税的征收。㉖既禀：与"饩廪"同。饩廪，古代指月给的薪资粮米。称：相称。事：工效。㉗绝世：指卿大夫子孙中已经失去世禄的人。㉘朝聘：古代诸侯定期朝见天子。《礼记·王制》："诸侯之于天子也，比年一小聘，三年一大聘，五年一朝。"㉙跲（jiá）：窒碍。㉚从容：举止行动。㉛固执：坚守不渝。执，握住。

【译文】

鲁哀公向孔子询问政事。孔子回答说："周文王和周武王的政治理论都记载在典籍上。如果今天有像周文王和周武王那样的人存在，那么他们的政治理论便能实施；如果今天没有像周文王和周武王那样的人存在，那么他们的政治理论也就也就废弛了。以人施政的道理在于使政治迅速昌明；以肥沃土地种植树木的道理在于使树木迅速生长。以人施政最容易取得成效，就像种植蒲苇那样容易生长。

或生而知之，或学而知之，或困而知之。

所以国君处理政事的方法就在于获得贤才，而获得贤才的方法，就在于国君努力提到自身的品德修养，要提高自身的品德修养，就在于使自己的言行符合道德规范；要使自己的言行符合道德规范，就在于树立仁爱之心。所谓仁，就是人与人之间相互亲爱，而以爱自己的亲属最为重要。所谓义，就是说人们相处应该适宜得当，而以尊敬贤人最为重要。爱自己的亲属有等级，尊敬贤人有级别，这些都是从礼仪中产生出来的。

处在下位的人不能够得到上面的信任和支持，那么他就不可能管理好人民。所以，君子不能不努力提高自身的品德修养；想提高自身的品德修养，就不能不侍奉好自己的亲人；想侍奉好自己的亲人，就不能不知道尊贤爱人；想知道尊贤爱人，就不能不了解和掌握自然的法则。

天下普遍共行的大道有五种，而实行这些大道的美德有三种。就是说：'君臣之道，父子之道，夫妇之道，兄弟之道，交朋友之道。'这五种就是天下共行的大道。'智慧，仁爱，勇敢'这三种，就是天下共行的美德。而实行这些大道和美德的方法只能是诚实专一。

有的人生来就知道这些道理，有的人通过学习才知道这些道理，有的人是在遇到困难后去学习才知道这些道理。虽然人们掌握这些道理有先有后，但是到了真正知道这些道理，他们又都是一样的了。有的人心安理得去实行这些道理，有的人是看到了它的益处才去实行这些道理，有的人则是勉强去实行这些道理。虽然人们实行这些道理有差别，但是当他们获得了成功的时候，却又都是一样了。"

孔子说："爱好学习的人接近智，努力行善的人接近仁，知道羞耻的人接近勇。

知道这三项的人，就知道怎样提高自身的品德修养；知道怎样提高自身的品德修养，就知道怎样治理别人；知道怎样治理别人，就知道怎样去治理天下国家了。

大凡治理天下国家有九条常规，那就是：努力提高自身的品德修养，尊重贤人，爱护自己的亲人，敬重大臣，体恤众臣，像爱自己的儿子那样去爱人民，招集各种工匠以资国用，优待远方的来客，安抚四方的诸侯。

能够提高自己的品德修养，就能树立一个良好的道德典范；能够尊重贤人，就不会被事物的假象所迷惑；能够爱自己的亲人，就不会使叔伯、兄弟产生怨恨；能够尊敬大臣，在处理事情时就不会感到迷惑不定；能够体恤众臣，那些为士的人就会重重报答恩德；能够做到爱民如子，百姓们就会更加勤奋努力；能够招集各种工匠，就可以使国家财务充足；能够优待远方的来客，四方的人都会归顺；能够安抚各国诸侯，全天下的人都会自然敬畏。

必须内心虔诚外表端庄，不符合礼节的事绝不要去干，这才是提高自身品德修养的方法；摒弃那些谗佞小人的坏话，远离那些诱人的女色，轻视钱财货物，珍视道德品质，这才是劝勉贤人最好的方法；加升他们的爵位，重赐他们的俸禄，与他们的喜好厌恶相同，这才是劝勉人们去爱自己亲人的好方法；为大臣多设属官，这才是奖励大臣的好方法；对待士要讲究'忠''信'，并以厚禄供养他们，这才是劝勉士为国效力的好方法；役使百姓要适时，赋税征收要减轻，这才是劝勉百姓努力从事生产的好方法；天天省视工匠的工作情况，月月考查他们的技术本领，发给他们的粮米薪资要与他们的工效相称，这才是劝勉各种工匠努力工作的好方法；对于远方的客人，要盛情相迎，热情相送，对其中有善行的人要给予嘉奖，对其中能力薄弱的人要给予同情，这才是招徕远方来客的好方法；延续已经绝禄的世家，复兴已经废灭的国家，整顿已经混乱的秩序，扶救处于危难之中的国家，让诸侯各自选择适当的时节来朝聘，贡礼薄收，赏赐厚重，这才是安抚四方诸侯的好方法。大凡治理天下国家有九条常规，但是，实行这些常规的方法只是一条，即诚实专一。

无论做什么事情，如能预先确立一种诚实态度，就一定能成功，不能这样，就不能成功。人们在讲话之前能规定自己必须诚实，讲起话来就会流畅而无障碍；做事以前规定自己必须诚实，做事时就不会感到有什么困难；行动之前规定自己必须诚实，行动之后就不会产生内疚；实行道德之前规定自己必须诚实，实行时就不会有什么行不通的地方。

处在下位的人不能得到上面的信任和支持，那就不可能治理好人民。要想得到上面的信任和支持，有一定的道理，这就是在交朋友时要讲信用，如果连朋友都不信任自己，那么就不能得到上面的信任和支持；要使朋友信任自己，有一定的道理，这就是要孝顺父母，如果不能孝顺父母，那么就不能得到朋友的信任；要孝顺父母，有一定的道理，这就是要使自己内心诚实，不能使自己内心诚实，就不能孝顺父母；要使自己内心诚实，有一定的道理，这就是要显出自己善的本性来，如果不能使自己善的本性显出来，那么就不能使自己的内心诚实了。

诚，是上天赋予人们的道理；实行这个'诚'，那是人为的道理。天生诚实的人，不必勉强，他为人处世自然合理，不必苦苦思索，他言语行动就能得当，他的举止不偏不倚，符合中庸之道。这种人就是我们所说的'圣人'，要实行这个诚，就必须选择至善的道德，并且坚守不渝才行。

要广泛地学习各种知识，详尽细密地探究事物的原理，对自己所学的东西要谨慎思考，辨清是非，当获得了真理之后，就要坚决地去实践它。有的东西不学习也就罢了，学了，就一定要能掌握它，如果还不能掌握，那就不要停止学习；有的东西不问也就罢了，问就得问一个清楚，如果还没有弄清楚，那就不要罢休；有的问题不思考也就罢了，要思考就要有切身体会，如果不能获得什么体会，那就不要停止思考；有的事情不辨别也就罢了，要辨别就一定要把是非辨清，如果不能辨清，那就不要停止辨别；有的措施不实践也就罢了，要实践就一定要做到彻底，如果不彻底，那就不要停止实践。别人一遍能做好的，我做它一百遍也一定能做好；别人十遍能做好的，我做它一千遍也一定能做好。一个人如果能够按照这个道理去做，那么即使是愚蠢的人，也一定会变得聪明；即使是柔弱的人，也一定会变得刚强。

【原文】

自诚明①，谓之性；自明诚，谓之教；诚则明矣，明则诚矣。

【注解】

①自：由于。

【译文】

由于内心诚实而明察事理,这叫做天赋的本性;由于明察事理后达到内心真诚,这叫作后天的教育感化。凡心真诚也就会自然明察事理,而明察事理也就会做到内心诚实。

【原文】

唯天下至诚,为能尽其性①;能尽其性,则能尽人之性;能尽人之性,则能尽物之性;能尽物之性,则可以赞大地之化育;可以赞天地之化育,则可以与天地参矣②。

【注解】

①尽其性:即尽量发挥自己的天赋本性。②与天地参:与天地并列为三。参,并立。

【译文】

只有天下至诚的圣人,才能尽量发挥自己天赋的本性;能尽量发挥自己天赋的本性,就能尽量发挥天下人的本性;能尽量发挥天下人的本性,就能尽量发挥万物的本性;能尽量发挥万物的本性,就可以帮助天地对万事万物进行演化和发展;能帮助天地对万事万物进行演化和发展,就可以与天地并立为三了。

【原文】

其次致曲①,曲能有诚,诚则形,形则著,著则明,明则动,动则变,变则化,唯天下至诚为能化。

【注解】

①致曲:推究出细微事物的道理。致,推究。曲,郑玄注:"犹小小之事也。"

【译文】

　　那些次于圣人的贤人，如果能通过学习而推究一切细微事物的道理，那么由此也能达到诚；内心诚实了就会表现出来，表现出来了就会日益显著，日益显著就会更加光明，更加光明而后能使人心感动，就会使人发生转变，使人发生了转变，就可以化育万物，只有天下至诚之人才能做到化育万物。

【原文】

　　至诚之道，可以前知。国家将兴，必有祯祥；国家将亡，必有妖孽。见乎蓍龟①，动乎四体②。祸福将至：善，必先知之；不善，必先知之。故至诚如神。

【注解】

①见乎蓍（shī）龟：从蓍草、龟甲的占卜中发现。蓍龟，即蓍草和龟甲，古代用来占卦。②动乎四体：即从人们的仪表、行动中察觉。四体，四肢。

【译文】

　　掌握了至诚之道，就可以预知未来的事。国家将要兴旺，一定有吉祥的征兆；国家将要衰亡，必然会有妖孽出来作祟。这些或呈现在蓍草龟甲上，或表现在人的仪表上。祸福即将要来临时，是吉兆，是一定可以预先知道的；是凶兆，也一定可以预先知道。所以说掌握了至诚之道的人就像神灵一样。

【原文】

　　诚者，自成也；而道，自道也。诚者①，物之终始，不诚无物。是故君子诚之为贵。诚者，非自成己而已也，所以成物也。成己，仁也；成物，知也。性之德也，合外内之道也，故时措之宜也。

【注解】

①诚：此处的诚，是从广义上讲，指的是贯穿于一切事物中的实理，即事物的本质和发展规律。

【译文】

诚，就是完成自身道德修养的要素；道，就是知道自己走向完成品德修养所应该走的道路。诚，是天地自然之力，它贯穿在世界上万事万物之中，而始终不能离开，没有"诚"就没有世界上的万事万物。所以，君子把"诚"看作是一种高贵的品德。所谓诚，并不仅仅是完成自身的品德修养就算到头了，而是要使万物都得到完成。完成自身的品德修养便是"仁"；使万物得到完成便是"智"。"仁"和"智"都是人们天性中所固有的美德，它们内外结合，便是"成己""成物"的道理，所以经常实行就没有不适宜的地方。

【原文】

故至诚无息，不息则久，久则征①，征则悠远，悠远则博厚，博厚则高明。博厚，所以载物也；高明，所以覆物也；悠久，所以成物也。博厚配地，高明配天，悠久无疆。如此者，不见而章，不动而变，无为而成。

天地之道，可一言而尽也：其为物不贰②，则其生物不测。天地之道：博也，厚也，高也，明也，悠也，久也。今夫天，斯昭昭之多③，及其无穷也，日月星辰系焉④，万物覆焉。今夫地，一撮土之多，及其广厚，载华岳而不重⑤，振河海而不洩⑥，万物载焉。今夫山，一卷石之多⑦，及其广大，草木生之，禽兽居之，宝藏兴焉。今夫水，一勺之多⑧，及其不测，鼋鼍蛟龙鱼鳖生焉，货财殖焉。

《诗》云："维天之命，于穆不已⑨。"盖曰天之所以为天也⑩。"于乎不显⑪，文王之德之纯⑫。"盖曰：文王之所以为文也，纯亦不已。

【注解】

①征：验证，证明。②不贰：无二心。③斯昭昭之多：这句是指天由小小的明亮所积累。昭昭，小小的光明。④星辰：星系的总称。系：悬系。⑤华岳：即西岳华山，为五岳之一。⑥振：郑玄注"振，犹收也。"此处引申为"收容"的意思。洩：同"泄"，泄露。⑦一卷石之多：山由小小石堆积累而成。⑧勺：古代舀酒用的器具。⑨"维天"两句：这两句诗引自《诗经·周颂·维天之命》。《维天之命》这首诗是祭祀周文王的乐歌。于：叹词。穆：庄严，肃穆。不已：不止。⑩盖：推原之词。⑪于乎：与"呜呼"同。显：光明。⑫纯：纯洁无瑕。

【译文】

所以，至诚的道理是从来不会止息的。没有止息就会长久流传，长久流传就会得以验证，得以验证就会悠远，悠远就会广博深厚，广博深厚就会精明高妙。广博深厚，所以能承载天下万物；精明高妙，所以能覆盖天下万物；悠远长久，所以能生成天下万物。广博深厚可以与地相比，精明高妙可以与天相比，悠远长久则是永无止境。像这样，虽然不加以表现，却自然彰明；虽然不去行动，却自然可以感人化物；虽然无所作为，却自然会获得成功。

天地的道理用一句话就可以全部概括：它自身诚一不贰，而化生万物，形形色色，难以测知其中奥秘。天地的道理还在于：广博，深厚，高妙，精明，悠远，长久。现在就拿天来说吧，它只不过是由点点光明所积累，可是论到天的整体，那真是无穷无尽，日月星辰都靠它维系，世界万物都靠它覆盖。现在拿地来说吧，地，不过是由一撮土一撮土聚积起来的，可是论及地的全部，那真是广博深厚，承载像华山那样的崇山峻岭也不觉得重，容纳那众多的江河湖海也不会泄漏，世间万物都由它承载了。再说山吧，不过是由拳头大的石块聚积起来的，可等到它高大无比时，草木在上面生长，禽兽在上面居住，宝藏在上面储藏。再说水吧，不过是一勺一勺聚积起来的，可等到它浩瀚无涯时，蛟龙鱼鳖等都在里面生长，珍珠珊瑚等有值价的东西都在里面繁殖。

《诗经》中说，"只有那天命啊，肃穆庄严，运转不停！"这大概就是说的天之所以为天的原因吧。"多么显赫光明啊，文王之德大而且纯！"这大概就是说的文王之所以被称为"文"王的原因吧，就是因为它纯洁无瑕的品德常行不止。

【原文】

大哉圣人之道！洋洋乎发育万物，峻极于天①。优优大哉②，礼仪三百③，威仪三千④。待其人而后行。故曰：苟不至德，至道不凝焉。故君子尊德性而道问学，致广大而尽精微，极高明而道中庸，温故而知新，敦厚以崇礼。是故居上不骄，为下不倍⑤。国有道，其言足以兴；国无道，其默足以容⑥。《诗》曰："既明且哲，以保其身⑦。"其此之谓与！

【注解】

① 峻极：极其高峻。于：至。② 优优：宽裕充足的样子。③ 礼仪：经礼，典礼制度。④ 威仪：曲礼，指礼的细节。⑤ 倍：同"悖"，违背。⑥ 其默足以容：谓缄默不语，足以为执政者所容，因而也就可以远避灾祸。⑦ "既明"两句：这两句诗引自《诗经·大雅·烝民》。《烝民》是一首歌颂仲山甫（周宣王的臣子）的诗。

【译文】

伟大啊，圣人的道德！充满于天地之间，使万物生长发育，它高及苍天，无所不包。真是充裕而又伟大啊，礼的大纲多到三百条，礼的细节有三千多条。一定要等那有德的圣人出来才能够实行。所以说，假如不是像伟大的圣人那样具有最高的德行，那么伟大的道理就不会凝聚在他心中。因此君子一定要恭敬奉持天生的德行，广泛学习，探究事理，使学问和天赋德行日臻广大，达到精深高妙的境界，不偏不倚，遵循中庸之道。在学习方面，要做到温习已有的知识从而获得新知识；在道德修养方面，要使专诚之心更加充实，用以崇尚礼仪。所以身居高位不骄傲，身居低位不自弃，国家政治清明时，他的言论足以振兴国家；国家政治黑暗时，他的沉默足以保全自己。《诗经》说："既明智又通达事理，可以保全自身。"大概就是说的这个意思吧！

【原文】

子曰："愚而好自用①；贱而好自专②；生乎今之世，反古之道③；如此者，灾及其身者也。"

非天子，不议礼，不制度④，不考文⑤。今天下，车同轨⑥，书同文⑦，行同伦⑧。虽有其位，苟无其德，不敢做礼乐焉⑨；虽有其德，苟无其位，亦不敢作礼乐焉。

子曰："吾说夏礼⑩，杞不足征也⑪；吾学殷礼⑫，有宋存焉⑬。吾学周礼，今用之，吾从周。"

【注解】

①自用：只凭自己的主观意图行事。②自专：按自己的主观意志独断专行。③反：同"返"，引申为恢复。④制：制定。度：法度。⑤考：考订。文：指文字的笔画和形体。⑥轨：车子两轮间的距离。古代制车，两轮之间的距离都有定制。⑦书同文：书写的是同样的文字。⑧伦：指伦理道德。⑨乐：音乐。古代天子治理作乐，以治天下。⑩说，解说。一说为"悦"，喜爱。夏礼：夏代的礼法。⑪杞：古国名。⑫殷礼：殷代礼法。⑬宋：古国名，开国君主是商纣的庶兄微子启。

【译文】

孔子说："愚昧的人往往喜欢凭自己的主观意图行事；卑贱的人却常常喜欢独断专行。他们生于现在的时代不遵守当今的法律，却一心想去恢复古代的法律。这样的人，灾祸一定会降到他们的身上。"

不是天子，不敢议论礼制，不敢制订法度，不敢考订文字的笔画形体。现在天下车子的轮距一致，文字的字体统一，实行的伦理道德相同。虽然处在天子的地位，如果没有圣人的德行，是不敢制作礼乐制度的；虽然有

圣人的美德，如果没有天子的地位，也是不敢制作礼乐制度的。

孔子说："我解说夏朝的礼制，但是夏的后代已经衰败，现在只有一个杞国存在，所以不足以验证；我学习殷朝的礼制，现在还有它的后代宋国存在；我学习周朝的礼制，它正是当今所使用的，所以我遵从周礼。"

君王治理天下要做好议订礼仪，制订法度，考订文字规范这三件大事。

【原文】

王天下有三重焉，其寡过矣乎！上焉者①，虽善无征；无征不信；不信民弗从。下焉者②，虽善不尊③；不尊不信；不信民弗从。故君子之道，本诸身，征诸庶民，考诸三王而不缪④，建诸天地而不悖，质诸鬼神而无疑⑤，百世以俟圣人而不惑。质诸鬼神而无疑，知天也；百世以俟圣人而不惑，知人也。

是故，君子动而世为天下道，行而世为天下法，言而世为天下则。远之则有望，近之则不厌。

《诗》曰："在彼无恶，在此无射。庶几夙夜，以永终誉⑥。"君子未有不如此，而蚤有誉于天下者也⑦。

【注解】

① 上焉者：指远于当今之世的礼仪制度，如前文所说的夏礼、商礼。② 下焉者：指虽为圣人，而地位在下，他主张的礼仪制度虽善却不能实施。③ 不尊：没有尊贵的地位。④ 三王：指夏禹、商汤、周文王。缪：通"谬"，错误。⑤ 质：证实，保证。一说为质问。⑥ "在彼"四句：这四句诗引自《诗经·周颂·振鹭》。《振鹭》这首诗是周王设宴招待来朝的

诸侯时，在宴席上唱的乐歌。在彼无恶：彼，诸侯所在国。无恶，无人憎恨。这句是说，诸侯勤于政事，本国无人憎恨。在此无射：此，指周王所在地，即朝廷。无射，不厌恨。这句是说，诸侯来到朝廷朝见天子，朝廷里没有人厌恨他。庶几夙夜：庶几，差不多。夙夜，早晚，犹言早起晚睡。这句是说，各诸侯早起晚睡，勤于政事。以永终誉：永，长。终，"众"的假借字。誉，赞誉。这句是说，各诸侯能长受众人的称赞。⑦蚤：通"早"。

【译文】

　　君王治理天下能够做好议订礼仪、制订法度、考订文字规范这三件重要的事，他的过失就会减少了。离当今社会很远的礼仪制度，虽然好，但由于年代相隔太远，因而得不到验证，得不到验证就不能取信于民，不能取信于民，老百姓就不会听从。身为圣人而身处下位的人，他所主张的礼仪制度虽然好，但由于没有尊贵的地位，也不能取信于民；不能取信于民，老百姓就不会听从。所以君子治理天下的道理，应该以自身的品德修养为根本，并从老百姓那里得到验证和信任，用夏、商、周三代的礼仪制度来考察而没有谬误，建立于天地自然之间而没有违背之处，得到了鬼神的证实而没有疑问，这样就是等到百世以后的圣人来实行也不会有什么疑惑之处了。得到鬼神的证实而没有疑误不明的地方，这是因为了解和掌握了天理；等到百世以后的圣人来实行也不会有什么疑惑之处了，这是因为知道了人的情理。

　　所以君王的言语行动能世世代代成为天下共行的道理，君王的所作所为能世世代代成为天下遵循的法度，君王言谈话语能世世代代成为天下必守的准则。隔得远的则有仰慕之心，离得近的也不会有厌恶之意。

　　《诗经》说："诸侯在国没有人憎恶，在朝同样没有人厌烦，早起晚睡政事勤，众人称赞美名存。"君王中没有不这样做而能够早早在天下获得名望的。

【原文】

仲尼祖述尧舜①，宪章文武②，上律天时③，下袭水土④。辟如天地之无不持载⑤，无不覆帱⑥。辟如四时之错行，如日月之代明⑦。万物并育而不相害⑧，道并行而不相悖⑨，小德川流，大德敦化，此天地之所以为大也。

【注解】

①祖述：遵循前任的行为或学说。这句是说孔子遵循尧舜二帝的道统。②宪章文武：宪章，效法。这句是说效法周文王和周武王的典章制度。③上律天时：律，效法。天时，谓自然变化的时序，或言节气、气候或言阴晴寒暑的变化。"天时"在古时用意很广。④袭：合符。水土：犹言地理环境。⑤"辟如"句：这句是说天地广博深厚没有什么不能承载。⑥无不覆帱：没有什么不能覆盖。覆帱，覆盖的意思。⑦代：交替的意思。⑧并育：即同时生长。相害：互相妨害。⑨道：指天地之道，即四季更迭，日月交替之道。悖：违背。

【译文】

孔子遵循尧舜二帝的道统，效法文王、武王所定制的典范，上依据天时变化规律，下符合地理环境。譬如天地广博深厚，没有什么不能承载，没有什么不能覆盖。又譬如四季的更迭运行，日月的交替照耀。天地间万物同时生长而互不妨害，天地之道同时并行而互不冲突。小的德行如河水一样长流不息，大的德行使万物敦厚淳朴，无穷无尽。这就是天地之所以盛大的原因。

【原文】

唯天下至圣，为能聪明睿知，足以有临也①；宽裕温柔，足以有容也②；发强刚毅，足以有执也③；齐庄中正④，足以有敬也；文理密察⑤，足以有别也⑥。

溥博渊泉⑦，而时出之⑧。溥博如天，渊泉如渊。见而民莫不敬，言而民莫不信，行而民莫不说⑨。

是以声名洋溢乎中国，施及蛮貊⑩；舟车所至，人力所通，天之所覆，地之所载，日月所照，霜露所队⑪，凡有血气者，莫不尊亲⑫，故曰配天。

【注解】

①临：本指高出朝向低处，后引申为上对下之称。②容：包容，容纳。③执：操持决断天下大事。④齐庄：庄重恭敬。中正：不偏不倚。⑤文理：条理。密察：详察细辨。⑥别：分别是是邪邪正。⑦溥博渊泉：溥博，普遍广博。溥，普遍。渊泉，深潭。《列子·黄帝》："心如渊泉，形如处女。"后引申为思虑深远。⑧而时出之：出，溢出。这句是说，至圣的人的美德就像渊泉外溢一样，常常表现出来。⑨说：同"悦"，喜悦。⑩施：传播。及：到。蛮貊：谓边远少数民族。⑪队：同"坠"，坠落。⑫尊亲：尊重亲近。"尊、亲"二字后面省略了宾语。

【译文】

只有天下最圣明伟大的人，才能做到聪明智慧，足以居上位而临下民；宽博优裕，温和柔顺，足以包容天下的人和事；奋发图强，刚强坚毅。足以操持决断天下大事；庄重恭敬。处事中正，足以获得人民的尊敬；条理清晰，祥辨明察，足以分辨是非邪正。

圣明伟大的人，他们的美德广博而深厚，并常常会表露出来。他们的美德就像天空一样广阔，就像潭水一样幽深。这种美德表现在仪容上，老百姓没有谁不敬佩；表现在言谈中，老百姓没有谁不信服；表现在行动上，老百姓没有谁不喜悦。

因此，他们美好的名声充满了整个中原地区，并且传播到边远少数民族的地方；凡是船只车辆所能到达的，人所能通行的，苍天所能覆盖的，大地所能承载的，天阳和月亮所能照耀着的，霜露所能坠落到的地方，凡是有血气生命的人，没有不尊重和不亲近他们的；所以说圣人的美德可以和天相配。

【原文】

唯天下至诚，为能经纶天下之大经①，立天下之大本②，知天地之化育。夫焉有所倚？肫肫其仁③，渊渊其渊④，浩浩其天⑤。苟不固聪明圣知⑥，达天德者⑦，其孰能知之？

【注解】

①经纶：原指整理丝缕，这里引申为创制天下的法规。大经：指常道，法规。②大本：根本大德。③肫肫：诚挚，与"忳忳"同。忳，恳诚貌也。④渊渊其渊：意思是说圣人的思虑如潭水一般幽深。渊渊，水深。⑤浩浩其天：圣人的美德如苍天一般广阔。浩浩，原指水盛大的样子。⑥固：实。⑦达天德者：通达天赋美德的人。

【译文】

只有天下达到诚的最高境界的人，才能创制天下的法规，才能树立天下的根本大德，掌握天地化育万物的道理，这怎么会有偏向呢？他的仁心是那样的真诚，他的思虑像潭水般幽深，他伟大的美德像苍天一样广阔。假如不是具有真正聪明智慧而通达天赋美德的人，谁又能真正了解他呢？

【原文】

《诗》曰："衣锦尚絅①。"恶其文之著也。故君子之道，闇然而日章②；小人之道，的然而日亡③。君子之道，淡而不厌，简而文，温而理，知远之近④，知风之自⑤，知微之显⑥，可与入德矣。

《诗》云："潜虽伏矣，亦孔之昭⑦。"故君子内省不疚⑧，无恶于志⑨。君子之所不可及者，其唯人之所不见乎！

《诗》云："相在尔室，尚不愧于屋漏⑩。"故君子不动而敬，不言而信。

《诗》曰："奏假无言，时靡有争⑪。"是故君子不赏而民劝⑫，不怒而民威于铁钺⑬。

　　《诗》曰:"丕显惟德,百辟其刑之⑭。"是故君子笃恭而天下平。

　　《诗》云:"予怀明德,不大声以色⑮。"子曰,"声色之于以化民,末也。"《诗》曰:"德辑如毛⑯。"毛犹有伦⑰,"上天之载,无声无臭⑱。"至矣。

【注解】

①"衣锦"句：这句诗引自《诗经·卫风·硕人》。《硕人》写的是庄姜初嫁庄公为妻时的场景。衣：动作词,穿。锦：这里指色彩华美的丝绸服装。尚：加在上面。䌹：用麻纱制作的单罩衣。尚䌹：即加上麻纱罩衣。②闇然,暗淡的样子。闇,"暗"的异体字。日章：日渐彰明。章,同"彰"。③的然：鲜艳的样子。的,鲜艳,显著。④知远之近：意思是要往远去必从近开始。⑤知风之自：风,谓教化。这句是说,教化别人必须从自己做起。⑥知微之显：微,隐蔽之处。这句是说,隐蔽之处对明显之处也有一定的影响。⑦"潜虽"两句：这两句诗引自《诗经·小雅·正月》。《正月》是一首揭露现实的诗。潜：潜藏。伏：隐匿。孔：很,甚。昭：明。⑧内省(xǐng)：经常在内心省察自己。疚：原意为久病。引申为忧虑不安。⑨无恶：引申为"无愧"。志：心。⑩"相在"两句：这两句诗引自《诗经·大雅·抑》。相：看。在尔室：你独自一个人在室。尚：当。不愧于屋漏：意指心地光明,不再暗中做坏事或者起坏念头,屋漏,指古代室内西北角阴暗处。⑪"奏假"两句：这两句诗引自《诗经·商颂·烈祖》。《烈祖》是商的后代宋在祭祀祖先时唱的乐歌。奏假：祷告。无言：默默无声。⑫不赏而民劝：不需赏赐就能使人民受到鼓励。⑬铁钺：古代执行军法时用的斧子,与"斧钺"同。这里引申为刑戮。⑭"丕显"两句：这两句诗引自《诗经·周颂·烈文》。《烈文》是周王在举行封侯仪式上所唱的乐歌。丕显：充分显扬。丕,大。百辟：谓诸侯。刑：同"型",法则。⑮"予怀"两句：这两句诗引自《诗经·大雅·皇矣》。《皇矣》是一首史诗,叙述周朝祖先开国创业的历史。⑯"德辑"句：这句诗引自《诗经·大雅·烝民》。德：指德的微妙。辑：古时候一种

轻便车辆，引申为轻。毛：羽毛。⑰毛犹有伦：这句是说羽毛虽然轻微，但还是有东西可以类比的。⑱"上天"两句：这两句诗引自《诗经·大雅·文王》。载，事。臭（xiù），气味。这句诗的大意是说，上天化育万物的道理，没有声音和气味，世上没有什么东西可以形容它的高妙。

【译文】

《诗经》说："身穿锦绣衣服，外面罩件套衫。"这是为了避免锦衣花纹太鲜艳。所以，君子为人的道理在于，外表黯然无色而内心美德才日益彰明；小人的为人之道在于，外表色彩鲜艳，但是随着时间的推移便会日渐黯淡。君子为人的道理还在于，外表素淡而不使人厌恶，外表简朴而内含文采，外表温和而内有条理，知道远是从近开始，知道感化别人是从自己做起，知道微小隐蔽的地方会影响到显著的地方，能够掌握以上这些道理的，就可以进到圣人崇高的美德中去了。

《诗经》说："即使鱼潜藏很深，但仍然会看得明显的。"所以君子经常在内心省察自己，就不会有过失和内疚，就不会有愧心。由此可知，人们之所以不能超越君子的原因，大概就是因为君子在这些不被人看见的地方也严格要求自己。

《诗经》说："看你独自在室内的时候，应当也无愧于神明。"所以，君子就是在没做什么事的时候也是怀着敬畏谨慎的心理，在没有言语的时候就已经诚信专一了。

《诗经》说："默默无声暗祈祷，今时不再有争斗。"所以，君子不用赏赐而老百姓也会受到鼓励；不用发怒而老百姓畏惧他就会胜过刑戮的威严。

《诗经》说："弘扬好的德行，诸侯们便会来效法。"所以，君子笃实恭敬，就能使天下太平。

《诗经》说："怀念文王光明的美德，从不用厉声厉色。"孔子说："用厉声厉色去感化老百姓，这是没有抓住根本。"《诗经》说："美德轻如羽毛。"羽毛虽轻微细小，但还是有东西可以类比。《诗经》中说"化育万物上天道，无声无息真微妙"这才是达到了最高的境界啊。

第三卷

论语

论 语

《论语》是记载孔子和他的弟子们言行的典籍，全书20篇508章，一万余字。一般认为，《论语》是由孔子弟子所辑录。

```
                    《论语》
         ┌────────────┼────────────┐
    作者 孔门弟子   时代 春秋末      内容 孔门言行录
                   期至战国初期
```

《论语》一书真实而生动地记录了孔子的言行和他与弟子们的对话，这应该是孔门弟子在孔子生前就开始了记录。孔子逝世以后，弟子们继续追忆编纂成书。

传说孔子有弟子三千人，至于最后由谁来最终编撰在一起的，已经无可考证了。最后编订当在战国初期。今天的《论语》版本，是东汉末年的大学者郑玄根据几个古本作的《论语注》。今注本有杨伯峻的《论语译注》。

为最早的语录体书籍

现存《论语》共20篇，492章。其中记录孔子跟弟子或其他人谈话的约有444章。记录孔门弟子之间相互言论的有48章。内容以伦理教育为主，对中国文化影响极为深远。

孔子与《论语》

孔子是中国古代伟大的思想家、教育家。由他开创的儒家学派在历史上产生过深远影响，儒家文化一直成为封建时代中华民族的主体文化。但是孔子"述而不作"，没有留下完整、系统的学术专著。两千多年间，只有一部记录了孔子及其学生的言论与事迹的语录体著作流传了下来，这就是《论语》。

此书共20篇，492章，总约一万余字。这些文字，是我们今天研究孔子思想最宝贵的材料。

何以书名《论语》，诸家说法不一。一般认为，"论"是"论纂"，"语"是"语言"，

孔子像

因此，"论语"就是把孔子及其弟子的对话"论纂"起来的意思。《论语》各篇都以每篇开始的两字或三字为篇名。如第一篇的第一章以"学而时习之，不亦说乎"为首句，于是第一篇便定名为"学而篇"；第二十篇以"尧曰"开头，因此第二十篇便称为"尧曰篇"。

《论语》的编纂，约始于春秋末年，而成书于战国初年。

孔子其人 —— 孔子生平大略 ——

孔子，名丘，字仲尼，春秋时鲁国陬邑（今山东曲阜东南）人。历史上对孔子的生卒年月一直争论不休，但意见相差也不过一两年。大多学者认为是生于周灵王二十一年、鲁襄公二十二年（公元前551年），死于周敬王四十一年、鲁哀公十六年（公元前479年），享年73岁。

孔子是殷商的苗裔。周武王灭殷商后，封殷商的微子启于宋。孔子的祖先便是宋国的宗室。后来家世衰微，失掉了贵族的地位。孔子的父亲

叔梁纥，曾做过鲁国鄹地（今山东曲阜县境内）的地方长官，在孔子3岁那年就去世了。孔子从小与寡母相依为命。孔子曾说："吾少也贱，故多能鄙事。"（《子罕》）他不得不从事各种劳动，广泛地接触了下层社会。

30岁前后，孔子开始收徒讲学，创办了中国历史上第一所私学，孔子以"学而不厌，诲人不倦"的精神，培养了"贤人七十，弟子三千"。50岁时，孔子在鲁国做官，先后做过中都宰（中都的长官）、司空和大司寇（主管司法），但时间不长，终因鲁国的动乱而离开了鲁因。此后他周游列国，到过卫、曹、宋、陈、蔡等国，向各国君主宣传自己建立社会秩序、尊重人爱护人的主张，但都没有被采用。68岁，孔子又返回鲁国，开始专心于教育和整理、传授古代文化的工作。中华上古文化正是因为有了孔子才得以流传、普及开来，前人说："天不生仲尼，万古长如夜。"孔子的光辉永远不会熄灭。

少年贫贱，勤奋好学。

青年时已博学多艺，开始授徒。

中年时入朝为官，鲁国因此大治。

其道不行，周游列国，历经坎坷。

回到鲁国，整理遗产，聚徒授业。

圣人离世，光照千古。

《论语》的内容

《论语》的内容非常丰富，涉及社会与人的各个方面，有人誉之为"东方的圣经"，并不为过。《论语》的核心内容是"仁"。它既是孔子理想中最高的政治原则，又是最高的道德准则。"仁"的根本含义则是"仁者爱人"。

"忠恕"是由"仁"派生出来的，忠恕之道的基本要求是：以诚待人，推己及人。具体内容是：己立立人，己达达人；己所不欲，勿施于人（《卫灵公》）。由此中国人形成了"四海之内皆兄弟"的宽广情怀。

"仁"推广到政治就是"仁政"。孔子认为治理好国家，君主一定要重视人品、道德，要讲究信用，爱护民众，这是治国的基本原则。子曰："道千乘之国，敬事而信，节用而爱人，使民以时。"

《论语》中，讲到"仁"109次，讲到"礼"75次。孔子认为有了"仁"的本质还要通过"礼"的实践而达到全社会的遵守。

孔子的教学内容

孔子致力于培养士和君子，即为实现仁政、德治培养人才，他很注重人的内在素质和外在表现，他的教育方针是德才并重，道德教育和知识教育并重。

孔子最基本的教育内容是德育，即加强弟子们的品德修养。孔子以

"仁"为最高目标，为了使弟子们准确地把握仁、理解仁，曾多次详尽地回答过弟子们提出的问题。

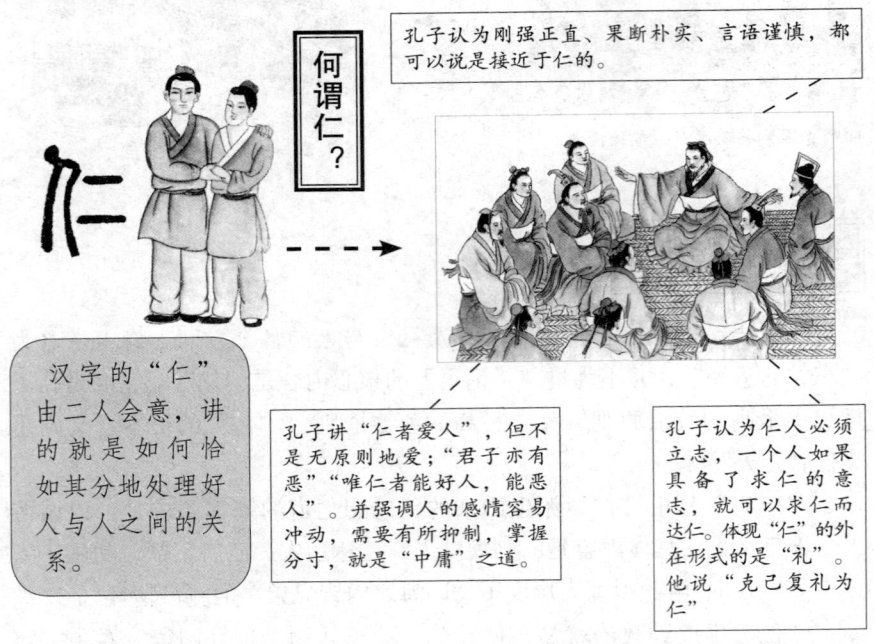

何谓仁？

孔子认为刚强正直、果断朴实、言语谨慎，都可以说是接近于仁的。

汉字的"仁"由二人会意，讲的就是如何恰如其分地处理好人与人之间的关系。

孔子讲"仁者爱人"，但不是无原则地爱；"君子亦有恶""唯仁者能好人，能恶人"。并强调人的感情容易冲动，需要有所抑制，掌握分寸，就是"中庸"之道。

孔子认为仁人必须立志，一个人如果具备了求仁的意志，就可以求仁而达仁。体现"仁"的外在形式的是"礼"。他说"克己复礼为仁"。

在具体的教学中，孔子以《诗》《书》《礼》《乐》《易》《春秋》作为教材。

《诗》在当时主要是用于典礼、讽谏、言语和赋诗言志等各个方面。孔子教授《诗》以"温柔敦厚"的诗教为主。

《书》即是《尚书》，是上古时代有关政治大事及言论的实录资料。孔子把它作为政治教材和历史教材来用，要求弟子们以此作为从政、行道、立身的法典依据。《论语》中记录孔子三次引《书》，都是以古喻今，讲解如何从政、行道的。

礼

《礼》指《仪礼》，是一本专门讲解各种典礼节仪及行为规范之书。其中"士礼"占了很大部分，是当时的士阶层立身行事的具体规范。孔子既把《礼》作为文献教材进行讲解，又把《礼》作为学习礼的仪式技能的重要教材。孔子进行的礼教，重在实用。因为礼是立身处世的行动准则，所以他告诫自己的儿子孔鲤说："不学礼，无以立。"

乐

《乐》也是孔子教学中的一项重要教材，今已亡佚。乐教不仅指学习音乐的基本功，同时也包括学习音乐理论和审美等内容。孔子主张礼乐治国，以礼来规范制约，以乐来陶冶浸染。他是把《诗》《礼》《乐》融为一体的："兴于诗，立于礼，成于乐。"在孔子的心目中，立志而后学诗，学诗而后知礼，知礼以后才能从音乐的启迪中自觉地陶冶性情。

易

《易》分《经》《传》两部分。《经》的内容在孔子以前就已经有了，《传》的内容则是后儒完成的。在孔子时代，《易》是一部讲阴阳八卦的占卜之书，内容神秘庞杂，在鲁国保存得比较完整。据《史记·孔子世家》记载，"孔子晚而喜《易》""读《易》，韦编三绝"。孔子曾经深入研究过《易》，并吸取书中朴素的辩证法思想来教育弟子。

春秋

《春秋》成书于孔子去世前二年，是他亲自编著的。孔子以当时的《百国春秋》为蓝本，将各国"史记"中的主要大事统于一体，先作为教材用，后来才整理成现今的传本。《春秋》中包含了孔子的社会政治理论，定名分，寓褒贬，微言大义，是孔子对学生们进行政治和历史教育的重要教科书。

孔子还以"六艺"来培养弟子们的才能，包括礼、乐、射、御、书、数。

礼 — 行礼　　乐 — 演奏音乐　　射 — 射箭

御　　　　　書　　　　　数

驾驭车马　　　书法　　　算数

有教无类的办学方针

孔子的办学方针是"有教无类",与殷、周统治阶级主要为贵族阶级办学的方针大不相同。孔子所收的弟子知名的,除了孟懿子、南宫敬叔来自贵族家庭外,绝大部份来自贫贱人家及少数所谓"自由民"。而得意门生中,颜渊是住在陋巷的穷苦子弟;曾参,母亲以纺织为业,自己曾种地耘瓜;子路,曾穷得主食草籽,"为亲负米";子张原是"鲁之鄙人";闵子骞,父亲出外时还得给父亲拉车子;原宪,家住穷巷,穿戴破旧;公冶长,是被人疑为盗窃而拘囚监狱,受过冤刑的青年;至于比较富裕的子贡,也不过是个属于"自由民"的商人。

孔子招收学生的手续很简单,只要携带一束干肉(束脩),象征性地表示对老师的敬意就可以了。孔子弟子号称三千,是指孔子一生中教授学生的总数,这些学生大都出身寒微。收教这些贫贱人家的子弟的目的,正如他的弟子子夏所说的,是"学而优则仕",让这些贫贱的劳动人民的子弟学习文化知识、六艺技艺,将来为官行政,实行他的"仁"道政治主张。

孔子教学以"文、行、忠、信"来分科。"文"是文化,"行"是道德修养,"忠"是尽己为人,"信"是言行一致、言而有信。这四种内容,都是普通百姓所喜爱的。因而吸引了很多普通人家的年轻子弟。这就把殷周以来专为贵族开办的各种礼仪的"儒术",改造成为经世济民的"儒学",孔子自己也就成为中国儒家学派的"开山祖"了。

孔门十哲

据《史记》记载，孔子有弟子三千，其中精通六艺者有七十二人，称"七十二贤人"。其中最为有成的十个弟子被称为"孔门十哲"。

在德行方面出众的有：颜回、闵损、冉耕、冉雍。
在政事方面出众的有：冉求、仲由。
在言语方面出众的有：宰我、端木赐。
在文学方面出众的有：言偃、卜商。

孔子弟子多达三千人，其中贤人七十二，而且有很多为各诸侯国高官栋梁。孔子死后，"七十子之徒散游诸侯，大者为师傅卿相，小者友教士大夫"。

颜回	 闵损	 冉耕	 冉雍	 冉求

仲由	 宰我	 端木赐	 言偃	 卜商

《论语》的价值

1. 奠定了中华文明基本的价值观

孔子继承了尧、舜、禹、汤、文、武、周公的道统,完整地提出了"仁",奠定了中国社会人与人之间的基本道德准则,也是政治伦理的基本观念。孔子提出了一整套的建立和谐社会的价值观,如孝、悌、恭、敬、信、宽、惠等。

2. 创造了人格的典范

怎样做人,怎样做一个具有完善人格的"仁者",《论语》做了最好的讲述。《论语》中所表现的真实孔子的伟大人格,两千多年来,一直是中华民族的榜样。

3. 提出了理想社会的秩序

4. 有极高的文学价值

《论语》是学习文言文的最好的奠基性读物。《论语》的记事非常生动,刻画精细入微,连孔子与学生谈话时的不同的神情都能生动地传达出来。

孔子是中国历史上最早创设较大规模私学的伟大教育家。

孔子的"仁学",体现了他"仁以为己任"及"明道救世"的使命感,与重道义、轻私利的价值观念。它赋予中国传统文化以道德教育,深刻地影响着中国人的思想和行为模式,成为中国人品格和心理的理论基础,闪耀着人道主义、现实主义的思想光辉。

学而篇第一

【原文】

1.1 子曰①:"学而时习之②,不亦说乎③?有朋自远方来,不亦乐乎④?人不知而不愠⑤,不亦君子乎⑥?"

【注解】

①子:中国古代对有学问、有地位的男子的尊称。《论语》中"子曰"的"子"都是指孔子。②习:"习"字的本意是鸟儿练习飞翔,在这里是温习和练习的意思。③说(yuè):同"悦",高兴、愉快的意思。④乐(lè):快乐。⑤愠(yùn):怒,怨恨,不满。⑥君子:《论语》中的"君子"指道德修养高的人,即"有德者";有时又指"有位者",即职位高的人。这里指"有德者"。

【译文】

孔子说:"学到的东西按时去温习和练习,不也很高兴吗?有朋友从很远的地方来,不也很快乐吗?别人不了解自己,自己却不生气,不也是一位有修养的君子吗?"

【原文】

1.2 有子曰①:"其为人也孝弟而好犯上者②,鲜矣③;不好犯上而好作乱者,未之有也④。君子务本,本立而道生。孝弟也者,其为仁之本与⑤!"

【注解】

①有子:孔子的学生,姓有,名若。在《论语》中,孔子的学生一般都称字,只有曾参和有若称"子"。②弟(tì):同"悌",敬爱兄长。③鲜(xiǎn):少。④未之有也:"未有之也"的倒装句,意思是没有这种人。⑤与:即"欤"字,表示疑问的助词。《论语》中的"欤"字皆作"与"。

【译文】

　　有子说:"那种孝顺父母、敬爱兄长的人,却喜欢触犯上级,是很少见的;不喜欢触犯上级却喜欢造反的人,更是从来没有的。有德行的人总是力求抓住这个根本。根本建立了便产生了仁道。孝敬父母、敬爱兄长,大概便是仁道的根本吧!"

【原文】

　　1.3　子曰:"巧言令色①,鲜矣仁②!"

【注解】

①巧言令色:巧,好。令,善。即满口说着讨人喜欢的话,满脸装出讨人喜欢的脸色。②鲜:少的意思。

【译文】

　　孔子说:"花言巧语,伪装出一副和善的面孔,这种人是很少仁德的。"

【原文】

　　1.4　曾子曰①:"吾日三省吾身②:为人谋而不忠乎?与朋友交而不信乎?传不习乎③?"

【注解】

①曾子:孔子晚年的学生,名参(shēn),字子舆,比孔子小四十六岁。生于公元前505年,鲁国人,是被鲁国灭亡了的鄫国贵族的后代。曾参是孔子的得意门生,以孝著称,据说《孝经》就是他撰写的。②三省(xǐng):多次反省。③传:老师讲授的功课。

【译文】

　　曾参说:"我每天从多方面反省自己:替别人办事是不是尽心竭力了

呢？与朋友交往是不是诚实守信了呢？对老师传授的功课，是不是用心复习了呢？"

【原文】

1.5 子曰："道千乘之国①，敬事而信②，节用而爱人③，使民以时④。"

【注解】

①道：通"导"，引导之意。此处译为治理。千乘（shèng）之国：乘，古代用四匹马拉的兵车。春秋时期，打仗用兵车，故车辆数目的多少往往标志着这个国家的强弱。千乘之国，即代指大国。②敬事："敬"是指对待所从事的事务要谨慎专一、兢兢业业，即今人所说的敬业。③爱人：古代"人"的含义有广义与狭义之分。广义的"人"，指一切人群；狭义的"人"，仅指士大夫以上各个阶层的人。此处的"人"与"民"相对而言。④使民以时："时"指农时。古代百姓以农业为主，这里是说役使百姓要按照农时，即不要误了耕作与收获。

【译文】

孔子说："治理拥有千辆兵车的国家，应该恭敬谨慎地对待政事，并且讲究信用；节省费用，并且爱护人民；征用民力要尊重农时，不要耽误耕种、收获的时间。"

【原文】

1.6 子曰："弟子入则孝①，出则弟②，谨而信③，泛爱众，而亲仁④。行有余力⑤，则以学文⑥。"

【注解】

①弟子：有二义，一是指年幼之人，弟系对兄而言，子系对父而言，故曰弟子；二是指学生。此处取前义。入：古时父子分别住在不同的居处，学习则在外舍。入是入父宫，指进到父亲住处；或说在家。②出：与"入"

相对而言，指外出拜师学习。出则弟，是说要用悌道对待师长，也可泛指年长于自己的人。③谨：寡言少语称之为谨。④仁：指具有仁德的人，即温和、善良的人。此形容词用作名词。⑤行有余力：指有闲暇时间。⑥文：指诗、书、礼、乐等文化知识。

【译文】

孔子说："小孩子在父母跟前要孝顺，出外要敬爱师长，说话要谨慎，言而有信，和所有人都友爱相处，亲近那些具有仁爱之心的人。做到这些以后，如果还有剩余的精力，就用来学习文化知识。"

【原文】

1.7　子夏曰①："贤贤易色②；事父母，能竭其力；事君，能致其身③；与朋友交，言而有信。虽曰未学，吾必谓之学矣。"

【注解】

①子夏：姓卜，名商，字子夏，孔子的高足，以文学著称。比孔子小四十四岁，生于公元前507年。孔子死后，他在魏国宣传孔子的思想主张。②贤贤：第一个"贤"字作动词用，尊重的意思。贤贤即尊重贤者。易：有两种解释，一是改变的意思；二是轻视的意思，即尊重贤者而看轻女色。③致其身：致，意为奉献、尽力。这里是要尽忠的意思。

【译文】

子夏说："一个人能够尊重贤者而看轻女色；侍奉父母，能够竭尽全力；服侍君主，能够献出自己的生命；同朋友交往，说话诚实、恪守信用。这样的人，即使他自己说没有学过什么，我也一定要说他已经学习过了。"

【原文】

1.8　子曰："君子不重则不威①，学则不固②，主忠信③。无友不如己者④。过则勿惮改⑤。"

【注解】

①重：庄重、自持。②学则不固：所学不牢固。与上句联系起来就可理解为：一个人不庄重就没有威严，所学也不牢固。③主忠信：以忠信为主。④无：通"毋"，不要的意思。不如己者：指不忠不信的人，此处是比较委婉的说法。⑤过：过错、过失。惮（dàn）：害怕、畏惧。

【译文】

孔子说："一个君子，如果不庄重，就没有威严；即使读书，所学也不会牢固。行事应当以忠和信这两种道德为主。不要和不忠不信的人交朋友。有了过错，要不怕改正。"

【原文】

1.9 曾子曰："慎终追远①，民德归厚矣②。"

【注解】

①慎终：指对父母之丧要尽其哀。追远：指祭祀祖先要致其敬。②民德：指民心，民风。厚：朴实，淳厚。民德归厚，指民心归向淳厚。

【译文】

曾子说："谨慎地对待父母的丧事，恭敬地祭祀远代祖先，就能使民心归向淳厚了。"

【原文】

1.10 子禽问于子贡曰①："夫子至于是邦也，必闻其政，求之与？抑与之与②？"子贡曰："夫子温、良、恭、俭、让以得之。夫子之求之也，其诸异乎人之求之与③？"

【注解】

①子禽：姓陈，名亢，字子禽。子贡：姓端木，名赐，字子贡，比孔子小三十一岁。②抑与之：抑，反语词，可作"还是……"解。与之，（别人）自愿给他。③其诸：表示不太肯定的语助词，有"或者""大概"的意思。

【译文】

子禽问子贡说："夫子每到一个国家，一定听得到这个国家的政事。那是求人家告诉他的呢，还是人家主动说给他听的呢？"子贡说："夫子是靠温和、善良、恭敬、节俭和谦让得来的。夫子的那种求得的方式，大概是不同于别人的吧？"

【原文】

　　1.11　子曰："父在观其志①。父没观其行②。三年无改于父之道，可谓孝矣。"

【注解】

①其：指儿子，不是指父亲。②行（xíng）：行为。

【译文】

　　孔子说："当他父亲活着时，要看他本人的志向；他父亲去世以后，就要考察他本人的具体行为了。如果他长期坚持父亲生前那些正确原则，就可以说是尽孝了。"

【原文】

　　1.12　有子曰："礼之用，和为贵。先王之道①，斯为美，小大由之。有所不行，知和而和，不以礼节之，亦不可行也。"

【注解】

①先王之道：指的是古代圣王治国之道。

【译文】

　　有子说："礼的功用，以遇事做得恰当和顺为可贵。以前的圣明君主治理国家，最可贵的地方就在这里。他们做事，无论事大事小，都按这个原则去做。如遇到行不通的，仍一味地追求和顺，却并不用礼法去节制它，也是行不通的。"

【原文】

　　1.13　有子曰："信近于义，言可复也①；恭近于礼，远耻辱也②；因不失其亲③，亦可宗也④。"

【注解】

①复：实践，履行。②远（yuàn）：使远离，可以译为避免。③因：依靠之意。④宗：主。可宗，可靠。

【译文】

　　有子说："约言符合道德规范，这种约言才可兑现。态度谦恭符合礼节规矩，才不会遭受羞辱。所依靠的都是关系亲密的人，也就可靠了。"

【原文】

　　1.14　子曰："君子食无求饱，居无求安，敏于事而慎于言，就有道而正焉①，可谓好学也已。"

【注解】

①有道：指有道德、有学问的人。正：匡正，端正。

【译文】

孔子说:"君子饮食不追求饱足;居住不追求安逸;对工作勤奋敏捷,说话却谨慎;接近有道德有学问的人并向他学习,纠正自己的缺点,就可以称得上是好学了。"

【原文】

1.15 子贡曰:"贫而无谄,富而无骄,何如?"子曰:"可也。未若贫而乐、富而好礼者也。"子贡曰:"《诗》云:'如切如磋,如琢如磨①',其斯之谓与②?"子曰:"赐也③,始可与言《诗》已矣,告诸往而知来者④。"

【注解】

①如切如磋,如琢如磨:出自《诗经·卫风·淇奥》篇。意思是:好比加工象牙,切了还得磋,使其更加光滑;好比加工玉石,琢了还要磨,使其更加细腻。②其:表测度语气,可译为"大概"。③赐:子贡的名。孔子对学生一般都称名。④来者:未来的事,这里借喻为未知的事。

【译文】

子贡说:"贫穷却不巴结奉承,富贵却不骄傲自大,怎么样?"孔子说:"可以了,但还是不如虽贫穷却乐于道,虽富贵却谦虚好礼。"子贡说:"《诗经》上说:'要像骨、角、象牙、玉石等的加工一样,先开料,再粗锉,细刻,然后磨光',大概是这样的意思吧?"孔子说:"赐呀,现在可以同你讨论《诗经》了。告诉你以往的事,你能因此而知道未来的事。"

【原文】

1.16 子曰:"不患人之不己知,患不知人也。"

【译文】

孔子说:"不要担心别人不了解自己,应该担心的是自己不了解别人。"

为政篇第二

【原文】

2.1 子曰:"为政以德,譬如北辰居其所而众星共之①。"

【注解】

①北辰:北极星。共(gǒng):同"拱",环绕。

【译文】

孔子说:"用道德的力量去治理国家,自己就会像北极星那样,安然处在自己的位置上,别的星辰都环绕着它。"

为政以德,譬如北辰,居其所而众星共之。

【原文】

2.2 子曰:"《诗》三百①,一言以蔽之②,曰:'思无邪'。"

子曰:《诗》三百,一言以蔽之,思无邪。

【注解】

①《诗》三百:《诗经》中共收诗三百零五篇。"三百"是举其整数而言。②蔽:概括。

【译文】

孔子说:"《诗经》三百多篇,用一句话来概括它,就是'思想纯正'。"

【原文】

2.3　子曰:"道之以政①,齐之以刑,民免而无耻②;道之以德,齐之以礼,有耻且格③。"

【注解】

①道:有两种解释,一说是引导的意思,一说是领导、治理,与"道千乘之国"的"道"相同。此从后解。②免:免罪、免刑、免祸。③格:纠正。

【译文】

孔子说:"用政令来治理百姓,用刑罚来制约百姓,百姓可暂时免于罪过,但不会感到不服从统治是可耻的;如果用道德来统治百姓,用礼教来约束百姓,百姓不但有廉耻之心,而且会纠正自己的错误。"

【原文】

2.4　子曰:"吾十有五而志于学①,三十而立②,四十而不惑,五十而知天命,六十而耳顺③,七十而从心所欲,不逾矩。"

【注解】

①有(yòu):同"又"。古文中表数字时常用"有"代替"又",表示相加的关系。②立:站立,成立。这里指立身处世。③耳顺:对于外界一切相反相异、五花八门的言论,能分辨真伪是非,并听之泰然。

【译文】

孔子说:"我十五岁立志学习,三十岁在人生道路上站稳脚跟,四十岁心中不再迷惘，五十岁知道上天给我安排的命运，六十岁听到别人说话就能分辨是非真假，七十岁能随心所欲地说话做事，又不会超越规矩。"

【原文】

2.5　孟懿子问孝①，子曰："无违②。"樊迟御③，子告之曰："孟孙问孝于我，我对曰，无违。"樊迟曰："何谓也？"子曰："生，事之以礼；死，葬之以礼，祭之以礼。"

【注解】

①孟懿子：鲁国大夫，姓仲孙，名何忌。懿，谥号。②无违：不要违背礼节。③樊迟：孔子的学生，姓樊，名须，字子迟。御：驾车，赶车。

【译文】

孟懿子问什么是孝道。孔子说："不要违背礼节。"不久，樊迟替孔子驾车，孔子告诉他："孟孙问我什么是孝道，我对他说，不要违背礼节。"樊迟说："这是什么意思？"孔子说："父母活着的时候，依规定的礼节侍奉他们；死的时候，依规定的礼节安葬他们，祭祀他们。"

【原文】

2.6　孟武伯问孝①，子曰："父母唯其疾之忧②。"

【注解】

①孟武伯：上文孟懿子的儿子，名彘（zhì），"武"是谥号。②其：指孝子。

父母唯其疾之忧。

【译文】

孟武伯问什么是孝道,孔子说:"父母只为孩子的疾病担忧(而不担忧别的)。"

【原文】

2.7 子游问孝①,子曰:"今之孝者,是谓能养。至于犬马,皆能有养。不敬,何以别乎?"

【注解】

①子游:孔子的高足,姓言,名偃,字子游,吴人。

【译文】

子游请教孝道,孔子说:"现在所说的孝,指的是能养活父母便行了。即使狗和马,也都有人饲养。对父母如果不恭敬顺从,那和饲养狗马有什么区别呢?"

【原文】

2.8 子夏问孝,子曰:"色难①。有事,弟子服其劳②;有酒食③,先生馔④;曾是以为孝乎⑤?"

【注解】

①色难:有两种解释,一说孝子侍奉父母,以做到和颜悦色为难;一说难在承望、理解父母的脸色。今从前解。②弟子:年轻的子弟。③食:食物。④先生:

至于犬马,皆能有养;不敬,何以别乎?

与"弟子"相对,指长辈。馔:吃喝。⑤曾:副词,竟然的意思。

【译文】

子夏问什么是孝道,孔子说:"侍奉父母经常保持和颜悦色最难。遇到事情,由年轻人去做;有好吃好喝的,让老年人享受,难道这样就是孝吗?"

【原文】

2.9 子曰:"吾与回言终日①,不违,如愚。退而省其私②,亦足以发,回也不愚。"

【注解】

①回:姓颜,名回,字子渊,孔子最得意的门生之一。②退:从老师那里退下。省(xǐng):观察。私:私语,指颜回与别人私下讨论。

【译文】

孔子说:"我整天对颜回讲学,他从不提出什么反对意见,像个蠢人。等他退下,我观察他私下里同别人讨论时,却能发挥我所讲的,可见颜回他并不愚笨呀!"

【原文】

2.10 子曰:"视其所以①,观其所由②,察其所安③。人焉廋哉④?人焉廋哉?"

【注解】

①以:为。所以:所做的事。②所由:所经过的途径。③安:安心。④廋(sōu):隐藏,隐蔽。

【译文】

孔子说:"看一个人的所作所为,考察他处事的动机,了解他心安于什么事情。那么,这个人的内心怎能掩盖得了呢?这个人的内心怎能掩盖得了呢?"

【原文】

2.11　子曰:"温故而知新,可以为师矣。"

【译文】

孔子说:"在温习旧的知识时,能有新的收获,就可以当老师了。"

【原文】

2.12　子曰:"君子不器。"

【译文】

孔子说:"君子不能像器皿一样(只有一种用途)。"

【原文】

2.13　子贡问君子,子曰:"先行其言而后从之。"

【译文】

子贡问怎样才能做一个君子。孔子说:"对于你要说的话,先实行了,然后说出来。"

【原文】

2.14　子曰:"君子周而不比①,小人比而不周。"

【注解】

①周:团结多数人。比:勾结。

【译文】

孔子说:"德行高尚的人以正道广泛交友但不互相勾结,品格卑下的人互相勾结却不顾道义。"

【原文】

2.15 子曰:"学而不思则罔①,思而不学则殆②。"

【注解】

①罔:迷惘,没有收获。②殆:疑惑。

【译文】

学而不思则罔。

孔子说:"学习而不思考就会迷惘无所得;思考而不学习就不切于事而疑惑不解。"

【原文】

2.16 子曰:"攻乎异端①,斯害也已②!"

【注解】

①攻:做。异端:中庸的两端,指"过"和"不及"。②斯:连词,这就、那就的意思。也已:语气词。

【译文】

孔子说:"做事情过或不及,都是祸害啊!"

【原文】

2.17 子曰:"由①!诲女,知之乎②?知之为知之,不知为不知,是知也。"

【注解】

①由:孔子的高足,姓仲,名由,字子路,卞(故城在今山东泗水县东五十里)人。②知:作动词用,知道。

【译文】

孔子说:"由啊,我教给你的,你懂了吗?知道就是知道,不知道就是不知道,这才是真正的智慧!"

【原文】

2.18 子张学干禄①,子曰:"多闻阙疑②,慎言其余,则寡尤③;多见阙殆④,慎行其余,则寡悔。言寡尤,行寡悔,禄在其中矣。"

【注解】

①子张:孔子的学生,姓颛(zhuān)孙,名师,字子张。干禄:谋求禄位。②阙疑:把疑难问题留着,不下判断。阙,通"缺"。③尤:过失。④阙殆:与"阙疑"对称,同义,故均译为"怀疑"。

【译文】

子张请教求得官职俸禄的方法。孔子说:"多听,把不明白的事情放到一边,谨慎地说出那些真正懂得的,就能少犯错误;多观察,不明白的就保留心中,谨慎地实行那些真正懂得的,就能减少事后懊悔。言语少犯错误,行动少后悔,自然就有官职俸禄了。"

【原文】

2.19 哀公问曰①:"何为则民服?"孔子对曰:"举直错诸枉②,则民服;举枉错诸直,则民不服。"

【注解】

①哀公:鲁国国君,姓姬,名将,鲁定公之子,在位二十七年,"哀"是谥号。②错:同"措",安置。诸:"之于"的合音。枉:邪曲。

【译文】

鲁哀公问道:"我怎么做才能使百姓服从呢?"孔子答道:"把正直的人提拔上来,使他们位居不正直的人之上,则百姓就服从了;如果把不正直的人提拔上来,使他们位居正直的人之上,百姓就会不服从。"

【原文】

2.20 季康子问①:"使民敬、忠以劝②,如之何?"子曰:"临之以庄,则敬;孝慈,则忠;举善而教不能,则劝③。"

【注解】

①季康子:鲁大夫季桓子之子,鲁国正卿,"康"是谥号。②以:通"与",可译为"和"。③劝:勉励的意思。

【译文】

　　季康子问:"要使百姓恭敬、忠诚并互相勉励,该怎么做?"孔子说:"如果你用庄重的态度对待他们,他们就会恭敬;如果你能孝顺父母、爱护幼小,他们就会忠诚;如果你能任用贤能之士,教化能力低下的人,他们就会互相勉励。"

【原文】

　　2.21　或谓孔子曰①:"子奚不为政②?"子曰:"《书》云③:'孝乎惟孝,友于兄弟。'施于有政④,是亦为政,奚其为为政?"

【注解】

①或:有人。②奚(xī):疑问词,当"何""怎么""为什么"讲。③《书》:指《尚书》。"《书》云"以下二句见伪《古文尚书·君陈》,略有出入,可能是《尚书》逸文。④施于有政:"有"在此无实在的意义。

【译文】

　　有人问孔子说:"您为什么不当官参与政治呢?"孔子说:"《尚书》中说:'孝呀!只有孝顺父母,才能推广到友爱兄弟。并把孝悌的精神扩展、影响到政治上去。'这也是参与政治,为什么一定要当官才算参与政治呢?"

【原文】

　　2.22　子曰:"人而无信①,不知其可也。大车无輗②,小车无軏③,其何以行之哉?"

【注解】

①而:如果。信:信誉。②大车:指牛车。輗(ní):大车辕和车辕前横木相接的关键。③小车:指马车。軏(yuè):马车辕前横木两端的木销。

【译文】

孔子说:"一个人如果不讲信誉,真不知他怎么办。就像大车的横木两头没有活键,小车的横木两头少了关扣一样,怎么能行驶呢?"

人而无信,不知其可也。

【原文】

2.23 子张问:"十世可知也①?"子曰:"殷因于夏礼②,所损益可知也;周因于殷礼,所损益可知也;其或继周者,虽百世,可知也。"

【注解】

①世:古时称三十年为一世,一世为一代。也有的把"世"解释为朝代。也:表疑问的语气词。②殷:殷朝,即商朝,商王盘庚迁都于殷(今河南安阳西北),后来就称商朝为"殷"。因:因袭,沿袭。

【译文】

子张问:"今后十代的礼制现在可以预知吗?"孔子说:"殷代承袭夏代的礼制,其中废除和增加的内容是可以知道的;周代继承殷代的礼制,其中废除和增加的内容,也是可以知道的。那么以后如果有继承周朝的朝代,就是在一百代以后,也是可以预先知道的。"

【原文】

2.24 子曰:"非其鬼而祭之,谄也。见义不为,无勇也。"

【译文】

孔子说:"祭祀不该自己祭祀的鬼神,那是献媚;见到合乎正义的事而不做，那是没有勇气。"

八佾篇第三

【原文】

3.1 孔子谓季氏①，"八佾舞于庭②，是可忍也③，孰不可忍也？"

【注解】

①季氏：季孙氏，鲁国大夫。
②八佾（yì）：古代奏乐舞蹈，每行八人，称为一佾。天子可用八佾，即六十四人；诸侯六佾，四十八人；大夫四佾，三十二人。季氏应该用四佾。③忍：忍心，狠心。

孔子闻季氏舞八佾于庭曰：是可忍也，孰不可忍也。

【译文】

孔子谈到季孙氏说："他用天子才能用的八佾在庭院中奏乐舞蹈，这样的事都狠心做得出来，还有什么事不能狠心做出来呢？"

【原文】

3.2 三家者以《雍》彻①。子曰："'相维辟公，天子穆穆②'，奚取于三家之堂？"

【注解】

①三家：鲁国当政的三家大夫孟孙、叔孙、季孙。《雍》：《诗经·周颂》中的一篇，为周天子举行祭礼后撤去祭品、祭器时所唱的诗。彻：

同"撤",古代祭礼完毕后撤祭馔,乐人唱诗以娱神。②"相维辟公,天子穆穆"二句:诸侯都在助祭,天子恭敬地主祭。见《雍》诗。相(xiàng),助祭的人。维,用于句中的助词,可以译为"是"。辟(bì)公,诸侯。穆穆,庄严肃穆。

【译文】

孟孙、叔孙和季孙三家祭祖时,唱着《雍》这首诗歌来撤除祭品。孔子说:"《雍》诗说的'诸侯都来助祭,天子恭敬地主祭'怎么能用在三家大夫的庙堂上呢?"

【原文】

3.3 子曰:"人而不仁,如礼何①?人而不仁,如乐何?"

【注解】

①如礼何:怎样对待礼仪制度。

【译文】

孔子说:"做人如果没有仁德,怎么对待礼仪制度呢?做人如果没有仁德,怎么对待音乐呢?"

【原文】

3.4 林放问礼之本①,子曰:"大哉问!礼,与其奢也,宁俭;丧,与其易也②,宁戚。"

【注解】

①林放:鲁国人。②易:治理,办妥。

【译文】

林放问礼的根本。孔子说:"你的问题意义重大啊!礼,与其求形式上的豪华，不如俭朴一些好；治丧，与其在仪式上面面俱到，不如内心真正悲痛。"

【原文】

3.5　子曰："夷狄之有君①，不如诸夏之亡也②。"

【注解】

①夷狄：古代中原地区的人对周边地区的贬称，谓之不开化。②诸夏：古代中原地区华夏族的自称。亡（wú）：通"无"。

【译文】

孔子说："夷狄有君主而不讲礼节，还不如原始之地的没有君主而讲礼节哩。"

【原文】

3.6　季氏旅于泰山①。子谓冉有曰②："女弗能救与？"对曰："不能。"子曰："呜呼！曾谓泰山不如林放乎？"

【注解】

①旅：祭山，这里作动词用。在当时，只有天子和诸侯才有资格祭祀名山大川。②冉有：名求，字子有，孔子的学生，比孔子小二十九岁。冉有当时在季氏门下做事。

【译文】

季氏要去祭祀泰山，孔子对冉有说："你不能阻止吗？"冉有回答说："不能。"孔子说："唉！难道说泰山之神还不如林放懂礼吗？"

【原文】

3.7　子曰："君子无所争。必也射乎①！揖让而升②，下而饮。其争也君子。"

【注解】

①射：指古代的射礼。大射礼规定两人一组，相互作揖然后登堂，射完再相互作揖退下。各组射完后，再作揖登堂饮酒。②揖：拱手行礼。

揖让而升，下而饮，其争也君子。

【译文】

孔子说："君子没有什么可与别人争的事情。如果有，一定是比射箭了。比赛时，相互作揖谦让后上场。射完后，登堂喝酒。这是一种君子之争。"

【原文】

3.8 子夏问曰："'巧笑倩兮①，美目盼兮②，素以为绚兮③'。何谓也？"子曰："绘事后素。"曰："礼后乎？"子曰："起予者商也④！始可与言《诗》已矣。"

【注解】

①倩：笑容美好。②盼：眼睛黑白分明。③绚（xuàn）：有文采。这三句诗前两句见《诗·卫风·硕人》，第三句可能是逸诗。④起：阐明。

【译文】

子夏问道："'轻盈的笑脸多美呀，黑白分明的眼睛多媚呀，好像在洁白的质地上画着美丽的图案呀。'这几句诗是什么意思呢？"孔子说："先有白色底子，然后在上面画画。"子夏说："这么说礼仪是在有了仁德之心之后才产生的了？"孔子说："能够发挥我的思想的是卜商啊！可以开始和你谈论《诗经》了。"

【原文】

3.9　子曰:"夏礼,吾能言之,杞不足征也①;殷礼,吾能言之,宋不足征也②。文献不足故也③。足,则吾能征之矣。"

【注解】

①杞:国名,杞君是夏禹的后代,周初的故城在今河南杞县,其后迁移。征:证明、验证。②宋:国名,宋君是商汤的后代,故城在今河南商丘市南。③文:典籍。献:指贤人。

【译文】

孔子说:"夏代的礼仪制度,我能说一说,但它的后代杞国不足以作证明;殷代的礼仪制度,我能说一说,但它的后代宋国不足以作证明。这是杞、宋两国的历史资料和知礼人才不足的缘故。如果有足够的历史资料和懂礼的人才,我就可以验证这两代的礼了。"

【原文】

3.10　子曰:"禘自既灌而往者①,吾不欲观之矣。"

【注解】

①禘(dì):一种极为隆重的祭礼,只有天子才能举行。灌:祭礼开始时,向代表受祭者献酒的仪式。

【译文】

孔子说:"举行禘祭的仪式,从完成第一次献酒以后,我就不想看下去了。"

【原文】

3.11　或问禘之说,子曰:"不知也。知其说者之于天下也,其如示诸斯乎①!"指其掌。

【注解】

①示：有二义，一为"置"，摆或放的意思，即指放在手上的东西，一目了然；一为"视"。两说皆通，今从前说。斯：指后面的"掌"字。

【译文】

有人问孔子关于举行禘祭的内容，孔子说："不知道。知道的人治理天下，可能像把东西放在这里一样容易吧！"说的时候，指着自己的手掌。

【原文】

3.12 祭如在①，祭神如神在。子曰："吾不与祭②，如不祭。"

【注解】

①祭如在：祭祀祖先时，好像祖先真的就在前面。祭，祭祀。在，存在，这里指活着。②与（yù）：参与。

祭神如神在。

【译文】

祭祀祖先时，好像祖先真的在面前；祭神的时候，好像神真的在面前。孔子说："我如果不亲自参加祭祀，祭了就跟不祭一样。"

【原文】

3.13 王孙贾问曰①："与其媚于奥②，宁媚于灶③，何谓也？"子曰："不然获罪于天，无所祷也。"

【注解】

①王孙贾：卫国权臣。据说他是周王之后，因得罪周王，出仕于卫。他的问话，用的是比喻，带有挑衅意味。②奥：后室的西南角，被视为尊者所

居的位置。③灶：古人认为灶里有神，因此在灶边祭之。这里王孙贾以奥比喻卫灵公或其宠姬南子，以灶自喻，暗示孔子与其巴结卫灵公及南子，不如巴结自己更实惠。

【译文】

　　王孙贾问道："与其巴结奥神，不如巴结灶神，这是什么意思？"孔子说："不是这样的。如果得罪了上天，到什么地方去祷告求情也是无用的。"

【原文】

　　3.14　子曰："周监于二代①，郁郁乎文哉②！吾从周。"

【注解】

①监（jiàn）：通"鉴"，借鉴。二代：指夏、商二代。②郁郁：文采盛貌。文：指礼乐制度。

【译文】

　　孔子说："周代的礼仪制度是参照夏朝和商朝修订的，多么丰富多彩啊！我主张接受周代的。"

【原文】

　　3.15　子入太庙①，每事问。或曰："孰谓鄹人之子知礼乎②？入太庙，每事问。"子闻之，曰："是礼也。"

【注解】

①太庙：开国的君主叫太祖，太祖的庙叫太庙。这里

子入太庙，每事问。

指周公的庙，周公是鲁国最先受封的君主。②鄹（zōu）：鲁国地名，在今山东省曲阜市东南。孔子的父亲做过鄹大夫，所以这里称为鄹人。

【译文】

孔子进入太庙，每遇到一件事都细细地询问。有人说："谁说鄹邑大夫的儿子懂得礼仪呀？他进到太庙里，每件事都要问人。"孔子听到这话，说："这正是礼嘛。"

【原文】

3.16 子曰："射不主皮①，为力不同科②，古之道也。"

【注解】

①射不主皮：皮，代指箭靶。古代箭靶叫"侯"，用布或皮做成，中心画着猛兽等。孔子此处讲的射不是军事上的射，而是练习礼乐的射，因此以中不中为主，不以穿破皮侯为主。②为（wèi）：因为。同科：同等，同级。

【译文】

孔子说："比射箭，主要不是看能否射穿皮做的箭靶子，因为各人力气大小不同。这是古时候的规则。"

【原文】

3.17 子贡欲去告朔之饩羊①。子曰："赐也！尔爱其羊，我爱其礼。"

【注解】

①去：去掉，废除。告朔之饩（xì）羊：告朔，朔为每月的第一天。周天子于每年秋冬之交向诸侯颁布来年的历书，历书包括指明有无闰月、每月的朔日是哪一天，这就叫"告朔"。诸侯接受历书后，藏于祖庙。每逢初

一,便杀一头羊祭于庙。羊杀而不烹叫"饩"(烹熟则叫"飧")。告朔饩羊是古代一种祭礼制度。

【译文】

子贡想把每月初一告祭祖庙的羊废去不用。孔子说:"赐呀!你爱惜那只羊,我则爱惜那种礼。"

【原文】

3.18　子曰:"事君尽礼,人以为谄也。"

【译文】

孔子说:"按照礼节去侍奉君主,别人却认为这是在讨好君主哩。"

【原文】

3.19　定公问①:"君使臣,臣事君,如之何?"孔子对曰:"君使臣以礼,臣事君以忠。"

【注解】

①定公:鲁国国君,姓姬名宋,"定"是谥号。

【译文】

鲁定公问:"国君役使臣子,臣子服侍君主,各应该怎么做?"孔子答道:"君主应该按照礼节役使臣子,臣子应该用忠心来服侍君主。"

【原文】

3.20　子曰:"《关雎》乐而不淫①,哀而不伤。"

【注解】

①《关雎(jū)》:《诗经》中的第一篇。

【译文】

孔子说:"《关雎》这首诗快乐而不放荡,悲哀而不悲伤。"

【原文】

3.21 哀公问社于宰我①。宰我对曰:"夏后氏以松,殷人以柏,周人以栗,曰:使民战栗。"子闻之,曰:"成事不说,遂事不谏②,既往不咎。"

【注解】

①社:土地神,祭祀土神的庙也称社。宰我:名予,字子我,孔子的学生。②遂事:已完成的事。

【译文】

鲁哀公问宰我,做土地神的神位应该用什么木料。宰我回答说:"夏代人用松木,殷代人用柏木,周代人用栗木,目的是使百姓战战栗栗。"孔子听到这些话,告诫宰我说:"已经过去的事不用解释了,已经完成的事不要再劝谏了,已过去的事也不要再追究了。"

【原文】

3.22 子曰:"管仲之器小哉①!"或曰:"管仲俭乎?"曰:"管氏有三归②,官事不摄③,焉得俭?""然则管仲知礼乎?"曰:"邦君树塞门④,管氏亦树塞门。邦君为两君之好,有反坫⑤,管氏亦有反坫。管氏而知礼,孰不知礼?"

【注解】

①管仲:名夷吾,齐桓公时的宰相,辅助齐桓公成为诸侯的霸主。②三归:三处豪华的公馆。③摄:兼任。④树:树立。塞门:在大门口筑的一道短墙,以别内外,相当于屏风、照壁等。⑤反坫(diàn):古代君主招

待别国国君时，放置献过酒的空杯子的土台。

【译文】

孔子说："管仲的器量太小啦！"有人问："管仲节俭吗？"孔子说："管仲有三处豪华的公馆，他手下的人从不兼职，怎么能称得上节俭呢？""那么管仲懂礼仪吗？"孔子说："国君在宫门前立了一道影壁，管仲也在自家门口立了影壁；国君设宴招待别国君主、举行友好会见时，在堂上设有放置空酒杯的土台，管仲宴客也就有这样的土台。如果说管仲知礼，那还有谁不知礼呢？"

子曰：管仲之器小哉！

【原文】

3.23 子语鲁大师乐①，曰："乐其可知也：始作，翕如也②；从之③，纯如也④，皦如也⑤，绎如也⑥，以成⑦。"

【注解】

①语（yù）：告诉，作动词用。大（tài）师：太师，乐官名。②翕（xī）：意为合，聚，协调。③从（zòng）：放纵，展开。④纯：美好、和谐。⑤皦（jiǎo）：音节分明。⑥绎：连续不断。⑦以成：以之而成，即以从之纯如、皦如、绎如三者而成。

【译文】

孔子给鲁国乐官讲奏乐过程："奏乐过程是可以了解的：开始演奏时，各种乐器合奏，声音宏亮而优美，听众随着乐声响起而为之振奋；乐曲展开后美好而和谐,节奏分明,连续不断,如流水绵绵流淌,直至演奏结束。"

【原文】

3.24　仪封人请见①,曰:"君子之至于斯也,吾未尝不得见也。"从者见之②。出曰:"二三子何患于丧乎③?天下之无道也久矣,天将以夫子为木铎④。"

【注解】

①仪:地名。封人:镇守边疆的小官。请见:请求会见孔子。②从者:随从之人。见之:让他被接见。③二三子:你们这些人。患:忧愁,担心。丧(sàng):失掉官位。④木铎:以木为舌的铜铃,古代用以宣布政教法令。

【译文】

仪地的一个小官请求会见孔子,说:"凡是到这个地方的君子,我没有不求见的。"孔子的学生们领他去见孔子。出来以后,他说:"你们几位为什么担心失去官位呢?天下无道已经很久了,因此上天将以孔夫子为圣人来教化天下。"

【原文】

3.25　子谓《韶》①:"尽美矣②,又尽善也③。"谓《武》④:"尽美矣,未尽善也。"

【注解】

①《韶》:相传是舜时的乐曲名。②美:指乐曲的声音言。③善:指乐曲的内容言。④《武》:相传是周武王时的乐曲名。

【译文】

孔子评论《韶》,说:"乐曲美极了,内容也好极了。"评论《武》,说:

"乐曲美极了,内容还不是完全好。"

【原文】

3.26　子曰:"居上不宽,为礼不敬,临丧不哀,吾何以观之哉!"

【译文】

孔子说:"居于统治地位的人,不能宽宏大量,行礼的时候不恭敬,遭遇丧事时不悲伤哀痛,这个样子,我怎么看得下去呢?"

里仁篇第四

【原文】

4.1　子曰:"里仁为美①。择不处仁,焉得知②?"

【注解】

①里:可作名词讲,居住之地;也可以作动词讲,居住。均通。今从第二义。
②知:同"智"。

里仁为美。

【译文】

孔子说:"居住在有仁风的地方才好。选择住处,不居住在有仁风的地方,怎能说是明智呢?"

【原文】

4.2　子曰:"不仁者不可以久处约①,不可以长处乐。仁者安仁,知者利仁②。"

【注解】

①约：穷困之意。②知（zhì）：同"智"。

【译文】

孔子说："没有仁德的人不能够长久地安于穷困，也不能够长久地处于安乐之中。有仁德的人长期安心于推行慈爱精神，聪明的人认识到仁对他有长远的利益而实行仁。"

【原文】

4.3　子曰："唯仁者能好人①，能恶人②。"

【注解】

①好（hào）：爱好。②恶（wù）：厌恶。

【译文】

孔子说："只有讲仁爱的人，才能够正确地喜爱某人、厌恶某人。"

【原文】

4.4　子曰："苟志于仁矣，无恶也。"

【译文】

孔子说："如果立志追求仁德，就不会去做坏事。"

【原文】

4.5　子曰："富与贵，是人之所欲也，不以其道得之，不处也。贫与贱，是人之所恶也，不以其道得之，不去也。君子去仁，恶乎成名①？君子无终食之间违仁，造次必于是②，颠沛必于是③。"

【注解】

①恶（wū）乎：怎样。②造次：急促、仓猝。③颠沛：用以形容人事困顿，社会动乱。

【译文】

孔子说："金钱和地位，是每个人都向往的，但是，以不正当的手段得到它们，君子不享受。贫困和卑贱，是人们所厌恶的，但是，不通过正当的途径摆脱它们，君子是不会摆脱的。君子背离了仁的准则，怎么能够成名呢？君子不会有吃一顿饭的时间离开仁德，即使在匆忙紧迫的情况下也一定要遵守仁的准则，在颠沛流离的时候也和仁同在。"

【原文】

4.6　子曰："我未见好仁者、恶不仁者①。好仁者，无以尚之②；恶不仁者，其为仁矣，不使不仁者加乎其身。有能一日用其力于仁矣乎？我未见力不足者。盖有之矣，我未之见也。"

【注解】

①好、恶：同4.3章解。②尚：通"上"，用作动词，超过的意思。

【译文】

孔子说："我从未见过喜爱仁德的人和厌恶不仁德的人。喜爱仁德的人，那就没有比这更好的了；厌恶不仁德的人，他实行仁德，只是为了不使不仁德的事物加在自己身上。有谁能在某一天把他的力量都用在仁德方面吗？我没见过力量不够的。或许有这样的人，只是我没有见过罢了。"

【原文】

4.7　子曰："人之过也，各于其党①。观过，斯知仁矣②。"

【注解】

①党：类别。②斯：则，就。仁：通"人"。

【译文】

孔子说："人们所犯的错误，类型不一。所以观察一个人所犯错误的性质，就可以知道他的为人。"

【原文】

4.8　子曰："朝闻道①，夕死可矣。"

【注解】

①道：道理，指真理。

【译文】

孔子说："早晨能够得知真理，即使当晚死去，也没有遗憾。"

【原文】

4.9　子曰："士志于道，而耻恶衣恶食者，未足与议也。"

【译文】

孔子说："读书人立志于追求真理，但又以穿破衣、吃粗糙的饭食为耻，这种人就不值得和他谈论真理了。"

【原文】

4.10　子曰："君子之于天下也，无适也①，无莫也②，义之与比③。"

【注解】

①适（dí）：意为专主、依从。②莫：不肯。无适无莫，指做事不固执。

③义：适宜、妥当。比：亲近、相近。

【译文】

孔子说："君子对于天下的事，没有规定一定要怎样做，也没有规定一定不要怎样做，而只考虑怎样做才合适恰当，就行了。"

【原文】

4.11　子曰："君子怀德，小人怀土；君子怀刑，小人怀惠。"

【译文】

孔子说："君子心怀的是仁德；小人则怀恋乡土。君子关心的是刑罚和法度，小人则关心私利。"

【原文】

4.12　子曰："放于利而行①，多怨。"

【注解】

①放（fǎng）：或译为纵，谓纵心于利也；或释为依据，今从后说。利：这里指个人利益。

【译文】

孔子说："如果依据个人的利益去做事，会招致很多怨恨。"

【原文】

4.13　子曰："能以礼让为国乎①，何有②？不能以礼让为国，如礼何③？"

【注解】

①礼让：礼节和谦让。②何有：何难之有，不难的意思。③如礼何：把礼

怎么办？即如何实行礼制呢？

【译文】

孔子说："能用礼让的原则来治理国家吗，难道这有什么困难吗？如果不能用礼让的原则来治理国家，又怎么能实行礼制呢？"

【原文】

4.14　子曰："不患无位，患所以立。不患莫己知，求为可知也。"

【译文】

孔子说："不愁没有职位，只愁没有足以胜任职务的本领。不愁没人知道自己，应该追求能使别人知道自己的本领。"

【原文】

4.15　子曰："参乎！吾道一以贯之①。"曾子曰："唯。"子出。门人问曰："何谓也？"曾子曰："夫子之道，忠恕而已矣②。"

【注解】

①贯：贯穿，贯通。如以绳穿物。②忠恕：据朱熹注，尽己之心以待人叫作"忠"，推己及人叫作"恕"。

【译文】

孔子说："曾参呀！我的学说可以用一个根本的原则贯通起来。"曾参答道："是的。"孔子走出去以后，其他学生问道："这是什么意思？"曾参说："夫子的学说只不过是忠和恕罢了。"

【原文】

4.16　子曰："君子喻于义①，小人喻于利。"

【注解】

①喻：通晓，明白。

【译文】

孔子说："君子懂得大义，小人只懂得小利。"

【原文】

4.17　子曰："见贤思齐焉①，见不贤而内自省也②。"

【注解】

①贤：贤人，有贤德的人。齐：看齐。②省：反省，检查。

【译文】

孔子说："看见贤人就应该想着向他看齐；见到不贤的人，就要反省自己有没有类似的毛病。"

【原文】

4.18　子曰："事父母几谏①。见志不从，又敬不违，劳而不怨②。"

【注解】

①几（jī）：轻微，婉转。②劳：劳心；担忧。

【译文】

孔子说："侍奉父母，对他们的缺点应该委婉地劝止，如果自己的意见没有被采纳，仍然要对他们恭敬，不加违抗。只在心里忧愁而不怨恨。"

【原文】

4.19　子曰:"父母在,不远游,游必有方。"

【译文】

孔子说:"父母活着的时候,子女不远游外地;即使出远门,也必须要有一定的去处。"

【原文】

4.20　子曰:"三年无改于父之道,可谓孝矣。"

【译文】

孔子说:"如果能够长时间地不改变父亲生前所坚持的准则,就可说做到了孝。"

【原文】

4.21　子曰:"父母之年,不可不知也。一则以喜,一则以惧。"

【译文】

孔子说:"父母的年纪不能不知道,一方面因其长寿而高兴,一方面又因其年迈而有所担忧。"

【原文】

4.22　子曰:"古者言之不出,耻躬之不逮也①。"

【注解】

①逮(dài):及,赶上。

【译文】

孔子说:"古代的君子从不轻易地发言表态,他们以说了而做不到为耻。"

【原文】

4.23　子曰:"以约失之者鲜矣①。"

【注解】

①约:约束,拘谨。

【译文】

孔子说:"因为约束自己而犯错误,这样的事比较少。"

【原文】

4.24　子曰:"君子欲讷于言而敏于行①。"

【注解】

①讷(nè):说话迟钝。

【译文】

孔子说:"君子说话应该谨慎,而行动要敏捷。"

【原文】

4.25　子曰:"德不孤,必有邻。"

【译文】

孔子说:"品德高尚的人不会孤独,一定有志同道合的人和他做伴。"

【原文】

4.26 子游曰:"事君数,斯辱矣;朋友数,斯疏矣。"

【译文】

子游说:"进谏君主过于频繁,就会遭受侮辱;劝告朋友过于频繁,反而会被疏远。"

公冶长篇第五

【原文】

5.1 子谓公冶长①:"可妻也②。虽在缧绁之中③,非其罪也。"以其子妻之④。

【注解】

①公冶长:齐国人(或说鲁国人),姓公冶,名长,孔子的高足。②妻(qì):把女儿嫁给。③缧(léi)绁(xiè):捆绑犯人的绳索。这里指监狱。④子:儿女,此处指女儿。

【译文】

孔子谈到公冶长时说:"可以把女儿嫁给他。虽然他曾坐过牢,但不是他的罪过。"便把自己的女儿嫁给了他。

【原文】

5.2 子谓南容①:"邦有道,不废;邦无道,免于刑戮。"以其兄之子妻之②。

【注解】

①南容：姓南容，名适（kuò），字子容，孔子的高足。②兄之子：孔子的哥哥孔皮，此时已去世，故孔子为侄女主婚。

【译文】

孔子评论南容时说："国家政治清明时，他不会被罢免；国家政治黑暗时，他也可免于刑罚。"就把自己兄长的女儿嫁给了他。

【原文】

5.3　子谓子贱①："君子哉若人！鲁无君子者，斯焉取斯？"

【注解】

①子贱：姓宓（fú），名不齐，字子贱，也是孔子的高足。

【译文】

孔子评论子贱说："这个人是君子啊！如果鲁国没有君子，他从哪里获得这种好品德的呢？"

【原文】

5.4　子贡问曰："赐也何如？"子曰："女，器也。"曰："何器也？"曰："瑚琏也①。"

【注解】

①瑚（hú）琏（liǎn）：古代祭祀时盛粮食的器具，很珍贵。

【译文】

子贡问孔子："我这个人怎么样？"孔子说："你好比是一个器具。"子贡又问："是什么器具呢？"孔子说："宗庙里盛黍稷的瑚琏。"

【原文】

5.5 或曰:"雍也仁而不佞①。"子曰:"焉用佞?御人以口给②,屡憎于人。不知其仁,焉用佞?"

【注解】

①雍:冉雍,字仲弓,孔子的学生。佞(nìng):能言善说,有口才。②御:抵挡,这里指争辩顶嘴。口给(jǐ):应对敏捷,嘴里随时都有供给的话语。

【译文】

有人说:"冉雍这个人有仁德,但没有口才。"孔子说:"何必要有口才呢?伶牙俐齿地同别人争辩,常常被人讨厌。我不知道他是否可称得上仁,但为什么要有口才呢?"

【原文】

5.6 子使漆雕开仕①,对曰:"吾斯之未能信。"子说②。

【注解】

①漆雕开:姓漆雕,名开,字子若,孔子的高足。②说:同"悦"。

【译文】

孔子叫漆雕开去做官。他回答说:"我对这事还没有信心。"孔子听了很高兴。

【原文】

5.7 子曰:"道不行,乘桴浮于海①,从我者,其由与!"子路闻之喜。子曰:"由也好勇过我,无所取材。"

【注解】

①桴（fú）：用来在水面浮行的木排或竹排，大的叫筏，小的叫桴。

【译文】

孔子说："如果主张的确无法推行了，我想乘着木排飘流海外。但跟随我的，恐怕只有仲由吧？"子路听了这话很高兴。孔子说："仲由这个人好勇的精神大大超过我，但不善于裁夺事理。"

【原文】

5.8　孟武伯问："子路仁乎？"子曰："不知也。"又问。子曰："由也，千乘之国，可使治其赋也。不知其仁也。""求也何如？"子曰："求也，千室之邑，百乘之家，可使为之宰也①，不知其仁也。""赤也何如②？"子曰："赤也，束带立于朝，可使与宾客言也。不知其仁也。"

【注解】

①宰：古代县、邑一级的行政长官。卿大夫的家臣也叫宰。②赤：公西赤，字子华，孔子的学生。

【译文】

孟武伯问："子路算得上有仁德吗？"孔子说："不知道。"孟武伯又问一遍。孔子说："仲由呵，一个具备千辆兵车的大国，可以让他去负责军事。至于他有没有仁德，我就不知道了。"又问："冉求怎么样？"孔子说："求呢，一个千户规模的大邑，一个具备兵车百辆的大夫封地，可以让他当总管。至于他的仁德，我弄不清。"孟武伯继续问："公西赤怎么样？"孔子说："赤呀，穿上礼服，站在朝廷上，可以让他和宾客会谈。他仁不仁，我就不知道了。"

【原文】

5.9 子谓子贡曰:"女与回也孰愈①?"对曰:"赐也何敢望回?回也闻一以知十,赐也闻一以知二。"子曰:"弗如也,吾与女弗如也②。"

【注解】

①愈:胜过,超过。②与:有两种解释:其一,同意、赞成;其二,和。此处取后一种说法。

【译文】

孔子对子贡说:"你和颜回相比,哪个强一些?"子贡回答说:"我怎么敢和颜回相比呢?颜回他听到一件事就可以推知十件事;我呢,听到一件事,只能推知两件事。"孔子说:"赶不上他,我和你都赶不上他。"

【原文】

5.10 宰予昼寝。子曰:"朽木不可雕也,粪土之墙不可杇也①。于予与何诛②?"子曰:"始吾于人也,听其言而信其行;今吾于人也,听其言而观其行。于予与改是。"

子谓子贡曰:女与回也孰愈?

【注解】

①杇(wū):同"圬",指涂饰,粉刷。②与(yú):语气词。诛:意为责备、批评。

【译文】

宰予在白天睡觉。孔子说:"腐朽了的木头不能雕刻,粪土一样的墙壁不能粉刷。对宰予这个人，不值得责备呀！"孔子又说："以前，我对待别人，听了他的话便相信他的行为；现在，我对待别人，听了他的话还要观察他的行为。我是因宰予的表现而改变了对人的态度的。"

【原文】

5.11　子曰："吾未见刚者。"或对曰："申枨①。"子曰："枨也欲，焉得刚？"

【注解】

①申枨（chéng）：孔子的学生，姓申，名枨，字周。

【译文】

孔子说："我没有见过刚毅不屈的人。"有人回答说："申枨是这样的人。"孔子说："申枨啊，他的欲望太多，怎么能刚毅不屈？"

【原文】

5.12　子贡曰："我不欲人之加诸我也①，吾亦欲无加诸人。"子曰："赐也，非尔所及也。"

【注解】

①加：有两种解释，一是施加，一是凌辱。今从前义。

【译文】

子贡说："我不愿别人把不合理的事加在我身上，我也不想把不合理的事加在别人身上。"孔子说："赐呀，这不是你可以做得到的。"

【原文】

5.13　子贡曰："夫子之文章，可得而闻也；夫子之言性与天道①，不可得而闻也。"

【注解】

①天道：天命。《论语》中孔子多处讲到天和命，但不见有孔子关于天道的言论。

【译文】

子贡说："老师关于《诗》《书》《礼》《乐》等文献的讲述，我们能够听得到；老师关于人性和天命方面的言论，我们从来没听到过。"

【原文】

5.14 子路有闻，未之能行，唯恐有闻。

【译文】

子路听到了什么道理，如果还没有来得及去实行，便唯恐又听到新的道理。

【原文】

5.15 子贡问曰："孔文子何以谓之'文'也①？"子曰："敏而好学，不耻下问，是以谓之'文'也。"

【注解】

①孔文子：卫国大夫，姓孔，名圉（yǔ），"文"是谥号。

【译文】

子贡问道："孔文子为什么谥他'文'的称号呢？"孔子说："他聪明勤勉，喜爱学习，不以向比自己地位低下的人请教为耻，所以谥他'文'的称号。"

【原文】

5.16 子谓子产①："有君子之道四焉：其行己也恭，其事上也敬，其养民也惠，其使民也义。"

【注解】

①子产：姓公孙，名侨，字子产，郑国大夫。做过正卿，是郑穆公的孙子，为春秋时郑国的贤相。

【译文】

孔子评论子产说："他有四个方面符合君子的标准：他待人处世很谦恭，侍奉国君很负责认真，养护百姓有恩惠，役使百姓合乎情理。"

【原文】

5.17 子曰："晏平仲善与人交①，久而敬之。"

【注解】

①晏平仲：名婴，谥号为"平"，齐国的大夫，曾任齐景公的宰相。

【译文】

孔子说："晏平仲善于与人交往，相识时间久了，别人更加尊敬他。"

【原文】

5.18 子曰："臧文仲居蔡山节藻棁①，何如其知也②？"

【注解】

①臧文仲：姓臧孙，名辰，"文"是他的谥号。春秋时鲁国大夫。居蔡：居，作动词用，藏的意思。蔡，国君用以占卜的大龟。蔡这个地方产龟，因此把大龟叫"蔡"。山节藻棁（zhuō）：

节，柱上的斗拱。棁，房梁上的短柱。山节藻棁即指把斗拱雕成山形，在棁上绘上水草花纹。古时是装饰天子宗庙的做法。②知：同"智"。孔子认为臧文仲为大龟盖豪华的房子，为僭越行为，不智。

【译文】

孔子说："臧文仲为产自蔡地的大乌龟盖了一间房子，中有雕刻成山形的斗拱和画着藻草的梁柱，他这样做算一种什么样的聪明呢？"

【原文】

5.19 子张问曰："令尹子文三仕为令尹①，无喜色；三已之，无愠色。旧令尹之政，必以告新令尹。何如？"子曰："忠矣。"曰："仁矣乎？"曰："未知，焉得仁？""崔子弑齐君②。陈文子有马十乘③，弃而违之④。至于他邦，则曰：'犹吾大夫崔子也。'违之。之一邦，则又曰：'犹吾大夫崔子也。'违之，何如？"子曰："清矣。"曰："仁矣乎？"曰："未知，焉得仁？"

【注解】

①令尹：楚国的官名，相当于宰相。子文：姓斗，名縠（gòu）于（wū）菟（tú），字子文，楚国贤相。三仕三已的"三"不是实指，而是概数，可译为"几"。②崔子：崔杼，齐国的大夫，曾杀掉他的国君齐庄公。弑（shì）：古代在

令尹子文三仕为令尹，无喜色；三已之，无愠色。

下的人杀掉在上的人叫"弑"。③陈文子：齐国大夫，名须无。④违：离开。

【译文】

子张问道："楚国的令尹子文几次担任令尹的职务，没有显出高兴的样子；几次被罢免，也没有怨恨的神色。他当令尹时的政事，一定交代给下届接位的人。这个人怎么样？"孔子说："可算得上对国家尽忠了。"子张问："算得上有仁德吗？"孔子说："不知道，这怎么能算仁呢。"子张又问："崔杼杀了齐庄公，陈文子有数十匹马，他都丢弃不要，就离开了。到了另一个国家，说：'这里的执政者和我国的崔子差不多'，又离开了。再到了一国，说：'这里的执政者和我国的崔子差不多'，还是离开了。这人怎么样？"孔子说："很清高。"子张说："算得上有仁德吗？"孔子说："不知道，这怎么能算有仁德呢？"

【原文】

5.20　季文子三思而后行①。子闻之，曰："再，斯可矣。"

【注解】

①季文子：鲁国的大夫，姓季孙，名行父，"文"是谥号。

【译文】

季文子办事，要反复考虑多次后才行动。孔子听到后，说："考虑两次就可以了。"

【原文】

5.21　子曰："宁武子，邦有道，则知①；邦无道，则愚。其知可及也，其愚不可及也。"

【注解】

①宁武子：姓宁，名俞，谥号为"武"，卫国的大夫。

【译文】

孔子说："宁武子这个人，在国家政治清明时就聪明，当国家政治黑暗时就装糊涂。他的聪明是别人可以做得到的，他的装糊涂，别人是赶不上的。"

【原文】

5.22 子在陈①，曰："归与！归与！吾党之小子狂简②，斐然成章，不知所以裁之。"

【注解】

①陈：国名，大约在今河南东部和安徽北部一带。②吾党：我的家乡。党是古代地方组织的名称，五百家为党。狂简：志向远大而行为粗疏。

【译文】

孔子在陈国，说："回去吧！回去吧！我家乡的那帮学生志向远大而行为粗疏，文采虽然很可观，但他们不知道怎样节制自己。"

【原文】

5.23 子曰："伯夷、叔齐不念旧恶①，怨是用希。"

【注解】

①伯夷、叔齐：孤竹君的两个儿子。父亲死后，互相让位，都逃到周文王那里。周武王起兵伐纣，他们以为这是以臣弑君，拦在马前劝阻。周灭商统一天下后，他们以吃周朝的粮食为耻，逃进山中以野草充饥，饿死在首阳山中。

【译文】

孔子说:"伯夷、叔齐这两兄弟不记旧仇,因此别人对他们的怨恨很少。"

【原文】

5.24 子曰:"孰谓微生高直①?或乞醯焉②,乞诸其邻而与之。"

【注解】

①微生高:姓微生,名高,鲁国人,以直爽著称。②醯(xī):醋。

【译文】

孔子说:"谁说微生高这个人直爽?有人向他求点醋,他却向自己邻居那里讨点来给人家。"

【原文】

5.25 子曰:"巧言、令色、足恭,左丘明耻之①,丘亦耻之。匿怨而友其人,左丘明耻之,丘亦耻之。"

【注解】

①左丘明:鲁国史官,姓左丘,名明。一说姓左,名丘明。相传是《春秋左氏传》和《国语》的作者。

子曰:巧言、令色、足恭,左丘明耻之,丘亦耻之。

【译文】

孔子说:"花言巧语,面貌伪善,过分恭敬,这种人,左丘明认为可耻,我也认为可耻。把仇恨暗藏于心,表面上却同人要好,这种人,左丘明认为可耻,我也认为可耻。"

【原文】

5.26　颜渊、季路侍①。子曰:"盍各言尔志?"子路曰:"愿车马衣轻裘与朋友共,敝之而无憾。"颜渊曰:"愿无伐善②,无施劳。"子路曰:"愿闻子之志。"子曰:"老者安之,朋友信之,少者怀之③。"

【注解】

①季路:即子路。②伐善:夸耀功劳。伐,夸耀。③怀:关怀,照顾。

【译文】

颜渊、季路在孔子身边。孔子说:"你们为什么不各自谈谈自己的志向?"子路说:"我愿意拿出自己的车马、穿的衣服,和朋友们共同使用,即使用坏了也不遗憾。"颜渊说:"我愿意不夸耀自己的长处,不宣扬自己的功劳。"子路说:"我们希望听听老师的志向。"孔子说:"我愿老年人安度晚年,朋友之间相互信任,年幼的人得到照顾。"

【原文】

5.27　子曰:"已矣乎!吾未见能见其过而内自讼者也。"

【译文】

孔子说:"算了吧!我从未见过看到自己有错误便能自我责备的人。"

【原文】

5.28　子曰:"十室之邑,必有忠信如丘者焉,不如丘之好学也。"

【译文】

孔子说:"就是在只有十户人家的小地方,一定有像我这样又忠心又守信的人,只是赶不上我这样好学罢了。"

雍也篇第六

【原文】

6.1　子曰:"雍也可使南面①。"

【注解】

①南面:古时尊者的位置是坐北朝南,天子、诸侯、卿大夫等听政时皆面南而坐。此以"南面"代指卿大夫之位。

【译文】

孔子说:"冉雍这个人啊,可以让他去做一个部门或一个地方的长官。"

【原文】

6.2　仲弓问子桑伯子①,子曰:"可也,简。"仲弓曰:"居敬而行简,以临其民,不亦可乎?居简而行简,无乃大简乎②?"子曰:"雍之言然。"

【注解】

①子桑伯子:鲁人,事迹不详。②无乃:岂不是。

【译文】

仲弓问子桑伯子这个人怎么样,孔子说:"这个人不错,他办事简约。"

仲弓说:"如果态度严肃认真,而办事简约不繁,这样来治理百姓,不也可以吗?如果态度马虎粗疏,办起事来又简约,那不是太简单了吗?"孔子说:"你的话很对。"

桑伯子居敬而行简,以临其民。

【原文】

6.3 哀公问:"弟子孰为好学?"孔子对曰:"有颜回者好学,不迁怒①,不贰过②。不幸短命死矣③。今也则亡④,未闻好学者也。"

【注解】

①不迁怒:不把对此人的怒气发泄到彼人身上。②不贰过:"贰"是重复、一再的意思。这是说不犯同样的错误。③短命死矣:颜回死时年仅三十一岁。④亡:同"无"。

【译文】

鲁哀公问:"你的学生中谁最爱好学习?"孔子回答说:"有个叫颜回的最爱学习。他从不迁怒于别人,也不犯同样的过错。只是他不幸短命死了。现在没有这样的人了,再也没听到谁爱好学习的了。"

【原文】

6.4 子华使于齐①,冉子为其母请粟②,子曰:"与之釜③。"请益,曰:"与之庾④。"冉子与之粟五秉⑤。子曰:"赤之适齐也,乘肥马,衣轻裘。吾闻之也,君子周急不继富。"

【注解】

①子华:孔子的学生,姓公西,名赤,字子华,鲁国人。②冉子:姓冉,

名求，字子有，鲁国人。粟：小米。③釜：古代量器，六斗四升为一釜。④庾（yǔ）：古代量器，二斗四升为一庾。⑤秉（bǐng）：古代量器，十六斛为一秉。一斛为十斗。

【译文】

子华出使齐国，冉有替子华的母亲向孔子请求补助一些小米。孔子说："给她六斗四升。"冉有请求再增加一些，孔子说："再给她二斗四升。"冉有却给了她八百斗。孔子说："公西赤到齐国去，骑肥马，穿着又轻又暖和的皮袍。我听人说：君子应该救济有紧急需要的穷人，而不应该给富人添富。"

【原文】

6.5　原思为之宰①，与之粟九百，辞。子曰："毋以与尔邻里乡党乎②！"

【注解】

①原思：姓原，名宪，字子思，孔子的学生。宰：家宰，管家。②邻里乡党：古代地方单位的名称。五家为邻，二十五家为里，五百家为党，一万二千五百家为乡。

【译文】

原思做了孔子家的总管，孔子给他报酬小米九百斗，他推辞不要。孔子说："不要这样推辞！多余的就给你的邻里乡亲吧！"

【原文】

6.6　子谓仲弓，曰①："犁牛之子骍且角②，虽欲勿用，山川其舍诸？"

【注解】

①子谓仲弓：有两种解释，一是孔子对仲弓说；二是孔子对第三者议论仲弓，今从前说。②犁牛：耕牛。骍（xīn）且角：祭祀用的牛，毛色为红，角长得端正。骍，红色。

【译文】

孔子对仲弓说："耕牛生的小牛犊长着红色的毛皮，两角整齐，虽然不想用来当祭品，山川之神难道会舍弃它吗？"

【原文】

6.7 子曰："回也，其心三月不违仁。其余则日月至焉而已矣。"

【译文】

孔子说："颜回呀，他的心中长久地不离开仁德，其余的学生，只不过短时间能做到这点罢了。"

季康子问：仲由可使从政也与？

【原文】

6.8 季康子问①："仲由可使从政也与？"子曰："由也果，于从政乎何有？"曰："赐也可使从政也与？"曰："赐也达，于从政乎何有？"曰："求也可使从政也与？"曰："求也艺，于从政乎何有？"

【注解】

①季康子：即季孙肥，春秋时期鲁国的正卿。"康"是谥号。

【译文】

　　季康子问："仲由可以参与政事吗？"孔子说："仲由呀，办事果断，参与政事有什么困难呢？"又问："端木赐可以参与政事吗？"孔子说："端木赐呀，通情达理，参与政事有什么困难呢？"又问："冉求可以参与政事吗？"孔子说："冉求呀，多才多艺，参与政事有什么困难呢？"

【原文】

　　6.9　季氏使闵子骞为费宰①。闵子骞曰："善为我辞焉。如有复我者，则吾必在汶上矣②。"

【注解】

①闵子骞（qiān）：孔子的学生，姓闵，名损，字子骞。费：季氏的封邑，在今山东省费县西北。②汶：汶水，即今山东大汶河。汶上，暗指齐国。

【译文】

　　季氏派人通知闵子骞，让他当季氏采邑费城的长官。闵子骞告诉来人说："好好地为我推辞掉吧！如果再有人为这事来找我，那我一定逃到汶水那边去了。"

【原文】

　　6.10　伯牛有疾①。子问之，自牖执其手②，曰："亡之，命矣夫！斯人也而有斯疾也！斯人也而有斯疾也！"

【注解】

①伯牛：孔子的学生，姓冉，名耕，字伯牛。②牖（yǒu）：窗户。

【译文】

冉伯牛病了,孔子去探望他,从窗户里握着他的手,说道:"没有办法,真是命呀!这样的人竟得这样的病呀!这样的人竟得这样的病呀!"

【原文】

6.11 子曰:"贤哉,回也!一箪食①,一瓢饮,在陋巷,人不堪其忧,回也不改其乐。贤哉,回也!"

【注解】

①箪(dān):古代盛饭的竹器。

【译文】

孔子说:"真是个大贤人啊,颜回!用一个竹筐盛饭,用一只瓢喝水,住在简陋的巷子里。别人都忍受不了那穷困的忧愁,颜回却能照样快活。真是个大贤人啊,颜回!"

【原文】

6.12 冉求曰:"非不说子之道①,力不足也。"子曰:"力不足者,中道而废,今女画②。"

【注解】

①说(yuè):同"悦"。②女:同"汝",你。画:划定界限,停止前进。

【译文】

冉求说:"我不是不喜欢老师的学说,是我力量不够。"孔子说:"如真的力量不够,你会半途而废。如今你却画地为牢,不肯前进。"

【原文】

6.13 子谓子夏曰:"女为君子儒,毋为小人儒。"

【译文】

孔子对子夏说:"你要做个君子式的儒者,不要做小人式的儒者。"

澹台灭明行不由径。非公事,未尝至于偃之室。

【原文】

6.14 子游为武城宰①。子曰:"女得人焉尔乎?"曰:"有澹台灭明者②,行不由径。非公事,未尝至于偃之室也。"

【注解】

①武城:鲁国的城邑,在今山东省费县西南。②澹台灭明:人名,姓澹台,名灭明,字子羽。后来也是孔子的学生。

【译文】

子游担任武城地方的长官。孔子说:"你在那里得到什么优秀人才了吗?"子游回答说:"有个名叫澹台灭明的人,行路时不抄小道,不是公事,从不到我家里来。"

【原文】

6.15 子曰:"孟之反不伐①,奔而殿②,将入门,策其马③,曰:'非敢后也,马不进也。'"

【注解】

①孟之反:又名孟之侧,鲁国大夫。伐:夸耀。②殿:在最后。③策:鞭打。

【译文】

孔子说:"孟之反不喜欢自夸,打仗败了,他走在最后(掩护撤退)。快进城门时,他用鞭子抽打着马说:'不是我敢殿后呀,是我的马不肯快跑呀!'"

【原文】

6.16 子曰:"不有祝鲍之佞①,而有宋朝之美②,难乎免于今之世矣。"

【注解】

①祝鮀(tuó):卫国大夫,字子鱼。他是祝官,名鮀。善于外交辞令。②宋朝:宋国的公子朝。《左传》中曾记载他因美貌而惹起祸乱的事情。

【译文】

孔子说:"如果没有祝鮀那样的口才,却仅仅有宋朝那样的美貌,在当今的社会里就难以避免祸害了。"

【原文】

6.17 子曰:"谁能出不由户?何莫由斯道也?"

【译文】

孔子说:"谁能够走出屋子而不经过房门呢?为什么没有人走这条必经的仁义之路呢?"

【原文】

6.18 子曰:"质胜文则野,文胜质则史。文质彬彬①,然后君子。"

【注解】

①文质彬彬(bīn):文质配合适当。

【译文】

孔子说:"质朴多于文采就难免显得粗野,文采超过了质朴又难免流于虚浮,文采和质朴完美地结合在一起,这才能成为君子。"

【原文】

6.19 子曰:"人之生也直,罔之生也幸而免①。"

【注解】

①罔:诬罔不直的人。

【译文】

孔子说:"人凭着正直生存在世上,不正直的人也能生存,那是靠侥幸避免了祸害啊。"

【原文】

6.20 子曰:"知之者不如好之者,好之者不如乐之者。"

【译文】

孔子说:"(对于任何学问、知识、技艺等)知道它的人,不如爱好它的人;爱好它的人,又不如以它为乐的人。"

知之者不如好之者。

【原文】

6.21 子曰:"中人以上,可以语上也①;中人以下,不可以语上也。"

【注解】

①语(yù):告诉,讲说,谈论。

【译文】

孔子说:"中等以上资质的人,可以给他讲授高深的学问;而中等以下资质的人,不可以给他讲授高深的学问。"

【原文】

6.22 樊迟问知①,子曰:"务民之义,敬鬼神而远之②,可谓知矣。"问仁,曰:"仁者先难而后获,可谓仁矣。"

【注解】

①樊迟:孔子的学生,姓樊,名须,字子迟。②远(yuàn):作动词,疏远,避开。

【译文】

樊迟问怎么样才算聪明,孔子说:"努力从事人民认为合理的工作,尊敬鬼神，但要疏远它们，这样可以称得上是聪明了。"樊迟又问怎么样才叫作有仁德，孔子说："有仁德的人先付出艰苦的努力，然后得到收获，这样可以说是有仁德了。"

【原文】

6.23　子曰："知者乐水①，仁者乐山。知者动，仁者静。知者乐，仁者寿。"

【注解】

①乐（lè）：喜爱。

【译文】

孔子说："聪明的人乐于水，仁德的人乐于山。聪明的人爱好活动，仁德的人爱好沉静。聪明的人活得快乐，仁德的人长寿。"

【原文】

6.24　子曰："齐一变，至于鲁；鲁一变，至于道。"

【译文】

孔子说："齐国的政治一有改革，便可以达到鲁国的这个样子；鲁国一有改革，就可以达到合符大道的境界了。"

【原文】

6.25　子曰："觚不觚，觚哉！觚哉！"

【译文】

孔子说："觚不

子曰：觚不觚，觚哉！觚哉！

像个觚的样子，这还叫觚吗！这还叫觚吗！"

【原文】

6.26　宰我问曰："仁者，虽告之曰'井有仁焉'，其从之也？"子曰："何为其然也？君子可逝也①，不可陷也；可欺也，不可罔也②。"

【注解】

①逝：去救的意思。②罔：诬罔，愚弄。

【译文】

宰我问道："一个有仁德的人，如果别人告诉他'井里掉下一位仁人'，他是不是会跟着跳下去呢？"孔子说："为什么要这样做呢？君子可以到井边设法救人，不让自己陷入井中；可以被人用正当的理由欺骗，但不可以被愚弄。"

【原文】

6.27　子曰："君子博学于文，约之以礼，亦可以弗畔矣夫①！"

【注解】

①畔：通"叛"。矣夫：语气词，表示较强烈的感叹。

【译文】

孔子说："君子广泛地学习文化知识，再用礼来加以约束，这样也就不会离经叛道了。"

【原文】

6.28　子见南子①，子路不说②。夫子矢之③曰："予所否者④，天厌之！天厌之！"

【注解】

①南子：卫灵公夫人。当时把持着卫国的朝政，行为不端。关于她约见孔子一事，《史记·孔子世家》有较生动的记载。②说（yuè）：通"悦"。③矢：通"誓"。④所……者：相当于"假如……的话"，用于誓词中。

【译文】

孔子去见南子，子路不高兴。孔子发誓说："我假若做了什么不对的事，让上天厌弃我吧！让上天厌弃我吧！"

【原文】

6.29 子曰："中庸之为德也①，其至矣乎！民鲜久矣②。"

【注解】

①中庸：孔子学说的一种最高道德标准。中，折中，调和，无过之也无不及。庸，平常，普通。②鲜（xiǎn）：少。

【译文】

孔子说："中庸作为一种道德，该是最高的了！但人们已经长久缺乏这种道德了。"

【原文】

6.30 子贡曰："如有博施于民而能济众，何如？可谓仁乎？"子曰："何事于仁！必也圣乎！尧舜其犹病诸①！夫仁者②，己欲立而立人，己欲达而达人。能近取譬，可谓仁之方也已。"

【注解】

①尧、舜：传说中上古时代的两位天子，是孔子推崇的圣人。病：心有所

不足。②夫（fú）：助词，用于句首，提起下文。

【译文】

子贡说："如果一个人能广泛地给民众以好处，而且能够帮助众人生活得很好，这人怎么样？可以说他有仁德了吗？"孔子说："哪里仅仅是仁德呢，那一定是圣德了！尧和舜大概都难以做到！一个有仁德的人，自己想树立的，同时也帮助别人树立；自己要事事通达顺畅，同时也使别人事事通达顺畅。凡事能够推己及人，可以说是实行仁道的方法了。"

述而篇第七

【原文】

7.1 子曰："述而不作，信而好古，窃比于我老彭①。"

【注解】

①比于我老彭：把自己比作老彭。我，表示亲近。老彭，商代的贤大夫彭祖。

【译文】

孔子说："阐述而不创作，相信并喜爱古代文化，我私下里把自己比作老彭。"

【原文】

7.2 子曰："默而识之①，学而不厌，诲人不倦，何有于我哉？"

【注解】

①识（zhì）：通"志"，记住。

【译文】

孔子说:"把所见所闻默默地记在心上,努力学习而从不满足,教导别人而不知疲倦,这些事我做到了多少呢?"

【原文】

7.3 子曰:"德之不修,学之不讲,闻义不能徙,不善不能改,是吾忧也。"

子曰:默而识之,学而不厌,诲人不倦,何有于我哉?

【译文】

孔子说:"不去培养品德,不去讲习学问,听到义在那里却不能去追随,有缺点而不能改正,这些都是我所忧虑的。"

【原文】

7.4 子之燕居①,申申如也②,夭夭如也③。

【注解】

①燕居:安居,闲居。②申申:舒展齐整的样子。③夭夭:和舒之貌。

【译文】

孔子在家闲居的时候,穿戴很整齐,态度很温和。

【原文】

7.5 子曰:"甚矣,吾衰也!久矣,吾不复梦见周公①。"

【注解】

①周公：姓姬，名旦，周武王之弟，鲁国国君的始祖。他是孔子最敬佩的古代圣人。

【译文】

孔子说："我衰老得很厉害呀！我已经好久没有再梦见周公了。"

【原文】

7.6　子曰："志于道，据于德，依于仁，游于艺①。"

【注解】

①艺：指六艺，包括礼、乐、射、御、书、数。

【译文】

孔子说："以道为志向，以德为根据，以仁为依靠，而游憩于礼、乐、射、御、书、数六艺之中。"

【原文】

7.7　子曰："自行束脩以上①，吾未尝无诲焉。"

【注解】

①束脩（xiū）：一束干肉，即十条干肉，是古代一种最微薄的见面礼。

【译文】

孔子说："只要是主动给我十条干肉作为见面礼物的，我从没有不给予教诲的。"

【原文】

7.8　子曰:"不愤不启①,不悱不发②。举一隅不以三隅反,则不复也。"

【注解】

①愤:思考问题时有疑难想不通。②悱(fěi):想表达却说不出来。发:启发。

【译文】

孔子说:"教导学生,不到他冥思苦想仍不得其解的时候,不去开导他;不到他想说却说不出来的时候,不去启发他。给他指出一个方面,如果他不能由此推知其他三个方面,就不再教他了。"

【原文】

7.9　子食于有丧者之侧,未尝饱也。

【译文】

孔子在有丧事的人旁边吃饭,从来没有吃饱过。

【原文】

7.10　子于是日哭,则不歌。

【译文】

孔子如果在这一天哭泣过,就不再唱歌。

【原文】

7.11　子谓颜渊曰:"用之则行,舍之则藏,惟我与尔有是夫①!"子路曰:"子行三军,则谁与②?"子曰:"暴虎冯河③,死而无悔者,吾不与也。必也临事而惧，好谋而成者也。"

【注解】

①夫（fú）：语气词，相当于"吧"。②与：同……一起，共事。③暴虎：空手与老虎搏斗。冯河：赤足蹚水过河。冯，同"凭"。

【译文】

孔子对颜渊说："如果用我，就去积极行动；如果不用我，就藏起来。只有我和你才能这样吧！"子路说："如果让您率领三军，您愿找谁一起共事呢？"孔子说："赤手空拳和老虎搏斗，徒步涉水过大河，即使这样死了都不后悔的人，我是不会与他共事的。我所要找的共事的人，一定是遇事谨慎小心，善于谋划而且能完成任务的人。"

【原文】

7.12　子曰："富而可求也①，虽执鞭之士②，吾亦为之。如不可求，从吾所好。"

【注解】

①而：用法同"如"，表示假设的连词。可求：可以求得，指道理上可以求得。②执鞭之士：古代的天子、诸侯和官员出入时手执皮鞭开路的人。指地位低下的职事。

【译文】

孔子说："财富如果可以合理求得的话，即使是做手拿鞭子的差役，我也愿意。如果不能合理求得，我还是做自己所爱好的事。"

【原文】

7.13　子之所慎：齐①，战，疾。

【注解】

①齐：同"斋"，古代祭祀之前，先要整洁身心，叫作斋戒。

【译文】

孔子所谨慎小心对待的事有三件：斋戒，战争，疾病。

【原文】

7.14 子在齐闻《韶》①，三月不知肉味②。曰："不图为乐之至于斯也！"

子在齐闻《韶》，三月不知肉味。

【注解】

①《韶》：相传是大舜时的乐章。②三月：很长时间。"三"是虚数。

【译文】

孔子在齐国听到《韶》这种乐曲后，很长时间内即使吃肉也感觉不到肉的滋味，他感叹道："没想到音乐欣赏竟然能达到这样的境界！"

【原文】

7.15 冉有曰："夫子为卫君乎①？"子贡曰："诺，吾将问之。"入曰："伯夷、叔齐何人也？"曰："古之贤人也。"曰："怨乎？"曰："求仁而得仁，又何怨？"出曰："夫子不为也。"

【注解】

①为（wèi）：帮助，赞成。卫君：卫出公辄。辄是卫灵公之孙，太子蒯聩之子。蒯聩得罪了卫灵公的夫人南子，逃亡晋国。灵公死，辄为君。晋国想借把蒯聩送回之机攻打卫国，被卫国抵御，蒯聩也被拒绝归国。这种

情势客观上造成蒯聩与辄父子争夺君位的印象，与伯夷、叔齐互相推让君位恰成对比。子贡引以发问，试探孔子对卫出公辄的态度。

【译文】

冉有说："老师会赞成卫国的国君吗？"子贡说："嗯，我去问问老师吧。"子贡进入孔子房中，问道："伯夷和叔齐是怎样的人呢？"孔子说："他们是古代贤人啊。"子贡说："他们会有怨悔吗？"孔子说："他们追求仁德，便得到了仁德，又怎么会有怨悔呢？"子贡走出来，对冉有说："老师不会赞成卫国国君的。"

【原文】

7.16　子曰："饭疏食①，饮水，曲肱而枕之②，乐亦在其中矣。不义而富且贵，于我如浮云。"

【注解】

①饭：吃。名词用作动词。疏食：糙米饭。②肱（gōng）：胳膊。

【译文】

孔子说："吃粗粮，喝清水，弯起胳膊当枕头，这其中也有着乐趣。而通过干不正当的事来的富贵，对于我来说就像浮云一般。"

【原文】

7.17　子曰："加我数年①，五十以学《易》②，可以无大过矣。"

【注解】

①加：这里通"假"字，给予的意思。②《易》：《易经》，又称《周易》，古代一部用以占筮（卜卦）的书，其中卦辞和爻辞是孔子以前的作品。

【译文】

孔子说:"给我增加几年的寿命,让我在五十岁的时候去学习《易经》,就可以没有大过错了。"

【原文】

7.18 子所雅言①,《诗》《书》、执礼,皆雅言也。

【注解】

①雅言:古代西周人的语言,即标准语,相当于今天的普通话。

【译文】

孔子有用雅言的时候,读《诗经》《尚书》和执行礼事,都用雅言。

【原文】

7.19 叶公问孔子于子路①,子路不对。子曰:"女奚不曰②:其为人也,发愤忘食,乐以忘忧,不知老之将至云尔③。"

【注解】

①叶(shè)公:楚国大夫沈诸梁,字子高。封地在叶邑,今河南叶县南三十里有古叶城。②奚(xī):何,为什么,怎么。③云尔:云,如此。尔,同"耳",而已。

【译文】

叶公问子路孔子是个怎样的人,子路没有回答。孔子说:"你为什么不这样说:他的为人,发愤用功到连吃饭都忘了,快乐得忘记了忧愁,不知道衰老将要到来,如此等等。"

【原文】

7.20　子曰："我非生而知之者，好古，敏以求之者也。"

【译文】

孔子说："我并不是生下来就有知识的人，而是喜好古代文化，勤奋求取知识的人。"

【原文】

7.21　子不语怪、力、乱、神①。

【注解】

①怪：怪异之事。力：勇力。乱：叛乱。神：鬼神之事。

【译文】

孔子不谈论怪异、勇力、叛乱、鬼神。

【原文】

7.22　子曰："三人行①，必有我师焉。择其善者而从之②，其不善者而改之。"

【注解】

①行：行走。②善：优点。从：顺从，学习。

【译文】

孔子说："三个人同行，其中必定有人可以作为值得我学习的老师。我选取他的优点而学习，如发现他的缺点则引以为戒而加以改正。"

【原文】

7.23 子曰:"天生德于予,桓魋其如予何^①?"

【注解】

①桓魋(tuí):宋国的司马(主管军政的官)。孔子离开卫国去陈国,经过宋国,和弟子们在大树下演习礼仪,桓魋想杀孔子,砍掉大树,孔子于是离去。弟子催他快跑,孔子便说:"天生德于予,桓魋其如予何!"

【译文】

孔子说:"我的品德是上天所赋予的,桓魋能把我怎样呢!"

【原文】

7.24 子曰:"二三子以我为隐乎?吾无隐乎尔。吾无行而不与二三子者,是丘也。"

【译文】

孔子说:"你们大家以为我对你们有什么隐瞒不教的吗?我没有什么隐瞒不教你们的。我没有一点不向你们公开的,这就是我孔丘的为人。"

【原文】

7.25 子以四教:文,行^①,忠,信。

【注解】

①行(xìng):作名词用,指德行。

【译文】

孔子以四项内容来教导学生:文化知识、履行所学之道的行动、忠诚、守信。

【原文】

7.26 子曰:"圣人,吾不得而见之矣;得见君子者,斯可矣①。"子曰:"善人,吾不得而见之矣;得见有恒者②,斯可矣。亡而为有,虚而为盈,约而为泰,难乎有恒矣。"

亡而为有,虚而为盈。

【注解】

①斯:就。②有恒:有恒心。这里指保持好的操守。

【译文】

孔子说:"圣人我是不能看到了,能够看到君子,这也就可以了。"孔子又说:"善人,我是看不到的了,能看到有一定操守的人就可以了。没有却装作有,空虚却装作充盈,本来穷困却装作富裕,这样的人很难保持好的操守。"

【原文】

7.27 子钓而不纲①,弋不射宿②。

【注解】

①纲:动词,用大绳系住网,断流以捕鱼。②弋(yì):用带生丝的箭来射鸟。宿:归巢歇宿的鸟。

【译文】

孔子只用鱼竿钓鱼,而不用大网来捕鱼;用带绳的箭射鸟,但不射归巢栖息的鸟。

【原文】

7.28 子曰:"盖有不知而作之者,我无是也。多闻,择其善者而从之,多见而识之①,知之次也②。"

【注解】

①识(zhì):通"志",记住。②次:《论语》中出现过八次,均当"差一等""次一等"讲。

【译文】

孔子说:"大概有自己不懂却凭空造作的人吧,我没有这样的毛病。多听,选择其中好的加以学习;多看,全记在心里。这样的知,是仅次于'生而知之'的。"

【原文】

7.29 互乡难与言①,童子见,门人惑。子曰:"与其进也,不与其退也,唯何甚!人洁己以进,与其洁也,不保其往也。"

【注解】

①互乡:地名,今在何处,已不可考。

【译文】

互乡这地方的人难以同他们交谈,孔子却接见了互乡的一个童子,弟子们都觉得疑惑。孔子说:"我是赞成他求上进,不赞成他退步,何必做得太过呢?别人修饰容仪而来要求上进,就应该赞成他的这种做法,而不要总是抓住他的过去不放。"

【原文】

7.30 子曰:"仁远乎哉?我欲仁,斯仁至矣。"

【译文】

孔子说:"仁德难道离我们很远吗?只要自己愿意实行仁,仁就可以达到。"

【原文】

7.31 陈司败问①:"昭公知礼乎?"孔子曰:"知礼。"孔子退,揖巫马期而进之,曰:"吾闻君子不党,君子亦党乎?君取于吴,为同姓②,谓之吴孟子③。君而知礼,孰不知礼?"巫马期以告。子曰:"丘也幸,苟有过,人必知之。"

【注解】

①陈司败:陈国主管司法的官,姓名不详。有人说是齐国大夫,姓陈名司败。②吴:国名。鲁为周公之后,吴为太伯之后,都是姬姓。③吴孟子:鲁昭公夫人,本应叫吴姬,因同姓不婚,故去掉她的姓(姬),改称吴孟子。

【译文】

陈司败问:"鲁昭公知礼吗?"孔子说:"他知礼。"孔子走出去后,陈司败向巫马期作了个揖,请他走近自己,说:"我听说君子不因关系亲近而偏袒,难道君子也有偏袒吗?鲁君从吴国娶了位夫人,是鲁君的同姓,于是称她为吴孟子。鲁君若算得上知礼,还有谁不知礼呢?"巫马期把此话告诉了孔子。孔子说:"我孔丘真幸运,如果有错误,别人一定会指出来让我知道。"

【原文】

7.32 子与人歌而善,必使反之①,而后和之。

【注解】

①反：复，再。

【译文】

孔子与别人一起唱歌，如果那人唱得好，一定请他再唱一遍，然后自己又和他一起唱。

【原文】

7.33 子曰："文，莫吾犹人也①。躬行君子，则吾未之有得。"

【注解】

①莫：大概，差不多。

【译文】

孔子说："就书本上的学问来说，大概我同别人差不多。身体力行地去做一个君子，那我还没有达到。"

【原文】

7.34 子曰："若圣与仁，则吾岂敢！抑为之不厌①，诲人不倦，则可谓云尔已矣②。"公西华曰："正唯弟子不能学也。"

【注解】

①抑："只不过"的意思。②云尔：这样说。

【译文】

孔子说："如果说到圣和仁，那我怎么敢当！不过是朝着圣与仁的方向去努力做而不厌倦，教导别人不知疲倦，那是可以这样说的。"公西华说："这正是我们弟子学不到的。"

【原文】

7.35 子疾病①，子路请祷②。子曰："有诸③？"子路对曰："有之。《诔》曰④：'祷尔于上下神祇⑤。'"子曰："丘之祷久矣。"

【注解】

①疾：指有病。病：指病情严重。②请祷：向鬼神请求和祷告，即祈祷。③诸："之于"的合音。④诔（lěi）：向神祇祷告的文章。和哀悼死者的文体"诔"不同。⑤尔：你。祇（qí）：地神，泛指神灵。

【译文】

孔子病得很重，子路请求祈祷。孔子说："有这回事吗？"子路回答说："有的。《诔》文中说：'为你向天地神灵祈祷。'"孔子说："我早就祈祷过了。"

【原文】

7.36 子曰："奢则不孙①，俭则固②。与其不孙也，宁固。"

【注解】

①孙（xùn）：同"逊"，恭顺。不孙，即为不逊，这里指"越礼"。②固：简陋、鄙陋，这里是寒酸的意思。

【译文】

孔子说："奢侈豪华就会显得不谦逊，省俭朴素则会显得寒伧。与其不谦逊，宁可寒伧。"

【原文】

7.37 子温而厉，威而不猛，恭而安。

【译文】

孔子温和而严厉，有威仪而不凶猛，谦恭而安详。

【原文】

7.38 子曰："君子坦荡荡，小人长戚戚。"

【译文】

孔子说："君子的心地开阔宽广，小人却总是心地局促，带着烦恼。"

泰伯篇第八

【原文】

8.1 子曰："泰伯①，其可谓至德也已矣。三以天下让，民无得而称焉。"

【注解】

①泰伯：又叫太伯，周朝祖先古公亶父的长子。古公有三个儿子：泰伯、仲雍、季历。季历的儿子就是姬昌（周文王）。传说古公预见到姬昌的圣德，想打破惯例把君位传给幼子季历。长子泰伯为使父亲愿望实现，便偕同仲雍出走他国，使季历和姬昌顺利即位，后来姬昌之子统一了天下。

【译文】

孔子说："泰伯，那可以说是道德最崇高的人了。他多次把社稷辞让给季历，人民简直都找不出恰当的词语来称颂他。"

【原文】

8.2 子曰："恭而无礼则劳，慎而无礼则葸①，勇而无礼则乱，直而无礼则绞②。君子笃于亲③，则民兴于仁，故旧不遗，则民不偷④。"

【注解】

①葸（xǐ）：拘谨、畏惧的样子。②绞：说话尖刻，出口伤人。③笃：厚待，真诚。④偷：淡薄，不厚道。

【译文】

孔子说："一味恭敬而不知礼，就未免会劳倦疲乏；只知谨慎小心，却不知礼，便会胆怯多惧；只是勇猛，却不知礼，就会莽撞作乱；心直口快却不知礼，便会尖利刻薄。君子能用深厚的感情对待自己的亲族，民众中则会兴起仁德的风气；君子不遗忘背弃他的故交旧朋，那民众便不会对人冷淡漠然了。"

【原文】

8.3 曾子有疾，召门弟子曰："启予足①，启予手，《诗》云：'战战兢兢，如临深渊，如履薄冰②。'而今而后，吾知免夫！小子！"

【注解】

①启：通"晵"，看。②"战战兢兢"三句：见《诗经·小雅·小旻》。

【译文】

曾子生病，把他的弟子召集过来，说道："看看我的脚！看看我的手！《诗》上说：'战战兢兢，好像面临着深渊，好像走在薄薄的冰层上。'从今以后，我才知道自己可以免于祸害刑戮了！学生们！"

【原文】

8.4 曾子有疾，孟敬子问之①。曾子言曰："鸟之将死，其鸣也哀；人之将死，其言也善。君子所贵乎道者三：动容貌，斯远暴慢矣；正颜色，斯近信矣；出辞气，斯远鄙倍矣②。笾豆之事③，则有司存④。"

【注解】

①孟敬子：鲁国大夫仲孙捷。②鄙倍：鄙陋，错误。倍，通"背"，背理，错误。③笾豆：祭礼中使用的器皿，笾是竹制的，豆是木制的。笾豆之事，在此代表礼仪中的一切具体细节。④有司：主管祭祀的官吏。

【译文】

曾子生病了，孟敬子去探问他。曾子说："鸟将要死时，鸣叫声是悲哀的；人将要死时，说出的话是善意的。君子所应当注重的有三个方面：使自己的容貌庄重严肃，这样就可以避免别人的粗暴和怠慢；使自己面色端庄严正，这样就容易使人信服；讲究言辞和声气，这样就可以避免粗野和错误。至于礼仪中的细节，自有主管部门的官吏在那里。"

【原文】

8.5 曾子曰："以能问于不能，以多问于寡；有若无，实若虚；犯而不校①。昔者吾友尝从事于斯矣②。"

【注解】

①校（jiào）：计较。②吾友：有人说指颜渊。

【译文】

曾子说："有才能却向没有才能的人请教，知识广博却向知识少的人请教；有学问却像没学问一样，满腹知识却像空虚无所有；即使被冒犯，也不去计较。从前我的一位朋友就是这样做的。"

【原文】

8.6　曾子曰："可以托六尺之孤①，可以寄百里之命②，临大节而不可夺也。君子人与③？君子人也。"

【注解】

①六尺之孤：古人以七尺指成年，六尺指十五岁以下。②百里：指方圆百里的诸侯大国。③与（yú）：同"欤"，表疑问的语气词。

【译文】

曾子说："可以把幼小的孤儿托付给他，可以将国家的命脉寄托于他，面对安危存亡的紧要关头，却能不动摇屈服。这样的人是君子吗？这样的人是君子啊。"

【原文】

8.7　曾子曰："士不可以不弘毅①，任重而道远。仁以为己任，不亦重乎？死而后已，不亦远乎？"

【注解】

①弘毅：弘大刚毅。

【译文】

曾子说："士人不可以不弘大刚毅，因为他肩负的任务重大而路程遥远。把实现仁德作为自己的任务，难道不是重大吗？到死方才停止下来，难道不是遥远吗？"

【原文】

8.8　子曰："兴于诗①，立于礼②，成于乐③。"

【注解】

①兴：兴起，开始。②立：成立，建立。③成：完成。

【译文】

孔子说："从学习《诗》开始，把礼作为立身的根基，掌握音乐使所学得以完成。"

【原文】

8.9　子曰："民可使由之，不可使知之。"

【译文】

孔子说："可以使民众由着我们的道路去做，不可以让他们知道为什么要这样做。"

【原文】

8.10　子曰："好勇疾贫①，乱也。人而不仁，疾之已甚②，乱也。"

【注解】

①疾：恨，憎恨。②已甚：即太过分。已，太。

【译文】

孔子说："喜欢勇敢逞强却厌恶贫困，是一种祸害。对不仁的人憎恶太过，也是一种祸害。"

【原文】

8.11　子曰："如有周公之才之美，使骄且吝，其余不足观也已。"

【译文】

孔子说:"即使有周公那样美好的才能,如果骄傲而吝啬的话,那其他方面也就不值得一提了。"

【原文】

8.12　子曰:"三年学,不至于谷①,不易得也。"

【注解】

①至:想到。谷:小米,这里指做官得俸禄。

【译文】

孔子说:"读书三年,没想到去做官得俸禄,这是难得的。"

【原文】

8.13　子曰:"笃信好学,守死善道,危邦不入,乱邦不居。天下有道则见①,无道则隐。邦有道,贫且贱焉,耻也;邦无道,富且贵焉,耻也。"

【注解】

①见(xiàn):同"现"。

【译文】

孔子说:"坚定地相信我们的道,努力学习它,誓死守卫保全它。不进入危险的国家,不居住在动乱的国家。天下有道,就出来从政;天下无道,就隐居不仕。国家有道,而自己贫穷鄙贱,是耻辱;国家无道,而自己富有显贵,也是耻辱。"

【原文】

8.14 子曰:"不在其位,不谋其政。"

【译文】

孔子说:"不在那个职位上,就不考虑它的政务。"

【原文】

8.15 子曰:"师挚之始①,《关雎》之乱②,洋洋乎盈耳哉。"

【注解】

①师挚之始:师挚,鲁国乐师,名挚。始,乐曲的开始,一般由太师演奏。挚是太师,所以说师挚之始。②乱:乐曲的结尾。

【译文】

孔子说:"从太师挚开始演奏,到结尾演奏《关雎》乐曲的时间里,美妙动听的音乐都充盈在耳边。"

【原文】

8.16 子曰:"狂而不直,侗而不愿①,悾悾而不信②,吾不知之矣。"

【注解】

①侗(tóng):幼稚,无知。愿:谨慎老实。②悾悾(kōng):诚恳的样子。

【译文】

孔子说:"狂妄而不正直,幼稚而不谨慎,看上去诚恳却不守信用,我不知道有的人为什么会这样。"

【原文】

8.17　子曰："学如不及，犹恐失之。"

【译文】

孔子说："学习就像追赶什么似的，生怕赶不上，学到了还唯恐会丢失了。"

【原文】

8.18　子曰："巍巍乎，舜、禹之有天下也，而不与焉①。"

【注解】

①不与（yù）：不参与其富贵，即不图自己享受。

【译文】

孔子说："多么崇高啊！舜、禹拥有天下，不是为了自己享受（却是为百姓勤劳）。"

【原文】

8.19　子曰："大哉，尧之为君也！巍巍乎，唯天为大，唯尧则之①。荡荡乎，民无能名焉②。巍巍乎，其有成功也。焕乎，其有文章③。"

【注解】

①则：效法。②名：形容，称赞。③文章：指礼仪制度。

【译文】

孔子说："尧作为国家君主，真是伟大呀！崇高呀！唯有天最高最大，只有尧能效法于上天。他的恩惠真是广博呀！百姓简直不知道该怎样来称赞他。真是崇高啊，他创建的功绩，真是崇高呀！他制定的礼仪制度，真是灿烂美好呀！"

【原文】

8.20　舜有臣五人而天下治。武王曰："予有乱臣十人①。"孔子曰："才难，不其然乎？唐、虞之际，于斯为盛，有妇人焉②，九人而已。三分天下有其二，以服事殷。周之德，其可谓至德也已矣。"

【注解】

①乱臣：据《说文》："乱，治也。"此处所说的"乱臣"，应为"治国之臣"。②妇人：传说是指太姒，文王妻，武王母，亦称文母。

【译文】

舜有五位贤臣，天下就得到了治理。武王说过："我有十位能治理天下的臣子。"孔子说："人才难得，不是这样吗？唐尧、虞舜时代以及周武王时，人才最盛。然而武王十位治国人才中有一位还是妇女，所以实际上只有九人而已。周文王得了天下的三分之二，还仍然服侍殷朝，周朝的道德，可以说是最高的了。"

【原文】

8.21　子曰："禹，吾无间然矣①。菲饮食而致孝乎鬼神②，恶衣服而致美乎黻冕③，卑宫室而尽力乎沟洫④。禹，吾无间然矣！"

【注解】

①间（jiàn）然：意见。间，空隙。②菲（fěi）：薄，少。乎：相当于"于"。③黻（fù）冕（miǎn）：古代祭祀时的衣帽。④沟洫（xù）：沟渠，指农田水利。

【译文】

孔子说："禹，我对他没有意见了。他自己的饮食吃得很差，却用丰盛的祭品孝敬鬼神；他自己平时穿得很坏，却把祭祀的服饰和冠冕做得华美；他自己居住的房屋很差，却把力量完全用于沟渠水利上。禹，我对他没有意见了。"

子罕篇第九

【原文】

9.1 子罕言利与命与仁①。

【注解】

①罕：稀少。

【译文】

孔子很少（主动）谈论功利、天命和仁德。

【原文】

9.2 达巷党人曰①："大哉，孔子！博学而无所成名。"子闻之，谓门弟子曰："吾何执？执御乎？执射乎？吾执御矣。"

【注解】

①达巷党人：达巷，地名。党，五百家为党。达巷党，即达巷里（或屯）。

【译文】

达巷里有人说："孔子真是伟大啊！学问广博，可惜没有使他树立名声的专长。"孔子听了这话，对弟子们说："我干什么好呢？是去驾马车呢，还是去当射箭手呢？我还是驾马车吧！"

【原文】

9.3　子曰："麻冕①，礼也；今也纯②，俭③；吾从众。拜下，礼也；今拜乎上，泰也④；虽违众，吾从下。"

【注解】

①麻冕：麻织的帽子。②纯：黑色的丝。③俭：用麻织帽子，比较费工，所以说改用丝织是俭。④泰：骄纵。

【译文】

孔子说："用麻线来做礼帽，这是合乎礼的；如今用丝来制作礼帽，这样省俭些，我赞成大家的做法。臣见君，先在堂下磕头，然后升堂磕头，这是合乎礼节的；现在大家都只是升堂磕头，这是倨傲的表现。虽然违反了大家的做法，我还是主张要先在堂下磕头。"

【原文】

9.4　子绝四：毋意①，毋必②，毋固③，毋我④。

【注解】

①意：通"臆"，主观地揣测。②必：绝对。③固：固执。④我：自以为是。

【译文】

孔子杜绝了四种毛病：不凭空臆测，不武断绝对，不固执拘泥，不自以为是。

【原文】

9.5　子畏于匡①，曰："文王既没，文不在兹乎？天之将丧斯文也，后死者不得与于斯文也②；天之未丧斯文也，匡人其如予何③！"

【注解】

①子畏于匡：匡，地名，在今河南省长垣县西南。畏，受到威胁。公元前496年，孔子从卫国到陈国去经过匡地。匡人曾受到鲁国阳虎的掠夺和残杀。孔子的相貌与阳虎相像，匡人误以为孔子就是阳虎，所以将他围困。②与（yù）：参与。③如予何：奈我何，把我怎么样。

【译文】

孔子在匡地被拘围，他说："周文王死后，文明礼乐不是保存在我这里吗？上天如果要消灭这种文明礼乐，那我这个后死之人也就不会掌握这种文明礼乐了；上天如果不想灭除这种文明礼乐，匡地的人能把我怎么样呢？"

【原文】

9.6　太宰问于子贡曰①："夫子圣者与？何其多能也？"子贡曰："固天纵之将圣②，又多能也。"子闻之，曰："太宰知我乎？吾少也贱，故多能鄙事。君子多乎哉？不多也。"

【注解】

①太宰：官名，辅佐君主治理国家的人。②纵：使，让。

【译文】

太宰向子贡问道："夫子是圣人吗？为什么他这样多才多艺呢？"子贡说："这本是上天想让他成为圣人，又让他多才多艺。"孔子听了这些话，说："太宰知道我呀！我小时候贫贱，所以学会了不少鄙贱的技艺。君子会有很多技艺吗？不会有很多的。"

【原文】

9.7　牢曰①："子云：'吾不试②，故艺。'"

【注解】

①牢：孔子的学生，姓琴，名牢。《史记·仲尼弟子列传》无此人，当是偶缺。②不试：不被国家任用。

【译文】

子牢说："孔子说过：'我不曾被国家任用，所以学得了一些技艺。'"

【原文】

9.8　子曰："吾有知乎哉？无知也。有鄙夫问于我，空空如也，我叩其两端而竭焉①。"

【注解】

①叩其两端而竭焉：指孔子就农夫所问的问题，从首尾两头开始反过来叩问他，一步步问到穷竭处，问题就不解自明了。叩，叩问。两端，指鄙夫所问问题的首尾。竭，尽。

【译文】

孔子说："我有知识吗？没有知识。有一个边远地方的人来问我，我对他谈的问题本来一点也不知道。我从他所提问题的正反两头去探求，尽了我的力量来帮助他。"

【原文】

9.9　子曰："凤鸟不至①，河不出图②，吾已矣夫！"

【注解】

①凤鸟：传说中的一种神鸟。凤鸟出现就预示天下太平。②河图：传说圣人受命，黄河就出现图画，即八卦图。《尚书·顾命》孔安国注："河图，八卦。伏羲王天下，龙马出河，遂则其文以画八卦，谓之河图。"

【译文】

孔子说:"凤凰不飞来了,黄河中没有出现图画,我这一生也就完了吧!"

【原文】

9.10 子见齐衰者、冕衣裳者与瞽者①,见之,虽少,必作②;过之,必趋③。

【注解】

①齐(zī)衰(cuī):丧服,古时用麻布制成。衣:上衣。裳:下服。瞽(gǔ):盲。②作:站起来,表示敬意。③趋:快步走,亦表示敬意。

【译文】

孔子对于穿丧服的人、穿礼服戴礼帽的人和盲人,相见的时候,哪怕他们很年轻,也一定会站起身来;经过这些人身边时,他一定快步走过。

【原文】

9.11 颜渊喟然叹曰①:"仰之弥高②,钻之弥坚,瞻之在前,忽焉在后。夫子循循然善诱人③,博我以文,约我以礼,欲罢不能。既竭吾才,如有所立卓尔④。虽欲从之,末由也已⑤。"

【注解】

①喟(kuì)然:叹气的样子。②弥:更加,越发。③循循然:有步骤地。④卓尔:高高直立的样子。尔,相当于"然"。⑤末:无。

【译文】

颜渊感叹地说:"我的老师啊,他的学问道德,抬头仰望,越望越觉得高;努力钻研,越钻研越觉得深。看着好像在前面,忽然又像在后面了。

老师善于有步骤地引导我们，用各种文献来丰富我们的知识，用礼来约束我们的行为，我们想要停止学习都不可能。我已经用尽自己的才力，似乎有一个高高的东西立在我的前面。虽然我想要追随上去，却找不到可循的路径。"

【原文】

9.12　子疾病，子路使门人为臣①。病间②，曰："久矣哉，由之行诈也！无臣而为有臣。吾谁欺？欺天乎？且予与其死于臣之手也，无宁死于二三子之手乎？且予纵不得大葬③，予死于道路乎？"

【注解】

①为臣：臣，指家臣，总管。孔子当时不是大夫，没有家臣，但子路叫门人充当孔子的家臣，准备由此人负责总管安葬孔子之事。②病间（jiàn）：病情减轻。间，空隙，引申为有时间距离，再引申为疾病稍愈。③大葬：指大夫的隆重葬礼。

【译文】

孔子病重，子路让孔子的学生充当家臣准备料理丧事。后来，孔子的病好些了，知道了这事，说："仲由做这种欺诈的事情很久啦！我没有家臣而冒充有家臣。我欺骗谁呢？欺骗上天吗？况且我与其死在家臣手中，也宁可死在你们这些学生手中啊！而且我纵使不能按照大夫的葬礼来安葬，难道会死在路上吗？"

【原文】

9.13　子贡曰："有美玉于斯，韫椟而藏诸①？求善贾而沽诸②？"子曰："沽之哉！沽之哉！我待贾者也！"

【注解】

①韫（yùn）椟（dú）：藏在柜子里。韫，藏。椟，木柜子。②贾

（gǔ）：商人。贾又同"价"，价格。取后一义，善贾便成了"好价钱"。沽（gū）：卖。

【译文】

子贡说："这儿有一块美玉，是把它放在匣子里珍藏起来呢，还是找位识货的商人卖掉呢？"孔子说："卖掉它吧！卖掉它吧！我在等待识货的商人啊！"

【原文】

9.14　子欲居九夷①。或曰："陋，如之何？"子曰："君子居之，何陋之有？"

【注解】

①九夷：古代对东方少数民族的蔑称。

子欲居九夷。

【译文】

孔子想到边远地区去居住。有人说："那地方非常鄙陋，怎么能居住呢？"孔子说："有君子住在那儿，怎么会鄙陋呢？"

【原文】

9.15　子曰："吾自卫反鲁①，然后乐正，《雅》《颂》各得其所②。"

【注解】

①自卫反鲁：孔子从卫国返回鲁国是在鲁哀公十一年冬。反，同"返"。
②《雅》《颂》：《诗经》中两类不同的诗的名称，同时也是两类不同的乐曲的名称。

【译文】

孔子说:"我从卫国回到鲁国,才把音乐进行了整理,《雅》和《颂》都有了适当的位置。"

【原文】

9.16 子曰:"出则事公卿,入则事父兄,丧事不敢不勉,不为酒困,何有于我哉?"

【译文】

孔子说:"出外便服侍公卿,入门便侍奉父兄,有丧事,不敢不勉力去办,不被酒所困扰,这些事我做到了哪些呢?"

【原文】

9.17 子在川上曰:"逝者如斯夫!不舍昼夜。"

【译文】

孔子站在河边,说:"消逝的时光就像这河水一样呀,日夜不停地流去。"

【原文】

9.18 子曰:"吾未见好德如好色者也。"

【译文】

孔子说:"我没有见过像好色那样好德的人。"

【原文】

9.19 子曰:"譬如为山,未成一篑①,止,吾止也。譬如平地,虽覆一篑,进,吾往也。"

【注解】

①篑（kuì）：盛土的筐子。

【译文】

孔子说："好比堆土成山，只差一筐土就完成了，这时停下来，是我自己要停下来的。又好比平整土地，虽然只倒下一筐土，如果决心继续，还是要自己去干的。"

【原文】

9.20 子曰："语之而不惰者①，其回也与②！"

【注解】

①语（yù）：告诉。②与：同"欤"。

【译文】

孔子说："听我说话而能始终不懈怠的，大概只有颜回吧！"

【原文】

9.21 子谓颜渊，曰："惜乎！吾见其进也，未见其止也。"

【译文】

孔子谈到颜渊，说："可惜啊！我看到他不断地前进，没有看到过他停止。"

【原文】

9.22 子曰："苗而不秀者有矣夫①！秀而不实者有矣夫②！"

【注解】

①苗：庄稼出苗。秀：吐穗开花。②实：结果实。

【译文】

孔子说："有只长苗而不开花的吧！有开了花却不结果实的吧！"

【原文】

9.23　子曰："后生可畏，焉知来者之不如今也？四十、五十而无闻焉，斯亦不足畏也已。"

后生可畏。

【译文】

孔子说："年轻人是可敬畏的，怎么知道他们将来赶不上现在的人呢？一个人如果到了四五十岁的时候还没有什么名望，这样的人也就不值得敬畏了。"

【原文】

9.24　子曰："法语之言①，能无从乎？改之为贵。巽与之言②，能无说乎？绎之为贵③。说而不绎，从而不改，吾末如之何也已矣。"

【注解】

①法：正道。②巽（xùn）：恭敬，即恭顺谦敬之言，意译为温和委婉的表扬话。③绎：抽出事物的条理，加以分析鉴别。

【译文】

孔子说:"合乎礼法原则的话,能够不听从吗?但只有按它来改正错误才是可贵的。恭顺赞许的话,听了能够不高兴吗?但只有分析鉴别以后才是可贵的。只顾高兴而不加以分析,表面听从而不加以改正,我也没有什么办法来对付这种人了。"

【原文】

9.25 子曰:"主忠信,毋友不如己者,过则勿惮改。"

【译文】

孔子说:"君子应该亲近忠诚和讲信义的人,不要和不如自己的人交朋友,有了过错不要害怕改正。"

【原文】

9.26 子曰:"三军可夺帅也①,匹夫不可夺志也②。"

【注解】

①三军:古代大国三军,每军一万二千五百人。②匹夫:男子汉,泛指普通老百姓。

【译文】

孔子说:"一国的军队,可以强行使它丧失主帅;一个男子汉,却不可能强行夺去他的志向。"

【原文】

9.27 子曰:"衣敝缊袍①,与衣狐貉者立②,而不耻者,其由也与?'不忮不求,何用不臧③?'"子路终身诵之。子曰:"是道也,何足以臧?"

【注解】

①衣（yì）：穿，当动词用。敝：破旧。缊（yùn）袍：用乱麻衬在里面的袍子。②狐貉：用狐和貉的皮做的裘皮衣服。③不忮不求，何用不臧：见《诗经·卫风·雄雉》。忮（zhì），嫉妒。臧，善，好。

【译文】

孔子说："穿着破旧的袍子，与穿着狐貉裘皮衣服的人站在一起，而不觉得羞耻的，大概只有仲由吧！《诗》上说：'不嫉妒,不贪求,为什么不好呢？'"子路听了，从此常常念着这句话。孔子又说："仅仅做到这个样子，又怎么算得上好呢？"

岁寒，然后知松柏之后凋也。

【原文】

9.28　子曰："岁寒，然后知松柏之后凋也①。"

【注解】

①凋：凋零。

【译文】

孔子说："寒冷的季节到了，才知道松柏的叶子是最后凋零的。"

【原文】

9.29　子曰："知者不惑，仁者不忧，勇者不惧。"

【译文】

孔子说:"聪明的人不疑惑,仁德的人不忧愁,勇敢的人不畏惧。"

【原文】

9.30　子曰:"可与共学,未可与适道;可与适道,未可与立①;可与立,未可与权②。"

【注解】

①立:立于道而不变,即坚守道。②权:本义为秤锤,引申为权衡轻重,随机应变。

【译文】

孔子说:"可以和自己一同学习的人,未必可以和自己走共同的道路;可以和自己走共同的道路,未必可以和自己事事依礼而行;可以和自己事事依礼而行,未必可以和自己一起变通灵活处事。"

【原文】

9.31　"唐棣之华,偏其反而,岂不尔思?室是远而①。"子曰:"未之思也,夫何远之有?"

【注解】

①"唐棣"四句:这是逸诗。上两句用以起兴。唐棣,木名。华,同"花"。偏其反而,翩翩地摇摆。反,翻转摇摆。

【译文】

"唐棣树的花,翩翩地摇摆,难道不思念你吗?是因为家住得太远了。"对于这四句古诗,孔子说:"那是没有真正思念啊,如果真的思念,又怎么会觉得遥远呢?"

乡党篇第十

【原文】

10.1　孔子于乡党①，恂恂如也②，似不能言者。其在宗庙朝廷，便便言③，唯谨尔。

【注解】

①乡党：古代地方组织的名称。五百家为党，一万二千五百家为乡。②恂（xún）恂：恭顺貌。如：相当于"然"。③便（pián）便：明白畅达。

【译文】

孔子在本乡的地方上，非常恭顺，好像不太会说话的样子。他在宗庙和朝廷里，说话明白而流畅，只是说得很谨慎。

【原文】

10.2　朝，与下大夫言，侃侃如也①；与上大夫言，訚訚如也②。君在，踧踖如也③，与与如也④。

【注解】

①侃侃：温和快乐。②訚（yín）訚：形容辩论时中正，讲理而态度诚恳。③踧（cù）踖（jí）：恭敬而小心的样子。④与与：行步安详。

【译文】

上朝的时候，跟下大夫谈话，显得温和而快乐；跟上大夫谈话时，显得正直而恭敬。君主临朝时，他显得恭敬而不安，走起路来却又安祥适度。

【原文】

10.3　君召使摈①，色勃如也②，足躩如也③。揖所与立④，左右手，衣前后，襜如也⑤。趋进⑥，翼如也。宾退，必复命曰："宾不顾矣。"

【注解】

①摈（bìn）：通"傧"，接待宾客。②勃如：显得庄重。③躩（jué）如：脚步快的样子。④所与立：同他一起站着的人。⑤襜（chān）：衣蔽前，即遮蔽前身的衣服。襜如，衣服摆动的样子。⑥趋进：快步向前。一种表示敬意的行为。

【译文】

鲁君召孔子去接待使臣宾客，他的面色庄重矜持，步伐轻快。向同他站在一起的人作揖，向左向右拱手，衣裳随之前后摆动，却显得整齐。快步向前时，好像鸟儿舒展开了翅膀。宾客告退了，他一定向君王回报说："客人已经不回头了。"

【原文】

10.4　入公门，鞠躬如也①，如不容。立不中门②，行不履阈③。过位，色勃如也，足躩如也，其言似不足者。摄齐升堂④，鞠躬如也，屏气似不息者⑤。出，降一等，逞颜色，怡怡如也。没阶趋，翼如也。复其位，踧踖如也。

【注解】

①鞠躬：此不作曲身讲，而是形容谨慎恭敬的样子。②中门：中于门，表示在门的中间。"中"用作动词。③阈（yù）：门限，即门坎。④摄齐（zī）：提起衣裳的下摆。齐，衣裳的下摆。⑤屏（bǐng）气：憋住气。

【译文】

孔子走进朝堂的大门，显出小心谨慎的样子，好像没有容身之地。他不站在门的中间，进门时不踩门坎。经过国君的座位时，脸色变得庄重起来，脚步也快起来，说话的声音低微得像气力不足似的。他提起衣服的下摆走上堂去，显得小心谨慎，憋住气，好像不呼吸一样。走出来，下了一级台阶，面色舒展，怡然和乐。走完了台阶，快步向前，姿态好像鸟儿展翅一样。回到自己的位置，显得恭敬而不安的样子。

【原文】

10.5　执圭①，鞠躬如也，如不胜。上如揖，下如授。勃如战色，足蹜蹜②，如有循。享礼③，有容色。私觌④，愉愉如也。

【注解】

①圭（guī）：一种玉器，上圆下方。举行典礼时，君臣都拿着。②蹜（sù）蹜：脚步细碎紧凑，宛如迈不开步一样。③享礼：使者向所访问的国家献礼物的礼节。④觌（dí）：会见。

【译文】

（孔子出使到别的诸侯国，行聘问礼时）拿着圭，恭敬而谨慎，好像拿不动一般。向上举圭时好像在作揖，向下放圭时好像在交给别人。神色庄重，战战兢兢；脚步紧凑，好像在沿着一条线行走。献礼物的时候，和颜悦色。私下里和外国君臣会见时，则显得轻松愉快。

【原文】

10.6　君子不以绀緅饰①。红紫不以为亵服②。当暑，袗絺绤③，必表而出之。缁衣④，羔裘⑤，素衣，麑裘⑥；黄衣，狐裘。亵裘长，短右袂⑦。必有寝衣⑧，长一身有半。狐貉之厚以居⑨。去丧无所不佩。非帷裳⑩，必杀之⑪。羔裘玄冠不以吊⑫。吉月⑬，必朝服而朝。

【注解】

①绀（gàn）：深青带红（天青色）。緅（zōu）：黑中带红。饰：镶边。②亵（xiè）服：平时在家里穿的便服。③袗（zhěn）绤（chī）绤（xī）：袗，单衣。绤，细葛布。绤，粗葛布。这里是说，穿粗的或细的葛布单衣。④缁（zī）：黑色。⑤羔裘：羔羊皮袍。古人穿皮袍，毛向外，因此外面要用罩衣。古代的羔裘都是黑色的羊毛，因此要配上黑色罩衣，就是缁衣。⑥麑（ní）：小鹿，白色。⑦袂（mèi）：衣袖。⑧寝衣：被。古代大被叫衾（qīn），小被叫被。⑨居：今字作"踞"。古人席地而坐，即蹲着坐。⑩帷裳：礼服，上朝或祭礼时穿，用整幅的布不加裁剪而成，上窄下宽，多余的布做成褶。⑪杀（shài）：减少，裁去。⑫玄冠：一种黑色礼帽。羔裘玄冠都是黑色的，古代用作吉服，故不能穿去吊丧。⑬吉月：每月初一。

【译文】

君子不用青中透红或黑中透红的布做镶边，红色和紫色不用来做平常家居的便服。暑天，穿细葛布或粗葛布做的单衣，一定要套在外面。黑色的衣配羔羊皮袍，白色的衣配小鹿皮袍，黄色的衣配狐皮袍。居家穿的皮袄比较长，可是右边的袖子要短一些。睡觉一定要有小被，长度是人身长的一倍半。用厚厚的狐貉皮做坐垫。服丧期满之后，任何饰物都可以佩带。不是上朝和祭祀时穿的礼服，一定要经过裁剪。羊羔皮袍和黑色礼帽都不能穿戴着去吊丧。每月初一，一定要穿着上朝的礼服去朝贺。

【原文】

10.7 齐①，必有明衣②，布。齐必变食③，居必迁坐④。

【注解】

①齐（zhāi）：通"斋"，斋戒。②明衣：斋戒沐浴后换穿的干净内衣。③变食：改变日常饮食，不饮酒，不吃韭、葱、蒜等气味浓厚的蔬菜，不

吃鱼肉。④迁坐：改变卧室。古人在斋戒以及生病时，住在"外寝"，而平常居住的卧室则叫"燕寝"，与妻室在一起。

【译文】

斋戒沐浴时，一定有用麻布做的浴衣。斋戒时，一定改变平时的饮食，居住一定要改换卧室。

【原文】

10.8　食不厌精，脍不厌细①。食饐而餲②，鱼馁而肉败③，不食。色恶，不食。臭恶④，不食。失饪⑤，不食。不时，不食。割不正，不食。不得其酱，不食。肉虽多，不使胜食气⑥。唯酒无量，不及乱。沽酒市脯⑦，不食。不撤姜食，不多食。

【注解】

①脍（kuài）：切过的鱼或肉。②饐（yì）：食物经久发臭。餲（ài）：食物经久变味。③馁（něi）：鱼腐烂。败：肉腐烂。④臭：气味。⑤饪（rèn）：煮熟。⑥食气（xì）：饭料，即主食。气，同"饩"。⑦脯（fǔ）：肉干。

【译文】

粮食不嫌舂得精，鱼和肉不嫌切得细。粮食腐败发臭，鱼和肉腐烂，都不吃。食物颜色难看，不吃。气味难闻，不吃。烹调不当，不吃。不到该吃饭时，不吃。切割方式不得当的食物，不吃。没有一定的酱醋调料，不吃。席上的肉虽多，吃它不超过主食。只有酒不限量，但不能喝到神志昏乱的地步。从市上买来的酒和肉干，不吃。吃完了，姜不撤除，但吃得不多。

【原文】

10.9　祭于公，不宿肉①。祭肉不出三日。出三日，不食之矣。

【注解】

①不宿肉：从公家分回的祭肉（胙），不要留着过夜。

【译文】

参加国家祭祀典礼，分到的祭肉不放过夜（当天就食用）。一般祭肉的留存不超过三天。放超过了三天，就不吃了。

【原文】

10.10 食不语，寝不言。

【译文】

吃饭的时候不谈话，睡觉的时候不言语。

【原文】

10.11 虽疏食菜羹，瓜祭①，必齐如也②。

【注解】

①瓜祭：古人在吃饭前，把席上各种食品分出少许，放在食具之间祭祖。②齐：通"斋"，斋戒。

【译文】

即使是粗米饭蔬菜汤，吃饭前也要先把它们取出一些来祭祀一番，而且祭祀要像斋戒时那样严肃恭敬。

【原文】

10.12 席不正①，不坐。

【注解】

①席：古代没有椅子和凳子，在地面上铺席子，坐在席子上。

【译文】

坐席摆放得不端正,不就坐。

【原文】

10.13 乡人饮酒,杖者出,斯出矣。

【译文】

同本乡人在一块儿饮酒,等老年人都出去了,自己这才出去。

【原文】

10.14 乡人傩①,朝服而立而于阼阶②。

【注解】

①傩(nuó):古代一种迎神以驱逐疫鬼的风俗。②阼(zuò)阶:东边的台阶,主人站在那里迎送宾客。

【译文】

乡里人举行迎神驱疫的仪式时,孔子穿着朝服站在东边的台阶上。

【原文】

10.15 问人于他邦,再拜而送之。

【译文】

托人向住在其他诸侯国的朋友问候时,便向受托者拜两次送行。

【原文】

10.16 康子馈药①,拜而受之,曰:"丘未达②,不敢尝。"

【注解】

①康子：即季康子，姓季，名肥，谥康，鲁哀公时的正卿。②达：通，懂得，了解。

【译文】

季康子馈赠药给孔子，孔子拜谢后接受了，却说道："我对这种药的药性不了解，不敢尝用试服。"

【原文】

10.17 厩焚。子退朝，曰："伤人乎？"不问马。

【译文】

马厩失火了。孔子退朝回来，说："伤到人了吗？"没问马怎么样了。

【原文】

10.18 君赐食，必正席先尝之。君赐腥，必熟而荐之①。君赐生，必畜之。侍食于君，君祭，先饭②。

【注解】

①荐：供奉。②先饭：先吃饭，表示为君主尝食。

【译文】

国君赐给食物，孔子一定会摆正席位先尝一尝。国君赐给生肉，他一定会煮熟了，先给祖先上供。国君赐给活物，他一定会养起来。陪侍国君吃饭，当国君进行饭前祭祀的时候，他先取国君面前的饭菜为他尝食。

【原文】

10.19 疾，君视之，东首①，加朝服，拖绅②。

【注解】

①东首:头向东。②绅:束在腰间的大带。

【译文】

孔子病了,君主来探望,他便头朝东而卧,把上朝的礼服盖在身上,拖着大带子。

【原文】

10.20 君命召,不俟驾行矣。

【译文】

君主下令召见孔子,他不等车马驾好就先步行过去了。

【原文】

10.21 入太庙,每事问。

【译文】

孔子进入太庙中,每件事都问。

【原文】

10.22 朋友死,无所归,曰:"于我殡①。"

【注解】

①殡:停放灵柩和埋葬都可以叫殡。这里泛指一切丧葬事务。

【译文】

朋友死了,没有人负责收殓,孔子说:"由我来料理丧事吧。"

【原文】

10.23 朋友之馈,虽车马,非祭肉,不拜。

【译文】

朋友的馈赠，即使是车和马，不是祭祀用的肉，孔子在接受时，也不会行拜谢礼。

【原文】

10.24 寝不尸，居不容①。

【注解】

①居：家居。容：容仪。

【译文】

孔子睡觉时不像死尸一样直躺着，在家里并不讲究仪容。

【原文】

10.25 见齐衰者，虽狎，必变。见冕者与瞽者，虽亵，必以貌。凶服者式之①。式负版者②。有盛馔，必变色而作③。迅雷风烈必变。

【注解】

①式：通"轼"，古代车前横木。用作动词，表示伏轼。②版：古代用木板刻写的国家图籍。③作：站起来。

【译文】

孔子看见穿丧服的人，即使是关系亲密的，也一定会改变态度。看见戴着礼帽和失明的人，即使是很熟悉的，也一定表现得有礼貌。乘车时遇见穿丧服的人，便低头俯伏在车前的横木上表示同情。遇见背负着国家图籍的人，也同样俯身在车前的横木上表示敬意。有丰盛的肴馔，一定改变神色，站起来。遇到迅雷和大风时，一定改变神色。

【原文】

10.26 升车,必正立,执绥①。车中,不内顾,不疾言,不亲指。

【注解】

①绥:上车时扶手用的索带。

【译文】

孔子上车时,一定站立端正,拉住扶手的带子登车。在车中,不向里面环顾,不快速说话,不用手指指画画。

【原文】

10.27 色斯举矣,翔而后集。曰:"山梁雌雉,时哉时哉!"子路共之①。三嗅而作②。

【注解】

①共:"拱"的本字,拱手。②嗅:张开两翅的样子。

【译文】

(孔子在山谷中行走,看见几只野鸡)孔子神色一动,野鸡飞着盘旋了一阵后,又落在了一处。孔子说:"这些山梁上的母野鸡,得其时啊!得其时啊!"子路向它们拱拱手,野鸡振几下翅膀飞走了。

先进篇第十一

【原文】

11.1 子曰:"先进于礼乐,野人也①;后进于礼乐,君子也②。如用之,则吾从先进。"

【注解】

①野人：乡野平民或朴野粗鲁的人。②君子：指卿大夫等当权的贵族。他们享有世袭特权，可以先做官，后学习。

【译文】

孔子说："先学习了礼乐而后做官的，是原来没有爵禄的平民，先做了官而后学习礼乐的，是卿大夫的子弟。如果让我来选用人才，那么我赞成选用先学习礼乐的人。"

【原文】

11.2 子曰："从我于陈、蔡者①，皆不及门也②。"

【注解】

①陈、蔡：春秋时的国名。孔子曾在陈、蔡之间遭受困厄。②不及门：有两种解释：一指不及仕进之门，即不当官；二指不在门，即不在孔子身边。今从后说。

【译文】

孔子说："跟随我在陈国、蔡国之间遭受困厄的弟子们，都不在我身边了。"

【原文】

11.3 德行：颜渊，闵子骞，冉伯牛，仲弓。言语：宰我，子贡。政事：冉有，季路。文学①：子游，子夏。

【注解】

①文学：文献知识，即文学、历史、哲学等方面的文献知识。这里文学的含义与今相异。

【译文】

（孔子的弟子各有所长）德行好的有：颜渊，闵子骞，冉伯牛，仲弓。娴于辞令的有：宰我，子贡。能办理政事的有：冉有，季路。熟悉古代文献的有：子游，子夏。

【原文】

11.4　子曰："回也非助我者也，于吾言无所不说。"

【译文】

孔子说："颜回不是对我有所助益的人，他对我说的话没有不喜欢的。"

【原文】

11.5　子曰："孝哉闵子骞！人不间于其父母昆弟之言①。"

【注解】

①间（jiàn）：空隙。用作动词，表示找空子。不间，找不到空子。

【译文】

孔子说："闵子骞真是孝顺呀！人们对于他的父母兄弟称赞他的话没有异议。"

【原文】

11.6　南容三复白圭①，孔子以其兄之子妻之。

【注解】

①三复白圭：多次吟诵"白圭"之诗。《诗经·大雅·抑》有诗句"白圭之玷，尚可磨也；斯言之玷，不可为也。"意思是白玉上面的污点，还可以把它磨掉，但说话不谨慎而出错，却是无法挽回的。南容三复白圭，目

的是告诫自己说话要谨慎。

【译文】

南容把"白圭之玷，尚可磨也；斯言之玷，不可为也"几句诗反复诵读，孔子便把自己哥哥的女儿嫁给了他。

【原文】

11.7　季康子问："弟子孰为好学？"孔子对曰："有颜回者好学，不幸短命死矣，今也则亡。"

【译文】

季康子问："你的学生中哪个好学用功呢？"孔子回答说："有个叫颜回的学生好学用功，不幸短命早逝了，现在没有这样的人了。"

【原文】

11.8　颜渊死，颜路请子之车以为之椁①。子曰："才不才，亦各言其子也。鲤也死②，有棺而无椁。吾不徒行以为之椁③。以吾从大夫之后④，不可徒行也。"

【注解】

①颜路：颜渊的父亲，也是孔子的学生，名无繇（yóu），字路。椁（guǒ）：古代棺材有的有两层，内层叫棺，外层叫椁。②鲤：孔鲤，字伯鱼，孔子的儿子。③徒行：步行。④从大夫之后：跟随在大夫行列之后。孔子曾经做过鲁国的司寇，属于大夫的地位，不过此时已去位多年。

【译文】

颜渊死了，他的父亲颜路请求孔子把车卖了给颜渊做一个外椁。孔子说："不管有才能还是没才能，说来也都是各自的儿子。孔鲤死了，也只有棺，没有椁。我不能卖掉车子步行来给他置办椁。因为我曾经做过大夫，是不可以徒步出行的。"

【原文】

　　11.9　颜渊死，子曰："噫！天丧予！天丧予！"

【译文】

　　颜渊死了，孔子说："唉！上天是要我的命呀！上天是要我的命呀！"

【原文】

　　11.10　颜渊死，子哭之恸①。从者曰："子恸矣！"曰："有恸乎？非夫人之为恸而谁为②！"

【注解】

①恸（tòng）：极度悲哀。②夫（fú）：指示代词，此处指颜渊。

【译文】

　　颜渊死了，孔子哭得极其悲痛。跟随孔子的人说："您悲痛太过了！"孔子说："有悲痛太过了吗？不为这样的人悲痛还为谁悲痛呢？"

【原文】

　　11.11　颜渊死，门人欲厚葬之。子曰："不可。"门人厚葬之。子曰："回也视予犹父也，予不得视犹子也。非我也，夫二三子也。"

【译文】

　　颜渊死了，孔子的学生们想要厚葬他。孔子说："不可以。"学生们还是厚葬了他。孔子说："颜回把我当父亲一样看待，我却不能像对待儿子一样看待他。这不是我的意思呀，是那些学生们要这样办。"

【原文】

　　11.12　季路问事鬼神，子曰："未能事人，焉能事鬼？"曰："敢问死①。"曰："未知生，焉知死？"

【注解】

①敢：冒昧之词，用于表敬。

【译文】

　　季路问服侍鬼神的方法。孔子说："人还不能服侍，怎么能去服侍鬼神呢？"季路又说："敢问死是怎么回事。"孔子说："对生都知道得不清楚，哪里能知道死呢？"

【原文】

　　11.13　闵子侍侧，訚訚如也；子路，行行如也①；冉有、子贡，侃侃如也。子乐。"若由也，不得其死然②。"

【注解】

①行（hàng）行：刚强貌。②然：用法如"焉"，可以译为"呢"。

【译文】

　　闵子骞侍立在孔子身边，样子正直而恭敬；子路是很刚强的样子；冉有、子贡的样子温和快乐。孔子很高兴。但他说："像仲由这样，恐怕得不到善终。"

【原文】

　　11.14　鲁人为长府①。闵子骞曰："仍旧贯②，如之何？何必改作？"子曰："夫人不言，言必有中。"

【注解】

①鲁人：指鲁国的执政大臣。长府：鲁国贮藏财货的国库名。②仍：沿袭。贯：事。

【译文】

鲁国的执政大臣要翻修长府。闵子骞说："照老样子不好吗？何必一定要翻修呢？"孔子说："闵子骞这个人平常不大说话，但一开口必定说到要害上。"

【原文】

11.15 子曰："由之瑟，奚为于丘之门①？"门人不敬子路。子曰："由也升堂矣，未入于室也②。"

【注解】

①瑟：古代的一种弦乐器。子路性情刚勇，他弹瑟的音调也很刚猛，不够平和。故孔子批评他说：为什么在我这里弹呢？②堂：正厅，室：内室。先入门，次升堂，最后入室，比喻学问的程度。

【译文】

孔子说："仲由弹瑟，为什么在我这里弹呢？"孔子的其他学生因此而不尊重子路。孔子说："仲由的学问啊，已经具备规模了，只是还不够精深罢了。"

【原文】

11.16 子贡问："师与商也孰贤？"子曰："师也过，商也不及。"曰："然则师愈与？"子曰："过犹不及。"

【译文】

子贡问道:"颛孙师(即子张)与卜商(即子夏)谁更优秀?"孔子说:"颛孙师有些过分,卜商有些赶不上。"子贡说:"这么说颛孙师更强一些吗?"孔子说:"过分与赶不上同样不好。"

【原文】

11.17　季氏富于周公①,而求也为之聚敛而附益之②。子曰:"非吾徒也,小子鸣鼓而攻之可也。"

【注解】

①周公:泛指周天子左右的卿士。一说为周公旦。②聚敛:积聚和收集钱财,即搜刮。

【译文】

季氏比周天子左右的卿士还富有,可是冉求还为他搜刮,再增加他的财富。孔子说:"冉求不是我的学生,你们大家可以大张旗鼓地去攻击他。"

【原文】

11.18　柴也愚①,参也鲁②,师也辟③,由也喭④。

【注解】

①柴:高柴,字子羔,孔子的学生。②鲁:迟钝。③辟(pì):通"僻",偏激。④喭:鲁莽,刚烈。

【译文】

高柴愚笨,曾参迟钝,颛孙师偏激,仲由鲁莽。

【原文】

11.19 子曰："回也其庶乎①，屡空②。赐不受命，而货殖焉③，亿则屡中④。"

【注解】

①庶：庶几，差不多。②屡空：盛食物的器皿常常空虚，即贫困。③货殖：经营商业。④亿：通"臆"，猜测，料事。

【译文】

孔子说："颜回呀，他的道德修养已经差不多了，可是他常常很贫困。端木赐不听天由命，而去做生意，猜测市场行情往往很准。"

【原文】

11.20 子张问善人之道，子曰："不践迹①，亦不入于室②。"

【注解】

①践迹：踩着前人的脚迹走，即沿着老路走。②入于室：比喻学问和修养达到了精深地步。

【译文】

子张问成为善人的途径，孔子说："不踩着前人的脚印，做学问也难以登堂入室。"

【原文】

11.21 子曰："论笃是与①，君子者乎？色庄者乎？"

【注解】

①论笃是与：赞许言论笃实。这是"与论笃"的倒装说法。"与"是动

词，表示赞许的意思。"论笃"是提前的宾语。"是"用于动宾倒装，无义。

【译文】

孔子说："只是赞许说话稳重的人，但这种人是真正的君子呢，还是仅仅从容貌上看起来庄重呢？"

【原文】

11.22 子路问："闻斯行诸？"子曰："有父兄在，如之何其闻斯行之？"冉有问："闻斯行诸？"子曰："闻斯行之。"公西华曰："由也问'闻斯行诸'，子曰'有父兄在'；求也问'闻斯行诸'，子曰'闻斯行之'。赤也惑，敢问。"子曰："求也退①，故进之；由也兼人②，故退之。"

【注解】

①求也退：冉有性懦弱，遇事退缩不前。②由也兼人：子路好勇过人。

【译文】

子路问："一听到就行动吗？"孔子说："父亲和兄长都在，怎么能听到就行动呢？"冉有问："一听到就行动吗？"孔子说："一听到就行动。"公西华说："仲由问'一听到就行动吗'，您说'父亲和兄长都在，怎么能一听到就行动呢'；冉求问'一听到就行动吗'，您说'一听到就行动'。我有些糊涂了，斗胆想问问老师。"孔子说："冉求平日做事退缩，所以我激励他；仲由好勇胜人，所以我要压压他。"

【原文】

11.23 子畏于匡①，颜渊后。子曰："吾以女为死矣。"曰："子在，回何敢死？"

【注解】

①畏于匡：见《子罕篇第九》第五章注①。

【译文】

孔子被囚禁在匡地，颜渊后来赶来。孔子说："我还以为你死了哩！"颜渊说："您还活着，我怎么敢先死呢？"

【原文】

11.24 季子然问①："仲由、冉求可谓大臣与？"子曰："吾以子为异之问，曾由与求之问。所谓大臣者，以道事君，不可则止。今由与求也，何谓具臣矣②。"曰："然则从之者与？"子曰："弑父与君，亦不从也。"

【注解】

①季子然：鲁国大夫季孙氏的同族人。因为当时仲由、冉求都是季氏的家臣，故问。②具臣：备位充数的臣属。《史记·仲尼弟子列传》集解引孔安国说："言备臣数而已。"朱熹注同。

【译文】

季子然问："仲由和冉求是否称得上大臣？"孔子说："我以为你要问别的事，哪知道竟是问仲由和冉求呀。我们所说的大臣，应该能以合于仁道的方式去侍奉君主，如果行不通，便宁可不干。现在由和求这两个人呀，只算得上是备位充数的臣罢了。"季子然又问："那么，他们肯听话吗？"孔子说："如果是杀父亲杀君主，他们也是不会听从的。"

【原文】

11.25 子路使子羔为费宰。子曰："贼夫人之子①。"子路曰："有民人焉，有社稷焉②，何必读书，然后为学？"子曰："是故恶夫佞者。"

【注解】

①贼：害。夫（fú）：那。子羔没有完成学业就去做官，孔子认为这是害了人家的儿子。②社稷：古代帝王、诸侯所祭的土神和谷神，后用为国家

的代称。

【译文】

子路叫子羔去做费地的长官。孔子说:"这是害人家的儿子。"子路说:"有百姓,有土地五谷,何必读书才算学习?"孔子说:"所以我讨厌那些能说会道的人。"

【原文】

11.26 子路、曾皙、冉有、公西华侍坐①。子曰:"以吾一日长乎尔②,毋吾以也。居则曰③:'不吾知也!'如或知尔,则何以哉?"

子路率尔而对曰④:"千乘之国,摄乎大国之间⑤,加之以师旅,因之以饥馑⑥,由也为之,比及三年⑦,可使有勇,且知方也⑧。"夫子哂之⑨。

"求,尔何如?"对曰:"方六七十,如五六十⑩,求也为之,比及三年,可使足民。如其礼乐,以俟君子。"

"赤,尔何如?"对曰:"非曰能之,愿学焉。宗庙之事,如会同,端章甫⑪,愿为小相焉⑫。"

"点,尔何如?"鼓瑟希⑬,铿尔,舍瑟而作⑭,对曰:"异乎三子者之撰⑮。"子曰:"何伤乎?亦各言其志也。"曰:"莫春者⑯,春服既成,冠者五六人,童子六七人,浴乎沂⑰,风乎舞雩⑱,咏而归。"夫子喟然叹曰⑲:"吾与点也⑳!"

三子者出,曾皙后。曾皙曰:"夫三子者之言何如?"子曰:"亦各言其志也已矣。"曰:"夫子何哂由也?"曰:"为国以礼,其言不让,是故哂之。""唯求则非邦也与㉑?""安见方六七十如五六十而非邦也者?""唯赤则非邦也与?""宗庙会同,非诸侯而何?赤也为之小㉒,孰能为之大?"

【注解】

①曾皙:名点,字子皙,曾参的父亲,也是孔子的学生。②以:认为。

尔：你们。③居：平日。④率尔：轻率，急切。⑤摄：迫近。⑥因：仍，继。饥馑（jǐn）：饥荒。⑦比及：等到。⑧方：方向，指道义。⑨哂（shěn）：讥讽的微笑。⑩如：或者。⑪端：玄端，古代礼服的名称。章甫：古代礼帽的名称。⑫相（xiàng）：傧相，祭祀和会盟时主持赞礼和司仪的官。相有卿、大夫、士三级，小相是最低的士一级。⑬希：同"稀"，指弹瑟的速度放慢，节奏逐渐稀疏。⑭作：站起来。⑮异乎：不同于。撰：具，述。⑯莫（mù）春：夏历三月。莫，同"暮"。⑰沂（yí）：水名，发源于山东南部，流经江苏北部入海。⑱风：迎风纳凉。舞雩（yú）：地名，原是祭天求雨的地方，在今山东曲阜。⑲喟（kuì）然：长叹的样子。⑳与：赞许，同意。㉑唯：语首词，没有什么意义。㉒之：相当于"其"。

【译文】

　　子路、曾晳、冉有、公西华四人陪同孔子坐着。孔子说："我比你们年龄都大，你们不要因为我在这里就不敢尽情说话。你们平时总爱说没有人了解自己。如果有人了解你们，那你们怎么办呢？"

　　子路轻率而急切地回答说："如果有一个千乘之国，夹在几个大国之间，外面有军队侵犯它，国内又连年灾荒，我去治理它，只要三年，就可以使那里人人有勇气、个个懂道义。"孔子听后讥讽地笑了一笑。

　　又问："冉求，你怎么样？"回答说："方圆六七十里或五六十里的小国家，我去治理它，等到三年，可以使人民富足。至于礼乐方面，只有等待贤人君子来施行了。"

　　孔子又问："公西赤，你怎么样？"回答说："不敢说我有能力，只是愿意学习罢了。宗庙祭祀或者同外国盟会，我愿意穿着礼服，戴着礼帽，做一个小傧相。"

　　孔子接着问："曾点！你怎么样？"他弹瑟的节奏逐渐缓慢，"铿"的一声放下瑟站起来，回答道："我和他们三位所说的不一样。"孔子说："那有什么妨碍呢？也不过是各人谈谈志愿罢了。"曾晳说："暮春三月的时候，春天的衣服都穿在身上了，我和五六位成年人，还有六七个儿童一起，在沂水岸边洗洗澡，在舞雩台上吹风纳凉，唱着歌儿走回来。"孔子长叹一声说："我赞赏你的主张。"

子路、冉有、公西华三个人都出来了，曾皙后走。他问孔子："他们三位同学的话怎么样？"孔子说："也不过各人谈谈自己的志愿罢了。"曾皙说："您为什么讥笑仲由呢？"孔子说："治理国家应该注意礼仪，他的话一点也不谦逊，所以笑他。"曾皙又问："难道冉求所讲的不是有关治理国家的事吗？"孔子说："怎么见得方圆六七十里或五六十里的地方就算不上一个国家呢？"曾皙再问："公西赤讲的就不是国家吗？"孔子说："有宗庙、有国家之间的盟会，不是国家是什么？公西华只能做小傧相，谁能做大傧相呢？"

颜渊篇第十二

【原文】

12.1　颜渊问仁，子曰："克己复礼为仁①。一日克己复礼，天下归仁焉。为仁由己，而由人乎哉？"

颜渊曰："请问其目。"子曰："非礼勿视，非礼勿听，非礼勿言，非礼勿动。"

颜渊曰："回虽不敏，请事斯语矣。"

【注解】

①克己复礼：克制自己，使自己的行为归到礼的方面去，即合于礼。复礼，归于礼。

【译文】

颜渊问什么是仁。孔子说："抑制自己，使言语和行动都走到礼上来，就是仁。一旦做到了这些，天下的人都会称许你有仁德。实行仁德是由自己，难道是靠别人？"

颜渊说："请问实行仁德的具体途径。"孔子说："不合礼的事不看，不合礼的事不听，不合礼的事不言，不合礼的事不动。"

颜渊说："我虽然不聪敏，但是请让我照这些话去做。"

【原文】

12.2　仲弓问仁，子曰："出门如见大宾，使民如承大祭。己所不欲，勿施于人。在邦无怨①，在家无怨②。"

仲弓曰："雍虽不敏，请事斯语矣。"

在邦无怨。

【注解】

①邦：诸侯统治的国家。②家：卿大夫的封地。

【译文】

仲弓问什么是仁。孔子说："出门好像去见贵宾，役使民众好像去承担重大祀典。自己所不想要的事物，就不要强加给别人。在邦国做事没有抱怨，在卿大夫之家做事也无抱怨。"

仲弓说："我冉雍虽然不聪敏，请让我照这些话去做。"

【原文】

12.3　司马牛问仁，子曰："仁者，其言也讱①。"曰："其言也讱，斯谓之仁已乎？"子曰："为之难，言之得无讱乎？"

【注解】

①讱（rèn）：说话谨慎，不容易出口。

【译文】

司马牛问什么是仁，孔子说："仁人，他的言语显得谨慎。"司马牛说："言语谨慎，这就可以称作仁了吗？"孔子说："做起来难，说话能不谨慎吗？"

【原文】

12.4　司马牛问君子，子曰："君子不忧不惧。"曰："不忧不惧，斯谓之君子已乎？"子曰："内省不疚①，夫何忧何惧？"

【注解】

①疚（jiù）：内心痛苦，惭愧。

【译文】

司马牛问怎样才是君子。孔子说："君子不忧愁，不恐惧。"司马牛说："不忧愁，不恐惧，这就叫君子了吗？"孔子说："内心反省而不内疚，那还有什么可忧虑和恐惧的呢？"

【原文】

12.5　司马牛忧曰："人皆有兄弟，我独亡。"子夏曰："商闻之矣：'死生有命，富贵在天。'君子敬而无失，与人恭而有礼，四海之内皆兄弟也。君子何患乎无兄弟也？"

【译文】

司马牛忧愁地说："别人都有兄弟，唯独我没有。"子夏说："我听说过：'死生由命运决定，富贵在于上天的安排。'君子认真谨慎地做事，不出差错，对人恭敬而有礼貌，四海之内的人，就都是兄弟，君子何必担忧没有兄弟呢？"

【原文】

12.6　子张问明。子曰："浸润之谮①，肤受之愬②，不行焉，可谓明也已矣。浸润之谮，肤受之愬，不行焉，可谓远也已矣。"

【注解】

①浸润之谮（zèn）：像水浸润物件一样逐渐传播的谗言。谮，诬陷。
②肤受之愬（sù）：像皮肤感受到疼痛一样的诬告，即诽谤。愬，同"诉"。

【译文】

子张问什么是明智。孔子说："暗中传播的谗言，切身感受的诽谤，在你这儿都行不通，就可以称得上明智了。暗中传播的谗言，切身感受的诽谤，在你这里都行不通，就可以说是有远见了。"

【原文】

12.7　子贡问政。子曰："足食，足兵①，民信之矣。"子贡曰："必不得已而去，于斯三者何先？"曰："去兵。"子贡曰："必不得已而去，于斯二者何先？"曰："去食。自古皆有死，民无信不立。"

【注解】

①兵：武器，指军备。

【译文】

子贡问怎样治理政事。孔子说："粮食充足，军备充足，民众信任政府。"子贡说："如果迫不得已要去掉一些，三项中先去掉哪一项呢？"孔子说："去掉军备。"子贡说："如果迫不得已，要在剩下的两项中去掉一项，先去掉哪一项呢？"孔子说："去掉粮食。自古以来，人都是要死的，如果没有民众的信任，那么国家就站立不住了。"

【原文】

12.8　棘子成曰①："君子质而已矣②，何以文为③？"子贡曰："惜乎，夫子之说君子也④！驷不及舌⑤。文犹质也，质犹文也。虎豹之鞟犹犬羊之鞟⑥。"

君子质而已矣。

【注解】

①棘子成：卫国大夫。古代大夫尊称为"夫子"，故子贡以此称之。②质：质地，指思想品德。③文：文采，指礼节仪式。④说：谈论。⑤驷（sì）不及舌：话一出口，四匹马也追不回来，即"一言既出，驷马难追"。⑥鞟（kuò）：去毛的兽皮。

【译文】

棘子成说："君子有好本质就行啦，要文采做什么呢？"子贡说："可惜呀！夫子您这样谈论君子。一言既出，驷马难追。文采如同本质，本质也如同文采，二者是同等重要的。假如去掉虎豹和犬羊的有文采的皮毛，那这两样皮革就没有多大的区别了。"

【原文】

12.9　哀公问于有若曰："年饥，用不足，如之何？"有若对曰："盍彻乎①？"曰："二，吾犹不足，如之何其彻也？"对曰："百姓足，君孰与不足②？百姓不足，君孰与足？"

【注解】

①盍（hé）彻乎：盍，何不。彻，西周时流行于诸侯国的一种田税制度。旧注曰："什一而税谓之彻。"②孰与：与谁，同谁。

【译文】

鲁哀公问有若说："年成歉收，国家备用不足，怎么办呢？"有若回答说："何不实行十分抽一的税率呢？"哀公说："十分抽二，尚且不够用，怎么能去实行十分抽一呢？"有若回答说："如果百姓用度足，国君怎么会用度不足呢？如果百姓用度不足，国君用度怎么会足呢？"

【原文】

12.10　子张问崇德辨惑①。子曰："主忠信②，徙义③，崇德也。爱之欲其生，恶之欲其死，既欲其生，又欲其死，是惑也。'诚不以富，亦祗以异④'。"

【注解】

①崇德：提高道德修养的水平。惑：迷惑，不分是非。②主忠信：以忠厚诚实为主。③徙义：向义靠扰。徙，迁移。④诚不以富，亦祗以异：见《诗·小雅·我行其野》。这两句诗引在这里，颇觉费解。有人认为是错简。今按朱熹《四书集注》中解释译出。

【译文】

子张向孔子请教怎样去提高品德修养和辨别是非。孔子说："以忠厚诚实为主，行为总是遵循道义，这就可以提高品德。对于同一个人，爱的时候希望他长期活下去；厌恶的时候，又希望他死去。既要他长寿，又要他短命，这就是迷惑。'这样对自己实在是没有益处，也只能使人感到奇怪罢了'。"

【原文】

12.11　齐景公问政于孔子，孔子对曰："君君，臣臣，父父，子子。"公曰："善哉！信如君不君，臣不臣，父不父，子不子，虽有粟，吾得而食诸？"

【译文】

齐景公向孔子询问政治。孔子回答说："国君要像国君，臣子要像臣子，父亲要像父亲，儿子要像儿子。"景公说："好哇！如果真的国君不像国君，臣子不像臣子，父亲不像父亲，儿子不像儿子，即使有粮食，我能够吃得着吗？"

【原文】

12.12　子曰："片言可以折狱者①，其由也与？"子路无宿诺②。

【注解】

①折狱：即断案。狱，案件。②宿诺：拖了很久而没有兑现的诺言。宿，久。

【译文】

孔子说："根据单方面的供词就可以判决诉讼案件的，大概只有仲由吧？"子路没有说话不算数的时候。

【原文】

12.13　子曰："听讼，吾犹人也。必也使无讼乎！"

【译文】

孔子说："审理诉讼案件，我同别人一样。重要的是必须使诉讼的案件根本不发生！"

【原文】

12.14 子张问政,子曰:"居之无倦,行之以忠。"

【译文】

子张问怎样治理政事,孔子说:"居于官位不懈怠,执行君令要忠实。"

【原文】

12.15 子曰:"博学于文,约之以礼,亦可以弗畔矣夫!"

【译文】

孔子说:"君子广泛地学习文化典籍,并用礼来约束自己,也就可以不至于离经叛道了。"

【原文】

12.16 子曰:"君子成人之美,不成人之恶。小人反是。"

【译文】

孔子说:"君子成全别人的好事,而不促成别人的坏事。小人则与此相反。"

【原文】

12.17 季康子问政于孔子,孔子对曰:"政者,正也。子帅以正①,孰敢不正?"

【注解】

①帅:通"率",率领。

【译文】

　　季康子向孔子询问为政方面的事，孔子回答说："'政'的意思就是端正，您自己先做到端正，谁还敢不端正？"

【原文】

　　12.18　季康子患盗，问于孔子。孔子对曰："苟子之不欲，虽赏之不窃。"

【译文】

　　季康子担忧盗窃，来向孔子求教。孔子对他说："如果您不贪求太多的财物，即使奖励他们去偷，他们也不会干。"

【原文】

　　12.19　季康子问政于孔子，曰："如杀无道，以就有道，何如？"
　　孔子对曰："子为政，焉用杀？子欲善而民善矣。君子之德风，小人之德草。草上之风①，必偃②。"

【注解】

①草上之风：谓风吹草。上，一作"尚"，加也。"上之风"谓上之以风，即加之以风。②偃：倒下。

【译文】

　　季康子向孔子问政事，说："假如杀掉坏人，以此来亲近好人，怎么样？"孔子说："您治理国家，怎么想到用杀戮的方法呢？您要是好好治国，百姓也就会好起来。君子的品德如风，小人的品德如草。草上刮起风，草一定会倒。"

【原文】

12.20　子张问："士何如斯可谓之达矣①？"子曰："何哉，尔所谓达者？"子张对曰："在邦必闻，在家必闻。"子曰："是闻也，非达也。夫达也者，质直而好义，察言而观色，虑以下人②。在邦必达，在家必达。夫闻也者，色取仁而行违，居之不疑。在邦必闻，在家必闻。"

【注解】

①达：通达。②下人：下于人，即对人谦逊。

【译文】

子张问："士要怎么样才可说是通达了？"孔子说："你所说的通达是什么呢？"子张回答说："在诸侯的国家一定有名声，在大夫的封地一定有名声。"孔子说："这是有名声，不是通达。通达的人，本质正直而喜爱道义，体会别人的话语，观察别人的脸色，时常想到对别人谦让。这样的人在诸侯的国家一定通达，在大夫的封地也一定通达。有名声的人，表面上要实行仁德而行动上却相反，以仁人自居而毫不迟疑。他们在诸侯的国家一定虚有其名，在大夫的封地也一定虚有其名。"

【原文】

12.21　樊迟从游于舞雩之下，曰："敢问崇德、修慝、辨惑①。"子曰："善哉问！先事后得，非崇德与？攻其恶，无攻人之恶，非修慝与？一朝之忿，忘其身，以及其亲，非惑与？"

【注解】

①修慝（tè）：改恶从善。修，治，指改正。慝，邪恶。

【译文】

樊迟跟随孔子在舞雩台下游览，说道："请问如何提高自己的品德修养,改正过失,辨别是非?"孔子说:"问得好啊!辛劳在先,享乐在后,这不就可以提高自己的品德修养吗?检查自己的错误,不去指责别人的缺点,这不就改正了过失吗?因为一时气愤,而不顾自身和自己的双亲,这不就是迷惑吗?"

【原文】

12.22 樊迟问仁,子曰:"爱人。"问知,子曰:"知人。"樊迟未达。子曰:"举直错诸枉①,能使枉者直。"

樊迟退,见子夏,曰:"乡也②,吾见于夫子而问知③,子曰:'举直错诸枉,能使枉者直。'何谓也?"子夏曰:"富哉言乎!舜有天下,选于众,举皋陶④,不仁者远矣。汤有天下,选于众,举伊尹⑤,不仁者远矣。"

【注解】

①举直错诸枉:把正直的人摆在邪恶的人的上面,即选用贤人,罢黜坏人。错,通"措",安置。②乡(xiàng):同"向",过去。③见(xiàn)于:被接见。④皋(gāo)陶(yáo):舜时的贤臣。⑤伊尹:商汤时辅相。

【译文】

樊迟问什么是仁,孔子说:"爱人。"樊迟又问什么是智,孔子说:"善于知人。"樊迟没有完全理解。孔子说:"把正直的人提拔上来,使他们的位置在不正直的人上面,就能使不正直的人变正直。"

樊迟退了出来,见到子夏,说:"刚才我去见老师,问他什么是智,他说:'把正直的人提拔上来,使他们的位置在不正直的人上面',这是什么意思?"子夏说道:"这是涵义多么丰富的话呀!舜有了天下,在众人中选拔人才,把皋陶提拔了起来,不仁的人就远远地离开了。汤得了天下,也从众人中选拔人才,把伊尹提拔起来,那些不仁的人就远远离开了。"

【原文】

12.23　子贡问友，子曰："忠告而善道之①，不可则止，毋自辱焉。"

【注解】

①道：通"导"。

【译文】

子贡问怎样交朋友。孔子说："忠心地劝告他并好好地开导他，如果不听从也就罢了，不要自取侮辱。"

【原文】

12.24　曾子曰："君子以文会友，以友辅仁。"

【译文】

曾子说："君子用文章学问来结交、聚合朋友，用朋友来帮助自己培养仁德。"

子路篇第十三

【原文】

13.1　子路问政。子曰："先之，劳之。"请益，曰："无倦。"

【译文】

子路问为政之道。孔子说："自己先要身体力行带好头，然后让老百姓辛

子路问政。

勤劳作。"子路请求多讲一些，孔子说："不要倦怠。"

【原文】

13.2 仲弓为季氏宰，问政，子曰："先有司，赦小过，举贤才。"曰："焉知贤才而举之？"子曰："举尔所知。尔所不知，人其舍诸？"

【译文】

仲弓做了季氏的总管，问怎样管理政事，孔子说："自己先给下属各部门主管人员做出表率，原谅他人的小错误，提拔贤能的人。"仲弓说："怎么知道哪些人是贤能的人而去提拔他们呢？"孔子说："提拔你所知道的，那些你所不知道的，别人难道会埋没他吗？"

【原文】

13.3 子路曰："卫君待子而为政，子将奚先？"子曰："必也正名乎！"子路曰："有是哉，子之迂也！奚其正？"子曰："野哉，由也！君子于其所不知，盖阙如也①。名不正则言不顺，言不顺则事不成，事不成则礼乐不兴，礼乐不兴则刑罚不中②，刑罚不中则民无所措手足。故君子名之必可言也，言之必可行也。君子于其言，无所苟而已矣③。"

【注解】

①阙：通"缺"。缺而不言，存疑的意思。②中（zhòng）：得当。③苟：随便，马虎。

【译文】

子路说："卫国国君要您去治理国家，您打算先从哪些事情做起呢？"孔子说："首先必须正名分。"子路说："有这样做的吗？您真是太迂腐了。这名怎么正呢？"孔子说："仲由，真粗野啊。君子对于他所不知道的事情，总是采取存疑的态度。名分不正，说起话来就不顺当合理，说话不顺当合理，事情就办不成。事情办不成，礼乐也就不能兴盛。礼乐不能兴盛，刑罚的执行就不会得当。刑罚不得当，百姓就不知怎么办好。所以，君子一定要定下一个名分，必须能够说得明白，说出来一定能够行得通。君子对于自己的言行，是从不马虎对待的。"

【原文】

13.4　樊迟请学稼，子曰："吾不如老农。"请学为圃，曰："吾不如老圃。"樊迟出。子曰："小人哉，樊须也！上好礼，则民莫敢不敬；上好义，则民莫敢不服；上好信，则民莫敢不用情。夫如是，则四方之民襁负其子而至矣①，焉用稼？"

【注解】

①襁（qiǎng）：背小孩所用的布兜子。

【译文】

　　樊迟向孔子请教如何种庄稼，孔子说："我不如老农民。"又请教如何种蔬菜，孔子说："我不如老菜农。"樊迟出去了。孔子说："真是个小人啊！樊迟这个人！居于上位的人爱好礼仪，老百姓就没有敢不恭敬的；居于上位的人爱好道义，老百姓就没有敢不服从的；居于上位的人爱好诚信，老百姓就没有敢不诚实的。如果能够做到这一点，那么，四方的老百姓就会背负幼子前来归服，何必要自己来种庄稼呢？"

【原文】

13.5　子曰："诵《诗》三百，授之以政①，不达②；使于四方③，不能专对④；虽多，亦奚以为⑤？"

【注解】

①授：交给。②不达：办不好。③使：出使。④不能专对：不能随机应变，独立应对。古代使节出使，遇到问题要随机应变，独立地进行外事活动。⑤以：用。

【译文】

孔子说:"熟读了《诗》三百篇,交给他政务,他却搞不懂;派他出使到四方各国,又不能独立应对外交。虽然读书多,又有什么用处呢?"

【原文】

13.6 子曰:"其身正,不令而行;其身不正,虽令不从。"

【译文】

孔子说:"(作为管理者)如果自身行为端正,不用发布命令,事情也能推行得通;如果本身不端正,就是发布了命令,百姓也不会听从。"

【原文】

13.7 子曰:"鲁、卫之政,兄弟也。"

【译文】

孔子说:"鲁国的政事和卫国的政事,像兄弟一样。"

【原文】

13.8 子谓卫公子荆:"善居室①。始有,曰:'苟合矣②。'少有,曰:'苟完矣。'富有,曰:'苟美矣。'"

子适卫,冉有仆。

【注解】

①善居室:善于治理家政,善于居家过日子。②合:足。

【译文】

孔子谈到卫国的公子荆，说："他善于治理家政。当他刚开始有财物时，便说：'差不多够了。'当稍微多起来时，就说：'将要足够了。'当财物到了富有时候，就说：'真是太完美了。'"

【原文】

13.9　子适卫①，冉有仆②。子曰："庶矣哉③！"冉有曰："既庶矣，又何加焉④？"曰："富之。"曰："既富矣，又何加焉？"曰："教之。"

【注解】

①适：往，到……去。②仆：动词，驾御车马。亦作名词用，指驾车的人。③庶：众多。④加：再，增加。

【译文】

孔子到卫国去，冉有为他驾车子。孔子说："人口真是众多啊！"冉有说："人口已经是如此众多了，又该再做什么呢？"孔子说："使他们富裕起来。"冉有说："已经富裕了，还该怎么做？"孔子说："教育他们。"

【原文】

13.10　子曰："苟有用我者，期月而已可也①，三年有成。"

【注解】

①期（jī）月：一年。

【译文】

孔子说："假如有人用我主持国家政事，一年之内就可以见到成效了，三年便能完全治理好。"

【原文】

13.11 子曰："善人为邦百年①，亦可以胜残去杀矣②。诚哉是言也！"

【注解】

①为邦：治国。②胜残：克服残暴。

【译文】

孔子说："善人治理国家一百年，也就能够克服残暴行为，消除虐杀现象了。这句话说得真对啊！"

【原文】

13.12 子曰："如有王者，必世而后仁①。"

【注解】

①世：古代以三十年为一世。

【译文】

孔子说："如果有王者兴起，也一定要三十年之后才能实现仁政。"

【原文】

13.13 子曰："苟正其身矣，于从政乎何有？不能正其身，如正人何？"

【译文】

孔子说："如果端正了自己的言行，治理国家还有什么难的呢？如果不能端正自己，又怎么能去端正别人呢？"

【原文】

13.14 冉子退朝①，子曰："何晏也？"对曰："有政。"子曰："其事也。如有政，虽不吾以②，吾其与闻之③。"

【注解】

①朝：朝廷。或指鲁君的朝廷，或指季氏议事的场所。②不吾以：不用我。以，用。③与（yù）：参与。

【译文】

冉有从办公的地方回来，孔子说："今天为什么回来得这么晚呢？"冉有回答说："有政务。"孔子说："那不过是一般性的事务罢了。如果是重要的政务，即使不用我，我还是会知道的。"

【原文】

13.15 定公问："一言而可以兴邦，有诸？"孔子对曰："言不可以若是，其几也①，人之言曰：'为君难，为臣不易。'如知为君之难也，不几乎一言而兴邦乎？"曰："一言而丧邦，有诸？"孔子对曰："言不可以若是，其几也。人之言曰：'予无乐乎为君，唯其言而莫予违也。'如其善而莫之违也，不亦善乎？如不善而莫之违也，不几乎一言而丧邦乎？"

【注解】

①几（jī）：近。

【译文】

鲁定公问："一句话可以使国家兴盛，有这样的事吗？"孔子回答说："对语言不能有那么高的期望。有人说：'做国君难，做臣子也不容易。'如果知道了做国君的艰难，（自然会努力去做事）这不近于一句话而使国家兴盛吗？"定公说："一句话而丧失了国家，有这样的事吗？"孔子回答说："对语言的作用不能有那么高的期望。有人说：'我做国君没有感到什么快乐，唯一使我高兴的是我说的话没有人敢违抗。'如果说的话正确而没有人违抗，这不是很好吗？如果说的话不正确也没有人敢违抗，这不就近于一句话就使国家丧亡吗？"

【原文】

13.16　叶公问政，子曰："近者说①，远者来。"

【注解】

①说：同"悦"。

【译文】

叶公问怎样治理国家。孔子说："让近处的人快乐满意，使远处的人闻风归附。"

【原文】

13.17　子夏为莒父宰①，问政，子曰："无欲速，无见小利。欲速则不达，见小利则大事不成。"

【注解】

①莒（jǔ）父：鲁国的一个城邑，在今山东省莒县境内。

【译文】

子夏做了莒父地方的长官，问怎样治理政事。孔子说："不要急于求成，不要贪图小利。急于求成，反而达不到目的；贪小利则办不成大事。"

【原文】

13.18　叶公语孔子曰①："吾党有直躬者②，其父攘羊而子证之③。"孔子曰："吾党之直者异于是：父为子隐，子为父隐，直在其中矣。"

【注解】

①语（yù）：告诉。②党：指家乡。古代五百家为党。③攘：即偷窃。证：告发。

【译文】

叶公告诉孔子说："我家乡有个正直的人，他父亲偷了别人的羊，他便出来告发。"孔子说："我家乡正直的人与这不同：父亲替儿子隐瞒，儿子替父亲隐瞒，正直就在这里面了。"

【原文】

13.19　樊迟问仁。子曰："居处恭，执事敬，与人忠。虽之夷狄，不可弃也。"

【译文】

樊迟问什么是仁。孔子说："平时的生活起居要端庄恭敬，办事情的时候严肃认真，对待他人要忠诚。就是去边远的少数民族居住的地方，也是不能废弃这些原则的。"

【原文】

13.20　子贡问曰："何如斯可谓之士矣？"子曰："行己有耻，使于四方不辱君命，可谓士矣。"曰："敢问其次？"曰："宗族称孝焉，乡党称弟焉。"曰："敢问其次？"曰："言必信，行必果，硁硁然小人哉①！抑亦可以为次矣。"曰："今之从政者何如？"子曰："噫！斗筲之人②，何足算也！"

【注解】

①硁（kēng）硁：象声词，敲击石头的声音。这里引申为像石块那样坚硬。②斗筲（shāo）之人：比喻器量狭小的人。筲，竹器，容一斗二升。

【译文】

子贡问道："怎样才可称得上'士'呢？"孔子说："能用羞耻之心约束自己的行为，出使不辜负君主的委托，这就可以称作'士'了。"子贡说："请问次一等的'士'是什么样的？"孔子说："宗族的人称赞他孝顺，乡里的人称赞他友爱。"子贡说："请问再次一等的'士'是什么样的？"孔子说："说话一定要诚信，做事一定要坚定果断，这虽是耿直固执的小人，但也可以算是再次一等的'士'了。"子贡说："现在那些执政的人怎么样？"孔子说："唉！一班器量狭小的家伙，算得了什么呢！"

【原文】

13.21 子曰："不得中行而与之①，必也狂狷乎②！狂者进取，狷者有所不为也。"

【注解】

①中行：行为合乎中庸。与：相与，交往。②狷（juàn）：性情耿介，不肯同流合污。

【译文】

孔子说："找不到行为合乎中庸的人而和他们交往，一定只能和勇于向前及洁身自好的人交往！勇于向前的人努力进取，洁身自好的人不会去做坏事！激进的人勇于进取，耿介的人不做坏事。"

【原文】

13.22 子曰："南人有言曰：'人而无恒，不可以作巫医①。'善夫！'不恒其德，或承之羞②。'"子曰："不占而已矣③。"

【注解】

①巫医：用卜筮为人治病的人。②不恒其德，或承之羞：此二句引自

《易经·恒卦·爻辞》。意思是说，人如果不能长期坚持自己的德行，有时就要遭受羞辱。③占：占卜。

【译文】

孔子说："南方人有句话说：'人如果没有恒心，就不可以做巫医。'这话说得好哇！"《周易》说："不能长期坚持自己的德行，有时就要遭受羞辱。"孔子又说："这句话的意思是叫没有恒心的人不要占卦罢了。"

【原文】

13.23　子曰："君子和而不同①，小人同而不和。"

【注解】

①和：和谐，协调。同：人云亦云，盲目附和。

【译文】

孔子说："君子追求与人和谐而不是完全相同、盲目附和，小人追求与人相同、盲目附和而不能与人和谐。"

【原文】

13.24　子贡问曰："乡人皆好之，何如？"子曰："未可也。""乡人皆恶之，何如？"子曰："未可也。不如乡人之善者好之，其不善者恶之。"

【译文】

子贡问道："乡里人都喜欢他,这个人怎么样？"孔子说："还不行。""乡里人都厌恶他，这个人怎么样？"孔子说："还不行。最好是乡里的好人都喜欢他，乡里的坏人都厌恶他。"

【原文】

13.25 子曰:"君子易事而难说也①。说之不以道,不说也。及其使人也,器之②。小人难事而易说也。说之虽不以道,说也。及其使人也,求备焉。"

【注解】

①说:通"悦"。②器之:按各人的才德适当使用。"器",器用,作动词用。

【译文】

孔子说:"在君子手下做事情很容易,但要取得他的欢心却很难。不用正当的方式去讨他的欢喜,他是不会喜欢的;等到他使用人的时候,能按各人的才德去分配任务。在小人手下做事很难,但要想讨好他却很容易。用不正当的方式去讨好他,他也会很高兴;但在用人的时候,却是要百般挑剔、求全责备的。"

【原文】

13.26 子曰:"君子泰而不骄,小人骄而不泰。"

【译文】

孔子说:"君子安详坦然而不骄矜凌人;小人骄矜凌人而不安详坦然。"

【原文】

13.27 子曰:"刚、毅、木、讷,近仁。"

【译文】

孔子说:"刚强、坚毅、质朴、慎言,具备了这四种品德的人便接近仁德了。"

【原文】

13.28 子路问曰:"何如斯可谓之士矣?"子曰:"切切偲偲①,怡怡如也②,可谓士矣。朋友切切偲偲,兄弟怡怡。"

【注解】

①偲(sī)偲:勉励、督促、诚恳的样子。②怡(yí)怡:和气、亲切、顺从的样子。

【译文】

子路问道:"怎样才可以称为士呢?"孔子说:"互相帮助督促而又和睦相处,就可以叫作士了。朋友之间互相勉励督促,兄弟之间和睦相处。"

【原文】

13.29 子曰:"善人教民七年,亦可以即戎矣①。"

【注解】

①即戎:参与军事。"即"用作动词,表示"就"的意思。

【译文】

孔子说:"善人教导训练百姓七年时间,就可以叫他们去作战了。"

【原文】

13.30 子曰:"以不教民战,是谓弃之。"

【译文】

孔子说:"让没有受过训练的人去作战,这是抛弃他们,让他们去送死。"

宪问篇第十四

【原文】

14.1 宪问耻①，子曰："邦有道，谷②；邦无道，谷，耻也。""克、伐、怨、欲不行焉③，可以为仁矣？"子曰："可以为难矣，仁则吾不知也。"

【注解】

①宪：姓原，名宪，字子思，孔子的学生。②谷：俸禄。③克：好胜。伐：自夸。

【译文】

原宪问什么叫耻辱。孔子说："国家政治清明，做官领俸禄；国家政治黑暗，也做官领俸禄，这就是耻辱。"原宪又问："好胜、自夸、怨恨和贪婪这四种毛病都没有，可以称得上仁吗？"孔子说："可以说是难能可贵，至于是否是仁，我就不能断定了。"

【原文】

14.2 子曰："士而怀居①，不足以为士矣。"

【注解】

①怀居：留恋家室的安逸。怀，思念，留恋。居，家居。

【译文】

孔子说："士人如果留恋安逸的生活，就不足以做士人了。"

【原文】

14.3 子曰："邦有道，危言危行①；邦无道，危行言孙②。"

【注解】

①危：直，正直。②孙（xùn）：通"逊"。

【译文】

孔子说："国家政治清明，言语正直，行为正直；国家政治黑暗，行为也要正直，但言语应谦逊谨慎。"

【原文】

14.4 子曰："有德者必有言，有言者不必有德。仁者必有勇，勇者不必有仁。"

【译文】

孔子说："有德的人一定有好的言论，但有好言论的人不一定有德。仁人一定勇敢，但勇敢的人不一定有仁德。"

【原文】

14.5 南宫适问于孔子曰①："羿善射②，奡荡舟③，俱不得其死然。禹、稷躬稼而有天下④。"夫子不答。

南宫适出，子曰："君子哉若人！尚德哉若人！"

【注解】

①南宫适（kuò）：姓南宫，名适，字子容，孔子的学生。②羿（yì）：传说中夏代有穷国的国君，善于射箭，曾夺夏太康的王位，后被其臣寒浞所杀。③奡（ào）：古代一个大力士，传说是寒浞的儿子，后来为夏少康所杀。④禹：夏朝的开国之君，善于治水，注重发展农业。稷（jì）：传说是周朝的祖先，又为谷神，教民种植庄稼。

【译文】

南宫适向孔子问道:"(为什么)羿擅长射箭,奡善于水战,都没有得到善终。禹和稷亲自耕作庄稼,却得到了天下。"孔子没有回答。

南宫适退出去后,孔子说:"这个人是君子啊!这个人崇尚道德啊!"

【原文】

14.6　子曰:"君子而不仁者有矣夫,未有小人而仁者也。"

【译文】

孔子说:"君子之中也许有不仁的人吧,但小人之中却不会有仁人。"

【原文】

14.7　子曰:"爱之,能勿劳乎?忠焉①,能勿诲乎?"

子曰:爱之,能勿劳乎?忠焉,能勿诲乎?

【注解】

①焉:相当于"于是",也相当于"于之",但古代"于"和"之"一般不连用。

【译文】

孔子说:"爱他,能不以勤劳相劝勉吗?忠于他,能不以善言来教诲他吗?"

【原文】

14.8　子曰:"为命①,裨谌草创之②,世叔讨论之③,行人子羽修饰之④,东里子产润色之⑤。"

【注解】

①命：指外交辞令。②裨（pí）谌（chén）：郑国的大夫。③世叔：即子太叔，名游吉。郑国的大夫。子产死后，继子产为郑国宰相。④行人：官名，掌管朝觐聘问事务，即外交事务。子羽，公孙羽，郑国的大夫。⑤东里：子产所居之地，在今郑州市。

【译文】

孔子说："郑国制订外交文件，由裨谌起草，世叔提出意见，外交官子羽修改，东里子产做加工润色。"

【原文】

14.9 或问子产，子曰："惠人也。"
问子西①，曰："彼哉！彼哉②！"
问管仲，曰："人也。夺伯氏骈邑三百③，饭疏食，没齿无怨言。"

【注解】

①子西：楚国的令尹，名申，字子西。一说为郑国大夫。②彼哉！彼哉：他呀！他呀！这是当时表示轻视的习惯语。③伯氏：齐国的大夫。骈邑：齐国的地方。

【译文】

有人问子产是怎样的人。孔子说："是宽厚慈惠的人。"
问到子西是怎样的人。孔子说："他呀！他呀！"
问到管仲是怎样的人。孔子说："他是个人才。他剥夺了伯氏骈邑三百户的封地，使伯氏只能吃粗粮，却至死没有怨言。"

【原文】

14.10 子曰："贫而无怨难，富而无骄易。"

【译文】

孔子说:"贫穷而没有怨恨很难,富贵而不骄矜倒很容易。"

【原文】

14.11 子曰:"孟公绰为赵魏老则优①,不可以为滕、薛大夫②。"

【注解】

①孟公绰:鲁国的大夫,为人清心寡欲。赵魏:晋国最有权势的大夫赵氏、魏氏。老:大夫的家臣。优:优裕。②滕、薛:当时的小国,在鲁国附近。滕在今山东滕县,薛在今山东滕县西南。

【译文】

孔子说:"孟公绰担任晋国的赵氏、魏氏的家臣是绰绰有余的,但是做不了滕国和薛国这样小国的大夫。"

【原文】

14.12 子路问成人①,子曰:"若臧武仲之知②,公绰之不欲,卞庄子之勇③,冉求之艺,文之以礼乐,亦可以为成人矣。"曰:"今之成人者何必然?见利思义,见危授命,久要不忘平生之言④,亦可以为成人矣。

【注解】

①成人:全人,即完美无缺的人。②臧武仲:鲁国大夫臧孙纥。他在齐国时,能预见齐庄公将败,不受其田邑。见《左传·襄公二十三年》。③卞庄子:鲁国的大夫,封地在卞邑,以勇气著称。④久要:长久处于穷困之中。

【译文】

子路问怎样才算是完人。孔子说:"像臧武仲那样有智慧,像孟公绰那样不贪求，像卞庄子那样勇敢，像冉求那样有才艺，再用礼乐来增加他的文采，就可以算个完人了。"孔子又说："如今的完人何必要这样呢？见到利益能想到道义，遇到危险时肯献出生命，长期处在贫困之中也不忘平生的诺言，也就可以算是完人了。"

【原文】

14.13　子问公叔文子于公明贾曰①："信乎？夫子不言，不笑，不取乎？"

公明贾对曰："以告者过也②。夫子时然后言，人不厌其言；乐然后笑，人不厌其笑；义然后取，人不厌其取。"

子曰："其然？岂其然乎？"

【注解】

①公叔文子：卫国的大夫。公明贾：卫国人，姓公明，名贾。②以：此。

【译文】

孔子向公明贾问到公叔文子，说："是真的吗？他老先生不言语、不笑、不取钱财？"

公明贾回答说："那是告诉你的人说错了。他老人家是到该说话时再说话，别人不讨厌他的话；高兴了才笑，别人不厌烦他的笑；应该取的时候才取，别人不厌恶他的取。"

孔子说道："是这样的吗？难道真的是这样的吗？"

【原文】

14.14　子曰："臧武仲以防求为后于鲁①，虽曰不要君②，吾不信也。"

【注解】

①防：地名，武仲封邑，在今山东费县东北六十里。②要（yāo）：要挟。

【译文】

孔子说:"臧武仲凭借防邑请求立他的后代为鲁国的卿大夫,虽然有人说他不是要挟国君,我是不信的。"

【原文】

14.15　子曰:"晋文公谲而不正①,齐桓公正而不谲②。"

【注解】

①晋文公:姓姬,名重耳,"春秋五霸"之一,公元前636年~公元前628年在位。谲(jué):欺诈,玩弄手段。正:正派。②齐桓公:姓姜,名小白,"春秋五霸"之一,公元前685年~公元前643年在位。

【译文】

孔子说:"晋文公诡诈而不正派,齐桓公正派而不诡诈。"

【原文】

14.16　子路曰:"桓公杀公子纠①,召忽死之,管仲不死。"曰:"未仁乎?"子曰:"桓公九合诸侯②,不以兵车,管仲之力也!如其仁③!如其仁!"

【注解】

①公子纠:齐桓公的哥哥。齐桓公曾与其争位,杀掉了他。②九合诸侯:指齐桓公多次召集诸侯盟会。③如:乃,就。

【译文】

子路说:"齐桓公杀了公子纠,召忽自杀以殉,但管仲却没有死。"接着又说:"管仲是不仁吧?"孔子说:"桓公多次召集各诸侯国盟会,不用武力,都是管仲出的力。这就是他的仁德!这就是他的仁德!"

【原文】

14.17　子贡曰："管仲非仁者与？桓公杀公子纠，不能死，又相之。"子曰："管仲相桓公，霸诸侯，一匡天下，民到于今受其赐。微管仲①，吾其被发左衽矣②。岂若匹夫匹妇之为谅也③，自经于沟渎而莫之知也④？"

【注解】

①微：如果没有。用于和既成事实相反的假设句的句首。②被：通"披"。衽（rèn）：衣襟。"披发左衽"是当时少数民族的打扮，这里指沦为夷狄。③谅：诚实。④自经：自缢。渎（dú）：小沟。

【译文】

子贡说："管仲不是仁人吧？齐桓公杀了公子纠，他不能以死相殉，反又去辅佐齐桓公。"孔子说："管仲辅佐齐桓公，称霸诸侯，匡正天下一切，人民到现在还受到他的好处。如果没有管仲，我们大概都会披散着头发，衣襟向左边开了。难道他要像普通男女那样守着小节小信，在山沟中上吊自杀而没有人知道吗？"

【原文】

14.18　公叔文子之臣大夫僎与文子同升诸公①。子闻之，曰："可以为'文'矣②。"

【注解】

①臣大夫：即家大夫，文子的家臣。僎（zhuàn）：人名。本是文子的家臣，因文子的推荐，和文子一起做了卫国的大夫。同升诸公：同升于公朝。②可以为"文"：周朝的谥法，"赐民爵位曰'文'"。公叔文子使大夫僎和他一起升于公朝，所以孔子说他可以谥为"文"。

【译文】

公叔文子的家臣大夫僎,(被文子推荐)和文子一起擢升为卫国的大臣。孔子听说了这件事,说:"可以给他'文'的谥号了。"

【原文】

14.19 子言卫灵公之无道也,康子曰:"夫如是,奚而不丧①?"孔子曰:"仲叔圉治宾客②,祝鮀治宗庙,王孙贾治军旅。夫如是,奚其丧?"

【注解】

①奚而:为什么。②仲叔圉(yǔ):即孔文子,他与祝鮀、王孙贾都是卫国的大夫。

【译文】

孔子谈到卫灵公的昏庸无道,季康子说:"既然这样,为什么没有丧国呢?"孔子说:"他有仲叔圉接待宾客,祝鮀管治宗庙祭祀,王孙贾统率军队。像这样,怎么会丧国呢?"

【原文】

14.20 子曰:"其言之不怍①,则为之也难。"

【注解】

①怍(zuò):惭愧。

【译文】

孔子说:"说话大言不惭,实行这些话就很难。"

【原文】

14.21　陈成子弑简公①。孔子沐浴而朝②，告于哀公曰："陈恒弑其君，请讨之。"公曰："告夫三子③。"

孔子曰："以吾从大夫之后，不敢不告也，君曰'告夫三子'者！"

之三子告，不可。孔子曰："以吾从大夫之后，不敢不告也。"

【注解】

①陈成子：即陈恒，齐国大夫。弑（shì）：下杀上为弑。简公：齐简公，名壬。②孔子沐浴而朝：沐浴，洗头洗澡，这里指斋戒。当时孔子已告老还家，他认为臣弑其君是大逆不道，非讨不可，故有此举。③夫（fú）：指示代词，那。三子：指孟孙、季孙、叔孙三家大夫。由于他们势力强大，主宰着鲁国的政治，故哀公不敢自主。

【译文】

陈成子杀了齐简公。孔子在家斋戒沐浴后去朝见鲁哀公，告诉哀公说："陈恒杀了他的君主，请出兵讨伐他。"哀公说："你去向季孙、仲孙、孟孙三人报告吧！"

孔子退朝后说："因为我曾经做过大夫，不敢不来报告。可君主却对我说'去向那三人报告'。"

孔子到季孙、叔孙、孟孙三人那里去报告，他们不同意讨伐。孔子说："因为我曾经做过大夫，不敢不报告。"

【原文】

14.22　子路问事君，子曰："勿欺也，而犯之①。"

【注解】

①犯：冒犯。指当面直言规劝。

【译文】

子路问怎样服侍君主。孔子说:"不要欺骗他,但可以犯颜直谏。"

【原文】

14.23 子曰:"君子上达,小人下达①。"

【注解】

①上达、下达:有各种解释:一、上达于仁义,下达于财利;二、上达于道,下达于器(即农工商各业);三、上达是日进乎高明,长进向上,下达是日究乎污下,沉沦向下。今从一义。

【译文】

孔子说:"君子向上去通达仁义,小人向下去通达财利。"

【原文】

14.24 子曰:"古之学者为己,今之学者为人。"

【译文】

孔子说:"古代学者学习是为了充实提高自己,现在的学者学习是为了装饰给别人看。"

【原文】

14.25 蘧伯玉使人于孔子①,孔子与之坐而问焉,曰:"夫子何为?"对曰:"夫子欲寡其过而未能也。"使者出,子曰:"使乎!使乎!"

古之学者为己。

【注解】

①蘧伯玉：卫国的大夫，名瑗。孔子在卫国时，曾住过他家。

【译文】

蘧伯玉派使者去拜访孔子，孔子请使者坐下，然后问道："先生近来在做什么呢？"使者回答说："先生想要减少自己的过失但还没能做到。"使者出去之后，孔子说："好一位使者呀！好一位使者呀！"

【原文】

14.26　子曰："不在其位，不谋其政①。"曾子曰："君子思不出其位。"

【注解】

①这两句重出，见《泰伯篇第八》第十四章。

【译文】

孔子说："不在那个职位上，就不去谋划那个职位上的政事。"曾子说："君子所思虑的不越出他的职权范围。"

【原文】

14.27　子曰："君子耻其言而过其行①。"

【注解】

①而：用法同"之"。

【译文】

孔子说："君子把说得多做得少视为可耻。"

【原文】

14.28 子曰:"君子道者三,我无能焉:仁者不忧,知者不惑,勇者不惧。"子贡曰:"夫子自道也。"

【译文】

孔子说:"君子所遵循的三个方面,我都没能做到:仁德的人不忧愁,智慧的人不迷惑,勇敢的人不惧怕。"子贡说道:"这是老师对自己的描述。"

【原文】

14.29 子贡方人①,子曰:"赐也贤乎哉?夫我则不暇。"

【注解】

①方人:讥评、诽谤别人。

【译文】

子贡讥讽别人。孔子说:"你端木赐就什么都好吗?我就没有这种闲暇。"

【原文】

14.30 子曰:"不患人之不己知,患其不能也。"

【译文】

孔子说:"不担心别人不知道自己,只担心自己没有能力。"

【原文】

14.31 子曰:"不逆诈①,不亿不信②,抑亦先觉者,是贤乎!"

【注解】

①逆诈:逆,事先预料。逆诈,据颜师古:"谓以诈意逆猜人

也。"②亿：通"臆"，主观臆测。

【译文】

孔子说："不预先怀疑别人欺诈，不凭空臆想别人不诚信，却能先行察觉，这样的人才是贤者啊。"

【原文】

14.32 微生亩谓孔子曰①："丘何为是栖栖者与②？无乃为佞乎③？"孔子曰："非敢为佞也，疾固也④。"

【注解】

①微生亩：姓微生，名亩，隐君子。②是：副词，当"如此"解。栖栖（xī）：不安定的样子。③佞：花言巧语。④疾：痛恨，讨厌。固：顽固不化。

【译文】

微生亩对孔子说："您为什么如此奔波忙碌呢？不是为了显示您的才辩吧？"孔子说："我不敢显示我有才辩，只是讨厌那种顽固不化的人。"

【原文】

14.33 子曰："骥不称其力①，称其德也。"

【注解】

①骥：千里马。

【译文】

孔子说："对于千里马不是称赞它的力气，而是要称赞它的品德。"

【原文】

14.34 或曰："以德报怨，何如？"子曰："何以报德？以直报怨，以德报德。"

【译文】

有人说："用恩德来回报怨恨，怎么样？"孔子说："那用什么来回报恩德呢？用正直来回报怨恨，用恩德来回报恩德。"

【原文】

14.35 子曰："莫我知也夫！"子贡曰："何为其莫知子也？"子曰："不怨天，不尤人①，下学而上达。知我者其天乎②！"

【注解】

①尤：责怪。②其：前句中"其"字是用于句中的助词，无义。本句中"其"字用于拟议不定，可以译为"大概"或"恐怕"。

【译文】

孔子说："没有人了解我啊！"子贡说："为什么没有人了解您呢？"孔子说："不埋怨天，不责备人，下学人事而上达天命。了解我的大概只有天吧！"

【原文】

14.36 公伯寮愬子路于季孙①。子服景伯以告②，曰："夫子固有惑志于公伯寮③，吾力犹能肆诸市朝④。"

子曰："道之将行也与，命也；道之将废也与，命也。公伯寮其如命何！"

【注解】

①公伯寮：鲁人，字子周，也是孔子的学生。愬（sù）：同"诉"，告发，诽谤。季孙：鲁国的大夫。②子服景伯：鲁国大夫，姓子服，名伯，"景"是他的谥号。③夫子：指季孙。④肆：陈列尸首。

【译文】

公伯寮向季孙氏控诉子路。子服景伯把这件事告诉了孔子，说："季孙氏已经被公伯寮迷惑了，我的力量还能让公伯寮的尸首在街头示众。"

孔子说："道将要实行，是天命决定的；道将要被废弃，也是天命决定的。公伯寮能把天命怎么样呢？"

【原文】

14.37 子曰："贤者辟世①，其次辟地，其次辟色，其次辟言。"子曰："作者七人矣②。"

【注解】

①辟（bì）：通"避"，逃避。②七人：即伯夷、叔齐、虞仲、夷逸、朱张、柳下惠、少连。

【译文】

孔子说："贤人逃避恶浊乱世而隐居，其次是择地方而住，再其次是避开不好的脸色，再其次是避开恶言。"孔子说："这样做的人有七位了。"

【原文】

14.38 子路宿于石门①。晨门曰②："奚自？"子路曰："自孔氏。"曰："是知其不可而为之者与？"

【注解】

①石门:地名,鲁国都城的外门。②晨门:早上看守城门的人。

【译文】

子路在石门住宿了一夜。早上守城门的人说:"从哪儿来?"子路说:"从孔子家来。"守门人说:"就是那位知道做不成却还要做的人吗?"

【原文】

14.39 子击磬于卫,有荷蒉而过孔氏之门者①,曰:"有心哉,击磬乎!"既而曰:"鄙哉,硁硁乎②!莫己知也,斯己而已矣③。深则厉,浅则揭④。"子曰:"果哉!末之难矣⑤。"

【注解】

①蒉(kuì):土筐。②硁(kēng)硁:抑而不扬的击磬声。③斯己而已矣:就相信自己罢了。④深则厉,浅则揭:穿着衣服涉水叫厉,提起衣襟涉水叫揭。这两句是《诗经·卫风·匏有苦叶》中的诗句。这里用来比喻处世也要审时度势,知道深浅。⑤末:无。难:责问。

子击磬于卫,有荷蒉而过孔氏之门者。

【译文】

孔子在卫国,一次正在击磬,有一个挑着草筐的人经过孔子门前,说:"这个磬击打得有深意啊!"过了一会儿又说:"真可鄙呀,磬声硁硁的,没有人知道自己,就自己作罢好了。水深就索性穿着衣服趟过去,水浅就撩起衣服走过去。"孔子说:"说得真果断啊!真这样的话,就没有什么难的了。"

【原文】

14.40　子张曰："《书》云：'高宗谅阴①，三年不言。'何谓也？"子曰："何必高宗，古之人皆然。君薨②，百官总己以听于冢宰三年③。"

【注解】

①高宗：殷高宗武丁，是商朝中兴的贤王。谅阴：古时天子守丧之称。②薨（hōng）：君主时代诸侯或大官死叫薨。③冢宰：官名。听于冢宰是说百官都听命于冢宰，继位的新君可不理政事。

【译文】

子张说："《尚书》上说：'殷高宗守丧，三年不谈政事。'这是什么意思？"孔子说："不只是殷高宗，古人都是这样。国君死了，所有官员都各司其职，听从冢宰的命令长达三年。"

【原文】

14.41　子曰："上好礼，则民易使也。"

【译文】

孔子说："居上位的人遇事依礼而行，民众就容易役使了。"

【原文】

14.42　子路问君子，子曰："修己以敬。"曰："如斯而已乎？"曰："修己以安人①。"曰："如斯而已乎？"曰："修己以安百姓②。修己以安百姓，尧舜其犹病诸③！"

【注解】

①安人：使别人安乐。②安百姓：使百姓安乐。③病：这里有"难"的意

思。诸:"之于"的合音。

【译文】

子路问怎样做才是君子。孔子说:"修养自己以做到恭敬认真。"子路说:"像这样就可以了吗?"孔子说:"修养自己并且使别人安乐。"子路又问:"像这样就可以了吗?"孔子说:"修养自己并且使百姓安乐。修养自己,使百姓都安乐,尧、舜大概都很难完全做到吧!"

【原文】

14.43 原壤夷俟①。子曰:"幼而不孙弟②,长而无述焉,老而不死,是为贼③。"以杖叩其胫。

【注解】

①原壤:鲁国人,孔子的老朋友。夷俟:伸腿蹲着等待。②孙弟:同"逊悌",孝悌。③贼:害人的人。

【译文】

原壤叉开两腿坐着等孔子。孔子说:"你小时候不谦恭不敬兄长,长大了没有什么值得称述的,老了还不死掉,真是个害人的家伙。"说完,用手杖敲击他的小腿。

【原文】

14.44 阙党童子将命①。或问之曰:"益者与?"子曰:"吾见其居于位也②,见其与先生并行也③,非求益者也,欲速成者也。"

【注解】

①阙党:孔子在鲁国所居地名,又叫阙里。②居于位:据《礼记·玉藻》:"童子无事则立主人之北南面。"可见居于位不合乎当时礼节。③并行:据《礼记·曲礼》:"五年以长,则肩随之。"童子和先生并

行,也不合礼。

【译文】

　　阙党的一个童子来传递信息。有人问孔子:"这是一个求进益的人吗?"孔子说:"我看见他坐在成人的席位上,看见他和长辈并肩而行。他不是个求进益的人,而是一个急于求成的人。"

卫灵公篇第十五

【原文】

　　15.1　卫灵公问陈于孔子①,孔子对曰:"俎豆之事②,则尝闻之矣;军旅之事,未之学也。"明日遂行。

【注解】

①陈:同"阵",军队作战时,布列的阵势。②俎豆:古代盛肉食的器皿,用于祭祀,故意译为礼仪之事。

【译文】

　　卫灵公向孔子询问排兵布阵的方法。孔子回答说:"祭祀礼仪方面的事情,我听说过;用兵打仗的事,从来没有学过。"第二天就离开了卫国。

【原文】

　　15.2　在陈绝粮,从者病,莫能兴。子路愠见曰:"君子亦有穷乎?"子曰:"君子固穷,小人穷斯滥矣。"

【译文】

　　孔子在陈国断绝了粮食,跟从的人都饿病了,躺着不能起来。子路生气地来见孔子说:"君子也有困窘没有办法的时候吗?"孔子说:"君子在困窘时还能固守正道,小人一困窘就会胡作非为。"

【原文】

15.3 子曰:"赐也,女以予为多学而识之者与①?"对曰:"然。非与?"曰:"非也。予一以贯之②。"

【注解】

①识(zhì):通"志",记住。②一以贯之:即以忠恕之道贯串着它。参见《里仁篇第四》第十五章。

【译文】

孔子对子贡说:"赐呀,你以为我是多多地学习并能记住的人吗?"子贡回答说:"是的,难道不是这样吗?"孔子说:"不是的,我是用一个基本观念把它们贯穿起来。"

【原文】

15.4 子曰:"由!知德者鲜矣。"

【译文】

孔子说:"仲由!知晓德的人太少了。"

【原文】

15.5 子曰:"无为而治者,其舜也与?夫何为哉①?恭己正南面而已矣。"

【注解】

①夫(fú):他。

【译文】

孔子说:"无为而使天下得到治理的人,大概只有舜吧?他做了什么呢?他只是庄重端正地面向南地坐在王位上罢了。"

【原文】

15.6 子张问行①,子曰:"言忠信,行笃敬②,虽蛮貊之邦③,行矣。言不忠信,行不笃敬,虽州里④,行乎哉?立则见其参于前也⑤,在舆则见其倚于衡也⑥,夫然后行。"子张书诸绅⑦。

【注解】

①行:通达的意思。②笃:忠厚。③蛮貊(mò):南蛮北狄,当时指南方和北方的少数民族。④州里:五家为邻,五邻为里。五党为州,二千五百家。州里指近处。⑤参:显现。⑥衡:车辕前面的横木。⑦绅:贵族系在腰间的大带。

【译文】

子张问怎样才能处处行得通。孔子说:"言语忠实诚信,行为笃厚恭敬,即使到了少数民族地区,也能行得通。言语不忠实诚信,行为不笃厚恭敬,即使是在本乡本土,能行得通吗?站立时,就好像看见'忠实、诚信、笃厚、恭敬'的字样直立在面前;在车上时,就好像看见这几个字靠在车前横木上,这样才能处处行得通。"子张把这些话写在衣服大带上。

【原文】

15.7 子曰:"直哉,史鱼①!邦有道如矢,邦无道如矢。君子哉,蘧伯玉!邦有道则仕,邦无道则可卷而怀之②。"

【注解】

①史鱼:卫国大夫,字子鱼。临死前要儿子不为他在正堂治丧,以此劝

谏卫灵公任用蘧伯玉,斥退弥子瑕,古人称为"尸谏"。②卷(juǎn):收。怀:藏。

【译文】

孔子说:"史鱼正直啊!国家政治清明时,他像箭一样直;国家政治黑暗,他也像箭一样直。蘧伯玉是君子啊!国家政治清明时,他就出来做官;国家政治黑暗时,就把自己的才能收藏起来(不做官)。"

【原文】

15.8 子曰:"可与言而不与之言①,失人②;不可与言而与之言,失言③。知者不失人④,亦不失言。"

【注解】

①与言:与他谈论。言,谈论。②失人:错失人才。③失言:说错话。④知:通"智",明智,聪明。

【译文】

孔子说:"可以和他谈的话但没有与他谈,这是错失了人才;不可与他谈及却与他谈了,这是说错了话。聪明的人不错过人才,也不说错话。"

【原文】

15.9 子曰:"志士仁人,无求生以害仁,有杀身以成仁。"

【译文】

孔子说:"志士仁人,不会为了求生损害仁,却能牺牲生命去成就仁。"

【原文】

15.10 子贡问为仁,子曰:"工欲善其事,必先利其器。居是邦也,事其大夫之贤者,友其士之仁者。"

【译文】

子贡问怎样培养仁德，孔子说："工匠要想做好工，必须先把器具打磨锋利。住在这个国家，就要侍奉大夫中的贤人，结交士中的仁人。"

【原文】

15.11　颜渊问为邦，子曰："行夏之时①，乘殷之辂②，服周之冕③，乐则《韶》《舞》④，放郑声，远佞人⑤。郑声淫，佞人殆⑥。"

【注解】

①夏之时：夏代的历法，便于农业生产。②辂（lù）：天子所乘的车。殷代的车由木制成，比较朴实。③冕（miǎn）：礼帽。周代的礼帽比以前的华美。④《韶》：舜时的乐曲。《舞》：同《武》，周武王时的乐曲。⑤佞人：用花言巧语去谄媚人的小人。⑥殆：危险。

【译文】

颜渊问怎样治理国家。孔子说："实行夏朝的历法，乘坐殷朝的车子，戴周朝的礼帽，音乐就用《韶》和《舞》，舍弃郑国的乐曲，远离谄媚的人。郑国的乐曲很淫秽，谄媚的人很危险。"

【原文】

15.12　子曰："人无远虑，必有近忧。"

【译文】

孔子说："人没有长远的考虑，一定会有眼前的忧患。"

【原文】

15.13　子曰："已矣乎！吾未见好德如好色者也。"

【译文】

　　孔子说:"罢了罢了!我没见过喜欢美德如同喜欢美色一样的人。"

【原文】

　　15.14　子曰:"臧文仲其窃位者与①?知柳下惠之贤而不与立也②。"

【注解】

①窃位:身居官位而不称职。②柳下惠:春秋中期鲁国大夫,姓展名获,又名禽,他受封的地名是柳下,"惠"是他的谥号,所以被人们称为柳下惠。立(wèi):同"位"。

【译文】

　　孔子说:"臧文仲大概是个窃据高位(而不称职)的人吧!他知道柳下惠贤良,却不给他官位。"

【原文】

　　15.15　子曰:"躬自厚而薄责于人①,则远怨矣。"

【注解】

①躬自:亲自。

【译文】

　　孔子说:"严厉地责备自己而宽容地对待别人,就可以远离别人的怨恨了。"

【原文】

　　15.16　子曰:"不曰'如之何,如之何'者,吾末如之何也已矣①。"

【注解】

①末：无。

【译文】

孔子说："不说'怎么办，怎么办'的人，我对他也不知道该怎么办了。"

【原文】

15.17　子曰："群居终日，言不及义，好行小慧，难矣哉！"

【译文】

孔子说："整天聚在一起，言语都和义理不相关，喜欢卖弄小聪明，这种人很难教导。"

【原文】

15.18　子曰："君子义以为质，礼以行之，孙以出之，信以成之。君子哉！"

【译文】

孔子说："君子把义作为本质，依照礼来实行，用谦逊的言语来表述，用诚信的态度来完成它。这样做才是君子啊！"

【原文】

15.19　子曰："君子病无能焉，不病人之不己知也。"

【译文】

孔子说："君子担心自己没有才能，不担心别人不知道自己。"

【原文】

15.20 子曰:"君子疾没世而名不称焉。"

【译文】

孔子说:"君子担心死后自己的名字不被人称道。"

【原文】

15.21 子曰:"君子求诸己,小人求诸人。"

【译文】

孔子说:"君子要求自己,小人苛求别人。"

【原文】

15.22 子曰:"君子矜而不争①,群而不党。"

君子求诸己,小人求诸人。

【注解】

①矜(jīn):庄重的意思。

【译文】

孔子说:"君子矜持庄重而不与人争执,合群而不与人勾结。"

【原文】

15.23 子曰:"君子不以言举人,不以人废言。"

【译文】

孔子说:"君子不因为一个人的言语(说得好)而推举他,也不因为一个人有缺点而废弃他好的言论。"

【原文】

15.24 子贡问曰:"有一言而可以终身行之者乎①?"子曰:"其恕乎②!己所不欲,勿施于人。"

【注解】

①一言:一个字。言,字。②恕:推己及人,即"己所不欲,勿施于人"。

【译文】

子贡问道:"有一个可以终身奉行的字吗?"孔子说:"大概是'恕'吧!自己不想要的,不要施加给别人。"

【原文】

15.25 子曰:"吾之于人也,谁毁谁誉?如有所誉者,其有所试矣。斯民也,三代之所以直道而行也。"

【译文】

孔子说:"我对于别人,毁谤了谁?赞誉了谁?如果有所赞誉的话,一定对他有所考察。有了这样的民众,夏、商、周三代所以能直道而行。"

【原文】

15.26 子曰:"吾犹及史之阙文也。有马者,借人乘之①。今亡矣夫②!"

【注解】

①有马者,借人乘之:有人认为此句系错出,难以索解,存疑而已。②亡(wú):无。

【译文】

孔子说:"我还能够看到史书中存疑空缺的地方。有马的人(自己不会调教)先借给别人骑,现在没有这样的了。"

【原文】

15.27　子曰:"巧言乱德。小不忍,则乱大谋。"

【译文】

孔子说:"花言巧语会败坏道德。小事上不忍耐,就会扰乱了大的谋略。"

【原文】

15.28　子曰:"众恶之,必察焉;众好之,必察焉。"

【译文】

孔子说:"众人都厌恶他,一定要去考察;大家都喜爱他,也一定要去考察。"

【原文】

15.29　子曰:"人能弘道,非道弘人。"

【译文】

孔子说:"人能够把道发扬光大,不是道能把人发扬光大。"

【原文】

15.30 子曰:"过而不改,是谓过矣。"

【译文】

孔子说:"有了过错而不改正,这就真叫过错了。"

【原文】

15.31 子曰:"吾尝终日不食,终夜不寝,以思,无益,不如学也。"

【译文】

孔子说:"我曾经整天不吃、整夜不睡地去思索,没有益处,不如去学习。"

【原文】

15.32 子曰:"君子谋道不谋食。耕也,馁在其中矣①;学也,禄在其中矣。君子忧道不忧贫。"

【注解】

①馁(něi):饥饿。

【译文】

孔子说:"君子谋求的是道而不去谋求衣食。耕作,常常会有饥饿;学习,往往得到俸禄。君子担忧是否能学到道,不担忧贫穷。"

【原文】

15.33 子曰:"知及之①,仁不能守之,虽得之,必失之。知及之,仁能守之,不庄以涖之②,则民不敬。知及之,仁能守之,庄以涖之,动之不以礼,未善也。"

【注解】

①知:通"智"。②涖:通"莅",临,到。

【译文】

孔子说:"靠聪明才智得到它,不用仁德去保持它,即使得到了,也一定会丧失。靠聪明才智得到它,用仁德守住它,但不以庄重的态度来行使职权,那么民众就不敬畏。靠聪明才智得到它,用仁德保持它,能以庄重的态度来行使职权,但不能按照礼来动员,也是不完善的。"

【原文】

15.34　子曰:"君子不可小知而可大受也。小人不可大受而可小知也。"

【译文】

孔子说:"君子不可以用小事来察知,却可以接受重任;小人不可以承担重任,却可以用小事来察知。"

【原文】

15.35　子曰:"民之于仁也,甚于水火。水火,吾见蹈而死者矣,未见蹈仁而死者也。"

【译文】

孔子说:"民众对于仁的需要,超过对水火的需要。水和火,我看见有人死在里面,却没有见过有为实行'仁'而死的。"

【原文】

15.36　子曰:"当仁,不让于师。"

【译文】

孔子说:"面临仁时,对老师也不必谦让。"

【原文】

15.37　子曰:"君子贞而不谅①。"

【注解】

①贞:正,指固守正道。谅:信,指不分是非而守信。

【译文】

孔子说:"君子讲大信,而不拘泥于遵守小信。"

【原文】

15.38　子曰:"事君,敬其事而后其食。"

【译文】

孔子说:"侍奉君主,应该认真做事,而把领取俸禄的事放在后面。"

【原文】

15.39　子曰:"有教无类。"

【译文】

孔子说:"人人都教,没有高低贵贱的等级差别。"

有教无类。

【原文】

15.40　子曰："道不同，不相为谋①。"

【注解】

①为（wèi）：与，对。

【译文】

孔子说："志向主张不同，不在一起谋划共事。"

【原文】

15.41　子曰："辞达而已矣。"

【译文】

孔子说："言辞能表达出意思就可以了。"

【原文】

15.42　师冕见①，及阶，子曰："阶也。"及席，子曰："席也。"皆坐，子告之曰："某在斯，某在斯。"师冕出。子张问曰："与师言之道与？"子曰："然，固相师之道也②。"

【注解】

①师：乐师。冕：人名。古代的乐师一般是盲人。②相（xiàng）：帮助。

【译文】

师冕来见孔子，走到台阶边，孔子说："这儿是台阶。"走到坐席边，孔子说："这是坐席。"大家都坐下后，孔子告诉他说："某人在这里，某人在这里。"师冕告辞后，子张问道："这是和盲人乐师言谈的方式吗？"孔子说："是的，这本来就是帮助盲人乐师的方式。"

季氏篇第十六

【原文】

16.1 季氏将伐颛臾①。冉有、季路见于孔子②，曰："季氏将有事于颛臾。"孔子曰："求！无乃尔是过与③？夫颛臾，昔者先王以为东蒙主④，且在邦域之中矣，是社稷之臣也。何以伐为⑤？"冉有曰："夫子欲之，吾二臣者皆不欲也。"孔子曰："求！周任有言曰⑥：'陈力就列，不能者止。'危而不持，颠而不扶，则将焉用彼相矣⑦？且尔言过矣。虎兕出于柙⑧，龟玉毁于椟中，是谁之过与？"

冉有曰："今夫颛臾，固而近于费⑨。今不取，后世必为子孙忧。"孔子曰："求！君子疾夫舍曰欲之而必为之辞。丘也闻有国有家者，不患寡而患不均，不患贫而患不安⑩。盖均无贫，和无寡，安无倾。夫如是，故远人不服，则修文德以来之。既来之，则安之。今由与求也，相夫子，远人不服，而不能来也；邦分崩离析，而不能守也；而谋动干戈于邦内。吾恐季孙之忧，不在颛臾，而在萧墙之内也⑪。"

【注解】

①颛（zhuān）臾（yú）：鲁国的附属国，在今山东省费县西。②见于：被接见。③无乃：岂不是。尔是过：责备你。"过"用作动词，表示责备。"是"用于颠倒动宾之间，无义。④东蒙主：东蒙，蒙山。主，主持祭祀的人。⑤为：用于句末的语气词。这里表诘问语气。⑥周任：人名，周代史官。⑦相（xiàng）：搀扶盲人的人叫相，这里是辅助的意思。⑧兕（sì）：雌性犀牛。⑨费：季氏的采邑。⑩不患寡而患不均，不患贫而患不安：当作"不患贫而患不均，不患寡而患不安"。据俞樾《群经平议》。⑪萧墙：照壁屏风，指宫廷之内。

【译文】

季氏准备攻打颛臾。冉有、子路去拜见孔子，说："季氏准备对颛臾用兵了。"孔子说："冉求！难道不是你的过错吗？颛臾，以前先王让它主持东蒙山的祭祀，而且它在鲁国的疆域之内，是国家的臣属，为什么要攻打它呢？"冉有说："季孙大夫想去攻打，我们两人都不同意。"孔子说："冉求！周任说过：'根据自己的才力去担任职务，不能胜任的就辞职不干。'盲人遇到了危险不去扶持，跌倒了不去搀扶，那还用辅助的人干什么呢？而且你的话说错了。老虎、犀牛从笼子里跑出来，龟甲和美玉在匣子里被毁坏了，是谁的过错呢？"

冉有说："现在颛臾，城墙坚固，而且离季氏的采邑费地很近。现在不攻占它，将来一定会成为子孙的祸患。"孔子说："冉求！君子痛恨那些不说自己想那样做却一定要另找借口的人。我听说，对于诸侯和大夫，不怕贫穷而怕财富不均；不怕人口少而怕不安定。因为财富均衡就没有贫穷，和睦团结就不觉得人口少，境内安定就不会有倾覆的危险。像这样做，远方的人还不归服，那就再修仁义礼乐的政教来招致他们。他们来归服了，就让他们安心生活。现在，仲由和冉求你们辅佐季孙，远方的人不归服却又不能招致他们；国家分崩离析却不能保全守住；反而谋划在国内动用武力。我恐怕季孙的忧患不在颛臾，而在他自己的宫墙之内呢。"

【原文】

16.2 孔子曰："天下有道，则礼乐征伐自天子出；天下无道，则礼乐征伐自诸侯出。自诸侯出，盖十世希不失矣①；自大夫出，五世希不失矣；陪臣执国命②，三世希不失矣。天下有道，则政不在大夫。天下有道，则庶人不议。"

【注解】

①希：少。②陪臣：大夫的家臣。

【译文】

孔子说："天下政治清明，制礼作乐以及出兵征伐的命令都由天子下达；天下政治昏乱，制礼作乐以及出兵征伐的命令都由诸侯下达。政令由诸侯下达，大概延续到十代就很少有不丧失的；政令由大夫下达，延续五代后就很少有不丧失的；大夫的家臣把持国家政权，延续到三代就很少有不丧失的。天下政治清明，国家的政权就不会掌握在大夫手中；天下政治清明，普通百姓就不会议论朝政了。"

【原文】

16.3　孔子曰："禄之去公室五世矣①，政逮于大夫四世矣②，故夫三桓之子孙微矣。"

【注解】

①禄：俸禄，这里指政权。公室：诸侯的家族。②逮（dài）：及。四世：指季孙氏文子、武子、平子、桓子四世。

【译文】

孔子说："国家政权离开了鲁国公室已经五代了，政权落到大夫手中已经四代了，所以鲁桓公的三家子孙都衰微了。"

【原文】

16.4　孔子曰："益者三友，损者三友。友直，友谅①，友多闻，益矣。友便辟②，友善柔，友便佞③，损矣。"

【注解】

①谅：诚信。②便（pián）辟：逢迎谄媚。③便（pián）佞：用花言巧语取悦于人。

【译文】

孔子说："有益的朋友有三种，有害的朋友有三种。同正直的人交友，同诚信的人交友，同见闻广博的人交友，是有益的。同逢迎谄媚的人交友，同表面柔顺而内心奸诈的人交友，同花言巧语的人交友，是有害的。"

【原文】

16.5　孔子曰："益者三乐，损者三乐。乐节礼乐，乐道人之善，乐多贤友，益矣。乐骄乐，乐佚游①，乐宴乐，损矣。"

【注解】

①佚：放荡。

【译文】

孔子说："有益的快乐有三种，有害的快乐有三种。以用礼乐调节自己为乐，以称道人的好处为乐，以有很多德才兼备的朋友为乐，是有益的。以骄纵享乐为乐，以放荡游乐为乐，以宴饮无度为乐，是有害的。"

孔子曰：益者三乐，损者三乐。乐节礼乐，乐道人之善，乐多贤友，益矣。乐骄乐，乐佚游，乐宴乐，损矣。

【原文】

16.6　孔子曰："侍于君子有三愆①：言未及之而言谓之躁，言及之而不言谓之隐，未见颜色而言谓之瞽②。"

【注解】

①愆（qiān）：过失。②瞽（gǔ）：眼睛瞎。

【译文】

孔子说："侍奉君子容易有三种过失：没有轮到他发言而发言，叫作急躁；到该说话时却不说话，叫作隐瞒；不看君子的脸色而贸然说话，叫作盲目。"

【原文】

16.7 孔子曰："君子有三戒：少之时，血气未定，戒之在色；及其壮也，血气方刚，戒之在斗；及其老也，血气既衰，戒之在得①。"

【注解】

①得：贪得，包括名誉、地位、财货等。

【译文】

孔子说："君子有三件事应该警惕戒备：年少的时候，血气还没有发展稳定，要警戒迷恋女色；壮年的时候，血气正旺盛，要警戒争强好斗；到了老年的时候，血气已经衰弱，要警戒贪得无厌。"

【原文】

16.8 孔子曰："君子有三畏：畏天命，畏大人，畏圣人之言。小人不知天命而不畏也，狎大人，侮圣人之言。"

【译文】

孔子说："君子有三种敬畏：敬畏天命，敬畏王公大人，敬畏圣人的言论。小人不知道天命，所以不敬畏它，轻视王公大人，侮慢圣人的言论。"

【原文】

16.9 孔子曰："生而知之者，上也；学而知之者，次也；困而学之，又其次也；困而不学，民斯为下矣。"

【译文】

孔子说："生来就知道的，是上等；经过学习后才知道的，是次等；遇到困惑疑难才去学习的，是又次一等了；遇到困惑疑难仍不去学习的，这种老百姓就是下等的了。"

【原文】

16.10　孔子曰："君子有九思：视思明，听思聪，色思温，貌思恭，言思忠，事思敬，疑思问，忿思难①，见得思义。"

【注解】

①难（nàn）：后患。

【译文】

孔子说："君子有九种思考：看的时候要思考看明白了没，听的时候要思考听清楚了没，待人接物时，要想想脸色是否温和，样貌是否恭敬，说话时要想想是否忠实，做事时要想想是否严肃认真，有疑难时要想着询问，气忿发怒时要想想可能产生的后患，看见可得的要想想是否合于义。"

【原文】

16.11　孔子曰："见善如不及，见不善如探汤。吾见其人矣，吾闻其语矣。隐居以求其志，行义以达其道。吾闻其语矣，未见其人也。"

【译文】

孔子说："见到善的行为，就像怕赶不上似地去努力追求；看见不善的行为，就像手伸进了沸水中那样赶快避开。我看见过这样的人，也听到过这样的话语。隐居起来以求保全自己的志向，按照义的原则行事以贯彻自己的主张。我听到过这样的话语，却没见过这样的人。"

【原文】

16.12　齐景公有马千驷①，死之日，民无德而称焉。伯夷、叔齐饿于首阳之下②，民到于今称之。其斯之谓与③？

【注解】

①千驷：四千匹马。驷，同驾一辆车的四匹马。②首阳：山名。伯夷、叔齐：商朝末年孤竹君的两个儿子。父亲死后，兄弟互让君位而出逃。周灭商后，他们耻食周粟，隐居于首阳山，采薇而食，终于饿死。③其斯之谓与：这一句中的"斯"字是指什么，上文没有交代，因此意思不清。有人以为，《颜渊篇第十》第十章"诚不以富，亦祗以异"（引自《诗·小雅·我行其野》）当在此句之前。

【译文】

齐景公有四千匹马，他死的时候，人民找不到他有什么德行值得称颂的。伯夷和叔齐饿死在首阳山上，人民到现在还在称颂他们。大概就是这个意思吧！

【原文】

16.13　陈亢问于伯鱼曰①："子亦有异闻乎？"对曰："未也。尝独立，鲤趋而过庭。曰：'学诗乎？'对曰：'未也。''不学诗，无以言。'鲤退而学诗。他日，又独立，鲤趋而过庭。曰：'学礼乎？'对曰：'未也。''不学礼，无以立。'鲤退而学礼。闻斯二者。"陈亢退而喜曰："问一得三：闻诗，闻礼，又闻君子之远其子也②。"

【注解】

①陈亢：姓陈，名亢，字子禽。伯鱼：姓孔，名鲤，字伯鱼，孔子的儿子。②远（yuàn）：不接近，不亲昵。

【译文】

陈亢向伯鱼问道："你在老师那里有得到与众不同的教诲吗？"伯鱼回答说："没有。他曾经独自站在那里，我快步走过庭中，他说：'学诗了吗？'我回答说：'没有。'他说：'不学诗就不会应对说话。'我退回后就学诗。另一天,他又独自一人站着,我快步走过庭中,他说:'学礼了吗?'我回答说:'没有。'他说:'不学礼,就没法立足于社会。'我退回后就学礼。我只听到过这两次教诲。"陈亢回去后高兴地说:"问一件事,知道了三件事,知道要学诗,知道要学礼,又知道君子不偏私自己的儿子。"

【原文】

16.14　邦君之妻,君称之曰夫人,夫人自称曰小童;邦人称之曰君夫人,称诸异邦曰寡小君;异邦人称之,亦曰君夫人。

【译文】

国君的妻子,国君称她为夫人,夫人自称为小童;国内的人称她为君夫人,在其他国家的人面前称她为寡小君;别的国家的人也称她为君夫人。

阳货篇第十七

【原文】

17.1　阳货欲见孔子①,孔子不见,归孔子豚②。孔子时其亡也③,而往拜之。遇诸途。谓孔子曰:"来!予与尔言。"曰:"怀其宝而迷其邦,可谓仁乎?"曰:"不可。""好从事而亟失时④,可谓知乎⑤?"曰:"不可。""日月逝矣,岁不我与。"孔子曰:"诺,吾将仕矣。"

【注解】

①阳货:又叫阳虎,季氏的家臣。把持季氏的权柄时,曾经将季桓子拘禁起来而企图把持鲁国国政。后篡权不成逃往晋国。见:用作使动词,"见孔子"为"使孔子来见"。②归(kuì):通"馈",赠送。豚:小猪。古代礼节,大夫送士礼品,士必须在大夫家里拜受礼物。③时:通"伺",窥伺,打听。④亟(qì):屡次。⑤知(zhì):通"智"。

【译文】

　　阳货想要孔子去拜见他,孔子不去拜见,他便送给孔子一头蒸熟了的小猪。孔子打听到他不在家时,前往他那里去回拜表谢。却在途中遇见阳货。阳货对孔子说:"来!我同你说话。"孔子走过去。阳货说:"一个人怀藏本领却听任国家迷乱,可以叫作仁吗?"孔子说:"不可以。""喜好参与政事而屡次错失时机,可以叫作聪明吗?"孔子说:"不可以。""时光很快地流逝了,岁月是不等人的。"孔子说:"好吧,我将去做官了。"

阳货欲见孔子,孔子不见,遇诸途。

【原文】

　　17.2　子曰:"性相近也,习相远也。"

【译文】

　　孔子说:"人们的本性是相近的,后天的习染使人们之间相差甚远了。"

【原文】

　　17.3　子曰:"唯上知与下愚不移。"

【译文】

　　孔子说:"只有上等的智者与下等的愚人是改变不了的。"

【原文】

17.4 子之武城①,闻弦歌之声②。夫子莞尔而笑③,曰:"割鸡焉用牛刀?"子游对曰:"昔者偃也闻诸夫子曰:'君子学道则爱人,小人学道则易使也。'"子曰:"二三子!偃之言是也。前言戏之耳。"

【注解】

①武城:鲁国的一个小城,当时子游是武城宰。②弦歌:弦,指琴瑟。以琴瑟伴奏歌唱。③莞(wǎn)尔:微笑的样子。

【译文】

孔子到了武城,听到管弦和歌唱的声音。孔子微笑着说:"杀鸡何必用宰牛的刀呢?"子游回答说:"以前我听老师说过:'君子学习了道就会爱人,老百姓学习了道就容易使唤。'"孔子说:"学生们,言偃的话是对的。我刚才说的话是同他开玩笑罢了。"

【原文】

17.5 公山弗扰以费畔①,召,子欲往。子路不说,曰:"末之也已②,何必公山氏之之也③?"子曰:"夫召我者,而岂徒哉?如有用我者,吾其为东周乎!"

【注解】

①公山弗扰:人名,又称公山不狃,字子洩,季氏的家臣。当时公山弗扰伙同阳货在费邑背叛季氏。畔:通"叛"。②末之也已:末,无。之,到、往。末之,无处去。已,止、算了。③之之也:第一个"之"字是助词,后一个"之"字是动词,"去、到"的意思。

【译文】

公山弗扰在费邑叛反,召孔子,孔子准备前往。子路不高兴,说:"没有地方去就算了,何必到公山氏那里去呢?"孔子说:"那召我去的人,岂会让我白去一趟吗?如果有任用我的人,我就会使周朝的政德在东方复兴。"

【原文】

17.6 子张问仁于孔子,孔子曰:"能行五者于天下,为仁矣。""请问之。"曰:"恭,宽,信,敏,惠。恭则不侮,宽则得众,信则人任焉,敏则有功,惠则足以使人。"

【译文】

子张向孔子问仁。孔子说:"能够在天下实行五种美德,就是仁了。"子张问:"请问是哪五种?"孔子说:"恭敬,宽厚,诚信,勤敏,慈惠。恭敬就不会招致侮辱,宽厚就会得到众人的拥护,诚信就会得到别人的任用,勤敏则会取得功绩,慈惠就能够使唤人。"

【原文】

17.7 佛肸召①,子欲往。子路曰:"昔者由也闻诸夫子曰:'亲于其身为不善者,君子不入也。'佛肸以中牟畔②,子之往也,如之何?"子曰:"然。有是言也。不曰坚乎,磨而不磷③?不曰白乎,涅而不缁④。吾岂匏瓜也哉?焉能系而不食?"

【注解】

①佛肸(xī):晋国大夫赵简子的家臣,中牟邑宰。②中牟:春秋时晋邑。故址在今河北邢台和邯郸之间。③磷(lìn):薄,损伤。④涅(niè):黑土,黑色染料。这里作动词,用黑色染料染物。缁(zī):黑色。

【译文】

佛肸召孔子，孔子打算前往。子路说："以前我从老师这里听过：'亲自行不善的人，君子是不会去的。'佛肸在中牟发动叛乱，您要去，这是怎么回事呢？"孔子说："是的,我有讲过这样的话。但不是说过坚硬的东西，磨也磨不损吗？不是说过洁白的东西，染也染不黑吗？我难道是只苦葫芦么，怎么能够悬挂在那里却不可食用呢？"

【原文】

17.8 子曰："由也！女闻六言六蔽矣乎①？" 对曰："未也。"

"居②！吾语女。好仁不好学，其蔽也愚；好知不好学，其蔽也荡；好信不好学，其蔽也贼③；好直不好学，其蔽也绞④；好勇不好学，其蔽也乱；好刚不好学，其蔽也狂。"

【注解】

①六言：六句话，此处实际上指的是六种品德（仁、智、信、直、勇、刚）。六蔽：六种弊病。②居：坐。③贼：害。④绞：说话尖刻。

【译文】

孔子说："仲由！你听过六种品德和六种弊病吗？"子路回答说："没有。"

孔子说："坐！我告诉你。爱好仁却不爱好学习，它的弊病是愚蠢；爱好聪明而不爱学习，它的弊病是放荡不羁；爱好诚信而不爱好学习，它的弊病是容易被人利用伤害；爱好直率而不爱好学习,它的弊病是说话尖刻刺人；爱好勇敢而不爱好学习，它的弊病是狂妄。"

【原文】

17.9 子曰："小子何莫学夫诗①！诗，可以兴，可以观②，可以群，可以怨③；迩之事父，远之事君；多识于鸟兽草木之名。"

【注解】

①小子：指学生们。②观：观察力。③怨：讽刺。

【译文】

孔子说："学生们为什么没有人学诗呢？诗可以激发心志，可以提高观察力，可以培养群体观念，可以学得讽刺方法。近则可以用其中的道理来侍奉父母；远可以用来侍奉君主，还可以多认识鸟兽草木的名称。"

【原文】

17.10 子谓伯鱼曰："女为《周南》《召南》矣乎①？人而不为《周南》《召南》，其犹正墙面而立也与②？"

【注解】

①《周南》《召南》：《诗经·国风》中的第一、二两部分篇名。周南和召南都是地名。这是当地的民歌。②正墙面而立：面向墙壁站立着。

【译文】

孔子对伯鱼说："你学习《周南》《召南》了吗？一个人如果不学习《周南》《召南》，那就像对着墙站立一样无法行走了。"

【原文】

17.11 子曰："礼云礼云，玉帛云乎哉？乐云乐云，钟鼓云乎哉？"

【译文】

孔子说："礼呀礼呀，仅仅说的是玉器和丝帛吗？乐呀乐呀，仅仅说的是钟鼓等乐器吗？"

【原文】

17.12 子曰:"色厉而内荏①,譬诸小人,其犹穿窬之盗也与②!"

【注解】

①荏(rěn):软弱。②窬(yú):同"逾",爬墙。

【译文】

孔子说:"外表严厉而内心怯懦,用小人作比喻,大概像个挖洞爬墙的盗贼吧!"

【原文】

17.13 子曰:"乡愿①,德之贼也②。"

【注解】

①乡愿:乡里多数人认为是忠厚之人。这种人貌似好人,实为与流俗合污以取媚于世的伪善者。愿,忠厚。②贼:毁坏,败坏。

【译文】

孔子说:"没有真是非的好好先生,是道德的败坏者。"

【原文】

17.14 子曰:"道听而途说,德之弃也。"

【译文】

孔子说:"把道路上听来的东西四处传说,是背弃道德的行为。"

【原文】

17.15 子曰："鄙夫可与事君也与哉？其未得之也，患得之①；既得之，患失之。苟患失之，无所不至矣。"

【注解】

①患得之：这里是"患不得之"的意思。这是当时楚地的俗语。

【译文】

孔子说："鄙夫，可以和他们一起侍奉君主吗？他们在未得到职位时，总是害怕得不到；得到职位以后，又唯恐失去。如果老是担心失去职位，就会没有什么事做不出来的。"

【原文】

17.16 子曰："古者民有三疾，今也或是之亡也①。古之狂也肆，今之狂也荡；古之矜也廉②，今之矜也忿戾；古之愚也直，今之愚也诈而已矣。"

【注解】

①是之亡："亡是"的倒装说法，"之"字用在中间，无义。亡，通"无"。②廉：本义是器物的棱角，人的行为刚正不阿也被称为"廉"。

【译文】

孔子说："古代的百姓有三种毛病，现在或许都没有了。古代的狂人是轻率肆意，现在的狂人则是放荡不羁；古代矜持的人是棱角分明，现在矜持的人是恼羞成怒，强词夺理；古代愚笨的人是憨直，现在愚笨的人是欺诈伪装罢了。"

【原文】

17.17　子曰："巧言令色，鲜矣仁。"

【译文】

孔子说："花言巧语，伪装和善，这种人很少有仁德。"

【原文】

17.18　子曰："恶紫之夺朱也①，恶郑声之乱雅乐也②，恶利口之覆邦家者。"

【注解】

①恶（wù）：厌恶。紫之夺朱：朱是正色，紫是杂色。当时紫色代替朱色成为诸侯衣服的颜色。②雅乐：正统音乐。

【译文】

孔子说："憎恶紫色夺去红色的光彩和地位，憎恶郑国的乐曲淆乱典雅正统的乐曲，憎恶用巧言善辩颠覆国家的人。"

【原文】

17.19　子曰："予欲无言。"子贡曰："子如不言，则小子何述焉？"子曰："天何言哉？四时行焉，百物生焉，天何言哉？"

【译文】

孔子说："我想不说话了。"子贡说："您如果不说话，那我们这些学生传述什么呢？"孔子说："天说什么话了吗？四季照样运行，万物照样生长，天说什么话了吗？"

【原文】

17.20 孺悲欲见孔子①，孔子辞以疾②。将命者出户③。取瑟而歌，使之闻之。

【注解】

①孺悲：鲁国人。鲁哀公曾派他向孔子学习士丧礼。②辞以疾：以有病作借口推辞。③将命者：传话的人。

【译文】

孺悲想拜见孔子，孔子以生病为由拒绝了。传话的人刚出门，孔子便取下瑟来边弹边唱，故意让孺悲听见。

【原文】

17.21 宰我问①："三年之丧，期已久矣。君子三年不为礼，礼必坏；三年不为乐，乐必崩。旧谷既没，新谷既升，钻燧改火②，期可已矣③。"子曰："食夫稻④，衣夫锦，于女安乎？"曰："安。""女安，则为之！夫君子之居丧，食旨不甘，闻乐不乐，居处不安，故不为也。今女安，则为之！"

宰我出。子曰："予之不仁也！子生三年，然后免于父母之怀。夫三年之丧，天下之通丧也。予也有三年之爱于其父母乎？"

【注解】

①宰我：孔子学生，名予，字子我，鲁国人。②钻燧（suì）改火：古代钻木取火，所用木头四季不同。春用榆柳，夏用枣杏和桑柘，秋用柞，冬用槐檀，一年轮一遍，叫改火。③期（jī）：一周年。④夫（fú）：那。

【译文】

宰我问："父母死了，服丧三年，为期太久长了。君子三年不习礼，礼一定会败坏；三年不演奏音乐，音乐一定会荒废。旧谷已经吃完，新谷已经登场，取火用的燧木已经轮换了一遍，服丧一年就可以了。"孔子说："丧期不到三年就吃稻米，穿锦缎，对你来说心安吗？"宰我说："心安。"孔子说："你心安，就那样做吧！君子服丧，吃美味不觉得香甜，听音乐不感到快乐，住在家里不觉得舒适安宁，所以不那样做。现在你心安，就那样去做吧！"

宰我出去了，孔子说："宰我不仁啊！孩子生下来三年后，才能完全脱离父母的怀抱。三年丧期，是天下通行的丧礼。宰予难道没有从他父母那里得到过三年怀抱之爱吗？"

【原文】

17.22 子曰："饱食终日，无所用心，难矣哉！不有博弈者乎①，为之，犹贤乎已②。"

【注解】

①博弈：博，掷骰子。弈，古代围棋。②已：止，不动的意思。

【译文】

孔子说："整天吃得饱饱的，什么心思也不用，这就难办了呀！不是有掷骰子、下围棋之类的游戏吗？干干这些，也比什么都不干好些。"

【原文】

17.23 子路曰："君子尚勇乎？"子曰："君子义以为上。君子有勇而无义为乱，小人有勇而无义为盗。"

【译文】

子路说："君子崇尚勇敢吗？"孔子说："君子把义看作是最尊贵的。君子有勇无义就会作乱，小人有勇无义就会去做盗贼。"

【原文】

17.24　子贡曰："君子亦有恶乎①？"子曰："有恶：恶称人之恶者，恶居下流而讪上者②，恶勇而无礼者，恶果敢而窒者③。"曰："赐也亦有恶乎？""恶徼以为知者④，恶不孙以为勇者，恶讦以为直者⑤。"

【注解】

①恶（wù）：厌恶。②流：晚唐以前的本子没有"流"字。③窒（zhì）：阻塞，不通事理，顽固不化。④徼（jiāo）：偷袭。⑤讦（jié）：攻击、揭发别人。

【译文】

子贡问："君子也有憎恶的人或事吗？"孔子说："是有所憎恶的。憎恶宣扬别人过错的人，憎恶身居下位而毁谤身居上位的人，憎恶勇敢而无礼的人，憎恶果敢而顽固不化的人。"孔子问："赐，你也有憎恶的人和事吗？"子贡说："我憎恶抄袭他人之说而自以为聪明的人，憎恶把不谦逊当作勇敢的人，憎恶揭发别人的隐私却自以为直率的人。"

【原文】

17.25　子曰："唯女子与小人为难养也，近之则不孙，远之则怨。"。

【译文】

孔子说："只有女子和小人是不容易相处的。亲近了，他们就会无礼；疏远了，他们就会怨恨。"

【原文】

17.26　子曰："年四十而见恶焉①，其终也已②。"

【注解】

①见：被。②已：止，尽。

【译文】

孔子说:"年已到了四十还被众人所厌恶,他这一辈子也就算完了。"

微子篇第十八

【原文】

18.1 微子去之①,箕子为之奴②,比干谏而死③。孔子曰:"殷有三仁焉。"

【注解】

①微子:名启,商纣王的同母兄弟。微子出生时,他母亲还未被正式立为帝妻,纣是母亲立为帝妻后所生,故纣得以继承王位。②箕子:纣王的叔父。纣王暴虐无道,箕子曾向他进谏,纣王不听,箕子便假装发疯,被降为奴隶。③比干:也是纣王的叔父。他竭力劝谏纣王,被纣王剖心而死。

【译文】

微子离开了商纣王,箕子做了他的奴隶,比干强谏被杀。孔子说:"殷朝有三位仁人!"

【原文】

18.2 柳下惠为士师①,三黜。人曰:"子未可以去乎?"曰:"直道而事人,焉往而不三黜?枉道而事人,何必去父母之邦?"

【注解】

①士师:官名,主管刑罚。

【译文】

柳下惠担任掌管刑罚的官,多次被罢免。有人问:"您不可以离开鲁国吗?"他说:"用正直之道来侍奉人,去哪里而能不被多次罢免呢?不用正直之道来侍奉人,又为什么一定要离开故国家园呢?"

柳下惠曰:直道而事人,焉往而不三黜?枉道而事人,何必去父母之邦?

【原文】

18.3 齐景公待孔子曰①:"若季氏②,则吾不能;以季、孟之间待之③。"曰:"吾老矣,不能用也。"孔子行。

【注解】

①齐景公:齐国的国君。②季氏:鲁国的大夫,位居上卿。③孟:指孟孔氏,鲁国的大夫,位居下卿。

【译文】

齐景公谈到怎样对待孔子时说:"像鲁国国君对待季氏那样对待孔子,那我做不到;只能用低于季氏而高于孟氏的规格来对待他。"不久又说:"我老了,不能用他了。"孔子就离开了齐国。

【原文】

18.4 齐人归女乐①,季桓子受之②,三日不朝,孔子行。

【注解】

①归（kuì）：通"馈"，赠送。②季桓子：季孙斯，鲁国的执政上卿。

【译文】

齐国人赠送鲁国一批歌女乐师，季桓子接受了，好几天不上朝，孔子就离开了鲁国。

【原文】

18.5　楚狂接舆歌而过孔子曰①："凤兮，凤兮，何德之衰？往者不可谏，来者犹可追。已而，已而，今之从政者殆而！"孔子下，欲与之言。趋而辟之，不得与之言。

【注解】

①接舆：楚国的隐士。一说他姓接名舆，一说因他接孔子之车而歌，所以称他接舆。

【译文】

楚国的狂人接舆唱着歌经过孔子的车子，说："凤凰啊，凤凰啊！为什么道德如此衰微，过去的已经不能挽回，未来的还来得及改正。算了吧，算了吧！现在那些从政的人危险呀！"孔子下车，想要同他说话。接舆快走几步避开了孔子，孔子没能同他交谈。

【原文】

18.6　长沮、桀溺耦而耕①，孔子过之，使子路问津焉②。长沮曰："夫执舆者为谁③？"子路曰："为孔丘。"曰："是鲁孔丘与？"曰："是也。"曰："是知津矣④。"问于桀溺，桀溺曰："子为谁？"曰："为仲由。"曰："是鲁孔丘之徒与？"对曰："然。"曰："滔滔者天下皆是也，而谁以易之⑤？且而与其从辟人之士也⑥，岂若从辟世之士哉？"耰而不耰⑦。子路行以告。夫子怃然曰⑧："鸟兽不可与同群，吾非斯人之徒与而谁与？天下有道，丘不与易也。"

【注解】

①长沮、桀溺：两位隐士，真实姓名和身世不详。耦而耕：两个人合力耕作。②津：渡口。③执舆：执辔（揽着缰绳）。本是子路的任务。因为子路下车去问渡口，暂时由孔子代替。④是知津矣：这话是认为孔子周游列国，应该熟悉道路。⑤谁以易之：与谁去改变它呢。以，与。⑥而：同"尔"，你，指子路。辟：通"避"。⑦耰（yōu）：播下种子后，用土覆盖上，再用耙将土弄平，使种子深入土里，鸟不能啄，这就叫耰。⑧怃（wǔ）然：失意的样子。

【译文】

长沮和桀溺并肩耕地，孔子从他们那里经过，让子路去打听渡口在哪儿。长沮说："那个驾车的人是谁？"子路说："是孔丘。"长沮又问："是鲁国的孔丘吗？"子路说："是的。"长沮说："他应该知道渡口在哪儿。"子路又向桀溺打听，桀溺说："你是谁？"子路说："我是仲由。"桀溺说："是鲁国孔丘的学生吗？"子路回答说："是的。"桀溺就说："普天之下到处都像滔滔洪水一样混乱，和谁去改变这种状况呢？况且你与其跟从逃避坏人的人，还不如跟从逃避污浊尘世的人呢。"说完，还是不停地用土覆盖播下去的种子。子路回来告诉了孔子。孔子怅然若失地说："人是不能和鸟兽合群共处的，我不和世人在一起又能和谁在一起呢？如果天下有道，我就不和你们一起来改变它了。"

【原文】

18.7 子路从而后，遇丈人，以杖荷蓧①。子路问曰："子见夫子乎？"丈人曰："四体不勤，五谷不分②，孰为夫子？"植其杖而芸③。子路拱而立。止子路宿，杀鸡为黍而食之，见其二子焉④。明日，子路行以告。子曰："隐者也。"使子路反见之，至，则行矣。子路曰："不仕无义。长幼之节，不可废也；君臣之义，如之何其废之？欲洁其身而乱大伦。君子之仕也，行其义也。道之不行，已知之矣。"

【注解】

①蓧（diào）：古代在田中除草的工具。②五谷：古书中有不同的说法，最普通的一种指稻、黍、稷、麦、菽。稻麦是主要粮食作物；黍是黄米；稷是粟，一说是高粱；菽是豆类作物。③芸：通"耘"。④见其二子：使其二子出来见客。

【译文】

子路跟随孔子落在后面，遇到一个老人，用手杖挑着除草用的工具。子路问道："您看见我的老师了吗？"老人说："四肢不劳动，五谷分不清。谁是你的老师呢？"说完，把手杖插在地上开始锄草。子路拱着手站在一边。老人便留子路到他家中住宿，杀鸡做饭给子路吃，还叫他的两个儿子出来相见。第二天，子路赶上了孔子，并把这事告诉了他。孔子说："这是个隐士。"叫子路返回去再见他。子路到了那里，他已经出门了。子路说："不出来做官是不义的。长幼之间的礼节，不可以废弃；君臣之间的道义，又怎么可以废弃呢？本想保持自身纯洁，却破坏了重大的伦理道德。君子出来做官，是为了实行君臣之义。至于我们的政治主张行不通，是早就知道的了。"

【原文】

18.8 逸民①：伯夷、叔齐、虞仲、夷逸、朱张、柳下惠、少连②。子曰："不降其志，不辱其身，伯夷、叔齐与！"谓柳下惠、少连："降志辱身矣，言中伦③，行中虑，其斯而已矣。"谓虞仲、夷逸："隐居放言④，身中清⑤，废中权⑥。我则异于是，无可无不可。"

【注解】

①逸：同"佚"，散失、遗弃。②伯夷、叔齐、柳下惠皆见前。虞仲、夷逸、朱张、少连四人身世无从考，从文中意思看，当是没落贵族。③中

（zhòng）：符合。④放言：放肆直言。⑤身中清：立身清白。清，清白。⑥废中权：弃官合乎权宜。废，放弃。权，权宜。

【译文】

隐居不做官的人有：伯夷、叔齐、虞仲、夷逸、朱张、柳下惠、少连。孔子说："不降低自己的志向，不辱没自己的身份，就是伯夷和叔齐吧！"又说："柳下惠、少连降低了自己的志向，辱没了自己的身份，但言语合乎伦理，行为经过考虑，也就是如此罢了。"又说："虞仲、夷逸，避世隐居，放肆直言，立身清白，弃官合乎权宜。我就和他们不一样，没有什么可以，也没有什么不可以。"

【原文】

18.9　太师挚适齐①，亚饭干适楚②，三饭缭适蔡③，四饭缺适秦④，鼓方叔入于河⑤，播鼗武入于汉⑥，少师阳、击磬襄入于海⑦。

【注解】

①师挚：太师是鲁国乐官之长，挚是人名。适：往，到。②亚饭干：第二次吃饭时奏乐的乐师，名干。古代天子、诸侯吃饭时都要奏乐，所以乐师有亚饭、三饭、四饭之称。③缭：人名。④缺：人名。⑤鼓方叔：击鼓的乐师，名方叔。⑥播鼗（táo）武：播，摇。鼗，小鼓。武，摇小鼓者的名字。⑦少师阳：副乐官，名阳。击磬襄：敲磬的乐师，名襄。

【译文】

太师挚到齐国去了，亚饭乐师干到楚国去了，三饭乐师缭到蔡国去了，四饭乐师缺到秦国去了，打鼓乐师方叔进入黄河地区了，摇鼗鼓的乐师武进入汉水一带了，少师阳、敲磬的乐师襄到海滨去了。

【原文】

18.10　周公谓鲁公曰①："君子不施其亲②，不使大臣怨乎不以，故旧无大故则不弃也，无求备于一人。"

【注解】

①鲁公：指周公之子，鲁国始封之君伯禽。②施（chí）：通"弛"，废弃的意思。

【译文】

周公对鲁公说："一个有道的国君不疏远他的亲族；不使大臣怨恨没有被任用；故旧朋友如果没有大的过错，就不要抛弃他们；不要对一个人求全责备。"

【原文】

18.11 周有八士：伯达，伯适，仲突，仲忽，叔夜，叔夏，季随，季骃①。

【注解】

①适：音kuò。骃：音guā。八人事迹不详。有人认为，周朝有位良母，她四胎生了八个双生子，都是有名的士，后来都当了大官。

【译文】

周朝有八个著名的士人：伯达、伯适、仲突、仲忽、叔夜、叔夏、季随、季骃。

子张篇第十九

【原文】

19.1 子张曰："士见危致命，见得思义，祭思敬，丧思哀，其可已矣。"

【译文】

子张说:"士人看见危险肯献出生命,看见有所得就想想是否合于义,祭祀时想到恭敬,服丧时想到悲痛,这也就可以了。"

士见危致命,见得思义。

【原文】

19.2　子张曰:"执德不弘,信道不笃,焉能为有?焉能为亡?"

【译文】

子张说:"执行德却不能弘扬它,信奉道却不笃定,这样的人可有可无。"

【原文】

19.3　子夏之门人问交于子张。子张曰:"子夏云何?"对曰:"子夏曰:'可者与之①,其不可者拒之。'"子张曰:"异乎吾所闻:君子尊贤而容众,嘉善而矜不能。我之大贤与,于人何所不容?我之不贤与,人将拒我,如之何其拒人也?"

【注解】

①与:"可者与之"的"与"是相与、交往的意思,后两个"与"字是语气词。

【译文】

子夏的门人向子张请教怎样交朋友。子张说:"子夏说了什么呢?"

子夏的学生回答说:"子夏说:'可以交往的就和他交往,不可以交往的就拒绝他。'"子张说:"这和我所听到的不一样!君子尊敬贤人,也能够容纳众人,称赞好人,怜悯无能的人。如果我是个很贤明的人,对别人有什么不能容纳的呢?如果我不贤明,别人将会拒绝我,我怎么能去拒绝别人呢?"

【原文】

19.4 子夏曰:"虽小道,必有可观者焉,致远恐泥①,是以君子不为也。"

【注解】

①泥(nì):阻滞,不通,妨碍。

【译文】

子夏说:"即使是小技艺,也一定有可取之处,但它恐怕会妨碍从事远大的事业,所以君子不做这些事。"

【原文】

19.5 子夏曰:"日知其所亡,月无忘其所能,可谓好学也已矣。"

【译文】

子夏说:"每天知道自己以前所不知的,每月不忘记以前所已学会的,可以说是好学了。"

【原文】

19.6 子夏曰:"博学而笃志,切问而近思,仁在其中矣。"

【译文】

子夏说:"广泛地学习并且笃守自己的志向,恳切地提问并且常常思考眼前的事，仁就在这中间了。"

【原文】

19.7 子夏曰："百工居肆以成其事，君子学以致其道。"

【译文】

子夏说："各行各业的工匠在作坊里完成他们的工作，君子则通过学习来掌握道。"

【原文】

19.8 子夏曰："小人之过也必文①。"

【注解】

①文（wèn）：掩饰。

【译文】

子夏说："小人犯了错误一定会加以掩饰。"

【原文】

19.9 子夏曰："君子有三变：望之俨然①，即之也温②，听其言也厉。"

【注解】

①俨然：庄严的样子。②即：接近。

【译文】

子夏说："君子会使人感到有三种变化：远远望去庄严可畏，接近他时却温和可亲，听他说话则严厉不苟。"

【原文】

19.10 子夏曰："君子信而后劳其民，未信，则以为厉己也；信而后谏，未信，则以为谤己也。"

【译文】

子夏说："君子在得到民众的信任之后才去役劳他们，没有得到信任就去役劳，民众就会认为是在虐害他们。君子得到君主的信任之后才去进谏，没有得到信任就去进谏，君主就会以为是在诽谤自己。"

【原文】

19.11 子夏曰："大德不逾闲，小德出入可也。"

【译文】

子夏说："大的道德节操上不能逾越界限，在小节上有些出入是可以的。"

【原文】

19.12 子游曰："子夏之门人小子，当洒扫应对进退则可矣，抑末也①。本之则无，如之何？"

子夏闻之，曰："噫！言游过矣！君子之道，孰先传焉？孰后倦焉②？譬诸草木③，区以别矣。君子之道，焉可诬也？有始有卒者，其惟圣人乎！"

【注解】

①抑：连词，表示转折。这里是"可是"的意思。②倦："诲人不倦"的倦。这里指教诲。③譬诸草木：譬之于草木。草木有大小，比喻学问有深浅，应当分门别类，循序渐进。

【译文】

子游说:"子夏的学生们,做洒水扫地、接待客人、趋进走退一类的事,是可以的,不过这些只是细枝末节的事。根本的学问却没有学到,这怎么行呢?"

子夏听到这话,说:"咳!言游说错了!君子的学问,哪些先传授、哪些后传授,就好比草木一样,是区分为各种类别的。君子的学问,怎么能歪曲呢?有始有终地循序渐进,大概只有圣人吧!"

【原文】

19.13 子夏曰:"仕而优则学,学而优则仕。"

【译文】

子夏说:"做官仍有余力就去学习,学习成绩优异就去做官。"

【原文】

19.14 子游曰:"丧致乎哀而止①。"

【注解】

①丧:居丧。止:足,可以。

【译文】

子游说:"居丧充分表达了哀思也就可以了。"

【原文】

19.15 子游曰:"吾友张也为难能也,然而未仁。"

【译文】

子游说:"我的朋友子张是难能可贵的了,然而还没有达到仁的境界。"

【原文】

19.16　曾子曰:"堂堂乎张也,难与并为仁矣。"

【译文】

曾子说:"仪表堂堂的子张啊,很难和他一起做到仁。"

【原文】

19.17　曾子曰:"吾闻诸夫子:人未有自致者也①。必也亲丧乎!"

【注解】

①致:到了极点。这里指人的真情全部表露出来。

【译文】

曾子说:"我听老师说过,人不会自动地充分表露感情,如果有,一定是在父母死亡的时候吧!"

【原文】

19.18　曾子曰:"吾闻诸夫子:孟庄子之孝也①,其他可能也,其不改父之臣与父之政,是难能也。"

【注解】

①孟庄子:名速,鲁国大夫,孟献子的儿子。

【译文】

曾子说:"我听老师说过,孟庄子的孝,其他方面别人可以做到,而他不改换父亲的旧臣和父亲的政治措施,这是别人难以做到的。"

【原文】

19.19　孟氏使阳肤为士师①，问于曾子，曾子曰："上失其道，民散久矣。如得其情，则哀矜而勿喜。"

【注解】

①阳肤：曾子的弟子。

【译文】

孟氏让阳肤担任掌管刑罚的官，阳肤向曾子求教。曾子说："在上位的人丧失了正道，民心离散已经很久了。如果审案时审出真情，就应该悲哀怜悯而不要沾沾自喜！"

【原文】

19.20　子贡曰："纣之不善①，不如是之甚也。是以君子恶居下流，天下之恶皆归焉。"

【注解】

①纣：商朝最后一个君主，是有名的暴君。

【译文】

子贡说："商纣王的无道，不像现在流传得那么严重。所以君子忌讳身染污行，因为一沾污行，天下的坏事就都归集到他身上去了。"

【原文】

19.21　子贡曰："君子之过也，如日月之食焉：过也，人皆见之；更也，人皆仰之。"

【译文】

子贡说:"君子的过失,就像日食和月食一样:有过错时,人人都看得见;他改正了,人人都仰望他。"

【原文】

19.22　卫公孙朝问于子贡曰①:"仲尼焉学②?"子贡曰:"文武之道,未坠于地,在人。贤者识其大者③,不贤者识其小者,莫不有文武之道焉。夫子焉不学?而亦何常师之有?"

【注解】

①公孙朝:卫国大夫。当时鲁、郑、楚三国也都有公孙朝。所以指明卫公孙朝。②焉:何处,哪里。③识:通"志"。《汉书·刘歆传》引作"志"。

【译文】

卫国的公孙朝向子贡问道:"仲尼的学问是从哪里学的?"子贡说:"周文王和周武王之道,并没有失传,还留存在人间。贤能的人掌握了其中重要部分,不贤能的人只记住了细枝末节。周文王和周武王之道是无处不在的,老师从哪儿不能学呢?而且又何必有固定的老师呢?"

【原文】

19.23　叔孙武叔语大夫于朝曰①:"子贡贤于仲尼。"子服景伯以告子贡②。子贡曰:"譬之宫墙,赐之墙也及肩,窥见室家之好。夫子之墙数仞,不得其门而入,不见宗庙之美、百官之富③。得其门者或寡矣。夫子之云,不亦宜乎!"

【注解】

①叔孙武叔:鲁国大夫,名州仇,"武"是他的谥号。②子服景伯:名

何,鲁国的大夫。③官:这里指房舍。

【译文】

叔孙武叔在朝廷上对大夫们说:"子贡比仲尼更强些。"子服景伯把这话告诉了子贡。子贡说:"就用围墙作比喻吧,我家围墙只有齐肩高,从墙外可以看到里面房屋的美好。我老师的围墙有几仞高,找不到大门走进去,就看不见里面宗庙的雄美、房屋的富丽。能够找到大门的人或许太少了。所以叔孙武叔先生那样说,不也是很自然的吗?"

【原文】

19.24 叔孙武叔毁仲尼。子贡曰:"无以为也!仲尼不可毁也。他人之贤者,丘陵也,犹可逾也;仲尼,日月也,无得而逾焉。人虽欲自绝,其何伤于日月乎?多见其不知量也。"

【译文】

叔孙武叔诋毁仲尼。子贡说:"不要这样做!仲尼是不可诋毁的。他人的贤能好比丘陵,还可以逾越;仲尼就好比是日月,是无法逾越的。一个人即使想自绝于日月,对日月又有什么伤害呢?只显出他不自量力罢了。"

【原文】

19.25 陈子禽谓子贡曰:"子为恭也,仲尼岂贤于子乎?"子贡曰:"君子一言以为知①,一言以为不知,言不可不慎也。夫子之不可及也,犹天之不可阶而升也。夫子之得邦家者②,所谓立之斯立,道之斯行③,绥之斯来,动之斯和。其生也荣,其死也哀,如之何其可及也?"

【注解】

①知(zhì):通"智"。②邦:诸侯统治的地区。家:卿大夫统治的地区。

③道（dǎo）：同"导"，引导，教化。

【译文】

陈子禽对子贡说："你太谦恭了，仲尼岂能比你更有才能？"子贡说："君子一句话可以表现出聪明，一句话也可以表现出不聪明，所以说话不可以不慎重。我的老师没人赶得上，就好像青天无法通过阶梯登上去一样。假如老师得到国家去治理的话，说要立于礼，百姓就立于礼；引导百姓，百姓就跟着实行；安抚百姓，百姓就会来归服；动员百姓，百姓就会协力同心。他活着时荣耀，死了令人哀痛，别人怎么可能赶得上他呢？"

尧曰篇第二十

【原文】

20.1　尧曰："咨①！尔舜！天之历数在尔躬，允执其中②。四海困穷，天禄永终。"舜亦以命禹。

曰："予小子履敢用玄牡③，敢昭告于皇皇后帝：有罪不敢赦，帝臣不蔽，简在帝心④。朕躬有罪，无以万方；万方有罪，罪在朕躬。"

周有大赉⑤，善人是富。"虽有周亲，不如仁人。百姓有过，在予一人⑥。"

谨权量⑦，审法度⑧，修废官，四方之政行焉。兴灭国，继绝

帝尧授命与帝舜。

世，举逸民，天下之民归心焉。

所重：民，食，丧，祭。

宽则得众，信则民任焉⑨，敏则有功，公则说。

【注解】

①咨：即"啧"，感叹词，表示赞美。②允：诚信。③履：商汤的名。④简：有两种解释：一、阅，计算，引申为明白的意思；二、选择。此从一解。⑤赉（lài）：赏赐。⑥"虽有"四句：是周武王伐纣之辞。周亲，至亲。⑦权：秤锤，指量轻重的标准。量：斗斛，指量容积的标准。⑧法度：量长度的标准。⑨信则民任焉：汉行经无此五字，有人说是衍文。

【译文】

尧说："啧啧！你舜啊！按照上天安排的次序，帝位要落到你身上了，你要真诚地执守中正之道。如果天下的百姓贫困穷苦，上天给你的禄位也就永远终止了。"舜也这样告诫禹。

商汤说："我小子履谨用黑色的公牛作为祭品，明白地禀告光明伟大的天帝：有罪的人我不敢擅自赦免。您的臣仆的罪过我也不敢掩盖隐瞒，这是您心中知道的。我本人如果有罪，不要牵连天下万方；天下万方有罪，罪责就在我一个人身上。"

周朝实行大封赏，使善人都富贵起来。周武王说："虽然有至亲，也不如有仁人。百姓有罪过，罪过都在我一人身上。"

谨慎地检验并审定度量衡，恢复废弃了的职官，天下四方的政令就会通行了。复兴灭亡了的国家，承续已断绝的宗族，提拔被遗落的人才，天下的百姓就会诚心归服了。

所重视的是：民众，粮食，丧礼，祭祀。

宽厚就会得到众人的拥护，诚恳守信就会得到民众的信任，勤敏就能取得功绩，公正则大家心悦诚服。

【原文】

20.2 子张问于孔子曰:"何如斯可以从政矣?"子曰:"尊五美,屏四恶,斯可以从政矣。"子张曰:"何谓五美?"子曰:"君子惠而不费,劳而不怨,欲而不贪,泰而不骄①,威而不猛。"子张曰:"何谓惠而不费?"子曰:"因民之所利而利之,斯不亦惠而不费乎?择可劳而劳之,又谁怨?欲仁而得仁,又焉贪?君子无众寡,无小大,无敢慢,斯不亦泰而不骄乎?君子正其衣冠,尊其瞻视,俨然人望而畏之,斯不亦威而不猛乎?"子张曰:"何谓四恶?"子曰:"不教而杀谓之虐;不戒视成谓之暴;慢令致期谓之贼犹之与人也出纳之吝谓之有司②。"

子曰:尊五美,屏四恶,斯可以从政矣。

【注解】

①泰:安宁。②犹之与人:犹之,同样的意思。与,给予。犹之与人,同样是给人。出纳:出和纳两个相反的意义连用,其中"纳"的意义虚化而只有"出"的意义。有司:古代管事者之称,职务卑微。

【译文】

子张向孔子问道:"怎样才可以治理政事呢?"孔子说:"推崇五种美德,摒弃四种恶政,这样就可以治理政事了。"子张说:"什么是五种美德?"孔子说:"君子使百姓得到好处却不破费,使百姓劳作却无怨言,有正当的欲望却不贪求,泰然自处却不骄傲,庄严有威仪而不凶猛。"子张说:"怎样是使百姓得到好处却不破费呢?"孔子说:"顺着百姓想要得到的利益就让他们能得到,这不就是使百姓得到好处却不破费吗?选择百姓可以劳作的时间去让他们劳作，谁又会有怨言呢？想要仁德而又得到了仁德，还贪求什么呢？无论人多人少，无论势力大小，君子都不怠慢，这不就是泰然自处却不骄傲吗？君子衣冠整洁，目不斜视，态度庄重，庄严的威仪让人望而生敬畏之情，这不就是庄严有威仪而不凶猛吗？"子张说："什么是四种恶政？"孔子说："不进行教化就杀戮叫作虐，不加申诫便强求别人做出成绩叫作暴，起先懈怠而又突然限期完成叫作贼，好比给人财物，出手吝啬叫作小家子气的官吏。"

【原文】

20.3　子曰："不知命，无以为君子也①；不知礼，无以立也；不知言②，无以知人也。"

【注解】

①无以："无所以"的省略。②知言：善于分析别人的言语，辨别其是非善恶。

【译文】

孔子说："不懂得天命，就没有可能成为君子；不懂得礼，就没有办法立身处世；不知道分辨别人的言语，便不能了解别人。"

第四卷

孟子

孟子

《孟子》一书虽然只有7篇34000余字,但是对中国社会、中国人有着极其深远的影响,而且早已是世界文化遗产的一部分。孟子不仅在哲学理论上发展了孔子的思想,而且建立了以"民本"为基础的政治思想体系——"仁政"学说。

《孟子》

作者 孟子及其弟子

孟子名轲,是山东人,他的先祖是鲁国贵族,可后来家道衰微。孟子三岁丧父,母亲十分注重他的教育,"孟母三迁""三断机杼"都成了中国人教子的成语典故。孟子成为孔子之后影响最大的一代大儒,被后世称为"亚圣"。

时代 战国

战国时期(公元前476年,一说公元前453年或公元前403年~公元前221年),简称战国,是中国历史上分裂对抗最严重且最持久的时代之一。这一时期各国混战不休,故被后世称之为"战国"。伴随着私田制和铁器的广泛运用,社会新兴阶层的崛起,战国时期的中国从政治、经济、文化、科技上迎来变革的高峰,各国为了获取土地、财富、人口,不断开展兼并战争;辩士纵横捭阖,宿将战场争锋,杰出人物大量涌现。战国承春秋乱世,启帝秦发端,中续百家争鸣的文化潮流。孟子生活的战国时代,大国都致力于富国强兵,孟子的仁政学说被认为是迂远而不切实际的事情。

内容

《孟子》一书记述了孟子所从事的政治活动,阐发了他把孔子"仁"的思想发展成的"仁政"学说,并建立了以"性善论"为理论基础的养性、养气、养心的哲学理论。特别是他提出的"民为贵君为轻"的政治思想,像一把火炬,两千多年来在历史中闪耀着光辉。

孟子生平

孟子，名轲，字子舆，是鲁国贵族孟孙氏的后裔。约公元前372年，他诞生在邹国（今山东邹城一带），孟孙氏家族没落后迁居于此。孟子三岁时，父亲就死了，靠母亲织布维持生计。

孟子的家本来住在郊外靠近墓地的山边。孟母见儿子很喜欢模仿着玩丧礼、祭礼的游戏，便决定迁居到城里去居住。

不想迁到城里后，住在一个市场附近，孟子看到商贩们做生意，又玩起了讨价还价的游戏。

孟母择邻。

孟母又把家迁到一个学堂附近，孟子就跟着读书人学习起礼仪来。

孟子八岁时，孟母省吃俭用将他送进学堂，但孟子起初学习并不努力，不能坚持用功。孟母看到这种情况，忿然用剪刀剪断织布机上的布，对孟子说："你读书没有恒心，半途而废，和这又有什么差别呢！"孟子从此刻苦攻读。

孟母断机。

孟子年岁稍长，便到鲁国去游学，到了鲁国的国都曲阜。这时，孔子的孙子子思已经去世了，孟子便受教于子思的门人。他日夜攻读，学业迅

游说诸侯，推行仁政。

速长进，他决心继承孔子的学说并发扬光大。

邹穆公听说孟子贤能，便请他回国，但不久孟子便发现邹穆公并不采纳他的建议，于是率领门人离开邹国，周游列国，游说诸侯，以求实现王道和仁政的理想。

孟子首先到了齐国。齐威王虽将孟子待为上宾，并拜他为卿，却不给他实权。孟子感到在齐国难以施展他的政治抱负，便辞去官职。齐威王再三挽留，并赠以黄金百镒，被孟子婉拒。

之后孟子先后到过宋国、梁国、滕国，又返回到齐国，但都未能实现自己的政治理想。公元前311年，孟子结束了十年游说诸侯的生活，回到邹国，专心著述，阐扬孔子的学说。公元前289年，孟子去世，终年84岁。他的学说对后世儒学影响极大，被公认为孔子学说的继承者，尊为"亚圣"。

孟子的思想及其政治主张

孟子根据战国时期的经验，总结各国治乱兴替的规律，提出一个富有民主性的著名命题："民为贵，社稷次之，君为轻。"认为君主应以爱护人民为先，要保障人民权利。主张保国爱民，礼贤下士，提出要让人民有基本的生活保障，还要为民制产，藏富于民。而且人民有权决定君主的名义与地位。孟子这一思想在中国思想界是破天荒的。《孟子》所阐述的要勇于担当道义的思想造就了许许多多富贵不淫、威武不屈、贫贱不移的大丈夫。

孟子的思想和政治主张可以总结为以下四大要点：

> 1.提出"以民为本"的思想，主张"仁政"。人民是可贵的，国家社稷应该是为人民的，君主所做所为应该是为了国家社稷和人民的。孟子的这一思想在中国历史上影响极为深远，有民主思想的思想家们都从这里得到理论的支持，而坚持专制的统治者如朱元璋则痛恨孟子的学说。

2. "道性善"。孟子解析心的内容为四端,即"恻隐之心""羞恶之心""辞让之心""是非之心"这仁、义、礼、智四端。证明人性的本善,这为儒家的人文主义思想奠定了基础。孟子以"心"论"性",宋代的陆九渊、明代的王阳明就是在孟子论心、论性的基础上发展出了"心即理"的心学理论。

3. "明浩然之气"。孟子提出了一整套锻炼、修养、成就人格的学说,为两千多年以来,有志于成就事业的人指出了下功夫的途径,并鼓舞了无数的志士仁人去克服困难,建功立业。

4. "黜五霸而尊三王"。孟子继承孔子学说和先圣先王的道统,发扬周公"制礼作乐"的精神,他提出"辟杨、墨"。孟子提出了一整套做人做事和社会生活的价值判断标准,他强调义利之辨、人兽之辨和取予之道,为中华民族建立礼乐型的教化系统做出了贡献。

梁惠王章句上

【原文】

孟子见梁惠王①。王曰:"叟②,不远千里而来,亦将有以利吾国乎?"孟子对曰:"王何必曰利?亦有仁义而已矣③。

"王曰,何以利吾国,大夫曰④,何以利吾家,士庶人曰⑤,何以利吾身,上下交征利⑥,而国危矣。

"万乘之国⑦,弑其君者⑧,必千乘之家⑨;千乘之国,弑其君者,必百乘之家。万取千焉,千取百焉,不为不多矣。苟为后义而先利⑩,不夺不餍⑪。

"未有仁而遗其亲者也,未有义而后其君者也。王亦曰仁义而已矣,何必曰利?"

【注解】

①子：对人的一种尊称，和现在称"先生"差不多。梁惠王：即魏惠王，名䓖（yīng），公元前370年即位，公元前334年死。魏与韩、赵三家春秋时本是晋国的大夫，后来逐渐吞灭晋国其它世族，三分晋国，到公元前403年，东周威烈王正式承认他们为诸侯，史书多是把这一年作为战国时代的开始。魏惠王因避秦兵威胁，从安邑（今山西安邑）迁都大梁（今河南开封），所以魏国又称梁国。王本是天子的称号，但随着周室衰微，战国时，魏、齐、秦、韩、赵、燕、楚也都称王。②叟（sǒu）：年老的男人，这里是对长老的尊称。③仁义：仁，爱，重在思想；义，宜（指应做的事），重在行为。④大夫：周代官制分卿、大夫、士三个等级。⑤庶人：古时候称小官吏为庶人。⑥上下：指从王到庶人。交：互相。征：取，求。⑦万乘（shèng）之国：古代兵车一辆称一乘，国家的大小强弱可以根据拥有兵车的数量来衡量。万乘之国，指能出兵车万乘的国家。⑧弑（shì）：古代臣杀君、子女杀父母叫弑。⑨千乘之家：古代卿大夫大都有一定的封邑，这种卿大夫统治的封邑称之为家。有封邑当然也有兵车。卿大夫的封邑大，可以出兵车千乘；卿大夫的封邑小，可以出兵车百乘。⑩苟为：如果真是。⑪不夺不餍：夺，篡夺；餍（yàn），满足。

【译文】

　　孟子谒见梁惠王。惠王说："老先生，不辞千里而来，也将有什么有利于我国吗？"孟子回答道："大王何必讲利？有仁义也就够了。

　　"大王说，有什么有利于我国，大夫们说，有什么有利于我家，士和庶人们说，有什么有利于我自身，（这样）上下交相追逐私利，那么，国家就危险了。

　　"能出兵车万乘的国家，谋杀那个国家的君主的，必然是能出兵车千乘的卿大夫之家；能出兵车千乘的国家，谋杀那个国家的君主的，必然是能出兵车百乘的卿大夫之家。（卿大夫）在拥有万乘兵车的国家中获得兵车千乘，在拥有千乘兵车的国家中获得兵车百乘，不能说是不多了。假如真个是轻义而重私利，那就非闹到篡夺君位的地步是不能满足的。

"从来没有讲'仁'的人会遗弃他的双亲的，从来没有讲'义'的人而对他的君主有所怠慢的。大王您也只要讲仁义就够了，何必讲利呢？"

【原文】

孟子见梁惠王，王立于沼上①，顾鸿雁麋鹿②，曰："贤者亦乐此乎？"孟子对曰："贤者而后乐此，不贤者虽有此不乐也。《诗》云③：'经始灵台④，经之营之⑤，庶民攻之⑥，不日成之。经始勿亟⑦，庶民子来。王在灵囿⑧，麀鹿攸伏⑨，麀鹿濯濯⑩，白鸟鹤鹤⑪。王在灵沼，於牣鱼跃⑫。'文王以民力为台为沼，而民欢乐之，谓其台曰'灵台'，谓其沼曰'灵沼'，乐其有麋鹿鱼鳖。古之人与民偕乐，故能乐也。

"《汤誓》曰⑬：'时日害丧，予及女皆亡⑭。'民欲与之偕亡，虽有台池鸟兽，岂能独乐哉？"

【注解】

①沼（zhǎo）：水池。②顾：望着。③《诗》云：《诗》指《诗经》。下面的十二句诗，引自颂扬周文王建造灵台、享受苑囿钟鼓之乐的《大雅·灵台》诗。④经：测量。灵台：台名，故址在今陕西西安西北。旧说文王所造，由于百姓的共同操作，落成很快，如有神帮助，所以叫灵台（下"灵囿""灵沼"同）。⑤营：筹划。⑥庶民：众民。攻：建造。⑦亟（jí）：急。"勿亟"是说文王不加督促。⑧囿（yòu）：古代帝王豢养禽兽、种植花木的园林。⑨麀（yōu）鹿：母鹿。攸：在上古文献里同"所"。"攸伏"是说（母鹿）安于它原来所在的地方，没有被惊动。⑩濯濯（zhuó）：肥大而毛有光泽的样子。⑪鹤鹤：《诗经》作翯翯（hè），羽毛洁白的样子。⑫於（wū）：感叹词。牣（rèn）：充满。这句是赞叹鱼儿充满水池，蹦蹦跳跳。⑬《汤誓》：《尚书》篇名，是伊尹辅佐商汤伐夏桀时的誓词。⑭时：是，这个。害：读（hé），同"曷"，何时。丧（sāng）：灭亡。夏朝的暴君桀曾说过，"我有天下，就如同天上有太阳一样；太阳毁灭了，我才会灭亡呢。"老百姓对他

的暴虐怨恨到了极点，所以冲着他说："这个太阳什么时候毁灭呢？要是它会毁灭，那我们即使跟它一块儿灭亡也在所不惜。"

【译文】

孟子谒见梁惠王，惠王站在池塘边，望着（那许多）鸿雁麋鹿，（问孟子）说："贤德的人也喜欢享受这些东西吗？"孟子回答说："是贤德的人然后才能享受到这些东西，不是贤德的人，尽管拥有这些东西也享受不到。《诗》里面说：'开始筹建灵台，又是测量又是筹划。百姓齐来建造它，不几天便落成。动工不用多督促，百姓都如子女自动来。文王偶来游灵囿，母鹿伏地自悠悠。母鹿肥大毛色润，白鸟素洁世无俦！文王来到灵沼旁，啊！满池鱼儿蹦得欢！'文王用百姓的劳力建台开池，百姓却欢欢喜喜，称他的台为'灵台'，称他的沼为'灵沼'，为他能享受到麋鹿鱼鳖的奉养而感到快乐。古时的贤者能够与民同乐，所以能得到快乐。

《尚书》里的《汤誓》（记载着百姓诅咒暴君夏桀的话）说：'这个太阳何时灭亡呢？我宁愿跟你一同灭亡。'百姓要跟他一同灭亡，那他即使有台池鸟兽，难道能够独自享受吗？"

【原文】

梁惠王曰："寡人之于国也，尽心焉耳矣①！河内凶，则移其民于河东，移其粟于河内②；河东凶亦然③。察邻国之政，无如寡人之用心者。邻国之民不加少，寡人之民不加多④，何也？"

孟子对曰："王好战，请以战喻：填然鼓之⑤，兵刃既接，弃甲曳兵而走⑥，或百步而后止，或五十步而后止，以五十步笑百步，则何如⑦？"

曰："不可；直不百步耳⑧，是亦走也。"

曰："王如知此，则无望民之多于邻国也。不违农时，谷不可胜食也；数罟不入洿池⑨，鱼鳖不可胜食也；斧斤以时入山林⑩，材木不可胜用也。谷与鱼鳖不可胜食，材木不可胜用，是使民养生丧死无憾也⑪。养生丧死无憾，王道之始也⑫。

"五亩之宅，树之以桑，五十者可以衣帛矣⑬；鸡豚狗彘之畜，无失其时⑭，七十者可以食肉矣；百亩之田，勿夺其时，数口之家，可以无饥矣；谨庠序之教⑮，申之以孝悌之义⑯，颁白者不负戴于道路矣⑰。七十者衣帛食肉，黎民不饥不寒；然而不王者⑱，未之有也⑲。

"狗彘食人食而不知检⑳，涂有饿莩而不知发㉑；人死，则曰：'非我也，岁也。'是何异于刺人而杀之，曰：'非我也，兵也。'王无罪岁，斯天下之民至焉。"

【注解】

①寡人：古时王侯自我的谦称。焉耳矣：三个语气词叠用，在于加重语气，表示恳切的情感。②凶：发生灾荒。河内：魏地，在今河南济源一带。河东：也是魏地，在今山西安邑一带。③亦然：也是这样做。④加：在这里作"更"字解。⑤填然：鼓声咚咚的样子。鼓：击鼓，名词动用。之：语气词，没有实际意义。古时击鼓进兵，鸣金退兵。⑥兵：兵器。既：已经。曳（yè）：拖着。走：奔逃。⑦何如：怎么样。⑧直：只是。耳：语气词，表限止，有"罢了"的意思。⑨数（cù）：密。罟（gǔ）：网。洿（wū）：低洼的地方。⑩斤：斧。时：指草木零落的季节。⑪养生：养活生者。丧（sāng）死：安葬死者。憾（hàn）：恨。⑫王道：指古代政治哲学中君主以仁义治天下，以德政安抚臣民的政策，与凭借武力、刑法、权势等进行统治的霸道是对立的。⑬衣（yì）：穿，名词动用。帛（bó）：丝织品的总称。⑭豚（tún）：小猪。彘（zhì）：猪。畜：牲畜。时：指交配、繁殖和饲养的适当时机。⑮谨：认真办好。庠（xiáng）序：古代乡学，商代叫序，周代叫庠，这里泛指学校。⑯申：反复陈述。孝悌（tì）：尽心侍奉父母为孝，敬爱兄长为悌。⑰颁（bān）白：同"斑白"，头发花白。负戴：负是背东西，戴是用头顶东西。⑱王（wàng）：使天下归服，名词动用。⑲未之有也：是"未有之也"的倒装。⑳检：制约。㉑涂：同"途"，路上。莩（piǎo）：同"殍"，饿死的人。发：指发放仓里的存粮以赈救饥民。

【译文】

梁惠王说:"我对于治理国家,(真是)尽心竭力了呀!河内发生了灾荒,就将那里的灾民移往河东,将河东的粮食运送到河内。当河东发生了灾荒时,我也是这样做。看看邻国的君主办理政事,没有一个像我这样尽心的。可是,邻国的人民并不见减少,而我的人民并不见增多,这是什么缘故呢?"

孟子回答道:"大王您喜欢打仗,就让我拿战争来打比方吧。战鼓咚咚地敲响了,兵刃已经相接,(打了败仗的)就丢下盔甲,拖着武器,狼狈逃窜,有的逃了上百步停下来,有的逃了五十步住了脚,逃了五十步的拿自己只逃了五十来步这点去讥笑逃了上百步的(胆子小),(您觉得)怎么样呢?"

梁惠王说:"不行;只不过没有跑到百步罢了,可这也是逃跑呀。"

孟子说:"大王您既然懂得了这个道理,就不必去巴望您国家的人民比邻国增多啦。(治理国家的人)只要不去剥夺农民耕种的时间,那粮食就会吃不尽;不拿过于细密的鱼网到池塘中去捞鱼,那鱼类水产便吃不完;砍伐林木有一定的时间,那木材便用不尽。粮食和鱼类水产吃不完,木材用不尽,这样便使老百姓供养生人、安葬死者都不感到有什么不满。老百姓对养生送死没有什么不满,这便是王道的开端。

"五亩大的宅园,种上桑树,上了五十岁的人就可以穿上丝绵袄了;鸡和猪狗一类家畜,不耽误它们饲养繁殖的时间,上了七十岁的人就可以有肉吃了。一家人百亩的耕地,农事不失其时,几口人的家庭就不会挨饿。认真地搞好学校教育,反复地阐明孝顺父母、敬爱兄长的重要意义,须发花白的老人们就不再会肩背着、头顶着(重物件)出现在道路上了。七十岁以上的人有丝绵衣穿,有肉吃,一般老百姓饿不着,冻不着,这样还不能使天下归服,是从来不曾有过的事。

"(现在)猪狗一类家畜吃着人吃的粮食却不知道设法制止,路上出现了饿死的人却不知道开仓赈济饥民。老百姓死了,却说:'(致他们于死的)不是我,是凶年饥岁。'这和拿刀把人刺杀,却说'杀人的不是我,是兵器'

有什么不同呢？大王您要是能够不归罪于凶年饥岁，这样，普天之下的老百姓便会涌向您这儿来了。"

【原文】

梁惠王曰："寡人愿安承教①。"

孟子对曰："杀人以梃与刃，有以异乎②？"

曰："无以异也。"

"以刃与政，有以异乎？"

曰："无以异也。"

曰："庖有肥肉，厩有肥马③，民有饥色，野有饿莩，此率兽而食人也。兽相食，且人恶之④；为民父母行政，不免于率兽而食人，恶在其为民父母也⑤？仲尼曰：'始作俑者，其无后乎！'为其象人而用之也。如之何其使斯民饥而死也？"

【注解】

①安：安心乐意，作动词"承"的状语。承：接受。②梃（tǐng）：棍棒。③庖（páo）：厨房。厩（jiù）：马棚，也泛指牲口棚。④且：尚且，作副词用。恶（wù）：讨厌。⑤恶（wū）：同"乌"疑问代词，恶在，跟说"何在"相似。

【译文】

梁惠王（对孟子）说："我愿乐意接受您的教导。"

孟子回答道："用棍棒和用刀子杀害人，有什么不同吗？"

惠王说："没有什么不同。"

（孟子紧接着问道：）"用刀子和用政治杀害人有什么不同吗？"

惠王说："没有什么不同。"

孟子说："厨房里摆着肥美的肉食，马栏里关着膘肥体壮的马匹，老百姓却面有饥色，田野上横陈着饿死者的尸体，这无异于赶着兽类去吃人。兽类自相残食，人们尚且憎恶他们这种行为；那些号称为民父母的执政者，办理政事时，不免干出类似驱赶兽类去吃人的勾当来，那么，他们作为人民父母的意义又在哪里呢？孔仲尼说过一句这样的话：'第一个制作殉葬用的木（土）偶的人，该会没有后代留下吧！'（孔子对这个为什么要深恶痛绝呢？）就因为用了象人形貌的木（土）偶去殉葬。（照这样看来，办理政事的人）又怎么可以使这些老百姓饥饿至死呢？"

【原文】

梁惠王曰："晋国①，天下莫强焉②，叟之所知也。及寡人之身，东败于齐，长子死焉③；西丧地于秦七百里④；南辱于楚⑤。寡人耻之，愿比死者一洒之⑥。如之何则可？"

孟子对曰："地方百里而可以王⑦。王如施仁政于民，省刑罚，薄税敛，深耕易耨⑧；壮者以暇日修其孝悌忠信，入以事其父兄，出以事其长上，可使制梃以挞秦楚之坚甲利兵矣⑨。

"彼夺其民时，使不得耕耨以养其父母，父母冻饿，兄弟妻子离散。彼陷溺其民⑩，王往而征之，夫谁与王敌？故曰：'仁者无敌。'王请勿疑！"

【注解】

①晋国：即魏国。不但这里梁惠王称自己的国家为晋国，据记载当时的魏人周霄也自称晋国，又据1957年在安徽寿县出土的《鄂君启金节铭文》，当时的楚国也称魏国为晋国。②莫：无指代词，这里代国家，"没有国家"之意。③东败于齐，长子死焉：公元前341年，魏攻韩，韩向齐求救，齐乃命田忌为将，孙膑为军师伐魏救韩。魏惠王则派太子申、庞涓为将迎战。孙膑采用减灶法引诱魏军追击至马陵狭道伏击。魏军大败，庞涓自杀，太子申被俘，魏国从此由盛转衰。梁惠王这里说的便是那次战役。④西丧地于秦七百里：马陵之役后，秦国屡次打败魏国，迫使魏国献出河西之地和上郡的十五个县城。⑤南辱于楚：公元前324年，魏被楚将昭阳击败于襄陵，魏国失去八邑。⑥比（bì）：为，代。一：全部。洒：即洗，"洒"字与"洗"字古时通用，洗雪。⑦地方百里："地方"不能连读，因为不是一词。古代以"方"指土地面积，

"方百里"指纵横各百里的小国。⑧易（yì）耨（nòu）：易，副词，有迅速的意思。耨，耘田除草。⑨挞（tà）：用鞭子或是棍子打人。⑩陷溺（nì）：有坑害、暴虐的意思。

【译文】

梁惠王（对孟子）说："晋（魏）国的强大，当今世上没有哪个国家比得上，这是您老人家所知道的。但到了我继承王位，东面被齐国打败，连我的大儿子也送了命；西面丧失土地七百余里给秦国；南面又被楚国所折辱。我对此深以为耻，愿意替那些为国牺牲的人彻底雪耻报仇。要怎么办才可以（做到）呢？"

孟子答道："只要有百里见方的土地就可以使天下归服，（何况魏国是个大国呢？）大王您应该对人民实施仁政，废除严刑峻法，减免苛捐杂税，督促人民深耕土地，速除杂草；壮年还在农闲的日子讲求孝顺父母、敬爱兄长、为人办事尽心竭力和待人诚实的道理，在家里便用来侍奉父兄，出外则用来侍奉长辈和上级，这样便可以使他们哪怕是制造木棒也足以打败秦、楚身披坚厚的铁甲、手执锐利的兵器的军队了。

"（秦、楚等）那些国家剥夺人民的耕种时间，使他们不能从事农耕来养活他们的父母，以致父母受冻挨饿，兄弟、妻子和孩子流离失散。他们陷人民于水深火热之中，大王您派军队前往讨伐他们，又有谁跟您对敌呢？所以有句老话说：'仁德的人是无敌于天下的。'大王对这点就不要再怀疑了！"

梁惠王章句下

【原文】

庄暴见孟子①，曰："暴见于王，王语暴以好乐②，暴未有以对也。"曰："好乐何如？"

孟子曰："王之好乐甚，则齐国其庶几乎③！"

他日，见于王曰："王尝语庄子以好乐④，有诸？"

王变乎色⑤，曰："寡人非能好先王之乐也，直好世俗之乐耳。"

曰："王之好乐甚，则齐其庶几乎。今之乐，由古之乐也⑥。"

曰："可得闻与？"

曰："独乐乐⑦，与人乐乐，孰乐？"

曰："不若与人。"

曰："与少乐乐，与众乐乐，孰乐？"

曰："不若与众。"

"臣请为王言乐。今王鼓乐于此⑧，百姓闻王钟鼓之声，管籥之音⑨，举疾首蹙頞而相告曰⑩：'吾王之好鼓乐，夫何使我至于此极也？父子不相见，兄弟妻子离散。'今王田猎于此，百姓闻王车马之音，见羽旄之美⑪，举疾首蹙頞而相告曰：'吾王之好田猎，夫何使我至于此极也？父子不相见，兄弟妻子离散？'此无他，不与民同乐也。

"今王鼓乐于此，百姓闻王钟鼓之声，管籥之音，举欣欣然有喜色而相告曰：'吾王庶几无疾病与，何以能鼓乐也？'今王田猎于此，百姓闻王车马之音，见羽旄之美，举欣欣然有喜色而相告曰：'吾王庶几无疾病与，何以能田猎也？'此无他，与民同乐也。今王与百姓同乐，则王矣。"

【注解】

①庄暴：齐国的臣子。②乐（yuè）：音乐。③庶几："差不多"的意思，但只用于积极方面。④子：是古代对有学问、道德或爵位的人的尊称。⑤王变乎色：齐王变色是由于对自己的爱好不正当感到惭愧的缘故。⑥由：通"犹"。⑦独乐乐：前"乐"字读（lè），是动词，爱好、欣赏的意思。后乐字读（yuè），是名词，作音乐解。⑧鼓乐：奏乐。⑨管籥（yuè）：古代吹奏器，如今天笙箫之类乐器。⑩举：副词，都。疾首：头痛。蹙（cù）頞（è）：皱着鼻梁发愁的样子。頞，鼻梁。⑪羽旄（máo）：本指用鸟的五彩羽毛和旄牛的尾巴装饰的旗帜，这里作为仪仗的代称。

【译文】

庄暴见到孟子,说:"齐王召见我庄暴,告诉我他喜欢音乐,我(一时)想不到用什么话来回答他。"(稍停一会儿)接着问孟子道:"(一个做国君的人)喜欢音乐,究竟应不应该呢?"

孟子说:"齐王要是非常喜欢音乐,那么齐国差不多就可以治理好了啊!"

后来有一天,孟子被齐宣王召见时,说:"大王曾经告诉过庄暴您喜欢音乐,有这回事吗?"

齐宣王一听,(惭愧得)脸上都变了颜色,说:"我并不是爱好先代帝王遗留下来的古乐,只不过是一些世俗流行的音乐罢了。"

孟子说:"大王您要是非常喜欢音乐,那么,齐国就会治理得差不离了呢!时下流行的音乐和古代的音乐都一样嘛。"

齐宣王说:"这个道理可以说给我听听吗?"

孟子(没有正面回答齐宣王,却反问)道:"一个人单独享受听音乐的快乐,和跟别人一道享受听音乐的快乐,哪一种更快乐些呢?"

齐宣王说:"当然跟别人一道听音乐更快乐。"

孟子(继续问)道:"跟少数人一道享受听音乐的快乐和跟多数人享受听音乐的快乐,哪一种更快乐些呢?"

齐宣王说:"当然跟多数人听音乐更快乐。"

孟子(紧接着)说:"请让我为您陈述一下应该怎样来享受欣赏音乐的乐趣吧。假如现在大王在这里演奏音乐,老百姓一听到大王鸣钟击鼓的声音和箫管吹出的曲调,大家全都觉得头痛,皱着鼻梁互相诉苦道:'我们大王光顾自己爱好鼓乐,为何把我们弄到父子不能相见,兄弟、妻子和孩子流离失散这样困苦不堪的地步呢?'现在大王在这里打猎,老百姓听到大王车马的声音,看见华丽的仪仗,大家全都觉得头痛,皱着鼻梁互相诉苦道:'我们大王光顾自己打猎开心,为何把我们弄到父子不能相见,兄弟、妻子和孩子流离失散这样困苦不堪的地步呢?'这没有别的原因,只是不与老百姓一同娱乐的缘故。

"假如现在大王在这里奏乐，老百姓一听到您鸣钟击鼓的声音和箫管吹出的曲调，大家都喜形于色地奔走相告道：'我们大王大概没有什么疾病吧，（要不然）怎么能够奏乐呢？'现在您大王在这里打猎，老百姓一听到大王车马的声音，看见华丽的仪仗，大家都喜形于色地奔走相告道：'我们大王大概没有什么疾病吧，（要不然）怎么能打猎呢？'这没有别的原因，只是由于与老百姓一同娱乐的缘故。现在只要大王能跟老百姓一同娱乐，（就能够使人民归附于您），就可以使天下归服了。"

【原文】

齐宣王问曰："文王之囿①，方七十里，有诸？"

孟子对曰："于传有之②。"

曰："若是其大乎？"

曰："民犹以为小也。"

曰："寡人之囿，方四十里，民犹以为大，何也？"

曰："文王之囿，方七十里，刍荛者往焉③，雉兔者往焉④，与民同之。民以为小，不亦宜乎？臣始至于境，问国之大禁⑤，然后敢入。臣闻郊关之内有囿方四十里，杀其麋鹿者，如杀人之罪，则是方四十里为阱于国中。民以为大，不亦宜乎？"

【注解】

①囿（yòu）：古代帝王豢养禽兽、种植花木的园林。②传（zhuàn）：这里泛指古书。③刍（chú）荛（ráo）：刍，本指饲料；荛，本指柴火。这里的"刍荛者"，指割牧草和打柴的人。④雉（zhì）：野鸡。"雉兔者"指猎取野鸡和兔子的人。⑤大禁：重大的禁令。

【译文】

齐宣王问孟子道："传说周文王豢养禽兽种植花木的园子有七十里见方，有这回事吗？"

孟子回答说："在古书上是有这样的记载。"

齐宣王说："真有这样大吗？"

孟子说："老百姓还觉得小了呢。"

齐宣王说："我的园子，只有四十里见方，老百姓还认为大了，这是为什么呢？"

孟子说："周文王的园子，周围七十里见方，割草的打柴的人可以到那里去，打野鸡、兔子的人也可以到那里去，文王与老百姓一同享有园子的利益。老百姓认为小了，难道不是应该的吗？我刚到齐国边界的时候，先打听一下齐国有哪些重大的禁令，然后才敢进入国境。我听说齐国首都的郊外，有一个四十里见方的园子，射杀园子里的麋鹿的，就等于犯了杀人罪，这是在国土上设下了个四十里见方的大陷阱来坑害老百姓。老百姓嫌它大了，难道不是应该的吗？"

【原文】

齐宣王问曰："交邻国有道乎？"

孟子对曰："有。惟仁者为能以大事小，是故汤事葛①，文王事昆夷②。惟智者为能以小事大，故大王事獯鬻③，勾践事吴④。以大事小者，乐天者也；以小事大者，畏天者也。乐天者保天下，畏天者保其国⑤。《诗》云：'畏天之威，于时保之⑥。'"

王曰："大哉言矣！寡人有疾，寡人好勇。"

对曰："王请无好小勇。夫抚剑疾视曰⑦：'彼恶敢当我哉！'此匹夫之勇⑧，敌一人者也。王请大之！

"《诗》云：'王赫斯怒⑨，爰整其旅⑩，以遏徂莒⑪，以笃周祜⑫，以对于天下⑬。'此文王之勇也。文王一怒而安天下之民。

"《书》曰：'天降下民，作之君，作之师，惟曰其助上帝宠之⑭。四方有罪无罪惟我在⑮，天下曷敢有越厥志⑯？'一人衡行于天下⑰，武王耻之。此武王之勇也。而武王亦一怒而安天下之民。今王亦一怒而安天下之民，民惟恐王之不好勇也。"

【注解】

①汤事葛：汤，商汤王。葛，国名。汤事葛的事，详见《孟子·滕文公章句下》第五章。②文王事昆夷：昆夷，西戎国名。文王事昆夷的事迹已无法详考。③大王：亦作"太王"，即古公亶父，周王朝的奠基人。獯鬻：即狁（xiǎn）狁（yǔn），我国古代北方的少数民族。④勾践事吴：《史记·越王句践世家》及《国语·吴语》记载，吴王夫差在夫椒打败越军，侵入越国，越王勾践带着余下的五千残兵败将退守会稽，吴王派兵包围会稽，越王勾践派大夫文种求和，自请对吴国称臣。⑤"乐天"两句：上句"保"字有"享有""安定"的意思，下句"保"字有"保护""保全"的意思。⑥"畏天"两句：这两句诗引自《诗经·周颂·我将》。于时：于是。⑦抚剑：用手按剑。疾视：怒目而视。⑧匹夫：一人。⑨王赫斯怒：指文王赫然发怒的样子。⑩爰：于是。旅：师旅，军队。⑪遏（è）：阻止。徂（cú）：往伐。莒（jǔ）：国名。⑫笃：厚，增加。祜（hù）：福，"周祜"谓周家的福气。⑬对：答，"以对于天下"，是说以回答天下仰望的心。这里所引诗句出自《诗经·大雅·皇矣》。⑭书：指《尚书》（即《书经》）。这里的引文是出自《尚书》逸篇。惟曰其助上帝宠之：意思是说君和师的职责只在于帮助上帝爱护人民。⑮我：周武王姬发自指。⑯厥：其，指上天的。⑰衡：同"横"。古书中"衡"常与"横"通用。

【译文】

齐宣王问（孟子）道："跟邻国打交道有什么原则和方法吗？"

孟子回答说："有。只有以仁爱为怀的君主才能做到以大国的身份去侍奉小国，所以商汤王侍奉过葛伯，周文王侍奉过昆夷。只有明智的君主才能做到以小国的身份侍奉大国，所以周的大王古公亶父侍奉过强悍的獯鬻族，越王勾践侍奉过打败了自己的吴王夫差。以大国的身份侍奉小国的，是顺天行道、无往而不怡然自得的人；以小国身份侍奉大国的，是畏惧天的威严（无时不谨慎戒惧）的人。顺天行道、无往而不怡然自得的人能够保有天下，畏惧天的威严的人能够保住他们的国家。《诗》上说：'敬畏上天的威严（因此谨慎小心），于是保有天下。'"

齐宣王说："您的话说得太好了啊！（可惜）我有个毛病，我喜爱勇敢（怕是难做到您所说的）。"

孟子回答道："我恳请大王不要喜爱小勇。有这么一种人，手按佩剑、怒目而视说：'他怎敢抵挡我呢！'这只是匹夫之勇。我恳请大王把它扩大一些吧！

"《诗》上说：'文王对密须国人侵犯他国的暴行勃然大怒，于是整顿军队，以阻击侵犯莒国的敌寇，以增厚我周家的福泽，并以此报答天下仰慕我周天子的厚意。'这就是文王的勇。文王一旦发怒，便能使天下的人民得到安定。

"《书》里面说：'上天降生下土的人民，替他们立个君主，也替他们安排好老师，派给君主和老师们的唯一责任是帮助上帝爱护下民。所以，四方的人有罪或是无罪，由我（姬发）来进行裁决。（有我在这里）天下谁敢超越他（上天）的意志起来作乱呢？'只要有一个人敢在天下横行无忌，武王便认为是自己的耻辱。这就是武王的勇。武王也是只要一发怒，便能使天下的人民得到安定。现在大王要是也能做到一旦发怒，便使天下的人民得到安定，那人民便还只怕大王不喜爱勇敢哩。"

【原文】

齐宣王见孟子于雪宫①。王曰："贤者亦有此乐乎？"

孟子对曰："有。人不得，则非其上矣②。不得而非其上者，非也；为民上而不与民同乐者，亦非也。乐民之乐者，民亦乐其乐；忧民之忧者，民亦忧其忧。乐以天下③，忧以天下，然而不王者，未之有也。

"昔者齐景公问于晏子曰④：'吾欲观于转附、朝儛，遵海而南，放于琅邪⑤；吾何修而可以比于先王观也？'

"晏子对曰：'善哉问也！天子适诸侯曰巡狩——巡狩者，巡所守也⑥。诸侯朝于天子曰述职——述职者，述所职也。无非事者：春省耕而补不足，秋省敛而助不给⑦。夏谚曰：吾王不游，吾何以休？吾王不豫，吾何以助？一游一豫⑧，为诸侯度。今也不然，师行而粮食，饥者弗食，劳者弗息。睊睊胥谗，民乃作慝⑨。方命虐民，饮食若流⑩。流连荒亡，为诸侯忧。从流下而忘反谓之流，从流上而忘反谓之连，从兽无厌谓之荒，乐酒无厌谓之亡⑪。先王无流连之乐，荒亡之行。惟君所行也。'

"景公说，大戒于国，出舍于郊⑫。于是始兴发，补不足。召大师曰⑬：'为我作君臣相说之乐！'盖《徵招》《角招》是也⑭。其诗曰：'畜君何尤⑮？'——畜君者，好君也。"

【注解】

①雪宫：齐国离宫名。离宫，本是古代帝王筑来供出巡时休息的行宫，有点类似后来的别墅。见：是说齐宣王在雪宫接见孟子。②非：非议，埋怨。上：指君主。③以：介词，与；下句"忧以天下"的"以"字同。④齐景公：春秋时齐国国君，姓姜，名杵臼。晏子：名婴，齐景公时贤相。现存的《晏子春秋》虽是出于伪托，但所记晏婴的言行，也有助于我们窥见他的为人和学说的一斑。⑤转附、朝（cháo）儛（wǔ）：都是山名。转附可能是现在的芝罘（fú）山（即芝罘岛），朝儛可能是现在山东省荣成市东的召石山。遵：循，沿。放：到。琅邪（yá）：齐国东南边境上的邑名。⑥狩：本读（shòu），冬猎为狩，这里同守。巡所守，是说视察诸侯所守的土地。⑦省（xǐng）：视察。补不足：指补助农具、种子不足的农户。敛：收割。助不给：指帮助劳力、口粮不足的农户。⑧豫：游闲。⑨睊睊（juàn）：侧目而视的样子。胥：都。谗：谤毁。慝（tè）：邪恶，指反对上面统治者的行为。逸和慝，都是贬义词，统治阶级把劳动人民受不了剥削压迫而激起的怨恨和反抗的行为看作是"谗""慝"，翻译时为了保持原作语调，仍按文意语译。⑩方命：方是放的假借字，有放弃的意思，命指先王的教导。若流：是说像流水一般的无穷尽。⑪从兽：指田猎。荒：废。乐酒：以饮酒为乐。亡：失，是说废时失事。⑫说：同悦。戒：备，指在首都充分作好赈济贫苦人民的各种准备。舍：居。⑬大师：乐官。⑭君臣：指己（景公）与晏子。说：同"悦"。《徵招》《角招》：太师所作的乐曲名。徵、角为古代五音

315

中的两个。五音是中国五声音阶上的五个级,相当于现在简谱上的1、2、3、5、6。唐代以来叫合、四、乙、尺、工。更古的时候叫宫、商、角、徵、羽。招,与韶同,舜的乐曲名。其诗,指《徵招》《角招》的歌词。
⑮畜:制止。尤:过错。

【译文】

齐宣王在自己的离宫雪宫里接见孟子。宣王说:"贤德的人也有这种享乐吗?"

孟子回答道:"有。人们得不到这种享乐,就会埋怨他们的君主。当然,得不到这种享乐便埋怨他们的君主,是不对的;作为人民的君主却不与人民一同享受这种快乐,也是不对的。以人民的快乐为自己的快乐的人,人民也会以他的快乐为他们的快乐;以人民的忧愁为自己的忧愁的人,人民也会以他的忧愁为他们的忧愁。乐与天下人民同乐,忧与天下人民同忧,这样还不能使天下归心的事,是绝不会有的。

"从前齐景公向晏婴问道:'我打算到转附和朝儛两座名山去游览一番,然后沿着海岸向南走,直达琅邪邑,我应该怎样做才能比得上古代圣王的游观呢?'

"晏婴答道:'问得好!天子到诸侯的国家去叫巡狩——巡狩,就是巡视诸侯所守的疆土。诸侯到天子的朝廷去朝见叫述职——述职,就是汇报诸侯自己所担负的职守的情况。(无论是天子出外巡狩,还是诸侯入朝述职,)没有不是结合着工作进行的:春天视察耕种,并借此补助农具、种子不足的农户;秋天视察收割,并借此补助劳力、口粮不足的农户。夏朝时的俗谚说:'我们大王不出游,我怎能获得安慰和整休?我们大王不闲逛,我从何处获补助?我们大王出游或闲逛,全都可为诸侯学习的法度。'现在情况就不同了,天子一出来巡游,一大伙人员要为他奔忙,一大批粮食要被他消耗,以致闹到饥饿的人们吃不上饭,劳苦的人们得不到休息。群众侧目而视,怨声载道,看看都要起来作恶了。这样放弃先王的教导,虐害老百姓,豪饮暴食,像流水般地没个穷尽。这种流连荒亡的行为,不能不使诸侯们为之深深担忧。(什么叫流连荒亡呢?)从上流放舟而下游乐忘返叫作流,从下流挽舟而上游乐忘返叫作连,打猎没有个厌倦叫作荒，酗酒没有个节制叫作亡。古代的圣王不搞这种流连忘返的游乐、荒亡无节制的行为。（何去何从？）就由您大王自己选择了。

"景公听了很高兴，在首都做好充分的准备，然后自己到郊外去住下，于是开始行惠政，打开仓库拿出粮食来赈济缺衣少食的贫苦人民。并把乐官召来说：'替我作一首君臣同乐歌吧！'大概就是《徵招》《角招》西首歌。那歌辞中说，'制止君主的物欲又有什么过错呢？'——制止君主的物欲，正是爱护君主呢。"

公孙丑章句上

【原文】

公孙丑问曰①："夫子当路于齐②，管仲、晏子之功③，可复许乎④？"

孟子曰："子诚齐人也，知管仲、晏子而已矣。或问乎曾西曰⑤：'吾子与子路孰贤⑥？'曾西蹴然曰⑦：'吾先子之所畏也。'曰：'然则吾子与管仲孰贤？'曾西艴然不悦⑧，曰：'尔何曾比予于管仲！管仲得君⑨，如彼其专也；行乎国政，如彼其久也；功烈⑩，如彼其卑也。尔何曾比予于是！'"曰："管仲，曾西之所不为也，而子为我愿之乎？"

曰："管仲以其君霸，晏子以其君显。管仲、晏子，犹不足为与？"

曰："以齐王，由反手也。"

曰："若是，则弟子之惑滋甚。且以文王之德，百年而后崩⑪，犹未洽于天下；武王、周公继之，然后大行。今言王若易然，则文王不足法与？"

曰："文王何可当也⑫！由汤至于武丁，贤圣之君六七作⑬，天下归殷久矣，久则难变也。武丁朝诸侯，有天下，犹运之掌也。纣之去武丁，未久也⑭，其故家遗俗，流风善政，犹有存者；又有微子、微仲、王子比干、箕子、胶鬲⑮——皆贤人也，相与辅相之，故久而后失之也。尺地莫非其有也，一民莫非其臣也；然而文王犹方百里起，是以难也。

"齐人有言曰：'虽有智慧，不如乘势；虽有镃基⑯，不如待时。'今时则易然也：夏后、殷、周之盛⑰，地未有过千里者也，而齐有其地矣，鸡鸣狗吠相闻，而达乎四境，而齐有其民矣；地不改辟矣，民不改聚矣，行仁政而王，莫之能御也。且王者之不作，未有疏于此时者也⑱，民之憔悴于虐政，未有甚于此时者也。饥者易为食，渴者易为饮。孔子曰：'德之流行，速于置邮而传命⑲。'当今之时，万乘之国行仁政，民之悦之，犹解倒悬也。故事半古之人，功必倍之，惟此时为然。"

【注解】

①公孙丑：姓公孙，名丑，孟轲弟子。②当路：当权。③管仲：名夷吾，曾辅佐齐桓公建立霸业。晏子：指晏婴，字平仲，是齐景公的宰相。④许：犹"兴"。⑤曾西：曾参的孙子。⑥子路：孔子弟子仲由的字。⑦蹵（cù）然：不安的样子。⑧艴然：恼怒的样子。⑨得君：是说得到君主的信任。⑩功烈：功绩。管仲不辅佐齐桓公行王道而行霸道，所以曾西说他"功烈，如彼其卑也"。⑪百年而后崩：古代传说文王去世的时候是九十七岁，这里说百年是举它的整数。崩，古代天子死叫崩。⑫当：比并，媲美。⑬由汤至于武丁，贤圣之君六七作：汤、武丁，都是商代的贤君，由汤至武丁，中间比较突出的贤君，有太甲、太戊、祖乙、盘庚等，跟汤和武丁合起来算，一共是六个君主，孟子这里说"六七作"，是不定之辞。作，兴起。⑭纣之去武丁，未久也：从武丁到纣王共九代，所以说"未久"。⑮微子、微仲、王子比干、箕子、胶鬲：微子，名启，是纣王的庶兄。微仲，微子的弟弟。王子比干，纣王的叔父，他因为谏纣王被剖心而死。箕子，也是纣王的叔父，他看见纣王无道，比干被杀，于是装疯做了奴隶，为纣王所囚禁。胶鬲（gé），殷代的贤人，遇上纣王这样的乱世，便隐居到民间去贩卖鱼盐。⑯镃（zī）基（jī）：一作镃錤，大锄。⑰夏后：禹治水有功，舜让位给他，国号夏，也称为夏后氏。⑱王者之不作，未有疏于此时者也：作，兴。疏，久。⑲置邮：古代用马递送公文叫置，步行递送公文叫邮。

【译文】

公孙丑问孟子说:"先生您要是在齐国掌了权,可望重建管仲、晏婴那样的功业么?"

孟子答道:"你到底是个齐国人,仅仅知道管仲、晏婴罢了。曾经有个人问曾西:'您跟子路相比,哪个更强些呢?'曾西肃然起敬地回答说:'(子路是)我先祖父所敬畏的人啊。'那个人又问道:'那么,您跟管仲相比,哪个更强些呢?'曾西怒形于色,说:'你怎么拿我跟管仲相比呢?管仲得到他的君主的信任,是那样的专一;行使国家的政权,时间又是那样的长久;成就的功业,却是那样的微不足道。你怎么拿他来和我相比呢!'"孟子(稍微停顿了一下)说:"管仲那样的人,连曾西都不屑和他相比,你说我愿意学他的样吗?"

公孙丑说:"管仲辅佐齐桓公建立了霸主之业,晏婴辅佐齐景公使他名扬天下。难道管仲、晏婴这样的人还不值得效法吗?"

孟子说:"以齐国这样有条件的大国使天下归服,易如反掌啊。"

公孙丑说:"像您这样说,那我就更加不明白了。况且文王这样德高望重的人,又活了近百岁才去世,他推行的德政还没有周遍于天下;武王周公继承了他的事业继续努力,然后才使王道大行。现在您把推行王道而使天下归服说得那么容易,难道文王还不够做榜样吗?"

孟子说:"我们怎么可以跟文王相比呢?(在商代)从汤王到武丁,这中间有六七个圣贤的君主兴起,天下的人归服殷商已经很久了,时间久了,要变动就难了。武丁使诸侯来朝,拥有天下,就像把一样东西放在手心里转动一样容易。纣王的年代离武丁没多久,那些勋旧世家流传下来的良好习俗,还有各种好的遗风善政,当时还是存在着,又有微子、微仲、王子比干、箕子和胶鬲——他们都是贤德的人——共同来辅佐他(商纣王),所以过了很久才失掉天下。那时没有一尺土地不是殷朝的土地,没有一个老百姓不是殷朝的臣民,可文王那时刚从百里见方的地方起事,所以这时要夺取天下就比较难了。

"齐国人有句俗话说:'纵然有聪明,不如趁形势;纵然有大锄,不如待农时。'当今之世就是容易行王政统一天下的好时机：夏、商、周三代最盛的时期，国土从没有超过千里见方的，而齐国却有了那么广阔的土地，鸡鸣犬吠的声音，从首都一直到四方国境线，互相可以听到，而齐国也有了那么多的人民了；(在齐国目前这样的条件下，)土地不必再扩张了，人民也不必再增多了，如果推行仁政而使天下归服，那是没有谁能抵挡得住的。况且使天下归服的贤圣之君不出现，没有比现在更久的了；老百姓被暴政所折磨，没有比现在更厉害的了。一个饥饿的人对食物是不加挑剔的，一个口渴的人对饮料也不会苛择。孔夫子说：'德政的推行，比驿站邮亭传递政令还要迅速。'现在这个时候，如果一个万乘大国出来实行仁政，那老百姓心里的高兴，就会跟一个倒挂着的人被解救下来差不多。所以只要做古人一半的事，就可以获得比古人多一倍的成功，这也只有现在这个时候才可以。"

【原文】

（公孙丑曰：）"敢问夫子恶乎长？"

曰："我知言，我善养吾浩然之气。"

"敢问何谓浩然之气？"

曰："难言也。其为气也，至大至刚，以直养而无害，则塞于天地之间。其为气也，配义与道；无是，馁也。是集义所生者，非义袭而取之也。行有不慊于心①，则馁矣。我故曰告子未尝知义。以其外之也。必有事焉而勿正心，勿忘，勿助长也。无若宋人然：宋人有闵其苗之不长而揠之者②，芒芒然归，谓其人曰：'今日病矣！予助苗长矣！'其子趋而往视之，苗则槁矣。天下之不助苗长者寡矣。以为无益而舍之者，不耘苗者也；助之长者，揠苗者也——非徒无益，而又害之。"

"何谓知言？"

曰："诐辞知其所蔽③，淫辞知其所陷，邪辞知其所离，遁辞知其所穷。生于其心，害于其政；发于其政，害于其事。圣人复起，必从吾言矣。"

【注解】

①慊（qiè）：足。②闵：忧虑。揠（yà）：拔高。③诐（bì）：偏颇，不

正。蔽：遮隔、壅蔽。

【译文】

公孙丑问道："我大胆地请问您老师长于什么？"

孟子说："我善于分析理解别人的言辞，我善于培养我的浩然之气。"

公孙丑又问道："我再斗胆问一句，什么叫作浩然之气？"

孟子说："这就难以说得明白了。它作为一种气，是最伟大、最刚劲的，如果用正义去培养而不伤害它的话，它就会充塞于天地之间，无所不在。它作为一种气，必须与'义'和'道'配合，否则，就要显得软弱乏力。这是由正义的经常积累所产生的，不是凭偶然的正义行为所取得的。只要你行为中有一件事自己心里感到欠缺时，那种气会变得软弱乏力。我所以说告子从来不懂得什么是义，就因为他把'义'看成心外之物（我们必须把'义'看成心内之物）。一定要培养你的浩然之气，但不要有特定的目的，每时每刻都不要忘记养气的事，但也不要不按它成长的规律去帮助它成长。千万别像宋国人那样：宋国有个担心他的禾苗长不快而把苗拔高的人，拖着疲惫不堪的身子回到家中，对家里的人说：'今天可是累坏了！我帮助禾苗长高了呢！'他的儿子赶快跑去一看，禾苗都干枯了。其实世上不帮助禾苗生长的人很少。认为培养工作没有好处而抛弃它的，那就等于是不耘苗去草的懒汉；那些违背规律地去帮助它生长的人，就是拔苗助长的人——不但没有好处，而且还害了它。"

公孙丑又接上去问道："什么叫作知言呢？"

孟子说："听了偏颇不正的话，我便知道说话的人所壅蔽的地方；听了放荡的话，我便知道说话的人所陷溺的地方；听了邪僻的话，我便知道说话的人偏离正道的地方；听了躲躲闪闪的话，我便知道说话的人所理屈词穷的地方。这四种言辞由心里（思想上）产生出来，必然会在政治上产生危害；如果从政治方面体现了出来，便要妨害国家的各项具体工作。当今或后世即使有圣人再度出现，也必然会赞成我所说的这些话的。"

【原文】

公孙丑曰："宰我、子贡善为说辞①；冉牛、闵子、颜渊善言德行②；孔子兼之，曰：'我于辞命，则不能也。'然则夫子既圣矣乎？"

曰："恶③！是何言也？昔者子贡问于孔子曰：'夫子圣矣乎？'孔子曰：'圣则吾不能，我学不厌而教不倦也。'子贡曰：'学不厌，智也；教不倦，仁也。仁且智，夫子既圣矣。'夫圣，孔子不居，是何言也？"

"昔者窃闻之：子夏、子游、子张皆有圣人之一体④，冉牛、闵子、颜渊则具体而微⑤，敢问所安。"

曰："姑舍是⑥。"

曰："伯夷、伊尹何如⑦？"

曰："不同道。非其君不事，非其民不使；治则进，乱则退，伯夷也。何事非君，何使非民；治亦进，乱亦进，伊尹也。可以仕则仕，可以止则止，可以久则久，可以速则速，孔子也。皆古圣人也，吾未能有行焉。乃所愿，则学孔子也。"

"伯夷、伊尹于孔子，若是班乎⑧？"

曰："否。自有生民以来，未有孔子也。"

曰"然则有同与？"

曰："有。得百里之地而君之，皆能以朝诸侯、有天下；行一不义、杀一不辜而得天下，皆不为也。是则同。"

曰："敢问其所以异。"

曰："宰我、子贡、有若⑨，智足以知圣人，汙不至阿其所好⑩。宰我曰：'以予观于夫子，贤于尧舜远矣。'子贡曰：'见其礼而知其政，闻其乐而知其德，由百世之后，等百世之王，莫之能违也。自生民以来，未有夫子也。'有若曰：'岂惟民哉？麒麟之于走兽，凤凰之于飞鸟，太山之于丘垤⑪，河海之于行潦⑫，类也。圣人之于民，亦类也。出于其类，拔乎其萃⑬。自生民以来，未有盛于孔子也。'"

【注解】

①宰我、子贡善为说辞：宰我，孔子弟子宰予。子贡，孔子弟子端木赐。说辞，言语。宰我、子贡是孔子言语科中的高足，《论语》中有"言语：宰我、子贡"这样的记述。②冉牛、闵子、颜渊善言德行：冉牛，孔子弟子冉耕，字伯牛；闵子，孔子弟子闵损，字子骞；颜渊，孔子弟子颜回，字子渊，三个人在孔子门下都是列在德行科。③恶：读（wū），叹词，表示惊讶不安的神情。④子夏、子游、子张皆有圣人之一体：子游，孔子弟子言偃。子张，孔子弟子颛（zhuān）孙师。有圣人之一体，是用比喻的说法，说上述三个弟子都只得了圣人四肢中的一个肢体。⑤具体而微：是说具备了圣人的全体（即四肢都具备了），但是还不广大。⑥姑舍是：姑，暂且；舍，放下，抛开。孟子是个很自负的人，曾经说过"当今之世，舍我其谁"的豪言壮语，所以对孔门这许多弟子，他都不放在眼里，但是又不便明说，只好用"姑舍是"一语搪塞过去。⑦伯夷、伊尹：伯夷，商朝末年孤竹君的大儿子，跟他弟弟叔齐因互让王位而出逃。周武王伐纣时，二人曾扣住马头劝谏，武王不听，于是一同隐居在首阳山，立志不吃周朝的粮食而活活地饿死了。伊尹，有莘的处士，辅佐商汤王出兵攻打夏桀。⑧班：齐，等。⑨有若：孔子弟子，鲁国人，比孔子小十三岁。⑩汙：本作"洿"，孟子可能用为"洿"字的假借字。⑪垤（dié）：蚂蚁堆土作的窝。⑫行潦（lǎo）：路上的积水。⑬萃（cuì）：聚集。这里指聚在一起的人或事物。

【译文】

公孙丑又问道："宰我、子贡长于言辞，冉牛、闵子和颜渊以德行见称；孔子则兼有他们的长处，但他还是说：'我对于说话，就并不擅长。'老师您（既善于分析别人的言辞，又善养浩然之气，）已经是圣人了吗？"

孟子（不禁惊诧地）说："哎！你这是什么话呢？从前子贡向孔子问道：'老师您已经成了圣人吗？'孔子说：'圣人，我就还不能做到，我能做到的，不过是学习不感厌倦、教诲别人不知疲劳罢了。'子贡说：'学习不厌倦，这是智的表现；教诲别人不知疲劳，这是仁的表现。具备了仁和智这两种高尚的品德，老师您已经称得上是圣人了啊。'圣人，孔子都不敢当，你这是什么话呢？"

公孙丑又问道："从前我听说过，子夏、子游和子张，都学得了孔圣人一方面的特长，冉牛、闵子和颜渊大体上具备孔子的才德，但比不上他那样博大精深。请问老师，您在上面这些人中间与哪一个更接近呢？"

孟子说："暂且抛开这些不谈吧。"

公孙丑又问："伯夷和伊尹怎么样呢？"

孟子说："他们处世之道并不相同。不是他认可的君主不侍奉，不是他认可的人民不役使，天下太平就进到朝廷去做官，天下不太平便退而隐居在野，这是伯夷处世的态度。什么君主都可以侍奉，什么人民都可以役使，天下太平也做官，天下不太平也做官，这就是伊尹的处世态度。应该做官就做官，应该辞官就辞官，应该久干下去就久干下去，应该赶快离开就赶快离开，这就是孔子的处世态度。他们都是古代的圣人。我没能做到他们那样。至于我所希望的，便是要学习孔子。"

公孙丑又问："伯夷、伊尹对于孔子来说，是同等的吗？"

孟子答道："不。自有人类以来没有能比得上孔子的。"

公孙丑问："那么他们有相同的地方吗？"

孟子说："有。如果他们得到百里见方的土地而以他们为君王，他们都能使诸侯来朝，统一天下。要他们做一件不合道理的事，杀一个无辜的人，因而得到天下，他们都不会做的。这就是他们相同的地方。"

公孙丑问道："请问他们不同的地方在哪里呢？"

孟子说："宰我、子贡和有若，他们的智慧足以了解孔子，即使夸张一点，也不至虚加赞扬他们喜爱的人。宰我说：'依我宰予对老师的看法，他比尧舜高明得多。'子贡说：'见到一个国家的礼制，就可以了解这个国家的政治；听了人家的音乐，便可以了解这个人的道德。那怕从百世以后，用同等标准（办法）按次去评价百世以来的君王，没有一个能背离孔子之道。自有人类以来，没有出过一个像孔子这样（伟大）的人。'有若说：'难道只有人民有高下之分么？麒麟对于走兽，凤凰对于飞鸟，泰山对于小土堆，河和海对于路上的积水，是同类；圣人对于人民，也是同类。孔子大大地超过了他的同类，在他的那一群中冒着尖儿。自有人类社会以来，没有比孔子还要伟大的。'"

【原文】

孟子曰："以力假仁者霸，霸必有大国；以德行仁者王，王不待大，汤以七十里，文王以百里①。以力服人者，非心服也，力不赡也②；以德服人者，中心悦而诚服也，如七十子之服孔子也③。《诗》云：'自西自东，自南自北，无思不服。'此之谓也。"

【注解】

①汤以七十里，文王以百里：二句"里"字后都省去了"而王"二字，因为上文有"王不待大"一句，所以可以省。②赡（shàn）：足。③七十子：指孔子门下如颜渊、子贡等七十多个身通六艺的优秀弟子。

【译文】

孟子说："凭着自己的实力，假托仁义之名号召征伐的，可以称霸于诸侯，这种称霸的人一定要凭借国力的强大。依靠道德来推行仁政的人可以实行王道而使天下归服，实行王道而使天下归服不一定要国家大、力量强，商汤王凭借纵横七十里见方的土地，周文王凭借百里见方的土地（实行了王道，使天下归服）；倚仗势力使别人服从的，别人并不是从心里服从他，而是由于力量不足；凭借德行使别人归服自己的，别人是心悦诚服的，像孔子门下七十二贤拜服孔子一样。《诗》里说：'从西到东，从南到北，无不心悦诚服。'说的正是这个意思。"

【原文】

孟子曰："人皆有不忍人之心。先王有不忍人之心，斯有不忍人之政矣。以不忍人之心，行不忍人之政，治天下可运之掌上。所以谓人皆有不忍人之心者，今人乍见孺子将入于井，皆有怵惕恻隐之心①——非所以内交于孺子之父母也②，非所以要誉于乡党朋友也③，非恶其声而然也。由是观之，无恻隐之心，非人也；无羞恶之心，非人也；无辞让之心，非人也；无是非之心，非人也。恻隐之心，仁之端也④；羞恶之心，义之端也；辞让之心，礼之端也；是非之心，智之端也。人之有是四端也，犹其有四体也⑤。有是四端而自谓不能者，自贼者也⑥；谓其君不能者，贼其君者也。凡有四端于我者，知皆扩而充之矣，若火之始然⑦，泉之始达。苟能充之，足以保四海；苟不充之，不足以事父母。"

【注解】

①怵（chù）惕（tì）：吃惊害怕。恻隐：伤痛不忍。②内交：即结交。内，同"纳"。③要（yāo）誉：求得好名声。要，求，谋取。④端：开始。⑤四体：四肢。人的四肢，是必不可少的。⑥贼：残害。⑦然：同"燃"。

【译文】

孟子说："人们都有一颗见人遭遇不幸而有所不忍的心。古代帝王由于有这种怜悯别人的心，这样才有了怜悯下面百姓的仁政。拿这种怜悯别人的好心，去施行怜悯百姓的仁政，治理天下就可以像运转小物件于手掌上那么容易了。我所以说每个人都有见人遭遇不幸而有所不忍的心的缘故，譬如人们突然看见无知的小孩将要爬跌到井里去，都会立即产生一种惊骇、伤痛不忍的心情——这不是为了想跟这孩子的爹娘攀交情，不是为了要在邻里朋友中博得个好名声，也不是由于厌恶孩子的啼哭声才这样做的。从这里看来，没有同情之心，算不了人；没有羞耻的心，算不了人；没有推让之心，算不了人；没有是非之心，算不了人。同情之心，是仁的开端；羞耻之心，是义的开端；推让之心，是礼的开端；是非之心，是智的开端。一个人有这四个开端，就如同他的身体有四肢一样（是他本身所固有的）。有这四个开端却自认无所作为的人，是自己害自己的人；说他的君主无所作为的人，是戕害他的君主的人。凡是在自身具有这四个开端的人，如果懂得把它们扩充起来，那就会像火刚开始点着，泉水刚开始流出（前景是无可限量的)。(一个从事政治的人)假使能够扩充这四个开端,就可以护育天下的人民;假使不扩充的话,那就连自身的爹娘也无法奉养了。"

公孙丑章句下

【原文】

孟子曰:"天时不如地利,地利不如人和①。三里之城,七里之郭②,环而攻之而不胜。夫环而攻之,必有得天时者矣;然而不胜者,是天时不如地利也。城非不高也,池非不深也,兵革非不坚利也,米粟非不多也;委而去之③,是地利不如人和也。故曰:域民不以封疆之界④,固国不以山谿之险⑤,威天下不以兵革之利。得道者多助,失道者寡助。寡助之至,亲戚畔之⑥;多助之至,天下顺之。以天下之所顺,攻亲戚之所畔,故君子有不战,战必胜矣⑦。"

【注解】

①天时:李炳英《孟子文选》注解说:"古代作战,以'天干'(甲、乙、丙、丁、戊、己、庚、辛、壬、癸)、'地支'(子、丑、寅、卯、辰、巳、午、未、申、酉、戌、亥)所标志的时日(例如:甲子日、乙卯日等)和攻守地点的方位(东、南、西、北、中央)的适当配合为条件(某日攻某方、守某方为有利),来掌握胜败、吉凶的成数,这叫做天数。"天数即是天时。②三里之城,七里之郭:古代都邑四周用作防御的高墙一般分两重,里面的叫城,外面的叫郭,也就是内城和外城。③委:弃。④域民:限制人民,使他们居住在一定的区域内,为自己所统治。⑤固国:使国防坚固,牢不可破。⑥畔:同"叛"。⑦君子有不战,战必胜矣:句中的"有"字相当于口语的"要么"。

【译文】

孟子说:"得天时不如得地利,得地利不如得人和。内城三里、外城七里的城邑,包围攻打却无法取胜。包围而攻打,一定有合乎天时的战机。可是却无法取胜,这说明得天时不如占地利呀。城墙并不是筑得不高,护城河并不是挖得不深,兵器和盔甲并不是不锐利、不坚固,粮食也并不是不多呀;可是,(当敌人一来进犯,)守兵们竟弃城而逃,这说明得地利不及得人和呀。所以说,限制人民不必靠国家的疆界,巩固国防不必凭山河的险要,威服天下不必恃武力的强大。行仁政的人帮助他的便多,不行仁政的人帮助他的便少。少助到了极点时,连亲戚都会背叛他;多助到了极点时,全天下都愿意顺从他。拿全天下顺从的力量去攻打连亲戚都背叛的人,那么,仁德之君要么不用战争,若用战争,是必然胜利的了。"

【原文】

孟子将朝王,王使人来曰:"寡人如就见者也①,有寒疾,不可以风;朝将视朝②,不识可使寡人得见乎?"

对曰:"不幸而有疾,不能造朝。"

明日,出吊于东郭氏③。公孙丑曰:"昔者辞以病④,今日吊,或者不可乎?"

曰:"昔者疾,今日愈,如之何不吊?"

王使人问疾,医来。孟仲子对曰⑤:"昔者有王命,有采薪之忧⑥,不能造朝;今病小愈,趋造于朝,我不识能至否乎?"使数人要于路⑦,曰:"请必无归而造于朝!"

不得已而之景丑氏宿焉⑧。景子曰:"内则父子,外则君臣,人之大伦也⑨;父子主恩,君臣主敬。丑见王之敬子也,未见所以敬王也。"

曰:"恶,是何言也!齐人无以仁义与王言者,岂以仁义为不美也?其心曰,'是何足与言仁义也'云尔⑩,则不敬莫大乎是。我非尧舜之道不敢以陈于王前,故齐人莫如我敬王也。"

景子曰:"否,非此之谓也。《礼》曰:'父召无诺⑪;君命召,不俟驾⑫。'固将朝也，闻王命而遂不果⑬，宜与夫礼若不相似然⑭。"

曰："岂谓是与？曾子曰：'晋、楚之富，不可及也。彼以其富，我以吾仁；彼以其爵，我以吾义，吾何慊乎哉⑮！'夫岂不义而曾子言之？是或一道也。天下有达尊三⑯：爵一，齿一，德一。朝廷莫如爵，乡党莫如齿，辅世长民莫如德。恶得有其一以慢其二哉！

"故将大有为之君，必有所不召之臣，欲有谋焉则就之。其尊德乐道，不如是不足与有为也。故汤之于伊尹，学焉而后臣之，故不劳而王；桓公之于管仲，学焉而后臣之，故不劳而霸。今天下地丑德齐⑰，莫能相尚⑱。无他，好臣其所教，而不好臣其所受教。汤之于伊尹，桓公之于管仲，则不敢召。管仲且犹不可召，而况不为管仲者乎！"

【注解】

①如：将。②朝将视朝：第一个朝字读（zhāo），早晨。第二个朝字读（cháo），视朝，上朝视事（办事）。③东郭氏：齐国的大夫之家。④昔者：昨日。⑤孟仲子：是孟子的堂兄弟。⑥采薪之忧：是说有病不能上山打柴；这是当时士大夫交往中用来代疾病的习惯语。⑦要（yāo）：拦阻。⑧景丑氏：齐大夫景丑家。⑨伦：伦常，中国传统礼教规定的人与人之间正常关系，特指尊卑长幼之间的关系。⑩云尔：表示必然无疑的语助词。⑪召：呼唤。诺：慢条斯理的应答声。⑫君命召，不俟驾：是说国君呼唤，不等待车辆驾好马，立即先步行。⑬不果：中止，没有真的实行。⑭宜：相当于"殆（dài）"，几乎、差不多的意思。⑮慊（qiàn）：憾，恨。⑯达尊：普天下所尊敬的事。⑰地丑德齐：丑，类似。整句是说现在天下的人君，土地的大小相类似，德教的好坏差不多。⑱莫能相尚：互相不能超过。

【译文】

孟子正打算去朝见齐王，却碰上齐王派人来传话说："我本是应当来看望您的，但是感冒了，不能吹风。今早我将临朝视事，不知道可不可以让我见到您？"

孟子回答说："我也不幸得了点病，不能上朝来。"

第二天，（孟子）到齐国的大夫东郭氏家里去吊唁。公孙丑说："昨天托病不上朝，今天却又出门去吊唁，（这样做）也许不大合适吧？"

孟子答道："昨天有病，今天病好了，怎么不去吊唁呢？"

齐王派人来探看孟子的病，医生也同来了。孟仲子（应付）说："昨天王命召见，恰好（先生）病了，不能上朝。今天病稍好了点，已上朝去了，我不知道他能不能到达朝中？"（孟仲子接着）打发几个人到路上拦住孟子，说："请您一定别回家，上朝去走一趟吧！"

（孟子）没有办法，只有躲到景丑的家借住一晚。景丑（知道这种情况后）说："在家庭内就得讲个父子之亲，在家庭外就得讲个君臣之义，这是人与人之间重大的伦常关系。父子之间以恩爱为主，君臣之间以尊敬为主，我只看到齐王对你的尊敬，却没有看到你对齐王是怎样尊敬的。"

孟子说："哎！这是什么话！齐国人没有一个拿仁义之道跟齐王接谈的，难道真的是认为仁义不好吗？他们心里是这样想的：'这个王哪配跟他谈论什么仁义之道呢？'我看，再没有什么行为比这更不尊敬齐王了。我不是尧舜之道不敢拿到齐王前面陈述，所以齐国人对齐王的尊敬是谁也比不上我的。"

景丑说："不，我说的不是这个。《礼》上说：'父亲召唤儿子时，（儿子应立即起身回应，）绝不可以慢条斯理地应答。君主召唤，应该立即动身，不等待车辆驾好马。你本来准备上朝，听到齐王召唤反而不去了，恐怕跟《礼》上说的不大相合吧。"

孟子说："难道你说的是这个吗？曾子说过：'晋国和楚国的豪富，是无法与之相比的。不过，他们凭借的是他们的财富，我凭借的是我的仁；他们仗的是他们的爵位，我凭借的是我的义，（和他们比起来，）我心里又有什么遗憾呢！'这个话没有道理曾子会说吗？大概是有点道理的。天下有三个为人们普遍尊敬的东西：一个是爵位，一个是年龄，一个是德行。在朝廷没有比得上爵位的，在乡里没有比得上年龄的，在辅佐君主统治百姓方面就没有比得上德行的。怎能仗着自己占着一面（爵位）却去怠慢占着两面（年龄与德行）的人呢！

"所以将要大有作为的君主，一定有他不敢召唤的臣子，有什么事情要谋划，就亲自去他家里请教。他（国君）重视德行、乐于行仁政，如果不是这样，便不足和他有所作为。因此商汤王对于伊尹，先向伊尹学习，然后用他为臣，因此，不大费力气就使天下归服；桓公对于管仲，也是先向他学习，然后用他为臣，因此，不大费力气而建立霸主的事业。现在（天下的大国）土地大小差不多，君主们的道德品行也不相上下，谁也没能超过谁，这没有别的原因，就是他们欢喜以听从他们教导的人为臣，而不欢喜以有能力教导他们的人为臣。商汤王对于伊尹，齐桓公对于管仲，就不敢召唤。管仲这样的人还不可以召唤，何况不愿做管仲的人呢！"

【原文】

孟子之平陆①，谓其大夫曰②："子之持戟之士③，一日而三失伍④，则去之否乎？"

曰："不待三。"

"然则子之失伍也亦多矣。凶年饥岁，子之民，老羸转于沟壑，壮者散而之四方者，几千人矣。"

曰："此非距心⑤之所得为也。"

曰："今有受人之牛羊而为之牧之者，则必为之求牧与刍矣⑥。求牧与刍而不得，则反诸其人乎？抑亦立而视其死与？"

曰："此则距心之罪也。"

他日见于王曰："王之为都者⑦，臣知五人焉。知其罪者惟孔距心。"为王诵之⑧。

王曰："此则寡人之罪也。"

【注解】

①平陆：齐边境县邑名，在今山东汶（wèn）上县北。②大夫：平陆县的最高行政长官（县令）。③持戟之士：即战士，古代常称战士为"持戟"。④失伍：士兵擅自离开行伍。⑤距心：平陆邑宰之名。文末提到其姓名是孔距心。⑥牧：牧地。刍（chú）：草料。⑦为都者：治理都邑的官吏。⑧诵：复述。

【译文】

孟子到平陆,对那里的邑宰说:"你邑里守卫边疆的战士,如果一天之内三次擅离职守,那么,是不是要将他开除呢?"

邑宰说:"不必等待三次(才开除)。"

孟子说:"那么你自己失职的地方也很多了。在饥荒年岁,你治下的百姓,老弱病残被丢弃在山沟中的,年轻力壮逃亡于四方的,已近千人了。"

邑令说:"这不是我的力量所能办到的。"

孟子说:"譬如现在有一个人,接受别人的牛羊而替人放牧,那就一定要替人家找到牧地和草料。万一找不到牧地和草料,是把牛羊送还给人家呢,还是站在那里眼看着牛羊饿死呢?"

邑令说:"这就是我的罪过了。"

后来,孟子朝见齐王说:"大王的邑令,我结识了五个,其中能认识自己失职的罪过的,只有孔距心一人。"于是把自己跟孔距心的谈话对齐王复述了一遍。

齐王听后说:"这也是我的罪过呢。"

滕文公章句上

【原文】

滕文公为世子①,将之楚,过宋而见孟子②。孟子道性善,言必称尧舜③。

世子自楚反,复见孟子。孟子曰:"世子疑吾言乎?夫道一而已矣。成覸谓齐景公曰④:'彼丈夫也,我丈夫也,吾何畏彼哉?'颜渊曰:'舜何人也?予何人也?有为者亦若是。'公明仪曰⑤:'文王我师也;周公岂欺我哉?'今滕,绝长补短,将五十里也,犹可以为善国。《书》曰:'若药不瞑眩,厥疾不瘳⑥。'"

【注解】

①世子：天子和诸侯的嫡长子。杨伯峻《孟子译注》以为"世子"即"太子"，"世"和"太"古音相同，古书常通用。②过宋而见孟子：滕文公为世子，出使楚国时经过宋国，当时孟子在宋国，和他相见了。③孟子道性善，言必称尧舜：道，讲。性，是人禀受于天以生之理。在孟子看来，人生来性本是善的，与尧舜一样，不过一般为私欲所蒙蔽，因而失去了天生的善性；尧舜没有私欲的蒙蔽，所以能扩充这种善性，成为人们学习的榜样。因此，孟子与世子谈话，每次讲到性善，就一定要称述尧舜，目的在于使他知道仁义不待外求，圣人可学而至，因而能用力不懈。性善论是孟子哲学思想的核心，是他的仁义学说的哲学基础。其实在阶级社会中，统治阶级与被统治阶级的善恶观是各有他们不同的标准的。而孟子却拿口、耳、目、心所喜欢的东西人人相同，来证明合于统治阶级需要的理义，也是为一切人所喜欢的。事实恰恰相反，统治阶级的理义，根本在于维护剥削，而被统治阶级的理义，根本在于反对剥削。二者毫无共同之处。孟子的性善论是从统治阶级看本阶级的性是善的。拿这个作标准，被统治阶级的人当他们对统治阶级的理义表示顺从的时候，在孟子看来，他们的性也是善的；当他们对这个理义表示反对，代表其奉阶级在政治、经济权利方面有所要求时，在孟子及其信徒看来，他们便是蔽于物欲，把本来是善的性变恶了。这就是孟子及其信徒们性善论的真正涵义和实质所在。④成覸（jiàn）：齐景公手下的一个以勇敢而出名的臣子。⑤公明仪：公明，姓，仪，名；鲁国的贤人，曾子的弟子。⑥《书》曰：若药不瞑眩，厥疾不瘳：书，指《商书·说命》篇。这两句话见《国语·楚语》武丁所作书。《说命》三篇，今古文《尚书》都没有，只东晋梅赜所上古文《尚书》有《说命》上、中、下三篇，这可能是梅氏把武丁作的书拿来作为伪古文《说命》上篇。瞑（miàn）眩（xuàn），愤乱。瘳（chōu），病痊愈。二句是说药力不猛，便治不好病。

【译文】

滕文公做太子时,将要出使到楚国去,路过宋国,便特地去看望孟子。孟子跟他讲了人性善的观点,开口不离尧舜。

太子从楚国回来时,又会见了孟子。孟子说:"太子怀疑我的话吗?道理只有一个罢了。成覵对齐景公说:'他是男子大丈夫,我也是男子大丈夫,我干嘛要怕他呢?'颜渊说过:'舜是什么样的人呢?我是什么样的人呢?有作为的人也应该像他一样。'公明仪曾经说:'文王是我的老师,周公难道会骗我吗?'现在滕国(虽小),假使将土地截长补短(进行丈量),也将有五十里见方大,还是可以建设成一个好国家。《书》说:'如果一种药服了后不使人产生头晕目眩的感觉,那个病是不会好的。'"

【原文】

滕文公问为国。

孟子曰:"民事不可缓也。《诗》云:'昼尔于茅,宵尔索绹。亟其乘屋,其始播百谷①。'民之为道也,有恒产者有恒心,无恒产者无恒心。苟无恒心,放辟邪侈,无不为已。及陷乎罪,然后从而刑之,是罔民也②。焉有仁人在位罔民而可为也?是故贤君必恭俭礼下,取于民有制。阳虎曰③:'为富不仁矣,为仁不富矣。'夏后氏五十而贡,殷人七十而助,周人百亩而彻④。其实皆什一也。彻者,彻也⑤;助者,藉也⑥。龙子曰⑦:'治地莫善于助,莫不善于贡。'贡者校数岁之中以为常⑧。乐岁粒米狼戾⑨,多取之而不为虐,则寡取之;凶年粪其田而不足,则必取盈焉。为民父母,使民盼盼然⑩,将终岁勤动,不得以养其父母,又称贷而益之⑪,使老稚转乎沟壑,恶在其为民父母也?夫世禄,滕固行之矣。《诗》云:'雨我公田,遂及我私⑫。'惟助为有公田。由此观之,虽周亦助也。

"设为庠序学校以教之⑬。庠者,养也;校者,教也;序者,射也。夏曰校,殷曰序,周曰庠;学则三代共之,皆所以明人伦也。人伦明于上,小民亲于下。有王者起,必来取法,是为王者师也⑭。《诗》云:'周虽旧邦，其命维新⑮'，文王之谓也。子力行之，亦以新子之国⑯！"
使毕战问井地⑰。

孟子曰："子之君将行仁政，选择而使子，子必勉之！夫仁政，必自经界始⑱。经界不正，井地不钧⑲，谷禄不平⑳。是故暴君汙吏必慢其经界。经界既正，分田制禄可坐而定也。

"夫滕，壤地褊小，将为君子焉㉑，将为野人焉。无君子，莫治野人；无野人，莫养君子。请野九一而助，国中什一使自赋。卿以下必有圭田㉒，圭田五十亩；余夫二十五亩㉓。死徙无出乡，乡田同井，出入相友，守望相助，疾病相扶持，则百姓亲睦。方里而井，井九百亩，其中为公田。八家皆私百亩，同养公田；公事毕，然后敢治私事，所以别野人也。此其大略也；若夫润泽之，则在君与子矣。"

【注解】

①"昼尔"四句：这几句诗出自《诗经·豳风·七月》。尔：语助词。于：取。索：搓绳。亟：同"急"。乘：升。②罔：同"网"，名词动用，"罔民"是说像捕鱼一样张开网让人民陷入犯罪的罗网中来。③阳虎：即阳货，鲁国季氏的家臣。④"夏后氏五十而贡"三句：这里所说的不过是孟子假托古史来阐述自己的理想，当时的事实可能不一定是这样。⑤彻：通。这里是说周朝这种税制是天下通行的税制。⑥藉：同"借"，指借民力来耕种公田。⑦龙子：古代贤人。⑧校（jiào）：计量，比较。⑨粒米：犹言米粒，泛指粮食。狼戾：犹狼藉。⑩盻盻（xì）然：勤苦不休息的样子。⑪称贷：借债。益：补足。⑫雨（yù）我公田，遂及我私：诗句引自《诗经·小雅·大田》。《大田》是西周记述农事的诗。当时助法全部废除了，典籍也不存在，唯有从这首诗中还可见到周朝也是用助法，所以孟子引来作为证明。⑬设为庠（xiáng）序学校以教之：庠，养老；序，习射；学，国学；校，教民。庠、序、校都是乡里学校的名称。⑭为王者师：滕国土地小，即使行仁政，也未必能兴王业，但是却可以充任王者师。⑮周虽旧邦，其命维新：引自《诗经·大雅·文王》。《文王》是歌颂文王的诗。命，天命。⑯新：作动词，使动用法，是说使他的国家焕然

一新。子：指文公，因为他年岁不大，所以孟子这样称呼他。⑰毕战：滕国的臣子。井地：即井田。⑱经界：这里经、界同义，经界即指井田的界限。⑲钧：通"均"。⑳谷禄：即俸禄，古人用谷物为俸禄，所以又称俸禄为谷禄。㉑为：有。㉒圭（guī）田：士由于德行洁白而升官，便给与田亩，以供祭祀，这种田称圭田。㉓余夫：本指农夫家还没有到达成家年龄而又有一定劳动能力的剩余劳动力。

【译文】

（向孟子）询问治国的方法。

孟子说："老百姓生产的事是刻不容缓的。《诗》里说过：'白天出外割茅草，晚上要把绳索搓好，急急忙忙盖屋顶，播种的时间转眼到。'老百姓的一般情况是这样，有一定的维持生计的产业便能坚持一贯的向善之心，没有一定的维持生计的产业便不能坚持一贯的向善之心。假使没有了一贯的向善之心，那就会放荡不走正路，胡作非为，没有什么干不出来的。等到因此犯了罪，然后对他们施加刑罚。这等于设下网罗陷害人民。哪有仁爱的国君在位，却干出陷害人民的事呢？所以贤良的君主务必做恭谨俭朴，礼贤下士，向老百姓征收赋税有定规。阳虎说过：'想发财就别讲仁爱，要讲仁爱就别想发财。'夏朝每家授田五十亩，赋税行的是贡法，商朝每家授田七十亩，赋税行的是助法，周朝每家授田百亩，赋税行的是彻法，实际上征的税率都是十分之一。彻有通的意思；助有借的意思。龙子说：'经营土地的税制没有比助法更好的，没有比贡法更不好的。'所谓贡法就是比较若干年的若干年的收成得出一个税收的定数（即不管丰年、歉年都得按这个定数征税）。丰收年景粮食到处抛置，就是多征收一点也不算苛暴，却并不多征；凶年饥岁，田里的收成甚至连第二年肥田的费用都不够，却非征满那一定数不可。一国的君主号称老百姓的父母，使老百姓整年地辛勤劳动，却没法子养活自己的爹妈，还得借高利贷来凑足纳税的数字，以至使老弱辗转流亡于沟壑之中，为民父母的意义又在哪里呢？对做大官的人子孙世代享有田租收入的制度，滕国早就实行了。（但有利于老百姓的税制——助法却始终没有被采用。）《诗》里面说：'（希望）雨先下到公田里，然后再落到私田。'只有实行助法才会有公田，从这篇周诗看来，虽是周朝，也是实行助法的。

"（人民生活有了着落，还要）设立'庠''序''学''校'来教育他们。'庠'是教养的意思，'校'是教育的意思，'序'是习射的意思。（即地方学校）夏朝叫校，殷朝叫序，周朝叫庠，至于国家办的学校（也就是大学），三代都共用了'学'这个名称，（无论乡学和国学）都是用来向学生阐明并教导他们明确（'父子有亲、君臣有义、夫妇有别、长幼有序、朋友有信'这五种）社会伦常观念的。在上面的诸侯卿大夫士明确并承认社会的伦常关系，小百姓们在下面自然也就亲密无间了。只要圣王兴起，便一定要来向您模仿学习的，这样您就做了圣王的老师了。《诗》里说过：'岐周虽是个古老的国家，但承接天命而不断革新。'这是就文王创建帝业而说的。您努力干下去，也可以使您的国家为之气象一新。"

（滕文公）又派毕战来（向孟子）询问有关井田制的问题。

孟子说："你的国君将要实行仁政，经过精心选择才派遣你来问我，你努力完成使命吧！实行仁政，必须从划分和理清田界着手。田界没有划分理清，井地的大小就不能做到均匀，作为俸禄的田租就不能做到合理公平。所以那些暴君和贪吏总是要（千方百计）搞乱正确的田界。田界既然已经划分理清了，分田地给百姓，制定官吏的俸禄，便可以不费力做决定了。

"滕国，国土狭窄，但也有官吏，也有百姓。没有官吏，便不能治理百姓；没有百姓，便不能养活官吏。我建议你们在郊野实行九分抽一的助法，城邑使用十分抽一的贡法。卿以下的官吏各分给他们供祭祀用费的圭田，圭田规定为五十亩；对于那些被称为'余夫'的剩余劳动力，就每人另给田二十五亩。（这样，）埋葬或搬家都不用离开本土本乡，共一井田的各家，平日出入相亲相爱，防守盗贼互助互帮，谁家有了病人，大家共同照顾，那么百姓间就做到真正的亲爱团结了。（井田制）将每一方里的土地划为一个井田单位，一个井田单位共有田九百亩，中间的百亩是公田，八户人家各耕私田一百亩，八家须得共同耕种公田。公田里的农活完毕了，然后大家才敢去料理私人的事务，这样做就是为了老百姓跟官吏有所区别。这里所说的只是井田制大概情况，至于怎样修饬调整而使之完善，那就得靠你们的君主和你了。"

滕文公章句下

【原文】

陈代曰①:"不见诸侯,宜若小然;今一见之,大则以王,小则以霸。且《志》曰:'枉尺而直寻。'宜若可为也。"

孟子曰:"昔齐景公田,招虞人以旌,不至②,将杀之。志士不忘在沟壑,勇士不忘丧其元。孔子奚取焉?取非其招不往也。如不待其招而往,何哉?且夫枉尺而直寻者,以利言也。如以利,则枉寻直尺而利,亦可为与?昔者赵简子使王良与嬖奚乘③,终日而不获一禽。嬖奚反命曰:'天下之贱工也。'或以告王良。良曰:'请复之。'强而后可,一朝而获十禽。嬖奚反命曰:'天下之良工也。'简子曰:'我使掌与女乘。'谓王良。良不可,曰:'吾为之范我驰驱④,终日不获一;为之诡遇⑤,一朝而获十。《诗》云:"不失其驰,舍矢如破⑥。"我不贯与小人乘⑦,请辞。'御者且羞与射者比⑧;比而得禽兽,虽若丘陵,弗为也。如枉道而从彼,何也?且子过矣:枉己者,未有能直人者也。"

【注解】

①陈代:孟子弟子。②旌(jīng):古代一种在旗杆顶上饰有五色羽毛的旗子。虞人:看守皇帝或是诸侯园子的小官吏,召唤他的时候,应该用打猎时戴的皮帽子,旌是召唤大夫用的,所以虞人不应召到来。③赵简子:即赵鞅,春秋时晋国的正卿。王良:晋国驾车的能手。嬖(bì)奚:简子的宠臣名叫奚的。④范:在这里作动词用,是说纳我驱驰于轨范之中。⑤诡遇:不按照驾车的正法赶着车子去多与禽兽相遇,以便多猎取它们。⑥"不失其驰"两句:这两句诗出于《诗经·小雅·车攻》。舍矢,犹放矢。如破,犹"而破",破有杀伤的意思。⑦贯:同"惯",习惯。⑧比:

这里读（bì），有强合在一起的意思。

【译文】

陈代说："不愿谒见诸侯，未免小器了点呢。假如现在去谒见他们，弄得好呢，也许可以实行仁政，帮助他们统一天下，即使不那么理想，也可以富国强兵，帮助他们称霸于世。况且以前的《志》书中也说过：'所曲折的不过一尺，而得伸直的却是八尺。'（相较之下）好像是可以干一干的。"

孟子说："从前齐景公去打猎，拿饰有羽毛的旗子召唤管园囿的小吏，小吏不来见，（景公）准备杀掉他。志士不怕尸填沟坑，勇者也不怕掉脑袋，（这不是孔子当年赞颂这个小小管园吏的话么？）孔子取他哪一点呢？就是取他敢于坚守礼义，不接受不合乎礼仪的召唤。如果我不等待诸侯以礼相招便去谒见他们，那成什么话呢？而且那些所谓受屈折一尺，却能伸直八尺的话，完全是从得到利益的观点而说的。如果单从利益的观点来考虑问题的话，那么只要能得到利益，即使屈折八尺伸直一尺的事，难道也可以干么？从前赵简子派王良替他的宠幸小臣叫奚的赶车（出去打猎），赶了一整天却没有打到一只鸟。奚回来向赵简子汇报道：'（王良简直）是世上最蹩脚的赶车工。'有人把这个话告诉了王良。王良（向赵简子）说：'请让我再给他赶一次车吧。'奚被坚持要求后才答应，一个早上就打到了十只鸟。奚回来在赵简子面前夸奖王良道：'（王良真）是世上最出色的赶车工。'简子说：'那我就派他专门替你赶车。'（简子）把这件事跟王良说，王良不答应，说：'我按照赶车的正当规矩替他赶着车奔驰，却整天打不到一只鸟；不按赶车的正当规矩去赶车，一个早上便打到十只鸟。（可见有问题的不是我的赶车技术，而是他的射猎本领和品德。）《诗》里说过：不违背赶车的正规，箭一发出便有杀伤。我不习惯替小人赶车子，请允许我辞去这份差事。'一个赶车的人尚且以与一个不体面的射手合作为可耻，这种合作后打到的禽兽，尽管堆积如山，也不屑干。你怎么倒反劝我枉曲正道去屈从当今那些诸侯，那是为什么呢？况且你错了，凡是枉屈自己的人，没有一个能够使别人正直的。"

【原文】

景春曰①:"公孙衍、张仪岂不诚大丈夫哉②?一怒而诸侯惧,安居而天下熄。"

孟子曰:"是焉得为大丈夫乎!子未学礼乎?丈夫之冠也,父命之③;女子之嫁也,母命之,往送之门,戒之曰:'往之女家,必敬必戒,无违夫子!'以顺为正者,妾妇之道也。居天下之广居,立天下之正位,行天下之大道;得志与民由之,不得志独行其道;富贵不能淫,贫贱不能移,威武不能屈,此之谓大丈夫。"

【注解】

①景春:与孟子同时人,习纵横之术。②公孙衍:字犀首,魏国阴晋(陕西华阴)人,是当时的纵横家一流人,曾在秦国做过大良造的官,并佩五国相印。张仪:魏国人,是与苏秦并称的大纵横家,曾说六国连横以对抗秦国。这里景春不提苏秦,大概因为这时苏秦已为齐国所杀。③丈夫之冠(guàn)也,父命之:冠,行冠礼;古时男子年二十行冠礼。父命之,是说由父亲主持行冠礼这件事。

【译文】

景春说:"公孙衍、张仪这样的人难道不是真正可称之为大丈夫的么?他们一旦发了怒,天下的诸侯便要害怕,要是他们安静下来,天下便平安无事了。"

孟子说:"这样的人又怎算得是大丈夫呢!你没有学过礼吗?男子长大成人行冠礼时,由父亲主持其事,并面加训导;女儿出嫁时,母亲主持其事,将她送到门口,告诫道:'去到你们家里,一定要恭敬,一定要遇事小心谨慎,不要违背丈夫的意志!'以顺从为最大的原则的,这是妇女之道。只有住在("仁"这个)天下最宽大的住宅里,站在("礼"这个)天下最正确的位置上,走在("义"这个)天下最光明的大道上,得志时跟老百姓一起循着这条道路前进,不得志时便独自坚持自己的原则,富贵不能乱我的心，贫贱不能变我的行，威力相逼不能挫我的志，这样的人才称得上是大丈夫。"

【原文】

周霄问曰①："古之君子仕乎？"

孟子曰："仕。《传》曰：'孔子三月无君，则皇皇如也，出疆必载质②。'公明仪曰：'古之人三月无君则吊③。'"

"三月无君则吊，不以急乎④？"

曰："士之失位也，犹诸侯之失国家也。《礼》曰：'诸侯耕助以供粢盛⑤；夫人蚕缫以为衣服⑥。牺牲不成⑦，粢盛不絜，衣服不备，不敢以祭。惟士无田，则亦不祭⑧。'牲杀、器皿、衣服不备，不敢以祭，则不敢以宴，亦不足吊乎？"

"出疆必载质，何也？"

曰："士之仕也，犹农夫之耕也；农夫岂为出疆舍其耒耜哉？"

曰："晋国亦仕国也，未尝闻仕如此其急。仕如此其急也，君子之难仕，何也？"

曰："丈夫生而愿为之有室，女子生而愿为之有家；父母之心，人皆有之。不待父母之命、媒妁之言⑨，钻穴隙相窥，逾墙相从，则父母国人皆贱之。古之人未尝不欲仕也，又恶不由其道。不由其道而往者，与钻穴隙之类也⑩。"

【注解】

① 周霄：魏国人。②《传》曰：这里所说的《传》，不知指什么书。皇皇如也：像找不着东西心里发急的样子。质：同"贽"，古代人初次见面时所带的礼物。③ 吊：慰问。④ 以：通"已"，太的意思。⑤ 耕助：连绵动词，和下文"蚕缫"相对成文。助，即"藉"，古时候天子和诸侯都有"藉田"，他们每年春耕开始的季节到田边去扶扶犁做个样子，其实他们这些田还是要借助农民的力量去耕种，所以叫藉田；而耕种这种藉田也叫"藉"。粢（zī）盛（chéng）：可以盛在器皿中用来供神的谷物如黍稷稻

粱等叫粢，上述谷物已盛在器皿中的叫盛。⑥夫人：指诸侯的大老婆。蚕缫（sāo）：养蚕抽茧出丝。其实她们也只是捧捧蚕种和把手在缫茧盆中浸湿一下做个样子，以表示她们的重视。⑦牺牲不成：祭祀时把宰杀用来祭祀鬼神的牛羊猪等畜生叫"牺牲"，又叫"牲杀"；成有肥硕丰满的意思。⑧惟士无田，则亦不祭：参看《滕文公章句上》第三章。⑨媒妁（shuò）：媒人。⑩与钻穴隙之类也：杨伯峻《孟子译注》以为这句话不合语法，"之类"的"之"字是衍文（多余的字），本来作"与钻穴隙类也"。

【译文】

周霄问道："古代的君子做官吗？"

孟子说："做官。上代的传记里就说过：'孔子只要三个月没有君主任命他做官，就感到心神不安，离开国境一定要随身携带进谒别的国君的见面礼。'公明仪也说：'古代的人三个月不侍奉君主，朋友亲戚便要登门向他进行慰问。'"

周霄紧接着问："三个月没有君主侍奉便要进行慰问，不是太急躁了点吗？"

孟子说："士人失掉职位，就像诸侯失掉了国家一样。"《礼》书上说：'诸侯带头参加藉田的耕种工作，就是为了供给祭品，诸侯夫人带头养蚕缫丝，就是为了供给祭服，祭祀用的牲畜养得不肥硕，粮食谷物不清净，衣服不完备，不敢用来祭祀（祖先神祇）。士人要是没有供祭祀用的圭田，也就没有资格祭祀。'（祭祀用的）牲畜、器皿、衣服不完备，不敢用来祭祀，也就不敢用来摆宴席款待宾客，难道这还不该去进行慰问吗？"

周霄又问："离开国境一定要携带谒见别国君主的见面礼，这又是什么缘故呢？"

孟子回答道："士人要做官，就跟农夫要种田一样，农夫难道会因为背井离乡而抛下他的农具不要吗？"

周霄又说："我们魏国也是一个可以做官的国家，我从未听说过想做官竟到了如此迫切的地步。想做官到了如此迫切的地步，君子却又偏偏这样难于做官,这又是为什么呢?"

孟子说:"男孩子一生下来(做父母的)便愿意替他找房好妻室,女孩子一生下来(做父母的)便愿意替她找个称心如意的丈夫;当爹娘的这种心情,人人都会有吧!可要是(做儿女的)不经过父母的许可、媒人的介绍,便扒墙打洞互相偷看,甚至爬过墙去进行幽会,那么父母和社会上的人士便都要瞧不起他们。古代的人未尝不想做官,但又讨厌那种做官不择手段的行径。不经过正当门路而去做官的勾当,就跟男女扒墙打洞偷情幽会的丑行相类似。"

离娄章句上

【原文】

孟子曰:"规矩,方员之至也①;圣人,人伦之至也②。欲为君,尽君道;欲为臣,尽臣道。二者皆法尧舜而已矣。不以舜之所以事尧事君,不敬其君者也;不以尧之所以治民治民,贼其民者也。"

"孔子曰:'道二,仁与不仁而已矣。'暴其民,甚则身弑国亡,不甚则身危国削;名之曰幽厉③,虽孝子慈孙,百世不能改也。《诗》云:'殷鉴不远,在夏后之世④。'此之谓也。"

【注解】

①至:极限,极点。②人伦:这里的人伦,解作"人事",即为人之道。③幽:指西周十二传的周幽王宫湦,是宣王的儿子,西周最后一个君主。由于他宠爱褒姒,政治昏暗,被犬戎所杀。厉:指西周十传的周厉王胡,他恣行暴虐,残杀批评他的人,被国人流逐于彘而死。幽和厉都是不好的谥称。厉王本在幽王前,而习惯称"幽厉",大概是幽王的过恶大于厉王的缘故。④殷鉴不远,在夏后之世:二句是《大雅·荡》篇的结句。鉴,古代照人的铜镜。二句虽是说殷应该以夏为鉴(指汤诛夏桀),实际是要

周以殷所以亡为借鉴。

【译文】

孟子说:"圆规和曲尺,是最方最圆无以复加的极则,(同样,)古代圣人也是做人到达尽善尽美地步的极则。想做(一个好的)君主,便要尽君主之道;想做(一个好的)臣子,便要尽臣子之道。二者都不过是要效法尧舜罢了。不用舜侍奉尧的忠诚态度侍奉自己的君主,便是不尊敬君主的人,不用尧治理百姓的挚爱心情治理自己的百姓,便是残害百姓的人。

"孔子说过:'治理国家的方法不外两种,也即是行仁政与不行仁政罢了。'(一个君主)残暴地虐待他的老百姓,(其后果是,)重则本身被杀,国家灭亡;轻则本身危险,国势削弱;死后蒙上'幽''厉'的恶名,后代尽管出了争气的子孙,哪怕经过了百多代,也是更改不了这种坏名声的。《诗经》里有这么两句话:'殷商的鉴戒并不在远,就在夏的朝代。'说的正是这个意思。"

【原文】

孟子曰:"三代之得天下也以仁,其失天下也以不仁。国之所以废兴存亡者亦然。天子不仁,不保四海;诸侯不仁,不保社稷;卿大夫不仁,不保宗庙;士庶人不仁,不保四体。今恶死亡而乐不仁,是犹恶醉而强酒。"

【译文】

孟子说:"夏、商、周三代得到天下是由于仁爱,他们失去天下是由于不仁。国家的兴盛、衰败、生存、灭亡的原因也是这样。天子不仁,就不能保住天下;诸侯不仁,就不能保住国家;公卿大夫不仁,就不能保住宗庙;士子和老百姓不仁,就不能保全自身。现在有些人讨厌死亡,但却乐意干坏事,这就跟憎恶喝醉酒却又偏要勉强去喝酒的人一样。"

【原文】

孟子曰:"爱人不亲,反其仁;治人不治,反其智;礼人不答,反其敬。行有不得者皆反求诸己，其身正而天下归之。《诗》云：'永言配命，自求多福。'"

【译文】

孟子说："爱别人，别人却不来亲近，就应反躬自问自己仁爱的程度；治理别人，别人却不服治理，就应反躬自问自己智慧的程度；对别人彬彬有礼，别人却不理不睬，就应反躬自问自己恭敬的程度。凡是行为没有得到预期效果的都要反过来从自己身上找原因，自身端正了，天下的人自然会归向自己。《诗》里就说过这样的话：'永远修德配天命，多福还得自己求。'"

【原文】

孟子曰："天下有道，小德役大德，小贤役大贤；天下无道，小役大，弱役强。斯二者，天也。顺天者存，逆天者亡。

"齐景公曰：'既不能令，又不受命，是绝物也。'涕出而女于吴①。

"今也小国师大国而耻受命焉，是犹弟子而耻受命于先师也。如耻之，莫若师文王。师文王，大国五年，小国七年，必为政于天下矣。《诗》云：'商之孙子，其丽不亿。上帝既命，侯于周服。''侯服于周，天命靡常。殷士肤敏，裸将于京②。'孔子曰：'仁不可为众也。夫国君好仁，天下无敌。'今也欲无敌于天下而不以仁，是犹执热而不以濯也。《诗》云：'谁能执热，逝不以濯③？'"

【注解】

①女：作动词用，嫁。《吴越春秋·阖闾内传》载吴王阖闾要攻打齐国，齐景公只得将女儿作为人质出嫁给吴国。②"商之孙子"八句：这几句《诗》出自《诗经·大雅·文王》。其丽不亿：丽，数。不，不止。亿，古人以十万为亿，跟今人以万万为亿不同。侯于周服：侯，语助词。周服，向周朝臣服。殷士肤敏：殷士，殷朝的臣子。肤敏，壮美而又敏捷。裸（guàn）将于京：裸，祭礼的一种仪式。于，往。京，指周的首都

镐京（今属陕西西安市）。③谁能执热，逝不以濯：这二句诗出自《诗经·大雅·桑柔》，这首诗是周大夫芮伯刺厉王暴政。逝，语助词。濯，浇洗。

【译文】

　　孟子说："天下太平、政治清明的时候，道德平庸的人受道德高尚的人役使，才智一般的人受才智高超的人役使；天下不太平、政治黑暗的时候，力量小的被力量大的奴役，势力弱的被势力强的奴役。这两种情况，是天意。顺从天意的就能生存，违背天意的就要灭亡。

　　"齐景公说过：'既没有能力命令别人，又不愿接受别人的命令，这是自绝于人。'他只能流着眼泪把女儿嫁给了吴国。

　　"现在一些小国效法大国，却又羞于接受大国的命令，这就好比学生把接受老师的命令看作是耻辱一样。如果真的感到可耻，那不如效法文王。效法文王，大国不出五年，小国不出七年，就一定可以统治整个天下了。《诗》里说过：'商朝的子孙，人数不下十万，上帝既已授命文王，他们也只能向周朝归顺。'他们归顺于周朝，可见天命没有定论。殷朝的臣子壮美而又聪敏，他们将要去灌酒助祭于周京。'孔子说过：'仁的力量强弱不在于人数的多少。假如国君爱好仁德，就能天下无敌。'现在有的人希望自己天下无敌却又不施仁政，这就好比想手拿烫物而又不愿用冷水浇手一样。《诗》中说得好：'谁能手执烫物，却不用水来浇濯？'"

【原文】

　　孟子曰："不仁者可与言哉？安其危而利其菑①，乐其所以亡者；不仁而可与言，则何亡国败家之有？

　　"有孺子歌曰：'沧浪之水清兮②，可以濯我缨；沧浪之水浊兮，可以濯我足。'孔子曰：'小子听之！清斯濯缨，浊斯濯足矣，自取之也。'夫人必自侮，然后人侮之；家必自毁，而后人毁之；国必自伐，而后人伐之。《太甲》曰：'天作孽，犹可违；自作孽，不可活。'此之谓也。"

【注解】

①菑：通"灾"。②沧浪（láng）：青苍的水色。《楚辞·渔父》中的渔父也曾划着桨歌唱这首沧浪曲，孔子所闻远在《楚辞》前，可见它是一首流传久远的民歌。

【译文】

孟子说："对于那些不施仁爱的人，怎可用言词来说服他们呢？处境危险，他们却视为安全；灾祸临头，他们却视为大吉大利；分明是自取灭亡的行为，他们却当作无上的快乐。如果不仁的人可用言词说服的话，那世上还会有什么亡国败家的惨剧发生呢？

沧浪之水清兮。

"从前有个儿童唱着一首这样的歌道：'碧绿的河水清啊，可以洗我帽上缨；碧绿的河水浊啊，可以洗我的脚。'孔子在一旁听了说：'后生们听呀！水清就洗帽缨，水浊就洗脚。这都是由水本身决定的。'（由此可见，）人们一定是自己先有自取侮辱的言行，然后别人才侮辱他；一个家庭一定是先有自取毁坏的因素，然后别人才会来毁坏它；一个国家一定是先有自取讨伐的前提，然后别人才来讨伐它。《尚书·太甲》篇说的'天造的孽，人们还可以逃避；至于自己造下孽，那就活也活不了'，便正是这个意思。"

【原文】

淳于髡曰①："男女授受不亲，礼与？"

孟子曰："礼也。"

曰："嫂溺，则援之以手乎？"

曰："嫂溺不援，是豺狼也。男女授受不亲，礼也；嫂溺，援之以手者，权也②。"

曰："今天下溺矣，夫子之不援，何也？"

曰："天下溺，援之以道；嫂溺，援之以手——子欲手援天下乎？"

【注解】

①淳（chún）于髡（kūn）：战国时齐国人，先后在齐威王、宣王朝做过官。为人滑稽善辩论，机智善讽。屡次奉派出使诸侯国，从不曾受辱。

②权：凡对事情衡量得失利弊变通办理便叫权。

【译文】

淳于髡问（孟子）道："男女之间不能亲手递接东西，这是礼法的规定吗？"

孟子说："是礼法的规定。"

淳于髡又问："如果嫂子掉河里了，那么用手去拉她呢？"

孟子说："嫂子掉进河里而不用手去拉，这简直是豺狼了。男女之间不亲手递接东西，这是礼法的规定；嫂子掉进河里，用手拉她上岸，这是变通的办法。"

淳于髡说："如今天下的人都像掉进了深渊中，先生您却不去援救，为什么呢？"

孟子说："天下的人都掉进深渊，要用道去援救；嫂子掉进了河里，要用手去拉她——难道您想用手去救援掉进深渊里的天下人吗？"

【原文】

孟子曰："事孰为大？事亲为大；守孰为大？守身为大。不失其身而能事其亲者，吾闻之矣；失其身而能事其亲者，吾未之闻也。孰不为事？事亲，事之本也；孰不为守？守身，守之本也。

"曾子养曾皙①，必有酒肉，将彻，必请所与；问有余；必曰有。

曾皙死，曾元养曾子②，必有酒肉；将彻，不请所与；问有余，曰亡矣，——将以复进也。此所谓养口体者也。若曾子，则可谓养志也。事亲若曾子者可也。"

【注解】

①曾皙：名点，曾参（即曾子）父，父子同是孔子学生。②曾元：曾参的儿子。

【译文】

孟子说："侍奉哪个最重要？侍奉父母最重要；操守哪个最重要？保持自身的操守（不使它陷于不义）最重要。不丧失自身的操守而又能侍奉好他父母的人，我听说过；丧失了自身的操守却能侍奉好他父母的人，我从未听说过。哪个长者不该侍奉？可侍奉父母，是最根本的；哪件正义的事不该坚持？但保持自身的操守（不使它陷于不义），是最根本的。

"曾子奉养他父亲曾皙，每餐必定要有酒肉；撤去食物时，必定请示父亲剩下的酒肉给谁吃；父亲问有没有剩余，必定回答有。曾皙死后，曾元奉养他的父亲曾子，每餐也还是有酒肉，但将撤席时，却不请示剩下的酒菜给谁吃；父亲问有没有剩余，就回答说没有了。准备拿剩下的酒菜下餐再进奉给父亲。这就是所谓养口体的。像曾子，就可以说是对父母心意的奉养了。侍奉双亲能做到像曾子那样，就算可以了。"

离娄章句下

【原文】

孟子曰："舜生于诸冯，迁于负夏，卒于鸣条①，东夷之人也。文王生于岐周②，卒于毕郢③，西夷之人也。地之相去也，千有余里；世之相后也，千有余岁。得志行乎中国，若合符节④。先圣后圣，其揆一也⑤。"

【注解】

①诸冯、负夏、鸣条：舜是传说中的古代圣人，他生、卒、活动的地名已经很难确指。诸冯、负夏、鸣条都是地名，大概在东方少数民族地区。②岐周：指岐山下周的旧邑，在今陕西岐山县东北。③毕郢：地名，相传是文王去世的地方，在今陕西咸阳县东二十一里。④若合符、节：符、节，古代用于多方面作为表示印信的东西，原料也不限于竹，还有用玉、铜、角等做成的，形状有龙、虎、人之别，根据用途的不同而异。一般是分成两半，各执一半，相合无间，拿来代替印信。⑤揆（kuí）：准则。

【译文】

孟子说："舜出生在诸冯，迁居到负夏，死在鸣条，是东方边远地区人。文王出生在岐周，死在毕郢，是西方边远地区人。地域相距一千多里，时代相隔一千多年。当他们得志后在中原地区实现他们的抱负，简直没有两样，前代的圣人和后代的圣人，他们的准则都是一个样。"

【原文】

子产听郑国之政①，以其乘舆济人于溱洧②。孟子曰："惠而不知为政③。岁十一月，徒杠成④；十二月，舆梁成⑤，民未病涉也。君子平其政，行辟人可也⑥，焉得人人而济之？故为政者，每人而悦之，日亦不足矣。"

【注解】

①子产：春秋时郑卿公孙侨的字。子产自郑简公时当权，先后在定公、献公、声公朝为相四十多年，政声卓著，颇得孔子称许。②溱（zhèn）洧（wěi）：郑国二水名。③惠：惠，恩惠，慈爱。④徒杠（gāng）：仅供徒步行人过河用的独木桥。⑤舆梁：可通车马的大桥。⑥行辟人：辟，同"避"，行辟人是说叫行人回避。

【译文】

　　子产在郑国当政,用自己乘坐的车子在溱水和洧水帮助把行人渡过去。孟子说:"子产惠爱百姓却不晓得如何办好政事。如果十一月里,过人的小桥修成了,十二月里,过车辆的大桥修成了,老百姓就不会再为渡河发愁了。在上面做官的办好了政事,即使是出去时令行人开道回避自己也是可以的,怎能去一个一个地帮人渡河呢?所以当政的人,要讨得每个人的欢心,那时间也就会太不够用了。"

【原文】

　　孟子告齐宣王曰:"君之视臣如手足,则臣视君如腹心;君之视臣如犬马,则臣视君如国人;君之视臣如土芥,则臣视君如寇仇。"
　　王曰:"礼,为旧君有服①,何如斯可为服矣?"
　　曰:"谏行言听,膏泽下于民;有故而去,则君使人导之出疆,又先于其所往②;去三年不反,然后收其田里。此之谓三有礼焉。如此,则为之服矣。今也为臣,谏则不行,言则不听;膏泽不下于民;有故而去,则君搏执之,又极之于其所往③;去之日,遂收其田里。此之谓寇仇。寇仇,何服之有?"

【注解】

①礼,为旧君有服:礼,指《仪礼》。旧君,过去曾侍奉过的君主。服,指穿丧服。齐宣王觉得孟子的话说得过重了,所以故意提出这个问题来问他。②先:先派人去。所往:所要去的国家。③极:这里是使穷困、走投无路之意。

【译文】

　　孟子告诉齐宣王说:"君王看待臣下犹如自己的手足,臣下看待君王就会犹如自己的心腹;君王看待臣下犹如狗马,臣下看待君王就会犹如一般百姓;君王看待臣下犹如泥块草芥,臣下看待君王就会犹如仇敌。"

宣王（听了这番话，觉得有些过分，就故意）问道："礼制规定：离了职的臣下要为旧日的君主服孝，在怎样的情况下他们才会为旧日的君主服孝呢？"

孟子说："如果臣下的规劝他照办了，好的意见他听取了，恩惠遍及了百姓；臣下有故必须离开国家时，君主就派人引导他出境，并且事先派人到他所去之地布置妥当；离开三年还没回国，才收回他的封地和房屋。这叫作三有礼。君王能做到这样，臣下（在他死了后）就会为他服孝。如今做臣下的，规劝的话不被接受，正确的意见不被采纳，所以恩惠也不曾遍及百姓；臣下因故离国时，君王就派人捉拿他，又在他所去之地故意制造种种困难；刚一离开，便没收他的封地跟房屋。这就叫作仇敌。对于仇敌，还为他服孝干嘛呢？"

万章章句上

【原文】

万章问曰："舜往于田，号泣于旻天①，何为其号泣也？"

孟子曰："怨慕也②。"

万章曰："'父母爱之，喜而不忘；父母恶之，劳而不怨。'然则舜怨乎？"

曰："长息问于公明高曰③：'舜往于田，则吾既得闻命矣；号泣于旻天，于父母，则吾不知也。'公明高曰：'是非尔所知也。'夫公明高以孝子之心，为不若是恝④：我竭力耕田，共为子职而已矣⑤，父母之不我爱，于我何哉？帝使其子九男二女⑥，百官牛羊仓廪备，以事舜于畎亩之中，天下之士多就之者，帝将胥天下而迁之焉⑦。为不顺于父母，如穷人无所归。天下之士悦之，人之所欲也，而不足以解忧；好色，人之所欲，妻帝之二女，而不足以解忧；富，人之所欲，富有天下，而不足以解忧；贵，人之所欲，贵为天下，而不足以解忧。人悦之、好色、富贵，无足以解忧者，惟顺于父母可以解忧。人少，则慕父母；知好色，则慕少艾⑧；有妻子，则慕妻子；仕则慕君，不得于君则热中⑨。大孝终身慕父母。五十而慕者⑩，予于大舜见之矣。"

【注解】

①旻（mín）天：秋天的天空。②怨慕：这里的"慕"字即下文"大孝终身慕父母"的"慕"字，指儿女对父母的依恋。③长息、公明高：长息，公明高的弟子。公明高是曾子的弟子。④恝（jiè）：没有忧愁的样子。⑤共（gōng）：通"恭"。⑥九男二女：《尚书·尧典》和《逸书》分别记载了尧叫九个儿子尊舜为老师，把两个女儿嫁给舜的事。⑦胥：都，尽。⑧少艾：美好。⑨热中：急躁而心热。⑩五十而慕：舜三十岁被召用，在位二十年，所以说五十。一般人对父母亲慕恋的感情，常是随着年龄的增大而逐渐衰退，而舜年五十慕恋父母亲的热忱不改，所以孟子称他为大孝。

【译文】

万章问道："舜到地里去耕种，望着秋高气爽的天空哭诉，他为什么要哭诉呢？"

孟子答道："这是由于舜对父母有怨恨和慕恋交织的感情。"

万章说："（从前曾子说过：）'父母要是喜欢自己，自己心里虽然高兴，但却不敢对做儿子的职责有所遗忘懈怠；父母要是厌恶自己，自己心里尽管不免忧愁，但却不敢埋怨父母。'那么，舜是不是抱怨父母呢？"

孟子说："长息曾问过公明高：'舜去地里耕种，这个我已能理解；但他一面喊着天一面喊着父母，又哭又诉，我就不懂这是为什么。'公明高说：'这个不是你能理解得了的。'在公明高看来，一个孝子的心对于父母对自己的爱恶绝不能这样无动于衷，我尽力耕田，恭恭敬敬地尽着做儿子的本职罢了，至于父母不爱我，对我有什么关系呢？帝尧叫他的九个男孩两个女孩，还有百官带着牛羊，囤积粮食，应有尽有，到田野里去伺候舜，天下的士人也有很多到舜那里去的，尧帝将把整个天下让给舜。因为不能使父母顺心，自己就像穷困的人没有归宿一样。天下的士人喜欢自己，这本是人们的愿望，但却不足以解除舜的忧愁；爱好美色，本也是人们的愿望，但舜娶了尧的两个女儿，却不足以解除忧愁；富有，本是人们的愿望，但舜拥有天下的财富，却不足以解除忧愁；尊贵，本也是人们的愿望，但舜获得了身为天子的尊贵，还不足以解除忧愁。（对于舜来说，）人们喜欢自己、爱好美色、财多地位高，没有一样足以解除忧愁的，只有使父母顺心才可以解除忧愁。人在幼小的时候，就怀恋父母；知道爱好美色了，就倾慕年轻而又漂亮的人；有了妻子，便宠爱妻子；走上了做官的道路，便就倾心于君主，要是得不到君主的信任，内心便要感到焦急烦躁。（只有）大孝的人才会终身慕恋父母。到了五十岁的年纪还慕恋父母的，我在大舜身上看到了。"

【原文】

万章问曰："《诗》云：'娶妻如之何？必告父母①。'信斯言也，宜莫如舜；舜之不告而娶，何也？"

孟子曰："告则不得娶。男女居室，人之大伦也；如告，则废人之大伦，以怼父母②，是以不告也。"

万章曰："舜之不告而娶，则吾既得闻命矣；帝之妻舜而不告，何也？"

曰："帝亦知告焉则不得妻也。"

万章曰："父母使舜完廪，捐阶③，瞽瞍焚廪。使浚井，出，从而揜之④。象曰⑤：'谟盖都君咸我绩⑥。牛羊父母，仓廪父母，干戈朕，琴朕，弤朕⑦，二嫂使治朕栖⑧。'象往入舜宫，舜在床琴。象曰：'郁陶思君尔⑨。'忸怩⑩。舜曰：'惟兹臣庶⑪，汝其于予治⑫！'不识舜不知象之将杀己与？"

曰："奚而不知也⑬？象忧亦忧，象喜亦喜。"

曰："然则舜伪喜者与？"

曰："否。昔者有馈生鱼于郑子产，子产使校人畜之池⑭。校人烹之，反命曰：'始舍之，圉圉焉⑮；少则洋洋焉⑯，悠然而逝⑰。'子产曰：'得其所哉！得其所哉！'校人出，曰：'孰谓子产智？予既烹而食之，曰，"得其所哉，得其所哉。"'故君子可欺以其方，难罔以非其道。彼以爱兄之道来，故诚信而喜之，奚伪焉？"

354

【注解】

①"娶妻"两句：这两句诗引自《诗经·齐风·南山》。舜时无此诗句，但万章认为《诗经》所述大概是古代娶妻之礼，舜的时候也不例外，所以下文说："信斯言也，宜莫如舜。"②憝（duì）：怨。③阶：梯。④揜：通"掩"。⑤象：舜异母弟。⑥谟（mó）：谋。盖："害"的假借字。都君：指舜，相传舜在一个地方住上三年，那里便会成为都市，意思是说人都愿意跟从他，所以称为都君。⑦弤（dǐ）：舜弓之名。⑧二嫂使治朕栖：栖，床。这句话实际是要让两位嫂嫂做他的妻子。⑨郁陶（yáo）：思念的意思。⑩忸（niǔ）怩（ní）：羞愧的样子。⑪惟：思。⑫于：为，助。⑬奚而：为什么。⑭校（xiào）人：管理池塘的人。⑮圉圉（yǔ）：僵硬没有舒展的样子。⑯洋洋：舒缓摇尾之貌。⑰悠然：自得的样子。

【译文】

万章问道："《诗经》里说：'娶妻应该怎样做？一定要禀告父母。'相信这道理的，应该没有像舜一样的了。可舜却并不禀告父母就娶了妻子，为什么呢？"

孟子说："禀告了就娶不成了。男女成婚，是人生的常伦。如果禀告了，这个人生的常伦在舜身上便会被废弃了，最终将怨恨父母，所以不禀告。"

万章又说："舜不禀告父母就娶妻子的道理，我已经听您说明白了；帝尧把女儿嫁给舜却也不告诉舜的父母，又为什么呢？"

孟子说："帝尧也晓得一告诉，女儿就嫁不成了。"

万章再问："舜的父母叫舜修理粮仓，（等他登上仓后）却拿走了梯子，然后瞽瞍放火焚烧粮仓，（舜机智地逃脱了。）又引着他去淘井，（瞽瞍）一出井，就用土去堵塞井口（想把舜活埋在井中）。舜的弟弟象（以为舜已死了，）说：'谋害大哥都是我的功劳，他的牛羊归父母，粮仓归父母，兵器归我，琴归我，弓归我，让两位嫂子替我整理床铺。'象跑进舜的住所，舜却活着正坐在床上弹琴。象只好撒谎说：'我真想念你啊。'神情很羞愧。舜说：'我惦记着我这些臣下和人民，你来协助我管理他们吧！'我不晓得舜当时是不是不知道象要杀害他自己？"

孟子说："怎么会不知道呢？（舜看重兄弟情义，所以）象忧愁他也忧愁，象高兴他也高兴。"

万章接上去问："那么，舜是假装高兴的吗？"

孟子解释说："不。从前有人送了一条活鱼给郑国的子产，子产叫池沼管理员放它到池沼中喂养。管理员把鱼煮了吃了，却向子产报告说：'刚放它时，还是半死不活的样子，一会儿后就摇着尾巴游乐了，一下子就游得无影无踪了。'子产回答说：'得到它的好去处了啊！得到它的好去处了啊！'那人出来后对别人说：'谁说子产聪明啊？我都把鱼给煮吃了，他却还说，得到它的好去处了啊，得到它的好去处了啊。'所以君子可以用合乎常情的方法去欺骗他，却不能用没有道理的东西去蒙蔽他。他（指象）既然是装着敬爱兄长的模样来见舜，舜相信他而感到高兴，怎能说是假装的呢？"

【原文】

万章问曰："象日以杀舜为事，立为天子则放之，何也？"

孟子曰："封之也；或曰，放焉。"

万章曰："舜流共工于幽州①，放驩兜于崇山②，杀三苗于三危③，殛鲧于羽山④，四罪而天下咸服，诛不仁也。象至不仁，封之有庳⑤。有庳之人奚罪焉？仁人固如是乎：在他人则诛之，在弟则封之？"

曰："仁人之于弟也，不藏怒焉，不宿怨焉，亲爱之而已矣。亲之，欲其贵也；爱之，欲其富也。封之有庳，富贵之也。身为天子，弟为匹夫，可谓亲爱之乎？"

"敢问或曰放者，何谓也？"

曰："象不得有为于其国，天子使吏治其国而纳其贡税焉，故谓之放。岂得暴彼民哉？虽然，欲常常而见之，故源源而来。'不及贡，以政接于有庳⑥。'此之谓也。"

【注解】

①流共工于幽州：按从此句以下至"四罪而天下咸服"是《尚书·虞书·舜典》中的一段文字。共工，官名。幽州，指北方边远地区，在今北京密云区东北。②驩兜：人名，帝尧臣子，与共工伙同作恶，被舜放逐到崇山。崇山：指南方边远地区，在澄阳县南七十五里。③杀：《舜典》作窜，按窜、杀为同音假借字。这里的杀不是杀戮，而是流放（根据段玉裁《说文解字注》）。三苗：国名，这里指三苗的国君。三危：地名，在甘肃敦煌南。④殛鲧于羽山：殛（jí），是极的假借字，与上流、放、窜等字都有流入的意思。鲧（gǔn），禹的父亲，治水无功。关于羽山，一说在山东郯城东北，和江苏赣榆县接界（见郭璞《山海经注》）。一说山东蓬莱有羽山，《寰宇记》说这里是殛鲧的地方。⑤有庳（bì）：地名，向来以为在永州府零陵县（今湖南境内），后人对这个说法多持怀疑态度。也有人认为应当在离舜的都城蒲坂（今山西永济市）不远的地方。⑥不及贡，以政接于有庳：这两句疑是《尚书》逸文，所以《孟子》断以"此之谓也"。

【译文】

万章问说："象每天都谋划着杀害舜，可舜被拥立为天子后就只将他流放，这是为什么呢？"

孟子说："实际是封了他做诸侯，但是也有人说是放逐他。"

万章说："舜把共工流放到幽州，把驩兜流放到崇山，把三苗的国君流放到三危，把鲧流放到羽山，惩处了这四个罪犯后天下的人全部悦服，因为是惩罚了不仁的恶人。象为人最不仁，却将他封在有庳国，有庳的人有什么罪过，（偏要受像这样的恶人的统治？）一个仁爱的人做事难道应该这样吗？对别人就办他的罪，对弟弟就封他的侯？"

孟子说："一个仁爱的人对自己的弟弟，不把怒气藏在胸中，不把怨恨埋在心底，就只知道亲爱他罢了。亲他，想使他有地位；爱他，想使他有财富。把他封为有庳国的诸侯，这正是为了要使他有财富、有地位。如果一个人自身做了天子，而弟弟却是一个平民，这能说是亲爱他吗？"

万章又说:"请问有人说舜放逐象,这是怎么说的呢?"

孟子说:"象不能在他的封国里有所作为,所以天子派遣官吏去帮他治理国家并替他缴纳贡税,从这个角度来讲,因此有人说是放逐。(采取了这些措施,)象难道还能对他的百姓肆行暴虐吗?尽管这样,舜还是想常常见到他,所以让他不断地上京城来,(《尚书》中有两句话:)'等不了朝贡的日子,常常借征询政事接见有庳国的国君。'就是指的这个而言。"

万章章句下

【原文】

孟子曰:"伯夷,目不视恶色,耳不听恶声。非其君不事,非其民不使。治则进,乱则退。横政之所出①,横民之所止②,不忍居也。思与乡人处,如以朝衣朝冠坐于涂炭也。当纣之时,居北海之滨,以待天下之清也。故闻伯夷之风者,顽夫廉③,懦夫有立志。

"伊尹曰:'何事非君?何使非民?'治亦进,乱亦进。曰:'天之生斯民也,使先知觉后知,使先觉觉后觉。予,天民之先觉者也。予将以此道觉此民也。'思天下之民匹夫匹妇有不与被尧舜之泽者,若己推而内之沟中:其自任以天下之重也。

"柳下惠不羞污君,不辞小官。进不隐贤,必以其道。遗佚而不怨,阨穷而不悯。与乡人处,由由然不忍去也。'尔为尔,我为我,虽袒裼裸裎于我侧,尔焉能浼我哉?'故闻柳下惠之风者,鄙夫宽,薄夫敦。

"孔子之去齐,接淅而行④;去鲁,曰:'迟迟吾行也,去父母国之道也。'可以速而速⑤,可以久而久,可以处而处,可以仕而仕,孔子也。"

孟子曰:"伯夷,圣之清者也;伊尹,圣之任者也;柳下惠,圣之和者也;孔子,圣之时者也。孔子之谓集大成。集大成也者,金声而玉振之也⑥。金声也者,始条理也;玉振之也者,终条理也。始条理者,智之事也;终条理者,圣之事也。智,譬则巧也;圣,譬则力也。由射于百步之外也⑦,其至,尔力也;其中,非尔力也。"

【注解】

①横（hèng）政：暴政。②横民：暴民。③顽：古书中常跟"贪"字通用。④淅（xī）：把米浸在水中，这里指浸在水中还没有淘洗的米。⑤而：用法同"则"。⑥金：指金属制的乐器如钟、镈（bó）之类。声宣，即宣布开始的意思。玉：指玉或石制的乐器如磬（qìng）之类。振：收，宣告结束。⑦由：同"犹"。

【译文】

孟子说："伯夷这人，眼睛不看妖艳的颜色，耳朵不听淫靡的音乐。不是他认可的君主不去侍奉，不是他认可的百姓不去使唤。世道太平就出来做事，世道混乱就退隐田野。暴政施行的地方，暴民居住的地方，他都没有耐心住下。他觉得和乡里暴民一块儿相处，好比穿着礼服戴着礼帽坐在烂泥和煤灰上。在纣王当政时，他隐居在北海边上，以等候天下的太平。所以听说了伯夷高风亮节的，就是贪心的人也变得廉洁了，懦弱的人也能立起志来了。

"伊尹说：'哪个君主不能侍奉？哪个百姓不能使唤？'太平时当官，大乱时也当官，他说，'上天生下这些百姓，要叫先知的人帮助后知的人觉悟，要叫先觉的人帮助后觉的人觉醒。我，是天生百姓中先觉醒的人；我将拿这些圣贤之道去帮助这些百姓觉醒。'一想到天下的百姓中有一个男人一个女人还没有受到尧舜的恩泽的，就像是自己把他

伯夷，目不视恶色，耳不听恶声。非其君不事，非其民不使。

们推入了水沟中一样，（这就是）他自愿把天下的重担放在肩上。

"柳下惠不以侍奉不好的君主为可耻，做小官也不推辞。上朝做官不隐藏自己的能力，办事必定按照原则。被遗弃了也不生怨恨，身处困境并不忧愁。跟乡里暴民相处，其乐融融地舍不得离开他们。（他说）'你是你，我是我，就算你赤身露体坐在我身旁，你又怎么能玷污我呢？'所以听说了柳下惠的高风亮节，狭隘的人也变得宽怀起来了，刻薄的人也变得厚道起来了。

"孔子离开齐国时，来不及做饭，捞起浸在水中的米就上路了；离开鲁国时，却说：'我们慢慢走吧，这是离开祖国的态度。'该快走便快走，该留久点便留久点，该闲居便闲居，该做官便做官。这就是孔子的态度。"

孟子说："伯夷是圣人中清高的人，伊尹是圣人中富有责任感的人，柳下惠是圣人中随和的人，孔子是圣人中能相机行事的人。孔子可说是集大成的了。所谓集大成，（就是像奏乐时）开头先敲金属乐器钟镈，最后击玉制的特磬收尾。先敲金属钟镈，是表示节奏条理的开端；最后用玉制的特磬收尾，是表示节奏条理的终结。条理的开始在于智慧；条理的终结在于圣德。智慧，好比是技巧，圣德，好比是力气。就犹如在百步之外射箭，射到目的地，是靠你的力气；射中目标，就不是单靠你的力气了（还得靠你的智慧、技巧）。"

【原文】

万章问曰："敢问友？"

孟子曰："不挟长，不挟贵，不挟兄弟而友。友也者，友其德也，不可以有挟也。孟献子①，百乘之家也，有友五人焉：乐正裘，牧仲，其三人，则予忘之矣。献子之与此五人者友也，无献子之家者也。此五人者，亦有献子之家，则不与之友矣。非惟百乘之家为然也，虽小国之君亦有之。费惠公曰②：'吾于子思，则师之矣；吾于颜般，则友之矣；王顺、长息③，则事我者也。'非惟小国之君为然也，虽大国之君亦有之。晋平公之于亥唐也④，入云则入，坐云则坐，食云则食；虽蔬食菜羹⑤，未尝不饱，盖不敢不饱也。然终于此而已矣。弗与共天位也，弗与治天职也，弗与食天禄也，士之尊贤者也，非王公之尊贤也。舜尚见帝⑥，帝馆甥于贰室⑦，亦飨舜，迭为宾主，是天子而友匹夫也。用下敬上，谓之贵贵；用上敬下，谓之尊贤。贵贵尊贤，其义一也。"

【注解】

①孟献子：鲁国的贵卿。②费（bì）：小国名。③颜般、王顺：《汉书·古今人表》颜般作颜敢，王顺作王慎，大概是因为"敢""般"形状接近而写错的。"顺""慎"二字古书中往往通用。④亥唐：晋国隐居陋巷的贤人。⑤蔬食：粗粮。⑥舜尚见帝：尚，上。当时舜在下位，尧为天子，所以说"尚见"。⑦帝馆甥于贰室：甥，指舜，根据礼书的规定，妻父叫外舅，所以岳父也可以称女婿为甥。尧把女儿嫁给舜，因此称舜为甥。贰室，副宫。

【译文】

万章问道："请问怎么交友？"

孟子说："交友要不倚仗自己年岁大，不倚仗自己地位高，也不倚仗自己有权势的兄弟。所谓交友，是和他的品德相交，不可以有所倚仗。孟献子是位拥有百辆车马的大夫，他有五个友人，乐正裘，牧仲，还有三个我忘了名字。献子同这五个人交朋友，心里没有我是大夫的念头，这五个人，如果心里也有着献子是个大夫的念头，就不会同他相交了。不仅拥有百辆车马的大夫是这样，就是小国的君主也有交朋友的问题。费惠公说：'对于子思，我把他当老师；对于颜般，我把他当朋友；至于王顺、长息，只是侍奉我的臣子。'不止是小国的君主是这样，就是大国的君主也有交朋友的问题。晋平公对于亥唐（很尊敬），亥唐叫他进去就进去，叫他坐就坐，叫他吃就吃；即使粗饭菜汤，也从不曾不吃饱，因为不敢不吃饱。然而只不过做到这一步罢了，并不同他共居官位，不同他共理政事，不同他共享俸禄，这是士人尊敬贤人的态度，不是王公尊敬贤人的态度。舜（当年）去拜见帝尧，帝尧在另一所官邸里款待这位女婿，也设宴请舜，（舜有时也宴请尧,)两人互为宾主,这是天子和平民百姓交朋友。以地位低的尊敬地位高的人,叫作尊重贵人;以地位高的人尊敬地位低的人,叫作尊敬贤士。尊重贵人和尊敬贤士,道理是一样的。"

告子章句上

【原文】

告子曰:"性犹杞柳也①,义犹桮棬也②;以人性为仁义,犹以杞柳为桮棬。"

孟子曰:"子能顺杞柳之性而以为桮棬乎?将戕贼杞柳而后以为桮棬也。如将戕贼杞柳而以为桮棬,则亦将戕贼人以为仁义与?率天下之人而祸仁义者,必子之言夫!"

【注解】

①杞柳:即榉柳。②桮(bēi)棬(quān):是杯盘一类的用器。桮,同"杯"。

【译文】

告子说:"人性好比榉柳,仁义好比杯盘;使人性具备仁义,犹如把榉柳树做成杯盘(要靠人为的力量)。"

孟子说:"你能顺着榉柳的本性把它做成杯盘吗?还是得毁伤榉柳的本性,然后才能做成杯盘吧。假如是毁伤榉柳的本性才能做成杯盘,那么(你)也要毁伤人的本性以使它具备仁义吗?率领天下人一同来祸害仁义的,一定就你这种论调啊!"

【原文】

告子曰:"性犹湍水也,决诸东方则东流,决诸西方则西流。人性之无分于善不善也,犹水之无分于东西也。"

孟子曰："水信无分于东西。无分于上下乎？人性之善也，犹水之就下也。人无有不善，水无有不下。今夫水，搏而跃之，可使过颡；激而行之，可使在山。是岂水之性哉？其势则然也。人之可使为不善，其性亦犹是也。"

孟子与告子谈论人性中是否天然带有仁义的问题。

【译文】

告子说："人性就像急流的水一般，在东方冲开了缺口便向东方流去，在西方冲开了缺口便向西方流去。人性不分善和不善，就好像水流本不分东西流向一个样。"

孟子说："水的确本不分东西流向，但是水也不分上下一定的流向吗？人性的向善，便和水的爱向低处流相仿佛。人（的本性）是没有不善良的，水（的本性）是没有不向下流的。那水，你一拍打它使它跳跃起来，当然，一时也可以使它高出你的额头，你设法遭挡它，一时也可以使它飞流上山。这难道是水的本性吗？这是形势逼着它如此。人可以使之干坏事，他的本性的变更也和（用外力）改变水的本性一样。"

【原文】

告子曰："生之谓性①。"

孟子曰："生之谓性也，犹白之谓白与？"

曰："然。"

"白羽之白也，犹白雪之白，白雪之白犹白玉之白与？"

曰："然。"

"然则犬之性犹牛之性，牛之性犹人之性与？"

【注解】

①生之谓性：告子的意思，大概是说人生之初，自然即赋给他以性，性都相同，无善恶之别。孟子即抓住告子"生之谓性"这句话，用"犬牛也是生而禀性，难道与人性没有区别吗"的反诘以驳之，借以证明自己人性善的主张的完全正确。

【译文】

告子说："天生的禀赋就叫性。"
孟子说："天生的禀赋就叫性，就像白色的东西就叫白吗？"
告子说："是。"
"白羽毛的白，和白雪的白一样，白雪的白和白玉的白一样吗？"
告子说："是。"
"那么狗的生性和牛的生性一样，牛的生性和人的生性一样吗？"

【原文】

告子曰："食色，性也①。仁，内也，非外也；义，外也，非内也②。"

孟子曰："何以谓仁内义外也？"

曰："彼长而我长之，非有长于我也；犹彼白而我白之，从其白于外也，故谓之外也。"

曰："异于白马之白也，无以异于白人之白也③；不识长马之长也，无以异于长人之长与？且谓长者义乎？长之者义乎？"

曰："吾弟则爱之，秦人之弟则不爱也，是以我为悦者也，故谓之内。长楚人之长，亦长吾之长，是以长为悦者也，故谓之外也。"

曰："耆秦人之炙④，无以异于耆吾炙，夫物则亦有然者也，然则耆炙亦有外与？"

【注解】

①食色，性也：告子这句话是说食色出自本身之所需，不是外加于我，是内而不是外。下章孟子说："口之于味也，有同耆焉；耳之于声也，有同听焉；目之于色也，有同美焉；至于心，独无所同然乎？"《礼记·礼运》篇也说："饮食男女，人之大欲存焉。"语意与告子同。②"仁，内也"六句：在告子看来，仁由内出，为性中所本有，义外非内，则为性中所本无。早于孟子的墨翟在《墨子·经说下》中对仁内义外之说就曾作过有力的批驳。可见关于仁内义外之争，由来已久。③异于白马之白也，无以异于白人之白也：上句"异于"二字可能是多出的。④耆：同"嗜"。

【译文】

告子说："饮食和男女两件事，是人的本性。仁，存在于人本身之内，不是在本身之外；义，存在于人本身之外，不是在本身之内。"

孟子说："为什么说仁在身内义在身外呢？"

告子答道："因为他年长所以我将他看作长者加以尊敬，年长在他不在于我，就好像它是白色的东西因而我认为它白，这是由于外在物的白色所决定的，（并不是我脑子里先存有白色的观念，）所以说它是外在的东西。"

孟子问道："白马的白和白人的白固然没有多少不同，但不知对老马的尊敬跟对年长的人的尊敬是不是也没有多少区别呢？而且你所说的义，是指长者呢，还是指尊敬长者的心呢？（如果义不在于他的年长，而在于我尊敬长者之心，那么，义就还是在内不是在外哩。）"

告子（继续辩解）说："对于我自己的的弟弟就爱，对于秦人的弟弟就不爱，这就可见爱不爱在于我自己，所以我（把仁）叫作内在的东西。尊敬楚人的长者，也尊敬我的长者，这可见爱不爱决定于他人的年长，所以我（把义）叫作外在的东西。"

孟子（继续反驳）说："爱吃秦人的烧肉和爱吃我们自己的烧肉是没有多少区别的，看来各种事物也都有相类似的情况，那么喜爱吃烧肉的心思难道也是存在于身外吗？（这样，'食色'还能称之为'性'吗？）"

【原文】

孟子曰："鱼，我所欲也，熊掌，亦我所欲也；二者不可得兼，舍鱼而取熊掌者也。生，亦我所欲也，义，亦我所欲也；二者不可得兼，舍生而取义者也。生亦我所欲，所欲有甚于生者，故不为苟得也；死亦我所恶，所恶有甚于死者，故患有所不辟也。如使人之所欲莫甚于生，则凡可以得生者，何不用也？使人之所恶莫甚于死者，则凡可以辟患者，何不为也？由是则生而有不用也，由是则可以辟患而有不为也，是故所欲有甚于生者，所恶有甚于死者。非独贤者有是心也，人皆有之，贤者能勿丧耳。一箪食，一豆羹①，得之则生，弗得则死，嘑尔而与之②，行道之人弗受；蹴尔而与之③，乞人不屑也。万钟则不辩礼义而受之④；万钟于我何加焉？为宫室之美、妻妾之奉、所识穷乏者得我与⑤？乡为身死而不受，今为宫室之美为之；乡为身死而不受，今为妻妾之奉为之；乡为身死而不受，今为所识穷乏者得我而为之，是亦不可以已乎？此之谓失其本心。"

【注解】

①豆：古代用来盛羹汤或肉食的器皿。②嘑：同"呼"，呵叱声。③蹴（cù）：踢。④辩：同"辨"。⑤得：与"德"通。

【译文】

孟子说："鱼，是我所喜爱的，熊掌，也是我所喜爱的，如果两者不能都得到，我就舍弃鱼而要熊掌。生命是我所珍爱的，义也是我所珍爱的；如果两者不能都得到，我就放弃生命而要义。生命也是我所珍爱的，但我所珍爱的东西中有超过了生命的，所以就不干苟且偷生的事；死亡也是我所讨厌的，但我所讨厌的东西中有超过了死亡的，所以有的祸灾就不躲避。假如人们所珍爱的东西中没有超过生命的，那么凡是能够保命的手段，哪样不采用呢？假如人们所讨厌的东西中没有超过死亡的，那么凡是能够躲避祸患的事，哪件不会做呢？通过这种手段就能够保命，然而有的人却不采用；只要这样做就能够躲避祸患，然而有的人却不做。所以，(这样看来，)人们所喜爱的东西有超过生命的，所厌恶的东西有超过死的。不仅是贤德的人有这种想法，人人都有，只是贤人不会丧失它罢了。一筐饭，一碗汤，得到它就能活命，得不到它就可能死亡，但如果呵叱着施舍给别人，哪怕是过路的饿汉也不会接受；拿脚踢着施舍给别人，那就连乞丐也会不屑一顾。可如今万钟的俸禄却被有的人连问也不问是否合乎礼义就接受了它。万钟的俸禄到底能给我增加些什么呢？是为了居室的华丽、妻妾的侍奉和所认识的穷人（因获得我的周济）而感激我吗？以前就算是死也不肯接受，现在却为了能住上华丽的居室而甘心这样做；以前就算是死也不肯接受，现在却为了能得到妻妾的侍奉而甘心这样做；以前就算是死也不肯接受，现在却为了让所认识的穷人（因获得我的周济）感激我而甘心这样做，这些行径难道不也是可以停止的吗？这就叫丧失了他的本性。"

告子章句下

【原文】

任人有问屋庐子曰①："礼与食孰重？"

曰："礼重。"

"色与礼孰重？"

曰："礼重。"

曰："以礼食，则饥而死；不以礼食，则得食，必以礼乎？亲迎②，则不得妻；不亲迎，则得妻，必亲迎乎？"

屋庐子不能对，明日之邹，以告孟子。

孟子曰："於答是也何有？不揣其本，而齐其末，方寸之木可使高于岑楼③。金重于羽者，岂谓一钩金与一舆羽之谓哉④？取食之重者与礼之轻者而比之，奚翅食重⑤？取色之重者与礼之轻者而比之，奚翅色重？往应之曰：'紾兄之臂而夺之食⑥，则得食；不紾，则不得食，则将紾之乎？逾东家墙而搂其处子⑦，则得妻；不搂，则不得妻，则将搂之乎？'"

【注解】

①任（rén）：国名，在今山东济宁县境内。屋庐子：孟子弟子。②亲迎（yìng）：新郎亲自去新娘家迎娶。③岑（cén）楼：高楼。岑，山小而高。④一钩金：钩指带钩，一钩金是说作成一带钩所需的金，极言金的数量之小。⑤奚翅：何但。"翅"与"啻"同。⑥紾（zhěn）：扭转。⑦处子：处女。

【译文】

任国有人问屋庐子道："礼和食哪样更重要？"

答道："礼重要。"

这个人（紧接着）问道："色和礼哪样重要？"

答道："礼重要。"

问道："要是按照礼节去找食物，就得饿死；不按照礼节去找食物，就能得到食物，是不是一定要按照礼节行事呢？要是行亲迎礼，便得不到妻子；不行亲迎礼，就能得到妻子，是不是一定得行亲迎礼呢？"

屋庐子不能回答，第二天便跑到了邹国，把这些问题告诉了孟子。

孟子说："对于回答这些问题又有什么难处呢？如果不去度量基地的高低是否一致，却只顾去比它们上面的高低，那么即使仅是一寸厚的木块，（把它搁在高地方，）你也可以使它比尖顶的高楼还要高。我们说金子比羽毛更重，难道是说一个小小金带钩的重量比一大车子羽毛还要重吗？拿关系重大的吃的问题与无足轻重的礼的细微末节去相比，岂是吃的问题重要吗？拿有关男女结合的重要问题与无足轻重的礼的细微末节去相比，岂是男女问题重要吗？你去回答他说：'扭伤哥哥的胳膊夺去他的食物，就可以得到吃的；不扭伤，就得不到吃的，那你会去扭伤他的胳膊吗？跳过东家的墙去搂抱他家的姑娘，就可以得到老婆；不搂抱，就得不到老婆，那你会去搂抱她吗？'"

【原文】

曹交问曰①："人皆可以为尧舜,有诸？"

孟子曰："然。"

"交闻文王十尺,汤九尺,今交九尺四寸以长,食粟而已,如何则可？"

曰："奚有于是？亦为之而已矣。有人于此,力不能胜一匹雏,则为无力人矣；今曰举百钧,则为有力人矣。然则举乌获之任②,是亦为乌获而已矣。夫人岂以不胜为患哉？弗为耳。徐行后长者谓之弟,疾行先长者谓之不弟。夫徐行者,岂人所不能哉？所不为也。尧舜之道,孝弟而已矣。子服尧之服,诵尧之言,行尧之行,是尧而已矣。子服桀之服,诵桀之言,行桀之行,是桀而已矣。"

曰："交得见于邹君,可以假馆,愿留而受业于门。"

曰："夫道若大路然,岂难知哉？人病不求耳。子归而求之,有余师！"

【注解】

①曹交：春秋曹君的后裔。②乌获：古时有名的大力士。

【译文】

曹交问道："人人都可以成为尧舜,有这个说法吗？"

孟子说："是的。"

(曹交又问：)"我听说文王身长十尺,汤身长九尺,如今我身长九尺四寸多,(可是每天)只知道吃饭罢了,要怎样才能够(成为尧舜)呢？"

孟子说："这有什么呢？也无非是要去做而已。假如这里有个人,自认为力气不如一只小鸡,那他就是没有力气的人了；现在他说他的力气能举起三千斤重的东西,那他就是有力气的人了。那么,要是能举起乌获所举过重量的,这也就成为乌获了。人所害怕的难道是在于不能胜任吗？在于不去做罢了。慢慢地跟在长者的后边走,叫作悌,快快抢在长者的前面走,叫作不悌。慢点儿走,难道是人不能做到的吗？只是不去做罢了。尧舜之道，也只是孝悌而已。你穿尧穿的衣服，说尧说的话，做尧做的事，就成为尧了。你穿桀穿的衣服，说桀说的话，做桀做的事，就成为桀了。"

曹交说："我能见到邹君，可以借个馆舍，我愿意留下来在您的门下受教。"

孟子说："尧舜之道就像大路一样，难道很难懂吗？就怕人自己不去探求罢了。你回去自己好好探求，老师有的是。"

【原文】

孟子曰："舜发于畎亩之中①，傅说举于版筑之间②，胶鬲举于鱼盐之中③，管夷吾举于士④，孙叔敖举于海⑤，百里奚举于市⑥。故天将降大任于是人也，必先苦其心志，劳其筋骨，饿其体肤，空乏其身，行拂乱其所为，所以动心忍性，曾益其所不能⑦。

"人恒过，然后能改；困于心，衡于虑⑧，而后作；徵于色，发于声，而后喻。

"入则无法家拂士⑨，出则无敌国外患者，国恒亡。然后知生于忧患而死于安乐也。"

【注解】

①畎（quǎn）：田间小沟。畎亩，田间，田地。②傅说举于版筑之间：版筑，在夹版中填土，再用杵夯实以成墙。傅说原是判了刑的人，殷高宗武丁从苦役中起用了他。③胶鬲（gé）举于鱼盐之中：胶鬲是从卖鱼盐的商贩子中被举用起来的。胶鬲，商朝贤臣，起初贩卖鱼和盐，周文王把他举荐给纣。后来又辅佐周武王。④管夷吾：即管仲。士：主管监狱的官。⑤孙叔敖举于海：孙叔敖隐居在海滨，楚庄王起用他为令尹。⑥百里奚举于市：百里奚是春秋时期虞国大夫，虞王被俘后，他由晋入秦，又逃到楚，后来秦穆公用五羖（gǔ，黑色公羊）羊皮把他赎出来，用为大夫。市，市场，做买卖的地方。⑦曾：同"增"。⑧衡于虑：思虑堵塞。衡，通"横"，堵塞，指不顺。⑨拂（bì）：辅弼。

【译文】

孟子说:"舜是在田野中发迹的,傅说是从筑墙的苦役中被提拔的,胶鬲是从贩卖鱼和盐的行业中被推举上来的,管夷吾是从狱官手中选拔出来充任国相的,孙叔敖是从海边僻远的地方拔用的,百里奚是从畜牧业主那里赎买上来的。所以上天要把治国治民的重任加在这人肩上,一定先要(给他降临种种困难,)使他心烦意乱,筋骨疲乏,肚肠饥饿,身无分文,干扰他做的事,从而令他从心意悚动中得到锻炼,性格变得坚韧,由此而增加他的能力。

"一个人,经过了多次错误和失败的教训,然后才能改过自新;经过了艰苦的思想斗争,然后才能有所作为;憔悴的颜色和慷慨的悲歌表现出来了,然后才能得到人们的了解。

"一个国家,要是国内没有通晓法度的大臣和足以辅弼国君的士子,国外又缺乏对敌国侵扰的远虑,这样的国家就常常是要灭亡的。从这里,我们可以懂得人为什么在忧患中能够生存,而在安乐中却反会遭到毁灭的道理了。"

尽心章句上

【原文】

孟子曰:"尽其心者,知其性也。知其性,则知天矣。存其心,养其性,所以事天也。夭寿不贰,修身以俟之,所以立命也。"

【译文】

孟子说:"能够竭尽他的善心的,便是真正了解了人的本善的天性。懂得了人的本善的天性,就是懂得了天命。(一个人)保存他的善心,培养他本善的天性,目的就在于正确对待天命。无论短命或是长寿,都毫不怀疑动摇，只是修身养性以等待天命，这便是安身立命的方法。"

【原文】

孟子曰："莫非命也①，顺受其正！是故知命者不立乎岩墙之下②。尽其道而死者，正命也；桎梏死者，非正命也。"

【注解】

①莫非命：这句是禁戒之辞，禁戒一个人不可非命而死。莫，即不要。
②岩墙：将要倒坍的墙。

【译文】

孟子说："不要去非命而死，而要去顺理而行，接受正常的天命吧！所以懂得天命的人不会站到就要倒塌的墙壁下面。一切完全按照正道行事而死的人，他所接受的是正常的天命，那些因为犯罪坐牢而死的人，他们所接受的就不是正常的天命。"

【原文】

孟子曰："求则得之，舍则失之，是求有益于得也，求在我者也。求之有道，得之有命，是求无益于得也，求在外者也。"

【译文】

孟子说："（有的东西）追求它就能得到，放弃它就会失掉，这种追求对获得（这个东西）是有益处的，因为所追求的东西就存在于我本身之内。（能否获得它，就看我自己而已。）（有的东西）追求它要有一定的原则，得到它与否得看命运的安排，这种追求对获得（这个东西）是毫无益处的，因为所追求的东西存在于我的身外。（能不能得到它就由不得自己了。）"

【原文】

孟子曰："万物皆备于我矣。反身而诚，乐莫大焉。强恕而行，求仁莫近焉。"

【译文】

孟子说:"世间的一切,我都具备了。如果我反躬自问,发现自己是诚实的,就没有什么比这更使我快乐的了。凡事努力推行推己及人的恕道,达到仁德的道路就没有比这更近的了。"

【原文】

孟子曰:"行之而不著焉,习矣而不察焉,终身由之而不知其道者,众也。"

【译文】

孟子说:"(人人都有仁义之心,)如果仅仅这样做下去,却不明白为什么要这样做,天天习以为常,却不问个所以然,终生终世打这条道路走,却不考究一下这是条什么道路,这种人便是一般的人。"

【原文】

孟子曰:"人不可以无耻;无耻之耻,无耻矣。"

【译文】

孟子说:"一个人不可以没有羞耻;一个人如果能够感到自己没有羞耻为可耻,(因而改过自新,)他便可以终身不再蒙受羞耻了。"

【原文】

孟子曰:"耻之于人大矣;为机变之巧者,无所用耻焉。不耻不若人,何若人有?"

【译文】

孟子说:"羞耻对于人来说关系非常大;那些搞阴谋诡计的人,是没有什么地方用得着羞耻的。一个人要是不把不如别人看作是羞耻,那他还有什么地方能比得上别人呢?"

【原文】

孟子曰:"君子有三乐,而王天下不与存焉。父母俱存,兄弟无故①,一乐也;仰不愧于天,俯不怍于人②,二乐也;得天下英才而教育之,三乐也。君子有三乐,而王天下不与存焉!"

【注解】

①故:灾患丧病。②怍(zuō):惭愧。

【译文】

孟子说:"君子有三桩乐事,但是使天下归服并不包含在里面。父母全都健在,兄弟也没灾没病,是第一桩乐事;上对得住天,下对得起人,是第二桩乐事;得到天下优秀的人才对他们进行教育,是第三桩乐事。君子有三桩乐事,但是使天下归服并不包含在里面。"

【原文】

孟子曰:"孔子登东山而小鲁,登太山而小天下①。故观于海者难为水,游于圣人之门者难为言。观水有术,必观其澜。日月有明,容光必照焉②。流水之为物也,不盈科不行;君子之志于道也,不成章不达③。"

【注解】

①东山、太山:东山,蒙山,在山东南部。太山,泰山。②容光:透光的小缝。③成章:指学问积累多了,自然而然就能把文章写成。达:指由此及彼。

【译文】

孟子说:"孔子登上了东山,便觉得鲁国小了,登上了泰山,便觉得天下小了。所以对于看过大海的人，别的水就很再难吸引他了，对于曾在圣人门下学习过的人，别的言论就很难再打动他了。看水有方法，一定得看它壮阔的波澜。日月有光辉，连小小的缝隙也一定能够照到。流水这个东西，不填满地上的坑洼，是不会前进的；君子有志于钻研大道，不通过大量的学识道德的积累，是不能够由此及彼，洞察事理的。

尽心章句下

【原文】

孟子曰："不仁哉梁惠王也！仁者以其所爱及其所不爱，不仁者以其所不爱及其所爱。"

公孙丑曰："何谓也？"

"梁惠王以土地之故，糜烂其民而战之。大败，将复之，恐不能胜，故驱其所爱子弟以殉之，是之谓以其所不爱及其所爱也。"

【译文】

孟子说："梁惠王委实太不仁了啊！一个仁爱的人会拿他施加于所爱的人的恩泽推广开去，沾被到他所不爱的人的身上，（相反，）一个薄情寡恩的人却会拿他施加于他所不爱的人的荼毒连累及他所心爱的人。"

公孙丑听了，问道："这话怎么讲呢？"

答道："梁惠王为了扩张土地的缘故，把他所不爱的百姓投入战争的血海，使他们弃尸原野，肝脑涂地。吃了大败仗后，又将卷土重来，却担心百姓不肯替他卖命，所以不惜驱使他所心爱的子弟上战场去送死，这便叫作拿他施加于他所不爱的人的荼毒连累他所心爱的人。"

【原文】

孟子曰："春秋无义战[①]。彼善于此，则有之矣。征者，上伐下也，敌国不相征也。"

【注解】

①春秋无义战：春秋之时礼崩乐坏，诸侯之间因为各自利益而相互攻伐，故云。

【译文】

孟子说："春秋那个时代几乎没有合乎义的战争，（相对而言，）那次战争比这次战争好点（的情况），就还是有的。（为什么说春秋没有合乎义的战争呢？因为）征讨这个词，是指上面的天子讨伐下面违反王命的诸侯，地位相等的国家是不得互相征伐的。"

【原文】

孟子曰："尽信《书》，则不如无《书》。吾于《武成》，取二三策而已矣①。仁人无敌于天下，以至仁伐至不仁，而何其血之流杵也②？"

【注解】

①策：古人用于书写记录的用竹简编联成的竹册。②杵：舂米的木棒。

【译文】

孟子说："完全相信《书》，还不如没有《书》。我对于《书》中《武成》这篇文章，只不过采用其中两三段文字罢了。一个仁德的人在天下是没有敌人的，以周武王这样仁爱的贤君，去讨伐商纣那样最不仁爱的暴君，（百姓是极其欢迎的，）所以又怎么会发生血流成河，连舂米的木棒都给血河漂走的事呢？"

【原文】

孟子曰："有人曰：'我善为陈①，我善为战。'大罪也。国君好仁，天下无敌焉。南面而征北狄怨②，东面而征西夷怨，曰：'奚为后我？'

武王之伐殷也，革车三百两，虎贲三千人③。王曰：'无畏！宁尔也，非敌百姓也。'若崩厥角稽首④。征之为言正也，各欲正己也，焉用战？"

【注解】

①陈：即"阵"本字。②北狄：焦循《孟子正义》本作"北夷"，朱熹《孟子集注》本作"北狄"。③革车三百两，虎贲（bēn）三千人：革车，兵车；两，同辆。虎贲，古时用来喻指勇士、武士，是说猛怒如老虎的奔赴；三千人，《书序》作三百人。④厥：顿。角：额角，厥角，即以额角触地，也即"顿首""叩头"的意思。崩，指山崩塌，这里用来形容百姓叩头的众声轰然。

【译文】

孟子说："有人说，'我善于陈兵列将摆成作战阵势，我善于打仗取胜。'这实际是该服上刑的大罪过。只要国君好行仁德，天下便没有敌手。（过去商汤大起义师，）他讨伐南方，北方的狄族便埋怨。他讨伐东方，西方的夷族同样也埋怨，他们说：'为什么把我们搁在后面呢？'周武王去讨伐殷纣时，派出兵车三百辆，勇士三千人。武王告谕殷商的百姓道：'别害怕！我们是来帮助你们得到安定生活的，不是来跟你们百姓作对的。'百姓们听了一齐伏在地上把额角碰着地面叩起头来，登时像山岳崩塌似地一片响。征这个字含有正的意思，（被暴君压榨虐害的各国百姓）都想匡正自己的国家，哪里又用得着战争呢？"

【原文】

孟子曰："民为贵，社稷次之，君为轻。是故得乎丘民而为天子①，得乎天子为诸侯，得乎诸侯为大夫。诸侯危社稷，则变置。牺牲既成，粢盛既絜②，祭祀以时，然而旱干水溢，则变置社稷。"

【注解】

①丘民：丘，众，丘民即民众。此处指民心。②絜：同"洁"，干净。

【译文】

孟子说:"百姓,是最重要的,社稷其次,君主又更轻一点。所以赢得民心便可以做天子,赢得天子的心便可以做诸侯,赢得诸侯的心便可以做大夫。如果诸侯对国家有害,就改立别的人。如果牲口已经足够肥大,祭品也已经足够干净,祭祀又按时进行了,可是旱灾和水灾还是肆虐,那就得另外改立土谷之神了。"

第五卷

诗经

诗 经

《诗经》是我国古代第一部诗歌总集，作品产生的时代，上起西周初年（约公元前11世纪），下迄春秋中叶（约公元前7世纪）。是中国优秀传统文化中的核心经典之一。

《诗经》在我国文学史、经学史，以至在人类的文化史中，都占有重要的地位。如果想了解中国文化，《诗经》是不可不读的一部要籍，要做一个有文化的中国人，《诗经》更是必读的经典。著名历史学家顾颉刚先生说："《诗经》这一部书，可以算作中国所有书籍当中最有价值的。"

这部汇聚两千七百多年优秀文化的诗歌集——《诗经》是奠定中国文化基础的重要基石。

《诗经》中各诗是由王官、太师收集的。后孔子删诗做了编辑工作，其对《诗经》的传播起了重要作用。

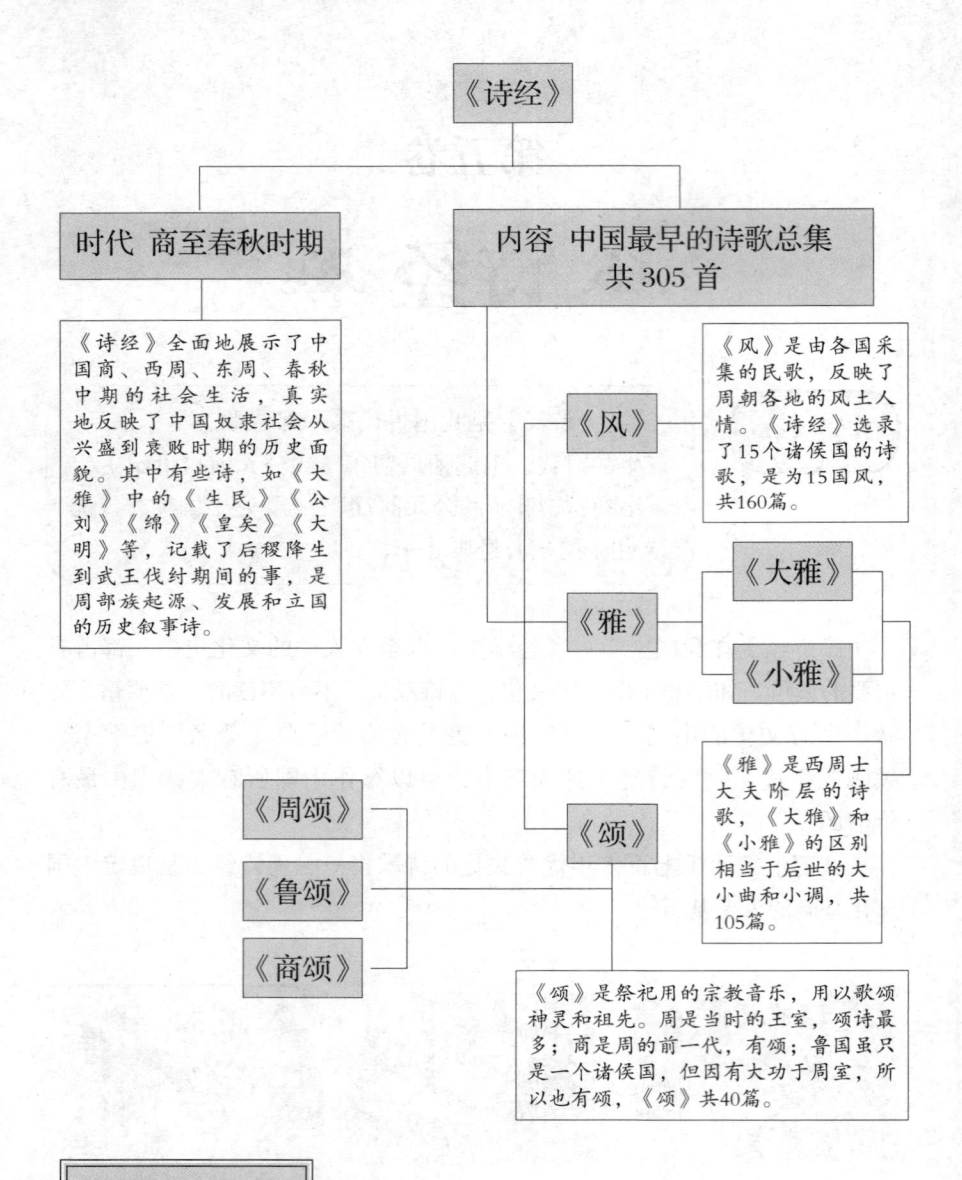

```
                          《诗经》
        ┌───────────────────┴───────────────────┐
   时代 商至春秋时期                    内容 中国最早的诗歌总集
                                              共 305 首
```

《诗经》全面地展示了中国商、西周、东周、春秋中期的社会生活，真实地反映了中国奴隶社会从兴盛到衰败时期的历史面貌。其中有些诗，如《大雅》中的《生民》《公刘》《绵》《皇矣》《大明》等，记载了后稷降生到武王伐纣期间的事，是周部族起源、发展和立国的历史叙事诗。

《风》

《风》是由各国采集的民歌，反映了周朝各地的风土人情。《诗经》选录了15个诸侯国的诗歌，是为15国风，共160篇。

《雅》 — 《大雅》 / 《小雅》

《雅》是西周士大夫阶层的诗歌，《大雅》和《小雅》的区别相当于后世的大小曲和小调，共105篇。

《颂》 — 《周颂》 / 《鲁颂》 / 《商颂》

《颂》是祭祀用的宗教音乐，用以歌颂神灵和祖先。周是当时的王室，颂诗最多；商是周的前一代，有颂；鲁国虽只是一个诸侯国，但因有大功于周室，所以也有颂，《颂》共40篇。

《诗经》的来源

　　《诗经》原先称作《诗》或《诗三百》，到了汉代被当作儒家的经典来读，才叫作《诗经》的。《诗经》来源于民间歌谣，上古的时候，没有文字，只有唱的歌谣，"一个人高兴的时候或悲哀的时候，常愿意将自己的心情诉说出来，给别人或自己听。日常的言语不够劲儿，便用歌唱；一唱三叹的叫别人回肠荡气"（朱自清语）。这就是《诗》中《国风》的来源了。《诗经》中的《雅》《颂》是宴会、祭祀的乐章，出自贵族之手。

《诗经》来源于民间歌谣

《诗经》在成书之前，早就在口头流传了。《诗经》的作者是谁呢？因为没有相关的文献记载，至今尚不得知。按照历代的说法，大概是西周前后的时候，官方有专门搜集诗歌的人到民间"采诗"，然后记录下来；或是由宫廷乐师编写，再配上朝廷音乐，伴上舞蹈表演。

宫廷乐师配朝廷音乐

最初的诗是在有了文字以后，有人将那些歌谣记录下来写成的。这些记录诗歌的人是乐工，他们记录诗歌不是出于研究，而是出于他们的职责，因为他们就是奏乐唱歌的。这就得把歌词记下来，制成了唱本儿。

太师奏乐

到了春秋时，出现了太师这个官职，他们是乐工的头儿，负责为各国宴会使臣奏乐唱歌。太师们整理本国和别国乐歌，搜集乐词和乐谱，把歌曲按照贵族的口味包装出来。太师搜得的歌谣有乐歌和徒歌之分，徒歌是需要合乐才能唱的，往往在合乐的时候要叠字或叠章，以增加歌曲的音乐美，所以歌词的原貌便有些改变了。除此之外，太师们对贵族祭祖、宴客、出兵、打猎

孔子编订成册

时作的诗也有保存。这类诗的内容不外乎典礼、讽谏、颂美等等。后来，周天子和各国诸侯又要求臣民向他们献诗，以供乐工演唱。太师们把所有搜集到的诗歌编辑起来，据说有三千多首。

到了春秋末年，"道德丧而礼乐崩"，传说孔子有感于这些诗歌的教化意义，决定把它们编订成册，将三千多首诗删到三百篇，取名《诗三百》，遂成《诗经》。从此，《诗经》作为"六艺"之一，到了宋代还被选入了《四书五经》，成为读书人上进登科的必读之物。

《诗》言志

俗话说"诗言志"，其实"诗"这个字就是"言"和"志"的合体。古代所谓"言志"总是牵扯着政治或教化。春秋时很流行赋诗，各国使臣往往在外交宴会上要点一篇诗或几篇诗叫乐工唱，这跟今人在KTV点歌演唱一样，只不过前者点诗有一定的政治意味，以表达对某国或某人的愿望、感谢、责难等。而且点诗时往往不管上下文的意义，只拉出一章中的一两句，这种断章取义只是为了暗示政治。如《左传》上说，晋使赵孟出访郑国，郑伯就在垂陇设宴款待他。席间子太叔为赵孟赋诗："邂逅相遇，适我愿兮。"子太叔取的是《野有蔓草》的末两句，借以表达对赵孟欢迎之至。其实这首诗原是男女私情之作，他这样做只是为了"言志"，所以不必在乎原诗的主旨了。

以诗言志如同今天的点歌，可"断章取义"。

例：以歌颂邂逅的爱情之歌来表达对远道而来的国宾的欢迎之情。

到了孔子时代，赋诗已经不常见了，孔子见它有教化意义，与儒家"温柔敦厚"的作风相似，就删诗成三百，称为"诗三百"，还教给学生学习，用诗来讨论修身的道理，成为"六经"之一。"如切如磋，如琢如磨"，他用玉比作人，教导学生做学问需下工夫才行；"巧笑倩兮，美目盼兮，素以为绚兮"，本来说的天生丽质的美人，他却比作画画，说做事情是要一步步进行的。后来《庄子》和《荀子》里都说到"诗言志"，这个"志"就是指的教化，到了以后，《诗三百》就称作《诗经》了。"诗"为何要"言志"，诗歌所要言的"志"到底是什么？闻一多认为，志有三义，即记忆、记录和怀抱；朱自清认为，到了"诗言志"和"诗以言志"这两句话，志已经指"怀抱"了。

但春秋时列国的赋诗只是用诗，并非解诗；那时诗的主要作用还在乐歌，因乐歌而加以借用，不过是一种方便罢了。至于诗篇本来的意义，那时原很明白，用不着讨论。到了孔子时代，诗已经不常歌唱了，诗篇本来的意义，经过了多年的借用，也渐渐模糊了。他就按着借用的办法，根据他教授学生的需要，断章取义地来解释这些诗篇。后来解释《诗经》的儒生都跟着他的脚步走。最有权威的毛氏《诗传》和郑玄《诗笺》差不多全是断章取义，甚至断句断义——断句取义是在一句、两句里拉出的一个两个字来发挥，比起断章取义，真是变本加厉了。

《诗经》的六义

《诗经》有305篇，内容有风、雅、颂，写法有赋、比、兴，这被称为"诗经六义"。风指《国风》，写各诸侯国民间事、物，雅分《大雅》《小雅》，是朝廷正声雅乐，颂是宗庙祭祀的舞曲歌辞。《诗经》凭什么成为儒家经典？简单地说就是那三个字：思无邪。孔子读《关雎》时说："乐而不淫，哀而不伤。"意思是虽然它写爱情，但能保持适度，能在"礼"的约束范围内，后人更是把它意思延伸为"温柔敦厚"。除此之外，它还有很多写战事、写农民疾苦和贵族贪婪的诗，如《秦风·无衣》说的是边塞将士艰苦生活，《硕鼠》篇借大老鼠的贪吃讥讽贵族的贪敛，这类针砭时弊的歌谣与儒家的"仁爱"不谋而合。

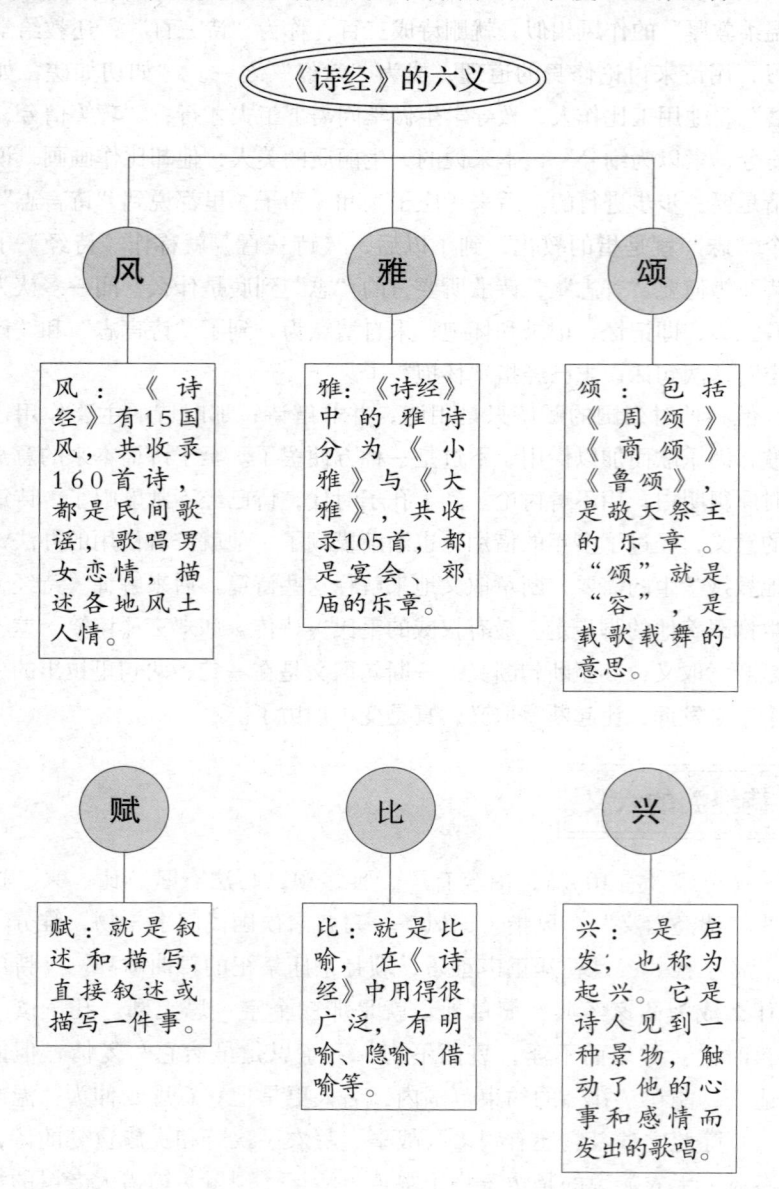

《诗经》的六义

风

风：《诗经》有15国风，共收录160首诗，都是民间歌谣，歌唱男女恋情，描述各地风土人情。

雅

雅：《诗经》中的雅诗分为《小雅》与《大雅》，共收录105首，都是宴会、郊庙的乐章。

颂

颂：包括《周颂》《商颂》《鲁颂》，是敬天祭主的乐章。"颂"就是"容"，是载歌载舞的意思。

赋

赋：就是叙述和描写，直接叙述或描写一件事。

比

比：就是比喻，在《诗经》中用得很广泛，有明喻、隐喻、借喻等。

兴

兴：是启发，也称为起兴。它是诗人见到一种景物，触动了他的心事和感情而发出的歌唱。

《诗经》还是文学史上的经典。它是中国第一部诗歌总集。《诗经》在写法上堪称后人写诗的圭臬。前面说了，它有三种写法：赋、比、兴。赋就是直接陈述，比是打比方，兴是"先言他物以引起所咏之词"。《诗经》句式整齐，基本上都是四言诗，读起来抑扬顿挫，错落有致，很有音乐感。有的诗歌重复使用相同的韵、字、句甚至篇章，叫作"重章、叠字、叠句、叠韵"，也作为诗歌的文字技巧为后世效仿。

《诗经》的价值

1. 《诗经》可以表达理想、志向，涵养性情，净化心灵（"诗三百，一言以蔽之，曰'思无邪'。"）可以使人的感情真实、善良、美好，人格厚道，就是温柔敦厚。其实，人们常说的个人素质修养，不应该光是指处世技巧，更应该是指人自身心灵——情感世界的升华，这才是人自身的完善。

2. 《诗经》教给人们通晓人情世态，这是人们做事、从政的基础。

3. 读《诗经》可以使人们文才博雅，辞令美善，很好地应对人生中发生的各种事情。

4. 《诗经》是中国文学经典，是学习中国文化的必读之书。是研究古代文字、历史、地理、政治、社会、经济、风土人情、爱情婚姻、宗教道德、名物名胜的重要资料。

古人所言《诗经》的作用

1. "《诗》言志。"(《书·舜典》)
2. "《诗》,可以兴,可以观,可以群,可以怨。迩之事父,远之事君,多识于鸟兽草木之名。"(《论语·阳货》)。
3. "温柔敦厚,《诗》教也。"(《礼记·经解》)
4. "诵《诗》三百,授之以政,不达。使于四方,不能专对。虽多,亦奚以为?"(《论语·子路》)。

三家《诗》及《毛诗》

大家都知道秦始皇焚书坑儒,包括《诗经》在内的先秦旧典,以及诸侯史记档案,大多都被化为灰烬了。汉代建国以后,恢复文教,《诗经》开始又流行于社会。民间涌现了鲁人浮丘伯、申培和辕固、韩婴、毛亨、毛苌等《诗经》学大家。他们研治《诗经》,形成了汉代四家《诗》。

《鲁诗》	鲁申培为《诗训故》,号曰《鲁诗》(亡于晋)。
《齐诗》	齐辕固作《诗传》,号曰《齐诗》(亡于魏)。
《韩诗》	燕人韩婴作《内外传》数万言,号曰《韩诗》(亡于北宋,仅存《韩诗外传》)。
《毛诗》	由孔子弟子子夏,六传至鲁人毛亨(时人称为大毛公),作《诗训诂传》,传授赵人毛苌(时人称为小毛公),号曰《毛诗》。后汉郑玄为《毛诗》作笺号曰,从此"毛诗郑笺"传布天下。

国风·周南

◎关雎◎

关关雎鸠①,在河之洲。窈窕淑女,君子好逑②。
参差荇菜③,左右流之④。窈窕淑女,寤寐求之⑤。
求之不得,寤寐思服⑥。悠哉悠哉,辗转反侧。
参差荇菜,左右采之。窈窕淑女,琴瑟友之。
参差荇菜,左右芼之⑦。窈窕淑女,钟鼓乐之。

【注释】

①关关:鸟鸣之声。雎(jū)鸠:一种水鸟的名字,据说这种鸟用情专一,不离不弃,生死相伴。②逑(qiú):同"仇",配偶。③荇(xìng)菜:一种可以食用的水生植物。④流:择取。⑤寤(wù):醒来。寐(mèi):入睡。⑥思服:思念。⑦芼(mào):择取。

【赏析】

《关雎》写一位青年男子对一位姑娘一见倾心,而后朝思暮想、备受熬煎的感受。

"关关雎鸠,在河之洲。窈窕淑女,君子好逑。"啁啾鸣和的水鸟,相互依偎在河的碧洲。娇媚明丽的少女,是不凡男子的好配偶。首章写男主人公见到一位艳丽美好的姑娘,对她一见倾心,爱慕之情无法自制。他见到河中沙洲上雄雌水鸟相互依偎,由此想象:她若是能成为自己的妻子,两人天天如这水鸟一样相依不舍该有多好。

"参差荇菜,左右流之。窈窕淑女,寤寐求之。"任意采摘遍地鲜嫩的荇菜,不需顾及左右。日夜都希望那位娇媚明丽的少女与我携手。主人公回想日间姑娘随手采摘荇菜的样子,她苗条的身材、艳美的面庞在眼中和心间挥之不去,男子心中的深情已难以言表。

"求之不得，寤寐思服。悠哉悠哉，辗转反侧。"美好的她难以得到，日夜都想得我揪心。情深悠悠欲理还乱，翻来覆去思念不休。这里讲述了主人公内心爱她又不好表白的心情。他心乱如麻，不知她是否瞧得上自己，因而觉得很痛苦，翻来覆去睡不着觉。

"参差荇菜，左右采之。窈窕淑女，琴瑟友之。"遍地鲜嫩的荇菜，随手采摘不需要担忧。我要弹琴鼓瑟，迎取娇媚明丽的少女。那日姑娘采摘荇菜时的婀娜形体在主人公的眼中和心间仍旧萦绕不去，他暗自设想自己要弹着琴鼓着瑟去向她示好，看看能否打动她的芳心。

"参差荇菜，左右芼之。窈窕淑女，钟鼓乐之。"遍地鲜嫩的荇菜，任由挑选不需烦恼。我要击鼓鸣钟，让那娇媚明丽的少女永久跟随我。那一日，红晕娇容的姑娘采摘荇菜的景象在主人公脑海里无法抹去，他经受不住这痛苦的折磨，下定决心，不顾一切击鼓鸣钟去向她求婚。

《关雎》这首诗描述了一个温婉美丽的情思故事：一名青年男子，见到一位采荇菜的姑娘，被她深深吸引，然而他顾虑重重，羞于开口，于是只能在想象中与她接触、亲近、结偶。诗的妙处在于对爱的叙述直白又含蓄：他不敢当面向她表白，却让自己沉浸在爱的幻想中。这是中华民族传统的爱慕方式，含蓄内敛，悸动而羞涩。《诗经》篇目中有关爱情的描写有许多，有场景式的描写，也有对话式的叙述，更多的却是如《关雎》这样的矜持、羞怯的心理描绘，这种爱，朴素而健康，纯洁而珍贵。

自古中国就是一个诗的国度，数千年前的春秋时代就产生了许多民歌，流传下来集成了这部《诗经》，它是中华民族的瑰宝。《诗经》是中国最前沿的古文化典籍，而这首诗是《诗经》的第一篇，因此在中国文学史上具有特殊地位。

史载《诗经》是孔子晚年为授徒而编纂的教材。孔子把一首爱情诗放在《诗经》的第一篇，是有其用意的。他认为，食与性是人类生存的基本要求，谁都无法回避，但不回避并不代表放纵，欲念是需要尺度的。欲念的放纵，会对人类社会的秩序造成危害，而一切的克制都要从约束男女之欲开始。作为儒家思想开创人的孔夫子将《关雎》放在开篇，意在教化人们克制自己的欲望。

孔子在《论语》里说："诗三百，一言以蔽之，曰：'思无邪'。"《关雎》即是"思无邪"的典型标本。《关雎》所写的爱情，其情感是克制的，行为是谨慎的。这种爱的方式，符合民族的婚恋观念，也符合儒家"以明教化"的目标，因而被编在《诗经》的首篇可谓适得其所。

这首诗的主题历来存有争议：大多数人认为它描写的是男女爱情；有的学者则认为是赞美"后妃之德"；还有人认为它不是一般意义上的爱情诗，而是抒发一种"志"：表象是君子对淑女志在必得的追求，实则是抒发君侯对贤人的渴求。

实际上，孔子引《关雎》为首篇，授人以教化，也只体现出老夫子的意图，并非诗作者的本意。《关雎》作为春秋时代的民歌，即便经过人为的整理，也仍不失朴素天然的本真。其中，没有文人装腔作势的庸俗之声，更没有政治的教化之声。读这首诗，能从中感受到的是浓浓的、远古的自然气息。

◎卷耳◎

采采卷耳①，不盈顷筐②。嗟我怀人③，寘彼周行④。
陟彼崔嵬⑤，我马虺隤⑥。我姑酌彼金罍⑦，维以不永怀⑧。
陟彼高冈，我马玄黄⑨。我姑酌彼兕觥⑩，维以不永伤。
陟彼砠矣⑪，我马瘏矣⑫，我仆痡矣⑬，云何吁矣⑭。

【注释】

①采采：采摘。卷耳：一种野菜，今名苍耳。②顷筐：斜口筐，后高前倾。③嗟：语气助词，另一说，叹息声。④寘（zhì）：同"置"，放下之意。周行：大路。⑤陟（zhì）：登高。崔嵬（wéi）：高而不平的土石山。⑥虺隤（huī tuí）：因疲劳而生病。⑦金罍（léi）：青铜盛酒器。⑧维：发语词。永：长久。⑨玄黄：马生病而变色。⑩兕觥（sì gōng）：犀牛角做成的酒杯。⑪砠（jū）：有土的石山。⑫瘏（tú）：马因生病而无法前行。⑬痡（pū）：人过度疲惫、无法走路的样子。⑭吁（xū）：忧愁。

【赏析】

《卷耳》是一篇妻子思念远出征战的丈夫的情歌。

诗的开篇展示了一幅动感的画卷——"采呀采呀卷耳菜,采来采去装不满筐。想念那远方的亲人啊,竹筐停放在大路上。"翠峦蔓延,一条大路沿着山麓伸向远方,一个女子挎着浅竹筐,一棵一棵地采摘卷耳菜。可她采了好些时候也没装满浅筐,有很多卷耳菜都掉落在地上。因为她的心没在卷耳上,而是随外出征战的丈夫飞向了远方。

不断地苦想之下,她的心情越加凄惶,对卷耳菜已没有心力再采摘。她痴望着丈夫离开的那条大路,把竹筐放置在脚边,顺路张望,目光迷离,仿佛看到了远行归来的丈夫的身影。然而清醒过来时,她才知那只是幻觉。她不由得嗟叹连连,眼里也噙满泪水。短短四句诗,将女主人公思念丈夫的心情渲染得淋漓尽致。

"走在高高的石山上,马儿困倦又踉跄。待我斟满铜杯酒,醉后忘忧免思量。"第二章作者抒发情感的笔意进一步延展。采卷耳的女子的思绪已飞到丈夫的身边,她想象着:丈夫在征程中爬过荒坡、攀过高岗、越过山顶,连续的行军导致人困马乏,马匹已经积劳成疾,再难背负主人行走,仆人也因劳累而病倒难起,如此的艰难困苦使丈夫不禁想起家中贤德的妻子和平静的生活,心中不免会无限惆怅,他只得借酒浇愁以淡化乡愁,然而借酒浇愁愁更愁,酒落愁肠化作相思泪,反而令他更加思念家乡和妻子。

"登上了高高的乱山冈,我的马儿疲惫又彷徨。我打起精神斟满酒,但愿从此把思念和烦恼全都忘。"夫妻间的心灵是相通的,妻子思念丈夫,丈夫一定也在思念自己的妻子,于是作者把妇人放下,笔锋一转娓娓诉说起丈夫思念妻子的苦涩心境。妻子想到丈夫在山岗上人疲马乏,丈夫所遇的境况也恰如所料:他行到山顶上,又饿又累又彷徨,勉强提神斟酒,打算借酒消愁。

也许事实不会如此巧合,但作者以丈夫念妻思乡的臆想,把空间骤然拉大,连接起两地夫妻的情丝,扩展了诗的意境,渲染了相思气氛,使诗在形式上具有两地情书、互相应答、相映相衬的艺术效果。这一章,采用复沓的形式，深入描述了征战的丈夫在外的危难困苦以及思念家人的愁情，深刻揭示了战争给人们带来的深重灾难。诗中借马的病疲，喻示征途的艰危，以借酒浇愁，表达愁已沉淀，无法可解。

最后一章"陟彼砠矣，我马瘏矣，我仆痡矣，云何吁矣"，每句以语气词结尾，给人以呼吸急促之感，好似远方的征人身体疲惫不堪，心灵更受不了苦思的折磨，因而要尽快结束这场遥相呼应的痛苦对话；又像是他不想再让远方的妻子怀念自己，决断地让双方立即打住。如同在说："痛就让它痛去吧，我们都把思念埋在心里！"彼时彼刻，远方的他似乎已经疲惫到扑地不起，夫妻之间苦苦相思却不能相见，万分无奈之情溢于言表。

《卷耳》将描写、感情、想象融为一体，字字流露出夫妻间的深厚感情，读来感人至深。红学家俞平伯评论这首诗时说："当携筐采绿者徘徊巷陌，回肠荡气之时，正征人策马盘旋，度越关山之顷，两两相映，境殊而情却同，事异而怨则一。所谓'向天涯一样缠绵，各自飘零'者，或有诗人之恉乎！"俞先生的评价恰当地道出了这首诗前后映衬、花开两朵的艺术特色。

◎桃夭◎

桃之夭夭①，灼灼其华②。之子于归③，宜其室家④。
桃之夭夭，有蕡其实⑤。之子于归，宜其家室。
桃之夭夭，其叶蓁蓁⑥。之子于归，宜其家人。

【注释】

①夭夭：美丽而茂盛的样子。②灼灼：桃花盛开，色彩鲜艳如火的样子。③之子：这位姑娘。于归："于"是语助词，"归"是指出嫁。④室家：家庭。⑤有：语气助词，没有实际意义。蕡（fén）：果实累累的样子。⑥蓁（zhēn）蓁：叶子茂盛的样子。

【赏析】

《桃夭》叙写的是女子出嫁的情景和作者的美好祝愿。诗句清新淳朴，却有极强的感染力，读来就如喝了一杯浓浓的醇酒，让人在满口余香中感受着美的诱惑。

诗中之人美得让人心动。"桃之夭夭，灼灼其华""桃之夭夭，有蕡其实""桃之夭夭，其叶蓁蓁"，连续三章三起句，"桃之夭夭"四字扑面而来。"夭夭"二字，可以解释为绚丽茂盛，也可以解释为挺拔婀娜，它有着生机勃勃的气势，又有种袅袅婷婷的气质。"灼灼其华"，是指鲜艳明丽闪着光辉的桃花，给人光彩照人之感。

"夭夭"在汉语里还可以解释为体态安舒、容色和悦的样子，好比美人妖娆艳色；"灼灼"则可解释为明亮、照亮之意，好比桃花粉红而闪着艳光。因此这一句可看成"美人如花"的写照。

诗中对美丽一再铺陈渲染，引出后面披着婚装的少女。此时在众人心中，少女身材如桃树一样挺拔，行路如桃枝一样摇曳婀娜，脸蛋如桃花一样艳美，可谓千娇百媚，风情万种，沉鱼落雁。这样美的少女由缤纷绚烂的桃花烘托而来，有谁能不为之倾倒？"艳如桃花""人面桃花相映红"，不知有多少后人用桃花来比喻女人的美丽，《桃夭》也由此成了后世描写美女的词宗诗祖。

诗里的自然美得让人心怡。诗中一再描写桃林中桃树枝叶繁茂，挺拔绚丽，且先写桃花，又写桃之果实，再写桃叶，排布了三幅风景画：一幅是满山桃树，繁花盛开，遍山艳色粉红；一幅是桃树上结满密密麻麻、又肥又大的桃子；一幅是葱葱郁郁的桃叶布满枝头，叶子上放着光华。无论哪一幅，都宛如世外桃源。尤其是树树桃花盛开，树树红桃垂挂的奇景，让人联想到西王母的蟠桃园。诗中以桃树的枝、花、叶、实，隐喻男女盛年，宜于及时嫁娶。植物的繁盛与人的盛年两相对照，相得益彰，更增添了诗中自然景物的寓意美。

诗里的"家"美得让人心欢。"之子于归，宜其室家""之子于归，宜其家人"，一个美丽的姑娘就要嫁人，她不仅艳如桃花，而且将会"宜室""宜家"，给丈夫及其家人带来吉祥和幸福，这说明她的心灵一定是善良的，性情一定是贤惠的。这样好的姑娘，她所嫁的夫君一定也不会错——在这宜于迎娶婚嫁的春天里，那名新郎穿戴整齐，既俊雅，又健壮，像棕树一样挺拔。此时他激动万分，等待着和新娘相见的那一刻。整首诗都带有庆贺祝愿新婚之喜的浓厚况味，充溢着和和美美、快快乐乐的气氛。美丽姑娘今朝出嫁，将会把欢乐和幸福带给她的婆家。这种祝愿，让人不知不觉中产生了与诗中主人公、与诗作者一同欢乐的共鸣。

诗的韵律美得让人心舒。诗中重章叠句，朗朗上口，富有韵律感。通过反复咏唱，强化意识，加深印象，把美的事物不断加诸于人的感官和心灵，使人如聆天籁，舒泰无比。

◎汉广◎

南有乔木①，不可休思②。汉有游女③，不可求思。汉之广矣，不可泳思。江之永矣④，不可方思⑤。

翘翘错薪⑥，言刈其楚⑦。之子于归⑧，言秣其马⑨。汉之广矣，不可泳思。江之永矣，不可方思。

翘翘错薪，言刈其蒌⑩。之子于归，言秣其驹。汉之广矣，不可泳思。江之永矣，不可方思。

【注释】

①乔木：形容树木高大笔直。②思：语气助词。③汉：汉水，为长江最长的支流。游女：外出游览的女子。④江：指长江。永：长。⑤方：筏子，此处用作动词，意思是乘木筏渡江。⑥翘翘：高出的样子。错薪：丛丛杂生的柴草。⑦刈（yì）：割。楚：荆树。⑧于归：女子出嫁。⑨秣（mò）：用谷草喂马。⑩蒌（lóu）：草名，即蒌蒿。

【赏析】

"南有乔木，不可休息，汉有游女，不可求思。"《汉广》开头四句，就将故事尘埃落定。南方有高大的乔木，却不能够在它下面歇息，汉水边有心仪的女子，却不能够追求。这是一个可见而不可求的爱情故事。一连两句"不可",将年轻樵夫苦恋的怅惘心情表达得淋漓尽致。

隔着一条汉水遥望对岸心爱的女子,这一场景很容易让人联想到牛郎织女的传说,事实上,《古诗十九首》中的"盈盈一水间,脉脉不得语"便是脱胎于此。同样是隔水相望,可望而不可即,但是比起牛郎织女的心意相通,《汉广》中樵夫对游女单方面的感情则要寂寞得多、也辛苦得多。诗中"游女"的形象模糊不清,好比水中月镜中花,无怪乎樵夫只能远远望着,辗转叹息。

综观整首诗,提及"汉之游女"的地方只有一处,而且只是提及,不肯多费半点笔墨描述。因此,"游女"的形象和身份,便给了后人无尽的想象空间。古时讲解《诗经》最著名的四家,除了《毛诗》持"德广所及"的教化美刺说之外,《齐》《鲁》《韩》三家都认为"游女"是江汉之滨的神女。《韩诗外传》记载了一个美丽神奇的故事:

一个名叫郑交甫的男子在汉水边游玩时,遇到两位女子。郑交甫上前请求女子赠佩,两人于是解佩赠之。郑交甫很高兴,接过来小心翼翼收入怀中,走出十几步,探手入怀,怀中却已空无一物。回过头一看,两名女子亦杳无踪影。

神女转瞬即逝,有若惊鸿一现,虚无缥缈,《汉水》的故事也因此平添了一抹人神相恋的神秘色彩。但是,从第二章"翘翘错薪,言刈其楚。之子于归,言秣其马"这四句来看,人神之说不免显得有些牵强。"错薪""秣马",一方面可以理解为一个樵夫的日常生活,每日劈柴、喂马;另一方面则有比兴之意,以错薪比喻嫁娶,以秣马比喻婚礼亲迎之礼,这是樵夫由现实的"不可求"转入幻想中的"得到",暗中想象自己迎娶游女的景象。无论哪一种解释,都落在了实实在在的生活细节和礼节风俗上,这也是《诗经》"现实主义"风格的一种体现。

就《汉广》而言,这种"现实主义"的风格主要体现在以情入景、以景写情的手法上。《诗经》中有很多描写"可见而不可求"的爱情诗篇,其中比较出色的如《关雎》《汉广》《蒹葭》等。区别是《关雎》热烈直白,《蒹葭》缥缈迷离,而《汉广》平和写实。

《关雎》和《蒹葭》整首诗都是对"窈窕淑女"和"伊人"或"辗转反侧"

或"溯洄从之"的追寻，且都侧重于心境和意境的刻画，抒发的是空灵之情与虚幻之思。《汉广》则有具体实在的场景和景物作为依托，因而抒发的感情亦是平实的。因为平实，便格外有种真实的力量。

樵夫在采樵之地爱上了对岸的游女，这是实景，亦是实情。他在明白这份感情的"不可求"之后，便将目光投向了广阔无垠的汉水，吐出了一声长长的叹息。"汉之广""江之永"，岂可轻易逾越？樵夫将内心的痛苦和失望投射于眼前的景色之中，从而使景物与情感融为一体。

"汉之广矣，不可泳思。江之永矣，不可方思"，《汉广》反复吟咏这四句，一"广"，一"永"，用语平淡朴实，却极为贴切地再现了江水的浩荡与无边无际。针对这种平实而高妙的写景，清代的王士禛甚至将《汉广》列为中国山水文学的发轫之作。

这四句吟咏，在诗中形成了一种自足的感情，即使没有对岸的"游女"这一抒情对象作为起兴，樵夫澎湃的情思也能寄托于眼前的景物之上，与绵长浩渺的江水合二为一。那份深藏于内心的暗恋之情，也因为有了"汉之广"与"江之永"的描写而变得辽远开阔。

樵夫没有沉沦在苦苦的单恋之中不可自拔，而是于不甘、无奈之中保留了一份理智与平和。全篇八句"不可"，一气呵成，正如樵夫内心不可抑制的滔滔情思，然而每一句的末尾偏偏都用了一个"思"字，语助词"思"的平声发音，给这一组声势磅礴的排比留了一个减速的出口，使樵夫的感情带了一点审慎的余味。

不加克制的感情只会毁灭自我。《诗经》的"温柔敦厚"，便表现在这一分恰到好处的克制上。这种克制，不是艰难隐忍，亦不是委曲求全，而是一种健全的心态。《诗经》真实地反映了周代社会的各个方面，因而也真实地表现出了先民的感情生活和内心世界。它所表现出的"乐而不淫""哀而不伤"并非道德上的压抑，而是先民内心如水般绵长持久、始终不衰不绝的生命力。

所以，《汉广》中的樵夫尽管爱得辛苦，也依旧保持了心性的光明。"不可求思""不可泳思""不可方思"，并非绝望之情的流露，而是以朴素之语道尽情意的曲折深婉和无尽流连，以一唱三叹的手法完成一种浑然天成的情感表达。

国风·召南

◎鹊巢◎

维鹊有巢①，维鸠居之②。之子于归，百两御之③。
维鹊有巢，维鸠方之④。之子于归，百两将之⑤。
维鹊有巢，维鸠盈之⑥。之子于归，百两成之⑦。

【注释】

①鹊：喜鹊。有巢：比兴男子已造家室。②鸠：斑鸠，今名布谷鸟，这种鸟自己不筑巢，而是住在喜鹊的巢里。③百：虚数，指数量多。两：同"辆"。御（yà）：同"迓"，迎接。④方：占据。⑤将（jiāng）：护送。⑥盈：满。⑦成：结婚礼成。

【赏析】

本诗以鸠居鹊巢起兴描写婚礼。喜鹊喜欢筑巢，斑鸠要来同住，这是两种鸟的天性。作者的意思是姑娘出嫁住进夫家，这种男娶女嫁就如鸠居鹊巢一般，是自然属性，也是人的天性，是值得恭祝和庆贺的。"鸠占鹊巢"现在通常是用来比喻强占别人的住屋或占据别人的位置，含有贬义，但在古时，鸠居鹊巢却并非贬义。

鸠就是斑鸠，也即布谷鸟。布谷鸟是吉祥鸟，《诗经·曹风》里就有描写布谷鸟（斑鸠）仁慈、无私的篇章。这首诗中，女子嫁人，入住到男家，这是女子的心愿，更是男子乐求之事，他当然不会抱怨女子抢占了自己的家。

诗的第二章和第三章起句"维鹊有巢,维鸠方之""维鹊有巢,维鸠盈之"

都以鸠居鹊巢作比，内容上与第一章"维鹊居之"相较，"方之""盈之"含有递进关系。"方"，是比并而住，"盈"，是已经住满。这种递进的变化自然是加进了作者的臆想和祝愿。"居之"是刚婚娶接进家门之意，"方之"是一枕同眠亲亲密密感情加深之意，而"盈之"则是作者想象小鸟生出一窝窝，夫妻两人的孩子已经成群了。

　　清代学者方玉润认为，《鹊巢》一诗抒写他人成家之事，用斑鸠来比喻新嫁娘，是因为斑鸠性情温和而产子很多，是好妻子的代名。古时大凡男子迎娶妻子，周围人都会祝福她多生子女。这首诗以鸠与鹊的同巢比喻男女婚配，实是再切当不过。

　　男人娶妻，无论对社会还是对家族、对个人，都是件大事，因而自古以来人们对婚礼都给予相当的重视。诗中这场婚礼举办得十分隆重，"子之于归"，点明这名女子出嫁的主题。"百两御之"，是婚礼的开端，这是新郎家来接亲，车辆来了很多；"百两将之"，接到新娘之后，人群车辆热热闹闹簇拥着婚车回男方家；"百两成之"，大家护着新娘到了男方家，举行了众人欢聚瞩目、热烈盛大的婚礼，礼毕而婚即成。

　　虽仅是"御""将""成"三个字的递进变换，却将成婚的整个过程烘托得热烈而隆重，让读者感同身受，如处其中。"御之"指迎接她，"将之"迎来她而回还，"成之"指成全，引申为护送成婚。这位姑娘的婚礼了不起，百辆的车和众多的人来接、来送、来保护她成婚。从字面来看，这样盛大的迎送婚娶，其主人一定是贵族。

　　不过，从另一个角度来看，古人以斑鸠的温和多子来比喻妇人之德，成婚的二人，一个是勤恳良厚如喜鹊的君子，一个是温善德馨如布谷的淑女，真是人世间的最好配偶。也正因为如此，这场婚姻才赢得人们的关注和拥戴，才使得众多的车辆和人群来恭迎、护送和热烈祝贺。

　　喜鹊是世上最爱助人的鸟，七月七日鹊桥会，喜鹊以身体搭建起连接织女和牛郎的天河之桥，它们是在牺牲身体为爱奉献。鹊巢恐怕是人间最美好的爱巢了。

◎草虫◎

喓喓草虫①，趯趯阜螽②。未见君子，忧心忡忡③。亦既见止④，亦既觏止⑤，我心则降。

陟彼南山⑥，言采其蕨⑦。未见君子，忧心惙惙⑧。亦既见止，亦既觏止，我心则说⑨。

陟彼南山，言采其薇⑩。未见君子，我心伤悲。亦既见止，亦既觏止，我心则夷⑪。

【注释】

①喓（yāo）喓：虫鸣声。草虫：蝈蝈。②趯（tì）趯：昆虫跳跃之状。阜螽（zhōng）：蚱蜢。③忡（chōng）忡：心跳。④止：语气助词。⑤觏（gòu）：相会。⑥陟（zhì）：升，登。⑦蕨（jué）：植物名，蕨菜，嫩叶可食用。⑧惙（chuò）惙：愁苦的样子。⑨说（yuè）：通"悦"。⑩薇：野菜，嫩苗可食用。⑪夷：平。

【赏析】

自古以来，月有阴晴圆缺，人有悲欢离合，虽然有情人都盼望能够长相厮守，但是分别不会依人的意愿而有所改变。所以，当遭遇离别的时候，情人们能做的就只有在心中默默思念彼此，用想象来慰藉自己的心灵了。

虽然有"大夫归心召公说""室家思念南仲说""托男女情以写君臣念说"等多种说法，但其实《草虫》就是一首以野菜为题，表现浪漫爱情的诗歌。诗中所表现的是思妇对心上人浓浓的思念之情，至于她思念的是丈夫还是情人，就不必去追问、探究了。

"喓喓草虫，趯趯阜螽"，《草虫》的第一节首先描述了一幅草虫鸣叫、阜螽蹦跳的画面。在这样秋高气爽的天气，有一位女子正在思念着他的情人。她听着虫鸣鸟叫，看着枯萎的秋草，枯黄的树叶，感受着秋风的凉意。秋意正浓的悲凉秋景，很容易就勾起了她的离愁别绪，激起了她心中无限的愁思："未见君子，忧心忡忡。"

一时间，女子所有的感情都化作了丝丝缕缕的相思之情。她忧心忡忡地担心着意中人。此时，这名多情女子的思绪跳跃到了另一个方向，她撇开别离的愁苦、独处的凄凉、思念的痛苦，开始想象如果自己心爱的人出现在面前，会是怎样的一幅景象。"亦既见之，亦既觏之，我心则降。"女子想象着和自己的心爱的人相见之后互相依偎，互诉衷情的情景，只是这样，她就十分欣喜和欢愉了。

接下来，诗中的时空开始转换，女子离开了自己的家，她为了自己的爱人，"陟彼南山"，登高望远，想要寻找心上人的踪迹。由此可见，女子对于心上人的思念更加强烈，爱意也更加浓烈了。

可怜的女子站在高高的山上，不管如何努力寻找，所能看到的也只有蕨和薇的嫩苗。她不禁黯然神伤，眼中这些嫩芽也失去了鲜丽的颜色。蕨和薇只有在春季才会生发，看到蕨、薇也就表示，此时的时令已经是春夏之间了。从第一节女子开始思念她的心上人开始，到现在已经过去了一年，而可怜的女子至今还没有见到她的爱人，可想而知，她的思念之情有多么的强烈。

"忧心惙惙"，写女子心情凝重，悲痛无语，如今唯一能慰藉她心灵的，只有想象中与君子的"见""觏"。只有在想象中她才能投入情郎的怀抱之中，这种美好的想象已经成了她生活的整个精神依托和唯一的欢乐。

"我心则说""我心则夷"，诗中真挚、热烈的爱情令人感动。整首诗以虚衬实，没有直接表露女子的闺怨、孤苦与痛楚，而是借对女子内心想象的描绘，表现女子的孤单和思念。全诗语言真挚感人，有一种新颖别致、浓情蜜意的意境。其实，同样的一首《草虫》，根据读者的不同也可以变成对朋友、对长辈、对故人的思念之情，就看用哪种心情来解读它了。

◎采蘋◎

于以采蘋①，南涧之滨。于以采藻②，于彼行潦③。
于以盛之，维筐及筥④。于以湘之⑤，维锜及釜⑥。

于以奠之⑦，宗室牖下⑧。谁其尸之⑨，有齐季女⑩。

【注释】

①蘋：多年生水草。②藻：水藻。③行潦（háng lǎo）：沟中积水。④筥（jǔ）：圆形的筐。⑤湘：烹、煮。⑥锜（qí）：三足锅。釜（fǔ）：炊具。⑦奠：放置。⑧宗室：宗庙、祠堂。牖（yǒu）：天窗。⑨尸：主持祭祀。⑩齐（zhāi）：通"斋"，恭敬。季：少、小。

【赏析】

《采蘋》是一篇简单纯挚的诗歌，它通过描写一位士族少女在祭祀中所表现出来的种种礼仪和美德，展现了初期礼制社会的风貌。这首诗在格式上和《采蘩》非常相似，而且它的内容也和祭祀有关。

祭祀是商周时代的大事，在人们的生活中，大小事宜都要进行祭祀，女子出嫁这样的大事情就更不用说。所以在古代，贵族之女在出嫁之前，一定要到宗庙去祭祀祖先。祭祀的目的是为了让待嫁的少女学会婚后的礼仪。为了祭祀能够顺利进行，人们要做大量的准备工作，奴隶们主要负责采办祭品、整治祭具、设置祭坛，《采蘋》所描述的就是这样一个忙碌准备的过程。普通的祭品和繁琐的礼仪之中，饱含着众人的寄托和希冀。在先民心中，祭祀是一场无比虔诚、圣洁、庄重的活动。

在这首诗中，诗人用细致的笔墨，将祭品、祭器、祭地、祭人一一展现出来，将这项繁重枯燥的工作描绘得生动而形象。《采蘋》全诗共有三节，每节都有四句，都是采用两问两答的方式来进行叙述。第一节，诗人点出了采蘋菜、采水藻的地点；第二节，点出盛放、烹煮祭品的器皿；最后一节，诗人写出了祭地和主祭之人。

关于《采蘋》的主旨，历史上存在很多种看法。毛传云："古之将嫁女者，必先礼之于宗室，牲用鱼，芼之以蘋藻。"可见"蘋"是祭祀用品。明代的何楷在《诗经世本古义》也提出了自己的看法，他认为《采蘋》中提到的"季女"就是《左传·襄公二十八年》中的"季兰"，也就是周武王的元妃邑姜，这首诗其实就是在赞美邑姜。而现在的学者们则认为这首诗描写了为祭祀奔走的女奴们的辛劳。

其实，在阅读这首诗时，就诗论诗反而会比较恰当，所以唐代孔颖达将《采蘋》的场景设定成贵族待嫁少女在行"教成之祭"，这种观点自有其可取之处。

全诗有五个用"于以"开头的问句来展开提问，节奏迅捷奔放，气势雄伟，五个"于以"的具体含意又不完全雷同，连绵起伏，摇曳多姿。吴闿生在《诗意会通》中这样评价这五个"于以"："五用'于以'字，有'群山万壑赴荆门'之势。"这样的问句，充分引出了女主人公的辛劳和尽职尽责。全诗情感交融，毫无阻滞突兀之感，将"季女"的守礼制、循法度通过层层递进的方式表现出来，将她的能干、虔诚一步一步推向了高潮。

《采蘋》的另一个特点就是，这篇诗文中没有一个华美的形容词，它在叙述事情时是不加任何修饰的。也正是这样平常的语言，使一位采蘋、烹煮、设祭、平静中蕴含着快乐和憧憬的少女形象跃然纸上。"谁其尸之，有齐季女"，最后这一句轻微的赞叹，更是起到画龙点睛的作用，季女的美好形象就这样浮现在了我们的眼前。

全诗语言简洁平实，于情中叙事，于事中抒情，问答轻松明快，饱含着一种奔放单纯的少女之情，正像戴君恩在《读风臆评》中所说："万壑飞流间，突然一注。"这场关于少女祭祀的描写既庄重又不失真挚、简诚而不失虔敬，"季女"的感情和她虔诚有礼的形象全都在诗中表现了出来。

◎甘棠◎

蔽芾甘棠①，勿翦勿伐②，召伯所茇③。
蔽芾甘棠，勿翦勿败④，召伯所憩⑤。
蔽芾甘棠，勿翦勿拜⑥，召伯所说⑦。

【注释】

①蔽芾（fèi）：树木高大茂密。甘棠：棠梨树，落叶乔木，果实圆而小，味涩可食。②翦：同"剪"。伐：砍伐。③召伯：即召公，名奭

(shì)，姬姓，封于燕。茇（bá）：草舍，此处作动词用，居住的意思。④败：毁坏。⑤憩（qì）：休息。⑥拜：掰手，擘。⑦说（shuì）：通"税"，休憩。

【赏析】

《甘棠》是一首颂歌，一首怀念召公的诗作。尽管也有人认为此诗"怀讽刺"之意，但更多学者都认为是怀颂之作。

诗中的召伯就是召公，召公名奭，是周文王姬昌的儿子，周武王姬发的弟弟。他协助周武王覆灭了商朝，功不可没。周朝建立后，诸侯为表示敬奉，纷纷向武王进贡稀有之物，武王经不住诱惑，由此耽于玩乐。召公唯恐武王丧志误国，便劝诫他，贤明的国君首要的是修养德行，应当随时检点自己的言行，切莫忽视行为细节。要把良好的品德一点一滴积累起来，就如筑起一座有德望的高山。除此之外，召公还就治理国家向武王提出了"敬德保民"的措施。武王听取了召公的建议，从此严格检讨自己的一言一行，躬身为政，专心治国，深受百姓的爱戴，周王朝的经济也得以迅速发展。

周朝建立时，召公得到北燕的封地。周武王死后，周成王幼年即位，召公出任太保，与周公一同辅佐成王。他与周公分陕而治，陕以西归他管理。在任期间，召公对"敬德保民"的措施身体力行，成果卓越。《史记·燕召公世家》中记载："召公之治西方，甚得兆民和。召公巡行乡邑，有棠树，决狱政事其下，自侯伯至庶人，各得其所，无失职者。召公卒，而民人思召公之政，怀棠树，不敢伐，歌咏之，作《甘棠》之诗。"

召公听讼甘棠树下的故事也以民间传说的形式流传千古：召伯南巡，所到之处不占用民房，只在甘棠树下停车驻马、听讼决狱、搭棚过夜，他死后，人们怀念他，舍不得砍伐他停歇过的树。召公作为一方的统治者，为民众排忧解纷却不肯暂用一下民房，而是听讼住宿于甘棠树之下。正因为他如此克己怀德，仁柔如水地待民，后人才作这首《甘棠》诗寄予深情怀念。

细细品味，《甘棠》诗内蕴含着浓浓的情感："高大茂盛的甘棠树啊,不要去剪它更不要去砍它,召伯当年就住宿在下边!高大茂盛的甘棠树啊,不要去剪它也不要去折它,召伯当年就曾在下边乘凉!高大茂盛的甘棠树啊,不要去剪它也不要去拔它,召伯当年就在下边休息!"

本诗虽然是一首颂歌,可作者没有描述召公的功业,也没有渲染他的威仪,只以一种素朴的心声,表达真真切切的爱戴。全诗由观物至思人,由思人至护物,"人""物""思"交融汇合,"缠绵笃挚,隐跃言外",笔意纯粹却见波折,措辞亦有音在弦外之妙。

召公尊重普通百姓,修养自身德行,劝农耕作,为民造福。民众爱屋及乌,因爱其人,连他曾经栖息的树也爱之,古往今来,若非真正为百姓做事的人,是不会赢得人们如此崇敬的。这首《甘棠》之所以被后人永久欣赏,后世之所以对召公永久怀念和称颂,不仅仅是出于对召公本人的敬仰,更包含着人们对统治者的喻示和劝诱,以及祈盼统治者如召公一样待民爱民的心情。

今河南省三门峡市区西部陕州风景区有"甘棠苑",也称"召公祠",它是在原遗址中重建的。召公广施惠政,体恤民情,廉明朴洁,民心怀之千古。

国风·邶风

◎柏舟◎

泛彼柏舟①,亦汎其流。耿耿不寐②,如有隐忧③。微我无酒④,以敖以游。

我心匪鉴,不可以茹⑤。亦有兄弟,不可以据⑥。薄言往愬⑦,逢彼之怒。

我心匪石,不可转也。我心匪席,不可卷也。威仪棣棣⑧,不可选也⑨。

忧心悄悄⑩,愠于群小⑪。觏闵既多⑫,受侮不少。静言思之,寤辟有摽⑬。

　　日居月诸⑭，胡迭而微⑮。心之忧矣，如匪浣衣。静言思之，不能奋飞。

【注释】

①泛：浮行，漂流。②耿耿：不安的样子。③隐：深。④微：非，不是。⑤茹（rú）：容纳。⑥据：依靠。⑦愬（sù）：同"诉"，告诉。⑧棣棣：雍容娴雅的样子。⑨选：退让。⑩悄悄：忧愁的样子。⑪愠（yùn）：恼怒，怨恨。⑫觏（gòu）：遭逢。闵（mǐn）：忧伤。⑬寤：交互。辟（pì）：捶打。摽（biào）：垂胸。⑭居、诸：语气助词。⑮迭：更替。微：无光。

【赏析】

　　关于《柏舟》一诗的主题，有两种说法，有人认为它是弃妇对不幸命运的控诉诗，还有人认为这首诗表现的是怀才不遇、遭人谗害的君子内心的痛苦。细读此诗，诗中"亦有兄弟，不可以据"的情形和"如匪澣衣"的比喻，更像女子的诉说，所以把《柏舟》看作弃妇诗应该更合适。

　　周代的纲常伦理还没有后世那么顽固，但夫权已经开始显露它的威力了。诗中女子的不幸遭遇就是夫权压制下的产物。开头兴句以柏舟为喻，形容出女子的艰难处境。《诗集传》说："妇人不得于其夫，故以柏舟自比。言以柏为舟，坚致牢实，而不以乘载，无所依薄，但泛然于水中而已。"女子说自己就像柏木做的舟，坚固牢实，然而难以承受重负，在水上四处漂泊，没有依傍。柏木是具有芬芳气味的佳木，以柏舟作喻，似乎还暗示着主人公是具有美好品质的女子。家庭是古时女子生活的全部和一生的寄托，失去家庭的依靠，主人公的痛苦可想而知。"耿耿不寐，如有隐忧"，便是她精神状态的写照。"微我无酒，以敖以游"，酒的麻醉作用可以使人暂忘不快，遨游于逍遥之境，可是对这个女子来说，酒丝毫不能排解她的隐忧，足见其隐忧之深。

"我心匪鉴，不可以茹。""茹"意为容纳，想来主人公已经承受了太多苦痛，再也无法容忍下去，因此对丈夫说："我的心不是镜子，不可能什么东西都容纳得下。"话中暗含不屈的锋芒，不同于低眉顺眼的普通女子。在夫家受到不公待遇的主人公，想到了向娘家人求助。"亦有兄弟，不可以据。薄言往愬，逢彼之怒"，怎奈人情淡薄，兄弟们不仅不同情她，还怒气相加。见弃于夫，又得不到手足的理解，这让女子本来就痛苦不堪的心灵又添一层伤痛。

但是，即使在这种情况下，主人公也没有一点向丈夫屈服的意思。第三段接连两个比喻显示出她不可动摇的决心："我心匪石，不可转也。我心匪席，不可卷也。威仪棣棣，不可选也。"我的心不是石头，也不是席子，岂能按别人的意志行事！我虽不容于人，但我的尊严谁也别想践踏。这几句字字铿锵有力，落地有声，一个坚持自我、性情倔强的弃妇形象凛然于前。

"忧心悄悄，愠于群小。"前面几节女子倾诉自己离开夫家的悲惨经历，至此才说出见弃于夫的原因。"群小"即众妾，原来主人公被丈夫抛弃是由于众妾的中伤陷害。众妾在丈夫面前不断诽谤她，致使她最终失去丈夫的宠爱。"觏闵既多，受侮不少。静言思之，寤辟有摽。"饱受"群小"欺凌的女子，常常独自品尝其中的辛酸，心中愁闷不已，只有抚心捶胸，暗自伤神。

"日居月诸，胡迭而微"，诗中女子极度痛苦又哭诉无门，觉得自己的遭遇实在悲惨，带着这样凄惨的心境去观自然，便觉得连日月都暗淡无光了。正是"以我观物，则万物皆着我之色彩"。"心之忧矣，如匪澣衣"，心中的忧伤就像脏衣服一样，怎么都洗不干净，再次强调心中隐忧不仅深沉，而且无法摆脱。似乎人在现实中得不到解脱时，就格外渴望自由，希求不受现实束缚。诗中女子也流露出这种念头，她不堪忍受隐忧的折磨，希望能够奋飞，可是"静言思之，不能奋飞"。她虽然不肯向现实折腰，但又无法改变自己的处境，于是之前无比的愤怒到这里只好化作无可奈何的叹息了。

此诗感人之处在于，它使人看到一个遭遇不幸却仍保持倔强性格的女性形象。有人也许责怪诗中主人公没有采取实际行动，不懂得反抗，岂知在彼时的环境下，不顺从便是一种反抗。她作为一个受制于人的弱女子，没有顺从他人的意志，已属难能可贵。

在无数逆来顺受的传统妇女中，这样一个个性鲜明的女子形象的出现，委实让人心灵为之一动。很多时候，人在现实面前无能为力，软弱如同随风摇摆的芦苇。但是可贵之处在于，人会思考。一个人可能摆脱不了不公命运，避免不掉落入陷阱，但是只要还有思想，他的存在就有意义和价值。如同诗中的弃妇，可能她无法挽回被弃的命运，但至少她没有委曲求全地向现实低头，她的愤怒和忧伤说明这是一个有独立思想的人，仅这一点就足以让人敬佩了。

◎绿衣◎

绿兮衣兮，绿衣黄里。心之忧矣，曷维其已①。
绿兮衣兮，绿衣黄裳②。心之忧矣，曷维其亡。
绿兮丝兮，女所治兮③。我思古人④，俾无訧兮⑤。
絺兮绤兮⑥，凄其以风⑦。我思古人，实获我心⑧。

【注释】

①曷：何。已：止。②裳：下衣，形状如今天的裙子。③女（rǔ）：同"汝"。治：缝制。④古人：故人，指已亡故之人。⑤俾（bǐ）：使。訧（yóu）：过失。⑥絺（chī）：细葛布。绤（xì）：粗葛布。⑦凄：凉而有寒意。⑧获：得。

【赏析】

《绿衣》是后世悼亡诗的开山之作，它在中国文学史上有着十分巨大的影响力，晋朝潘岳的《悼亡诗》便深受其影响。《绿衣》在诗文的表现手法上也为后世做出了示例。中国古代文学的文体十分纷繁复杂，有论辩、序跋、奏议、书说、赠序、诏令、传状、碑志、杂记、箴铭、颂赞、辞赋、哀祭等十三大类。悼亡诗其实并非一种文体，它只是文学作品中的一种泛类，一定要分类的话，可以勉强把它归类于哀祭。

这首诗是一首简单哀悼亡妻的诗，读者可以从中体会到诗人的心情和诗的意境。

《绿衣》所哀悼的对象是亡故的妻子，诗人通过睹物思人的方式表达出对亡故妻子的思念之情。这是在哀悼诗中最为常见到的一种方式，也是最容易引起人们感情共鸣的方式。

当亲朋好友去世之后，陷入深深的悲痛中的人，每当看到亡者生前所用的事物时，哀伤之情都会再次涌上心头，《绿衣》就为我们描述了这样一幅场景：一位男子失去了自己的爱妻，每当他看到亡妻生前亲手为他所做的有着黄色衬里的绿色上衣时，他就感到无限的哀伤，那一针一线都是爱妻对他的心意，睹物思人，一想到转眼间和自己情意缠绵，心意相通的妻子就永远和自己天人永隔，他就感到悲痛不已，从今往后他将要独自面对人世间的纷纷扰扰，身旁再无妻子温暖的安慰和呵护了。这些都使得这首诗有了一种凄寂而清冷、衰颓而黯淡的美感。它展现了诗人对亡妻的深厚感情，以及诗人创作此诗时的心情。

想要了解蕴含在诗中的深厚感情，就必须要将各个章节结合起来看。《绿衣》共有四节，诗人运用重章叠句的手法来逐步地表达自己的感情。

"绿兮衣兮，绿衣黄里。心之忧矣，曷维其已"，是说诗人睹物思人，把亡妻为他做的衣服拿起来看。因为思念妻子，所以他将衣服翻过来翻过去地看，可见他的心情之忧伤。

"绿兮衣兮，绿衣黄里。心之忧矣，曷维其亡"，此时诗人一边翻看着衣裳，一边回想起妻子活着时的一些情景，那些情景历历在目，那些温馨的回忆是他永远也无法忘怀的。也正因为如此，他的悲伤也变得永无止境了。

"绿兮丝兮，女所治兮。我思古人，俾无訧兮"，写诗人正在细心看着衣服上的一针一线，他从每一针每一线中都感受到了妻子对自己的关心和爱护。这时，他想到妻子生前总是会在一些事情上给他意见和劝告，而这些劝告总是恰到好处，帮助他避免出现过失。如今回想起来，他才深深感受到这种劝说背后所包含的深厚感情。

"絺兮绤兮，凄其以风。我思古人，实获我心"，诗人在妻子去世之后就手足无措地过着日子。妻子还在世时，他的生活起居都是由妻子照顾的，穿衣吃饭都是妻子为他操心。现在妻子去世了，但是诗人却没有摆脱对妻子的依赖，他没有学会自己照顾自己，即使已经天寒地冻了，他还穿着夏天的衣服，直到实在冷得受不了了，才想到要找保暖的衣物，而找到的又是妻子亲手为自己缝制的衣服，这就更加勾起了他对妻子的思念，因而心情也就愈加哀伤了。

《绿衣》是一首充满了浓浓哀伤之情的哀悼诗，它表达的是诗人对亡妻的无限思念。对于诗人来说，亡妻是谁都无法取代的，所以，他失去妻子的悲伤，永远无法终止。

◎燕燕◎

燕燕于飞①，差池其羽②。之子于归③，远送于野。瞻望弗及，泣涕如雨④。

燕燕于飞，颉之颃之⑤。之子于归，远于将之⑥。瞻望弗及，伫立以泣。

燕燕于飞，下上其音。之子于归，远送于南⑦。瞻望弗及，实劳我心⑧。

仲氏任只⑨，其心塞渊⑩。终温且惠⑪，淑慎其身⑫。先君之思⑬，以勖寡人⑭。

【注释】

①燕燕：即燕子。②差(cī)池：不整齐。③于归：出嫁。④涕：眼泪。⑤颉(jié)：上飞。颃(háng)：下飞。⑥将：送。⑦南：南方。⑧劳：使操劳。⑨仲：排行第二。氏：姓氏。任：信任。⑩塞：诚实。渊：深厚。⑪终：既，已经。⑫淑：善良。慎：谨慎。⑬先君：已故的国君。⑭勖(xù)：勉励。寡人：寡德之人，庄姜自称。

【赏析】

　　清代诗人王士禛将《燕燕》一诗推举为"万古送别之祖"(《带经堂诗话》)。在所有的情绪中，离愁应该算是一种凄美绝伦的感受。

　　"别离"是我国古典诗歌中歌咏的重要内容。《燕燕》开创了一个诗风，引领了一个时代，文人骚客相继吟咏着挚友离别之感，牵动着人们的心弦。从王维"劝君更尽一杯酒，西出阳关无故人"的珍重，以及李叔同"长亭外，古道边，芳草碧连天"的依依不舍中，仍旧依稀可辨《燕燕》的影子。

　　诗开首以飞燕起兴，它们唧唧喳喳，追逐打闹，作者用此乐景反衬哀情，这便是作者的高明之处。明代陈舜百在《读风臆补》中评价道："'燕燕'二语，深婉可诵，后人多许咏燕诗，无有能及者。"全篇三节重章复唱，循序渐进，更将哀情刻画得入木三分。

　　"燕燕于飞，差池其羽。"燕子不时在天空中盘旋，呢喃着，追逐着，像是约好要一起去赴会，又像商量着要见什么客人，油黑的羽毛长短不齐，莺莺的叫声时落时起。此处开篇比兴，将活泼的小燕子作为乐景的主角。

　　"之子于归，远送于野。瞻望弗及，泣涕如雨。"哥哥与妹妹感情笃厚，今天妹妹就要远嫁了，身为储君的哥哥心中自是百感交集，有几分不舍更有几分惦念，恋恋不舍地把妹妹远远送至郊外，直到看不见妹妹的身影时，一直伫立着目送妹妹的哥哥终于忍不住泪如雨下。妹妹出嫁，哥哥送了一程又一程，然而送君千里，终须一别。于是一幅感人的画面呈现在眼前："瞻望弗及，泣涕如雨"。清人陈震在《读诗识小录》中说："哀在音节，使读者泪落如豆，竿头进步，在'瞻望弗及'一语。"

　　"燕燕于飞，颉之颃之。"燕子唧唧喳喳叫个不停，飞过来飞过去，与妹妹相互道着珍重之后，看着妹妹远去的背影，一时感慨万千，潸然泪下。燕子也仿佛看穿了我的心思，低头诉说着愁怨，再往前走把妹妹送到了南边，看着妹妹逐渐消失在视线里，哥哥的心悲伤不已。

　　"仲氏任只，其心塞渊。"为何如此牵肠挂肚？"终温且惠，淑慎其身。"原来妹妹善良、诚实、重情重义，性情温柔而又和善，从不与兄长相争，平日里修身养性，有良好的学识和素质，为人处世小心谨慎，临行前还不忘提醒哥哥不要忘记先王的嘱托和厚望，一句句真诚之言勉励着哥哥做百姓的好国君。

此文在写法上也颇为独特，先概括描述，给大家一个总体的印象，最后再写人物的语言。整篇文章静中有动，生动鲜活。在布局谋篇上也十分讲究，全文共四章，前三章一直未交代被送对象，只是用极大笔墨去点染惜别气氛，给读者一个想象的空间，在最后一章陡然点出被送对象，给人恍然大悟之感，采用倒装之法，耐人寻味。

《燕燕》一诗之所以得人心，在于它的情真意切。四章由虚到实，最后一章清楚交代，妹妹不但个人修养高，而且视人如视己，堪比高风亮节之士。此处也从侧面反映了古代先民对女性的至高评价。

◎击鼓◎

击鼓其镗①，踊跃用兵②。土国城漕③，我独南行。
从孙子仲④，平陈与宋⑤。不我以归⑥，忧心有忡⑦。
爰居爰处⑧，爰丧其马⑨。于以求之⑩，于林之下。
死生契阔⑪，与子成说⑫。执子之手，与子偕老。
于嗟阔兮⑬，不我活兮⑭。于嗟洵兮⑮，不我信兮⑯。

【注释】

①镗（tāng）：鼓声。②踊跃：双声连绵词，跳跃，表示高兴。③土国城漕：卫国大兴土木，筑造漕城。④孙子仲：人名，统兵的主帅。⑤平：和，调停。陈与宋：陈国与宋国。⑥不我以归：即不以我归，意思是长期不许我回家。⑦忡（chōng）：忧愁。⑧爰（yuán）：何处，哪里。⑨丧：丧失，此处有跑失之意。⑩于以：于何。⑪契阔：聚散。⑫成说：誓约。⑬于嗟：感叹词。⑭不：不许。⑮洵：信用。⑯信：古伸字，此处指伸说。

【赏析】

《击鼓》是一首与战争有关的诗,至于究竟是哪次战争,历来说法不一。有的说诗中战争指卫王呼吁联合宋陈讨伐郑国之事,有的则认为这是卫穆公时宋国伐陈、卫国救陈之事。其实,这首诗的典型意义在于,它道出了普通百姓对战争的怨恨,至于诗的背景是哪次战争,对欣赏这首诗的艺术价值并没有多大影响。

《击鼓》全篇用"赋"的手法,叙述战争的过程和将士对妻子的思念。全诗共五章,叙述一个远征南方、不能归家的将士对战争的怨尤之情。诗从出征开始写起,"击鼓其镗,踊跃用兵"。作者没有直接把出征的场面展示出来,可是那雷鸣般的声声战鼓,分明告诉大家,战事已起,无数男丁就要被发往战场浴血奋战了。以"踊跃"二字形容用兵,犹言在战鼓的激励下,士兵们积极进行演练,战争的紧张气氛弥漫其间。在众多出征士兵里,就有诗中的主人公。他不幸被派往战场,内心十分忧伤。

"土国城漕,我独南行。"战争将至,到处都是修筑防御工事的苦役。但是在主人公看来,修筑工事虽然辛苦,却可以不用离开家乡;而远征作战,不知何时回家不说,一旦战死沙场,就永远等不到回家那一天了。用一个"独"字,把自己的命运同修筑城池的苦役相比,更显遭遇的不幸。

"从孙子仲,平陈与宋。不我以归,忧心有忡。"诗中主人公说带领他们南征的将领是孙子仲,征战之地是陈国和宋国。这意味着他将长期戍守在异地他乡,想到归期无望,他怎么不忧心忡忡?

征战之人不仅饱受久不能归的精神折磨,还要承受奔波无定的战争给肉体带来的折磨。"爰居爰处,爰丧其马。于以求之,于林之下。"东征西战的过程中,将士们居无定所,行军至何处,便在何处席地而眠。就连睡梦中也要保持高度警惕,以防半夜遇到紧急情况。岑参《走马川行奉送封大夫出师西征》中有这样的诗句:"将军金甲夜不脱,半夜军行戈相拨。"想来《击鼓》中这位士兵也经历过这样的场面吧。更不幸的是,主人公于战争的混乱之中丢失了战马,经过艰难寻觅,终于在树林中找到马匹。其实,好马不服拘束、喜欢驰骋,不正如征夫不愿久戍、渴望回家的心情么?再换个角度看，战马跑失似乎也暗示了主人公思家过甚，以致精神恍惚、失魂落魄。

"死生契阔，与子成说。执子之手，与子偕老。"大多数人对《击鼓》一诗并不熟悉，但是这句"执子之手，与子偕老"，恐怕就无人不知了。至此，诗由叙述征战的艰苦生活转入对往事的深情回忆。

主人公与妻子感情深厚，他曾经对妻子立下誓约：此生无论生死聚散，我都会握紧你的手，跟你白头偕老！人生变幻无常，能够经受时间的考验，平平淡淡相守一生的人实在不多。海誓山盟本来就是无法实现的戏言，而跟那些海枯石烂的誓言相比，这句"与子偕老"就显得朴实、真挚得多了。

可是当初立下约定时，主人公怎么也想不到，他们的美好愿望会被突来的战争搅得粉碎。"于嗟阔兮，不我活兮。于嗟洵兮，不我信兮。"人如果可以一直沉浸在美好的回忆里，未尝不是一件幸事。但怕就怕再回到悲惨的现实，而且回忆越美好，现实就越显绝望。当读诗之人还在为那句"执子之手，与子偕老"感动得一塌糊涂时，主人公已经回到了现实，他悲哀地说：我们相隔太遥远，不知道哪天才能相见；我们分别太久了，无法实现当初的誓言。沉痛、怨恨之情可见一斑。

"执子之手，与子偕老。"多么真诚、朴素的愿望。可是征夫竟没有实现这个愿望的机会，而导致征夫失约的正是无休无止的战争。等待征夫和他妻子的很可能是"可怜无定河边骨，犹是春闺梦里人"的命运。《击鼓》也许只是一个士卒厌战、思归的心声，却喊出了无数儿女渴望安定、平静生活的真切愿望。

◎式微◎

式微式微①，胡不归？微君之故②，胡为乎中露③？
式微式微，胡不归？微君之躬④，胡为乎泥中？

【注释】

①式：语气助词。微：（日光）衰微，黄昏或曰天黑。②微：非。③中

露：即露中，露水之中。倒文以协韵。④躬：身体。

【赏析】

《式微》让人联想起《采薇》。《式微》开篇的"式微式微"与《采薇》开篇的"采薇采薇"，句式相似，语音相近，有异曲同工之妙。但两者在内容和主旨上却截然不同。《采薇》中的"薇"是一种野生的薇菜。而《式微》一诗中，"微"是衰微的意思。"式微"原来指国家或世族衰落，后也泛指事物的衰落。

《式微》的主旨，大致有三种可供参考：

一、黎侯被狄国驱逐，他无处安家便流亡在卫国，寄人篱下。这首诗正是他的子民劝说他回到祖国的篇章。

二、卫侯的女儿嫁给了黎国的庄公，哪曾想被娶过门之后做的不是正妻而是小妾。国人同情她，劝她回来，可她秉承妇道，忠贞不二，将余生都奉献给庄公。于是她作此诗以表心志。

三、这是苦于劳役的人所发的怨声。

历代学者赞同第三种观点，认为这个解释最贴切诗意。

在流传后世的过程中，《式微》不断被赋予新的意义。从情诗的角度来看，可以将这首诗理解为：女主人公留在异国他乡，满怀抑郁、幽怨难诉，因为她的付出难以得到回报。但她并没有选择背叛，靠着心中那一丝爱恋的支撑，决定了自己的人生路：生是君王的人，死是君王的鬼。

从《毛诗序》的说法"劝归"入手，又可看到另一番天地。《式微》常被后代隐逸之士用于表白意欲归隐的心迹。隐士们在"归"字上大做文章，表现自己返璞归真、归隐山林、远离城市喧嚣的愿望。

开篇设问，引起读者的阅读兴趣：夜的帷幕拉开了，天色已晚，为什么还不回家呢？接下来，诗人给出了回答："微君之故，胡为乎中露？"之所以还不回家，是因为要为了君主的事情奔忙。为了他们的华贵生活，底层的劳动者终日不辞辛苦地劳作，迎着清晨的露水，始终如一，不敢有丝毫懈怠。

"式微式微,胡不归?"下一章重复第一章的设问,再次提问:天色已晚,为什么还不回家呢?"微君之躬,胡为乎泥中",为了养活君主,躬行为奴的誓言,履行顺从的责任,不得不这样奔波劳作。

全诗短小精悍。寥寥几笔,描绘了受压迫、受奴役的人们困难的处境,同时还婉转表达了对统治者的不满和控诉。全诗的点睛之处在于艺术手法的运用,这首诗有两个特点,一是运用设问,二是强调韵脚。

首先,来看设问的运用。"式微式微,胡不归",根据下文可知,这一问句并不是有疑而问,而是明知故问。这样做更能引起读者的注意,让读者产生一探究竟的阅读欲望。整首诗是写主人公遭受统治者的奴役和压迫,不分昼夜地辛勤劳作,贪黑起早,苦不堪言的现状,如果直言这一主题,便会显得单调。因此诗人通过这种无疑之处设疑的方法,使诗篇显得更有跌宕的情致。

其次,是韵脚的处理。这首诗十分押韵,每章换韵,句句用韵,而且全诗回环往复,只在个别字上稍做改动,使全诗节奏紧凑,引人入胜。所以方玉润评此诗:"语浅意深,中藏无限义理,未许粗心人卤莽读过。"(《诗经原始》)

◎静女◎

静女其姝①,俟我于城隅②。爱而不见③,搔首踟蹰④。
静女其娈⑤,贻我彤管⑥。彤管有炜⑦,说怿女美⑧。
自牧归荑⑨,洵美且异⑩。匪女之为美,美人之贻。

【注释】

①静女:贞静娴雅之女。朱熹《诗集传》:"静者,闲雅之意。"姝(shū):美好。②俟(sì):等待。城隅(yú):城角隐蔽处。③爱而:隐蔽的样子。④踟蹰(chí chú):徘徊不定。⑤娈:面目姣好。⑥贻(yí):赠。彤管:指红管草。⑦炜(wěi):盛明的样子,有光彩。⑧说怿(yuè yì):即"悦怿",喜悦。⑨牧:野外。荑(tí):初生

的白茅，象征婚媾。⑩洵（xún）：实在，诚然。异：特殊。

【赏析】

爱是一种抽象的概念，它看不见抓不着，而《静女》将这种抽象的情感具体化，让爱真真切切地存在于人们眼前。《静女》一诗历来备受关注，因为它美，且美得别有风韵。不仅文字熠熠生辉，诗中的女子亦文静美好，令人神往。

"静女其姝，俟我于城隅。爱而不见，搔首踟蹰。"由此句可知，这首诗以一个男子的口吻叙述，他对恋人的外貌极尽赞美，对她待自己的情意极尽宣扬，可看出他的喜悦心情，仿佛在向世界昭告，有一个美丽的女子在等待他。他迫不及待地早早赶到约会地点，四处张望，但是前面似乎有什么树木房舍之类的东西挡住了他的视线。于是他抓耳挠腮，焦急难耐，在原地来回徘徊。"搔首踟蹰"一句，通过动作描写形象细腻地传达出人物的心理状态，刻画出男子的痴情。

"静女其娈，贻我彤管。彤管有炜，说怿女美。"小伙子站在那里等着，心中开始回忆起两人的甜蜜过往。他想起心爱的女孩送给他的彤管，这个礼物精美至极，色泽鲜艳，一如姑娘的容颜。所以小伙子对它爱不释手。

第三章是全诗情感的巅峰之处。"自牧归荑，洵美且异。匪女之为美，美人之贻。"这个有心的女孩从牧场归来时，采摘了一株荑草送给男子。男子认为它比彤管还要珍贵，因为他知道这是女孩跋涉远处郊野亲手采来的，所以他把这株普通荑草看得"洵美且异"。

《静女》一、二两章都以"静女"开头，首章"其姝"，次章"其娈"，一字之差，含义自然也有所区别。第三章则与一、二章完全不同，由此，这首诗既不乏节奏感和音乐美，同时也有较大的内容含量和表现力。

这首诗在艺术上最显著的特点是采用直陈其事的"赋"的手法。这一手法的运用使这首简短的诗能用最洗练的字句，描写出约会的进程，既有地点、人物、情境的描绘，又有回忆和心理活动的叠加。

《静女》一诗语言清新活泼，生动有趣。无论是男子欣喜若狂、满脸爱意的神态，还是女子姣好的容貌和活泼可爱的性格，都如在目前，使它无愧享有"写形写神之妙"（陈震《读诗识小录》）的美誉。

◎新台[1]◎

新台有泚[2]，河水弥弥[3]。燕婉之求[4]，籧篨不鲜[5]。
新台有洒[6]，河水浼浼[7]。燕婉之求，籧篨不殄[8]。
鱼网之设，鸿则离之[9]。燕婉之求，得此戚施[10]。

【注释】

[1]新台：卫宣公替世子伋娶齐女，听说齐女漂亮，就在河边筑一座新台，把齐女给自己娶来，称为宣姜。[2]有泚（cǐ）：很鲜明的样子。[3]河水：此处指黄河。弥（mǐ）弥：大水茫茫。[4]燕婉：安乐、美好。[5]籧篨（qúchú）：蛤蟆。鲜：善。[6]有洒（cuǐ）：高峻。[7]浼（měi）浼：水满的样子。[8]殄（tiǎn）：和善。[9]鸿：指蛤蟆。离：通"罹"，罹难，遭受。[10]戚施：驼背的人。这里指蛤蟆。

【赏析】

《新台》是卫国民间流传的一篇意味深刻、炙脍人口的讽刺诗。《毛诗序》曰："《新台》，刺卫宣公也。纳伋之妻，筑新台于河上而要之。国人恶之，而作是诗也。"意思是说：《新台》一诗讽刺卫宣公纳儿子之妻，搭建新台截住新娘子，以求抱得美人归。举国上下都看不惯他这种不知廉耻的行为，于是编了这首歌暴露他丑恶的行径。

《新台》实质上揭示了封建道德的虚伪性。统治者要求百姓遵从礼教，自己却寡廉鲜耻；要求百姓规规矩矩，自己却为所欲为。卫宣公即是一个典型的例子，人们正是要借着这种现象批判荒淫无度、治国无方的统治者，表达自己愤愤不平的心情。

"新台有泚,河水弥弥"和"新台有洒,河水浼浼"是兴语，但兴中有赋：卫宣公垂涎于未婚的儿媳妇，便造了"新台"，以显示他做这件事的合法性。

但无论怎样，好事不出门，坏事传千里，越想掩盖不轨的动机，就越是欲盖弥彰。

"燕婉之求，蘧篨不鲜。"可人儿原本遇上了一个好夫婿，谁料到，最终嫁的却是一个糟老头。"燕婉之求，蘧篨不殄。"意义与前一句相近。嫁给一国之君是事实，可是地位再高又有什么用？这两章用反衬和讽刺的手法极言卫宣公不知廉耻的行为，令人不禁为这个女子鸣不平，本来嫁的是儿子，却进了公公的虎口，真是一朵鲜花插在了牛粪上，倒霉至极。

"鱼网之设，鸿则离之。燕婉之求，得此戚施。"织好了一张渔网准备去捕鱼，到河边做了一番准备之后开始打渔，哪想到这一网上来没抓到鱼抓到的却是一只蛤蟆，正如貌美如花的新娘本想嫁个美少年，最终却遇到了一个驼背的丑丈夫一样。

全诗的语言从头到尾犀利尖酸，一讽到底。新台是美的，但遮不住卫宣公的丑露行为。反衬的修辞方法，使文章的讽刺意味更加浓厚深刻，也使得诗句所描写的人物和事件达到美愈美，则丑愈丑的境界。

《新台》以第三者的身份叙述整个事件的全过程，以一个旁观者的身份进行褒贬。人们抱着强烈的讥刺与憎恶之情，反复用蘧篨这种丑陋的动物，来烘托女主人公对婚姻的美好期待和期待落空的悲哀与不幸。对这种强烈落差的反复摹写，体现出诗人对女主人公的同情。

◎二子乘舟◎

二子乘舟，泛泛其景①。愿言思子②，中心养养③。
二子乘舟，泛泛其逝。愿言思子，不瑕有害④。

【注释】

①泛泛：飘荡的样子。景：通"憬"，远行。②愿：思念。③养（yáng）养：心神不定，烦躁不安。④不瑕：不无，是疑惑、揣测之词。

【赏析】

"李白乘舟将欲行,忽闻岸上踏歌声,桃花潭水深千尺,不及汪伦送我情。"一曲《江边送别》奏响千年友谊的乐章。

"劝君更进一杯酒,西出阳关无故人。"一杯酒饱含牵挂与珍重。

"海内存知己,天涯若比邻。"一句祝福涵盖所有离别的情怀。

送别诗是中国诗歌史上不容忽视的存在,追源溯流,可从《诗经》中略窥一二。《二子乘舟》便是一首动情的送别之诗。

"二子乘舟,泛泛其景",两句点出送别地点发生在河边。两位年轻人拜别了亲友登上小船,在浩渺的河上飘飘远去,只留下一个零星小点,画面由近而远。"泛泛"二字形象地描绘出波光粼粼的场景。

"愿言思子,中心养养。"送行的一行人在岸边伫立,久久不肯离去。骋目远望,悠悠无限思念之情。此处直抒送行者的留恋牵挂之情,更将送别的匆忙和难分难舍表现得淋漓尽致。

"二子乘舟,泛泛其逝。"两位年轻人所乘之舟,早已在蓝天之下、长河之中逐渐远去,送行者却还痴痴站在河岸上远望。"愿言思子,不瑕有害。"当两个年轻人离去后,送行之人千丝万缕的离愁别绪和惦念纷然涌上心头。他目不转睛地注视远方,却只看见无垠的波浪。这些波浪正如人生旅途上未知的挫折和荆棘。远去的人儿啊,不知你们能不能顺利渡过艰险,披荆斩棘,乘风破浪?这两句,是用祈祷的方式,传达情感上的递进和转折,恐怕只有亲人、朋友、爱人才会真正如此设身处地地惦念他们。在这割舍不断的牵念中,很自然地浮起忧思和对未来的担忧。

整首诗景象相同、地点相同,而情感却由浅到深。正因为有了这种回环复沓的手法,才使诗显得更加蕴蓄深沉。

此诗的写作背景,据《毛诗序》分析:"《二子乘舟》,思伋、寿也。卫宣公之二子,争相为死,国人伤而思之,作是诗也。"伋和寿是卫宣公的两个儿子,伋便是《新台》一诗中被父亲卫宣公抢走妻子的少年,寿是卫宣公与这位女子生下的儿子。寿的兄弟朔与其母密谋,恳请卫宣公派伋出使齐国，准备在出使途中杀掉伋。寿得知后，劝伋逃走，伋不听，他便偷了伋的符节，先行出发，代替伋被杀了。伋后来也被杀害，举国百姓为此伤心不已，便作此诗来纪念二人。

而现代学者闻一多先生则猜测这首诗"似母念子之词"（《风诗类钞》），也有学者认为这是一位父亲送别"二子"之作，所有解说大体相似。将它视为临别妻子送夫、朋友送友人的诗，恐怕也无可厚非。毕竟送别的主旨没有改变。

血浓于水，兄弟情深。不管二子"争相为死"的说法到底是真是假，毋庸置疑的是全诗依依惜别的深情，永远感动着后人。

国风·鄘风

◎柏舟◎

泛彼柏舟，在彼中河。髧彼两髦①，实维我仪②。之死矢靡它③！母也天只④，不谅人只⑤！

泛彼柏舟，在彼河侧。髧彼两髦，实维我特⑥。之死矢靡慝⑦！母也天只，不谅人只！

【注释】

①髧（dàn）：头发下垂的样子。两髦（máo）：古代男子未行冠礼前，头发齐眉，分向两边的样式。②仪：配偶。③之：到。矢：誓。靡：无。④只：语气助词。⑤谅：相信。⑥特：与上文的"仪"同义。⑦慝（tè）：改变。

【赏析】

《诗经》中有很多反映婚恋爱情的诗篇，《鄘风·柏舟》就是其中较为有特色的一篇。与《诗经》中大多数描写爱情的纯真与唯美的诗相比，这首诗的不同之处在于,它反映了《诗经》时代民间婚恋的状况。在那个年代,人们仍享有一定的爱情自由,原始的婚俗仍占有一定地位;但是,正如《诗经》中所体现出来的那样:"取妻如之何?必告父母""取妻如之何?匪媒不得"(《齐风·南山》),繁琐的礼教已侵入人们的生活。因此青年男女为了争取婚恋自由而产生的反抗意识,开始在《诗经》中显示出独特的艺术魅力。

诗的第一章以柏舟起兴:那飘荡的柏舟,就在水中央。舟上垂发的男子,是我心仪的爱人,我对他的感情至死不渝!母亲啊,苍天,为什么你们不能体谅我的心成全我呢?诗的起始便发出了震人心魄的誓言:"之死矢靡它!"诗意的表达直接而强烈,"母也天只"呼娘呼天,"娘啊天啊"这一句并不是对娘的斥责,而是情感的迸发,爱上一个人却不能相守的焦急与顾盼流露于呐喊之中。

诗的第二章是为重唱,两章重章叠句,意味相同,只为加强语气,这在《诗经》中是惯用的手法。与第一章稍有不同的是,此时的柏舟已飘到了河的边缘。说明时间在改变,舟上垂发的男子,依然是我心仪的爱人,我对他的感情至死不渝!母亲啊,苍天,为什么你们不能体谅我的心成全我呢?诗至此戛然而止,留白的结局为读者留下了疑问与回味:母亲为何要阻止这二人在一起?结局是大团圆还是劳燕分飞?

父母之命,媒妁之言,在《诗经》的年代,爱情不仅仅是"桃之夭夭,灼灼其华",在绚烂的外表下,不知有多少誓死的抗争。《柏舟》中的女子,声声呐喊惊醒了《诗经》爱情的美梦:那舟上的人就是我心爱的人儿,我的爱至死不渝!母亲与苍天,为何难成全?

《鄘风》中有相当多的情诗,描绘出当时男女青年在婚恋过程中的各种情况、与礼法制度相矛盾的家庭生活等。从《柏舟》这首诗中可以看出,当时的婚恋有一定的自由,但父母的意见常常左右着这些年轻人的爱情。诗中的女子对于母亲的干涉很不理解,因而采取发誓和呼告的方式表达了抗议,并在诗中表达了自己对爱情的至死不渝,以及对礼教束缚和包办婚姻的不满。女子呼告的对象是"母亲",不难看出,母系社会的习惯势力在当时还有体现。

女主人公向母亲呼告之余又向"天"呼告，周朝时代的人把"天"看做居高临下、明察秋毫，具有至高无上、主宰一切的神秘力量。当人们心中有懊恼、不平或愤激时，往往向天呼吁，请求体恤，希望挽回天命，改变命运。这自然是人们对自己所幻想的神单方面寄托的一种幻想。

奇特的内容让这首《柏舟》在《诗经》众多的婚恋诗篇中脱颖而出，而在形式上，和《国风》《小雅》中的多数篇章一样，《柏舟》是一首歌词。在艺术上属于典型的两章叠咏：中心意思在第一章表达得已经很完整，但觉感情还未抒发到极致；于是第二章继续表达同一种意思，只变易韵脚。一支曲子，两段歌词，结尾咏叹。这种形式，一直到当代的歌曲中仍有十分广泛的继承。

《柏舟》之所以用重章叠句的形式，是借以抒发作者强烈的感情，心中的话似乎只有一遍一遍重复声明，才能表白一颗坚定的心，因此诗背后的爱情故事便让人猜测不已。《毛诗序》有这样一段解读："《柏舟》，共姜自誓也。卫世子共伯早死，其妻守义，父母欲夺而嫁之，誓而弗许，故作是诗以绝之。"

放下当时那些繁冗的教条与寓意综观全诗，《柏舟》最富震撼力的仍是女子"之死矢靡它""之死矢靡慝"的铮铮誓言，这让人不能不联想起汉乐府诗歌《上邪》中"山无棱，江水为竭"一段感天动地的爱情誓言。爱情无论在哪个时代，都有振聋发聩的誓言与呐喊，都有痛彻心扉的体验与感悟，《柏舟》如是。

◎君子偕老◎

君子偕老[①]，副笄六珈[②]。委委佗佗[③]，如山如河。象服是宜[④]，子之不淑[⑤]，云如之何[⑥]。

玼兮玼兮[⑦]，其之翟也[⑧]。鬒发如云[⑨]，不屑髢也[⑩]。玉之瑱也[⑪]，象之揥也[⑫]，扬且之晳也[⑬]。胡然而天也[⑭]，胡然而帝也。

瑳兮瑳兮[⑮]，其之展也[⑯]。蒙彼绉絺[⑰]，是绁袢也[⑱]。子之清扬[⑲]，扬且之颜也[⑳]。展如之人兮[㉑]，邦之媛也[㉒]。

【注释】

①君子：指卫宣公。偕老：夫妻相亲相爱、白头到老。②副：妇人的一种首饰。笄（jī）：簪。珈（jiā）：饰玉。③委委佗佗：举止雍容华贵、落落大方。④象服：镶有珠宝、绘有花纹的礼服。⑤淑：善。⑥云：句首发语词。如之何：奈之何。⑦玼（cǐ）：花纹绚烂。⑧翟：绣着山鸡彩羽的衣服。⑨鬒（zhěn）：黑发。如云：形容头发浓密。⑩髢（dí）：假发。⑪瑱（tiàn）：冠冕上垂在两耳旁的玉。⑫揥（tì）：发钗一类的首饰。⑬扬：前额宽广方正。且：助词。晳（xī）：白。⑭胡：怎么。然：这样。⑮瑳（cuō）：玉色鲜丽洁白。⑯展：古代夏天穿的一种纱衣。⑰蒙：覆盖，罩上。绉（chī）：细葛布。⑱绁袢（xiè fán）：夏天穿的白色内衣。⑲清扬：眉清目秀。⑳颜：额头。㉑展：的确。㉒媛：美女。

【赏析】

　　历史总会消磨一些东西，经典也未能得以幸免，在岁月的更迭中，一些诗作最本真的意义再难考证，在后人的猜疑中产生出不同的解读，成为文学殿堂里的桩桩"悬案"。《君子偕老》正是这样一桩"悬案"，历来颇受争议，在这首诗的多种评论中，最重要的是两种，一褒一贬，针锋相对。

　　一说认为它是一首讽刺之诗。《毛诗序》："《君子偕老》，刺卫夫人也。夫人淫乱，失事君子之道，故陈人君之德、服饰之盛，宜与君子偕老也。"宣姜本是卫宣公之子伋的未婚妻，不幸被宣公霸占，后来又与庶子顽私通，劣迹斑斑。由此可见，"君子偕老"一句实是对宣姜行为的反讽。评论者认为，这首诗讽刺卫国宣夫人外貌美丽华贵而行为丑陋无耻，诗人以美写丑，美的外貌与丑的灵魂形成强烈的反差，造就深长的讽刺意味。"子之不淑"为其画龙点睛之笔。整首诗既有铺陈，也有反衬，两相对比之下，讽刺之意尽显。

　　另一说法认为此乃单纯的赞美之辞。持这种观点的人认为，这是一首颂诗，一般在庆颂仪式上歌唱，理由是，《诗经》讽刺人的品行时，很少通过美好的事物来衬托。在这首赞美婚姻的诗中，"君子偕老"一句开篇便统领全诗，极力主张美人应与君子美满偕老，接下来从各个层面突出其美丽，并用服饰之华美象征其品德之高贵。明戴君恩《读风臆评》云："零零星星，不舍一物，绮密回还，变眩百怪，《洛神》《高唐》不足为丽矣。"

两种说法迥乎不同，展现出这首诗的隐晦和多义。若单讲诗作的亮点，则无论是哪一种主题，作者都以优美的笔触，对女主人公进行了各种描摹，极尽奢华。所以，暂时抛却主旨，融入作者的唯美摹写，用心感受那种光艳绝伦，才是当务之急。

作者从盛大的册封大典开始，渲染典礼之庄严法度，礼服之华美典雅。宣姜身着礼服冠冕，华美俨然，一时震惊四座。次章宣姜身着羽衣，鲜艳明丽，更加姿态妍丽，娇媚无限，诗人用繁复的文字渲染宣姜的羽衣华服，青丝如云，耳中明月铛、头上象牙插，更显得"面如秋月还白，目似秋水还清"（《红楼梦》赞贾宝玉语）。末章宣姜身着便服，眉目宛然，丰姿如画。在篇末诗人又大大赞叹了一番：如此美女，世间少有，地上无双。

好的铺陈得益于美的辞藻，亦得益于巧的结构，全诗以七句、九句、八句的格式排列，显得错落有致，给人环佩叮当之感。首章揭出通篇纲领，章法巧妙，使得全文连贯圆融，浑然如一。诗作交叉表现宣姜的服饰和仪容，用语华丽工巧，结构上酣畅淋漓，巨细备至，深得《诗经》回环往复之妙，达到了震撼人心的艺术效果。

也许"讽刺"的主张是对的，因为文人痛恨一件事时，他可能破口大骂，却也可能酸溜溜地瞻之仰之，赞之颂之，当把其捧得足够高时，再突然给其措手不及的打击，完成鞭挞的初衷。或者，后一种观点才是正确的，以华美事物象征美好品格是《诗经》中的常用手法。无论哪一种，都无法冲淡这首诗唯美的描摹和深湛的艺术塑造能力。

文章用赋法咏叹宣姜服饰容貌时的精美措辞，让人禁不住感叹汉语的魅惑。"胡然而天也，胡然而帝也"，仿佛天仙降临，给人诸多缥缈恍惚的幻想。"展如之人兮，邦之媛也"，让今人亦能沉溺于其意蕴无穷。

◎桑中◎

爱采唐矣①？沬之乡矣②。云谁之思？美孟姜矣③。期我乎桑中④，要我乎上宫⑤，送我乎淇之上矣⑥。

爱采麦矣？沬之北矣。云谁之思？美孟弋矣。期我乎桑中，要我乎上宫，送我乎淇之上矣。

爱采葑矣⑦？沬之东矣。云谁之思？美孟庸矣。期我乎桑中，要我乎上宫，送我乎淇之上矣。

【注释】

①爱：于何，在哪里。唐：菟丝子，寄生蔓草，秋初开小花，子实入药。②沬（mèi）：卫邑名，在今河南淇县。乡：郊外。③孟姜：姜家的长女。④桑中：地名。⑤要（yāo）：邀约。⑥淇：淇水。⑦葑（fēng）：一种菜名，即芜菁。

【赏析】

初读这首诗，会发现其语调舒缓，意境和美，像是一位男性主人公在幽幽地念叨和回味自己曾经的恋情和幽会。可能此时他正坐在一个长满青草的山坡，迎着和暖又轻柔的微风，某种风吹杨柳的情景或者仅仅是某种熟悉感，不经意间碰触到了敏感的神经，回忆中的旖旎悄悄爬上心头，作者开始不自觉地低语、沉吟，由此成就了这首《桑中》。

这是一首爱情诗，短暂的篇章，记述了一对青年男女多次约会的情景。诗篇以男主人公的甜蜜回忆起始，再现女子的主动邀约，最终定格于二人的依依不舍，如此回返往复，细致地勾画出这段感情的百转千回，让人阅读时不禁替男女主人公心生欢喜。

诗一开篇，"爱采唐矣"，即定下全诗缠绵幽远的基调。"采唐""采麦""采葑"皆是比兴。"姜""弋""庸"是姓，也可解释为对美女的泛称，类似于后代人称美女为"西子"，三个姓氏实为一人，都是指那位火热、浪漫的女主人公。郭沫若《甲骨文研究》云："桑中即桑林所在之地，上宫即祀桑之祠，士女于此合欢。"又云："其祀桑林时事，余以为《鄘风》中之《桑中》所咏者，是也。""桑中"即桑树林中，"上宫"即人们祭祀用的祠堂，而"淇之上"，则是婉转回环的淇水岸边。在这几处梦幻的桃园，作者的柔情蜜意曾如水般漫开，此刻又任思绪反复流连，迟迟不肯离散。

诗作中有很多"设问"手法的应用，"爰采唐矣？沬之乡矣。云谁之思？美孟姜矣。"此处明明可以直接叙述，诗人却偏要故意提问，如此一来，就显得叙述曲折起伏，更添情味，表现出作者深刻浓郁的情感。全诗三章结构相同，反复咏唱在"桑中""上宫"里的情浓时刻以及淇水相送的缠绵，反映出作者对这段感情的回味、珍惜和割舍不下。其句式由四言而五言而七言，体现出情到浓时的欲罢不能，尤其每章句末的四个"矣"字，伤感留恋之情溢于言表。

"姜""弋""庸"都是贵族的姓氏，而男方是从事采集劳动的青年，门户悬殊。男方一直在思恋着这位气质优雅的美丽姑娘，但因为地位低下，只能强自隐忍。善良的女主人公对男子也产生了好感，并且细心聪慧地看出了男子的心意，于是，她主动邀约，表露心迹，与男子展开了一段美好的恋情。以后的故事，作者没有说，但无论结局怎样，男子都会不断回忆这段感情。

正如《诗经》中不少爱情诗的命运一样，《毛诗序》也把这首《桑中》收编入礼教的翼下："《桑中》，刺奔也。卫之公室淫乱，男女相奔，至于世族在位，相窃妻妾，期于幽远，政散民流而不可止。"劈头一棍，打碎了无数人的爱情梦幻，让《诗经》的质朴不再纯真，让人们的思绪不再清扬。

后代的朱熹等一些人，举姜、弋、庸乃当时贵族姓氏为证，认为这是一首揭露贵族淫乱之辞。而另一些人则坚持纯粹从诗作的内容和意境把握诗意，认为诗中并无其他的政治含义，只是单纯地表现了青年男女的炽烈爱情。

想要一窥真实，就要追溯到那个质朴的时代，亲手翻开那页处处生机蓬勃的画卷。上古时期，身处蛮荒中的先民们处处以生存优先，诚心地奉祀农神及生殖之神，他们认为男女之间的交合与万物生长繁殖息息相关，因此，祀奉农神与生殖神的仪式常常交杂在一起，且伴有男女在一起欢会的习俗。《桑中》所描写的正是这种习俗的遗留。这种解释，才是真实的历史再现，也更贴合《诗经》所处的时代。而"刺奔"之类的坐而论道，则是对诗旨牵强附会的解释，是汉儒以"比兴"解诗的错误，他们借维护纲常的借口，遮蔽了先民的本性。

由此，解读这首诗的最佳视角，应该是建立在人类文化学的基础上。男女爱情以劳动为背景和引子，在采摘麦子、芜菁的劳作中，爱情也潜移默化地生长、成熟。当年轻的男女皆春心萌动之时，美丽的少女主动邀约，到桑林中幽会，爱情和劳动的场地是同一的。在神圣的祠堂边，爱情和农作物一起得到蓬勃的生长和释放。最终，以农业的源泉——河流，见证和象征爱情的滋润、回旋不断和源远流长。在这首诗里，爱情和农业混融交合、亲密无间，在作者看来，它们都是生命中不可缺少的必需。在整个《诗经》中，农业劳动和爱情，一以贯之地被赋予了同样的美好。

这种在神圣的祠堂边、桑林中出现的、带着浓厚淳朴气息的爱情，颇具原始色彩。只是千年前的《桑中》显得更加纯粹，更加唯美，又因为是男主人公事后的低吟浅唱，所以更加撩人，更加意蕴悠长。

◎相鼠◎

相鼠有皮①，人而无仪②。人而无仪，不死何为？
相鼠有齿，人而无止③。人而无止，不死何俟④？
相鼠有体，人而无礼。人而无礼，胡不遄死⑤？

【注释】

①相：视。②仪：威仪。③止：指遵守礼法。④俟（sì）：等待。⑤胡：何。遄（chuán）：速。

【赏析】

《诗经》是周代先民思想情感的优美表达，其中不乏对美好事物的尽情赞美，更有对丑恶事物的无情痛斥。而《诗经》的所有怨刺之诗中，《相鼠》要算是骂人骂得最痛快、最尖刻的一首。

至于所骂何人，历来观点不一。有学者认为是百姓刺骂统治者，有人却说是"妻谏夫之诗"，持前种说法的人更多。统治者饱读诗书，满口尊卑礼仪，暗地却做出许多卑劣的勾当，这当然会遭到百姓的怒骂。其实，不必这么狭隘地去理解《相鼠》。无论何种人，只要品行龌龊，就会使人侧目，哪用得着分什么贵族士大夫、平民老百姓。这么来看这首诗，也许更有典型意义。

诗以鼠起兴，直接引起人们的憎厌之情。从古至今，老鼠这种动物都很不受人欢迎。首先，老鼠长了一副不讨人喜欢的嘴脸，浑身灰色，尖嘴小眼，形象上就让人没有好感。而且老鼠喜欢在夜间活动，一出来就四处张望，显得十分狡黠。更叫人无法忍受的是，老鼠偷窃成性，咬坏物品不说，还毁坏庄稼。所以一提起老鼠，人们便毫不掩饰对它的憎恶。《诗经》中所有写到"鼠"的诗里，无一不把老鼠当作痛斥和驱赶的对象。

以好衬恶，固然能显出恶之不好；而以一恶比另一恶，则更显其恶之甚。鼠已如此可厌，作者还用它来衬托丧失礼义廉耻的人，可见人无德行所引起的反感远甚于老鼠。"相鼠有皮，人而无仪。人而无仪，不死何为？"在诗作者看来，老鼠尚且还有一张皮，作为人却没有人应有的威仪，这种人不配活在世上，不如早些死掉的好。

"相鼠有齿，人而无止。人而无止，不死何俟？"诗人继续骂道："你看看那老鼠还长着牙齿，有的人却不知羞耻！做人而无羞耻之心，不死还等什么？"及至第三章，诗人的怒气不仅未消，反而有所增长："相鼠有体，人而无礼。人而无礼，胡不遄死？"老鼠还有体，人却不知礼！做人如果不守礼，为什么不赶快去死？

三章语义相似，但绝不是诗人重复啰唆的谩骂。每一章在意义上都比前一章更进一步，言词逐渐激烈，情绪逐渐加强。"仪""止""礼"，一字之变，由表及里、由浅入深地把一些人卑鄙龌龊的品质揭露无遗。在一步步揭露丑陋面目的同时，诗人的情感渐次升温。从"不死何为"到"不死何俟"，再到"胡不遄死"，一问比一问尖锐，一问比一问怒不可遏，直有立即将德行败坏之人从人间清除的架势。老鼠过街的后果不过是人人喊打，打跑了也就作罢；可是一个尽失为人之道的人却激起众人"胡不遄死"的呼声。可见在古人看来，人若不守礼仪，便也不具有生存的价值了。

从人的角度看，老鼠的品性确实恶劣，但也有例外。《关尹子》中有"圣人师拱鼠"的记载，这也许为解释《相鼠》提供了另一个角度。关中之地流传着这样一个民间传说：孔子云游天下，来到潼关，看见田边有群鼠拱爪站立，对日作揖。孔子见秦地老鼠尚懂礼仪，便不去秦地游说。南朝刘敬叔《异苑》的记载与此传说类似："拱鼠形如常鼠，行田野中，见人即拱手而立，人近欲捕之，跳跃而去。秦川有之。"

在这样的背景下看，"相鼠有皮""相鼠有齿""相鼠有体"不仅是说老鼠皮毛俱全，也有老鼠虽形容猥琐却有礼仪之心，人虽衣冠堂堂却不行礼仪的意味。如此一来，人之不如鼠辈更甚。

◎载驰◎

载驰载驱①，归唁卫侯②。驱马悠悠，言至于漕③。大夫跋涉，我心则忧。

既不我嘉④，不能旋反。视尔不臧⑤，我思不远⑥。既不我嘉，不能旋济。视尔不臧，我思不閟⑦。

陟彼阿丘，言采其蝱⑧。女子善怀⑨，亦各有行⑩。许人尤之⑪，众稚且狂⑫。

我行其野，芃芃其麦⑬。控于大邦⑭，谁因谁极⑮？大夫君子，无我有尤。百尔所思，不如我所之⑯。

【注释】

①载：语气助词。驰、驱：车马奔跑。②唁（yàn）：向死者家属表示慰问，此处不仅是哀悼卫侯，还有凭吊宗国危亡之意。③漕：地名。④嘉：赞许。⑤臧：好，善。⑥思：想法。⑦闷（bì）：同"毖"，谨慎。⑧言：语助词。蝱：贝母草。⑨怀：怀恋。⑩行：指主张。⑪尤：责怪。⑫众：通"终"，既是。⑬芃（péng）芃：草长得很茂盛的样子。⑭控：往告，赴告。⑮因：依靠。极：至，此处指援助者的到来。⑯之：往，行动。

【赏析】

《载驰》不但是《诗经》里的名篇，而且在诗歌史上也很有名。原因在于：其一，诗歌反映了一种热爱故土的精神，这历来是中华民族的一种情结；其二，诗的主人公许穆夫人极富魅力，她不但是难得的佳人，而且英姿飒爽，至情至性，坚毅果决；其三，诗的作者，也就是主人公，是诸侯之妻，王公之妹，高贵典雅，才情超众。作品本身具有很高的艺术价值，而诗作者则被定评为中国第一位女诗人。

许穆夫人是卫国戴公、文公的姊妹，因嫁给许国君穆公，所以称许穆夫人。卫国在懿公在位时遭遇戎狄入侵，国破君亡，戴公率遗民东渡黄河，在漕邑暂驻，戴公逝后，文公即位。许穆夫人便是为了悼唁戴公、慰问文公，并怀着游说大国帮助复国的壮志而自作主张离开许国，驱车奔卫。许国君臣担忧戎狄报复而加以阻拦，由此出现了夫人在前驾车奔驰，许国大夫们在后追逐拦阻的事件。前驰后追中，许穆夫人渐渐到达卫国的漕邑。许穆夫人作《载驰》一诗，记述下这个过程。诗中表明了自己奔卫的原因、拒绝拦阻的理由和向齐国求援复国的主张。

"载驰载驱，归唁卫侯。驱马悠悠，言至于漕。"意思是说"马儿我还要在你身上加鞭啊，因是急着回去吊唁卫侯。驱着你长途奔波莫嫌劳苦，我们要去那远离的漕邑故土。"诗的一开头就出现了一个奇特的镜头：美貌女子，手执长鞭，驾驭骏马高车匆匆疾驰，她时而回头张望后面追车荡起的烟尘，紧蹙的双眉流露出焦急和轻蔑，汗珠已在额头上浸出，但脸上仍写满坚毅。只听她一声娇喝，重重地将长鞭抽向骏马，马儿负痛嘶鸣，奋蹄绝尘而去，把追逐者甩得远远的。

"载"本是语助词，这里可当"又"理解，"驰"是策马急驱，"载驰"就是策马急急忙忙不断地前奔。为什么迫不及待，不断前奔？因为国破家亡，所以急着"归唁卫侯"，更兼卫地漕邑遥远。接着又告诉人们"大夫跋涉，我心则忧""许国的大夫在后匆匆追来，我能不急着奔驰吗"！短短六句，不仅把事情叙述得十分清楚，且画面感极强，进而动感又在画面中波涌。读者不仅能见到英姿飒爽的夫人驱车在前奔驰，众大夫在后急追的景象，而且能听到鞭声脆脆、马蹄得得、车轮滚滚的声音，似乎还能感受到夫人悸动的心跳。

接下第二章是许夫人与追上来的大夫们的对话。"既不我嘉"一章的意思是："尽管你们都不同意我的主张，我却不会顺从你们返回许国。你们的想法是胆怯和不智的，而我的主张很快就会见到成果。尽管国君和大夫都阻止我，可我不会不顾卫国生死存亡，渡河回头。你们的想法粗浅而无远见，而我的主张合理周详。"这一章是许穆夫人对大夫既义正辞严又婉曲深沉的回答。

"陟彼阿丘"一章是说："我要登上那高高的山丘，采一把贝母草来疗养我的心忧。我虽是女子也深恋故土，女人的主张正确同样会使你们俯首。对我这般阻止责难的大夫们啊，你们真的是幼稚狂妄不知羞！"此时夫人又抛下追者，愤然驰走，她的心中充满了愤懑，设想着用贝母草疗治伤痛。为什么这样不讲情理阻拦我，你们到底居心何在，我怀恋故国、顾念亲情、奋身取义有什么不对吗！夫人此时已是怒意上涌，心底的斥责悉数迸发。

"我行其野，芃芃其麦。"我走在故国的田野上，麦苗青青，十分茂盛。紧接着写车马进入了卫国的原野，此时许国的大夫们面对坚强的夫人无可奈何只好回去了。夫人紧张的心也松弛下来，信马悠悠，开始了前面的打算："控于大邦，谁因谁极""我将到大国去求救，难道没有道义可依傍？无为无能的许国大夫们啊，听着我的话不要轻狂，我这一趟定要恢复故国成大邦。"绿意葱茏的麦田激起了夫人对故土热烈的爱，她发誓要游说大国，一定将自己祖国从危亡中拯救出来。

《载驰》仅用百余字，就把宗国的大爱、骨肉的亲情、旷远的胸襟、果决的气度表达得淋漓尽致。后来的史实是：许穆夫人吊慰了亲人，随后游说齐国，取得了齐桓公的支持，派兵帮助卫国收复失地，复国大计取得成功，夫人由此成为了流传千古的巾帼英雄。

国风·卫风

◎硕人①◎

硕人其颀②，衣锦褧衣③。齐侯之子④，卫侯之妻⑤，东宫之妹⑥，邢侯之姨⑦，谭公维私⑧。

手如柔荑⑨，肤如凝脂⑩，领如蝤蛴⑪，齿如瓠犀⑫，螓首蛾眉⑬。巧笑倩兮⑭，美目盼兮⑮。

硕人敖敖⑯，说于农郊⑰。四牡有骄⑱，朱幩镳镳⑲，翟茀以朝⑳。大夫夙退㉑，无使君劳。

河水洋洋㉒，北流活活㉓，施罛濊濊㉔，鳣鲔发发㉕，葭菼揭揭㉖。庶姜孽孽㉗，庶士有朅㉘。

【注释】

①硕人：高大白胖的美人。②颀（qí）：修长。③衣锦：穿着锦制的衣服。"衣"作动词用。褧（jiǒng）：布罩衣。④齐侯：指齐庄公。子：此处指女儿。⑤卫侯：指卫庄公。⑥东宫：太子居处。⑦姨：此处指妻子的姐妹。⑧私：女子称其姊妹之夫为"私"。⑨柔荑（tí）：白茅柔嫩之芽。⑩凝脂：凝结的油脂。⑪领：颈部。蝤蛴（qiú qí）：天牛的幼虫，色白身长。⑫瓠犀：葫芦籽。因色白，排列整齐，所以常用来比喻美人的牙齿。⑬螓（qín）首：形容前额丰满开阔。蛾眉：蚕蛾触角，细长而曲。这里形容眉毛细长弯曲。⑭倩：嘴角间好看的样子。⑮盼：眼珠转动。⑯敖敖：修长高大貌。⑰说：通"税"，停

车。⑱牡：雄马。有骄：强壮的样子。⑲朱幩（fén）：用红绸布缠饰的马嚼子。镳（biāo）镳：盛美的样子。⑳翟茀（fú）以朝：野鸡毛羽作为车后的装饰。㉑夙退：早早退朝。㉒河水：此处特指黄河。洋洋：水流浩荡的样子。㉓北流：指黄河在齐、卫间北流入海。活活：水流声。㉔罛（gū）：大的鱼网。濊（huò）濊：撒网入水声。㉕鱣（zhān）：鳇黄鱼。鲔（wěi）：鲟鱼。发（bō）发：鱼尾击水之声。㉖葭（jiā）：初生的芦苇。菼（tǎn）：初生的荻草。揭揭：很长的样子。㉗庶姜：指随嫁的姜姓众女。孽孽：高大的样子。㉘庶士：文姜的陪从。朅（qiè）：勇武。

【赏析】

　　《诗经》中的作品，多是摹写一些不随时间流逝而发生改变的主题，例如，这篇《硕人》，便是男人对女子的赞扬，它所罗列的美的标准，千年前是这样，现在依然不曾改变。

　　一个女子，首先要有好的修养，在现代，这需要好的教育，而在古代，则更多依靠好的家世；其次，要有好的容貌；再次，要有好的归属，坚固的避风港才能抵挡现实的风浪，使女子的娇艳能够得到最持久的绽放；还有重要的一点是，一个女子，要有好的品性，雍容娴静，坚贞自爱。在《硕人》中，作者所说的即为这四点，他好像是义不容辞地以所有男性的代表自居，毫不隐晦地表达了自己的观点，抑或是要求。

　　正因如此，诗作少了脉络和情节，多了整饬和摹写，不似《诗经》所固有的青葱淳朴，却更显得真实有力。首章，作者开篇便简单勾勒出一位美女的形象，这位美女是文姜夫人，她是齐庄公的女儿,卫庄公的妻子。"硕"即丰满而又白皙，复加一个"颀"字，将其亭亭玉立的倩影精简传神地摹写出来。随后，诗人开始描写女子的服饰，告诉读者这是一位贵族之女。接下来，诗人急切又细致地铺叙，交代了此女不但出身富贵，而且是王侯之门、帝辇之家。"身材——衣着——身份"的顺序安排，符合欣赏者正常的思维模式和渐进过程，并起到了制造悬念的功效：此女身材如此之好，身份又如此高贵，那她的相貌又当如何？于是，下文对其美貌的泼墨铺叙也就水到渠成了。

第二章中，对于女主人公的七个类似于电影特写镜头的描摹，给人们呈上了七幅纤微工巧的工笔画，生动形象的比喻，俘获了无数读者的心，女主人公艳丽绝伦的肖像，就此萦绕于读者的脑海，挥之不去。论及艺术效果，最传神的当为"巧笑倩兮，美目盼兮"八字。

六朝画家总结出的创作经验云："传神写照，正在阿堵。"意思是说，摹写人物时，最关键的地方是人的眼睛，因为眼睛是心灵的窗户，凸显一个人的神采，莫过于凸显其笑靥中的双眸。当无数静态的比喻在历史长河中逐渐褪色时，"巧笑倩兮，美目盼兮"却仍然能够激活人们的联想和想象，亮丽生动，光景常新，这是因为，动态地摹写神态可以使人物气质突出，富有神韵。

最美的人，应该得到最坚实有力的护佑，这一点，任谁也不舍得否定，诗作接下来所做的，正是为这块美玉寻找一个契合的椟匣。作者极力地铺陈文姜出嫁场面的盛大，用她车乘的豪华，凸显出其归属者的权势强大。雍容华贵与富丽堂皇辉映，知书达理与文治武功相携，将相仕女，英雄美人，从来都是最恰切的组合。

关于此诗的主题，众说纷纭，除了赞美说以外，还有其他两种说法：一是"怜悯"说，二是"劝谕"说。前者是人们对于女子的护卫，后者是人们对于女子的告诫。据《左传·隐公三年》记载，卫庄公娶齐庄公之女文姜为妻，美而无子，受到谗嫉，卫人为之赋《硕人》。这是一种很温情的说法，人们为了维护这位美丽但没有孩子、还受到谗言所害的文姜，作诗声援。

另一种说法记载于《列女传·齐女傅母》，文姜初嫁，重衣貌而轻德行，其傅母加以规劝，使其"感而自修"，卫人为作此诗。这种说法，则显得严厉很多，但同样意出善心，立意高远。对于美貌且轻佻的女子，大家心存忧虑，劝勉归正，让其能有一个美好的未来，其心拳拳，其意切切，可表日月。

随着《诗经》的流传和经典化，《硕人》也得以成为题咏美人的"千古之祖"，能包容这么一位美丽的女子，实是《诗经》的幸运，而能被《诗经》所收容，却也是文姜夫人的幸运。这个高个子美女袅袅婷婷地俏立于黄河岸边，带着她的绝世仙姿穿梭于经典的字里行间，悠悠千年。

◎氓◎

氓之蚩蚩①，抱布贸丝②。匪来贸丝，来即我谋。送子涉淇③，至于顿丘④。匪我愆期⑤，子无良媒。将子无怒⑥，秋以为期。

乘彼垝垣⑦，以望复关⑧。不见复关，泣涕涟涟。既见复关，载笑载言⑨。尔卜尔筮⑩，体无咎言⑪。以尔车来，以我贿迁⑫。

桑之未落，其叶沃若⑬。于嗟鸠兮⑭，无食桑葚⑮。于嗟女兮，无与士耽⑯。士之耽兮，犹可说也⑰。女之耽兮，不可说也。

桑之落矣，其黄而陨⑱。自我徂尔⑲，三岁食贫。淇水汤汤⑳，渐车帷裳㉑。女也不爽㉒，士贰其行㉓。士也罔极㉔，二三其德㉕。

三岁为妇，靡室劳矣㉖。夙兴夜寐㉗，靡有朝矣。言既遂矣，至于暴矣㉘。兄弟不知，咥其笑矣㉙。静言思之，躬自悼矣㉚。

及尔偕老，老使我怨。淇则有岸，隰则有泮㉛。总角之宴㉜，言笑晏晏㉝。信誓旦旦㉞，不思其反。反是不思，亦已焉哉。

【注释】

①氓：民。蚩（chī）蚩：笑嘻嘻的样子。②布：古代货币，即布币。③淇：淇水。④顿丘：卫地名。⑤愆（qiān）：延误。⑥将：愿，请。⑦垝（guǐ）垣：破颓的墙。⑧复关：诗中男子的住地。⑨载：语气助词。⑩卜：卜卦，用龟甲卜吉凶。筮（shì）：用蓍草占吉凶。⑪体：卜筮所得卦象。咎言：不吉之言。⑫贿：财物。⑬沃若：润泽的样子。⑭于嗟：吁嗟，叹词。鸠：斑鸠。⑮桑葚（shèn）：桑树的果实。⑯耽：迷恋。⑰说：通"脱"，摆脱。⑱陨：坠落。⑲徂（cú）：往。⑳汤（shāng）汤：水势盛大。㉑渐（jiān）：沾湿。㉒爽：差错。㉓贰：有二心。㉔罔极：没有准则，行为多变。㉕二三其德：三心二意。㉖室劳：家务劳动。㉗夙兴夜寐：早起晚睡。㉘暴：凶暴。㉙咥（xì）：讥笑。㉚悼：伤心。㉛隰（xí）：低湿之地。泮（pàn）：岸，

水边。㉜总角：古时儿童两边梳辫，状如双角。此处指童年。㉝晏晏：和悦的样子。㉞旦旦：明朗的样子。

【赏析】

在《诗经》中，《氓》具有划时代的意义。这种意义首先表现在，它是一首描写婚姻悲剧的长诗；其次，它是一首长篇叙事诗；这在中国文学史上并不多见。事实上，完整成熟的长篇叙事诗《孔雀东南飞》直到南朝徐陵的《玉台新咏》中才正式出现。

《氓》是一位劳动妇女在恋爱婚姻上被欺骗后所唱的怨歌。诗中叙述女子从恋爱到被遗弃、最后终于决定和负心丈夫决裂的过程。千百年来，《氓》以它独特的姿态存在于《诗经》当中，供人们不断地探索和发掘。

然而在《氓》一诗的主旨上，也曾产生过不少分歧。最初，大多数汉代学者都认为这是一首"刺淫奔"之作。宋代朱熹的出现将此诗的评说改变了航向，他在《诗集注》中阐明："此淫妇为人所弃，而自叙其事以道其悔恨之意也。"很显然朱熹是从礼教的角度出发，"存天理灭人欲"，告诫女子要贞洁。这一观点大大扭曲了《氓》的美感。直到清代，这首诗才渐回归其"弃妇诗"的本义。

"氓之蚩蚩，抱布贸丝。匪来贸丝，来即我谋。"这个小伙子看起来忠厚老实，拿着一摞布匹来交换我的丝，其实你并不是来跟我交换什么布匹，而是想跟我结为连理啊。这个男子实在狡猾，分明就是醉翁之意不在酒啊。

"送子涉淇，至于顿丘。匪我愆期，子无良媒。将子无怒，秋以为期。"送你渡过了淇水来到顿丘，不是我故意拖延时间啊，实在是你没有好的媒人，你可千万不要生气，我们就暂且把秋天定为婚期吧。

"乘彼垝垣，以望复关。不见复关，泣涕涟涟。既见复关，载笑载言。尔卜尔筮，体无咎言。以尔车来，以我贿迁。"我时不时地登上城边倒塌的墙，眺望从远方来的人，看不见你，我的眼泪就不听使唤，一串串掉下来。终于有一天看到了你，我就不由得又说又笑。你去占卜看看有没有什么不好的预兆。没有凶兆，你就用车来接我，我带上家里配送的嫁妆跟随你。

成婚的场面热闹非凡，成婚时的心情激动兴奋。这两段讲述了这对男女从相识到相知到相爱再到成婚的全过程。这一路走来既有焦急的等待，也有甜蜜和炽热，不难看出女主人公是一个痴情种子。

"桑之未落，其叶沃若。于嗟鸠兮，无食桑葚。于嗟女兮，无与士耽。士之耽兮，犹可说也。女之耽兮，不可说也。"桑树还没有落叶的时候，它的叶子很新鲜，斑鸠啊，你千万不要贪吃那个桑葚。可怜的姑娘啊，你千万不要钟情，男子若是沉溺在爱情里面尚可以脱身，女孩可就无法脱身了啊。

"桑之落矣，其黄而陨。自我徂尔，三岁食贫。淇水汤汤，渐车帷裳。女也不爽，士贰其行。士也罔极，二三其德。"桑树落叶的时候，它的叶子枯黄不堪，纷纷掉落在地，自从我嫁到你家来，忍受着这苦不堪言的生活，当年你来接我的时候，水花打湿了车上的布幔。我又有什么错呢？可是你前后的态度却一百八十度的大转弯，你的心彻底变了。

这两段运用比兴的手法，用桑叶的枯黄比作女子的年老珠黄，形象贴切。笔意一转，尽显悲凉，且与前两章的内容形成鲜明的对比。女子哭诉自己婚后并不幸福，她后悔了当初的决定，更痛恨自己为什么陷得那么深，如今想拔出来实在很难。女子痛彻心扉地诉说自己被丈夫遗弃，但是身为妻子却又无能为力，只有满腔的怨恨和不甘。

"三岁为妇，靡室劳矣。夙兴夜寐，靡有朝矣。言既遂矣，至于暴矣。兄弟不知，咥其笑矣。静言思之，躬自悼矣。"多年来做你的妻子，吃了多少苦受了多少罪，家里的活大大小小都是我一个人干，如今家业已成，你却变心了。我娘家的兄弟姐妹竟然还不体谅我，他们嘲笑我，讥讽我，我只能独自流泪。

"及尔偕老，老使我怨。淇则有岸，隰则有泮。总角之宴，言笑晏晏。信誓旦旦，不思其反。反是不思，亦已焉哉。"曾经我们发过誓言要白头偕老，但是现如今这个愿望让我悔恨，淇水纵然再宽也有个岸边，地势的洼地再低也还有个边。可是你却这般狠心地将我抛弃。既然你不仁也不要怪我不义，我将狠下心来，彻底把你忘记。

《氓》中运用了大量的艺术手法，如顶真、呼告等，然而最令人赞叹的便是赋、比、兴手法的巧妙运用，赋兼比兴，抒情兼叙事，使得此诗主题更加突出。如第五章中，诗人运用"淇水"和"堤岸"两个比喻，将女子的悲惨刻画得淋漓尽致。

整齐的四言句式，也使得全诗的韵律灵活、和谐、优美。整首诗按照事情发展的顺序进行叙述，条理清晰，让人一目了然。同时，诗中对现实的描写，在一定程度上反映、批判了当时礼教对女子的束缚。

《氓》的影响深远，今天还时常用到"信誓旦旦"等词语。可以说，《氓》开创了弃妇诗的先河，也是弃妇诗中一曲震撼古今的绝唱。

◎河广◎

谁谓河广？一苇杭之①。谁谓宋远？跂余望之②。
谁谓河广？曾不容刀③。谁谓宋远？曾不崇朝④。

【注释】

①苇：芦苇，此处指芦苇编成的筏子。杭：通"航"，渡过的意思。②跂（qì）：踮起脚跟。③曾：竟。刀：通"舠"，小船。④崇朝：终朝，形容时间很短。

【赏析】

《河广》这首诗到底是谁、在何时、因何而作，历来争论不休。

《毛诗序》："《河广》，宋襄公母归于卫，思而不止，故作是诗也。"清王枚《睢州志》也提到，宋襄公在旧城（睢县）北筑了一座高台，有人说他是为了能够眺望远方的母亲而建，他母亲就是《河广》的作者。以这位母亲的身世经历，写出这首诗来确实比较可信。

宋襄公的母亲，就是宋桓公夫人，卫国文公的妹妹。她为桓公生下儿子兹甫（后来的宋襄公）之后，遭到桓公的抛弃，被遣送回卫国。她的儿子长大后继承国君之位，是为宋襄公。襄公虽然文治武功出类拔萃，被誉为春秋五霸之一，但他也有普通人的感情，同样也会思念母亲的。当时他与母亲相见却是件难事，因为他身为国君，需要树立自身的形象以影响和教化国人。如果他把母亲接回来，担心宋国人说他违背父意不忠君父；如果不接回来，他这个当儿子的又不孝。不忠不孝都不能为国人做表率，于是他想了个两者都能兼顾的办法，就是修筑一个高台，登上高台就能看见在卫国的母亲。当然，这也仅是一种象征而已。

宋襄公在睢县北建筑"望母台"史载确有其事。春秋时期，睢县地处宋国西部边境的黄河南，卫国国都在黄河北，母子隔河相望倒也显得现实；同时睢县名叫乌巢乡，把"望母台"建在这有乌鸦反哺之意。这样一来，宋人都对襄公十分钦佩爱戴，国人因此团结一心，把国家建得富强，宋国成就了霸业。宋国因建起一座台子成就了霸业，这种说法虽失之牵强，但倡导孝道治国能够教化民风、聚拢人心倒也确实。

反观宋襄公的母亲，她回到卫国一定会思念自己的儿子，想念儿子又无法去看望，于是作了这首诗来抒发怨叹之情，这是可能的。我们来看看这首诗表达的意思："谁说滔滔黄河又广又宽？一束芦苇就能渡到对岸！谁说宋国的路途漫长而遥远？踮起来脚跟就能看到其实就在眼前！谁说滔滔黄河又广又宽？那么宽的河却难以容下小木船！谁说宋国的路途漫长而遥远？早晨太阳还没有升高就能够去而复还！"

一位母亲，身为贵妇，儿子又为国君，但与儿子却身属两国，一河之隔，不能相见，被折磨的痛苦可想而知，怎会不抱怨。

还有传说，襄公的母亲回到卫国以后，见到卫国被狄人入侵，君灭国破，宋国又不来救援，作为卫文公的妹妹，家国牵系，她忧思不已，因而写这首诗，盼望宋国派兵渡河援救卫国。但从本诗"一束芦苇能渡到对岸、踮起脚就能见、河宽不能容小船"等内容看，这种说法就有些不符合实际。本诗明显基调哀婉，说它表达思念和怨意是贴切的，说它表达盼望救兵的心境不免费解。

还有人认为，这首诗是民间对宋襄公不把母亲接在身边奉养却建筑"望母台"标榜自己忠孝两全的虚伪行径的讽刺和鞭挞，这也不失为一种有趣的见解。

这首诗究竟是什么人作、为什么而作，恐怕永远都难以敲定，最严密的考据也不可能还原当时的事实，但这首只有四句的小诗的确意味深长。

"谁谓河广？一苇杭之。"人心之航如此，人生之航也当如此，这种想象中含有拳拳禅意。

◎木瓜◎

投我以木瓜①，报之以琼琚②。匪报也③，永以为好也。
投我以木桃④，报之以琼瑶。匪报也，永以为好也。
投我以木李⑤，报之以琼玖。匪报也，永以为好也。

【注释】

①木瓜：一种落叶灌木（或小乔木），果实长椭圆形，色黄而香，蒸煮或蜜渍后供食用。②琼琚（jū）：美玉。③匪：非。④木桃：果名，即楂子，比木瓜小。⑤木李：果名，即榠楂。

【赏析】

《木瓜》是《诗经》中的名篇，传诵很广。它言简意赅，读起来朗朗上口，让人想忘记都难。相互赠答，礼尚往来是中华民族的传统，在多部作品中均有体现，如汉代张衡《四愁诗》中："美人赠我金错刀，何以报之英琼瑶"。《诗经·大雅·抑》中的"投我以桃，报之以李。"意义都与《木瓜》大抵一致。

关于《木瓜》一诗的主旨，古往今来见解颇多。汉代《毛诗序》云："《木瓜》，美齐桓公也。卫国有狄人之败，出处于漕，齐桓公救而封之，遗之车马器物焉。卫人思之，欲厚报之而作是诗也。"意思是说卫国遭遇狄人侵犯时，齐桓公曾经救过卫君。卫人思念桓公的恩惠，欲以厚礼去回报人家故而作此诗。

华夏民族是一个礼仪之邦，人与人之间的交往都遵循着"来而不往非礼也"的信条。从宋代开始《木瓜》"男女相互赠答"之说开始盛行开来。朱熹在《诗集传》中阐明自己的观点："言人有赠我以微物，我当报之以重宝，而犹未足以为报也，但欲其长以为好而不忘耳。疑亦男女相赠答之辞，如

《静女》之类。"他认为这首诗是写一个男子与钟爱的女子互赠信物以定同心之约。

客观来说，本诗并没有在字面上透露任何详细信息，也没有什么蛛丝马迹可供读者寻找。所以平心而论，这首诗的范围很广，读者可以根据自己的理解对《木瓜》一诗的主题进行自由的探索和想象。说是送朋友、送亲人，官场送礼都无可厚非，因为它就是一首通过赠答表达深厚情意的诗作。

"投我以木瓜，报之以琼琚。匪报也，永以为好也。"你赠送给我一个圆润清香四溢的木瓜，我回赠给你一方精美的佩玉。这不是简简单单的回报啊，而是我发誓要与你永远相好的誓言。

"投我以木桃，报之以琼瑶。匪报也，永以为好也。"你送给我蜜糖般甜蜜的木桃，我回赠你晶莹剔透的宝玉。这并不是简简单单的回报啊，这是我要永久与你相好的决心。

"投我以木李，报之以琼玖。匪报也，永以为好也。"你送给我味美清爽的木李，我回赠给你一串珍珠般的玉石。这不是寻常的物与物的交换，而是我要与你永久相好的意愿。

"琼"原意是赤玉，"琚"是佩玉，"瑶"是稍次一等的玉。你送的是水果，而我回赠的却是美玉，后者价值远远大于前者。但从中可以看出，回赠之人并不看重世俗的价值，而是在乎这份相互珍惜的情意，真情并没有高低贵贱之分。

这首诗从形式上来看属于重章叠句，回环复沓。反复吟诵同一个意思，只在几个字上稍加改动，每章的后两句一模一样，就是前两句也仅一字之差。"琼琚""琼瑶""琼玖"所讲都是玉类，无非大小形状不同而已。"木瓜""木桃""木李"也都是同一属的植物，其间的差异及其微小。这就造成了一种跌宕起伏之美，非常利于用来歌唱。值得注意的是，每一层所表达的思想感情都越来越浓，这种表现手法是《诗经》的一大特色，正所谓一唱三叹，余音袅袅，绕梁三日而不绝。

《木瓜》一诗在遣词造句上也十分讲究。全诗每章四句，除"匪报以"以外其他每句都是五言句式，而且基本上都是对偶句。每章的后两句末尾，都用了一个"也"字,"也"是语气助词,它有加强语气的作用。"匪报也"当中的"也"加强了肯定的语气。因为这一句翻译过来是"这不是简简单单的回赠",这是一个陈述句,所以此处的语气是毫不动摇的,用一个"也"字,显得意味浓厚。而"永以为好也"中的"也",虽然也有表示决定的意味,却更突出了一种愿望,一种对未来的憧憬。诗人在虚词的运用上,分寸拿捏得如此之妙,不得不让人佩服其精深的文字功底。

生活中的真诚无处不在,它就像一种润滑剂,能消除人与人之间的摩擦。就像《木瓜》中果子与美玉的价值大不相称,但是物品本身的价值已不重要,重要的是这个信物代表着两颗没有戒备、坦诚相待的心,它就像一座桥梁,沟通着彼此的心灵。

国风·王风

◎黍离◎

彼黍离离①,彼稷之苗②。行迈靡靡③,中心摇摇④。知我者谓我心忧,不知我者谓我何求。悠悠苍天,此何人哉!

彼黍离离,彼稷之穗。行迈靡靡,中心如醉。知我者谓我心忧,不知我者谓我何求。悠悠苍天,此何人哉!

彼黍离离,彼稷之实。行迈靡靡,中心如噎⑤。知我者谓我心忧,不知我者谓我何求。悠悠苍天,此何人哉!

【注释】

①黍(shǔ):黍子,去皮后叫黏黄米。离离:行列之貌。②稷(jì):高粱。③靡靡:行步迟缓貌。④摇摇:形容心神不安。⑤噎(yē):气逆不能呼吸。

【赏析】

　　周平王东迁洛邑以后，河南省的洛阳、孟县、巩县、温县一带，产生了许多民间歌谣，它们大都带有乱世苍凉哀怨的气氛，反映了当时战争频繁、人民无处为家的社会现实。在《诗经》中，这些歌谣集结起来，统称为《王风》。从地理位置上说，它们是从王城产生的歌谣。从政治蕴含和艺术手法上说，它们虽大多叙述王城之事，但缺乏《雅》的正统，而显得深沉厚重，别有寄托。《黍离》序于《王风》之首，历来备受推崇，是《诗经》中的经典之作。

　　《黍离》的主人公，属于这样一类人：他们敏感而又超前，才华横溢、境界高远，总能思常人不能思，但也因之不得不忧常人所未忧，由此也背负上常人不可想象的痛苦和孤独。

　　诗作讲述东周迁都之后，一位易代大臣因为某个机会回到曾经的西周故都，想再一次找回过往岁月的痕迹，却不料事与愿违。放眼望去，曾经的故地，皆变成片片葱绿的庄稼，昔日的繁华和战火无一觅处，只剩下一些断墙残垣。作者曾经在此任职、生活，留下了几多爱恨与际遇，沉淀了深厚的感情，而现在，却是人非物亦非，徒增伤感。

　　诗人漫无目的地行走在庄稼间，眼前的景物勾起他的无限愁绪，思绪纷纭间，曾经被克制住的情思尽数涌上心头。对故国的追思、对百姓的痛惜、对历史的感慨和敬畏，纷至沓来，急切而又阔大。为什么政权会兴衰更迭，人类社会的历史怎么才能保持安稳长久，渺小的人类如何才能战胜时间的规律，人的弱点何以如此顽固⋯⋯这些终极的问题，疯狂地在主人公脑海中旋转，长久得不到解答。

　　最令人不堪的是这种忧思无人理解，也无人分担。"知我者谓我心忧，不知我者谓我何求"，众人皆醉我独醒的境遇，并非每个人都能承受。思索得太深、追问得太深的人，总有孤独、尴尬、委屈如影随形。诗人孤独一人对抗着这些压迫内心的追问，最终无法承受，几乎达到崩溃的边缘，所以他才仰天怒号，叩问苍天。由此，此诗一脱其他《诗经》作品的质朴美好，变得苍凉感伤。

有学者指出，诗人选取的是一种"物象浓缩化，而情感递进式发展"的写作手法，全诗的行文逻辑与庄稼的生长密不可分，诗人用庄稼的出苗、成穗、结实，来记述时间的演进和抒情主人公逐渐增强的情绪。全诗三章，仅易数字，回环往复，对主人公而言，接连袭来的忧郁简直要承受不住，从"中心摇摇"进而到"中心如醉"，到最后"中心如噎"，情绪压抑得喘不过气来。每章后半部分形式上完全一样，在一次次反复呼喊中，情感力度逐章加深，最终汇聚成澎湃之势，给读者以深切的震撼。

后世的许多文人，都深受此诗的影响。"知我者"并非没有，仅仅是相隔太久而已。历次朝代更迭过程中，都有人泪水涟涟地吟哦着兴亡之思，曹植的《情诗》，向秀的《思旧》，刘禹锡的《乌衣巷》，姜夔的《扬州慢》，无不带有《黍离》的影子，发人感慨，催人泪下。这些属于不同时代、但同样敏感的思考者，正是彼此的知己。

正因为诗人思考的问题带有终极性和普泛性，所以诗作的解读方式也可以是多样的。诗篇起始便将镜头对准一望无际的庄稼，奠定出阔大、朴实而又荒凉的基调，使读者的思绪得到张扬。其后，除了"黍"和"稷"之外，作者没有再描述其他具体物象，也没有给读者提供更多的事件信息。因而，作品整体便呈现出一种蕴藉开放之势，读者完全可以立足于诗作本体，发挥想象，构建一部属于自己的《黍离》。

通过想象，读者可以看到一个思想者，面对饱含生机的庄稼，独自吟哦着自己的痛楚。这种伤痛，只有"知我者"才会理解，而这样的"知我者"，可遇而不可求。

◎君子于役◎

君子于役，不知其期，曷至哉？鸡栖于埘①，日之夕矣，羊牛下来。君子于役，如之何勿思？

君子于役，不日不月，曷其有佸②？鸡栖于桀，日之夕矣，羊牛下括③。君子于役，苟无饥渴④！

【注释】

①埘(shí)：在墙壁上挖洞做成的鸡舍。②佸(huó)：会合。③括：至。④苟：表推测的语气词，大概，也许。

【赏析】

《君子于役》抒写的是一名妇女对在外服役的丈夫的殷切思念。

诗的首章抒发了这名妇女思念远方丈夫的怨苦心情："我的丈夫还在外面服兵役，不知道期限有多长，也不知道什么时候才能回家？鸡儿自己进窝了，天色已经向晚了，羊和牛也从野外回来了。我的丈夫在外服役还是不归，怎能让我不想念呢？"

"君子于役,不知其期"，直接点明所要抒发的事情；"鸡栖于埘"到"羊牛下来"，以反衬手法表述了家畜尚且早出晚归，而人却杳无归期；"君子于役，如之何勿思"，表现这名妇女思念的痛切。丈夫是最亲的人，然而她却既不知他在哪里，又不知他什么时候回来，怎能不引得她大声问话，"曷至哉"？本章此句表达的情感最为强烈。

下面一章表达了妇人对于丈夫的眷恋和惦念："我的丈夫还在外面服役，已经不能用日和月来计算时间。时日漫长，道路迢迢，关山阻隔，不知何时才能再相见。鸡儿已栖息在窝里的木桩，天色已经很晚，羊和牛从野外回来进了圈。我的丈夫却还在外面服役，但愿他不至挨饥受渴遭摧残。"

从"君子于役"到"曷其有佸"，再次抱怨服役期的长远；从"鸡栖于桀"到"羊牛下括"，慨叹鸡、牛、羊已经开始在窝圈栖息，丈夫仍是不归；最后"君子于役，苟无饥渴"，细腻传神地刻画了这位妇女退而求其次的心理，丈夫今晚是回不到家了，明日的企盼也还是遥无归期，那也就只好退一步祈求，盼望日久难归的丈夫不要受到饥渴的煎熬。妻子思念丈夫的感情更进一步，盼夫归来的渴望反而溃退了，真的是无望又无奈。这一章写得更加深沉，穿透人心。

这首诗具有很高的艺术性：

首先，诗中有独特而优美的意境创造。意，就是人的想法、想象、意图、意念，境，就是境况、实景、实物。以情绘景以景托情，意与境的完美结合，会使文学作品愈加生动而深刻，予人心灵的感染力也会更为强烈。本诗勾画的是一名感情深挚的妇女对丈夫的深深思念，这种盼归的情感意念与晚间鸡归、牛羊回归的实事真境一经结合，便使人在不知不觉中被带进那远古的山村：落日接山，暮色暗沉，鸡栖于窝，牛羊入圈，一位少妇倚门而立，目光迷离地遥视远方。随着夜色加浓，她的忧愁愈浓，夜色增加了凄凉之感，人的心境与这乡村晚境融为一体。畜禽尚能按时归"家"，而远戍的人不见归来，怎能不使少妇愈加悲伤！此情此景让她情何以堪？

其次，这首诗有着饱含情感的臆想叙述。诗句表面是描述禽畜已归人何不归，但透过表层，只要稍加体味就会感悟：禽类到了晚间都会回窝，牛羊也都懂得回转，作为丈夫，难道不知妻子是如何想念你吗？你不知道应当早早回家吗？这种引人透过自然质朴的乡村画卷而臆想揣摩背后无限辛酸故事的表达方式，拥有触人痛处的强烈感染力。

最后，本诗自然美感极强。落日余晖，碧野迷茫，牛羊下山，鸡栖于埘，整个情景充满着宁静的田园幽情，宛然一幅乡村风俗画，带给人的却是一种淡淡的忧伤。向晚时分，喧嚣始静，日要西下，人要归家，人类对家的眷恋在这向晚时间最为强烈，这是在外游子最想回家的时刻，"日暮飞鸟还""日暮苍山远""日暮乡关何处是"，有多少后人以日暮作引，吟咏思归之情，《君子于役》便开了这种"日暮情结"的先河。

品读本诗，仿佛听到那位倚门而立的女人一声声轻轻的叹息，看到了她眼中一颗颗晶莹欲滴的泪花，触摸到了她那担心丈夫在外受苦受难的心灵中一阵阵的怦跳，让人不免对这位感情细腻真挚、日日盼望夫归的古代女子产生一种莫名的亲近、同情和敬重。

◎扬之水◎

扬之水[①]，不流束薪[②]。彼其之子[③]，不与我戍申[④]。怀哉怀哉[⑤]，曷月予还归哉[⑥]？

扬之水，不流束楚⑦。彼其之子，不与我戍甫⑧。怀哉怀哉，曷月予还归哉？

扬之水，不流束蒲⑨。彼其之子，不与我戍许⑩。怀哉怀哉，曷月予还归哉？

【注释】

①扬之水：激扬之水。②束薪：成捆的柴薪。③彼其：那个。④戍申：在申地边境防守。⑤怀：平安，一说思念、怀念。⑥曷：何。⑦束楚：成捆的荆条。⑧戍甫：守卫甫国边境。⑨束蒲：成捆的蒲柳。⑩许：地名。

【赏析】

戍边战士，独自伫立扬水之畔，看着滚滚流逝的河水，思妻之情涌上心头：妻子还在独自辛劳吧，本来砍柴等男人干的重活，她在家里也要一肩承担。多想砍好成捆的薪柴，托付河水带去妻子身边，为其分担劳苦，无奈扬水载不起这份沉重。河水奔流不息，正如我越走越远，而妻子，就像那捆不随流水而去的薪柴，永远伫立家中，独自等待，不离不弃。如此轻的河水，怎样才能把我这成捆柴草般沉重的相思，带给远方的妻子？何时我们再能团聚？

在《诗经》中，总能找到这种脉脉感动。这份浓烈的思念，在这篇《王风·扬之水》中，被作者用短短数十字，描述得淋漓尽致。

全诗回环复沓，把一份相同的相思，反复吟诵了三次。各章不同之处仅在于柴草的名称和戍边的地点。每章最后的"怀哉怀哉，曷月予还归哉"一句是主人公浓得化不开的伤感，是他明知相聚无期却每日掐指计算的期盼。这样悠悠而又连绵不接的念叨，真切地表现出远戍战士的思家情怀。

诗歌采用日常口语，不追求统一规整，而是用直白的语言描摹真实的情景，力图再现真切的思念，一切以原汁原味为准。三言、四言、五言、六言，只要有利于表现，统统进入诗中，丝毫不排斥句法的错落。口语化句子，朴实而又生动，最能代表下层农民出身的士兵的口吻，也最能扣动读者的心弦。当一个人远离家乡，被思念折磨得坐立不安时，会是怎样的心情？一定是像这位主人公这般，看到流水便伤感无限，无望归期却难止期盼，千言万语化成最简单的反反复复，唯有汹涌的情感在心中愈积愈浓。

因为最真醇，所以最打动人，诗篇由此获得了旺盛的生命力，流传广远。后代的学者，立足于这一真挚的相思，基于家国情怀的共同性，又把它上升到邦国关系的高度，深含褒贬。

《毛诗序》说："《扬之水》，刺平王也。不抚其民而远屯戍于母家，周人怨思焉。"春秋时期，申国常常遭受楚国侵扰，而周平王的母亲是申国人，为了不让母亲的故国频受侵犯，周平王便派王国军队驻守申国。驻地的士兵们为了保护一片陌生的土地而远离父母家乡，内心自然感到不满，这首《扬之水》便是士兵们此种情绪的流露。

这种包含政治关系的说法，没有冲淡上文中战士对家人的思念，还增加了诗作的内涵层次，使短短的诗作包含了亲情爱情、政治针砭、政策评价的方方面面，把一幅充满浓浓相思的画面放置到春秋时代战乱纷纷的背景中，内蕴陡然厚实，境界愈显广阔。

那载不动薪柴的流水，因此增加了一份含义，借喻东周皇室。欧阳修以为："曰激扬之水其力弱不能流移于束薪，犹东周政衰不能召发诸侯，独使国人远戍，久而不得代尔。"这种观点，细致地剖开了当时纷杂的政治关系：春秋时期，东周政权已岌岌可危，无力支配众诸侯，平王想保护母亲的故国，但无力左右诸侯间的征战和侵略，也无力派遣别的诸侯前去驻守，只得从自己的民众中抽调军士。

研究者邓翔更进一步，从诗中找出了造成这种局面的原因："王者下令如流水之源，所以裕其源者，盖有道矣，故势盛而无所不届。今悠扬之水至不能流束薪，何足以用其民哉。"流水不盛，是因为未能广开源头，导致下流轻缓，负重无力，周王室之所以如此窘迫，是因为无道，像源头堵塞的河流，未能开诚布公，广纳民意，因此黯然失势，不仅不能调停诸侯的纷争，更不能使民众安于听命，享受和睦太平。

到此，这首诗已经被后人挖掘得很深了，评论者从夫妇相思入手，演绎到政治纷争，最后探究到兴亡的缘由，一脉相承，未见阻遏。《王风》中的其他一些作品，如《黍离》《兔爰》等，也是如此：从普通的事件，推衍到王室衰微，诸侯并起，征战隔离亲情，百姓流于苦楚。一致的思想，明显的寄托，让人一读就知，意思并非止于字面。别有兴寄，感时伤事，这正是《王风》与众不同的艺术特色。

◎采 葛◎

彼采葛兮①，一日不见，如三月兮。
彼采萧兮②，一日不见，如三秋兮③。
彼采艾兮④，一日不见，如三岁兮。

【注释】

①葛：一种蔓生植物，块根可食，茎可制纤维。②萧：植物名。蒿的一种，即青蒿。有香气，古时用于祭祀。③三秋：通常一秋为一年，后又有专指秋三月的用法。这里三秋长于三月，短于三年，义同三季，九个月。④艾：植物名，菊科植物。

【赏析】

对于热恋中的情人来说，哪怕一刻的分离，对他们来说都是难以忍受的痛苦，历来无数文人描摹了这一主题。《采葛》正是思念恋人的情歌，一位小伙子喜欢上了以采集为生的姑娘，她常外出采集，不易见面，小伙子饱受相思之苦。在诗中，作者借简短精练的语言，充分表达了长相思的恋情，反映出坚贞、纯朴、真挚的爱情。

本诗抓住"相思"这种普泛的情感，反复吟诵，细致刻画了情感的煎熬。诗篇感染了历代饱受相思之苦的人们，诗人以"一日三秋"这种形象的描写，比拟分离的情人内心巨大的折磨，可谓贴切。

这是一种"艺术夸张"的手法，反映的不是事实上的真实，而是艺术上的真实，因而应该"言过其实""辞过其意"，其所追求的效果是真挚，而不是科学。在现实生活中，"一日"不可能等同于"三月""三季""三年"，但是，在陷入爱情的人心中，这种错觉，正是他们为别离所折磨的表现。这一悖理的"心理时间"看似疯癫痴狂，但由于融汇了恋人真挚的情感，所以能唤起读者的共鸣。

《采葛》一诗中，每一次对"一日不见"的心理刻画，都比前一次增加了时间长度，以反复递进、层层深入的写法，将相思的感情逐步提升。这样通过回环、排比和递进，使诗的节奏和谐，语言简洁，充满了形式美和音乐美，有效地加强了感情的色彩。

这首相对来说主题清晰的爱情诗，仍被后世的学者解读出了不同的意味。《毛诗序》认为诗旨为"惧谗"："葛所以为絺綌也，事虽小，一日不见于君，如三月不见君，忧惧于谗矣。"意思是说一位正直的臣子嫉恶小人谗言，感到它们像葛、萧、艾一样四处蔓延，让人痛恨。谗言当道，有碍正直，而对礼教的破坏，更加让夫子们不能容忍。

朱熹则提出"淫奔"说："采葛所以为絺綌，盖淫奔讬以行也。故因以指其人，而言思念之深，未久而似久也。"葛、萧、艾等植物，是淫奔的男女为上路准备的盘缠或食物，"一日不见如隔三秋"，是他们之间不洁的思念。另外，还有一种"爱妇"说，主张此诗是远戍的将士对于妻子的思念。这种说法，充满了温馨的家国情怀，让人感动。还有人主张"怀友"说，力争诗作是在赞扬友人之间的深厚情感，等等。

字句是诗作的材料，主旨具有的包容性，有些要从具体字句中探得，古汉字因为俭省和多义，常常成为历代文人纷争的焦点。例如"彼"字，研究者为两大阵营，各执一端，一则"彼"是代人，认为"采葛"应理解为"采葛之人"。一则"彼"是代事，指"采葛"之事，作者以"采葛""采萧""采艾"比兴，认为它们都是日常生活中最最寻常的事情，由此引申，臣子也应该天天可以面君，如果亲密的君臣关系生疏起来，就可能是有了谗言。

这样简单的一首诗，竟然有如此多的解法，不得不让人惊讶。其中的原因，有汉语和诗作的蕴藉性，恐怕也有人们的牵强附会在里面。就文学性和艺术价值而言，最好还是彰显《诗经》的生活气息，回归其恋爱本质。

国风·郑风

◎缁 衣◎

缁衣之宜兮①,敝予又改为兮②。适子之馆兮③。还予授子之粲兮④。

缁衣之好兮,敝予又改造兮。适子之馆兮,还予授子之粲兮。

缁衣之蓆兮⑤,敝予又改作兮。适子之馆兮,还予授子之粲兮。

【注释】

①缁(zī)衣:黑色的衣服,当时卿大夫到官署所穿的衣服。宜:合适。②敝:破坏。③适:往。馆:官舍。④粲:"餐"之假借字。⑤蓆:宽大舒适。

【赏析】

《郑风·缁衣》一诗,尽管语句平铺直叙,没有轰轰烈烈的誓言,亦少了你侬我侬的缠绵,但其中的意义并不输给其他经典。

这首诗没有起兴,没有比喻,直叙故事,笔法纯用赋体,这一点毫无疑问。三章共叙一事,稍改韵尾,其他重复以加强语气,用的是《诗经》中常见的复沓联章形式。诗中三章只为叙一事:缁衣之合身。虽用了三个形容词:"宜""好""蓆",实际上都是一个意思,即好得已经近乎完美,对缁衣称赞有加;对改制新的朝衣的描写,也用了三个动词:"改为""改造""改作",同样的意思,只是语气稍有分别。

这一系列形容词与动词的运用,将主人公的细致与周到体贴刻画得入木三分。而每一章的末句,只字未改,全然复沓,单在艺术形式上,诗的作者就用简单的言语为读者设置了一团迷雾:如此强烈地重复着一个动作一件事情,诗人到底在强调什么呢?

至此,诗旨还朦胧未解,究竟改衣赠衣的人是何人,收衣人是谁,二者又是什么样的关系呢？夫妻、恋人？还是君臣？对此，古人的说法偏向于君臣之谊。《礼记》中就有"好贤如《缁衣》"和"于《缁衣》见好贤之至"的记载，宋代的朱熹大抵赞同"爱贤"这一说法。当代学者高亨先生说："郑国某一统治贵族遇有贤士来归，则为他安排馆舍，供给衣食，并亲自去看他。这首诗就是叙写此事。"至此，诗中所叙述的人物关系大抵明了了，即对君主与臣子的关系的赞咏，只是对于"赠衣"的动机各家可谓是各有争鸣。

但当代不少学者并不苟同于此，他们认为这是一首赠衣诗。诗中"予"的身份，看来像是穿缁衣的人之妻妾。诗中所咏的黑色朝服看来是抒情主人公亲手缝制给丈夫上朝穿的朝服，她称赞丈夫穿上朝服是如何的合适，这符合赠衣者渴望得到肯定的心理。她又一而再，再而三地表示，如果这件朝服破旧了，我将再为你做新的。还再三叮嘱，你去官署办完公事回来，我就给你试穿刚做好的新衣。

从这个意义上说，这首《缁衣》又是《诗经》中描写爱恋的另一种极致，普普通通的一个赠衣情节，却将一种女子发自内心流露出的对丈夫的深情含蓄地表现出来。有人说这是卿大夫的妻妾为了讨好丈夫，这样的说法可能过于狭隘。如果真的是只为讨巧，那么溢美之词会比做一件衣服来得更直接些。

无论是支持妻赠衣说的"郑声淫"的论点，还是支持君贤臣说的"好贤"之依据，这首《缁衣》给读者带来的温暖和感动想必都是巨大的。无论是妻还是君，为他人改衣赠衣的举动都体现了人与人之间一种值得珍惜的尊重与爱戴，在郭店楚简出土的《缁衣》简中称："夫子曰：好美如好《缁衣》。"可见，诗里所赞美是一种"好美"的品德，从这个意义上去体会作品，两种说法似乎就可以殊途同归了。

《缁衣》让人们从另外一个角度认识《诗经》，"诗三百"中并非仅有风花雪月，思妇怨女。风花雪月里也有大寄托，寄托了我国先民的理想，寄托了做人、处世甚至为政的理想之道；风花雪月之外更有家国之大爱，爱恋人、爱家庭甚至爱国家的每一个子民。先人们就是在这一首首或歌颂或讽刺的风雅中，把诗歌这种古老艺术发挥到了极致。

◎叔于田◎

叔于田①,巷无居人。岂无居人,不如叔也,洵美且仁②。
叔于狩③,巷无饮酒。岂无饮酒,不如叔也,洵美且好。
叔适野④,巷无服马⑤。岂无服马,不如叔也,洵美且武。

【注释】

①叔:古代兄弟次序为伯、仲、叔、季,年岁较小者统称为叔,此处指年轻的猎人。于:去,往。田:打猎。②洵:真正的,的确。③狩:冬猎为"狩",此处为田猎的统称。④适:往。⑤服马:骑马之人。一说用马驾车。

【赏析】

在《诗经》这部集合了劳动人民生活经验和智慧的诗集中,《叔于田》并非名篇,但其审美价值却不容忽略。

"叔"究竟是指谁?一种观点认为,"叔"是特指郑庄公之弟共叔段。《左传·隐公元年》记载,共叔段很有才干,后被封于京地,他整顿武备,发兵攻打其弟郑庄公,最终失败。据此,如果本诗中的"叔"为公叔段,那么这首诗就应当是他的拥护者所作,但尚无明证。另一种观点认为,"叔"泛指年轻的猎手。在单纯的文本层面上来看,"赞美猎人说"似乎更贴合诗意。

《叔于田》采用了《诗经》中广泛应用的复沓联章的手法,与其他类似结构的《诗经》篇章一样,有一种回环往复的音乐美。这种复沓不是简单的重复,而是有变化的复沓,各章各句替换几个字,使诗在主题不变的基础上,增强了音响效果。

全诗共三章,每章第二句"巷无居人""巷无饮酒""巷无服马",第三句"岂无居人""岂无饮酒""岂无服马",第四句"不如叔也",第五句"洵美且仁""洵美且好""洵美且武",先否定,再反问,再自答,最后再详述缘由。运用设问的手法，使原本平平无奇的内容变得曲折有趣，别有一番余味。

铺陈与设问全然只为引出下文"不如叔也"这一结论。而"巷无居人""巷无饮酒""巷无服马"的夸张描写，则将众人的平庸与"叔"的超卓形成了强烈的反差，从而突出"叔"的"仁、好、武"。更重要的是，诗没有把"叔"这个人物神化，而是将他置于居人、饮酒、服马这样的日常生活中，更增添了写实性与人情味。这样写不仅使主题更为充实，也使对"叔"的夸张描写显得有据可信。

总结起来不难看出，《叔于田》的艺术手法多变，艺术成就很高，更重要的一点是，先民已经在日常生活中找到审美点去加以赞美，而不是一味地脱离实际，神化主人公。这一点，无论是在《诗经》所处的时代，还是在《诗经》之后的历朝历代，甚至直至今日，都实属难能可贵。

◎风 雨◎

风雨凄凄，鸡鸣喈喈①。既见君子，云胡不夷②？
风雨潇潇，鸡鸣胶胶。既见君子，云胡不瘳③？
风雨如晦④，鸡鸣不已。既见君子，云胡不喜？

【注释】

①喈（jiē）喈：鸡鸣声。②胡：何。夷：同"怡"，悦。③瘳（chōu）：病愈，此处是指愁思满怀的心病消除。④晦：昏暗。

【赏析】

《风雨》一诗单从题目上来看，没有一点与人相关的信息。风和雨是常见的自然气象，所以很难从题目上掌握到什么重要信息。《毛诗序》曰："《风雨》，思君子也。乱世则思君子不改其度焉。"《毛诗序》认为这是一首女子思君之作，风雨则暗示着风雨飘远的山河。郑笺又对《毛诗》的观点加以引申曰："兴者，喻君子虽居乱世，不变改其节度。鸡不为如晦而止不鸣。"也是说君子身居乱世却不改气节风度，大致意思与《毛诗序》所述一致。

《风雨》一诗的情境是：在一个风雨大作、天色阴沉的日子里，女主人公一人在家，孤单害怕，再加上外面的雄鸡一直叫个不停，于是增加了她对远在他乡的丈夫的思念，哪曾想说曹操曹操到，丈夫就在这时回来了，女子很开心，满脸洋溢着幸福的喜悦。

"风雨凄凄，鸡鸣喈喈。"从这一句不难看出，此诗开头就以风雨和鸡鸣起兴。外面电闪雷鸣，北风呼呼地刮，雨点滴滴答答地打在窗棂上，组成一首不规则的乐曲，雄鸡不知是被雷声吓到还是怎么回事，不停地鸣叫着。常言道"一切景语皆情语"，作者不会平白无故地浪费笔墨描写景物，这些景物的背后其实都暗藏着一种思想感情，此处的"风雨""鸡鸣"无不渲染了一种灰色阴暗的气氛，给人一种压抑的感觉。

"既见君子，云胡不夷？"每到这样的天气她便最想念丈夫，想着想着眼前一个熟悉的身影，简直做梦一般，心上人奇迹般出现在女子的眼前，也不知这女子是吓到了还是太惊喜，久久没有说出话来。

"风雨潇潇，鸡鸣胶胶。既见君子，云胡不瘳？"这一段无论是在句式上还是句子上都是对上一段的复沓，只在个别字上有所改动。风雨潇潇，缠缠绵绵地交织在一起，没有丝毫要停的意思，雄鸡也跟着凑热闹，叫唤的声音越来越大，混着外面的风雨声，嘈杂至极。此时的我身边没有一个人，多么的悲凉，可怕的寂寞让她更加怀念自己的丈夫，可是谁能想到就在这会丈夫忽然到家了，刹那间一切都烟消云散了，所有的烦恼忧愁都化为乌有，简直就像去了一大块心病一样轻松自在。

"风雨如晦，鸡鸣不已。既见君子，云胡不喜？"这是全诗最后一章，与前两章大同小异，只是在思想感情上有所加深。大雨倾盆前总是有很多前兆，先是一朵朵黑压压的云朵布满整个天空，里面不知装了多少雨滴，空气很稀薄让人喘不上来气，尔后便是丝丝凉风。这就宣告着大雨马上来临，雄鸡在外面叫个不停，在女子万念俱灰之际，丈夫回来了，她高兴得简直没有任何词语能形容。

全诗共三章，章章复沓，反复吟咏，一唱三叹使全诗具有丰富的艺术韵味。细细品味，文章刚一开始通过狂风暴雨和让人心烦的鸡叫声渲染了一种风雨交加、夜不能寐、阴暗、悲凉的气氛，但到三四句突然笔锋一转，喜上眉梢。这正是作者的高明之处，作者利用哀景衬乐情，更加突出女子见到丈夫时那种雨过天晴的喜悦。明末清初著名思想家王夫之曾说："以乐景写哀，以哀景写乐，一倍增其哀乐。"这种反衬的手法更加深和突出了喜悦的内容，而前者的悲仅仅是陪衬而已。

全诗多次出现叠词，如"凄凄""喈喈""潇潇""胶胶"这些叠字、双声、叠韵词语的使用，加强了语言的形象性和音乐性，渲染了风雨萧瑟的气氛，同时深化女子对男子思念的主题，更加深了细腻真挚的情感。此外，全诗层层递进，"云胡不夷""云胡不瘳""云胡不喜"中的"夷""瘳""喜"三个字，真切地表现出女子见到丈夫后的心理过程。从首先震惊般的平静到后来像去了一块心病一样轻松自在，到最后喜不自胜喜出望外，可以看出女子内心活动的发展变化，一切进行得顺理成章而又浑然天成。《风雨》一诗无论从遣词造句还是句式章法上看，都不失为一篇上等的佳作。

◎子 衿◎

青青子衿①，悠悠我心。纵我不往，子宁不嗣音②？
青青子佩③，悠悠我思。纵我不往，子宁不来？
挑兮达兮④，在城阙兮⑤。一日不见，如三月兮。

【注释】

①衿：襟，衣领。②嗣音：传音讯。③佩：这里指系佩玉的绶带。④挑、达：走来走去的样子。⑤城阙：城门两边的观楼。

【赏析】

"青青子衿，悠悠我心，但为君故，沉吟至今。"曹操的这首《短歌行》的前两句便是从《子衿》中得到的灵感，不过曹操雄才大略，"新瓶盛陈酒"

改了主旨，换了意境，借"子衿"抒发自己渴求贤人的心情。而《子衿》谱写的则是一曲热恋中的姑娘对情人的思念和等候情人来相会的恋歌。

"青青子衿，悠悠我心。"读起来朗朗上口，美丽动人。"子衿"的意思是"你的衣领"，最早指女子对心上人的爱称，后来指对知识分子、文人贤士的雅称。这句话的意思是说，难以忘记的是你那青色的衣领，那样整洁干净，它牵动着我悠悠的心，自从上次别离已有许久，你的样子和衣着我还依稀记得。

"纵我不往，子宁不嗣音？"从第一章可以看出，不知什么原因让两人失去了联系，女子对这个不来看望她的男子满腹抱怨。而她没有去看他，却是出于女子的矜持和羞怯，在女子自己看来是情有可原的。

"青青子佩，悠悠我思。纵我不往，子宁不来？"忘不了那青色的佩带，现在不知它是否还紧贴在你的身旁。上次离开这儿的时候，佩带还是那样的整洁干净。即使我没有去看你，你怎么就不知主动来看我？女人是口是心非的动物，嘴上不说，心里却是刻骨的想念。

这一章大致是对上章的重复，以反复递进、层层深入的写法，将长相思之苦，提升到至极。从上段的"子衿"和本段的"子佩"都可以看出女子的心上人是个有身份有地位的年轻人，纵不是官宦子弟，也绝不是普通的百姓人家。

"挑兮达兮，在城阙兮。一日不见，如三月兮。"想你的心情抑制不住，你不来，我又不能过去找你，我就每天登上高高的城楼向远方眺望，希望能看见你的身影。一天见不到你的身影，就如同隔了三个月那么长。这一段寥寥几笔就生动形象地刻画出了女主人公焦急难耐的心情。她等不了男子来看她，那对于她来说简直是无尽的煎熬，于是她吃力地爬上城门两边的观楼，不时地向远处眺望。结尾的一句"一日不见，如三月兮"更是成了男女之间表达相思之情的千古绝唱。

此诗章法之妙历来被学者称颂。全诗只有三章，每章四句，每句四言，区区四十九字便将女子的思念之情刻画得淋漓尽致。这全依赖于作者对心理描写的挖掘。

从全诗来看，从开篇对心上人衣服的描写到埋怨男子没来看她，都是主人公一系列心理活动的表现，第三章的"挑兮达兮，在城阙兮"更是表现了女子焦灼的心情。结尾一处的"一日不见，如三月兮"运用了夸张的修辞手法，形象而生动地突出了女子对心上人的思念之情。此后心理描写在文学作品中占了很大一部分比重。

在《诗·王风·采葛》中也有类似的语句"彼采葛兮，一日不见，如三月兮。彼采萧兮，一日不见，如三秋兮。彼采艾兮，一日不见，如三岁兮。""一日不见，如隔三秋"从此以后便成了表达思念的妙语，虽有夸张，但唯美动人，千百年来为人们所传唱不衰。

国风·齐风

◎东方未明◎

东方未明，颠倒衣裳①。颠之倒之，自公召之。
东方未晞②，颠倒裳衣。倒之颠之，自公令之。
折柳樊圃③，狂夫瞿瞿④。不能辰夜⑤，不夙则莫⑥。

【注释】

①衣裳：古时上衣叫"衣"，下衣叫"裳"。②晞（xī）：破晓，天刚亮。③樊：篱笆。圃：菜园。④狂夫：狂妄无知的人。瞿（jù）瞿：瞪视貌。⑤辰：指白天。⑥夙（sù）：早。莫：晚。

【赏析】

《东方未明》是周代百姓广为传唱的一首民歌，产自齐国京都地区。它揭露了当时统治阶级的残暴，诉说了奴隶们受压榨的痛苦生活，反映了奴隶阶级的反抗心声。

全诗三章，诗人巧妙地抓住了奴隶生活的一瞬间，展现出了一副悲惨而苦涩的画面：天还未亮，劳累到虚脱的人们仍兀自安睡，监工的吆喝声如平地惊雷，突然响起，催促上工。寂静的安睡，一下子被打破，劳工们个个惊醒，黑暗中手忙脚乱，穿衣颠倒，洋相出尽，犹如惊弓之鸟。

奴隶们的身心，都受到残酷的奴役，日常稍不留意，就会遭到严厉处罚，饱受皮肉之苦，监工长久残酷压迫的结果，正是这种场面。诗人借这一典型时刻，突出"颠倒衣裳"的典型细节，以小见大，将奴隶们的痛苦生活描摹得纤毫毕现。清牛运震《诗志》赞说，这一描写"奇语入神，写忽乱光景宛然"，并起到了以少总多的艺术效果。

前两章结构上回环复沓，只换几字，如"未明"与"未晞""衣裳"与"裳衣""颠之倒之"与"倒之颠之""召之"与"令之"，反复咏唱，一再渲染。这是歌唱时的和声，使诗在吟唱时显得回复重叠，余音袅袅，提升了主人公的感情基调，强化了诗篇的内涵。到此，奴隶们已不单单有恐惧和慌乱，长期的奴役生活，诱发了他们对自身命运和整个社会的思索，在他们身上，痛恨和觉醒已初现端倪："自公召之""自公令之"。苦难的根源来自"公"——这些劳役者开始觉醒，发出了对当权者的不平之鸣。

这种明确而又愤激的指责，是作者直抒胸臆的呐喊，真实记录奴隶们的高呼和申诉，感情激越地表达了奴隶们的觉醒，也暗含了奴隶们势必抗争的决心，一定程度上真实再现了那个饱含压迫的时代。同时，这首诗抒发了下层阶级的愤懑，摹写出了一触即发的阶级矛盾，对统治阶级起到了强烈的揭露和批判作用，带有强烈的感情色彩，极易引起读者共鸣。

控诉即已发出，但怨怒却没有就此终结，矛头直指当权者后，但作者还嫌不够，于是笔锋又回到现实，进一步摹写奴隶们的悲惨遭遇，使诗作的感情进一步郁结。第三章描写劳作的内容，半夜被驱赶起，砍柳枝编篱笆，"狂夫"瞪着大眼监视，令人反感和怨恨。"狂夫瞿瞿"，是个典型的细节描绘，把监工的凶恶嘴脸和盘托出，读来如在目前，有着很强的形象感。"不能辰夜，不夙则莫"，则指出劳役不但要起早晚睡，而且穷年累月莫不如是，使奴隶们生活境遇的悲惨凸显得无以复加。

这种生动的真实，跟作者高超的写作技巧密不可分。在具体行文过程中，作者只是选取了典型的场景，既没有铺叙劳动者的辛酸，也没有扩展具体的劳动场面，只以简单的笔墨，勾勒出集中而又概括的画面，把奴隶们的悲惨生活描摹得惟妙惟肖，使人们如临其境，也使诗作呈现出极高的文学价值。

全诗三章，皆为四言句，每句两个音拍。前两章运用回环复沓的艺术手法，渲染环境气氛，突出事物特征。且以工整的排列，朗朗上口的语言形式，尽情抒发心中的抑郁情感，增强了音乐效果。第三章则转变风格，避免通篇一致的枯燥感，显得起伏有致，使得诗作情感得以持续叠加。诗作的另一突出特点是通篇明白晓畅，语言通俗易懂，"未明""颠倒""狂夫""不能"等，都是人们常用的口头语言，以此入诗，质朴自然，充满无限的生命力。

对于此篇的诗旨，历来亦不乏异声，据《毛诗序》解释："《东方未明》，刺无节也。朝廷兴居无节，号令不时，挈壶氏不能掌其职焉。"把诗篇的矛头指向不称职的朝廷和官员。《郑笺》则说："挈壶氏失漏刻之节，东方未明而以为明，故群臣促遽，颠倒衣裳。"说是掌管更漏的官员失职，导致错误，群臣以为上朝迟了，慌乱起床，颠倒衣服。一直到南宋朱熹亦是如此评论，没能还诗作本真。这都是对诗作的牵强附会，力争把经典与政治扯上关系，委实错误。现如今，人们已立足实际，用文学的方法解读《诗经》，真正把经典贴近生活和真实，准确把握了作者的赋诗意图，归还了《东方未明》的主旨。

◎甫 田◎

无田甫田①，维莠骄骄②。无思远人，劳心忉忉③。
无田甫田，维莠桀桀。无思远人，劳心怛怛。
婉兮娈兮④，总角丱兮⑤。未几见兮，突而弁兮⑥。

【注释】

①田（diàn）：治理。甫田（tián）：大田。②莠：狗尾草。骄骄：高大貌。③劳心：忧心。忉（dāo）忉：心有所失的样子，与下文"怛（dá）怛"同义。④娈：貌美。⑤总角：古代男孩将头发梳成两个髻。丱

（guàn）：形容总角翘起之状。⑥弁（biàn）：成人的帽子。

【赏析】

《甫田》以一位农妇的口吻，道出了她对丈夫深深的思念，情之深，时之久，突破了其能承受的底线。诗人以农家最寻常的事件和最普通的画面入诗，将镜头直接拉入广阔的农田，从田中又高又长的莠草着笔，给诗作展示了一幅荒芜的景象。

"甫田"一词，历来有争议，一说是寻常农田，一说为新开辟的农田。做寻常农田讲时，丈夫去了远方，家中缺少劳力，田里长满了深深的野草（维莠骄骄，维莠桀桀），女主人公面对此情此景，伤感万分，心生幽怨，不禁说道："无田甫田，维莠骄骄（桀桀），无思远人，劳心忉忉（怛怛）！"意思是今后我不再种地了，因为地已经荒了，我也不再想他了，因为思念只能增添烦忧！这是女子的牢骚语、反语、伤心语，正是其相思情切的表现。

"甫田"作新开垦农田讲时，女主人公就带上了坚强的色彩。这位辛劳的农妇，坚毅而自立，丈夫离开以后，她又独自开垦了很多的荒地，努力支撑着家用。但其中的痛苦，妇人也是勉力坚持，在承受不住时，她这样劝自己："不要再开垦农田了，这么多的荒草，你真的支撑不住，就此停下吧；不要再思念他了，他走得这么远，归期渺渺，只能让你更加担忧，更加劳心。"这种明知无效的自劝，当然不会使心情释然，坚强的女主人公肯定会一如常故，开垦出更多的荒地，更多次地思念自己的夫君。

最后一段可以有三种解释，一则诗作笔锋转向，不再描摹农妇自我劝说，而是记述其孩子的成长过程，好似农妇幽幽自语后的画外音，给其相思的程度和时间加上了一些补充和解释。"婉兮娈兮，总角卯兮。未几见兮，突而弁兮。"这几句在伤心农妇的身边展开了一幅画面，小孩子从"婉兮娈兮"成长为"总角卯兮"，继而成长得更快，变为"突而弁兮"。它概括了孩子的成长，也把时间的飞快流逝注入其中，女主人公的等待可见其久。另外，时间之所以会过得这么快，应该还有女主人的恍惚在里面。男人走了之后，日子再也不是日子，农妇变得孤独而又恓惶，对生活不再有起码的兴趣，对时间的感觉也不再清晰，由此，其思之切、念之深跃然于纸上。

第二种解法是此章与上两章一脉相承，都是由女主人幽幽的自语和埋怨："自你走后，孩子一天一个样，现在都成人了，十多年都过去了，你还没有回来！"这种解释，不仅依然可以表现时间的流逝，还更增添了那种深深的幽怨，读者不禁会对这位脆弱而又不幸的女子心生怜惜。

　　第三种解释是由实写转向虚写，女主人公由于思念深切，不自觉地产生了幻觉：丈夫归来了，他见到离家时还是小孩的儿子，如今已经长大成人，微笑着赞叹说："婉兮娈兮，总角丱兮。未几见兮，突而弁兮。""原来还扎着丫角，老是蹦蹦跳跳，现在就突然变成懂事的大人了，时间过得真快啊！"如此写来，有记叙，有想象，笔法虚实结合，变得丰富多样。清陈震《读诗识小录》说本诗的含蓄美尽在这一虚境之中，前两句"换笔顿挫，与上二章形不接而神接"，后两句"奇文妙义，与上四'无'字神回气合"，通篇连贯顺畅，抒情巧妙。

　　单就从女主人的角度而言，本诗主旨就已纷繁复杂。如果此诗变换一下视角，则又可作出另一番解释。有一些评论者从远行男子的视角和口吻入手，认为这首诗是丈夫对家人的思念。男子离家日久，对家中人事的想念与日俱增，想到要强而又深情的妻子，想到自己与她一块开垦荒地时的辛苦与快乐，着实担忧，不禁对着空气默默诉说相思："你不要再开垦农田了，这么多的荒草，你会支撑不住的，不要思念我啊，那只能让你更加劳心。"最后，男子又想到自己的孩子应该成人了吧，他想象着孩子的成长过程，从"婉兮娈兮"到"总角丱兮"，再到突然的"突而弁兮"，每一步都带给他经久不息的感慨，父亲想象这些时的心情，应该是欣喜与酸楚各自参半吧！

　　上述的说法无不充满了浓浓的人情味，让人感慨恻然，但这首诗在古代的解法，依然是依附政治，针砭寄托。追溯历史，齐襄公与妹妹文姜淫乱，把妹夫鲁桓公杀死，又嫁祸给公子彭生，为转移国人视线，他兴无义之师，多次攻打他国，干涉别国内政，最终死在国人手里。齐国诗人作诗讽刺，即《甫田》。诗人奉劝人们莫费力不讨好去耕那种荒芜多年的田地，莫白费力思念远方的人，即把不现实的念头抛开，别去做超出自己能力的事，由此讽刺了齐襄公胆大荒淫的小人行径。

国风·魏风

◎园有桃◎

园有桃,其实之殽①。心之忧矣②,我歌且谣③。不我知者,谓我士也骄。彼人是哉④,子曰何其⑤,心之忧矣,其谁知之?其谁知之,盖亦勿思⑥。

园有棘⑦,其实之食。心之忧矣,聊以行国⑧。不我知者,谓我士也罔极⑨。彼人是哉,子曰何其?心之忧矣,其谁知之?其谁知之,盖亦勿思。

【注释】

①殽:同"肴",吃。"其实之肴",即"肴其实"。②忧:忧伤。③歌、谣:曲合乐曰歌,徒歌曰谣,此处皆作动词用。④是:对。⑤其:疑问语气词。⑥盖(hé):通"盍",何不。⑦棘:通常指酸枣。此处特指枣。⑧聊:姑且。行国:离开城邑。"国"与"野"相对,指城邑。⑨罔极:无极,没有准则。

【赏析】

对本诗内涵的解读,首先依托于抒情主人公的界定,诗中"谓我士也骄"点明主人公是一位"士",他说别人称其为"士",自己又未更正,可见并无异议。但是,"士"的含义纷纭难辨,因此,应当联系诗作进行推断。通读此诗,加之想象,可以推断诗中所描绘的情景如下:主人公对国家担忧、不满,但没人理解他,还指责其高傲、反复无常,在忧愤无法排遣时,他只得长歌当哭,最后在无可奈何中,他"聊以行国",置一切于不顾。因此,从诗的内容和情调判断,主人公当是士人阶层,但怀才不遇,不禁忧时伤己、作诗排遣。

诗作以"园有桃,其实之殽"起兴,引出下句"心之忧矣,我歌且谣",

如此开篇，可谓一箭多雕：桃子成熟在夏季，隐含了诗作的时令；桃子熟了当然要采摘下来食用，心中忧烦当然要吟哦宣泄，这样，作者开篇就讲出了自己牢骚有理，显得直率；诗人有感于桃子的果实味美又可饱腹，而自己却无所可用，因而心中郁愤不平，表现其"不得志"的窘境；另外，园内有桃，实熟待摘，比兴自己在等待人来摘取，可到现在还未曾有人，于是忧心忡忡。简单的一句，蕴含之多，可谓神奇。

"心之忧矣，我歌且谣。"他放声高歌以排遣内心苦闷，却反被认为是狷介骄纵，此即为"不我知者，谓我士也骄"。诗人的心态、思想、忧虑、行为，无不真实而又正确，但最终被视为"骄"，委屈却又无可奈何。"园有棘，其实之食。"时光流转，枣儿熟了，到了秋季，诗人越发烦躁，歌谣已不能尽其情，他决定离开这是非之地，"聊以行国"，换掉这个不愉快的生活环境。这一举动，却又被人指点："谓我士也罔极。"真的是走也不对，不走也不对。

此情此景，作者不禁问道："彼人是哉，子曰何其？"他们说得对吗？你说我该怎么办呢？难道大家是对的，而我错了？思维的混乱和迷茫展现出他内心的痛苦和矛盾。作者彻底不知所措了：面对残酷的现实，庸碌无为的统治者，国家和人民的出路在哪里呢？一个痛苦、矛盾而又极力"上下而求索"的"先忧者"形象，端立于字里行间。

最后四句："心之忧矣，其谁知之！其谁知之，盖亦勿思！"诗人认为自己是有识之士，然而世上竟无一知己，所以诗人才反复地说"其谁知之"。然而当他得知"理解"也是不可能时，他只得以"不想"来自我保护："其谁知之，盖亦勿思。"既然没有人是清醒的，自己为何要独守清明？不过自找烦恼罢了，还是忘掉这一切吧！

《园有桃》是较早的自由诗,描写不得志的士人之生活境遇和心理状态。他自得其是然而无人可诉，空怀报国之志却落为庸人笑柄，结尾"盖亦勿思"，道出了无可奈何、自欺欺人的消极避世态度，他最终蹉跎岁月，郁郁寡欢。诗中表现出的爱国感情和忧愤情绪与《离骚》是相同的，屈原对故国深深眷恋，日日担忧，最终难以承受"独醒"的艰难，选择了汨罗江，本诗作者则是勉力自持，努力忘却这无尽的烦恼，然而，诗人的忧愤之情却无穷无尽，难以排遣，只得自欺欺人、空言忘却。

本诗句式以充分表达愤慨情绪为先，不避讳参差错落。押韵方面，前六句在一、二、四、六句末，后六句韵脚转换，押在八、九、十、十一、十二句末，和谐中有跌宕和转折，避免了通篇一韵的单调，使得篇什充满力度和层次之感。两章文字相似，前六句只有八个字不同，后六句完全重复，回环复沓，并且十、十一两句重复，显得哀思绵延，给人以"欲说还休"的惆怅，风格消沉悲痛。

◎伐 檀◎

【原文】

坎坎伐檀兮①，寘之河之干兮②。河水清且涟猗③。不稼不穑④，胡取禾三百廛兮⑤？不狩不猎⑥，胡瞻尔庭有县貆兮⑦？彼君子兮⑧，不素餐兮⑨！

坎坎伐辐兮⑩，寘之河之侧兮。河水清且直猗⑪。不稼不穑，胡取禾三百亿兮？不狩不猎，胡瞻尔庭有县特兮⑫？彼君子兮，不素食兮！

坎坎伐轮兮，寘之河之漘兮⑬。河水清且沦猗⑭。不稼不穑，胡取禾三百囷兮？不狩不猎，胡瞻尔庭有县鹑兮？彼君子兮，不素飧兮⑮！

【注释】

①坎坎：象声词，伐木声。②寘（zhì）：同"置"，放。干：河岸。③涟（lián）：水波纹。猗（yī）：义同"兮"，语气助词。④稼（jià）：播种。穑（sè）：收获。⑤禾：谷物。三百：极言其多，非实数。廛（chán）：捆。⑥狩：冬猎。猎：夜猎。此诗中皆泛指打猎。⑦瞻：向前或向上看。县：古"悬"字。貆（huán）：幼貉。⑧君子：此系反话，指有地位有权势者。⑨素餐：白吃饭，不劳而获。⑩辐：车轮上的

辐条。⑪直：水流的直波。⑫特：三岁的兽。⑬漘（chún）：河岸。⑭沦：小波纹。⑮飧（sūn）：晚餐，此处泛指吃饭。

【赏析】

这是一首伐木者之歌，铿锵而悠扬的歌声传达了这样的情景：一群伐木者砍树造车时，联想到剥削者不劳而获，愤怒非常，发出了质问：为什么那些从不种田的人，家里谷物堆满了仓房？为什么那些从不打猎的人，飞禽走兽挂满了庭院？这种质问，反映了劳动者对现实的清醒认识，蕴藏着一种猛烈的反抗情绪。

《诗经》可以说是中国讽刺文学的源头，揭露和讽刺剥削阶级，是《诗经》的主旨之一。在众多经典诗篇中，《伐檀》以独特的刚柔美，展现出非同一般的色彩和音响。

诗作每章首句都用同一个叠字，"坎坎"是伐木时发出的声音，因为檀树木质很硬，所以拿斧子砍起来铿然作响，以此入诗，尽显音律谐和悠扬，作者先声定式，给全诗抹上一丝叮咚舒卷之感，为强烈的讽刺和质问披上了温婉的外衣。另外，这一叠字也巧妙地深化了主题：古人以檀木造车，劳动强度很大，伐木工人生活的辛苦可见一斑。人们把树砍倒，然后堆放到河岸边，利用水力把其运走，简短数字，工人们的整个劳动过程展现在眼前，声情并茂。

伐木者把檀树运至河岸，放眼望去，水流清澈，微波荡漾，一幅优美的山水盛景展现在眼前，不禁对此美好景象赞叹不已，但他们身上肩负的沉重压迫与剥削，立即打破这暂时的轻松与欢愉，硬生生地把他们从如梦胜景拉回真实的人间地狱。他们看着能够自由自在流动的河水，联想到自己整日劳作，没有自由，不禁悲从心来，不得不一吐为快。

于是，他们向有权势者提出了尖锐的责问："不稼不穑，胡取禾三百廛兮？不狩不猎，胡瞻尔庭有县貆兮？彼君子兮，不素餐兮！"伐木者们感情变得激越，不禁直接指责和怒骂："这些'君子'们，你们不是在白吃饭吗？"

第二、三章文字上改易数字，反复咏唱，也在内容上作出补充，加深了所要表现的主题，"辐"是车轮中的直木，"漘"是指河岸边，各种做车配件的出现，暗示了伐木者们劳动的无休无止。"特"指三岁的野兽，各种猎物的描写，反映了剥削者的贪婪本性：无论猎物如何，一概据为己有。

《伐檀》句式整齐，结构对称，富有鲜明的节奏感和韵律性，三章反复咏叹，有力地表达伐木者的痛声疾呼和反抗情绪，使感情在叠唱中步步深化，增强了诗的抒情性和讽刺力量。

从表面看来，此诗用词清新、语调清婉，好似一首细腻的抒情诗，然实为柔中寓刚，充满了硬度和情感张力。它申诉时没有使用陈述句，而是选择反诘句，这样质问和讽刺，显得情感激越、笔力厚重。

"不稼不穑，胡取禾三百廛兮？不狩不猎，胡瞻尔庭有县貆兮？"连用反诘句，以不可阻挡的气势和一针见血的力度，直指剥削者。章末"彼君子兮，不素餐兮"，用毋庸置疑的语调，毫不摇摆，一锤定音，揭示剥削者的本性和虚伪，增加了讽刺意味，深刻地揭示了主题。写作手法上，全诗以叙事为主，未加渲染但饱含愤怒，每章末用直抒胸臆的方式来控诉，增加了真实感与揭露的力度。

诗作的句式从四言、五言、六言、七言乃至八言，因而被有些学者称为杂言诗最早的典型。灵活多变的句式，使感情得以自由抒发，充分表现。戴君恩《读诗臆评》评论道："忽而叙事，忽而推情，忽而断制，羚羊挂角，无迹可寻。"形容诗作的描摹起兴无端，艺术手法不可寻其踪迹。牛运震《诗志》曰："起落转折，浑脱傲岸，首尾结构，呼应灵紧，此长调之神品也。"同样对此诗的艺术性作出了很高的评价。

就此诗的主旨，同样有着诸多解法，最早《毛诗序》以为是"刺贪也。在位贪鄙，无功而受禄，君子不得进仕尔"。评论者依托政治，将矛头指向官员腐败，立意深刻但似显偏颇。还有学者称为"美君子隐居之志也"，或"魏国女闵伤怨旷而作"，或"父兄训勉子弟之词"，皆有卖弄学问或标新立异之嫌，都未能获其要理。

到了近代，一些学者认为这首诗是奴隶主贵族"站在井田所有制立场来攻击新兴的封建剥削"；或认为是"劳心者治人的赞歌，它所宣扬的是一种剥削有理、'素餐'合法的思想"。这些说法更加偏颇，不为多数人所取。

像一些比较中肯的评论者所说那样，《伐檀》的思想高度应该表现在主人公逐渐觉醒的认识水平上：他们虽意识不到不合理分配现象的社会根源何在，但已经清楚地看到，社会上存在着两大阵营，一个是生产者，一个是所有者，而非常怪异的是，生产者不是所有者，所有者不是生产者。这种评论，是比较有价值的，既反映了诗作的内容，又将抽象的社会规律明了地融入其中。

◎硕 鼠◎

【原文】

硕鼠硕鼠①，无食我黍②！三岁贯女③，莫我肯顾。逝将去女④，适彼乐土。乐土乐土，爰得我所⑤！

硕鼠硕鼠，无食我麦！三岁贯女，莫我肯德⑥。逝将去女，适彼乐国⑦。乐国乐国，爰得我直⑧！

硕鼠硕鼠，无食我苗！三岁贯女，莫我肯劳。逝将去女，适彼乐郊。乐郊乐郊，谁之永号⑨！

【注释】

①硕鼠：田鼠。②无：毋，不要。黍：黍子，去皮后叫黏米，是重要的粮食作物之一。③三岁：多年。贯：侍奉。女：同"汝"。④逝：通"誓"。去：离开。⑤爰：于是，在此。所：处所。⑥德：恩惠。⑦国：域，即地方。⑧直：同"值"，价值。⑨之：其，表示诘问语气。号：呼喊。

【赏析】

老鼠大概是人们最讨厌的动物之一了，生性贪婪狡猾，眼小嘴尖，一看就叫人生厌。于是，当看到"硕鼠"这个题目时，人们自然明白这不会是一首快乐的颂歌，而是一首怨刺之诗。事实上，《硕鼠》确实是一首不满现实的诗，而且是一首以破口大骂的方式表达不满的诗。

所不满者何事？古代学者多认为是农民"刺重敛"。今之人多以为此诗是当时农奴反对阶级剥削的反映。两种看法虽有所不同，但分歧不大，可互相参照。

诗一开头便大声直呼"硕鼠硕鼠，无食我黍"，仿佛直指硕鼠之面加以怒斥。鼠本来就已经很惹人厌了，还是个肥硕的鼠，这就更令人憎恶了。老鼠从来是偷窃之辈，靠着偷盗粮食生活，是不折不扣的寄生虫。一只普通的老鼠长成了"硕鼠"，这是偷食多少粮食的结果！这只硕鼠，便是对贪婪凶残的剥削者的绝妙比喻。日出而作，日落而息，田地里的庄稼是农民们顶着多少个烈日，受了多少次风霜才换来的果实。可是如此艰辛的劳动却被这些老鼠蚕食殆尽，确实叫人气愤。

古人常说，"滴水之恩，当涌泉相报"。按如此说，养育之恩便是无以为报的天大恩情了。可惜这只是君子的做法，"硕鼠"不会接受这一套。"三岁贯女，莫我肯顾"，老鼠的一身脂肪是农民多年喂养的结果，可是对于这些养活它们的农民，硕鼠却毫无顾念之心，反而变本加厉地吞食他们的血汗。

如果永远忍受这群硕鼠的索取，只怕最终连性命也不保。所以农民决定"逝将去女，适彼乐土"，打算永远离开硕鼠，寻找一个"乐土"。所谓"乐土"，就是农民"爰得我所"的地方。

诗分三章，在反复咏叹中诗意层层递进。第一章时作者呵斥硕鼠"无食我黍"，而硕鼠贪婪成性，无视作者的呵斥，还啃食农民的麦子，于是农民继续斥道："硕鼠硕鼠，无食我麦！"然而到第三章，诗人指出，鼠之贪婪是永远也无法满足的。吃光黍和麦后，硕鼠变本加厉，连尚未成熟的庄稼幼苗都不放过。从"无食我黍"到"无食我麦"，再到"无食我苗"，硕鼠的凶残和贪婪暴露无遗。

由于不堪硕鼠无止尽的盘剥，农民们希望找到一个自耕自足、不受压迫的地方，那将是他们的"乐"之所在。但是随着硕鼠的步步紧逼，他们向往乐土的心情也渐渐发生了变化。一开始，他们向往的是"乐土"，然而在硕鼠的贪婪下他们的追求从乐土变成了乐国，又从乐国变成了乐郊。"乐土""乐国""乐郊"三个词看似所指相同，实则有相当大的区别。"土"当指人类脚下这片广袤的大地，而"国"是这片土地上的一个区域，而"郊"的范围就比国更小了。可见，人们虽然不堪"硕鼠"的盘剥，但逐渐意识到现实的残酷，根本不存在所谓的乐土。"乐土"到"乐国"再到"乐郊"的变化，实际上是希望逐渐落空的表现。所以，末句"乐郊乐郊，谁之永号"透出些许无奈和悲哀。

虽然农民们寻找乐土的希望最终落空，但这并不影响《硕鼠》一诗的积极意义。本诗写出了贫苦农民的怨愤，但不只是表现苦难和哀怨。诗在描写痛苦、指责造成痛苦之人的同时，写出了反抗的心声，喊出了苦难中农民的追求和理想。这也许是此诗最具感染力的地方。

国风·唐风

◎绸　缪◎

【原文】

绸缪束薪①，三星在天②。今夕何夕，见此良人③？子兮子兮，如此良人何？

绸缪束刍④，三星在隅⑤。今夕何夕，见此邂逅⑥？子兮子兮，如此邂逅何？

绸缪束楚⑦，三星在户。今夕何夕，见此粲者⑧？子兮子兮，如此粲者何？

【注释】

①绸缪（móu）：缠绕，捆束。②三星：即参星。③良人：丈夫，指新郎。④刍（chú）：喂牲口的青草。⑤隅：指东南角。⑥邂逅（xiè hòu）：不约而来的爱悦者。⑦楚：荆条。⑧粲者：漂亮的人，此处指新娘。

【赏析】

本诗的开头是"绸缪束薪"这四个字,"绸缪"的意思就是缠绕,也可以引申为缠绵,"束薪"两字原本的意思是扎起来的柴火,因为古代的娶嫁都是燎炬为烛的,所以束薪是一种比兴手法,暗示着娶亲。事实上,《诗经》里所有关于娶妻的诗,都是使用"束薪"来暗示的。

本诗共用三节,通过戏谑的口吻,描绘出了一幅贺新婚时闹新房的场面。诗中写出了新婚之夜的三个典型场景,通过这些场景表现出了新人的甜蜜和闹洞房的人们的欣喜。"绸缪束薪,三星在天"这两句告诉了我们婚礼举行的时间。春秋时的娶亲大多在傍晚进行,那是暮色未降,三星挂在天边,在柔和的光线下,新郎新娘期待着相见的时刻。

第一节是在戏谑新娘。婚礼刚刚结束,道贺的人们刚刚离开,这时星星三三两两升上了天空,准备闹洞房的人们将新娘团团围住,他们询问新娘子"今夜是个什么夜",他们逼着沉浸在甜蜜的幸福之中的新娘子一定要说出答案,对于新娘来说,这天夜里显然是决定她终生命运的时刻,过了今天她就是人妇了。所以面对这样的问题,新娘感到非常羞涩,但是闹洞房的人们完全不打算放过新娘,他们继续询问着已经心跳脸红的新娘:"你如何碰见这么好的新郎?"这样的话语让新娘感到更加的害羞,也许她会把自己的恋爱经历告诉这些人,然后人们会感叹道:"有福气的你呀,把这个可心的新郎怎么办?"这是再让新娘子表态自己将来要怎样孝敬公婆和侍候丈夫。总之,他们一定要把新娘弄得面红耳赤才肯罢休。

第二节则是在考问新郎。"三星在隅"这一句告诉我们,现在屋子外面收拾桌椅板凳和锅碗瓢盆的那些大嫂们也已经离开了,那些星星已经升到了中天。刚刚那些闹过新娘的人们又开始戏谑新郎了。他们询问新郎:"今夜是个什么夜?"对于新郎来说,今夜同样是非常重要的一天。在面对幸福的婚礼的同时,人们也在提醒新郎幸福的背后还有着责任和义务,他们询问新郎:"你如何偶遇这么好的新娘?"对于这些闹洞房的人们来说,即使已经从新娘那儿知道他们恋爱的故事,但是他们还想通过新郎的角度来听听这段故事。他们想知道新郎是怎样夺得了姑娘的芳心。听完故事之后，他们同样会感叹："有福气的你呀，把这个漂亮的新娘怎么办？"这里闹洞房的人们同样是期待着新郎表态，说出自己打算怎样呵护自己的新娘，将来一定会和她比翼齐飞，白头偕老。

第三节是人们对新人的祝福。这时夜已经深了，人们大都已经休息了，甚至已经可以听见进入睡梦中的人们的鼾声了，新婚的夫妇期盼着他们的洞房花烛夜，这时，星星已经对着窗户了。人们感叹道："今夜是个什么夜？"今夜是一个幸福的夜，一对幸福的男女在月下老人的牵线之下，终于佳偶天成，人们赞叹新娘的美丽："我们何时得见这么美丽的新人？"娇羞的新娘妩媚百态，看得满脸红光的新郎都沉醉了，闹洞房的人们不忍心再耽误新人的美好时光。他们询问新人："有福气的你们呀，面对光彩美丽的对方怎么办？"其实答案大家都心照不宣，这些话语中充满着善意和祝福，本诗到这里也达到了一个高潮。

在人们闹洞房的过程中新郎的父母进来了很多次，他们通过给闹洞房的人们发放美食，来冲淡一下热烈的气氛，以此来给儿子与媳妇解围。最后闹洞房的人们带着未尽兴的遗憾，嘻嘻哈哈地，各自回家了。然而也有些不死心的人会乘机钻入衣柜里或床底下，当然也有些人会躲在窗户根下偷听着新婚夫妇的悄悄话，这些都能够成为他们日后笑谈的材料。

诗中的语言活泼风趣，有极强的生活气息。这首诗描写了一场从黄昏一直持续到半夜的婚礼，通过夸张的语气，形象地刻画了闹洞房的人的形象，让人仿佛可以看到他们笑着和同伴眨眼睛，商量要如何难为新郎和新娘的情景。本诗并没有从正面描写新人，但是却通过闹洞房的人们的提问，让人看到了羞涩和窘迫的新郎和新娘，展示了他们的甜蜜与幸福。

◎有杕之杜◎

【原文】

有杕之杜①，生于道左②。彼君子兮，噬肯适我③？中心好之，曷饮食之④?

　　有杕之杜，生于道周⑤。彼君子兮，噬肯来游⑥？中心好之，曷饮食之？

【注释】

①杕（dì）：树木孤生之貌。②道左：道路左边，古人以东为左。③噬（shì）：何。适：到，往。④曷：同"盍"，何不。⑤周：右边。⑥游：游逛。

【赏析】

　　《有杕之杜》的主人公是一位年轻的女子，她长久地暗恋心中的君子，但不敢一诉衷肠，只得日日思念。她在男子可能出现的地方站立良久，只求能看心上人一眼，而这种微浅收获的代价，则是伴随了整个等待过程的纠结忧思、心如鹿撞。作者以高超的写作技艺，直录女子的所思所想，生动形象，反映出了女子纯真的心境和浓厚的爱慕之情。

　　诗作以生于道旁的杕杜比兴，具有浓重的意蕴。独自兀立的棠梨树，孤零零的，落寞不已，呈现出女主人公此刻最真实的心境：因为心有所属，相思情切，而变得孤独、寂寞异常；她日思夜想着能够有心上人的陪伴，白日焦躁不安，夜晚辗转难眠，心儿早已飞到了心上人身边。

　　另外，作者描画的这一场面，也是对女主人公翘首企盼的图景的摹写：她只身一人，在道旁伫立良久，等待着心仪男子的到来，也许是初次见面的地点即是这里，也许是曾经打听到男子不日要路经此处，她欣喜而又紧张地等待着，时间一分一秒地过去，但人并没有出现，只有那株同样伫立道旁的赤棠树，与柔弱的女子两相对照，更添伤感。

　　女子在等待中，不免变得烦躁和不安，开始默默地念叨着："彼君子兮，噬肯适我。"看看四周荒凉的景象，显眼的就只有那孤零零的赤棠，她不免信心陡减："那个人儿，他愿意到这儿来吗？这儿如此偏僻，也不是他经常到的地方，他能专程赶来的可能性不大啊！"女子的提心吊胆，是对环境的不自信。也是对自己的不自信,她在伤感外部环境时,也在盘算着自己的优点和长处,思考着自己哪一点能够吸引到心仪的男子,因而忧虑无限、患得患失,担心自己的一腔热情,无法换来回应。这种对自己魅力的怀疑,正是每一个陷入相思的人的共性。

最终,女子左思右想后,坚定了自己的信心:"他一定会来的!"这是女子对心上人的肯定,也是对自己的肯定。然后,她变得释怀很多,开始思考如何回应和招待男子。"中心好之,曷饮食之",我心中喜欢他,这一点是确定的,但如何招待他,却颇费心思,是该彻底表现出自己的爱慕,还是该有所保留、稍稍透露一点呢?怎样才能让男子感觉好一些,让其既不感到疏远,又不会感到唐突?这些都还需要细细思考。这样,一个小女儿家的心思,就被作者寥寥数笔,形象生动地表现在字里行间。

诗作运用回环复沓的手法,两章仅易数字,就写出了女子缠绵、纠结的心境,达到了结构和情感的契合。

因为诗作浅短,描述的仅为外在环境和主人公的心理活动,因此,诗作呈现出很大的蕴藉性,有着很大的表意空间。对于其主旨,也因此仁者见仁、智者见智,历来有多种看法。一些喜欢附会政治的评论者,如《毛诗序》《诗集传》等,主张诗作不应该单纯从字面意义出发,而是有更加深刻的内涵,主旨应为"刺晋武公"或"好贤",认为作者的写作目的是针砭统治者的昏聩腐败,或者是统治者以思妇自比,抒发强烈的求贤愿望。

这些说法,虽提高了诗的意旨,丰富了诗作的内涵,达到了寓教于诗的目的,但却显得牵强,将自然变为了晦涩,多不为今人所取。现代的评论者,大都基于诗作的内容,还原当时劳动人民的思想版图,认为此诗是迎送相思之作,如"迎宾短歌说""思念征夫说""情歌说""孤独盼友说"等,显得更加自然、契合。

国风·秦风

◎蒹 葭◎

【原文】

蒹葭苍苍①，白露为霜。所谓伊人②，在水一方。溯洄从之③，道阻且长。溯游从之，宛在水中央。

蒹葭萋萋，白露未晞④。所谓伊人，在水之湄⑤。溯洄从之，道阻且跻⑥。溯游从之，宛在水中坻⑦。

蒹葭采采，白露未已。所谓伊人，在水之涘⑧。溯洄从之，道阻且右⑨。溯游从之，宛在水中沚⑩。

【注释】

①蒹葭（jiān jiā）：芦苇。苍苍：鲜明、茂盛貌。下文"萋萋""采采"义同。②伊人：那个人，指所思慕的对象。③溯洄：逆流而上。下文"溯游"指顺流而下。④晞（xī）：干。⑤湄：水和草交接的地方。⑥跻（jī）：登。⑦坻（chí）：水中高地。⑧涘（sì）：水边。⑨右：不直，绕弯。⑩沚（zhǐ）：水中的小沙洲。

【赏析】

《蒹葭》这首诗是写一个男人痴情苦恋的心理感受。

"蒹葭苍苍，白露为霜。"河畔的芦苇青郁葱葱，深秋的白露霜凝渐浓。作者以苇草苍苍、白露成霜的清凉景象起笔。

"所谓伊人，在水一方。"那位让我日夜想念的人，就在河水对岸的那一方。主人公是一名青年男子，有位让他一直神不守舍、魂牵梦绕的姑娘，在此秋景寂寂、秋水漫漫的境地里更让他痛苦地思念着她。他仿佛在微风吹拂的秋苇中望见对岸雾气笼罩中的她，心也随之飞到她的近前，缠绕在她身上不去。

"溯洄从之，道阻且长。"我想逆流而上去追寻她，可是道路艰难阻隔又怎赶得上。表面是说青年追寻苦恋的姑娘的路上有艰难障碍追赶不上，但在青年心里，哪里真的是路难追不上，其实是她如水中仙女一样高贵难攀，但他又放不下这颗朝思暮想的心。

"溯游从之，宛在水中央。"我想顺流而下去寻找她，她宛然就在站立在水中与我相望。青年男子心中设想着从水中游向她的身边，这样也许能够得到她，可他尝试过，就是游不到她的近前。其实，他此时出现了幻想、幻觉，姑娘变成一个浮动的人影，扑朔迷离亦真亦幻，仿佛立在水中央向他招手，也仿佛对他轻蔑一望随之隐去身影。因而他在水边眺望对岸和水中，神魂不安，视觉模糊，出现向她游过去的幻象。他这是爱得太深以致失魂了。青年男人迷恋某人又求之不得时常会有这种失魂落魄的感觉，《蒹葭》即把这种心理感受描写得入木三分。

下面两章较第一章只换少许字词，叠唱的效应加深了诗的意旨，翻译过来就是：

河畔的芦苇青郁葱葱，清晨的露水未干天色朦胧。那位让我日夜想念的人，我想逆流而上去追寻不停，可是路有艰难阻隔又怎赶得上而去跟从。我想顺流而下去寻找她，她宛然就站立在水中与我心意相通。

河畔的芦苇更是繁盛，清晨的露水仍在晨色弥蒙。我那苦苦思念的人，就伫立在茫茫的对岸或水中。我想逆流而上去追寻她，可是路有艰难阻隔力不从。我想顺流而下去寻找她，她宛然就站立在水中与我心相通。

全诗反复咏唱"未晞""未已"，变换使用"湄""跻""涘""坻""右""沚"，绘出的是一幅白露横江、雾锁清河的迷蒙图景，描写的是求情难得、如隔深水、水中望月、镜中看花的惘然况味，演示了一种痴迷的情感，使整个诗篇都涂满了迷茫而伤感的色调。

古罗马诗人桓吉尔有一句名诗："望对岸而伸手向往。"被后人理解为追求情人而不得才隔水伸手向往，仍是求之难得。德国古民歌描写追求女子不得也多称被深水阻隔。正所谓"隔河而笑，相去三步，如阻沧海"（但丁《神曲》）。人类恋爱的情感以及求之不得的失恋感受大概是相通的，不然古欧洲与古中国为何都以隔水向往来描述苦恋苦求的感受？

这首诗用水、芦苇、霜、露等自然事物烘托出一种清凉、朦胧的意境。秋晨淡雾，烟笼寒水，露凝霜结，烟水缥缈中一位少女隐现迷离，仿佛真的存在，又仿佛只是虚影。女人柔如水，诗中的水象征了女性的柔与美，但寒水是否又象征这女性的孤高难求将主人公苦苦折磨。女子一会儿在水边，一会儿在洲上，一会儿在水中，如魅影，如游仙，飘忽不定，牵人肠肚。再配以蒹葭、白露、秋浦，越发显得难以捉摸，变得神秘、眩惑、难舍，甚至令人痴狂。

"所谓伊人，在水一方"一句诗，不但把主人公折磨欲狂，也让多情的世人展开无限联想。"在水一方"，烟水笼罩的隔岸或水中，一定是那淡雅如水的美姿娇容，令人魂牵梦绕。怪不得"所谓伊人，在水一方"的吟唱会让人进入一种幻美境界，这恐怕就是《蒹葭》为我们营造的一种女人和水组合而成的朦胧美效应。

◎无　衣◎

【原文】

岂曰无衣？与子同袍①。王于兴师②，修我戈矛。与子同仇③。
岂曰无衣？与子同泽④。王于兴师，修我矛戟。与子偕作⑤。
岂曰无衣？与子同裳⑥。王于兴师，修我甲兵⑦。与子偕行。

【注释】

①袍：长袍。②王：此处指周王。③同仇：共同对抗敌人。④泽：内衣。⑤偕：一起。⑥裳：下衣，此指战裙。⑦甲兵：铠甲与兵器。

【赏析】

"岂曰无衣？与子同袍。王于兴师，修我戈矛。与子同仇。"这是全诗开篇第一句，以这个问句作为开头别具一格，吸引了读者的阅读兴趣。怎么会没有衣裳？谁说我们没有衣裳？和你穿着同样的战袍，意气焕发、精神抖擞。君王要起兵打战，我们义不容辞，君王有命，我们赴汤蹈火在所不惜。修好戈和矛，检查好各种武器，我们一起上阵同仇敌忾打它个落花流水。

这种设问式的章法更加突出回答的内容，好像反问，又好像极力在证明什么，生怕打仗会遗漏了他们这群高手，秦地人民好战尚武的性格在这一章显露无疑。那种大山般深沉、大海般广阔的气势，让人读完热血沸腾。

"岂曰无衣？与子同泽。王于兴师，修我矛戟。与子偕作。"谁说我们没有衣裳，我们连汗衫都跟你们穿的一致，莫要从衣服上判别什么，我们都有一颗抗击西戎的心。君王要起兵打仗，我们义不容辞，君王有命，我们赴汤蹈火在所不惜。修好铠甲和兵器，检查好各种武器，我们和你共同做准备，共同一起上前线，同结一心、同仇敌忾打它个落花流水。

"岂曰无衣？与子同裳。王于兴师，修我甲兵。与子偕行。"谁说我们没有衣裳，我们穿着一样的战裙，莫要从衣服上判别什么，我们都是一起的，都有一颗抗击西戎的心。君王要起兵打仗，我们义不容辞，君王有命，我们赴汤蹈火在所不惜。修好铠甲和兵器，检查好各种武器，我们和你共同做准备，共同上前线，同结一心、同仇敌忾打它个落花流水。

《毛诗序》评此诗为："《无衣》，刺用兵也。秦人刺其君好攻战。"读过这首诗的人都可以感觉出《毛诗序》此评显得偏颇。整首诗从头到尾都洋溢着一种高亢的激情，只有赞美，没有讽刺。《毛诗序》此评驱散了诗歌本有的艺术魅力。朱熹在《诗集传》中也说："秦人之俗，大抵尚气概，先勇力，忘生轻死，故其见于诗如此。"在这首诗上朱熹眼光独到，一语中的，他看出了这首诗意气风发，豪情万丈，秦地人民好战尚武的精神势不可挡。

这首诗是整齐的四言句式，从第一章中"修我戈矛。与子同仇"可以看出这是秦地人民为了作战的心理活动，他们现在挺身而出，不管环境有多艰难都视死如归、同仇敌忾。第二章就可以看出情感有所变化，"修我矛戟。与子偕作"，这一章秦兵似乎跃跃欲试，修好各种武器，全面做好迎战的准备，只等君王一声令下。到了第三章感情激烈如泉涌，"修我甲兵。与子偕行"，修好武器大家团结一心上前线，如果说第二章是待发的箭，那这一章他们便像离弦的箭一般冲向前去，所向披靡。整首诗无不渗透着那种慷慨激昂的英雄气概，大家有着一颗同仇敌忾的心，他们同穿一个战袍，同穿一件外衣，甚至是同穿一件汗衫，战士们连战衣都备不齐，但是大家团结互助，什么都不计较。就凭着这种执着劲，还有什么东西是不可摧毁？相信每一位读者都会被诗中这种斗志昂扬、众志成城的精神所感动。在那样一个年代，那样艰苦的环境下，战士拥有的就是心之所向，这股热情令人心驰神往。

国风·陈风

◎衡　门◎

【原文】

衡门之下①，可以栖迟②。泌之洋洋③，可以乐饥④。
岂其食鱼，必河之鲂⑤？岂其取妻，必齐之姜⑥？
岂其食鱼，必河之鲤？岂其取妻，必宋之子⑦？

【注释】

①衡门：横木为门。②栖迟：栖息，安身，此处指幽会。③泌（bì）：与"密"相同，均为男女幽约之地。在山边曰密，在水边曰泌，故泌水是指一般的河流，而不是确指。④乐饥：乐而忘饥。⑤鲂：鳊鱼。⑥姜：齐国的贵族姓氏。⑦子：宋国的贵族姓氏。

【赏析】

《衡门》这首诗的主旨主要围绕着两种说法展开。宋代大学者朱熹将《衡门》看成一首安贫乐道之诗，这一说法在相当长的一段时间之内还产生着持久的效应。另外一种观点便是爱情。学者闻一多先生对这一观点"青睐"有加。

全诗共三章,每章四句,每句四言。"衡门之下,可以栖迟。泌之洋洋,可以乐饥。"带有衡门的屋子多半情况下都是比较简陋的屋子,但尽管是这样的屋子,仍然可以栖身,可以安家,和金碧辉煌的宫殿实质上都是一个功能。泌水清澈见底,光滑的河卵石清晰可见,但这无味的清水也可以充饥。它虽不如琼浆玉液甘甜美味,但却可以给沙漠里行走的人带来生命的希望,更可以让饥肠辘辘的人缓解燃眉之急。

第二章运用了反问的修辞手法,增强语气,别有一番滋味。"岂其食鱼,必河之鲂?岂其取妻,必齐之姜?"在众多美味当中,鱼可以称得上是上等佳品,肉质细腻光滑且对身体也大有好处。神州大地广袤无垠,江河湖海横亘万里,鲜肥味美的鱼更是数不胜数。都说黄河的鲂鱼天上难找,地下难寻,可是吃鱼时真就非它不可吗?难道就只有这黄河鲂鱼才称得上是人间美味吗?天下的姑娘千千万,谁说只有齐国的姜姑娘是最好的。把眼光放远一点,天涯何处无芳草,堂堂七尺男儿娶妻难道仅仅局限于着眼前的齐国姜氏吗?

从这一段来看《衡门》与《诗经》当中其他的诗歌大有不同,这首诗并没有把比兴放在诗首,而是在诗歌的第二章才开始展开。这就避免了一种枯燥之感,也减轻了读者的审美疲劳。

第三章是第二章的延续,无论从句法上还是句式上都可以很明显地看出,这是复沓的写作手法。"岂其食鱼,必河之鲤?岂其娶妻,必宋之子?"都说黄河的鲤鱼天上难找,地下难寻,可是吃鱼时真就非它不可吗?难道就只有这黄河鲤鱼才称得上是人间美味吗?天下的姑娘千千万,谁说只有宋国的子姑娘是最好的。把眼光放远一点,天涯何处无芳草,堂堂七尺男儿娶妻难道仅仅局限于这眼前的宋国子氏吗?

这首诗风格独特,一般诗歌的写作风格是先描写再抒情。《衡门》这首诗的特别之处在于,它是先发表议论,然后才开始展开描写,给人焕然一新的感觉。首先基本可以肯定的是,这是一首爱情诗。作者提到简陋的房屋和黄河的鲂鱼都是为了后文"娶妻"之言做铺垫,实际上这一前一后营造了一种对比关系，以景衬人。诗中还大量运用反问的写作手法，增强文章气势的同时还强调了作者的观点。

"岂其取妻，必齐之姜，岂其娶妻，必宋之子"两句是全诗的主旨句。齐国姜氏和宋国子氏秀外慧中的确是誉满天下，但这并不代表这就是男子娶妻的唯一标准。天涯何处无芳草，好的人儿多得是，未必仅眼前这一两个。只要两个人心心相印，哪怕是住在简陋的房屋，都可以生活得有滋有味。所以天地万物重在一个"情"字，没有什么事情是绝对的，有情四海为家亦是暖，无情山珍海味更觉寒。

◎月 出◎

【原文】

月出皎兮①，佼人僚兮②。舒窈纠兮③，劳心悄兮④！
月出皓兮⑤，佼人懰兮⑥。舒忧受兮，劳心慅兮⑦！
月出照兮⑧，佼人燎兮⑨。舒夭绍兮，劳心惨兮⑩！

【注释】

①皎：月光洁白明亮。②佼：同"姣"，美好。僚：娇美。③舒：舒徐，舒缓，指从容娴雅。窈纠：与第二、三章的"忧受""夭绍"，皆形容女子行走时体态的曲线美。④劳心：忧心。悄：忧愁状。⑤皓：洁白明亮状。⑥懰：娇美。⑦慅（sāo）：心神不宁。⑧照：明亮貌。⑨燎：明。⑩惨：当为"懆（cǎo）"，焦躁貌。

【赏析】

月下的迷离，相思的惆怅，这一无数次出现在中国古典诗词中的意象，追根溯源，便是这一首《月出》。一位优雅而多情的诗人，心有所属，时刻不能忘怀，因而夜不能寐。他为排遣相思，披衣下床，步入小院中央，盘桓徘徊良久。月光如洗，澄澈无瑕，叫人心归纯净。朦胧间，月光照耀下，如琼如玉的远处，居然出现了那位女子的身影，体态匀称，身姿绰约，飘飘欲仙，不似凡俗。作者举步靠近，心想一靠芳泽，但幻影如雾，渐渐消散。作者方知自己思念之切，几近成痴，于是，便作了这首经典的《月出》。

自古以来，月光就是美好的象征，人们用它来代表美好的人物、事物、时刻、场景、愿望等，甚至为其编造出美好的神话故事，其皎洁、清明、澄澈，让无数的人心生向往。诗作的题目，交代了诗人活动的背景和时间，月光如水的夜晚，本身就有很大的魅力和诱惑力，容易使人生发出许多美好的联想。"月出"一词，突出了其"出"这一时刻，将这种美好，从无到有，全面而细致地展示给读者，不仅增添了其动感，还有一种神秘感和朦胧感潜藏其中，宛如幽幽现出真容的月儿，就是那位狡黠多情的美人。

诗作以对月色的描摹开端，"月出皎兮""月出皓兮""月出照兮"，反复的回环中，营造出一幅愈来愈明亮的画面。"皎"，突出月光的明净无瑕，"皓"，突出月光的明亮广阔，"照"则是重点凸显其光线充足，普照大地，把世间的一切都浸润在那一片柔美里。这一步一步的递进，展现出时间的逐渐流逝，月亮从刚升起时的白净柔弱，最终演变为当空普照，可以看出，作者的相思和幻想并非一小会，而是持续了整整一个晚上。这也反映了作者的相思程度，随着月光越来越亮，变得愈来愈深。

以月光作为背景，更加衬托出女子倩影的秀美。接下来，作者开始描绘那位意中女子，她的面容、身姿、体态，在月光下慢慢展现，构织出一幅别样的美景：月光朦胧下，一个线条优美的女子在缓缓起步，几分神秘，几分忧愁，月白和白衣共舞，清辉和素颜映衬，让人无限动容。这一如工笔画般的景象，渗透出无限的画意，与清雅而浓郁的诗情，水乳交融，共同达到写景抒情的极致境地。

中国传统的审美标准，自有其独特性和鲜明性。对于年轻的女子，外型上，以细长柔弱为最佳，无数描摹刻画美女的诗句，都能反映出这一标准的深入人心，如"窈窕淑女，君子好逑"等。而气质上，则以闲缓贤淑为最佳，"淑女"务必要动作轻缓，举止静穆，安静持理，这样才最惹人爱惜。诗作中的女子，无疑达到了这一标准。作者在每章的开端描摹完撩人的月色之后，第二句直接写伊人的外部形态，"僚""恻""燎"，极尽反映出其美丽的容貌，婀娜的体态；第三句写伊人苗条的身段，娴雅的举止，"窈纠""忧受""夭绍"，三组连绵词，显现出其身材苗条、秀美，行步时摇曳生姿，从容不迫，雍容大方。这种舒缓安静的气质美，比外表更富有魅力。

最后一句的"劳心悄兮""劳心慅兮""劳心惨兮"，则是作者将笔触转向自身，因爱慕伊人，作者变得心神不安、焦虑愁苦、烦闷异常。诗人对女子可能是一见钟情，也可能是相知已久，但因为某些外在阻力，或单单是因为自卑，迟迟不敢对其表白心中所想，因而生发出无限的忧愁。诗人此时此刻的心情，正如《关雎》里所写的"求之不得，寤寐思服。悠哉悠哉，辗转反侧"一样。

他可能会进一步想象：她会不会真的在月下独自徘徊，与我望着同样的星光点点，感受着同样的夜风拂面？在她的脑海中盘旋的会是什么，有没有我的一寸空间？这纷乱如麻的心绪，体现出诗人爱得深沉。另外，诗人愈赞美其美好，就愈是阻碍了自己表白的可能，女子愈姣美，自己愈觉得难以攀比，这种由对照下产生的自卑，形成了严重的可望不可即的距离感，因而令他更加忧愁，也让人觉得其情感真挚，合乎逻辑和自然。

诗作各句以"兮"收尾，声调平和舒缓，一唱三叹，余韵无穷。月色的"皎""皓""照"，容貌的"僚""懰""燎"，体态的"窈纠""忧受""夭绍"，心情的"悄""慅""惨"，在古音中都属于相通的宵部和幽部，全诗一韵到底，和谐至极，再加上"窈纠""忧受""夭绍"都为叠韵词，更显舒缓缠绵。

受《月出》影响，后世出现了很多"望月"主题的诗。如张若虚的《春江花月夜》、杜甫的《闰中望月》等，皆是此类的佳作。

清代张潮说："楼上看山，城头看雪，灯前看花，舟中看霞，月下看美人，另是一番情景。"又说："山之光，水之声，月之色，花之香，文人之韵致，美人之姿态，皆无可名状，无可执著，真足以摄召魂梦、颠倒情思！""月下美人"这一意象，在中国古典审美中，逐渐成为了经典，而《月出》一诗，可谓这一经典的鼻祖，它使得《诗经》中的月亮，从一开始就染上了相思的色彩。

国风·桧风

◎匪 风◎

【原文】

匪风发兮①,匪车偈兮②。顾瞻周道③,中心怛兮④。
匪风飘兮,匪车嘌兮⑤。顾瞻周道,中心吊兮⑥。
谁能亨鱼⑦?溉之釜鬵⑧。谁将西归?怀之好音。

【注释】

①发:犹"发发",风吹声。②偈(jié):疾驰。③顾瞻:回头看。④怛(dá):痛苦,悲伤。⑤嘌(piāo):疾速。⑥吊:凭吊。⑦亨:通"烹"。⑧溉:洗。鬵(xín):大锅。

【赏析】

朱熹将这首诗解释为一首怀周的政治抒情诗。但从文本上理解,这首诗也可以理解成一首游子思乡诗。家住西方的诗人,远游东土,久滞不归,于是他通过这首诗来寄托思乡之情。

诗人原本只有在看到风吹车跑时,心中才会忧伤不已,但是现在他只要回头看一眼周道,就会感到十分忧伤。这些都表现出了他对旧室的思念之情。

在诗中,诗人叹息自己可能再也回不到故乡去了,于是他只好洗干净大锅做饭烹鱼。他不知道谁能够和他一起分担这思乡的痛苦,他希望那个能够西归的人,带上他的问候,帮助他向家里报个平安。

此诗开篇即进入环境描写:那风呼呼地刮着,那车儿飞快地跑着。诗人回头望一望远去的大道,禁不住悲从中来。前两节的字句大致相同,意思也有些重复,写法也大致相同。前两句写的是诗人看见的场景,后两句则是诗人在直抒胸中的忧思。远游在外的诗人滞留在东土,他站在大路旁边，看见车马疾驰而过，他的思归之情一下子就被触动了。随着飞驰而去的马车，他的心也一起飞向了西方。

当再也看不到马车的影子之后，孤身一人的诗人站在空荡荡的大道上，倍感孤单。看到别人都可以很快回到家乡，自己却依然滞留在外不得归家，这种对比，更显出了诗人的悲凉。

"顾瞻周道"就是诗人彷徨无奈情状的写照。诗人心中满腔的忧伤再也按捺不住了，发出了"中心怛兮""中心吊兮"的呼喊，这都表现出了他思归之心的急切。第三章用"谁能"二句来起兴，同时在兴中还有比，诗人无可奈何地发出了求援的呼声。"谁将"二句，表明诗人自己回不了家，只好托能回家的人帮他捎信回家，这是他万般无奈下的选择。但是，即使是这样的愿望也不一定能够实现。

"谁能""谁将"这样的词说明，这些只是诗人的希冀之词，而这些希冀还没有任何着落。最后一句，诗人想着，谁能烹制鱼宴？我愿为他洗净锅子。谁将西归回家？我想让他为我的亲人捎去好消息。虽然我在外很辛苦，但不能让家人为我操心，颇见游子情怀。诗人并没有说自己是如何的思乡殷切，也没有感叹羁旅的愁苦，只是用"好音"来安慰亲友，可见他对家人的深厚情感。

国风·曹风

◎蜉蝣◎

【原文】

蜉蝣之羽，衣裳楚楚。心之忧矣，於我归处①？
蜉蝣之翼，采采衣服。心之忧矣，於我归息？
蜉蝣掘阅②，麻衣如雪③。心之忧矣，于我归说④？

【注释】

①於我归处：何处是我的归宿。②掘阅：通"掘穴"，即掘地而出。③麻衣：指古朝服。④说（shuì）：通"税"，歇息。

【赏析】

关于《蜉蝣》这首诗，《毛诗序》认为它是一首讽刺曹昭公奢侈的诗，对这种说法，后人看法不一。从当时的历史环境和本诗的诗意来看，用蜉蝣来讽刺国君的奢侈，其实有一些不伦不类。但是通过蜉蝣来表达贵族阶层的情绪这一观点，却是符合诗意的。

曹国是一个位于齐、晋之间的较小的诸侯国。曹国的曹共公（姬姓，伯爵，春秋时曹国第17位国君）和晋文公（公子重耳）是同时代的人。曹公（曹国君主谥号皆称公）的生活非常腐化，令当时曹国的百姓人民都感到悲观失望。之所以用"蜉蝣"来起兴，是因为曹国有很多湖泊，这样的环境非常适宜于蜉蝣生存，那里的人们对于这种生物十分熟悉。再加上当时曹国国力单薄，时常处在大国的威逼之下，这样的国情，也让曹国的士大夫们对人生产生了很多忧惧和伤感。

蜉蝣是一种十分漂亮的小虫。它的身体非常软弱，有一对相对其身体来说非常巨大的、完全透明的美丽翅膀，翅膀上还有两条长长的尾须，所以当它们在空中飞时，姿态就像在跳舞一样，显得纤巧动人。但是蜉蝣又是一种朝生暮死的渺小昆虫，它生长在水泽地带。蜉蝣的幼虫时期是比较长的，有些甚至可以活二三年。但是当它们长成成虫之后，就不饮不食，在空中飞舞交配，在完成繁衍物种延续后代的使命之后就结束生命，成年蜉蝣的生命一般只有一天。因此，古人常用蜉蝣来叹息人生易逝、生命短暂。

喜欢在日落时分成群飞舞的蜉蝣，在繁殖完成之后就会死去，然后坠落在地面上，不用一会，地上就会积成一层厚厚的蜉蝣尸体。即使是这种小生命的死，也会变得引人瞩目，甚至给人惊心动魄的感觉。但是蜉蝣"衣裳楚楚""采采衣服"的美丽，并不能掩盖它生命短暂的事实。这首叹息人生短促、生命无常虚幻的诗，表达了曹国人民对于好景不长、年华易老、生命短促、人生不知何处是归宿的伤感悲叹。

本诗将人生和一种弱小的生物联系到一起，将人生比喻为朝生暮死的昆虫，这种比喻可以引起人们对人生意义和价值的思考。它让人开始思考和探索如何度过这短暂的一生，同时也开始思索自己的行为会对子孙后代产生什么影响。

蜉蝣的幼虫期是在水中度过的，它们的育化过程长达五六年。在这漫长的时间里，蜉蝣积蓄着力量，吸取着能量，壮大着自己，等到有朝一日它们化育为成虫后，就将所有的力量爆发出来。它们披着美丽的外衣，用短暂的生命换来辉煌的一刻，我们不知道蜉蝣的心情，也就不能确认它们对这样的选择是否后悔。诗人借这朝生暮死的小虫写出了脆弱的人生在消亡前的短暂美丽，以及人们对于生命终要面临消亡的困惑。

这样简单的一首诗却有着很强的表现力。蜉蝣小小的翅膀在阳光下显得异常美丽，有一种不真实的艳光，朝生暮死的命运使这种小虫的一生带上了华丽的色彩，这种美丽让诗人深深感喟。他感叹美丽的事物总是会很快消亡，那种昙花一现、浮生如梦的感觉显得十分强烈。所以本诗的情调是消沉的，那种忧愁伤感几乎是深入骨髓的。

《蜉蝣》表达了当时曹国人民"生如朝露，命如蜉蝣"的悲观心态，诗中充斥着"朝生暮死心忧伤""我和蜉蝣的归宿其实都一样"的想法。人的生命，最终不过如一场烟花，绽放过，或绚烂，或黯淡，终化为天地间一粒小小尘埃。表面上鲜艳华丽但生命极其短促的蜉蝣，提醒人们要珍惜已有的幸福，不要虚度年华、留下遗恨。

国风·豳风

◎七 月◎

【原文】

七月流火①,九月授衣②。一之日觱发③,二之日栗烈④。无衣无褐,何以卒岁?三之日于耜,四之日举趾。同我妇子,馌彼南亩⑤,田畯至喜⑥。

七月流火,九月授衣。春日载阳,有鸣仓庚⑦。女执懿筐⑧,遵彼微行⑨,爰求柔桑。春日迟迟,采蘩祁祁⑩。女心伤悲,殆及公子同归。

七月流火,八月萑苇⑪。蚕月条桑⑫,取彼斧斨⑬,以伐远扬⑭。猗彼女桑⑮。七月鸣鵙⑯,八月载绩。载玄载黄,我朱孔阳⑰,为公子裳。

四月秀葽⑱,五月鸣蜩⑲。八月其获,十月陨萚⑳。一之日于貉㉑,取彼狐狸,为公子裘。二之日其同,载缵武功㉒。言私其豵㉓,献豜于公㉔。

五月斯螽动股㉕,六月莎鸡振羽㉖。七月在野,八月在宇,九月在户,十月蟋蟀入我床下。穹窒熏鼠㉗,塞向墐户㉘。嗟我妇子,曰为改岁,入此室处。

六月食郁及薁,七月亨葵及菽。八月剥枣,十月获稻。为此春酒,以介眉寿。七月食瓜,八月断壶㉙。九月叔苴㉚,采荼薪樗㉛,食我农夫。

九月筑场圃,十月纳禾稼。黍稷重穋㉜,禾麻菽麦。嗟我农夫,我稼既同㉝,上入执宫功㉞。昼尔于茅,宵尔索绹㉟。亟其乘屋㊱,其始播百谷。

二之日凿冰冲冲㊲,三之日纳于凌阴㊳。四之日其蚤㊴,献羔祭韭。九月肃霜⁴⁰，十月涤场。朋酒斯飨⁴¹，曰杀羔羊。跻彼公堂，称彼兕觥⁴²，万寿无疆！

【注释】

①流火：大火星自南方高处向偏西方向下行。②授衣：裁制冬衣。③觱（bì）发：风吹过物体发出的声响。④栗烈：凛冽、寒冷。⑤馌（yè）：送饭。⑥田畯（jùn）：为领主监工的农官。⑦仓庚：黄莺。⑧懿筐：很深的筐。⑨微行：小路。⑩蘩：白蒿。祁祁：形容采蘩妇女众多。⑪萑（huán）苇：芦苇。⑫条桑：修整桑枝。⑬斨（qiāng）：方孔的斧。⑭远扬：长得特别高或特别长的桑枝。⑮猗彼女桑：用绳子拉住柔桑。⑯鸣鵙（jú）：伯劳鸟。⑰孔阳：色彩十分鲜明的样子。⑱秀：长穗。蒉（yāo）：即远志，一种药用植物。⑲蜩（tiáo）：蝉。⑳陨萚（tuò）：落叶。㉑于貉：猎貉。㉒缵：继续。㉓豵（zōng）：小野猪。㉔豜（jiān）：大野猪。㉕斯螽（zhōng）：即螽斯，昆虫名。㉖莎鸡：纺织娘，昆虫名。㉗穹室：堵住洞穴。㉘塞向：堵塞北窗。墐户：将泥涂在竹木所制的门上，堵住缝隙，抵御御寒风。㉙壶：葫芦。㉚叔苴（jū）：拾麻籽。㉛荼：苦菜。樗（chū）：苦椿树。㉜重穋（lù）：后熟曰重，先熟曰穋。㉝既同：已收齐。㉞上：同"尚"。功：事。㉟索绹（táo）：搓草绳。㊱乘屋：覆盖屋顶。㊲冲冲：凿冰的声音。㊳凌阴：冰窖。㊴蚤：同"早"，此指早朝，古代一种祭祀仪式。㊵肃霜：凝露成霜。㊶朋酒：两壶酒。㊷兕觥（sì gōng）：铜制的犀牛状酒杯。

【赏析】

《豳风·七月》是一首信息量非常大的农事诗。全诗八章，每章各十一句，这首诗基本上按时序依次叙事，类似民歌中的四季调或十二月歌。

《七月》是一幅描绘农民四季活动的风情画。它反映了一个部落一年四季的劳动生活，涉及衣食住行各个方面。作者当是部落中的成员，所以角度找得十分精准，对一年四季的农事也是如数家珍。

这首诗从七月开始写起，而并非我们现在所用的阳历的一月写起，因为诗中使用的是周历，周历以夏历（今之农历，一称阴历）的十一月为正月，七月、八月、九月、十月以及四、五、六月，皆与夏历相同。"一之日""二之日""三之日""四之日"，即夏历的十一月、十二月、一月、二月。"蚕月"，即夏历的三月。这些是理解此诗的前提，我国古代的历法在周朝就已经形成并稳定了。

首章直接把读者带进那个凄苦艰辛的岁月，奠定了文章辛劳艰苦的基调。朱熹《诗集传》云："此章前段言衣之始，后段言食之始。二章至五章，终前段之意。六章至八章，终后段之意。"总分的写作方式是十分严谨的。

"七月流火，九月授衣"：七月火星向下降行，八月将裁制冬衣的工作交给妇女们去做，准备过冬了。"一之日觱发，二之日栗烈"写出了冬日自然环境的恶劣：十一月天气寒冷，北风发出觱发的声响，十二月寒风"栗烈"，是一年最冷的时刻。

"无衣无褐，何以卒岁"是下层人民发自内心的一句心酸呐喊：我们没有御寒的衣服，怎么挨过这寒冷的冬天？挨过了寒冬，正月里又要马不停蹄地修理农具。二月里下田耕种。男人在田里干着重活，女人和小孩们则承担着送饭的任务。"田畯至喜"一句的出现显得很不和谐，在这样艰苦的劳作过程中，还有人会面露喜色：原来是因为看着我们这样辛苦地劳动，那些农官感到很高兴。诗人在首章先勾勒出大体框架，呈现出当时农业生活的整体风貌，以后各章便从各个侧面进行细致刻画。

第二章是采桑图。"春日载阳，有鸣仓庚。女执懿筐，遵彼微行，爰求柔桑"，一幅美丽的春光图在眼前展开：春日渐暖，鸟儿争春。妇女们提着筐子，出去采摘养蚕用的桑叶。妇女们辛勤地工作了很久，采了很多的桑叶。

"女心伤悲，殆及公子同归"：她们看见了贵族公子，不由得感到害怕，担心自己被掳去而遭凌辱。"田畯至喜"点到了当时社会的阶级关系，这里便慢慢地加以展开。这里的"公子"，许多论者认为是指豳公之子。当时的豳公占有大批土地和农奴，权势浩大，他的儿子们自然也趾高气昂，且享有与农家美貌女子"同归"的特权。可见，妇女的生存状态在那时十分堪忧。

诗的第三章是纺织图。"蚕月条桑，取彼斧斨，以伐远扬。猗彼女桑"：蚕月即三月，三月时节，人们开始修剪桑枝，用刀锯和斧子，砍去高枝与长条，然后再采摘柔嫩的桑叶。

"我朱孔阳，为公子裳"：亲手纺织的布染成黑红色或黄色，最美的则是朱红色。可惜这些布不是为自己所织，而要用来给贵族公子做衣裳。正如宋人张俞的《蚕妇》诗："昨日入城市，归来泪满巾。遍身罗绮者，不是养蚕人。"劳动人们的疾苦都是相似的。

第四章是狩猎图。农事既毕，他们还要为统治者猎取野兽。"一之日于貉，取彼狐狸，为公子裘"：他们打下的大野猪，要贡献给豳公。阶级地位又一次显示出来：那些在底层劳作的人只能过最差的生活，而贵族们却过着不劳而获的寄生虫生活。

第五章是备冬图。五月里，蚱蜢齐鸣，六月里，纺织娘鼓翅发声。天愈来愈冷了。"穹窒熏鼠，塞向墐户。嗟我妇子，曰为改岁，入此室处"：用烟熏老鼠，把它赶出屋里；堵住北窗，用泥把门缝封上，以御严寒。一年辛苦忙碌，直到新年才能稍稍歇一会儿，其中辛酸让读者动容。

第六章是副业图。除了以上的那些农事，农民仍要做一些副业，而享用其成果的仍不是自己，而是供统治者享用。七月里烹煮葵菜，八月里打枣，九月里拾取芝麻，十月里收稻。"食我农夫"，农奴食不果腹，并非因为田地里的作物少，而是因为都被奴隶主残酷地掠去，而农民们却只能煮些苦菜维生。

第七章是修屋图。农民不但要种地织布，还要为统治者修盖房屋。农民住的屋子如此破烂简陋，却要为贵族修缮住宅，其中鲜明的对比，不露自显。

第八章是祝寿图。尽管农民一年到头辛苦干活，上有剥削，下无余粮，却仍旧要举杯向剥削他们的贵族高呼"万寿无疆"。诗人笔调虽愉快，但其中复杂的情愫却可任由读者想象。

《七月》以叙事为主，以赋的手法为读者展开了一幅幅生动的农事图，"敷陈其事""随物赋形"，在图景中始终穿插着阶级关系，在叙事中写景抒情，感情流露自然，诗意浓郁。通过娓娓的叙述，真实地展示了当时的社会生活和劳动场面，在朴实的叙述中，暗藏着底层劳动人民的血与泪。诗中对这忙碌而一无所有的十二个月的描述，正是劳动人民对剥削者的无声控诉。

小 雅

◎鹿 鸣◎

【原文】

呦呦鹿鸣①,食野之苹②。我有嘉宾,鼓瑟吹笙。吹笙鼓簧③,承筐是将④。人之好我,示我周行⑤。

呦呦鹿鸣,食野之蒿⑥。我有嘉宾,德音孔昭⑦。视民不恌⑧,君子是则是傚⑨。我有旨酒⑩,嘉宾式燕以敖⑪。

呦呦鹿鸣,食野之芩⑫。我有嘉宾,鼓瑟鼓琴。鼓瑟鼓琴,和乐且湛⑬。我有旨酒,以宴乐嘉宾之心。

【注释】

①呦(yōu)呦:鹿的叫声。②苹:艾蒿。③簧:笙上的簧片。笙是用几根有簧片的竹管、一根吹气管装在斗子上做成的。④承:奉上。将:送,献。⑤周行:大道,引申为大道理。⑥蒿:又名青蒿、香蒿,是一种菊科植物。⑦德音:美好的品德声誉。孔:很。⑧视:同"示"。恌:同"佻"。⑨则:法则,楷模,此处作动词用。⑩旨:甘美。⑪式:语气助词。燕:同"宴"。敖:游乐。⑫芩(qín):草名,蒿类植物。⑬湛(dān):乐之久。

【赏析】

《鹿鸣》这首诗原来是君王在宴请群臣时唱的诗,后来在民间也逐渐得到了推广,在乡人的宴会上也经常可以听到人们唱这首歌。

"呦呦鹿鸣,食野之苹。我有嘉宾,鼓瑟吹笙",通过鹿鸣起兴,来表现君臣宴饮的氛围。东汉末年曹操作的《短歌行》中,就引用了这四句,来表示自己求贤若渴的心情。

通过这四句，读者仿佛可以看到一群麋鹿在原野上悠闲地吃草，它们不时发出呦呦的鸣叫声，叫声相互回应，让人觉得非常和谐悦耳。这样的画面，营造出一个美好、宁静、悠闲的氛围。可以想象，在君王宴请大臣的宴席上，要是也有这样的氛围，那会是多么的轻松愉快，拘谨和紧张的感觉都会消失，人们都会放松下来。在等级森严的社会上，君臣之间礼数太周到，就会变得有些生疏。所以君王会通过宴会来和群臣沟通感情，倾听群臣的心里话。

按照当时的礼仪，宴会上是一定要奏乐的。因此接下来，诗人便从"呦呦鹿鸣"的氛围转入"鼓瑟吹笙"的乐声中。当时在一场宴会上需要演唱三首诗歌，因为《鹿鸣》这首诗在歌唱时需要用笙乐来相配，所以诗中才会说"鼓瑟吹笙"。

虽然现在无从得知这首诗的旋律，但是分析全诗三节的内容，就会发现，它们都拥有非常欢快的节奏，所以可以判定，这首诗始终洋溢着欢快、愉悦的气氛。作为一首宴飨之乐，此诗是没有一点哀音的。

诗的第一节，君王和大臣们相互迎合着，气氛和乐，乐工们吹奏起了琴瑟笙箫。在音乐声中，君王安排小臣们"承筐是将"，也就是捧着成筐的礼品币帛，将它们馈赠给前来赴宴的嘉宾们。在酒宴上馈赠礼品是古人的习惯，君主认为这些来赴宴的大臣都是尊重他、爱戴他，能够给他提出谏言的人。"人之好我，示我周行。"君主感谢他们帮助自己施行治国安邦之道，并希望将来能够继续和他们有良好的沟通。

第二节，君王进一步表示自己的祝辞，对君主来说，这些大臣们都是品德崇高的人，他们在老百姓面前说话办事总是诚心敬意；从不要花招、使奸巧。君主觉得自己应该以他们为表率，向他们学习。君主之所以要这样说，一方面是为表示自己是一位虚心好学、能接受意见的君主，另一方面是为了要求自己的臣子成为清正廉明的好官，希望他们能够矫正民风。君王愿意和大臣们一起畅饮，纵情歌舞，上下同乐。

"宴乐嘉宾之心"这一句将诗的主题深化了。在最后一节中，诗中的欢乐气氛达到了最高潮。但君王这次宴请大臣并不是为了满足口腹需要，而是要做到"安乐其心"，达到沟通君臣关系，彰显君主的威仪和亲和，使所有参与宴会的群臣心甘情愿为君王和国家服务的目的。

◎ 常　棣 ◎

【原文】

常棣之华①，鄂不韡韡②。凡今之人，莫如兄弟。
死丧之威③，兄弟孔怀④。原隰裒矣⑤，兄弟求矣。
脊令在原⑥，兄弟急难。每有良朋⑦，况也永叹⑧。
兄弟阋于墙⑨，外御其务⑩。每有良朋，烝也无戎⑪。
丧乱既平，既安且宁。虽有兄弟，不如友生⑫。
傧尔笾豆⑬，饮酒之饫⑭。兄弟既具⑮，和乐且孺⑯。
妻子好合⑰，如鼓瑟琴。兄弟既翕⑱，和乐且湛⑲。
宜尔室家⑳，乐尔妻帑㉑。是究是图㉒，亶其然乎㉓。

【注释】

①常棣：亦作棠棣、唐棣，蔷薇科落叶灌木，果实比李小，可食。②鄂不：萼足。韡（wěi）：鲜明貌。③威：通"畏"。④孔怀：最为思念、关怀。孔：很，最。⑤裒（póu）：聚集。⑥脊令：通"鹡鸰"，一种水鸟。⑦每：虽。⑧永：长。⑨阋（xì）：争吵。⑩御：抵抗。务：通"侮"。⑪烝：通假作"曾"，乃。戎：帮助。⑫友生：友人。⑬傧（bìn）：陈列。笾（biān）豆：祭祀或宴会时用来盛食物的器具。笾用竹制，豆用木制。⑭饫（yù）：满足。⑮具：同"俱"，聚集。⑯孺：相亲。⑰好合：相亲相爱。⑱翕（xī）：聚合。⑲湛：深厚。⑳宜：和顺。㉑帑（nú）：儿女。㉒究：深思。图：考虑。㉓亶（dǎn）：信、确实。然：如此。

【赏析】

　　西周初年的时候，曾经出现过周公的兄弟管叔和蔡叔的叛乱。根据这件事,《毛诗序》判定《常棣》是周公写的:"《常棣》,宴兄弟也。闵管、蔡之失道,故作《常棣》。"西周末年,统治阶级骨肉相残、手足相害的事情发生得更多了。《左氏春秋》认为《常棣》是厉王时召穆公所作的,《左传·僖公二十四年》:"召穆公思周德之不类,故纠合宗族于成周,而作诗曰:'常棣之华……'云云。"

其实,无论《常棣》的作者是周公抑或是召穆公,都没有足够的证据可以证明,因此,读者不妨将"常棣"当成一个文学意象。"凡今之人,莫如兄弟"这两句可视作《常棣》这首诗的主旨。它是一首在周人宴会上劝诫兄弟友爱的诗,既有叹惜,又有警世规劝的意思。

本诗所表达的内容通过四个层次表现出来,有"莫如兄弟"这样的歌唱;也有"不如友生"这样的感叹;还有"和乐且湛"这样的推崇和期望。第一层就是第一节,这一节用棠棣之花来起兴,"常棣之华,鄂不韡韡",这两句通过赞叹常棣之花的鲜明娇艳来比喻兄弟之间的感情。"鄂不"这个词的意思是花萼和花蒂有所依托,两者紧密相依,这是花朵美丽的基础。由此引出"凡今之人,莫如兄弟"这两句,在全世界,只有兄弟之间的情义才是最坚固的。这一句既赞美了兄弟之间的亲情,同时也是对中华民族传统人伦观念的一种展现。

接下来的三节中,诗人描绘了三个典型情境,用这样的情景表现出"莫如兄弟"这句话的意义。

这一层首先描写兄弟之间的深厚感情:如果有一方遭遇了死丧,剩下的人一定会感到悲痛;若有一方被埋尸荒野,剩下的那个一定会不远万里带他回去。

第二部分写到兄弟之间如果有一方遇到了困难,另一方一定会去帮助。"脊令在原"这一句郑笺是这样解释的:"雍渠水鸟,而今在原,失其常处,则飞则鸣,求其类,天性也。犹兄弟之于急难。"鹡鸰是一种被困处高原时就飞鸣寻求同类的鸟。这样的鸟正好符合兄弟急难时互相救助的情景。

第三部分是写兄弟之间如果有一方遭遇了外人的侮辱或者非难,那么他的兄弟一定会鼎力帮助他。就算亲兄弟之间也会因为一些琐事发生争执,但是当他们遭遇外敌之时,他们一定能做到一致对外。

这三节对兄弟之情的反复吟咏，加强突出了兄弟团结的重要意义。这一部分通过"死丧""急难"和"外御"这三个词，描写了兄弟之情的诚笃深厚。

前面两部分诗人是从正面来赞颂理想中的兄弟之情，而诗的第三层所描写的内容，从正面的理想回到了当时的现实；也就是理想中的"莫如兄弟"变成了现实中的"不如友生"。

"虽有兄弟，不如友生"，诗人叹息着：丧乱平息，安宁来临之后，虽然有兄弟，但是"不如友生"的情况也许就会发生了。虽然兄弟之间可以共御外侮，但是当没有外敌之后，兄弟之间就会发生内斗，这样的内斗会使得兄弟之间产生矛盾，这样一来，兄弟之间的相处就比不上朋友之间的和谐美好了。

接下来，诗人展示了兄弟和乐、骨肉相亲、夫妻和睦、全家团圆的场景。兄弟和乐融融，夫妻琴瑟和谐。第七节中"妻子"和"兄弟"的对照，表明兄弟之情是胜过夫妇之情的；因为只有兄弟和睦，才能室家安宁，也就是"兄弟既翕"，才能"宜尔室家，乐尔妻孥"，所以和睦的兄弟关系是家族和睦、家庭幸福的基础。

兄弟友爱，手足亲情，是永恒的文学主题。本诗用对比的方法，凸显了"凡今之人，莫如兄弟"这一主旨。诗中对于手足之情的描写，真挚感人，影响深远。

古人看重和强调兄弟亲情是有其特殊原因的，一方面是因为血缘；另一方面是父系社会的观念使然。男性是国家和家庭的主宰，也是传宗接代的主角，兄弟担任着双重的主角，其重要性不言而喻。

◎采 薇◎

【原文】

采薇采薇①，薇亦作止②。曰归曰归③，岁亦莫止④。靡室靡家⑤，狁之故⑥。不遑启居⑦，狁之故。

采薇采薇，薇亦柔止。曰归曰归，心亦忧止。忧心烈烈⑧，载饥载渴⑨。我戍未定⑩，靡使归聘⑪。

采薇采薇，薇亦刚止⑫。曰归曰归，岁亦阳止⑬。王事靡盬⑭，不遑启处。忧心孔疚⑮，我行不来⑯。

彼尔维何⑰？维常之华⑱。彼路斯何⑲？君子之车⑳。戎车既驾㉑，四牡业业㉒。岂敢定居？一月三捷。

驾彼四牡，四牡骙骙㉓。君子所依㉔，小人所腓㉕。四牡翼翼㉖，象弭鱼服㉗。岂不日戒㉘？玁狁孔棘㉙。

昔我往矣，杨柳依依㉚。今我来思㉛，雨雪霏霏㉜。行道迟迟，载渴载饥。我心伤悲，莫知我哀。

【注释】

①薇：豆科植物，可食用。②作：初生。止：语助词。③曰：说。④岁亦暮止：一年将尽之时。⑤靡：无。⑥玁狁（xiǎn yǔn）：北方少数民族。春秋时代称为狄，秦汉时称匈奴。⑦不遑：没空。启居：跪和坐，指安居。⑧烈烈：火势很大的样子，此处形容忧心如焚。⑨载：语气助词。⑩戍：驻守。定：安定。⑪使：传达消息的人。聘：探问。⑫刚：指薇菜由嫩而老，变得粗硬。⑬阳：阴历十月。⑭盬（gǔ）：休止。⑮孔疚：非常痛苦。⑯不来：不归。⑰尔："苶"的假借字，花盛开貌。维何：是什么。⑱常：常棣，棠棣。⑲路：高大的马车。⑳君子：指将帅。㉑戎车：兵车。㉒四牡：驾兵车的四匹雄马。业业：马高大貌。㉓骙（kuí）骙：马强壮貌。㉔依：依靠。㉕小人：指士卒。腓：隐蔽。㉖翼翼：行止整齐熟练貌。㉗象弭：象牙镶饰的弓。鱼服：鱼皮制成的箭袋。㉘日戒：每日警备。㉙棘：同"急"。㉚依依：柳枝随风飘拂貌。㉛思：语气助词。㉜雨（yù）：作动词，下雪。霏霏：雪花纷飞貌。

【赏析】

《采薇》是《诗经》里的名篇，诗的第一部分为前三章；第二部分为四、五章；最后一章为第三部分。作为归途中的回忆之作，诗以倒叙写起，由

"采薇"开题,末尾以"莫知我哀"终结。

寒冬季节,淫雨霏霏,夹杂着乱雪,道路泥泞,景象苍凉,一名衣衫破旧的老兵独自行走在回返故乡的路上。身劳力疲之中往昔困苦危难的军旅生涯一幕幕回荡在他的心间,不禁百感交集,心酸欲泣,于是吟成这一喟叹悲凄之作。

"薇菜啊,薇菜啊,你发芽出生了,我们也该想回家!但有家难回,谁问这是因为啥?都是狁入侵;采薇时节又到了,枝叶鲜嫩长又大,这时应该回家了,可却还要去拼杀!薇菜长得叶老壮,这下可能回家!谁知王事还没有完,忧伤的悲泪无处洒!"这第一部分用忧伤的语调反复叙说着久别家室、凄苦盼归的心情。

从手法上,每章都以"采薇采薇"引起下文。军粮不济,只好不断地采集野薇菜来充饥,可见军中生活长期极端艰苦。诗的开端"采薇采薇,薇亦作止",薇菜刚生出嫩芽儿,这是写春天;二章开头"采薇采薇,薇亦柔止",薇菜的叶儿已长得肥大,是写夏天;三章又道"采薇采薇,薇亦刚止",薇菜的叶茎将老,是到了秋天。从春到秋,薇菜逐渐由嫩变老,时光无情地抽离,离人却日日空盼不能归家,凄苦之情可想而知。

接下来具体描写戍边生活。"那开放的花儿是什么,是棠棣的花儿在开放,那高车大马载的是谁,是将帅们驾着车马上路了;将帅们坐在高车上,士卒们只能在车旁,戍边不敢避危难,一月三捷要胜仗。面对的敌人凶又狂,狁的狡狯不卸甲,时时刻刻要警惕,丝丝毫毫不松懈。"

这一部分字面上找不出思归的笔触,然而苦涩的情味如一缕轻烟浸入文字的肌理之中。可怜的兵士们,当他拖着疲惫的身体,跟跄于车马之后时,当他以车子做掩护躲避敌箭时,当他深夜警醒枕戈待旦时,怎能不加倍思念家乡和亲人呢!诗中显然泄露着对官兵苦乐大异的怨恨情绪。拉车的马"业业""骙骙",可见喂养丰足,它们的主人吃的自然更不会差;将帅高居于战车上,衣饰华贵,威仪神气;而众士兵却长以薇菜果腹,形销体弱,衣衫残破,整日跟在车后步履艰难……尽管字面上描写将帅车骑的威武、服饰的鲜明,但这并不是赞美,而是心存不平。

最后部分写的是归途的情景。一个雨淫雪纷的日子,戍卒终于踏上了归途。长久的戍边生活在他的内心留下了极重的创伤，只听他忧伤无限地呼吁："昔我往矣，杨柳依依""今我来思，雨雪霏霏。"当年离家的时候，杨柳垂拂，春光烂漫；而今我回乡的路上，却是雨雪纷飞，寒气逼人。

诗以杨柳依依、春光流泻来渲染昔日上路时的无畏无忧之情，用雨雪纷飞来表现今日返家途中内心的悲苦。那一股深邃的、悲凉的情思，从画面里汩汩流出，意含深永。斯人必是青年离家而今老迈才归，少离老归途中倍觉惨淡，不然哪有如此直切肺腑的感受，如此悲情的呼告。其以"杨柳依依"的晴温反衬"雨雪霏霏"的衰寒。"依依""霏霏"两组叠词，不但把杨柳的婀娜、雨雪的冷冽描绘得十分真切，而且深邃地揭示了雪中归人的内心苦楚，给人以强烈的震撼。

清代王夫之《姜斋诗话》中评说这四句诗"以乐景写哀，以哀景写乐，一倍增其哀乐，"评鉴得再恰当不过。"行道迟迟，载渴载饥"，是慨叹归途的饥渴导致行程拖泥带水。他挣扎于回乡之路，凄情地回忆往事，体味着情感的苦楚，舔舐着内心的伤痕，最终痛苦吟呼道："我心伤悲，莫知我哀。"我的心悲苦已极，又能得到谁的怜悯啊！

读罢此诗，眼前仿佛展现出一幅画卷：一位垂老的戍卒，在寒冬雨雪中踏着泥路艰难地前行，留下孤独的背影，回旋一息幽怨的悲叹。他的家在前方，诱使他勉力走向雨雪浓重幽暗灰蒙的远方。

◎鸿 雁◎

【原文】

鸿雁于飞①，肃肃其羽②。之子于征③，劬劳于野④。爰及矜人⑤，哀此鳏寡⑥。

鸿雁于飞，集于中泽。之子于垣⑦，百堵皆作⑧。虽则劬劳，其究安宅⑨。

鸿雁于飞，哀鸣嗷嗷⑩。维此哲人⑪，谓我劬劳。维彼愚人，谓我宣骄⑫。

【注释】

①鸿雁：水鸟名，即大雁；或谓大者叫鸿，小者叫雁。②肃肃：鸟飞时扇动翅膀的声音。③之子于征：这个人服役。④劬（qú）劳：勤劳辛苦。⑤爰：语气助词。矜人：可怜人。⑥鳏（guān）：老而无妻者。寡：老而无夫者。⑦于垣：筑墙。⑧堵：长、高各一丈的墙叫一堵。⑨究：终。宅：居住。⑩嗷嗷：鸿雁的哀鸣声。⑪哲人：才智极高的人。⑫宣骄：骄奢。

【赏析】

《鸿雁》这首诗共有三节。在这三节中，每节都是用"鸿雁"两字起兴，在诗中作者通过鸿雁来进行自喻。按照朱熹的观点，这是一首"饥者歌其食，劳者歌其事"的现实主义诗作。

第一节描写流民都被迫去野外参加劳役的场景，此处反映受害的流民十分众多，揭露了统治者的冷血、无情和残酷，驱使劳力，连鳏寡之人也不放过。颠沛流离无处安身的流民看到天空展翅高飞的大雁，忍不住感伤起来，他们叹息着，这叹息中饱含着他们对自己不得不参加繁重徭役的哀怨。

第二节在内容上承接第一节，描绘服劳役的流民们筑墙的情景。这时天空中的鸿雁已经聚集到了水泽中去。漂泊迁徙的大雁，让流民们想到了自己。这里用大雁来象征集体劳作的流民们，他们努力筑起很多堵高墙，但是这些辛苦建成的围墙中，却没有一处是他们的家园。没有安身之地的流民发出了"虽则劬劳，其究安宅"的疑问，饱含不平和愤慨。

最后一节述说流民们悲惨的命运，是流民的悲哀之歌。他们为了让贵族们生活得更好而辛苦工作，但是到头来却要忍受那些贵族的嘲弄和讥笑。大雁的声声哀鸣，一下子引起了流民们的共鸣，他们内心凄苦不堪，再也无法忍受之时，唱出了这首诗，以宣泄心中的愤恨。

本诗开篇的"鸿雁于飞"指代的是那些流离失所、无依无靠的流民，他们的生活十分困苦，特别是鳏寡孤独的人，日子过得更是悲惨。为了完成王的命令，为了尽快让这些人有住的地方，流民们不辞辛劳，筑墙盖房。

作为一种候鸟，鸿雁总是秋来南去，春来北迁，它们的这种习性和被迫在野外服劳役、四方奔走的流民十分相似，两者都过着居无定处的生活。在长途旅行中鸣叫的鸿雁，声音十分凄厉，让听到的人生出悲苦，流民们触景生情，增添了不少忧愁。

这首诗反映了当时无奈的社会现实，动荡的社会导致大量的人遭受到流离失所的痛苦。"鸿雁于飞"具有十分深刻的含义，它生动形象地说明了流民们的无限哀痛，后人因此将"哀鸿"这个词当作灾乱流民的代名词。

◎鹤 鸣◎

【原文】

鹤鸣于九皋①，声闻于野。鱼潜在渊，或在于渚②。乐彼之园，爱有树檀，其下维萚③。它山之石，可以为错④。

鹤鸣于九皋，声闻于天。鱼在于渚，或潜在渊。乐彼之园，爱有树檀，其下维榖⑤。它山之石，可以攻玉。

【注释】

①九皋：泽中水溢出称一折，九折指极远处。②渚：水中小洲，此处当指水滩。③萚（tuò）：枯落的枝叶。④错：砺石，可以打磨玉器。⑤榖（gǔ）：树木名，即楮树，其树皮可作为造纸原料。

【赏析】

生活在城市的人们，生活总是忙忙碌碌的，每天对着钢筋混凝土堆建成的都市，很容易感到疲累和倦怠，这时很多人就会向往鸟语花香的田园生活。《鹤鸣》就描述了这样一幅迷人的世外桃源的景象：在广袤的原野上，仙鹤在云霄间鸣叫，鱼儿在深渊和滩头潜入、跃出。在这美丽的景象周围，矗立着堆满枯枝落叶的高大檀树的园林，园林的近旁，又有一座怪石嶙峋的山峰。这真是一幅美妙的自然美景。

关于《鹤鸣》这首诗的主旨,《毛诗序》认为是"诲(周)宣王"。朱熹的观点则有所不同,他认为这首诗的主旨是劝人为善,在此观点的基础上,今人程俊英在《诗经译注》中提出了更为后人所认可的说法:"这是一首通篇用借喻的手法,抒发招致人才为国所用的主张的诗,亦可称为'招隐诗'。"

诗中以"鹤"比喻隐居的贤人,诗人所描绘出的这样一幅美妙画卷,一方面正是隐居者适宜居住的地方,另一方面则隐隐指向隐居之人高洁的志趣和品性。

《鹤鸣》一共有两个章节,每节皆有比喻。第一节的比喻分别是"鹤鸣于九皋,声闻于野""鱼潜在渊,或在于渚""爰有树檀,其下维萚""它山之石,可以为错",第二节只改变几个字或改变语序,意义并无变化。朱熹曾将这四个比喻,转变了成了诚、理、爱、憎这四种思想。在朱熹的观点中,由这四种思想引申出来的,就是"天下最普遍的真理"。这其实就是朱熹程朱理学的观点,他用这样的观点来分析《鹤鸣》,显然窄化了这首诗的主题。

第二节的"它山之石,可以攻玉"是一句名句。北宋哲学家、易学家邵雍曾经这样解释过"它山之石,可以攻玉":他把遇到的侵犯欺凌比作砺石,把品行高尚的人比作美玉。美玉只有在经过砺石的琢磨后才能绽放光彩。也就是说,君子要时刻自省,通过磨砺来完善自己。

其实,在读这首诗时,不需要去想那么多事情,只要把自己融入到这首诗所描绘的场景中,把它当成一首简单的即景抒情小诗就可以了。这是一幅漫游于荒野的图画,可以听到鹤鸣,看到鱼游,踩着落叶漫步在檀树林中,观赏怪石嶙峋的山峰。从听觉写到视觉,再到心中所感所思,一条清晰的脉络贯串全篇,有色有声,有情有景,充满了诗意,使人产生思古望今的情怀。

◎斯 干◎

秩秩斯干①，幽幽南山②。如竹苞矣③，如松茂矣。兄及弟矣，式相好矣④，无相犹矣⑤。

似续妣祖⑥，筑室百堵⑦，西南其户⑧。爰居爰处⑨，爰笑爰语。

约之阁阁⑩，椓之橐橐⑪。风雨攸除⑫，鸟鼠攸去，君子攸芋⑬。

如跂斯翼⑭，如矢斯棘⑮，如鸟斯革⑯，如翚斯飞⑰，君子攸跻⑱。

殖殖其庭⑲，有觉其楹⑳，哙哙其正㉑，哕哕其冥㉒。君子攸宁。

下莞上簟㉓，乃安斯寝㉔。乃寝乃兴㉕，乃占我梦㉖。吉梦维何？维熊维罴㉗，维虺维蛇㉘。

大人占之㉙，维熊维罴，男子之祥㉚；维虺维蛇，女子之祥。

乃生男子㉛，载寝之床㉜，载衣之裳㉝，载弄之璋㉞。其泣喤喤㉟，朱芾斯皇㊱，室家君王㊲。

乃生女子，载寝之地。载衣之裼㊳，载弄之瓦㊴。无非无仪㊵，唯酒食是议㊶，无父母诒罹㊷。

【注释】

①秩秩：涧水清清流淌的样子。斯：语气助词。干：山间流水。②幽幽：深远的样子。南山：终南山，位于陕西西安市南。③如：犹言"有……，有……"。苞：竹木稠密丛生的样子。④式：语气助词，无实义。好：友好和睦。⑤犹：通"尤"，过失。⑥似续：通"嗣续"，犹言"继承"。妣祖：先妣、先祖，统指祖先。⑦堵：一面墙为一堵，一堵面积方丈。

⑧户：门。⑨爰：于是。⑩约：用绳索捆扎。阁阁：捆扎筑板的声音；一说将筑板捆扎牢固的样子。⑪椓（zhuó）：用杵捣土，犹今之打夯。橐（tuó）橐：捣土的声音。⑫攸：语气助词。⑬芋：通"宇"，居住。⑭跂（qì）：踮起脚跟站立。翼：鸟张翼状。⑮棘：急，矢行缓则枉，急则直，急有直的意义。⑯革：翅膀。此处指鸟飞则变为静止状态。⑰翚（huī）：野鸡。⑱跻（jī）：登。⑲殖殖：平正的样子。庭：庭院。⑳觉：高大而直立的样子。楹：柱子。㉑哙（kuài）哙：宽敞明亮的样子。正：白天。㉒哕（huì）哕：光明的样子。冥：夜里。㉓莞（guān）：蒲草，可用来编席，此指蒲席。簟（diàn）：竹席。㉔寝：睡觉。㉕兴：起床。㉖我：指殿寝的主人，此为诗人代主人的自称。㉗罴（pí）：一种野兽，似熊而大。㉘虺（huǐ）：一种毒蛇，颈细头大，身有花纹。㉙大人：即太卜，周代掌占卜的官员。㉚祥：吉祥的征兆。古人认为熊罴是阳物，故为生男之兆；虺蛇为阴物，故为生女之兆。㉛乃：如果。㉜载寝之床：就睡在大床上。㉝衣：穿衣。裳：下裙，此指衣服。㉞璋：玉器。㉟喤喤：哭声宏亮的样子。㊱朱芾（fú）：用熟治的兽皮所做的红色蔽膝，为诸侯、天子所服。㊲室家：指周室，周家、周王朝。君王：指诸侯、天子。㊳裼（tì）：婴儿用的褓衣。㊴瓦：陶制的纺线锤。㊵非：错误。仪：善。㊶议：谋虑、操持。古人认为女人主内，只负责办理酒食之事，即所谓"主中馈"。㊷无父母贻罹：不要使父母遭非议。

【赏析】

《斯干》一诗，以友人的口吻，歌颂了一位贵族的美好品性和生活。这位贵族，祖先功德卓著，本人品性良好，生活环境优美，宫室宏大壮丽，让人羡慕和敬重。在诗篇中，作者表达了自己对其的良好祝愿，望他早生子裔。全诗细密生动，有虚有实，展示了当时宫室建筑的美好，也反映了当时的风俗和人们的思想观念。全诗九章，一、六、八、九四章七句，二、三、四、五、七五章五句，参差错落，在雅颂篇章中是颇具特色的。

诗作开头以两个叠词"秩秩""幽幽"起，明确了全诗悠远舒缓的基调，作者以平静和美的心境，慢慢讲述他所进入的美妙、纯净而生动的世界。首先是外在环境之美，面山临水，松竹环抱，形势幽雅。然后是人们之间的情谊之美，友人兄弟，和睦互爱，真心笑颜。既有美景，又有浓情，生活于此，是再好不过了。"如竹苞矣，如松茂矣"二句，既是赞美环境优美，又暗喻主人的品格高洁，语意双关。由此，作者说出了此处各种层次和方面的美好：每个人都谦恭高洁，人际关系和睦，周围环境明丽优美，由里到外皆如此。方位和层次的转变化于无形，且又毫无遗漏，可见作者的艺术用心。

　　第二章，讲述建筑宫室的原因。"似续妣祖"，为的是继承祖先的功业。功业当然是美好而伟大的，祖先们励精图治、功勋卓著，在历史上受人敬仰，荫蔽后世，到现在依然为人称道。而主人建屋立室，如此华美，自然也要将之传于子孙，使他们的创举能够造福于后代，功业和房屋的传承使美好的品德能够随时间延续，由过去到未来形成贯连，提升影响和生命力。这一章中，作者着眼于美好品德的传承，把它们放置在邈远的时间长河中，形成一条纵向的经线。而上一章中的美好，从每个人的内心，由内而外横向波及外在环境，形成纬线上的扩展，二者相互交织，形成纵横捭阖、铺天盖地的全面之势。

　　以下三章，是对宫室建造过程的具体描述。第三章"约之阁阁，椓之橐橐"，描摹建筑宫室时艰苦而热闹的劳动场面，捆扎筑板时绳索"阁阁"发响，夯实房基时木杵"橐橐"作声，热闹而生动。宫室建筑得如此坚固、严密，自然"风雨攸除，鸟鼠攸去"，主人自然舒适安乐，如此顺承而下，反映出事由的必然和作者轻松欢娱的写作心情。

　　第四章描绘宫室气势的宏大和形势的壮美，作者从远处着笔，连用四个比喻，博喻赋形，借美丽的飞禽在不同时刻的形状之美，来描绘宫室高耸入云、钩心斗角、起伏有势的盛景。当时的建筑水平之高，窥一斑而知全豹。其中，"如鸟斯革，如翚斯飞"的描绘，表现了作者丰富的想象力和细致的观察力，虽是笼统的比喻和粗线条的勾勒，但却暗含了中国建筑艺术史上"飞檐"的民族形式，对后世的建筑产生很大的指导意义。

　　第五章则是把视角拉近，具体描绘宫室内部的情状。"殖殖其庭"，室前的庭院平整宽阔；"有觉其楹"，拱顶的柱子耸直气派；"哙哙其正，哕哕其冥"，庭院白天里显得明亮，夜里也很光明。这样的宫室，主人怎么可能不舒服，所以，第三、四、五章的最后都要加上主人的感受：舒舒服服地在这儿生活起居、漫步行走或安然休憩，是多么享受啊。作者描绘宫室时，由远到近、由室外到室内，逐步推进，犹如所持并非纸笔，而是一架先进好用的摄影机，作者随着观察点的移动而转换镜头焦距，娴熟自然，最终把整座宫室完整而具体地呈现在读者眼前。

美好环境和建筑最终都要服务于居住其内的人们，后四章里，作者笔锋转向了宫室主人，开始对其描摹和祝愿。第六章先说主人入居此室之后将会寝安梦美，梦到"维熊维罴，维虺维蛇"。第七章接着写美梦的吉兆，预示将有贵男贤女降生，然后第八章说喜得贵男后的情形，第九章说幸有贤女后的情形，层次井然有序。

以如今的观念看来，诗中唯一不美好的就是严重的男尊女卑思想。生了男孩，放在床上，裹上宽大的衣裳，让他玩弄白玉璋，为将来封王做准备。而生了女孩，则放在地上，裹上小被子，让她玩弄纺缍，为将来操持家务做准备，还不准违背父母、公婆及丈夫的意愿。这不同的待遇和教育方式，应该是时代意识的反映。从那时起，重男轻女的民俗就已经开始了，并且，诗中所说的是君王家的女孩，她们尚且如此，寻常百姓家的女孩怎么样，就可想而知了。

◎宾之初筵◎

宾之初筵①，左右秩秩②。笾豆有楚③，肴核维旅④。酒既和旨⑤，饮酒孔偕⑥。钟鼓既设，举酬逸逸⑦。大侯既抗⑧，弓矢斯张。射夫既同⑨，献尔发功⑩。发彼有的⑪，以祈尔爵⑫。

籥舞笙鼓⑬，乐既和奏。烝衎烈祖⑭，以洽百礼⑮。百礼既至，有壬有林⑯。锡尔纯嘏⑰，子孙其湛⑱。其湛曰乐，各奏尔能⑲。宾载手仇⑳，室人入又㉑。酌彼康爵㉒，以奏尔时㉓。

宾之初筵，温温其恭。其未醉止[24]，威仪反反[25]。曰既醉止[26]，威仪幡幡[27]，舍其坐迁[28]，屡舞仙仙[29]。其未醉止，威仪抑抑[30]。曰既醉止，威仪怭怭[31]。是曰既醉，不知其秩[32]。

宾既醉止，载号载呶[33]。乱我笾豆，屡舞僛僛[34]。是曰既醉，不知其邮[35]。侧弁之俄[36]，屡舞傞傞[37]。既醉而出，并受其福。醉而不出，是谓伐德[38]。饮酒孔嘉，维其令仪[39]。

凡此饮酒，或醉或否。既立之监[40]，或佐之史[41]。彼醉不臧[42]，不醉反耻。式勿从谓[43]，无俾大怠[44]。匪言勿言[45]，匪由勿语[46]。由醉之言，俾出童羖[47]。三爵不识[48]，矧敢多又[49]？

【注释】

①初筵：宾客初入席时。②左右：席位东西，主人在东，客人在西。秩秩：有序之貌。③笾：竹制，盛瓜果干脯等。豆：木制或陶制，也有铜制的，盛鱼肉醢酱等，供宴会祭祀用。有楚：即"楚楚"，陈列之貌。④肴核：肉食和果品。旅：陈放。⑤和旨：醇和甜美。⑥孔：很。偕：通"嘉"。⑦酬（chóu）：同"酬"，主人劝酒。逸逸：往来有秩序。⑧大侯：射箭用的大靶子，用虎、熊、豹三种皮制成。抗：高挂。⑨射夫：射手。⑩发功：发箭射击的功夫。⑪的：侯的中心，即靶心，也常指靶子。⑫祈：求。尔爵：求射中而让别人饮罚酒之意。⑬籥（yuè）舞：执籥而舞。⑭烝：进。衎（kàn）：娱乐。⑮洽：使和洽，指配合。⑯有壬：即"壬壬"，礼大之貌。有林：即"林林"，礼多之貌。⑰锡：赐。纯嘏（gǔ）：大福。⑱湛（dān）：和乐。⑲奏：进献。⑳手仇：指对手。㉑室人：主人。入又：又入，指主人亦随宾客入射以耦宾，即耦射。㉒康爵：空杯。㉓尔时：射中的宾客。㉔止：语气助词。㉕反反：谨慎凝重。㉖曰既醉止：说是既醉了。㉗幡幡：形容轻浮无威仪之貌。㉘舍：放弃。坐迁：迁动当坐之礼。㉙僊（qiān）僊：飞舞貌。㉚抑抑：慎密，

指庄重。㉛怭（bì）怭：不庄重，轻浮。㉜秩：常规。㉝号：大声乱叫。呶（náo）：喧哗不止。㉞僛（qī）僛：身体歪斜倾倒之貌。㉟邮：通"尤"，过失。㊱弁：皮帽。俄：倾斜不正。㊲傞（suō）傞：醉舞不止貌。㊳伐德：败德。㊴令仪：美好的仪表礼节。㊵监：酒监，宴会上监督礼仪的官。㊶史：酒史，记录饮酒时言行的官员。燕饮之礼必设监，不一定设史。㊷臧：好。㊸式：发语词。勿从谓：不要从而为之。㊹俾：使。大怠：太轻慢失礼。㊺匪言：指不该问话。㊻匪由：指不合法道的话。㊼童羖（gǔ）：没角的公山羊。㊽三爵：《礼记·玉藻》："君子之饮酒也，受一爵而色酒如也，二爵而言言斯，礼已三爵而油油，以退。"孔颖达疏引《春秋传》："臣侍君宴，过三爵，非礼也。"㊾矧（shěn）：何况。又：通"侑"，劝酒。

【赏析】

《宾之初筵》这首诗是用来讽刺贵族宴饮无度、失礼败德的诗。西周在开国之时，为了警戒自己不要像商纣王一样因酒害国，所以周公旦曾写过一篇《酒诰》，其目的就是要后代子孙以酒为诫。周公旦的《酒诰》规定，只有在举行射礼和祭祀时人们才能够喝酒，并且要有酒德，同时规定不许喝醉。一旦贵族们违反了规定，聚饮醉酒，就会被严惩，甚至是处死。

虽然有这样严厉的规定，但是随着西周贵族阶层的腐化，饮酒的风气还是形成了，周公的禁酒令也失去了约束力，这种酗酒的行为就是《宾之初筵》一诗所描绘和揭示的。

全诗共有五节每节都是十四句，每一句都是四字句，章法结构十分严谨。同时这首诗章节之间的组织也非常精妙。

本诗从内容上可以分为三个部分。

第一部分为前两节，主要是写射礼和祭祀这些合乎礼制的酒宴。它们符合《周礼》的规定："射礼，先饮后射；祭祀，先祭后饮。"所以第一节前八句写饮，后六句写射；第二节前八句写祭祀，后六句写饮。这一部分告诉我们这个时候和这种场合，宾客都是能够遵守秩序、彬彬有礼、持重正经的人。

第二部分为第三、第四节，开始描写违背礼制的酒宴。这一部分虽然和第一部分一样以"宾之初筵"一句开始，但是和正规的酒宴却大相径庭。第二部分对于滥饮酗酒的描写十分精彩，诗中将那些贵族们的虚伪、丑态都淋漓尽致表现了出来。他们乱号乱叫，打杯翻盘；胡乱起舞，东倒西歪；帽子歪戴，衣冠不整。

第三部分就是最后一节。这一节是一段总结性的文字，通过"不""勿""无""匪""矧敢"等这样的词来表示作者对于这些贵族的否定，这些词集中在一起的目的是为了更加凸显否定的含义。

全诗各部分之间的起承转合脉络极其分明。诗中的修辞十分丰富，有消极修辞，更有丰富多彩的积极修辞。类似"秩秩""逸逸""温温""反反""幡幡""僛僛""抑抑""怭怭""傲傲""僛僛"这样的叠词运用得十分广泛。

"笾豆有楚，肴核维旅""既立之监，又佐之史"，这几句则是非常标准的对偶句。"宾之初筵""其未醉止""曰既醉止""是曰既醉"等句子都同章、隔章或邻章重复的修辞方式。这样重复的目的是为了引出对比。但是像"其未醉止""曰既醉止"的重复，则既和"威仪反反""威仪幡幡"到"威仪抑抑""威仪怭怭"形成了递进，又和"其未醉止""曰既醉止"这两组重复构成了对比。

"是曰既醉"的隔章重复，更是将第三、第四两节直接串联了起来。诗中还运用顶针这种修辞，例如"以洽百礼""百礼即至""子孙其湛""其湛曰乐"这几句就是两个顶针。另外，"钟鼓既设，举酬逸逸。大侯既抗，弓矢斯张。射夫既同，献尔发功"，这几句话在排比的同时又做到了两句一换韵，使得这首诗有了很强的节奏感。

本诗在写作上采用了欲抑先扬的写法，在诗人反复直陈醉酒之态来警戒世人之后，再描述贵族烂醉之后的丑陋形态，对比鲜明，引人深思。

◎采　绿◎

终朝采绿①，不盈一匊②。予发曲局，薄言归沐。

终朝采蓝，不盈一襜③。五日为期，六日不詹④。
之子于狩，言韔其弓⑤。之子于钓，言纶之绳。
其钓维何？维鲂及鱮。维鲂及鱮，薄言观者⑥。

【注释】

①绿：草名，即荩草。②匊（jū）：同"掬"，两手合捧。③襜（chān）：围裙。④詹：至也。⑤韔（chàng）：弓袋，此处用作动词。⑥观：多。

【赏析】

《采绿》一诗描写了妇人对外出逾期不回的丈夫的思念。全诗从采草写起，"终朝采绿，不盈一匊"，这样的描写表现出了思妇的心不在焉。她神情不安，无心梳洗打扮，当她想到丈夫要回来时，才开始沐浴打扮，但是本来约好日期回来的丈夫却没有如期归来，这让妻子变得更加不安了，她精神恍惚，想象着丈夫已经回来了，并日夜陪伴着丈夫。妻子的想象愈美好，就反衬了现实的愈凄苦，更表现出了妻子思念的强烈。

前两节字句基本相同，变化较小，有一种重叠复沓的结构，构成了全诗的回环往复的音乐美。全诗可以分成两部分：前两节为第一部分，主要描写现实生活，后两节为第二部分，主要描写妻子的想象生活。这样一实一虚的生活描写强化了妇人的思念。

第一节是写女子手里虽然在采绿草，但是她的心已经飞越了几重山水，去寻找她的丈夫去了。诗中没有直接说出女子思念的是什么，而是说她"予发曲局，薄言归沐"：她的长发蜷曲乱蓬蓬，因为丈夫不在，无人欣赏。后来她又急忙要回家梳洗，是因为她的丈夫随时都可能回来。为了让丈夫看到她美好的一面，她一定要好好打扮自己，可见女子思念的就是自己的丈夫。

第二节的"五日为期，六日不詹"说明了女子精神恍惚的原因，她担心着没有如期归来的丈夫。郑笺关于"五日""六日"的解释是："五月之日""六月之日",这种说法比较符合诗意,因为丈夫和女子约定的是五月之日就会回家,所以在约定之日后的每一天,女子都在思念自己的丈夫,所以也就无心采绿草了。"五日为期,六日不詹"进一步交代了女子反常行为的原因。

这两节的内容仅用了寥寥数语,就将一个鲜活的思妇形象描绘了出来,其中既有声音,又有动态,还有思绪中的波澜。同时,诗中没有提及女子丈夫外出未归的原因,这就令人产生了无限的想象,到底是什么原因使得情深意切的妻子坐卧不安心神不定,以至于茶食无心,无意梳妆。戍边、经商等都可以成为原因,这也增加了诗的韵味。

第三节写女子的丈夫去捕鱼和打猎,女子跟随在丈夫身边,丈夫打猎,就替他装弓箭;丈夫捕鱼,就为他整理钓线。尽管只是想象,但本节的描写跳出了闺怨的套路,表现出了一种甜蜜之情。这时丈夫尚未归来,可见一旦丈夫真的归来了,妻子的喜悦将更加无以言表。

第四节的内容承接了上一节的"钓",妻子想象丈夫钓了很多的鱼,并赞美自己的丈夫十分能干。

通过这首诗,可以感到诗人夫妻的恩爱之情,丈夫为了生活在外奔波,妻子留在家中思念丈夫的同时,憧憬着美好的未来。她相信丈夫和自己是同心同德的,丈夫一定会回到自己身边,和自己过那种打猎捕鱼的悠闲生活。

本诗虚实结合,采用四言句式,带有很强的节奏感。

◎何草不黄◎

何草不黄?何日不行[①]?何人不将[②]?经营四方。

何草不玄[③]?何人不矜[④]?哀我征夫,独为匪民。

匪兕匪虎[⑤],率彼旷野[⑥]。哀我征夫,朝夕不暇。

有芃者狐[⑦],率彼幽草。有栈之车[⑧],行彼周道[⑨]。

【注释】

①行：出行。此指行军，出征。②将：出征。③玄：发黑腐烂。④矜（guān）：通"鳏"，老而无妻者。征夫离家，等于无妻。⑤兕（sì）：野牛。⑥率：沿着。⑦芃（péng）：兽毛蓬松。⑧栈车：役车。⑨周道：大道。

【赏析】

《何草不黄》这首诗主要描写人民因为征战不息而感到怨恨。

作为一篇控诉统治阶级穷兵黩武、发动弱肉强食的非正义战争的诗，《何草不黄》有一种反战诗的感觉。本诗的作者用第三人称的方式来抒发自己的感情。诗中多次运用了反问句，这些句子沉痛地表达出诗人对于服兵役者的痛苦。诗人揭露了人们被迫当兵、被人驱赶着不停行军打仗的怨恨，他们像小草一样枯萎凋零，不断地四处奔走，到处作战。他们远离家乡，居无定所，和亲人音讯隔绝，无法奉养父母，受尽饥渴劳顿的折磨，过着非人的生活。

本诗共有四节。通过五个"何"字喊出了人民求生的愿望以及无比的愤怒。"哀我征夫，独为匪民"是本诗的主题。"非人"则是全诗的核心。第一、二两节用"何草不黄""何草不玄"来比兴征人整日奔波于荒郊旷野，在行役之中过着非人的生活，"经营四方"就是他们命运。因为草木注定要变黄变黑，由此比喻人也注定了会因行役而生，再因行役而死。"何人不将"这一句，将行役的宿命扩展到整个社会。这是一轮旷日持久而又殃及全民的兵役，所有的人都在荒野间被驱使着，社会动荡不安。

人并不是野牛、老虎、狐狸这样的动物，人是不可能像野兽一样在旷野、幽草中生活的，但是征夫却在这样非人的状态下生存着。诗人自问自答，喊出了征夫的无奈和苦楚，诗人把士兵和野牛、老虎等兽类放在一起比较，说明这些士兵并没有被当作人来看待，他们的命运比野兽还不如。动物还可以冬眠休息，但是这些士兵却不得休息。他们从大路上到荒野,又从荒野奔波到大路。

诗人用比较含蓄的比喻,表现狐狸在钻进浓密的草丛中休息的时候,士兵们却要驾车前行。"鸟飞反故乡兮,狐死必首丘。"也就是说狐狸死时,一定会把头枕在小土堆,因为它到死都非常依恋自己的故土,铭记自己的故乡。本节提到狐狸的用意在于:狐狸可以死在自己出生的故土上,但是那些士兵却不知自己将葬身何处。当士兵们在行军的途中看到了狐狸,他们浓浓的乡愁也就这样被激活了,士兵们感叹自己的命运甚至还不如狐狸。但是不管士兵们有多少怨言,他们并没有改变自己命运的能力,他们的命运在成为士兵的那一刻就已经注定了,他们要在征途中结束自己的一生。在统治者眼中他们不是人,而是战争的工具,"有栈之车,行彼周道"这一句就是很好的说明。

诗人到最后都没有告诉人们这些士兵的结局,不知道他们是战死在沙场,还是平安返回了故乡,这种开放的结尾给读者留下了思考的空间,产生了一种含蓄的艺术效果。

诗中充满了没有希望、无从改变的痛苦,展示了征人的悲苦。可悲的是,即使动用了这样大的兵力,周王室最终也还是灭亡了。本诗情景结合,充分展现出哀怨与悲惨的氛围,感人至深。

大 雅

◎文 王◎

【原文】

文王在上①,於昭于天②。周虽旧邦③,其命维新④。有周不显⑤,帝命不时⑥。文王陟降⑦,在帝左右⑧。
亹亹文王⑨,令闻不已⑩。陈锡哉周⑪,侯文王孙子⑫。文王孙子，本支百世⑬。凡周之士⑭，不显亦世⑮。

世之不显，厥犹翼翼⑯。思皇多士⑰，生此王国。王国克生⑱，维周之桢⑲。济济多士⑳，文王以宁。

穆穆文王㉑，於缉熙敬止㉒。假哉天命㉓，有商孙子㉔。商之孙子，其丽不亿㉕。上帝既命，侯于周服㉖。

侯服于周，天命靡常㉗。殷士肤敏㉘，祼将于京㉙。厥作祼将，常服黼冔㉚。王之荩臣㉛，无念尔祖㉜。

无念尔祖，聿修厥德㉝。永言配命㉞，自求多福。殷之未丧师㉟，克配上帝㊱。宜鉴于殷，骏命不易㊲。

命之不易，无遏尔躬㊳。宣昭义问㊴，有虞殷自天㊵。上天之载㊶，无声无臭㊷。仪刑文王㊸，万邦作孚㊹。

【注释】

①文王：周文王。②於（wū）：赞叹。昭：光明显耀。③旧邦：周在氏族社会本是姬姓部落，后与姜姓联合为部落联盟，在西北发展。周立国从尧舜时代的后稷算起。④命：天命，即天帝的意旨。⑤有周：周王朝。不（pī）：同"丕"，大。⑥时：是。⑦陟降：上行曰陟，下行曰降。⑧左右：犹言身旁。⑨亹（wěi）亹：勤勉不倦貌。⑩令闻：美好的名声。不已：无尽。⑪陈锡：重赐，原赐。⑫侯：乃。孙子：子孙。⑬本支：以树木的本枝比喻子孙繁衍。⑭士：这里指统治周朝享受世禄的公侯卿士百官。⑮亦世：累世。⑯厥：其。犹：谋划。翼翼：恭谨勤勉貌。⑰思：语首助词。皇：美、盛。⑱克：能。⑲桢：支柱、骨干。⑳济济：盛多。㉑穆穆：美好。㉒缉熙：光明。敬止：敬之，严肃试敬。㉓假：大。㉔有：得有。㉕其丽不亿：其数极多。㉖周服：服周。㉗靡常：无常。㉘殷士肤敏：殷臣美好敏疾。㉙祼（guàn）：古代一种祭礼，把酒洒在地上以祭神。㉚常服：祭事规定的服装。黼（fǔ）：绣有白黑相间的斧形花纹衣服。冔（xǔ）：礼帽。㉛荩（jìn）臣：忠臣。㉜无念：念。㉝聿（yù）：发语助词。㉞永言：久长。配命：与天命相

合。㉟丧师：指丧失民心。㊱克配上帝：可以与上帝之意相称。㊲骏命：大命，也即天命。㊳遏：止、绝。尔躬：你身。㊴宣昭：宣明传布。义问：美好的名声。㊵有虞殷自天：殷的喜悲从天命。㊶载：事。㊷臭（xiù）：味。㊸仪刑：效法。㊹孚：信服。

【赏析】

这是一首在大型宴会上唱的叙事雅歌，主要歌颂周文王姬昌。文王是备受周人崇敬的祖先，是周王朝的缔造者，深受人民的拥护。本诗将他称为天之子，他有着非凡的人格和智慧，是道德的楷模，天意的化身。除此之外，本诗还展现了文王深谋远虑、富有政治经验的一面，诗人希望可以通过向文王学习、借鉴殷商来使周王朝得到长治久安。

第一节主要说的是文王是得天命兴国，他建立新的王朝是天帝下的意旨。文王登上位之后，使得周这个小邦国的名誉得到了改变，他给人民带来了光明和希望。

第二节主要说文王兴国福泽了子孙宗亲，周氏的子孙百代都能够享受到这样的福禄荣耀。歌颂了文王勤勉，将显耀威名留给后代，让周国人无论在哪都会受到世人的敬重。

第三节主要是说周王朝有很多人才，这些人才都是文王培育出来的，因为有这些人才，王朝才得以世代继承。

第四节主要说文王能够使周王朝兴盛进而取代殷商，是因为他的德行高尚，他是天命所归的君主，人心所向。

第五节说明天命是无常的，当初坐拥天下的殷商贵族已成为周朝的服役者。

第六节告诉后世要以殷的例子为鉴，做到敬天修德，只要这样才能得天命，也是在告诫那些殷商的旧贵族，要自强自求，爱护人民，顺从天意。

第七节是说商汤虽然推翻夏桀，但是他的后代却没有守住天命，只有具有文王那样的德行和勤勉，才能够得到上天福佑，使得统治长治久安。最后本诗告诫人们要以文王为榜样，爱护人民，只有这样才能使国家稳定，长治久安。

全诗动之以情，晓之以理，通过对文王功业和德行的歌颂，要求文王的子孙后代要时刻以殷为鉴，敬畏上天，像文王一样具有高尚的德行，以此来永保天命。这是本诗的中心思想。这种中心思想是从殷商继承下来、根据周朝的实际情况改造过的天命论思想。这种思想是殷商时期重要的政治哲学观点，也就是人们熟悉的"君权神授"的观点。

◎思 齐◎

【原文】

思齐大任①，文王之母。思媚周姜②，京室之妇③。大姒嗣徽音④，则百斯男⑤。

惠于宗公⑥，神罔时怨⑦，神罔时恫⑧。刑于寡妻⑨，至于兄弟，以御于家邦⑩。

雍雍在宫⑪，肃肃在庙⑫。不显亦临⑬，无射亦保⑭。

肆戎疾不殄⑮，烈假不瑕⑯。不闻亦式⑰，不谏亦入⑱。

肆成人有德，小子有造⑲。古之人无斁⑳，誉髦斯士㉑。

【注释】

①思：发语词，无义。齐（zhāi）：端庄貌。大任：即太任，王季之妻，文王之母。②媚：爱慕。周姜：即太姜。古公亶父之妻，王季之母，文王之祖母。③京室：王室。④大姒：即太姒，文王之妻。嗣：继承。徽音：美誉。⑤百斯男：众多男儿。⑥惠：孝敬，顺从。宗公：宗庙里的先公，即祖先。⑦神：此处指祖先之神。罔：无。⑧恫（tōng）：哀痛。⑨刑：同"型"，典型，典范。寡妻：嫡妻。⑩御：治理。⑪雝（yōng）雝：和洽貌。⑫肃肃：恭敬貌。庙：宗庙。⑬不显：不明，幽隐之处。临：临视。⑭无射亦保：无射才的人也保用。⑮肆：

所以。戎疾：大病。殄：残害，灭绝。⑯烈：光。假：大。瑕：过。⑰式：采纳。⑱入：接受，采纳。⑲小子：年轻人。造：造就，培育。⑳古之人：指文王。无斁（yì）：无厌，无倦。㉑誉：赞誉。髦：俊，优秀。

【赏析】

《思齐》是一首在大型宴会上唱的雅歌，《毛诗序》中解释说："文王所以圣也。"欧阳修在《诗本义》中也说："文王所以圣者，世有贤妃之助。"所以他们认为本诗的主旨是赞美"文王所以圣"，也就是赞美周室三母。但综观整首诗，会发现只有第一节提到了周室三母，其余四节完全没有提到，本诗赞美的对象其实还是文王，是"文王之圣"，而不"文王之所以圣"。

本诗第一节的六句诗，是在赞美三位女性，也就是"周室三母"，她们分别是文王的祖母周姜（太姜）、文王的生母大任（太任）和文王的妻子大姒（太姒）。诗文中叙述顺序没有按照世系来进行，而是先说了文王的母亲，再说文王的祖母，最后说妻子。关于这样叙述的原因，孙矿是这样分析的："本重在太姒，却从太任发端，又逆推上及太姜，然后以'嗣徽音'实之，极有波折。若顺下，便味短。"虽然这一节的重点不一定是太姒，但他评价中的"极有波折"却十分贴切。这一节作为全诗的引子，赞美周室三母，说明文王的贤德和圣明是来源于他的祖先。

文王是一个孝敬祖先的人，所以神明对他没有怨恨，愿意保佑他。文王在妻子面前以身作则，他的高尚德行感动着妻子，使她也变得和文王一样具有道德；文王同时也在兄弟之间作出表率，他的兄弟也被他的德行感化；最后，文王的高尚道德一直推广到了家族和国家中。这三句话和我们熟悉的"修身、齐家、治国、平天下"有相同意味。

第三节诗人开始叙述文王的修身，前两句是承接上节，后三句说明文王在家庭和宗庙中处处以身作则，影响着亲族。第三节的后两句"不显亦临，无射亦保"则起到进一步深化主题的作用。对"不显亦临"这一句，《诗集传》是这样解释的："不显，幽隐之处也……（文王）虽居幽隐，亦常若有临之者。"

这与后世儒家所提倡的"慎独"意思相近：文王即使一个人独处时，也克己复礼，小心谨慎，从不放纵自己，这就是心中有神明。

最后两节主要说的是文王治国。第四节的前两句"肆戎疾不殄，烈假不瑕"，是说文王是一个好善修德的人，使得天下太平，国家没有内忧外患。

第五节主要是讲文王勤于培养人才。这一节描述文王的贤德圣明已经在全国起作用了。

◎ 板 ◎

【原文】

上帝板板①，下民卒瘅②。出话不然③，为犹不远④。靡圣管管⑤，不实于亶⑥。犹之未远，是用大谏⑦。

天之方难，无然宪宪⑧。天之方蹶⑨，无然泄泄⑩。辞之辑矣⑪，民之洽矣⑫。辞之怿矣⑬，民之莫矣⑭。

我虽异事，及尔同僚⑮。我即尔谋，听我嚣嚣⑯。我言维服⑰，勿以为笑。先民有言，询于刍荛⑱。

天之方虐，无然谑谑⑲。老夫灌灌⑳，小子蹻蹻㉑。匪我言耄㉒，尔用忧谑。多将熇熇㉓，不可救药。

天之方懠㉔，无为夸毗㉕。威仪卒迷㉖，善人载尸㉗。民之方殿屎㉘，则莫我敢葵㉙。丧乱蔑资㉚，曾莫惠我师㉛。

天之牖民㉜，如埙如篪㉝，如璋如圭㉞，如取如携。携无曰益㉟，牖民孔易。民之多辟㊱，无自立辟㊲。

价人维藩㊳，大师维垣㊴。大邦维屏㊵，大宗维翰㊶，怀德维宁，宗子维城㊷。无俾城坏，无独斯畏。

敬天之怒，无敢戏豫㊸。敬天之渝㊹，无敢驰驱㊺。昊天曰明㊻，及尔出王㊼。昊天曰旦，及尔游衍㊽。

【注释】

①板板：反，指违背常道。②卒瘅（dàn）：劳累多病。③不然：不对，不合理。④犹：谋划。⑤靡圣：不把圣贤放在眼里。管管：任意放纵。⑥亶（dǎn）：诚信。⑦大谏：郑重劝戒。⑧无然：不要这样。宪宪：欢欣喜悦的样子。⑨蹶：动乱。⑩泄泄：妄加议论。⑪辞：指政令。辑：调和。⑫洽：融洽，和睦。⑬怿：通"殬"，败坏。⑭莫：通"瘼"，疾苦。⑮及：与。同僚：同事。⑯嚣（áo）嚣：同"敖敖"，不接受意见的样子。⑰维：是。服：事。⑱询：征求、请教。刍荛（ráo）：割草打柴的人。⑲谑谑：嬉笑的样子。⑳灌灌：诚恳的样子。㉑跻（jué）跻：傲慢的样子。㉒匪：非，不要。耄：八十九十曰耄，此指昏聩。㉓㶣（hè）㶣：火势炽烈的样子，此指一发而不可收拾。㉔㥼（qí）：愤怒。㉕夸毗：卑躬屈膝、谄媚曲从。㉖威仪：指君臣间的礼节。卒：尽。迷：混乱。㉗尸：祭祀时由人扮成的神尸，终祭不言。㉘殿屎（xī）：呻吟也。㉙葵：通"揆"，猜测。㉚蔑：无。资：财产。㉛惠：施恩。师：此指民众。㉜牖：通"诱"，诱导。㉝埙（xūn）：陶制吹奏乐器。篪（chí）：古竹制管乐器。㉞如璋如圭：半圭曰璋，合璋叫圭，指相配合。㉟益：通"隘"，阻碍。㊱辟：通"僻"，邪僻。㊲立辟：制定法律。㊳价人：武人。维：是。藩：篱笆。㊴大师：太师。垣：墙。㊵大邦：指诸侯大国。屏：屏障。㊶大宗：指与周王同姓的宗族。翰：骨干，栋梁。㊷宗子：周王的嫡子。㊸戏豫：游戏娱乐。㊹渝：改变。㊺驰驱：指任意放纵。㊻昊天：上天。明：光明。㊼王：往。㊽游衍：游荡。

【赏析】

据《毛诗序》记载，《板》就是凡伯"刺厉王"之作。

《诗经》中另一首《民劳》也是"警同列以戒王"的诗，不同的是，在结构上《民劳》卒章显志，而《板》开宗明义。此诗一开头就说明了劝谏的原因:"上帝板板,下民卒瘅。出话不然,为犹不远。靡圣管管,不实于亶。犹之未远,是用大谏。"因为上天违反常道,致使下方百姓忧苦不堪。而在朝之人又不纳善言,妄行政令,无视圣人之道,言行不一。所以,诗人要"用大谏"。"下民卒瘅"本是统治者不施良政的结果,诗人却归咎于上天,不言厉王之错,而人人皆知此乃厉王无道所致。

"从第二章起,诗进入了劝谏的正文。"天之方难,无然宪宪。天之方蹶,无然泄泄。辞之辑矣,民之洽矣。辞之怿矣,民之莫矣。"一方面使人相信周王朝的统治顺承天意,周天子拥有神圣不可侵犯的权力;另一方面,又用天意的种种表现来制约天子的权威。凡伯以"天之方难"和"天之方蹶"规劝厉王不要实行无道。上天已经显示种种乱象,摆在周天子面前的选择有两条,即凡伯指出的"辞之辑矣"和"辞之怿矣"。如果厉王认识到自己的错误,摒弃从前的暴政,采用善政,那么就能达到治世;反之,如果无视上天的警告,一意孤行,人民必将陷于危难中,人民陷于危难,国之危难就不远了。

诗人诚恐自己一片良苦用心不为君王采纳,于是三四两章假托劝诫同僚向天子说明听取谏言的重要性。"我虽异事,及尔同僚。我即尔谋,听我嚣嚣。我言维服,勿以为笑。先民有言,询于刍荛。天之方虐,无然谑谑。老夫灌灌,小子蹻蹻。匪我言耄,尔用忧谑。多将熇熇,不可救药。"先贤为成就大业,不耻听取樵夫的意见,如今老臣的忠直良言更不可不听。但对于凡伯这些人的忠言,厉王根本无心听取,反将他们的话当作戏语玩笑。愤慨之下,诗人说道:"多将熇熇,不可救药。"意思是如果厉王继续这样无道下去,大周将无可挽回地灭亡。

怎样才能避免走向"不可救药"的地步?诗的五、六章提出了救治之方。与国家命运息息相关的是百姓,要治国必须先救民。"天之方懠,无为夸毗。威仪卒迷,善人载尸。民之方殿屎,则莫我敢葵。丧乱蔑资,曾莫惠我师。"天道沦丧,君臣威仪尽失,贤良之人备受排挤。上层统治者背道而行,直接导致下层百姓的生活陷入困苦中。国民呻吟叹息,资财耗尽,诗人不禁问道:"曾莫惠我师。"希望君王看到黎民之苦,施以恩惠。

天子恩惠民众其实很简单，良好的引导便是最大的恩惠。"天之牖民，如埙如篪，如璋如圭，如取如携。携无曰益，牖民孔易。"百姓本来就渴望安定康乐，君王若能主动诱导他们走向安康生活，他们自然会顺从地跟随。因此，诱导人民其实很容易，如同圭璋相契、埙篪相和般和谐。然而这只是理想的情形，现实的情况是"民之多辟"，君王逆天而行，奸人当道，委实堪忧。所以诗人向君上发出警告"无自立辟"，告诫厉王万不可肆意妄为，作法自毙。

"价人维藩，大师维垣。大邦维屏，大宗维翰，怀德维宁，宗子维城。无俾城坏，无独斯畏。"天子诚然是国之中央，可是国家是由民众、诸侯国、宗族等共同维系的，臣民是国之藩篱，诸侯、宗室是国之干城，没有他们的存在，国家便不成其为国家。国之不存，何来天子之安？"无俾城坏，无独斯畏"正是警告厉王不要本末倒置，一意逞威。

诗的末章，诗人重新拿出上天的意志劝谏厉王，与首章遥相呼应。诗人希望厉王听从天意，"敬天之怒，无敢戏豫。敬天之渝，无敢驰驱"。君王若能如此行事，那么国家才能安定清明。"昊天曰明，及尔出王。昊天曰旦，及尔游衍"，这最后四句表达了一位关心国家命运的老臣对国家安泰的衷心企盼。

◎ 荡 ◎

【原文】

荡荡上帝①，下民之辟②。疾威上帝③，其命多辟④。天生烝民⑤，其命匪谌⑥。靡不有初，鲜克有终⑦。

文王曰咨⑧，咨女殷商⑨！曾是强御⑩，曾是掊克⑪，曾是在位，曾是在服⑫。天降滔德⑬，女兴是力⑭。

文王曰咨，咨女殷商！而秉义类⑮，强御多怼⑯。流言以对，寇攘式内⑰。侯作侯祝⑱，靡届靡究⑲。

文王曰咨，咨女殷商！女炰烋于中国⑳，敛怨以为德。不明尔德，时无背无侧㉑。尔德不明，以无陪无卿㉒。

文王曰咨，咨女殷商！天不湎尔以酒㉓，不义从式㉔。既愆尔止㉕，靡明靡晦。式号式呼㉖，俾昼作夜。

文王曰咨，咨女殷商！如蜩如螗㉗，如沸如羹。小大近丧㉘，人尚乎由行㉙。内奰于中国㉚，覃及鬼方㉛。

文王曰咨，咨女殷商！匪上帝不时㉜，殷不用旧。虽无老成人，尚有典刑㉝。曾是莫听，大命以倾。

文王曰咨，咨女殷商！人亦有言，颠沛之揭㉞，枝叶未有害，本实先拨㉟。殷鉴不远，在夏后之世㊱。

【注释】

①荡荡：放荡不守法制的样子。②辟（bì）：君王。③疾威：暴虐。④辟：邪僻。⑤烝：众。⑥谌（chén）：诚信。⑦鲜（xiǎn）：少。克：能。⑧咨：感叹声。⑨女（rǔ）：汝。⑩曾：乃。强御：强横凶暴。⑪掊（póu）克：聚敛，搜括。⑫在服：在职。⑬滔：放纵不法。⑭兴：助长。力：勤，努力。⑮而：尔，你。秉：执持。义类：善类，此指强族。⑯怼（duì）：怨恨。⑰寇攘：像盗寇一样掠取。式内：在朝廷内。⑱侯：于是。作、祝：诅咒。⑲届、究：穷，尽。⑳炰烋（páo xiāo）：同"咆哮"。㉑无背无侧：不知有人背叛、反侧。㉒无陪无卿：无陪臣无卿相。㉓湎（miǎn）：沉湎，沉迷。㉔不义从式：不放纵你们。㉕愆：过错。止：容止。㉖式：语助词。㉗蜩（tiáo）：蝉。螗：一种蝉。㉘丧：败亡。㉙由行：学老样。㉚奰（bì）：愤怒。㉛覃：延及。鬼方：指远方。㉜时：善。㉝典刑：指旧的典章法规。㉞颠沛：跌仆，此指树木倒下。揭：举，此指树根翻出。㉟本：根。拨：败。㊱后：君主。

【赏析】

第一节的"荡"字是全篇的中心。"荡荡上帝"这一句，通过呼告的语气，喊出了上天败坏法度的现状。之后"疾威上帝"这一句中的"疾威"突出了"荡"的程度。同时，下面几章的内容都是围绕"疾威"来描写的。

从第二节开始，都用周文王的语气哀叹殷纣王的荒淫无道。

第二节通过连用四个"曾是"营造出一种气势，增强了谴责效果。

第三节所写的内容表面上虽然是在斥责纣王，但暗地里却是在指责厉王的残暴。这一节主要指出厉王的这种行为，终会导致国家将被贤良所摒弃，祸乱四处横生。

第四节的内容主要是说，厉王的刚愎自用、恣意妄为。本节指出他是一个内无美德、外无良臣的君王，他的一系列行为给国家招来了重大的灾难。"不明尔德""尔德不明"，是作者在反复诉说来表现自己内心的沉重。

第五节的内容是在讽刺厉王不思进取，纵酒败德。通过描写商纣王在酒池肉林中，昼夜长饮来表现。正是因为有纣王这个例子，周朝在开国之初就规定国人不可轻易饮酒，并且曾经下过禁酒令，但是随着时间的流逝，这些禁令被人们遗忘了，厉王不在乎有什么后果，不在乎历史教训，在他纵情声色的同时作者感到非常痛心疾首。

第六节主要是在描述国家因为纣王种种败德乱政的行为变得一片混乱，然后借纣王来比喻厉王，点明厉王的残暴已经更甚于纣王了，人们对他的怨恨已经蔓延到荒远的国家。这一节的内容既承接了四、五节，又呼应了第三节，表明现在国家的灾祸已经由国内绵延到了国外，国家已经变得岌岌可危。

第七节诗人从另一面说明了纣王的过错，通过这些总结痛斥纣王并劝解厉王不要再重用那些阴险的恶人和小人，同时，这一节也表现诗人对于厉王忘"旧"的不满，在本诗中，"旧"既是指旧章程，同时也是指善于把握旧章程的老臣。所以这一节"殷不用旧"和第四节"无背无侧""无陪无卿"两句所表达的意思是一脉相承的。

另外，本节的"虽无老成人，尚有典刑"，是说如果君王不能采用那些熟悉旧章程的人，那么至少也要做到好好掌握先王行之有效的治国之道，但厉王却完全无法做到这一点。所以表达灾难必然降临的"大命以倾"和第四节"不明尔德""尔德不明"两句也是一脉相承的。

第八节中诗人通过"颠沛之揭，枝叶未有害，本实先拨"来告诉厉王，现在亡羊补牢还来得及，千万不要等到大祸临头才知道后悔。遗憾的是，诗人言辞恳切的劝解没有引起周厉王的重视。

◎桑柔◎

菀彼桑柔①，其下侯旬②，捋采其刘③。瘼此下民④，不殄心忧⑤。仓兄填兮⑥，倬彼昊天⑦，宁不我矜⑧？

四牡骙骙⑨，旟旐有翩⑩。乱生不夷⑪，靡国不泯⑫。民靡有黎⑬，具祸以烬⑭。於乎有哀，国步斯频⑮。

国步蔑资⑯，天不我将⑰。靡所止疑⑱，云徂何往⑲？君子实维⑳，秉心无竞㉑。谁生厉阶㉒，至今为梗㉓？

忧心慇慇㉔，念我土宇㉕。我生不辰，逢天僤怒㉖。自西徂东，靡所定处。多我觏痻㉗，孔棘我圉㉘。

为谋为毖㉙，乱况斯削㉚。告尔忧恤㉛，诲尔序爵㉜。谁能执热㉝，逝不以濯㉞？其何能淑㉟，载胥及溺㊱。

如彼遡风㊲，亦孔之僾㊳。民有肃心㊴，荓云不逮㊵。好是稼穑㊶，力民代食㊷。稼穑维宝，代食维好。

天降丧乱，灭我立王㊸。降此蟊贼㊹，稼穑卒痒㊺。哀恫中国㊻，具赘卒荒㊼。靡有旅力㊽，以念穹苍㊾。

维此惠君(50)，民人所瞻。秉心宣犹(51)，考慎其相(52)。维彼不顺，自独俾臧(53)。自有肺肠，俾民卒狂。

瞻彼中林，甡甡其鹿(54)。朋友已谮(55)，不胥以穀(56)。人亦有言，进退维谷(57)。

维此圣人，瞻言百里。维彼愚人，复狂以喜(58)。匪言不能(59)，胡斯畏忌[60]。

维此良人，弗求弗迪[61]。维彼忍心，是顾是复。民之贪乱，宁为荼毒[62]。

大风有隧[63]，有空大谷。维此良人，作为式穀。维彼不顺，征以中垢[64]。

大风有隧，贪人败类[65]。听言则对[66]，诵言如醉[67]。匪用其良，复俾我悖[68]。

嗟尔朋友，予岂不知而作[69]。如彼飞虫[70]，时亦弋获。既之阴女[71]，反予来赫[72]。

民之罔极[73]，职凉善背[74]。为民不利，如云不克[75]。民之回遹[76]，职竞用力[77]。

民之未戾[78]，职盗为寇。凉曰不可[79]，复背善詈。虽曰匪予[80]，既作尔歌[81]。

【注释】

①菀（wǎn）：茂盛的样子。②旬：树荫遍布。③刘：剥落稀疏，句意谓桑叶被采后，稀疏无叶。④瘼：病、害。⑤殄（tiǎn）：断绝。⑥仓兄（chuàng huǎng）：悲伤失意的样子。填：久。⑦倬：明察。⑧宁：何。不我矜："不矜我"的倒文。⑨骙骙：形容马奔跑不息。⑩旟旐：画有鹰隼、龟蛇的旗。有翩：翩翩，翻飞的样子。⑪夷：平。⑫泯：乱。⑬民靡有黎：没有黎民。⑭具：通"俱"。⑮频：危急。⑯蔑：无。资：财。⑰将：扶助。"不我将"为"不将我"之倒文。⑱靡所止疑：没有居处终疑难。⑲云：发语词。徂：往。⑳实维：是作。㉑秉心：存心。竞：争。㉒厉阶：祸端。㉓梗：灾害。㉔慇（yīn）慇：心痛的样子。㉕土宇：

土地、房屋。㉖僤（dàn）怒：重怒。㉗觏：遇。痻（mín）：灾难。㉘棘：通"急"。圉（yǔ）：边疆。㉙毖：谨慎。㉚斯：乃。削：减少。㉛尔：指周厉王及当时执政大臣。㉜序：次序。爵：官爵。㉝执热：救热。㉞逝：发语词。濯：洗。㉟淑：善。㊱载：乃。胥：互相。㊲遡：逆。㊳僾：呼吸不畅的样子。㊴肃：进取。㊵荓（pīng）：使。不逮：不及。㊶稼穑：通"家啬"，指家居吝啬聚敛。㊷力民：使人民出力劳动。代食：指官吏靠劳动者奉养。㊸灭我立王：意谓灭我所立之王。㊹蟊贼：蟊为食苗根的害虫，贼为吃苗节的害虫。乏指农作物的病虫害。㊺卒：完全。痒：病。㊻恫（tōng）：哀痛。㊼具赘卒荒：具备像赘疣的人，则田荒。㊽旅力：指宣扬。㊾念：感动。㊿惠君：惠，顺。顺理的君主，称惠君。㈤宣犹：好谋划。㈥考慎：慎重考察。相：辅佐大臣。㈦臧：善。㈧甡（shēn）甡：众多的样子。㈨谮：中伤。㈩胥：相。榖：善。㈦进退维谷：谓进退皆穷。㈧复：反而。㈨匪言不能：即"匪不能言"。㈩胡：何。斯：这样。㈥迪：钻营。㈦宁：乃。荼毒：荼指苦草，毒指毒虫毒蛇之类，此指毒害。㈧有隧：隧隧，形容大风疾速吹动。㈨征以中垢：做事不正又混浊。㈥贪人：贪财枉法的小人。㈦听言：顺从心意的话。㈧诵言：忠告的言语。㈨悖：违理。㈩而：你。㈦飞虫：指飞鸟。古人用"虫"泛指一切动物。㈦既：已经。阴：通"荫"，庇护。㈦赫：威赫。㈦罔极：无法则。㈦职：主。凉：通"谅"，信。背：背叛。㈦云：句中助词。克：胜。㈦回通：邪僻。㈦用力：指用暴力。㈦戾：善。㈦凉曰不可：说你不可这样做。㈧虽曰匪予：虽然不是来骂我。㈧既：还是。

【赏析】

"菀彼桑柔，其下侯旬"，诗歌开篇以桑柔作比，说明祸乱对人民危害甚重。桑树本来是枝繁叶茂，蓊蓊郁郁，但却因择采殆尽而剥落稀疏。形象的喻体，将老百姓受剥夺之深，不胜其苦的现实表现出来。因此诗人不禁仰天控诉："倬彼昊天，宁不我矜？"诗人无可奈何之中，只能哀怨高明的上天，你为何不怜悯百姓呢？由此"瘼此下民"的重心得到了很好的点染，"仓兄填兮"的忧愁亦显得更加的悲怆、深沉。开篇题旨，诗意严肃。

诗人顺承"瘼此下民"一句紧接着，指出祸乱之本，国势倾颓，征役不息，民无安居之所。"民靡有黎，具祸以烬"，诗人此处再次和"瘼此下民"遥相呼应，一直没有离开"民"字，在诗人眼中，"民惟邦本""得民心者得天下"。面对征伐、"民靡有黎"的现实，诗人大声疾呼："於乎有哀，国步斯频。"国运衰微，必难长久。第三章写出祸乱既危乎国，亦危乎己。民穷财尽，天不助我，人民流离失所，"君子实维"，这些现象确实应该引起君子们的深思呀！第四章诗人进一步深化，写出乱上加乱的国情。诗人感叹自己生不逢时，表现出对现实的殷忧之深。内乱方兴，外患又至，现在的国家可谓是祸不单行。尽管诗人忧心如焚，但是也难以力挽倾颓之势。

"国家兴亡，匹夫有责"，诗人也不愿意看到国家的毁灭。在接下来的几章中，诗人再次申述为国之道，再进忠言。"为谋为毖，乱况斯削"，反题正作，从救乱说起，只要谋虑周到，做事慎重，祸乱情况就可以衰减。诗人进一步提出纲领性的观点——"告尔忧恤，诲尔序爵"，只有君王从根本上忧心国事，谨慎授官拜爵，任用贤良，国家就必然能够得以挽救。诗人再次用喻，借凉水解渴之意来比喻解救国家危难必须任用贤能。相比于"国人莫敢言，道路以目"来看，诗人更加明白百姓善良的道理，他们勤于稼穑，以耕种养活"力民代食"的人。官府要体恤民情，爱护人民，"防民之口，甚于防川"，民心在疏导而不在堵。国王为政，不得民心，人民必将如处在逆风中一样感到窒息丧气。天降灾害，祸乱频仍，执政者只知敛财，导致天怒人怨。

综观全诗，前八章从国家产生祸乱的原因入手，写出了厉王的不恤民瘼，不用贤良，以致民怨沸腾，诗人产生了忧国忧民的悲慨。后八章则是谴责同僚执政者，不能清正廉明、勇于进谏，从而加速国家危亡，更加引起了人民的怨恨。小人当权，厉王昏聩，诗人有感于此，因而作成此诗。

从第八章开始，诗人指出合乎天理的君王受到人民拥戴，君主昏聩不明则必将受到人民的反对和唾弃。本来诗人想有所作为，但是可恨小人当道，自身处境进退维谷，没有志同道合、共赴国难之人，相反，他们对其进行威胁，诬害忠良。

此诗并未对厉王的暴政进行直接指斥，而是通过对人民痛苦的描述，通过对社会动乱原因的分析，含蓄委婉地提出了对君王的批评。徭役不止，横征暴敛，小人当权，忠良被贬，在诗人看来，这些就是造成社会不安定的原因。但是，就算有寥寥几个像诗人这样的正直之士，也无力回天。诗中充满了诗人的批判，也表现出了诗人对现实清醒的认识。

◎云 汉◎

倬彼云汉①，昭回于天②。王曰於乎③，何辜今之人④！天降丧乱，饥馑荐臻⑤。靡神不举⑥，靡爱斯牲⑦。圭璧既卒⑧，宁莫我听⑨？

旱既大甚⑩，蕴隆虫虫⑪。不殄禋祀⑫，自郊徂宫⑬。上下奠瘗⑭，靡神不宗⑮。后稷不克，上帝不临。耗斁下土⑯，宁丁我躬⑰？

旱既大甚，则不可推。兢兢业业，如霆如雷。周余黎民⑱，靡有孑遗⑲。昊天上帝，则不我遗⑳。胡不相畏，先祖于摧㉑？

旱既大甚，则不可沮。赫赫炎炎，云我无所㉒。大命近止㉓，靡瞻靡顾。群公先正㉔，则不我助。父母先祖，胡宁忍予㉕？

旱既大甚，涤涤山川㉖。旱魃为虐㉗，如惔如焚㉘。我心惮暑㉙，忧心如熏㉚。群公先正，则不我闻㉛。昊天上帝，宁俾我遯㉜？

旱既大甚，黾勉畏去㉝。胡宁瘨我以旱㉞，憯不知其故㉟。祈年孔夙㊱，方社不莫㊲。昊天上帝，则不我虞㊳。敬恭明神，宜无悔怒。

旱既大甚，散无友纪㊴。鞫哉庶正㊵，疚哉冢宰㊶，趣马师氏㊷，膳夫左右㊸。靡人不周，无不能止。瞻卬昊天㊹，云如何里㊺？

瞻卬昊天，有嘒其星㊻。大夫君子，昭假无赢㊼。大命近止，无弃尔成㊽。何求为我，以戾庶正㊾。瞻卬昊天，曷惠其宁㊿？

【注释】

①倬（zhuō）：大。云汉：银河。②昭：光。回：转。③於（wū）乎：即"呜呼"，叹词。④辜：罪。⑤荐：重，再。臻：至。⑥靡：无，不。举：祭祀。⑦爱：吝惜，舍不得。牲：祭祀用的牲口。⑧圭、璧：祭神用的玉器。⑨宁：乃。莫我听：即莫听我。⑩大：同"太"。⑪蕴隆：暑气郁盛。虫虫：热气熏蒸的样子。⑫殄（tiǎn）：断绝。禋（yīn）祀：祭天神的典礼。⑬宫：指宗庙。⑭奠：祭天。瘗（yì）：指把祭品埋在地下以祭地神。⑮宗：尊敬。⑯斁（dù）：败坏。⑰丁：当，遭逢。⑱黎民：百姓。⑲孑遗：遗留，剩余。⑳遗（wèi）：赠。㉑于摧：将灭。㉒云：遮蔽。㉓大命：国命。㉔群公：先世诸侯之神。先正：先世卿士之神。㉕忍：忍心。㉖涤涤：光秃的样子。㉗旱魃（bá）：古代传说中指能造成旱灾的鬼怪。㉘惔（tán）：火烧。㉙惮：畏。㉚熏：灼。㉛闻：恤问。㉜遯（dùn）：通"困"，受困。㉝黾（mǐn）勉：勉力为之，尽力事神，急于祷告祈求。㉞瘨（diān）：病。㉟憯（cǎn）：曾。㊱祈年：指"孟春祈谷于上帝，孟冬祈来年于天宗"之祭礼。孔夙（sù）：很早。㊲方：祭四方之神。社：祭土神。莫（mù）：古"暮"字，晚。㊳虞：忖度。㊴友：通"有"。纪：纪纲，法度。㊵鞫（jū）：穷困。庶正：众官之长。㊶疚：忧苦。冢宰：周代官名，相当于后世的宰相。㊷趣马：官名，职责是掌管国王马匹。师氏：官名，主管教导国王和贵族的子弟。㊸膳夫：主管国王、后妃饮食的官。㊹卬（yǎng）：通"仰"。㊺里：通"悝"，忧伤。㊻嘒（huì）：微光。㊼昭假：祭祀。无赢：即无爽，无差错。㊽成：功。㊾戾：定。㊿曷：何，何时。惠：赐。

【赏析】

　　首句"倬彼云汉，昭回于天"，描写银河高远、星光闪闪的景象。"王曰於乎"一句，点出观景之人。王在夜间仰头观望星象，看到辽远高阔、清澈晴朗的夜空，不禁连声叹息："何辜今之人！"

　　诗人并未开门见山地写出大旱之时的情形，而是从周宣王夜观天象的举动，以及由此而生的叹息入手，刻画出一个忧心天下民生的君主形象，也为全诗奠定了一种焦虑哀伤的基调。"倬彼云汉，昭回于天"这一意象，若独立来看，不失为一幅美妙的夜景图，然而，放在此诗起首，却有"乐景写哀"之功用。

　　周人敬天畏神，逢此大旱，自然首先怀疑自己是否对神不敬。但"靡神不举，靡爱斯牲"，明明没有神灵不曾供奉，也没有吝惜祭品，却依然"天降丧乱，饥馑荐臻"，老天仍旧不断降下灾难。双重否定句式的运用，表现出宣王的困惑、焦灼、畏惧交织的复杂心情。

　　第二章至第七章，诗人连用六句"旱既大甚"，既点明旱灾的现状和形势，也营造出了一种紧张、焦急的阅读效果，使读者对周宣王为旱灾所苦的心情感同身受。这六章一方面写宣王眼中所见旱情，另一方面摹写宣王的心理状态。诗人对灾情的描写多用夸张手法，将情与景巧妙地进行融合。如"周余黎民，靡有孑遗"一句，表现旱灾波及之处，赤地千里，民不聊生的景状。"周地之民所剩无几"的夸大说辞中，蕴含着宣王深深的痛苦和忧虑。再如"旱魃为虐，如惔如焚"一句，写旱魔在原本丰饶的大地上肆虐横行，导致山河枯槁，像被一场大火烧过一般。将旱灾遍地的情景想象成大火燎原，十分准确贴切；而且以大地赤火比宣王的忧心如焚，情景交融，相得益彰。

　　触目所见，举国上下一片焦渴，宣王由此面向上天接二连三发出呼号："父母先祖，胡宁忍予！""昊天上帝，宁俾我遯！""瞻卬昊天，云如何里！"——先祖们，神灵们，苍天啊，为何你们忍心见我受苦？难道想要将我们赶出此地，断绝我们的生路？如何才能止住这场干旱，让我不再忧伤？

　　这种发自肺腑的呼号，字字句句皆为血泪。它是先民在面对灾难时的无助、无力和无奈心情最直接、最忠实的体现。尽管宣王将这场灾难看作上天"如霆如雷"的惩罚，并带领百官和民众"不殄禋祀，自郊徂宫。上下奠瘗，靡神不宗"，不断地举行祭祀，拜祭上天和诸神，甚至"趣马师氏，膳夫左右"，让管理马匹的官员、教导自己的老师，负责王室膳食的官员都来助祭，却"无不能止"，旱情仍然持续着。夜观星象，"瞻卬昊天，有嘒其星"，天空仍然星辰无数，一望无垠。

无论怎样向上天呼告，表达自己的忧愤与失望，宣王唯一能做的事也仍是祈祷。他还劝告"大夫君子"，祈祷要虔诚，不能出差错。诗中两次提及"大命近止"，一方面写出旱灾的可怕：它好像一片死亡的阴云，悬浮在人们头顶，随时可能落下来，置人于死地；另一方面，描绘出人们大难临头时的惶恐与绝望。宣王为安定民心，只能"无弃尔成"，存着一线希望，坚持不懈地祷告下去，期望上天终有一天会听见。

经过前文的铺垫，此时的祭祀和祷告仪式已染上了深深的悲凉和哀伤。"何求为我，以戾庶正"一句，鲜明地表达出宣王的心情：这场祈雨的仪式并非为了自己，而是为了安抚百官之心。周宣王在臣子和百姓面前，保持着一个君王的威仪，给人带来了安稳和信心，但面对上天时，他却发出忧苦的叹息："曷惠其宁？"——苍天神灵，你们何时才会赐予我安宁？

◎崧高◎

崧高维岳①，骏极于天②。维岳降神③，生甫及申④。维申及甫，维周之翰⑤，四国于蕃⑥，四方于宣⑦。

亹亹申伯⑧，王缵之事⑨，于邑于谢⑩，南国是式⑪。王命召伯⑫，定申伯之宅⑬。登是南邦⑭，世执其功⑮。

王命申伯，式是南邦。因是谢人⑯，以作尔庸⑰。王命召伯，彻申伯土田⑱。王命傅御⑲，迁其私人⑳。

申伯之功，召伯是营。有俶其城㉑，寝庙既成㉒，既成藐藐㉓。王锡申伯㉔，四牡蹻蹻㉕，钩膺濯濯㉖。

王遣申伯㉗，路车乘马㉘。我图尔居㉙，莫如南土。锡尔介圭㉚，以作尔宝。往近王舅㉛，南土是保㉜。

申伯信迈㉝，王饯于郿㉞。申伯还南，谢于诚归㉟。王命召伯，彻申伯土邢疆。以峙其粻㊱，式遄其行㊲。

申伯番番㊳，既入于谢，徒御啴啴㊴。周邦咸喜，戎有良翰㊵。不显申伯㊶，王之元舅㊷，文武是宪㊸。

申伯之德，柔惠且直㊹。揉此万邦㊺，闻于四国。吉甫作诵㊻，其诗孔硕㊼。其风肆好㊽，以赠申伯。

【注释】

①崧（sōng）：山高而大。维：是。岳：特别高大的山。②骏：通"峻"，高大。极：至。③维：发语词。④甫：国名，此指甫侯。申：国名，此指申伯。⑤翰：屏障。⑥于：犹"为"。蕃：即"藩"，藩篱，屏障。⑦宣：城垣。⑧亹（wěi）亹：勤勉貌。⑨王缵之事：王使申伯办他事。⑩前一"于"字：为，建。谢：地名。⑪式：法。⑫召伯：召虎，亦称召穆公，周宣王大臣。⑬定：确定。⑭登：成为。⑮执：守持。功：事业。⑯因：依靠。⑰庸：通"墉"，城墙。⑱彻：治理。⑲傅御：诸侯之臣，治事之官，为家臣之长。⑳私人：傅御之家臣。㉑俶（chù）：修缮。㉒寝庙：周代宗庙的建筑有庙和寝两部分，合称寝庙。㉓藐藐：美貌。㉔锡（cì）：同"赐"。㉕牡：公马。蹻（jué）蹻：强壮勇武貌。㉖钩膺：马颈腹上的带饰。濯濯：光泽鲜明貌。㉗遣：遣送。㉘路车：诸侯乘坐的一种大型马车。㉙图：图谋，谋虑。㉚介：大。圭：古代玉制的礼器，诸侯执此以朝见周王。㉛近（jì）：语助词，相当于"了"。㉜保：安保。㉝信：再宿。迈：走。㉞饯：备酒食送行。郿（méi）：古地名，在今陕西眉县。㉟谢于诚归：即"诚归于谢"。㊱峙：储备。粻（zhāng）：米粮。㊲遄（chuán）：加速。㊳番番：勇武貌。㊴徒：徒

行之士兵。御：御车之士兵。啴（tān）啴：和乐貌。㊵戎：汝，你。㊶不：通"丕"，太。显：显赫。㊷元舅：长舅。㊸宪：法式，模范。㊹柔惠：温顺恭谨。㊺揉：安顺。㊻吉甫：尹吉甫，周宣王大臣。诵：同"颂"，颂赞之诗。㊼其：是，此。孔硕：指篇幅很长。㊽肆好：极好。

【赏析】

《崧高》全诗共八章，每章八句。开篇叙写申伯降生之异，说他是四岳神灵所降生，突出他的不同凡响。在当时神权凌驾一切的社会，如此崇高的颂扬似乎在为申伯在周朝的地位和诸侯中的重要作用作顺理成章的铺叙。诗歌以这样的方式起头，别有一番气势。

第二章写周王命召伯选定申伯的封地，突出君王对申伯的重视。自此以下，就是周王对申伯的加官晋爵、称王封地的描写。诗人着重突出申伯临别赠言，宣王饯行以及申伯启程时的盛况，最后叙写申伯荣归故里，不负众望，给各国诸侯们做出了榜样，至此，诗人点明了全诗意旨。王命是贯穿全诗的线索，申伯受封之事为中心，按照时间顺序，写出事件发展的经过。行文过程中却又不忘添加对宣王的溢美之词和突出宣王对申伯的倚重宠眷。后面几章写申伯定封于谢、筑城池、治土田、定宗庙等，不断重申"王命召伯"之语，写出宣王的叮咛郑重之意。

"申伯之德，柔惠且直。揉此万邦，闻于四国"，最后一章点明作诗之意，特别申明申伯的功德之盛，表明其受赐的缘由绝非因先祖功德因袭或恃亲贵以邀宠。诗人作诗也只是为了申明宣王之精明能干和臣子的尽忠竭力，绝非阿谀奉迎。这是一首送行诗，主要叙述申伯南征后宣王封其于谢城，以安定民心，作王室屏障，平铺直叙，叙事详尽，多为真情实感。

◎ 烝 民 ◎

天生烝民①，有物有则。民之秉彝②，好是懿德。天监有周，昭假于下③。保兹天子，生仲山甫④。

仲山甫之德，柔嘉维则。令仪令色，小心翼翼。古训是式⑤，威仪是力。天子是若⑥，明命使赋。

王命仲山甫，式是百辟⑦。缵戎祖考⑧，王躬是保。出纳王命⑨，王之喉舌。赋政于外，四方爰发⑩。

肃肃王命，仲山甫将之⑪。邦国若否⑫，仲山甫明之。既明且哲，以保其身。夙夜匪解⑬，以事一人。

人亦有言，柔则茹之⑭，刚则吐之。维仲山甫，柔亦不茹，刚亦不吐。不侮矜寡，不畏强御⑮。

人亦有言，德輶如毛⑯，民鲜克举之。我仪图之⑰，维仲山甫举之，爱莫助之。衮职有缺⑱，维仲山甫补之。

仲山甫出祖⑲，四牡业业，征夫捷捷，每怀靡及⑳。四牡彭彭，八鸾锵锵㉑。王命仲山甫，城彼东方。

四牡骙骙㉒，八鸾喈喈。仲山甫徂齐，式遄其归㉓。吉甫作诵，穆如清风㉔。仲山甫永怀㉕，以慰其心。

【注释】

①烝：众。②秉彝：常理，常性。③假：至。④仲山甫：人名，为宣王卿士。⑤式：用，效法。⑥若：选择。⑦辟：法式。⑧缵：继承。戎：你。⑨出纳：指受命与传令。⑩爰发：乃行。⑪将：执行。⑫若否：好坏。⑬解：通"懈"。⑭茹：吃。⑮强御：强悍。⑯輶（yóu）：轻。⑰仪图：揣度。⑱衮（gǔn）：绣龙图案的王服。⑲祖：祭路神。业业：马高大的样子。⑳每怀靡及：每人怀有私心，顾不上。㉑鸾：鸾铃。㉒骙（kuí）骙：强壮。㉓遄（chuán）：速。㉔穆如清风：柔和得像清风一样。㉕永：长。怀：思。

【赏析】

此诗写的应是周宣王派大臣仲山甫到齐地筑城、平乱、巩固东方边防的事迹。

全诗大致可以分为三个部分,首章"民之秉彝,好是懿德",写出天降仲山甫于大周,辅佐周王实现中兴,不同凡响。首章写出了促应天运而生,非一般人物可比,总领全诗。第二部分主要写出了仲山甫"古训是式""天子是若""出纳王命"的才干和功绩,以及不欺负鳏寡弱小、不畏豪绅、敢于向天子进谏的高贵品质和刚直无畏的精神。诗人对仲山甫推崇备至,极意美化,塑造了一位身负重任、德才兼备、忠于职守、攸关国运的忠臣形象。此部分内容由第二章开始一直写到第六章,是整首诗歌的重点和中心。末尾两章作为诗歌的第三部分,主要写仲山甫接受周王的命令启程"城彼东方"的场面。"四牡业业,征夫捷捷,每怀靡及。四牡彭彭,八鸾锵锵",写出他的威仪,表达出诗人的敬佩和勉励之情。

◎韩 奕◎

奕奕梁山[1],维禹甸之[2]。有倬其道[3],韩侯受命[4]。王亲命之[5]:"缵戎祖考[6],无废朕命[7]。夙夜匪解[8],虔共尔位[9]。朕命不易。榦不庭方[10],以佐戎辟[11]。"

四牡奕奕[12],孔修且张[13]。韩侯入觐[14],以其介圭[15],入觐于王。王锡韩侯[16],淑旂绥章[17],簟茀错衡[18]。玄衮赤舄[19],钩膺镂钖[20],鞹鞃浅幭[21],鞗革金厄[22]。

韩侯出祖[23],出宿于屠[24]。显父饯之[25],清酒百壶。其肴维何?炰鳖鲜鱼[26]。其蔌维何[27]?维笋及蒲[28]。其赠维何?乘马路车[29]。笾豆有且[30],侯氏燕胥[31]。

韩侯取妻㉜，汾王之甥㉝，蹶父之子㉞。韩侯迎止㉟，于蹶之里。百两彭彭㊱，八鸾锵锵㊲，不显其光㊳。诸娣从之㊴，祁祁如云㊵。韩侯顾之㊶，烂其盈门㊷。

蹶父孔武㊸，靡国不到㊹。为韩姞相攸㊺，莫如韩乐。孔乐韩土，川泽訏訏㊻，鲂鱮甫甫㊼，麀鹿噳噳㊽，有熊有罴，有猫有虎。庆既令居㊾，韩姞燕誉㊿。

溥彼韩城㉛，燕师所完㊾。以先祖受命，因时百蛮㊾。王锡韩侯，其追其貊㊾。奄受北国㊾，因以其伯㊾。实墉实壑㊾，实亩实籍㊾。献其貔皮㊾，赤豹黄罴。

【注释】

①奕奕：高大的样子。梁山：在今陕西韩城县西北。②维：发语词。甸：治理。③倬：宽大。④韩侯：姬姓，周王近宗贵族，诸侯国韩国国君。受命：接受册命。⑤王：指周宣王。⑥缵（zuǎn）：继承。戎：你。祖考：先祖。⑦朕：周王自称。⑧夙夜：早晚。匪解：即非懈，不懈怠的意思。⑨虔共：敬诚恭敬。⑩榦：纠正。不庭方：不来朝觐的方国诸侯。⑪辟：君。⑫牡：公马。⑬孔修（xiū）：很长。⑭入觐（jìn）：入朝朝见天子。⑮介圭：玉器，周王册封诸侯时赐予的镇国宝器，诸侯入觐时须手执介圭。⑯锡：同"赐"，赏赐。⑰淑旂（qí）：色彩鲜艳，绘有交龙图案的旗子。绥（suí）章：安全挂起。⑱簟茀（diàn fú）：竹编的车篷。错衡：饰有交错花纹的车前横木。⑲玄衮：黑色龙袍，周朝王公贵族的礼服。赤舄（xì）：红鞋。⑳钩膺：束在马腰部的革制装饰品。镂钖（yáng）：马额上的金属制装饰品。㉑鞹鞃（kuò hóng）：包皮革的车轼横木。浅幭（miè）：用浅毛皮裹的车上覆盖物。㉒鞗（tiáo）革：马辔头。厄：通"轭"，在辕。㉓出祖：出行之前祭路神。㉔屠：地名。㉕显父：周宣王的卿士。父，是对男子

的美称。㉖炰（páo）鳖：烹煮鳖肉。㉗蔌：蔬菜。㉘笋（sǔn）：笋。㉙乘（shèng）马：一乘车四匹马。路车：即辂车，贵族用大车。㉚笾（biān）豆：饮食用具，笾是盛果脯的高脚竹器，豆是盛食物的高脚、盘状陶器。㉛燕：通"宴"。胥：皆。㉜取妻：同"娶妻"。㉝汾王：郑笺："厉王流于彘（地名，今山西霍县东北），彘在汾水之上，故时人因以号之。"㉞蹶父：周朝的卿大夫。㉟迎止：迎亲。㊱百两：百辆。彭彭：盛多。㊲鸾：通"銮"，挂在马嚼子两端的铃。㊳不（pī）：通"丕"，大。㊴诸娣从之：诸位娣女跟从她。㊵祁祁：盛多之貌。㊶顾：当时嫁娶的礼。㊷烂：光彩。㊸孔武：很勇武。孔，甚。㊹靡：没有。㊺韩姞：即蹶父之女，姞姓，嫁韩侯为妻，故称韩姞。相攸：指相女婿。㊻訏（xū）訏：广大貌。㊼甫甫：大貌。㊽麀（yōu）：母鹿。噳（yǔ）噳：鹿群聚的场面。㊾令居：美好的居所。㊿燕誉：安乐高兴。51溥（pǔ）：广大。韩城：韩国都城。52燕师：燕国人。53时：掌管、统辖。蛮：古时对异族土著部落统称蛮、夷。54追、貊（mò）：北方两个少数民族。55奄：完全。56伯：诸侯之长。57实：乃。墉：城墙，用作动词。壑：壕沟，用作动词。58亩：田亩，此作动词，指划分田亩。籍：征收赋税。59貔（pí）：猛兽名。

【赏析】

　　这首诗按时间顺序进行叙述，条理十分清晰。先写周宣王宣布册命，后写韩侯入朝拜见天子，接受封赏，再写韩侯出发前卿士为他践行，继写韩侯娶亲，最后写韩侯归国。全诗无一处直接夸赞韩侯的诗句，而是通过具体细致地描写韩侯受天子册封的荣耀、践行之宴的丰盛、婚礼的铺张奢华以及归国之后的活动，让读者从中体会韩侯的显贵和作为韩城之主的才干。

　　开篇"奕奕梁山，维禹甸之。有倬其道"，写大禹曾治理梁山，如今更有大道直通京城，因此韩城所在地域本属于西周王朝，从而点出宣王册封韩侯的缘由。接下来写宣王册命的内容："缵戎祖考，无废朕命。夙夜匪解，虔共尔位。朕命不易。榦不庭方，以佐戎辟。"这几句话大意是说：承接你先祖的功业，不要辜负我委托于你的重任。切记日夜不懈，一定要时刻保持恭敬虔诚和谨慎之心，如此一来，我的册命自然不会变更。发挥你的才干来辅佐我，你必能让那些不来朝觐的诸侯国一一归顺。这段册命的用词庄重典雅，很符合君王的身份。

册命之后，韩侯入朝受封。"四牡奕奕，孔修且张"，在写"韩侯入觐"之前，先对他乘坐的马车进行了描写，凸显他觐见天子的气派和排场。接着，诗中花了大半章的篇幅细述天子的赏赐："王锡韩侯，淑旂绥章，簟茀错衡。玄衮赤舄，钩膺镂钖，鞹鞃浅幭，鞗革金厄。"交龙日月旗、黑色的龙袍、红色的木底高靴，雕着交错花纹、配着金质挽具、车饰华美的大车等，用华丽的辞藻详细例举，显示出韩侯所得到的无上荣耀。

"韩侯出祖，出宿于屠。显父饯之，清酒百壶"，写韩侯启程前往韩城之前祭拜祖先，随即"显父"遵照君主之令，依照礼制到郊外为韩侯践行，备下"清酒百壶"。紧接着是对这场宴席的描述："其肴维何？炰鳖鲜鱼。其蔌维何？维笋及蒲。其赠维何？乘马路车。"连用三个问句，从酒肴、蔬菜问到宴后所赠之物，并一一作出回答，这种自问自答的手法颇具口语化和民歌化的风味，相当贴切地表现了宴席的热闹和欢畅。

叙述韩侯娶亲场面时，诗中连用"彭彭""锵锵""祁祁"三个叠词，写出迎亲车队之多，陪嫁之盛，极具表现力。随后，诗作笔锋一转，开始从韩侯岳父的角度写韩国的富庶。写他"为韩姞相攸"，选婿过程中，他相中了韩国这块地方。诗中说"莫如韩乐"，实际是通过赞美韩国土地来夸耀韩侯。

"孔乐韩土，川泽訏訏，鲂鱮甫甫，麀鹿噳噳"，如前一章一样，叠词的连续运用，不仅使诗歌朗朗上口，而且加深了词语的表现力。"有熊有罴，有猫有虎"，则近乎白话，罗列韩国珍稀的动物种类，实则还是为了突出韩国的物产丰富。"庆既令居，韩姞燕誉"，写韩侯妻子的满意之情。这是从侧面表现韩侯的治地有方，赞扬之意不言而喻。

最后一章与首章密切呼应，"溥彼韩城，燕师所完"一句，与首句"奕奕梁山"呼应，巍峨的梁山所在的韩城，如今已扩建得又高又大；"以先祖受命，因时百蛮"，则呼应首章的"缵戎祖考，无废朕命"和

"榦不庭方，以佐戎辟"，册命时君王所提的要求，如今韩侯不负所托，尽数完成。他在韩国"实墉实壑，实亩实藉"，治理得井井有条，使韩城成为西周王朝北方边境的强大屏障。

韩侯做出的功绩是周宣王实现"中兴"的助力之一。这首诗以多变的语言、严谨的结构、客观的笔法叙述了韩侯的事迹，落落大方、张弛有度地表达了对韩侯的赞誉。

◎江 汉◎

江汉浮浮，武夫滔滔[1]。匪安匪游[2]，淮夷来求[3]。既出我车，既设我旟[4]。匪安匪舒，淮夷来铺[5]。

江汉汤汤[6]，武夫洸洸[7]。经营四方，告成于王。四方既平，王国庶定[8]。时靡有争，王心载宁[9]。

江汉之浒[10]，王命召虎："式辟四方[11]，彻我疆土[12]。匪疚匪棘[13]，王国来极[14]。"于疆于理[15]，至于南海。王命召虎："来旬来宣[16]。文武受命，召公维翰[17]。无曰予小子[18]，召公是似[19]。肇敏戎公[20]，用锡尔祉[21]。"

"釐尔圭瓒[22]，秬鬯一卣[23]。告于文人[24]，锡山土田。于周受命[25]，自召祖命[26]。"虎拜稽首[27]："天子万年！"

虎拜稽首，"对扬王休[28]，作召公考，天子万寿！"明明天子[29]，令闻不已[30]。矢其文德[31]，洽此四国。

【注释】

①滔滔：水广大。②匪：同"非"。③来：语助词，含有"是"的意义。求：讨伐。④旟：画有鸟隼的旗。⑤铺：通"抚"，安抚。⑥汤

（shāng）汤：水势大的样子。⑦洸（guāng）洸：威武的样子。⑧庶：幸好。⑨载：则。⑩浒（hǔ）：水边。⑪式：发语词。辟：开辟。⑫彻：开发。⑬疚：病，害。棘："急"的假借。⑭极：准则。⑮于：意义虚泛的助词，其词义取决于后面所带之词。⑯旬："巡"的假借。⑰召公：召虎的太祖，谥康公。维：是。翰：桢干。⑱予小子：宣王自称。⑲似："嗣"的假借，继承。⑳肇敏：勉力。戎：你。公：功业。㉑锡：赐。祉：福禄。㉒釐（lài）："赉"的假借，赏赐。圭瓒（zàn）：用玉做柄的酒勺。㉓秬（jù）：黑黍。鬯（chàng）：古时祭祀用的香酒，用郁金草合黑黍酿式。卣（yǒu）：带柄的酒壶。㉔文人：有文德的人。㉕于周受命：你在周朝受王命。㉖召祖：召氏之祖，指召康公。㉗稽首：古时礼节，跪下拱手磕头，手、头都触地。㉘对扬：颂扬。休：美德。㉙明明：勉勉。㉚令闻：美好的声誉。㉛矢：施行。

【赏析】

　　此诗首章起笔先声夺人，卓绝不凡。举兵伐淮夷，宣王亲征，驻于江汉之滨，召公的受命、誓师、率师出征俱在此，所以诗的前二章均以"江汉"为喻，借长江、汉水的宽阔水势，喻周天子大军浩浩荡荡的气势。也同样因为天子亲征，故曰"匪安匪游，淮夷来求""匪安匪舒，淮夷来铺"。横无际涯的滔滔江水与英姿飒爽的纤纤武夫，烘托出大军压境的气势和周王的威仪，雄浑博大。"匪安匪游，淮夷来求""匪安匪舒，淮夷来铺"，连用排比，反复强调，周王的出行不是为了安乐，不是为了嬉戏，而是要让"淮夷"臣服。"既出我车，既设我旟"，连用叠句，紧承上文气势。读罢此章，一幅王师向江汉征讨的宏大的图景浮现，起到总叙其事的效果。

　　第二章略去征战场面的描写，而是只用"经营四方，告成于王"两句点出战果，表现出另一种深意：平定边乱，不可穷兵黩武，而要讲求"文治武功"的结合。第二章开头使用复沓法与首章呼应，依然将汤汤江汉之水和勇猛的武夫作比较，简约的文字，表现的却是一场复杂但有摧枯拉朽似的战争，似不战而定，瞬间即止，四海康宁。虽然省略了战争的描绘，但是这种疏密相间、繁简得当的措辞却表现出文治武功的深意。

"江汉之浒，王命召虎"，写周宣王对召虎面授机宜，教诲召虎不失时机地进行整顿治理，未雨绸缪，做好善后事宜，君王的教诲表现出明君的深识卓见。而"匪疚匪棘，王国来极"颂扬了战乱平息的功绩，但是却衬托出王都政治清明，百姓安乐，表现出宣王的仁德。宣王再次勉励召虎，继承祖志，做栋梁之臣。宣王的谆谆面谕，反复叮咛，情见于词。而"来旬来宣"以下几句是写宣王教诲召虎要体恤下民，勤于巡视宣抚，施行德政。这看起来在表现召虎的功绩，但这种教诲又何尝不是君王自身的希冀，又何尝不是对宣王德政的赞美和颂扬呢？

"无曰予小子"犹如今日"不要说我是小子"，十分口语化，庄重之中含亲切，上追召公辅佐文王武王之功绩，下勉召虎效先祖之忠心和鞠躬尽瘁，语带亲昵，言简意远，听着只能恭谨从命。

言语安抚已毕，宣王拿出美酒，赏赐召虎土地，召他回祖庙接受册命，以示宠信。这愈发显得庄严隆重，皇恩浩荡，愈发使得召虎伏地拜谢不迭，呼祝天子万寿无疆，既表现出宣王之德，也显示出召虎对恩赐的诚惶诚恐。全诗以赞美宣王收结，以盛赞武功始，以极颂文德终，宣扬了周王朝明君的武功文治。

◎常 武◎

赫赫明明[1]，王命卿士[2]。南仲大祖[3]，大师皇父[4]。"整我六师[5]，以修我戎[6]。既敬既戒[7]，惠此南国[8]。"

王谓尹氏[9]："命程伯休父[10]，左右陈行[11]。戒我师旅，率彼淮浦[12]，省此徐土[13]。"不留不处[14]，三事就绪[15]。

赫赫业业[16]，有严天子[17]。王舒保作[18]，匪绍匪游[19]。徐方绎骚[20]，震惊徐方。如雷如霆[21]，徐方震惊。

王奋厥武[22]，如震如怒。进厥虎臣[23]，阚如虓虎[24]。铺敦淮濆[25]，仍执丑虏㉖。截彼淮浦㉗，王师之所㉘。

王旅啴啴㉙，如飞如翰㉚，如江如汉，如山之苞㉛，如川之流。绵绵翼翼㉜，不测不克，濯征徐国㉝。

王犹允塞㉞。徐方既来，徐方既同，天子之功。四方既平，徐方来庭㉟。徐方不回㊱，王曰还归。

【注释】

①赫赫：威严的样子。明明：明智的样子。②卿士：周朝廷执政大臣。③南仲：人名，宣王主事大臣。大祖：太祖。④大师：职掌军政的大臣。皇父：人名，周宣王太师。⑤整：治。六师：六军。周制，王建六军。一军一万二千五百人。⑥修我戎：整顿我的军备。⑦敬：警惕。⑧惠：爱。⑨尹氏：此指尹吉甫。⑩程伯休父：人名，宣王时大司马。⑪陈行：列队。⑫率：率领。⑬省：察视。徐土：指徐国。⑭不：二"不"字皆语助词，无义。留：同"刘"，杀。处：安。⑮三事：三卿。绪：业。⑯业业：前行的样子。⑰有严：严严，威严的样子。⑱舒：舒徐。保：安。作：起。⑲绍：舒缓。游：优游。⑳绎骚：骚动。㉑霆：打雷。㉒奋厥武：奋发用武。㉓虎臣：猛如虎的武士。㉔阚（hǎn）如：虎怒的样子。虓（xiāo）：虎啸。㉕铺：大。敦：屯聚。此处指陈列。渍（fén）：大堤。㉖仍：就。丑虏：对敌军的蔑称。㉗截：断绝。㉘所：处。㉙啴（tān）啴：人多势众的样子。㉚翰：指鸷鸟。㉛苞：指根基。㉜翼翼：壮盛的样子。㉝濯：大。㉞犹：谋略。允：诚。塞：实，指谋略不落空。㉟来庭：来王庭，指朝觐。㊱回：违。

【赏析】

诗的首章以生动传神的字句传达了宣王任命将领率部出征的非凡场面。两个叠字"赫赫明明"，形象地突出了宣王的王者威仪。宣王任命了南仲，让其整顿六军士气，发布安民指令。这一系列的活动就充分显示了宣王出征之前所进行的精心准备。第二章接着又叙述宣王任命司马、细查敌情、速战回朝的战前训示。

从这些简明准确的语句中就可以看见作为中兴之主的宣王胸有成竹、指挥若定、非同凡响的形象。第三章诗人又用"赫赫业业"表现了宣王非凡的举止气度，连用叠字，使诗歌在节奏上有了一种独特的音乐美。

此外，这章更为独特的地方在于，它从对交战双方的战前状态的对比描写中体现出了王师的威力。王师从容不迫的行军之中，凝聚着克敌制胜的勇气和信心。与王师的这种从容和安行所对应的，则是徐方之部风声鹤唳、草木皆兵的不安之势。这种备战状态上截然不同的表现既能让人想象王师蓄势待发的威力，也让人看到了徐方的萎靡之势。

这首诗中最能体现王师势如破竹的王者风范的描写在第五章，诗人以充沛的感情，铺陈扬厉，一气呵成，连用数个排比，如同浩荡之水，倾泻而出，令人目不暇接，震撼不已，将王师的勇猛无敌、迅疾敏捷描述得十分形象生动。以叠字"啴啴"比喻王师盛大之貌，"如飞如翰"则是说王师行动迅捷变幻莫测，如凌空高飞，风驰电掣。王师"如江如汉"汹涌奔腾，锐不可当。接下来诗又从静和动两方面着笔，用"如山之苞"写王师驻扎如山环抱，稳如山岳不可撼动；以"如川之流"写王师行军如江河奔泻，气势如虹；动静相结合，所谓"静如山、动如川"。"绵绵翼翼"又连用双声连绵词，形容王师浩大密集、连绵不绝。

颂·周颂

◎维天之命◎

【原文】

维天之命①，於穆不已②。於穆不显③，文王之德之纯。假以溢我④，我其收之。骏惠我文王⑤，曾孙笃之⑥。

【注释】

①维：语助词。②於（wū）：叹词，表示赞美。穆：庄严粹美。③不（pī）：借为"丕"，大。④假以溢我：借文王之美德来丰富我。⑤骏惠：顺。⑥曾孙：孙以下后代均称曾孙。笃：厚。

【赏析】

诗的开头两句"维天之命，於穆不已"赞颂天道的光明远大、无穷无尽，三四两句才开始称赞美好纯正的文王之德。表面上看，一、二两句似乎与文王之德没有什么联系，其实不然。《周颂》中提到"天"或者"天命"的诗有很多，显示出周人对上天的无比崇敬之情。上天自有其道，主宰着宇宙万物，其英明神圣不容怀疑。而周王室是天命的顺承者，周王是天之子，周王的德行乃秉承昭昭天道而来，与天命一样神圣不可侵犯。诗先颂"天之命"，再颂文王之德，正是为了显示文王与上天的这种承继关系。天之命完美无尽，作为天命继承者的文王，其德行自然也光辉万丈了。有了天道的灿烂光环做背景，不用多费言辞，就能尽显文王德行的完美光明。

溢美之词的确可以表达对文王的敬爱之心，但以具体行动来表达心意也许更有说服力。既然文王之德如此美好，那么后人就应该将其延续下去。诗的后四句表达的正是作者继承文王德行的决心："假以溢我，我其收之。骏惠我文王，曾孙笃之。"文王之德正大光明，子孙皆沐浴在他的光辉下，祭祀者表示周室子孙一定会永遵文王教诲，认真推行文王的德行。对于圣明的文王，祭祀者除了赞美想必还有祈福之心，因为祈祷护佑才是祭祀的真正目的。但在这里，祭祀者没有对文王提出任何要求，只是恭敬地说要把文王流传下来的美好德行继承下去。这种毫无条件地顺应祖先遗训的态度，更加表现出祭祀者对文王的恭顺崇敬，是文王之德深得人心的有力证据。而把文王之德与天命融为一体的赞颂方式，增强了文王之德的威慑力。

◎烈 文◎

【原文】

烈文辟公①，锡兹祉福②。惠我无疆，子孙保之。无封靡于尔邦③，维王其崇之④。念兹戎功⑤，继序其皇之⑥。无竞维人⑦，四方其训之⑧。不显维德⑨，百辟其刑之⑩。於乎前王不忘⑪。

【注释】

①烈文：功烈文德。辟公：君公。文王起初不称王。②锡：同"赐"。兹：此。祉（zhǐ）：福。③封：通"丰"，大。靡：累，罪恶。④崇：尊重。⑤戎：大。⑥序：弘扬。皇：美。⑦无竞维人：最强的只有得贤人。⑧方其训之：四方来归顺。⑨不（pī）：通"丕"，大。⑩百辟：众诸侯。刑：通"型"，效法。⑪前王：指周文王、周武王。

【赏析】

此诗共十三句，依内容可分为两部分。前八句为成王敕诫诸侯之辞；后五句成王既敕诫诸侯，又自我告诫。

诗歌开头四句说："烈文辟公，锡兹祉福。惠我无疆，子孙保之。"这是成王对助祭诸侯的赞扬：各位功德无量的诸侯公，你们赐予了周王朝福祉；又带给我无穷无尽的恩惠，诸公的恩惠我要让周室子孙永远保存下去。这是对助祭诸侯至高的赞扬，肯定了他们为灭商立周大业作出的功劳，他们的功绩不仅赐予周王福祉，而且惠及周王室子孙各代。诸侯被邀来助祭本身就是一种荣耀，在宗庙里又得到天子的赞颂，更是无上光荣之事。当然，成王的用意不在褒扬，而在敕诫。周王的赞颂可以使诸侯产生感激之情，而在他们心怀感激时进行训诫更容易收到效果。

成王告诫助祭诸侯说："无封靡于尔邦，维王其崇之。念兹戎功，继序其皇之。"诸侯国是周朝疆土的组成部分，其兴衰治乱与整个周王朝的命运有莫大的关系。所以周王要求诸侯在封国内勤勉执政，不要作出有损封国之事。只有这样，周王才会尊崇他们，并心念他们的功劳，让诸侯的子孙在其封地内代代继承下去，光大各位诸侯的基业。这四句看似语气平和，其实透射出周王的雄威。"无"意为"不要"，是具有强烈命令色彩的祈使词。"无封靡于尔邦"实际上是周王对助祭诸侯的威令，言下之意，如果诸侯在封国内作出损害国家之事，周王室将收回曾经的恩赐，并给以无情的惩罚。

接下来是诗的第二部分。前半部分成王告诫诸侯不要做损国之事，那么究竟什么样的作为是不损国家的呢？成王指出"无竞维人，四方其训之。不显维德，百辟其刑之。於乎前王不忘！"管理者的好坏决定邦国的强盛与否，因此要想封国昌盛，诸侯须修养品德，同时任用贤人。周王希望大显先王之德，并希望诸侯以先王之德为效仿对象，永记前王遗德。由于参与助祭的诸侯多是文王和武王时期的功臣，"前王不忘"一句不只是告诫他们不要遗忘先王之德，也是提醒诸侯勿忘先王曾经消灭纣王的赫赫战功，用周王室强大的实力震慑诸侯。

◎昊天有成命◎

【原文】

昊天有成命①，二后受之②。成王不敢康③，夙夜基命宥密④。於缉熙⑤，单厥心⑥，肆其靖之⑦。

【注释】

①昊天：苍天。成命：既定的天命。②二后：二王，指周文王与周武王。③康：安乐，安宁。④夙夜：日夜，朝夕。基命：王者始承的天命。宥（yòu）密：宽仁宁静。⑤於（wū）：叹词，有赞美之意。缉熙：光明。⑥单：忠厚。厥：其，指成王。⑦靖：安定。

【赏析】

　　《毛诗序》认为本诗的目的是祭祀天地，但多数人不同意《毛诗序》的说法，认为此乃祭祀成王的诗。从诗的内容来看，除了一、二两句，余下五句都是直接叙述成王之德的，说成祭天地确实不妥。

　　首二句是全诗的引子，先从高高在上的"昊天"起笔，指出上天有成命，文王和武王受命于天，灭殷商，建西周。祭祀成王却不从成王下笔，先言上天，次言文、武二王。这是因为，成王受文王和武王之命，而文、武二王又受天之命，开篇如此写法正可表示成王与文、武二王一脉相承，顺承天意。

　　而且，上古社会中，天地、祖先是人们的精神支柱，人间的祸福都被看成上天和祖先的意志作用的结果。歌颂成王的功德时自然不能忘记"昊天"和"二后"，这也是饮水思源、敬天尊祖之意。

　　之后五句是诗的主体，赞颂成王之德。"成王不敢康，夙夜基命宥密"是说成王即位后，不敢贪图安逸，日夜为保国安民而深谋远虑。

　　成王是武王之子，康王之父，西周第二代天子。文王和武王缔造了西周王朝，成王是这个王朝的巩固者。武王在西周江山刚刚开始稳固时驾崩，把巩固江山的大业留给了年幼的成王。创业艰难，守业也非易事，攻取江山后却没能坐稳江山的王朝历史上并不少见。成王深谙此理，所以他"不敢康"，在治理国家、巩固基业上毫不懈怠。

　　在两句平实的叙述后，诗人突然发出一声"於缉熙"的赞叹，情感顿时扬起。"缉熙"为连绵词，作光明解。成王在位期间励精图治，使得国家安定富强，成功继承了文、武二王的光明功绩，因此后人发出"於缉熙"的赞叹，肯定了成王的光明之道。

　　赞叹之后诗人马上又回归了到平实的叙述："单厥心，肆其靖之"，刚刚上扬的情感也回到之前的沉着、静穆。成王尽其一生为治国安天下而不懈奋斗，可谓耗尽心力。他的努力没有白费，"单厥心"的结果是"肆其靖之"，西周在他的治理下最终得以江山稳固、国家太平。

　　成王之后，康王继续精心治国，西周在成、康统治期间达到鼎盛时期，史称"成康之治"。《史记·周本纪》记载："成、康之际，天下安宁，刑措四十余年不用。"成王之所以谥号为"成"，也正是因为他是西周的守成之君。

诗以简洁的语言概括了成王巩固江山、安定天下的功绩，朴素而不失庄重。短短七句颂辞充分表达了对成王的赞美之意；同时，当西周臣民闻此颂诗，回想先王创业守业的过程时，崇敬之余必当受到鼓舞，从而更加奋发治国。

颂·鲁颂

◎ 駉 ◎

【原文】

駉駉牡马①，在坰之野②。薄言駉者③，有骄有皇④，有骊有黄⑤，以车彭彭⑥。思无疆，思马斯臧⑦。

駉駉牡马，在坰之野。薄言駉者，有骓有駓⑧，有骍有骐⑨，以车伾伾⑩。思无期，思马斯才。

駉駉牡马，在坰之野。薄言駉者，有驒有骆⑪，有骝有雒⑫，以车绎绎⑬。思无斁⑭，思马斯作。

駉駉牡马，在坰之野。薄言駉者，有駰有騢⑮，有驔有鱼⑯，以车祛祛⑰。思无邪，思马斯徂。

【注释】

①駉（jiōng）駉：马健壮貌。②坰（jiōng）：郊外。③薄言：语助词。④骄（yù）：黑身白胯的马。皇：黄白杂色的马。⑤骊（lí）：纯黑色的马。黄：黄赤色的马。⑥以车：用马驾车。彭彭：强壮有力的样子。⑦思：语助词。臧：好。⑧骓（zhuī）：苍白杂色的马。⑨骍（xīn）：

赤黄色的马。骐：青黑色相间的马。⑩伾（pī）伾：有力的样子。⑪驒（tuó）：青色而有鳞状斑纹的马。骆：黑身白鬣的马。⑫骝（liú）：赤身黑鬣的马。雒（luò）：黑身白鬣的马。⑬绎绎：跑得很快的样子。⑭斁（yì）：厌倦。⑮骃（yīn）：浅黑间杂白色的马。騢（xiá）：赤白杂色的马。⑯驔（diàn）：黑身黄脊的马。鱼：两眼长两圈白毛的马。⑰祛（qū）祛：强健的样子。

【赏析】

　　《毛诗序》说："《駉》，颂僖公也。僖公能遵伯禽之法，俭以足用，宽以爱民，务农重谷，牧于坰野，鲁人尊之。于是季孙行父请命于周，而史克作是颂。"《駉》为鲁僖公之颂当无疑，只不过全诗并无直接颂扬僖公之辞，而是以写马表现鲁国对马政的重视，在对骏马的赞美中流露出对僖公的赞扬之意。

　　诗凡四章，每章八句，前三句同语重复，后几句则有所变换，是《诗经》常用的叠咏章法。"駉駉牡马，在坰之野"，开头这两句总写牧马的场景，给人一个完整的初步印象。"駉駉"重叠，强调马匹身躯的肥壮。而这些膘肥体壮的骏马活动的背景是"坰之野"，在辽远广阔的原野上，有成群的骏马或食或饮，或踏或卧，或奔或跃。有"在坰之野"这样一个阔大背景的烘托，愈加突显出骏马的雄健与活力。

　　"駉駉牡马，在坰之野"大笔勾勒群马在野之场景，可谓气势沛然，宏阔远大。之后诗人一变高声壮语为低声细语，以"薄言駉者"发端，进入对马的具体描绘。薄、言均为语助词，有延缓语气的作用。一句话里若有多个语气词，往往显得情感低回，"薄言駉者"一句，似乎是作者在独自欣赏，暗自点头赞叹马匹的繁盛和俊美。诗人如数家珍，用"有……有……"的句式点出各种骏马的名称："有骊有皇，有骊有黄""有骓有駓，有骍有骐""有驒有骆，有骝有雒""有骃有騢，有驔有鱼"。

　　这些名称都是根据马匹不同的毛色命名的。诗人介绍了十几种马，每一种马其实就是一道艳丽的色彩。试想这么多颜色各异的马奔走在郊野上，该是多么壮观。

好马固然赏心悦目，但其真正价值却不在于此。古代多战事，战争是每个国家朝堂之上的一项永久议题。而马匹既是将士们驰骋沙场必不可少的工具，又可用于运输粮草，对战争的重要性不言而喻。西周时期，马在战争中的地位很高。车战是这一时期的主要作战形式，一辆兵车驾四匹马，配以甲士三名和步卒七十二名。驾车之马若驯良而劲健有力，则有大半胜算；不然，车马一乱，队伍便溃不成军。所以，马的优劣关键还在于能否驾好战车。诗人细数完马的名称后，就赞扬马"以车彭彭""以车伾伾""以车绎绎""以车祛祛"。这里的"车"无疑当为战车，而彭彭、伾伾、绎绎、祛祛都是形容马迅猛有力的词，也就是说这些"駉駉"骏马都是善驾之马。

经过对骏马的具体描绘，末二句又归到概括性的赞美上。"思无疆，思马斯臧""思无期，思马斯才""思无斁，思马斯作""思无邪，思马斯徂"，这几句意思互补，都是赞美马矫健善走，令人喜爱。

◎ 有 驰 ◎

【原文】

有駜有駜①，駜彼乘黄②。夙夜在公③，在公明明④。振振鹭⑤，鹭于下。鼓咽咽⑥，醉言舞。于胥乐兮⑦！

有駜有駜，駜彼乘牡⑧。夙夜在公，在公饮酒。振振鹭，鹭于飞。鼓咽咽，醉言归。于胥乐兮！

有駜有駜，駜彼乘駽⑨。夙夜在公，在公载燕⑩。自今以始，岁其有⑪。君子有穀⑫，诒孙子⑬。于胥乐兮！

【注释】

①駜（bì）：马肥壮貌。②乘（shèng）黄：四匹黄马。古者一车四马曰

乘。③公：公家。④明明：通"勉勉"，努力貌。⑤振振：群飞貌。鹭：白鹭鸟。⑥咽咽：不停的鼓声。⑦于：通"吁"，感叹词。胥乐：都快乐。⑧牡：公马。⑨骅（xuān）：青黑色的马。⑩燕：通"宴"。⑪岁其有：指年年丰收。⑫穀：善。⑬诒：留。

【赏析】

《有駜》是一首颂扬鲁僖公和群臣宴饮的诗。鲁国自庆父之难以后，外有强齐睥睨，大有袭取并吞之势。国内多有饥荒，国势江河日下。至鲁僖公继位，采取了一系列措施来振兴国势，内修武备，安抚臣民；外结盟国，巩固政权，才使鲁国转危为安。由于克服了天灾人祸，使鲁国获得了丰收。这首《有駜》正是在鲁国国运昌隆之时所作的。

此诗第一章就极力渲染了鲁国强盛的国力和奋发昂扬的精神。首句写马的强健肥壮，四匹良马拉起兵车气势轩昂，以此来显示今日的鲁国已是何等的强盛，可谓兵强马壮。鲁国的强大不仅体现在军事武备上，也体现在鲁国的文治政事上。鲁国的官吏，忠于职守，兢兢业业，"夙夜在公"，为国家大事鞠躬尽瘁，可谓"位卑未敢忘忧国"。官吏的奋发向上精神，折射出鲁国政治的清明廉洁，吏治的朴实敬业。这也从侧面反映了鲁国之所以能取得如此辉煌事业的根本原因，那就是君臣齐心，全民奋斗的凝聚力。

接着，诗中描写了群臣宴饮的场面。大臣们在公事之余与国君一同宴饮。宴饮中，歌舞自是不可或缺的。一时间鼓乐齐发，在一片鼓乐声中，美人们手拿鹭羽翩翩起舞，舞姿轻盈，宛如成群的白鹭飞过。难怪舞者陶醉，酒者狂醉，直到酩酊大醉之时才归家。如此盛宴，君臣同乐，上下欢笑，构成一幅太平盛世的君臣宴饮图。

全诗通过对宴饮场面绘声绘色的描写，体现了鲁国的和睦、强盛。诗的第二章和第三章的前半部分，是对第一章内容的重复，只是个别字有所变化。一方面运用重言叠词的手法一唱三叹，感染读者；另一方面，步步加深，使原有画面产生变化，形成一幅动态图。

宴饮欢歌之时，于觥筹交错中，观舞者仿白鹭之形。一会儿于浅滩溪流中翩翩起舞，一会儿又振翅冲向云天。鼓声咽咽，整齐而有节奏。第三章指出郊祀之事。群臣的欢乐来自于君主的恩赐，因而说"在公载燕"。在庆贺丰收的酒宴上，人们高兴之余，自然要想到年年有余、岁岁丰收的问题。于是君臣们祝愿、祈祷"自今以始，岁其有"。鲁国的臣民们希望这种盛世之势能永久保持，福禄荫庇后世的子子孙孙。

这首诗是从一个为人臣子的视角来写的。他们因为遇上明君而奋发向上全心致力于国事，与君宴饮中的快乐，来自身处太平盛世而感受到的喜悦。在他们的眼里，"君子有穀"便是一国兴盛最大的梦想。鲁国的强大中兴让人们对作为人君的鲁僖公满含期待与颂扬。这首诗恰如其分地显示了鲁国君民期望国运昌隆、盛世永驻的美好心愿。

颂·商颂

◎玄 鸟◎

【原文】

天命玄鸟①，降而生商，宅殷土芒芒②。古帝命武汤③，正域彼四方④。方命厥后⑤，奄有九有⑥。商之先后⑦，受命不殆⑧，在武丁孙子⑨。武丁孙子，武王靡不胜⑩。龙旂十乘⑪，大糦是承⑫。邦畿千里⑬，维民所止⑭。肇域彼四海⑮，四海来假⑯，来假祁祁⑰，景员维河⑱。殷受命咸宜⑲，百禄是何⑳。

【注释】

①玄鸟：燕子。②宅：居住。芒芒：同"茫茫"。③古：从前。帝：天帝，上帝。武汤：即成汤，汤号曰武。④正域：征服疆域。⑤方：遍，

普。后：此指各部落的酋长首领。⑥奄：全部。九有：九州。⑦先后：先王。⑧命：天命。殆：通"怠"，懈怠。⑨武丁：即殷高宗，汤的后代。⑩武王：即武汤，成汤。胜：胜任。⑪旂（qí）：古时一种旗帜，上画龙形，竿头系铜铃。乘（shèng）：四马一车为乘。⑫大糦（chì）：大祭。⑬邦畿：国都附近。⑭维民所止：人民所居紧相连。⑮肇域彼四海：始拥有四海之疆域。⑯假（gé）：通"格"，到。⑰祁祁：纷杂众多之貌。⑱景员：通"广运"，东西曰广，南北曰运。指大的国界。⑲咸宜：人们都认为适宜。⑳何：通"荷"，承担。

【赏析】

近人大多认为本诗是祭祀殷高宗武丁的颂歌。成汤建商以来，继续得到宰相伊尹的尽心辅佐，国势日盛。传至汤的长孙太甲以后，君主和奴隶主们生活开始腐化，不理朝政，奴隶也就开始反抗，国势日衰。后来盘庚东迁，呈现中兴之势，到其弟小乙，又衰落下来，小乙的儿子武丁即位，用傅说为相，讨伐鬼方、大彭等取得胜利，羌氏也都来朝见，殷又复兴。这首《玄鸟》之歌，就在于歌颂武丁中兴的事业。

《玄鸟》一诗二十二句，按照时间顺序，如同记载历史一样，大致可以分为四层。

"天命玄鸟，降而生商"，开篇追叙武丁以前殷商的历史，借神话传说从始祖写起，着重于突出商的起源。"芒芒"广大的土地，上帝命令成汤治理四方。第一层借"吞卵而生契"的故事着意写出商朝的统治上承天命，而国泰民安的重任得由汤的后代子孙武丁来承当。以武功立国，征服四方，广施号令，据九州为王。立国、治国，两重意思，蝉联而下，为下文的武丁出场慢慢蓄势。

"商之先后，受命不殆，在武丁孙子"，商朝的再次复兴，武丁功不可没。三句顺承而来，既说明成汤上承天命，使得商朝天下不断延续，同时又在分析"不殆"的原因中自然地点出中兴之主武丁的功劳。武丁外伐鬼方、大彭，内修德政，从而使得成汤事业无往不胜。含蓄中表现出武丁中兴的丰功伟绩，自豪之情油然而生，敬佩之情翩然而至。

　　颂歌的重点在于歌颂祖德，表现祭祀的场景。紧接而来的是"龙旂十乘，大糦是承"的情形，如果不是武丁中兴，周王朝声威大震，就不会有诸侯十年插龙旗，满载粮食来助祭的热烈场景了。诗歌在对整体的概述描写之后，笔锋一转，回到祭祀的现实中来，着重于助祭的热烈场面，突出武丁的声威。

　　第四层描写"四海来假，来假祁祁"的场景。四海部族纷纷前来朝拜，旌旗之盛，人数之多，从侧面烘托出商王朝的繁荣强大。末尾二句与"天命玄鸟""古帝命武汤""受命不殆"相联系，以"天命"贯穿始终来结束全诗，既表现出商朝统治的合理性，也表现出商朝统治的绵延性。不仅如此，它同时也是祭祀者对天神的虔诚，祈盼能继续得到庇佑，使得商朝的统治昌盛、久长。

第六卷

尚 书

| 尚 书 |

> 《尚书》是中国现存最早的记言历史。这里的"尚"是上古的意思，也有崇尚之意，这里的"书"是公文的意思，它的性质相当于后世的档案，不是泛指图书。

《尚书》又称《书》《书经》，是中国现存最早的史书。分为《虞书》《夏书》《商书》《周书》。战国时期总称《书》，汉代改称《尚书》，即"上古之书"。现存版本中真伪参半。一般认为《今文尚书》中《周书》的《牧誓》到《吕刑》十六篇是西周真实史料，《文侯之命》《费誓》和《秦誓》为春秋史料。所述内容较早的《尧典》《皋陶谟》《禹贡》是战国时期编写的古史资料。

时代 商至春秋时期

> 《尚书》保存了商、周特别是西周初期的一些重要史料，主要是虞、夏、商、周各代典、谟、训、诰、誓、命等文献，但虞、夏及商代部分的文献是根据传闻写成的，不太可靠。

内容 中国第一部上古历史文件

> 除了那些记录的文献之外，《尚书》还保留了当时的记言散文，其中有以人名为标题的，如《高宗肜日》《西伯戡黎》；还有以内容为标题的，如《洪范》《无逸》，也有叙事较多的，如《顾命》《尧典》，其中的《禹贡》，假托为夏禹治水的记录，但实为古地理志，与全书体例不一，应该是后人写的。

《尚书》的内容和体例

《尚书》的内容包含虞、夏、商、周四代。

《尚书》的体例可以分为六种，称为六体，即典、谟、训、诰、誓、命。

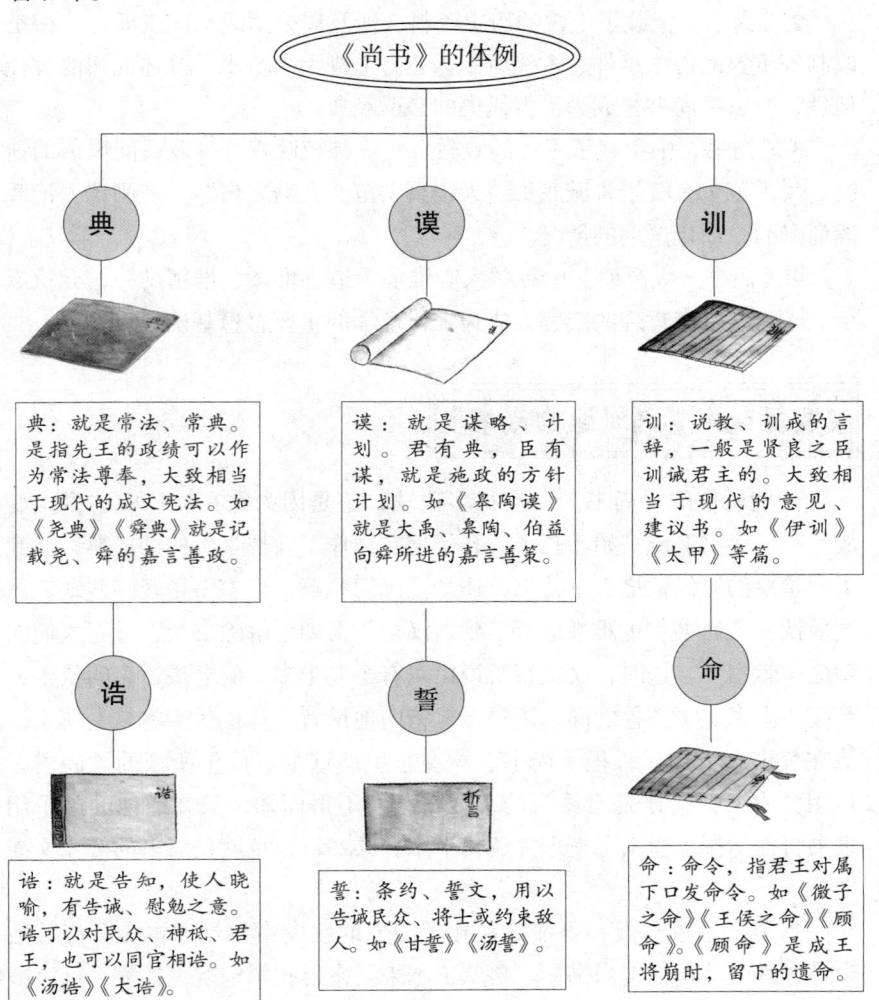

《尚书》的体例

典：就是常法、常典。是指先王的政绩可以作为常法尊奉，大致相当于现代的成文宪法。如《尧典》《舜典》就是记载尧、舜的嘉言善政。

谟：就是谋略、计划。君有典，臣有谟，就是施政的方针计划。如《皋陶谟》就是大禹、皋陶、伯益向舜所进的嘉言善策。

训：说教、训诫的言辞，一般是贤良之臣训诫君主的。大致相当于现代的意见、建议书。如《伊训》《太甲》等篇。

诰：就是告知，使人晓喻，有告诫、慰勉之意。诰可以对民众、神祇、君王，也可以同官相诰。如《汤诰》《大诰》。

誓：条约、誓文，用以告诫民众、将士或约束敌人。如《甘誓》《汤誓》。

命：命令，指君王对属下口发命令。如《微子之命》《王侯之命》《顾命》。《顾命》是成王将崩时，留下的遗命。

《尚书》的主要观点和价值

1.《尚书》记载了唐尧、虞舜、夏禹及皋陶、益稷四代圣贤君臣的嘉言懿行,成为中华民族品德文明的重要来源,为后世力求上进的人们修身、行事提供了理论基础和言行典范。

2.《尚书》记载了上古的历史资料,涉及周公摄政、成王即位、穆王改制等重要的历史事件、古代典制,还有上溯大禹治水、分述九州的古代地理,所以《尚书》成为治古代史的必读经典。

3.《尚书》中记载了古代的政教合一、神权政权合一及民间风俗的情况。《洪范》有箕子告诫武王"天锡禹洪范、九畴之事",《酒诰》记载殷商酗酒,周代严刑的情况。

4.《尚书·大禹谟》中有"人心惟危,道心惟微,惟精惟一,允执厥中"十六字富有哲理的箴言,成为宋代理学的重要思想基础。

《古文尚书》与《今文尚书》

今世所传的《尚书》,有很多残缺,这是因为它在流传中"多生变故"。《尚书》成书始于孔子,孔子把它当作了教授学生的"经典"。到了秦始皇的时候,烧天下诗书,还禁止民间私藏,许多书籍轻则残缺,重则散佚,《尚书》也难逃厄运。到西汉初年,朝廷解除书禁,号召人们向朝廷"献书"。这时,汉文帝听说山东有个九十多岁的老头,名叫伏生,私授《尚书》于齐鲁之间,于是派晁错向他请教。这位伏生本是秦博士,他在焚书令下达后,把《尚书》藏在家里墙壁中。伏生所藏的《尚书》是用"古文",还是秦篆写的,现在已经不得而知。只知道他的弟子用隶书将他所授"尚书"整理并流传下来,共29篇,也就是后来的《今文尚书》。

到了汉景帝时候,鲁恭王在孔子旧宅的墙壁中得到"古文"经传数十篇,其中就包括《尚书》。鲁恭王本来是来拆孔子宅院、扩充自己宫殿的，这下发现了古文尚书，就停止拆房，还叫来孔门子弟孔安国，让他加以整理。安国整理完毕，得《尚书》45篇。到了武帝时，汉武帝刘彻将伏生所藏的《尚书》列为博士。孔安国于是把《古文尚书》也献出来，但由于这本《尚书》用古文写成，艰涩难懂，成了无人能懂的"逸书"，所以被朝廷束之高阁。直到成帝时，刘向、刘歆父子以《古文尚书》校勘《今文尚书》，这才有了用处。后刘歆还想将《古文尚书》立为博士，引起"五经博士"反对，双方展开争辩，这便是后来所说的"今古文之争"。

由于关系"孔子之道"，所以今古文之争成了西汉经学的一大史迹。今古文两派有何不同呢？今文派主张通经致用，"思以其道易天下"，有很浓的先秦诸子风气。他们解经的时候只讲微言大义，也就是只说自己的历史和政治哲学。而古文派看重的是章句、训诂、典礼、名物。古文派也有不同分类，他们各得孔子一端，各有偏倚之处。

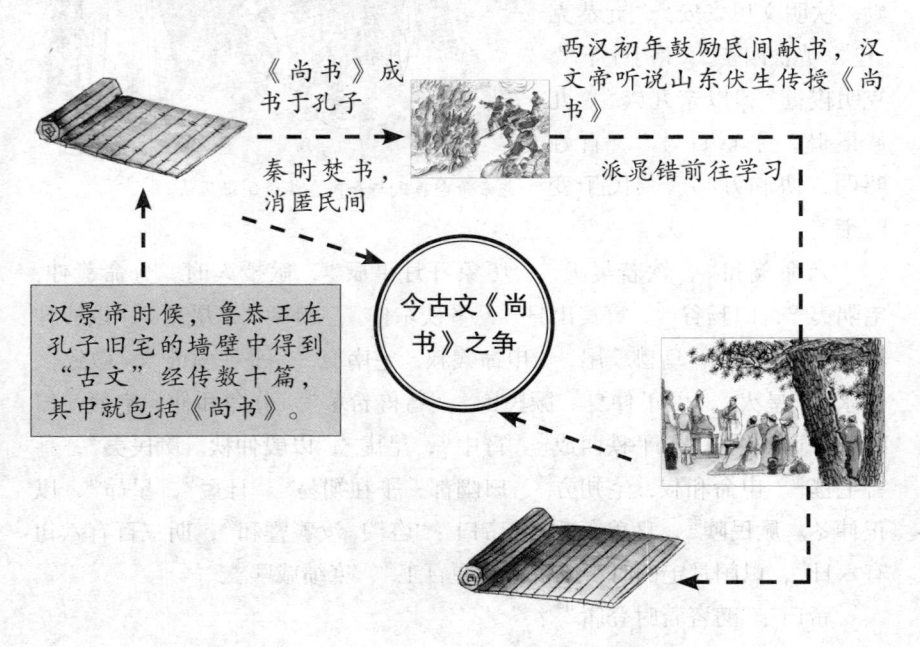

《尚书》成书于孔子

西汉初年鼓励民间献书，汉文帝听说山东伏生传授《尚书》

秦时焚书，消匿民间

派晁错前往学习

汉景帝时候，鲁恭王在孔子旧宅的墙壁中得到"古文"经传数十篇，其中就包括《尚书》。

今古文《尚书》之争

虞 书

◎尧 典◎

【原文】

昔在帝尧，聪明文思①，光宅天下②。将逊于位，让于虞舜③，作《尧典》。

曰若稽古④，帝尧曰放勋，钦明文思安安⑤，允恭克让⑥，光被四表⑦，格于上下⑧。克明俊德⑨，以亲九族⑩。九族既睦，平章百姓⑪。百姓昭明，协和万邦。黎民于变时雍⑫。

尧帝命令羲氏与和氏，恭谨制定历法。

乃命羲和⑬，钦若昊天⑭，历象日月星辰⑮，敬授人时。分命羲仲，宅嵎夷⑯，曰旸谷⑰。寅宾出日⑱，平秩东作⑲。日中⑳，星鸟㉑，以殷仲春㉒。厥民析㉓，鸟兽孳尾㉔。申命羲叔，宅南交㉕。平秩南讹㉖，敬致㉗。日永㉘，星火㉙，以正仲夏。厥民因㉚，鸟兽希革㉛。分命和仲，宅西，曰昧谷，寅饯纳日㉜，平秩西成㉝。宵中㉞，星虚㉟，以殷仲秋。厥民夷㊱，鸟兽毛毨㊲。申命和叔，宅朔方㊳，曰幽都，平在朔易㊴。日短㊵，星昴㊶，以正仲冬。厥民隩㊷，鸟兽氄毛㊸。帝曰："咨㊹！汝羲暨和㊺，期三百有六旬有六日㊻，以闰月定四时，成岁。允厘百工㊼，庶绩咸熙㊽。"

帝曰："畴咨若时登庸㊾？"

放齐曰："胤子朱启明㊿。"

帝曰："吁！嚚讼可乎㉛？"

帝曰："畴咨若予采㊵？"

欢兜曰："都！共工方鸠僝功㊶。"

帝曰："吁！静言庸违，象恭滔天㊷。"

帝曰："咨！四岳，汤汤洪水方割，荡荡怀山襄陵，浩浩滔天。下民其咨，有能俾乂㊸？"

佥曰："於！鲧哉㊹。"

帝曰："吁！咈哉，方命圮族㊺。"

岳曰："异哉！试可乃已㊻。"

帝曰，"往，钦哉㊼！"九载，绩用弗成。

帝曰："咨！四岳。朕在位七十载，汝能庸命，巽朕位㊽？"

岳曰："否德忝帝位㊾。"

曰："明明扬侧陋㊿。"

师锡帝曰："有鳏在下[63]，曰虞舜。"

帝曰："俞[64]！予闻，如何？"

岳曰："瞽子，父顽，母嚚，象傲，克谐。以孝烝烝，乂不格奸[65]。"

帝曰："我其试哉！"女于时[66]，观厥刑于二女[67]。"厘降二女于妫汭，嫔于虞[68]。

帝曰："钦哉！"

【注解】

①文：治理天下。思：考虑事情很果断，有计谋。②宅：充满。③逊：退避。让：禅让。④曰若：发语辞，常用于追述往事的开端。稽：考察。⑤钦：恭敬。明：明察四方。安安：温和，宽容。钦、明、文、思、安安，概指尧的五德。⑥允：诚实。恭：恭谨。克：能够。让：推贤尚善。⑦被：覆盖。四表：四海之外。⑧格：到达。上下：指天地。⑨俊：才智超人。⑩九族：君主的至亲，指高祖、曾祖、祖、父、自己、子、孙、曾孙、玄孙九代。⑪平：分辨。章：彰明。百姓：百官族姓。⑫黎：众。于变：相递变化。时：善。雍：和睦。⑬羲和：羲氏与和氏，相传都是重黎的后代，世世掌管天地和四时。⑭若：顺从。昊：广大。⑮历：推算。

象：取法。⑯宅：居住。隅夷：地名，相传在东海之滨。⑰旸（yáng）谷：传说中日出的地方。⑱寅：恭敬。宾：迎。⑲平秩：辨别测定。作：始。⑳日中：指春分，这一天昼夜长短相等。㉑星鸟：星名，南方朱雀七宿。㉒殷：确定。仲：每季中间的那一个月。㉓厥：其。析：分散。㉔孳尾：生育繁衍。㉕申：重，又。交：地名，指交趾。㉖讹：运行。㉗致：归来。㉘日永：指夏至，这一天白昼最长。永：长。㉙星火：火星名，东方青龙七宿之一。㉚因：就高地而居。㉛希革：羽毛稀疏。㉜饯：送行。纳日：落日。㉝西成：太阳西落的时刻。成：终。㉞宵中：指秋分，这一天昼夜长短相等。㉟星虚：星名，北方玄武七宿之一。㊱夷：平，指回到平地居住。㊲毨（xiǎn）：羽毛更生。㊳朔方：北方。㊴平：辨别。在：观察。易：改易，这里指运行。㊵日短：指冬至，这一天白昼最短。㊶星昴（mǎo）：星名，西方白虎七宿之一。㊷隩（yù）：室，这里指入室避寒。㊸氄（rǒng）毛：柔软的细毛。㊹咨：叹词。㊺暨：与。㊻期：指一周年。有：通"又"。旬：十日。㊼允：用。厘：治。百工：百官。㊽庶：众。咸：都。熙：兴。㊾畴：谁。若：顺应。登庸：升用。㊿放齐：人名，尧帝之臣。胤（yìn）：后代。朱：指尧的儿子丹朱。启明：开明，指明白政事。(51)吁：惊异之词。嚚（yín）：不说忠信的话。讼：争辩。(52)采：政事。(53)"欢兜"两句：欢兜：人名，尧帝之臣，四凶之一。都：语气词，表赞美。共工：人名，尧帝之臣，四凶之一。方：通"防"，防止。鸠：通"救"，救护。僝（zhuàn）：具有。(54)"静言"两句：静言：巧言。庸：常。违：邪僻。象恭：貌似恭敬。滔：轻慢。(55)四岳：四方诸侯之长。汤汤（shāng）：水大的样子。方：普遍。割：危害。荡荡：广大的样子。怀：包围。襄：漫过。滔天：指巨浪冲天的样子。俾：使。乂（yì）：治理。(56)"佥曰"句：佥：都。於：叹词，表赞美。鲧：尧帝之臣，夏禹的父亲。(57)"咈哉"两句：咈（fú）：违背。方命：放弃教命。圮（pǐ）：毁坏。族：族类。(58)"异哉"两句：异：举，起用。已：用。(59)钦：敬。(60)"汝能"两句：庸：用。巽（xùn）：践：履行，升任。(61)否（pǐ）：鄙陋。忝（tiǎn）：辱，不配。(62)明明：明察贤明的人。扬：推举。侧陋：疏远隐匿，指地位卑微的人。㉝"师锡"句：师：众人。锡：提议。鳏：疾苦的人。㉞俞：对，表示肯定意义的应对副词。㉟瞽（gǔ）：瞎子，这里指舜的父亲乐官瞽瞍。顽：不依德义。象：指舜的异母弟弟。克：能够。烝烝：厚美。格：至。奸：邪恶。㊱女：嫁女。时：通"是"，指舜。㊲刑：法则。二女：指尧的两个女儿娥皇、女英。㊳厘：命令。妫（guī）：水名。汭（ruì）：河流弯曲之处，这里指舜居住的地方。嫔：嫁人为妇。

【译文】

帝尧在位时，睿智而果断，光辉普照天下。后来，帝尧想把帝位禅让给虞舜。史官据此写成《尧典》。

查考古代的旧事，可知尧帝的名字叫作放勋，他恭敬节俭，明察四方，智虑通达，待人宽厚，性格温和。他推贤让善，光辉普照四方，泽及天地。尧帝发挥大德，使亲族关系和睦。亲族之间和睦相处，他又辨明百官族姓的善恶。百官族姓的善恶辨明以后，又协调诸侯之间的关系。这样，天下百姓在相递变化之中和睦相处。

于是，尧帝命令羲氏、和氏恭谨地奉行天道，让他们推算日月星辰的运行规律，制定历法，以教导人民按照时令节气从事农业生产。尧帝又命令羲仲居住在东方的旸谷，让他恭敬地迎接日出，测定日出的时刻。昼夜长短相等，黄鸟在黄昏时出现于正南方，依照这种情况可以确定仲春时节。在这个时节，百姓开始分散于田间进行耕作，鸟兽开始生育繁殖。又命令羲叔住在南方的交趾，辨明测定太阳向南的运行规律，恭敬地迎接太阳南归。白天时间最长，火星在黄昏时出现于正南方，依照这种情况可以确定仲夏时节。在这个时节，百姓都迁居到高处，鸟兽的羽毛都稀疏了。尧帝又命令和仲住在西方一个名叫昧谷的地方，让他辨明测定日落的时刻。昼夜长短相等，虚星在黄昏时出现于正南方，依据这种情况可以确定仲秋时节。在这个时节，百姓又迁居到平地上，鸟兽长出新的羽毛。又命令和叔居住在北方一个名叫幽都的地方，让他谨慎观察太阳北行的规律。白天时间最短，昴星在黄昏时出现于天的正南，依据这种情况可以确定仲冬时节。在这个时节，百姓都躲在室内生火取暖（以躲避寒冷），鸟兽都长出了柔软细密的毛。尧帝说:"啊!羲氏与和氏啊,你们以三百六十六天为一周年,要用加闰月的办法来确定四季而构成一年。在这个基础上,明确地划分百官的职责,这样各种事情就都兴起了。"

尧帝问:"谁能顺应天命,可以提升任用呢?"

放齐说:"您的儿子丹朱明白政事,可以担当重任。"

尧帝说:"唉!丹朱为人浮夸,又喜好辩论,怎么能担此重任呢?"

尧帝问:"谁能遵循我的法度处理政务呢?"

欢兜说:"哦!共工防治水灾取得了很大的成绩,可以担当重任。"

尧帝说:"唉!共工虚情假意,为人邪僻,看似恭敬谨慎,实则连上天都敢轻慢。"

尧帝说:"啊!四方诸侯的君长啊,滔滔洪水为害人间,水势汹涌包围了大山,漫过了丘陵,浩浩荡荡,波浪滔天,百姓都在忧愁叹息,谁能治理洪水呢?"

诸侯们都说:"啊!鲧可以担此重任。"

尧帝说:"唉!不行啊,这个人违逆乖戾,常常不服从命令,危害同族。"

诸侯们说:"起用他吧,让他试一试,如果不行,就罢免他的职务。"

尧帝说:"那么你就去吧!鲧啊,你一定要谨慎行事啊!"鲧治水九年,未见成效。

尧帝说:"啊!四方诸侯的君长啊,我在位已经七十年了,你们谁能承受天命,替代我而成为天子呢?"

诸侯们说:"我们的德行鄙陋,恐难担当重任。"

尧帝说:"可以考察贵族中的贤明之人,也可以举用身份卑微的贤良之士。"

诸侯们说:"民间有一个贫苦的人,名字叫做虞舜。"

尧帝说:"啊!这人我也听说过,他的为人到底怎么样呢?"

众人回答说:"他是乐官瞽瞍的儿子,其父瞽瞍心术不正,继母爱说谎话,他的异母弟傲慢骄狂,但舜能够与他们和睦相处。因为他的品德厚美,既能很好处理与家人的关系,又不使自己沦于邪恶。"

尧帝说:"我考验考验他吧。我要把两个女儿嫁给舜,以便从女儿那里考察舜的行事准则和道德修养。于是，尧帝命令自己的两个女儿到妫水的拐弯处，嫁给虞舜为妻。

尧帝勉励道："要恭敬地处理政事啊！"

◎舜 典◎

【原文】

虞舜侧微①，尧闻之聪明，将使嗣位②，历试诸难，作《舜典》。

曰若稽古，帝舜曰重华，协于帝。濬哲文明③，温恭允塞④。玄德升闻⑤，乃命以位。慎徽五典⑥，五典克从⑦。纳于百揆，百揆时叙⑧。宾于四门，四门穆穆⑨。纳于大麓，烈风雷雨弗迷⑩。

帝曰："格⑪！汝舜。询事考言⑫，乃言厎可绩⑬，三载。汝陟帝位⑭。"舜让于德，弗嗣。

正月上日，受终于文祖⑮。在璇玑玉衡，以齐七政⑯。肆类于上帝⑰，禋于六宗⑱，望于山川，遍于群神⑲。辑五瑞⑳，既月乃日㉑，觐四岳群牧，班瑞于群后㉒。

岁二月，东巡守，至于岱宗，柴㉓。望秩于山川㉔，肆觐东后，协时月正日㉕，同律度量衡㉖。修五礼、五玉、三帛、二生、一死贽㉗。如五器，卒乃复㉘。五月，南巡守，至于南岳，如岱礼。八月，西巡守，至于西岳，如初。十有一月，朔巡守，至于北岳，如西礼。归，格于艺祖，用特㉙。

五载一巡守，群后四朝。敷奏以言㉚，明试以功，车服以庸㉛。

肇十有二州㉜，封十有二山㉝，濬川。

象以典刑㉞，流宥五刑㉟，鞭作官刑，扑作教刑㊱，金作赎刑。眚灾肆赦㊲，怙终贼刑㊳。钦哉！钦哉！惟刑之恤哉㊴！

流共工于幽州，放欢兜于崇山，窜三苗于三危㊵，殛鲧于羽山㊶，四罪而天下咸服。

二十有八载，帝乃殂落㊷，百姓如丧考妣㊸。三载，四海遏密八音㊹。

月正元日，舜格于文祖，询于四岳，辟四门，明四目，达四聪。

“咨，十有二牧㊺！”曰：“食哉惟时！柔远能迩㊻，惇德允元㊼，而难任人㊽，蛮夷率服。”

舜曰：“咨，四岳！有能奋庸熙帝之载㊾，使宅百揆亮采㊿，惠畴？”

佥曰：“伯禹作司空(51)。”

帝曰：“俞！咨(52)！禹，汝平水土，惟时懋哉(53)！”禹拜稽首(54)，让于稷契暨皋陶。

帝曰：“俞！汝往哉！”

帝曰：“弃，黎民阻饥(55)，汝后稷(56)，播时百谷(57)。”

帝曰：“契，百姓不亲，五品不逊(58)，汝作司徒，敬敷五教(59)，在宽。”

帝曰：“皋陶，蛮夷猾夏(60)，寇贼奸宄(61)。汝作士，五刑有服(62)，五服三就(63)，五流有宅(64)，五宅三居(65)。惟明克允(66)！”

帝曰：“畴若予工(67)？”

佥曰：“垂哉(68)！”

帝曰：“俞，咨！垂，汝共工(69)。”垂拜稽首，让于殳斨暨伯与(70)。

帝曰：“俞！往哉！汝谐(71)。”

帝曰：“畴若予上下草木鸟兽(72)？”

佥曰：“益哉(73)！”

帝曰：“俞，咨！益，汝作朕虞(74)。”益拜稽首，让于朱虎、熊罴(75)。

帝曰：“俞，往哉！汝谐。”

帝曰：“咨！四岳，有能典朕三礼(76)？”

佥曰：“伯夷。”

帝曰：“俞，咨！伯，汝作秩宗(77)。夙夜惟寅(78)，直哉惟清。”

伯拜稽首，让于夔龙(79)。

帝曰：“俞，往，钦哉！”

帝曰：“夔！命汝典乐，教胄子(80)，直而温，宽而栗(81)，刚而无虐，简而无傲。诗言志，歌永言，声依永，律和声。八音克谐，无相夺伦(82)，神人以和。”

夔曰:"於[83]!予击石拊石[84],百兽率舞。"

帝曰:"龙,朕塈谗说殄行[85],震惊朕师[86]。命汝作纳言[87],夙夜出纳朕命,惟允!"

帝曰:"咨!汝二十有二人,钦哉!惟时亮天功[88]。"

三载考绩,三考,黜陟幽明[89],庶绩咸熙[90],分北三苗[91]。

舜生三十征,庸二十[92],在位五十载,陟方乃死[93]。

【注解】

①侧:隐居民间。微:出身微贱。②嗣:继承。③浚(jùn):深远。哲:智慧。④允:确实。塞:充满。⑤玄:潜行,潜修。升闻:上闻于朝廷。⑥徽:美,善。五典:五常,即父义、母慈、兄友、弟恭、子孝五种常教。⑦克:能够。从:顺从。⑧"纳于"两句:纳:入。百揆(kuí):百事。时叙:承顺。⑨"宾于"两句:宾:迎接宾客。穆穆:容仪敬谨。⑩"纳于"两句:大麓:官名,主管山林。迷:迷误。⑪格:呼唤之词,来。⑫询:谋划。⑬厎(zhǐ):一定。绩:成功。⑭陟(zhì):升,登。⑮"正月"两句:上日:吉日。受终:接受尧帝终结的帝位。文祖:尧的太庙。⑯"在璇玑"两句:在:观察。璇玑玉衡:指北斗七星。齐:排列。七政:七项政事,即祭祀、班瑞、东巡、南巡、西巡、北巡、归格艺祖。⑰肆:于是。类:祭名,是向天帝报告继承帝位之事的祭礼。⑱禋(yīn):祭名,指洁祀。六宗:指天地与四时。⑲"望于"两句:望:祭祀山川之礼。遍:按群神的尊卑次序祭祀。⑳辑:收集。五瑞:诸侯作为信符的五种玉器。㉑既月乃日:择定吉月吉日。日和月都用作动词。㉒"觐四岳"两句:觐:朝见天子。牧:官长。班:同"颁",分发。后:君长。㉓"至于"两句:岱宗:东岳泰山。柴:祭名,祭祀时把牺牲放在积柴上面燔烧。㉔秩:次序。㉕协:合。时:春夏秋冬四时。正:确定。㉖同:统一。律:古乐音律。度:丈尺。量:斗斛。衡:斤两。㉗五礼:公侯伯子男五等朝聘之礼。五玉:即五瑞,拿着称瑞,陈列称玉。三帛:供垫玉用的赤、黑、白三种颜色的丝织品。二生:活羊羔和雁。一死:一只死去的野鸡。贽:初次拜见时所带的礼物。㉘"如玉器"两句:如:而。五器:即上文所说的五玉。卒乃

复：礼毕就归还。㉙“格于”两句：格：到。艺祖：即文祖。特：一只公牛。㉚敷：普遍。㉛庸：功劳。㉜肇（zhào）：正，指划定州界。㉝封：封土为坛而祭祀。㉞象：刻画。典：常。㉟流：流放。宥（yòu）：宽恕。五刑：指墨、劓、剕、宫、大辟五种刑罚。㊱扑：古时学校用来打人的木棍。㊲眚（shěng）：过错。肆：就。㊳怙：依仗。贼：通“则”，就。㊴恤：谨慎。㊵三苗：古国名。三危：古地名，在西部边远地区。㊶殛（jí）：流放。羽山：古地名，在东部边远之处。㊷殂（cú）落：死亡。㊸考：死去的父亲。妣：死去的母亲。㊹遏（è）：停止。密：静止。八音：金、石、丝、竹、匏、土、革、木八种音乐，这里泛指一切音乐演奏。㊺牧：州的行政长官。㊻柔：安抚。能：善。迩：近。㊼惇：厚。允：信。元：善。㊽难：拒绝。任人：奸邪的人。㊾熙：光大。载：事业。㊿宅：居。百揆：官名。亮：辅导。采：事。(51)司空：三公之一，掌管土地。(52)俞：副词，表肯定意义。咨：叹词。(53)时：通“是”，指百揆之职。懋（mào）：勉励。(54)稽首：叩头。(55)阻饥：困厄于饥。(56)后：主持。稷：官名，主管农业。(57)时：通“莳”，耕种。(58)五品：指父、母、兄、弟、子。逊：和顺。(59)“汝作”两句：司徒：官名，主管教化，三公之一。敷：施行。五教：五品之教，即父义、母慈、兄友、弟恭、子孝。(60)猾：扰乱。夏：指华夏大地。(61)寇：抢劫。贼：杀人。奸宄（guǐ）：犯法作乱的事情。(62)“汝作士”两句：士：狱官之长。服：用。(63)三就：三个处所，即野、朝、市。(64)五流：五种流刑。宅：处所。(65)三居：远近不同的三个地方。(66)明：明察。克：能够。允：信服。(67)若：善。工：官名，掌管百工之官。(68)垂：人名。(69)共工：官名。(70)殳（shū）斨（qiāng）：人名。伯与：人名。(71)谐：同“偕”，一同。(72)上：指山陵。下：指草泽。(73)益：人名。(74)虞：掌管山林的官。(75)朱虎：人名。熊罴：人名。(76)典：主持。三礼：天神、人鬼、地示之礼。(77)秩宗：官名，掌管祭礼的仪礼。(78)夙：早晨。寅：敬。(79)夔：人名。龙：人名。(80)胄子：未成年的人。(81)栗：谨慎。(82)夺：失去。伦：理，次序。(83)於（wū）：叹词。(84)拊（fǔ）：轻轻叩击。石：石磬，乐器。(85)堲（jí）：厌恶。殄（tiǎn）：贪婪。(86)师：民众。(87)纳言：官名，帝王的代言人。(88)时：善。亮：领导。天功：天下大事。(89)黜（chù）：罢免。陟（zhì）：提升。幽：昏庸。

明：贤明。⑨庶：众。熙：兴盛。⑨北：通"背"，分别。⑨"舜生"两句：征：被征召。庸：任用。⑨陟方：巡狩南方。

【译文】

虞舜隐居民间，出身微贱，尧帝听说他聪明睿智，就想让他继承帝位，多次拿棘手的事情考验他。史官根据这些情况，写成了《舜典》。

查考古代的旧事，可知舜帝的名字叫作重华，他的睿智圣明与尧帝相合。他深远的智慧，温顺谦恭的美德，溢满天地之间。他潜修品德的事迹上闻于朝廷，于是被授予官职。舜谨慎地赞美父义、母慈、兄友、弟恭、子孝五种美德，臣民都能顺从这五常之教。他又受命管理百官，百官也都能服从。他在明堂四门迎接前来朝见的四方宾客，四方宾客全都仪容整肃。舜担任守护山林的官职，即使在狂风暴雨之中也不迷失方向。

尧帝说："来吧，舜啊！我和你谋划政事，考察你的言论，按照你的意见办事，一定会取得成功。我已经考察你三年了，你现在可以登上帝位了。"舜要把帝位让给更有德行的人，不愿就位。舜以德行不够为由推辞，不愿就位。但是尧帝还是把帝位禅让给了虞舜。

在正月的一个吉日，舜在尧的太祖宗庙接受了禅让的帝位。他观察了北斗星的运行情况，列出了七项政务。接着向上天报告继承帝位的事情，祭祀天地四时以及山川和群神。舜又聚敛诸侯的圭玉，挑选良辰吉日，接受四方诸侯君长的朝见，把圭玉颁发给他们。

这一年二月，舜到东方巡视，到了泰山，举行了柴祭，并依照地位尊卑依次祭祀了其他山川诸神，然后接受了东方诸侯国君的朝见。舜协合春夏秋冬的月份，确定了天数；统一了音律和度量衡；制定了公侯伯子男朝见的礼节，规定了各种献礼的制度。朝见结束后，舜帝便把五种瑞玉归还给诸侯。五月，舜帝到南方巡视，到达南岳，像祭祀泰山那样行礼仪。八月，舜帝到西方巡视，到了西岳，祭祀礼仪和在泰山、南岳时一样。十一月，舜帝到北方巡视，到达北岳，祭祀礼仪和在西岳时相同。舜帝回来后，到太庙祭祖，所用的祭品是一头公牛。

此后，舜每隔五年就巡视一次。各方诸侯都在四岳朝见，普遍地报告自己的政务。然后舜帝根据诸侯的政绩进行评定，论功行赏，赐给他们车马衣服。

舜帝开始划定十二个州的疆界，在十二州的名山上封土为坛，举行祭礼，并疏通了河道。

舜把五种常用刑罚的图样刻画在器物上，以警示民众，用流放的办法代替五刑以示宽大，以鞭打作为官府的刑罚，把用木条责打定为学校的刑罚，还规定可以用金来赎罪。因为过失犯罪，可以赦免；要是有所依仗而不知悔改，就要施加刑罚。慎重啊，慎重啊，使用刑罚时一定要慎重！

舜帝把共工流放到北方的幽州，把欢兜流放到南方的崇山，把三苗驱逐到西方的三危，把鲧流放到东方的羽山。这四个罪人受到了应有的惩罚，天下人都心悦诚服。

舜帝继位二十八年后，尧帝去世了，群臣和百姓像失去父母一样悲痛。三年内，全国上下停止演奏音乐，一片沉寂。三年后的正月初一，舜帝到太庙告祭，召集四方诸侯谋划政务，打开明堂的四方之门宣布政教，使四方民众看得明、听得清。

"啊，十二州的君长！"舜帝说，"农业生产不要违背农时！要安抚远方的民众，要善待近处的臣民。要厚待有德之人，信任善良之人，远离奸佞小人。这样，四方的外族都会臣服于你。"

舜帝说："啊，四方诸侯！谁能奋发图强，光大先帝的事业，管理百官，辅佐朝廷理顺政事呢？"

众人都说："让伯禹做司空吧。"

舜说："好啊！"告诫禹说："你来治理水土，希望你更要努力做好百事啊！"禹行叩拜之礼，想推让给稷、契和皋陶。

舜说："就这样了，还是你来担当吧！"

舜说："弃，现在民众都在忍饥挨饿，你去掌管农事，教导民众播种谷物吧。"

舜说："契，百官之间关系不和谐，父母兄弟子女之间关系不和顺，你去担任司徒，谨慎恭敬地施行五常之教，着重教导他们做人要宽厚仁慈。"

舜说："皋陶，外族侵扰中原，抢劫杀人，给我们制造祸端。你去处理刑狱，用五刑处置那些罪人。五刑各有使用的方法，执行五刑要在郊野、市、朝三个不同的地方。五种流放各有处所，分别流放到远近不同的三个地方。明察案情，公正处罚，就能使人信服。"

舜说："谁能担任百工之长呢？"

都说："垂可以。"

舜说："好啊！"告诫垂说："你去担任共工之职吧。"垂行了叩拜之礼，想推让给殳斨和伯与。

舜说："就这样了，去吧！你们一起去吧。"

舜说："谁能管理山林草泽中的草木鸟兽呢？"

都说："益可以。"

舜说："好吧。"告诫益说："你做我的虞官，管理山林吧。"益行叩拜礼，想推让给朱虎、熊罴。

舜说："好吧，去吧！你们一起去吧。"

舜说："四方诸侯啊，谁能替我主持祭祀天神、地祇、人鬼的三礼呢？"

都说："伯夷可以。"

舜说："好吧，伯夷，我任命你做掌管祭祀的礼官吧，从早到晚你都要恭敬行事，内心要正直清明。"

伯夷行叩拜礼，想推让给夔、龙。

舜说："行了，你去吧，你要谨慎行事啊！"

舜说："夔，任命你担任乐官，负责教导那些年轻人，要让他们正直而温和，宽厚而谨慎，刚毅而不妄为，简朴而不高傲。诗是用来表达情志的，歌所咏唱的就是表达情志的言辞，声调要根据咏唱的感情而确定，音律要合于声调。金、石、丝、竹、匏、土、革、木这八音能够和谐一致，不互相干扰。这样，人听了以后才能欢快愉悦。"

夔说："啊！让我敲击石磬，奏起乐曲，让扮演百兽的舞队依着音乐跳舞吧！"

舜说："龙，我厌恶谗言和暴行，因为它使我的臣民惊恐害怕。我现在任命你为纳言官，早晚传达我的旨意，上报臣民的意见，一定要真实啊！"

舜说："好啦，你们这二十二个人，要恭谨地履行自己的职责，要好好地辅佐我完成大业啊！”

舜帝每过三年考察一次政绩，考察三次之后，就确定官员的升降。这样，远近各项事业都兴盛起来了。同时，又分别处理了流放在北部边境的三苗氏部族。

舜帝三十岁被举用，在官位二十年，在帝位五十年，巡狩南方时在途中去世。

◎益 稷◎

【原文】

帝曰：“来，禹！汝亦昌言。”禹拜曰：“都！帝，予何言？予思日孜孜[①]。”皋陶曰：“吁！如何？”禹曰：“洪水滔天，浩浩怀山襄陵[②]，下民昏垫[③]。予乘四载[④]，随山刊木[⑤]，暨益奏庶鲜食[⑥]。予决九川距四海[⑦]，浚畎浍距川[⑧]。暨稷播，奏庶艰食鲜食[⑨]。懋迁有无[⑩]，化居[⑪]。烝民乃粒[⑫]，万邦作乂[⑬]。”皋陶曰：“俞！师汝昌言[⑭]。”

禹曰：“都！帝。慎乃在位[⑮]。”帝曰：“俞！”禹曰：“安汝止[⑯]，惟几惟康[⑰]，其弼直，惟动丕应。徯志以昭受上帝[⑱]，天其申命用休[⑲]。”

帝曰：“吁！臣哉，邻哉[⑳]！邻哉，臣哉！”

禹曰：“俞！”

帝曰：“臣作朕股肱耳目[㉑]。予欲左右有民，汝翼[㉒]。予欲宣力四方，汝为[㉓]。予欲观古人之象[㉔]，日、月、星、辰、山、龙、华虫、作会[㉕]；宗彝、藻、火、粉米、黼黻，𫄨绣[㉖]。以五采彰施于五色[㉗]，作服，汝明。予欲闻六律五声八音[㉘]，在治忽[㉙]，以出纳五言[㉚]，汝听。予违，汝弼，汝无面从，退有后言[㉛]。钦四邻[㉜]！庶顽谗说，若不在时，侯以明之[㉝]，挞以记之[㉞]；书用识哉[㉟]，欲并生哉！工以纳言，时而飏之[㊱]；格则承之庸之[㊲]，否则威之[㊳]。”

禹曰：“俞哉！帝，光天之下，至于海隅苍生[㊴]，万邦黎献[㊵]，共惟帝臣，惟帝时举。敷纳以言，明庶以功[㊶]，车服以庸[㊷]。谁敢不让，敢不敬应？帝不时敷㊸，同，日奏，罔功。"

帝曰："无若丹朱傲㊹，惟慢游是好，傲虐是作㊺。罔昼夜頟頟㊻，罔水行舟，朋淫于家㊼。用殄厥世㊽，予创若时㊾。"

禹曰："娶于涂山，辛壬癸甲㊿，启呱呱而泣①，予弗子②，惟荒度土功③。弼成五服④，至于五千。州十有二师⑤。外薄四海，咸建五长，各迪有功⑥。苗顽弗即工⑦，帝其念哉！"

帝曰："迪朕德，时乃功，惟叙。"

皋陶方祗厥叙，方施象刑，惟明⑧。

夔曰⑨："戛击鸣球，搏拊⑩，琴、瑟，以咏。"祖考来格，虞宾在位，群后德让⑪。下管鼗鼓⑫，合止柷敔⑬，笙镛以间⑭，鸟兽跄跄⑮，《箫韶》九成⑯，凤皇来仪⑰。

夔曰："於！予击石拊石，百兽率舞，庶尹允谐⑱。"

帝庸作歌⑲。曰："敕天之命⑳，惟时惟几。"乃歌曰："股肱喜哉！元首起哉！百工熙哉！"

皋陶拜手稽首飏言曰㉑："念哉！率作兴事，慎乃宪㉒，钦哉！屡省乃成，钦哉！"乃赓载歌曰㉓："元首明哉，股肱良哉，庶事康哉！"又歌曰："元首丛脞哉㉔，股肱惰哉，万事堕哉！"

帝拜曰："俞！往钦哉！"

【注解】

① 孜孜：勤敏，努力不懈。② 怀：包围。襄：漫上。③ 昏垫：沉没陷落。④ 四载：四种运载工具。陆行乘车，水行乘舟，泥行乘撬，山行乘轿。⑤ 刊：砍，砍伐树木作为路标。⑥ 暨：和。奏：进，送。鲜食：刚刚宰杀的鸟兽。⑦ 决：疏通。距：到达。⑧ 浚：深挖疏通。畎（quǎn）浍（kuài）：田间的水沟。⑨ 艰食：百谷。⑩ 懋迁：指贸易。⑪ 化居：指迁移积居的货物。⑫ 烝：众多。粒：通"立"，安定。⑬ 作：开始。又：治理。⑭ 师：通"斯"，这。⑮ 在位：当权之人，指大臣。⑯ 止：举止。⑰ 惟：思考。几：危险。康：安康。⑱ 傒（xī）：等待。志：德，指有德的人。昭：明白。⑲ 其：将。申：重复。休：美。⑳ 邻：四邻，指

最亲近的大臣。㉑股肱：大腿和手臂。㉒"予欲"两句：左右：引导。有：名词词头。翼：辅助。㉓宣：用。为：助。㉔观：显示。象：衣服上的图像。㉕华虫：野鸡。会：画。㉖宗彝：宗庙祭祀的青铜礼器，它的上面刻有虎形，所以代指虎。藻：水草。粉米：白米。黼（fǔ）：礼服上黑白相间的斧形图案。黻（fú）：礼服上黑青相间的两个"己"字相背的图案。絺（chī）：缝。㉗五采：五种颜料。㉘六律：古代有十二乐律，即黄钟、大吕、太簇、夹钟、姑洗、仲吕、蕤宾、林钟、夷则、南吕、无射、应钟。它们分为阴阳两类，单数者为阳律，称六律；双数者为阴律，称六吕。五声：五种高低不同的音阶，即宫、商、角、徵、羽。八音：八种乐器，指金、石、丝、竹、匏、土、革、木。㉙在：察。治忽：治乱。㉚五言：东西南北中五方的言论。㉛"汝无"两句：无：不要。面从：当面听从。后言：背后议论。㉜四邻：天子身边的亲近大臣，即左辅、右弼、前疑、后丞。㉝侯：箭靶。古代以射侯之礼区分善恶，不贤之人不能参与射侯。㉞挞（tà）：打。记：诫。㉟识（zhì）：记录。㊱时：善。飏：通"扬"，宣扬。㊲格：正。承：进。庸：用。㊳威：惩罚。㊴隅：靠边沿的地方。苍生：黎民。㊵献：贤，指贤人。㊶庶：通"度"，考察。㊷庸：功劳。㊸敷：分辨。㊹若：像。丹朱：尧的儿子。㊺虐：同"谑"，戏谑，开玩笑。㊻罔：无论。頟頟（è）：不休息。㊼朋：群。㊽用：因此。殄：灭绝。世：父子相承。㊾创：悲伤。㊿"娶于"两句：涂山：指居住在涂山中的部落。辛壬癸甲：从辛日到甲日，指婚事的时间共四天。㊿启：禹的儿子。㊾子：爱抚。㊿荒：忙。度：考虑。土功：治理水土的事。㊾弼：重新。成：定。五服：五种

十二黼黻——华虫。

十二黼黻——米粉。

十二黼黻——藻。

十二黼黻——宗彝。

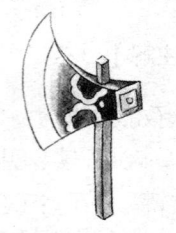

十二黼黻——黼。

十二黼黻——黻。

服役地区，即甸服、侯服、绥服、要服、荒服。㊺师：二千五百人为师。十二师共三万人。㊻"外薄"三句：薄：靠近。建五长：每五个诸侯国设一个长。迪：领导。㊼即工：接受工作。㊽明：清明。㊾夔：人名，舜帝时的乐官。㊿"戛击"两句：戛（jiá）：敲击。鸣球：一种乐器，即玉磬。搏拊：一种皮革制成的打击乐器，像小鼓。㉛群后：各诸侯的国君。德：升堂。让：揖让。㉜下：庙堂之下。管：竹制乐器。鼗（táo）：一种小鼓。㉝合止：合乐和止乐。柷（zhù）：一种打击乐器，用于乐曲开始。敔（yǔ）：一种打击乐器，用于乐曲结束。㉞笙：一种管状乐器。镛：大钟。㉟跄跄（qiàng）跳动的样子。㊱九成：奏乐时要变更九次才结束。㊲来仪：成双成对地舞动。㊳尹：官长。㊴庸：因此。㊵敕：勤劳。㊶稽（qǐ）首：古代的一种跪拜礼，双膝下跪，叩头至地。㊷宪：法度。㊸赓（gēng）：继续。㊹丛脞（cuǒ）：细碎、烦琐。

【译文】

　　帝舜对禹说："来吧，禹！你也说说你的好意见。"禹拜谢道："啊！舜帝，让我说什么呢？我只是想每天孜孜不倦地为陛下工作罢了。"皋陶说："啊！你是怎么做的呢？"禹说："洪水弥漫连天，浩浩荡荡地包围了山岳，淹没了丘陵，老百姓有溺水之患。我乘坐四种运载工具，沿着山路砍削树木作为标识，和益一起把刚宰杀的鸟兽送给百姓。我疏通九州的大河，把河水引进大海，还挖深疏通了田地里的大水沟，把水引入大河之中。我又和稷一起种植粮食，把百谷和鸟兽之肉赠与百姓。我发展贸易，让人们互通有无，各诸侯国才得以安定。"皋陶在旁说："对啊！你这番话说得真好啊！"

　　禹说："啊！舜帝，你要特别小心谨慎地对待在位的大臣啊！"舜帝说："是呀！"禹说："举止要稳重，（不要当止而不停止，）要考虑天下的安危，任用刚直不阿的良臣辅佐你，这样，君主一有行动，就会立即得到万民的响应。等待有德之人明确地接受上帝的旨意，上帝就会再次告诉你施行美好的德政。"

　　舜帝说："啊！大臣就是我的至亲啊！我的至亲就是大臣啊！"

　　禹说："是啊！"

　　舜帝接着说："臣子应该成为我的手足耳目。我要引导人民，你应当辅佐我完成这样的大业。我要努力治理四方，你应尽力帮助我。我想把古人服饰上的图案展示给大家看，把日、月、星、辰、山、龙、野鸡等图案，绘制到衣服上；把虎、水草、白米以及各种花纹绣到衣服上。用五彩颜料按五种色别做成礼服，你们要把这些事都做好。我要听六律、五声、八音等各种乐律，通过声音来考察治乱，以听取各方面的意见，你要仔细听清楚；我有过失之处，你要匡正扶助我，你不要当面唯唯诺诺，下去就在背地里议论。我敬重前后左右的大臣，至于那些进谗言邀宠信的邪恶之徒，如果不能懂得做臣子的道理，那就用射侯之礼明确地教训他们；用鞭打惩戒他们；用刑书记录他们为非作歹的行为，要用这三种办法让他们重获新生。根据进纳的言论选用官吏，有善则扬，正确的意见要遵照执行，否则就要用刑罚来威慑他。"

禹说："好啊！舜帝，普天之下以至于四海之内的所有百姓，天下万邦的众多贤士，都是你的臣民，你要根据时势举拔任用。周到地倾听和采纳他们的意见，公正明确地任用他们，使其建立功勋，论功行赏，赐予他们不同等级的车马礼服，这样谁敢不让贤呢？谁敢不恭敬地响应帝命呢？如果你不善于区分，而是让贤愚善恶的人同时在位，那么即使天天举用人，治国也不会取得成效。"

帝舜说："不要像丹朱那样傲慢，不要只想着懒惰嬉戏，不要日夜不停地纵情享乐。当大水退去时，他还让人载着他在浅水里推来拖去，供他玩耍，甚至在家里也肆意淫乱。因为这些情况，最终使他失去了继承帝位的资格。我实在为他感到悲哀啊！"

禹说："我娶了涂山氏的女儿为妻，在辛日那天成婚，只在家中度过壬日、癸日、甲日，就离家忙着去治理洪水了。儿子启出生以后在家呱呱地哭，我也顾不上爱抚他，只是忙着尽全力治理洪水。最终辅佐陛下完成了划天下为五服的大业，使四方疆域扩展到离王城五千里远的地方。每州征集三万人，从九州一直到四海边地，每五方诸侯各设一个诸侯长，让他按照正道领导治水事业。只有三苗不服管教，负隅抵抗。舜帝，你可要多加注意啊！"

舜帝说："还是用德教去引导他们吧，如果能够顺应时势行事，三苗应该会顺从我。"

现在皋陶正恭谨地从事自己的事业,正把各种刑罚的图案刻到器物上,用以警示民众,以使他们畏服。"

夔说:"我们敲击石磬,打起搏拊,弹奏琴瑟,唱起歌来吧!"乐声感动了祖先,神灵全都降临。这时舜帝的宾客都就位了,各国诸候登堂助祭,也都以德相互礼让。庙堂之下吹起管乐,小鼓和大鼓齐奏,用柷敔相配合,用鲍笙和镛钟作为间奏,扮演飞禽走兽的舞队踏着节奏起舞。舜的大舞《箫韶》九曲演奏完毕以后,扮演凤凰的舞队也成双成对地翩翩起舞了。

夔又说:"啊!我击打着石磬,扮演各种兽的舞队相继起舞,诸位官员也合着曲子一起跳舞吧。"

舜帝即兴唱了一首歌,他唱道:"遵从上天的命令,像这样就差不多了。"接着唱道:"大臣们欢欣鼓舞啊!君王们多么兴奋啊!百事待举啊!"

皋陶跪拜叩首,大声说道:"要牢记君主的教导啊!要统率群臣勤于政事,慎行法令,要认真啊!还要不断地对自己的所作所为进行反思,使事业获得成功,更应该恭谨行事啊!"于是接着作歌唱道:"君主英明啊!大臣都贤良啊!万事康达啊!"停了一会儿又唱道:"君王不能忙着做细碎小事啊!大臣不能怠惰啊!各种事业不能荒废啊!"

舜帝行礼拜谢说:"是啊!大家都去勤勉做事,来完成我们的事业吧!"

夏　书

◎禹　贡◎

【原文】

禹别九州①,随山浚川,任土作贡②。
禹敷土,随山刊木,奠高山大川③。
冀州④:既载壶口,治梁及岐⑤。既修太原,至于岳阳⑥。覃怀底

绩，至于衡漳⑦。厥土惟白壤⑧，厥赋惟上上⑨，错⑩，厥田惟中中。恒、卫既从⑪，大陆既作⑫。岛夷皮服⑬，夹右碣石入于河⑭。

济、河惟兖州⑮：九河既道⑯，雷夏既泽，灉、沮会同⑰。桑土既蚕，是降丘宅土⑱。厥土黑坟，厥草惟繇，厥木惟条⑲。厥田惟中下，厥赋贞⑳，作十有三载乃同。厥贡漆丝，厥篚织文㉑。浮于济、漯㉒，达于河。

海、岱惟青州㉓：嵎夷既略，潍、淄其道㉔。厥土白坟，海滨广斥㉕。厥田惟上下。厥赋中上。厥贡盐绨，海物惟错㉖。岱畎丝、枲、铅、松、怪石㉗。莱夷作牧㉘。厥篚檿丝㉙。浮于汶㉚，达于济。

海、岱及淮惟徐州㉛：淮、沂其乂㉜，蒙、羽其艺㉝；大野既猪，东原厎平㉞。厥土赤埴坟，草木渐包㉟。厥田惟上中，厥赋中中。厥贡惟土五色㊱，羽畎夏翟㊲，峄阳孤桐㊳，泗滨浮磬，淮夷蠙珠暨鱼㊴。厥篚玄纤缟㊵。浮于淮、泗，达于河㊵。

淮、海惟扬州㊶：彭蠡既猪，阳鸟攸居㊷。三江既入，震泽厎定㊸。篠簜既敷，厥草惟夭，厥木惟乔㊹。厥土惟涂泥㊺。厥田惟下下，厥赋下上，上错。厥贡惟金三品㊻，瑶、琨、筱、簜、齿、革、羽、毛惟木㊼。岛夷卉服㊽，厥篚织贝，厥包桔柚，锡贡㊾。沿于江、海，达于淮、泗。

荆及衡阳惟荆州㊿：江、汉朝宗于海㊷，九江孔殷㊸，沱、潜既道，云土梦作乂㊺。厥土惟涂泥，厥田惟下中，厥赋上下。厥贡羽、毛、齿、革惟金三品，杶、干、栝、柏㊹，砺、砥、砮、丹，惟菌、簵、楛㊺。三邦厎贡厥名㊻，包匦菁茅，厥篚玄纁玑组，九江纳锡大龟㊼。浮于江、沱、潜、汉，逾于洛，至于南河㊽。

荆、河惟豫州⁵⁹：伊、洛、瀍、涧既入于河，荥波既猪⁶⁰。导菏泽，被孟猪⁶¹。厥土惟壤，下土坟垆⁶²。厥田惟中上，厥赋错上中。厥贡漆、枲、缔、纻，厥篚纤、纩，锡贡磬错⁶³。浮于洛，达于河。

华阳、黑水惟梁州⁶⁴：岷、嶓既艺⁶⁵，沱、潜既道，蔡、蒙旅平，和夷厎绩⁶⁶。厥土青黎，厥田惟下上，厥赋下中、三错⁶⁷。厥贡璆、铁、银、镂、砮、磬、熊、罴、狐、狸。织皮，西倾因桓是来⁶⁸。浮于潜，逾于沔，入于渭，乱于河⁶⁹。

黑水、西河惟雍州⁷⁰：弱水既西，泾属渭汭，漆沮既从，沣水攸同⁷¹。荆、岐既旅，终南、惇物，至于鸟鼠⁷²，原隰厎绩⁷³，至于猪野。三危既宅，三苗丕叙⁷⁴。厥土惟黄壤，厥田惟上上，厥赋中下。厥贡惟球、琳、琅、玕⁷⁵。浮于积石，至于龙门、西河⁷⁶，会于渭汭。织皮昆仑、析支、渠搜，西戎即叙⁷⁷。

导岍及岐⁷⁸，至于荆山，逾于河。壶口、雷首至于太岳⁷⁹。厎柱、析城至于王屋⁸⁰。太行、恒山至于碣石⁸¹，入于海。

【注解】

①别：划分。②任土：根据土地的贫瘠。贡：贡赋。③敷：分。奠：定。④冀州：禹所划分的九州之一，在今山西省、河北省南部一带。⑤"既载"两句：载：施工。壶口：山名，在今山西省吉县南。梁：山名，在今陕西省韩城县西。岐：通"歧"，山的支脉。⑥"既修"两句：太原：今山西省太原一带，位于汾水上游。岳阳：即太岳山，在今山西省霍县东，汾水流经这里。阳：山的南面。⑦"覃怀"两句：覃（tán）怀：地名，在今河南省武陟、沁阳一带。厎（zhǐ）：获得。衡：通"横"。漳：漳水，在覃怀的北边。⑧厥：其，指冀州。壤：柔土。⑨赋：赋税，指地方的土特产。上上：第一等。《禹贡》将土质和赋税分为九等，即上上、上中、上下、中上、中中、中下、下上、中、下下。⑩错：错杂，夹杂。⑪恒：水名。卫：水名，滹沱河。从：顺着河道流入大海。⑫大陆：泽名，在今河北省巨鹿县西北。作：开始。⑬岛夷：住在海岛上的东方民族。夷：古代东方边远地区的民族。皮服：岛夷的贡品。⑭夹：接近。碣石：山名，在今河北省昌黎县。河：黄河。⑮济：水名，源

出河南济源市。兖州：禹划分的九州之一，在今河北东南、山东省一带。⑯九河：黄河的九条支流，即徒骇、太史、马颊、覆釜、胡苏、简、洁、钩盘、鬲津。道：疏通。⑰"雷夏"两句：雷夏：泽名，在今山东菏泽东北。灉（yōng）：黄河的支流。沮（jù）：灉水的支流。二水今已不存在。⑱"桑土"两句：桑土：适于种植桑树的土地。降：下。宅：居住。⑲"厥土"三句：坟：肥沃。繇（yáo）：茂盛。条：长。⑳贞：下下等，第九等。㉑篚（fěi）：圆形竹器。织文：有花纹的丝织品。㉒漯（tà）：水名，黄河的支流。㉓海：今渤海。岱：泰山。青州：禹划分的九州之一，今山东半岛一带。㉔"嵎夷"两句：嵎（yú）夷：地名。略：治理。潍：水名，淄：水名。二水都在今山东境内。㉕斥：碱地。㉖"厥贡"两句：缔（chì）：细葛布。错：杂，多种多样。㉗畎：山谷。枲（xǐ）：大麻的一种，不结子。铅：锡。㉘莱夷：地名。㉙厣（yǎn）：山桑，即柞树。㉚汶：水名，源出今山东莱芜市。㉛海：指黄海。淮：淮河。徐州：禹划分的九州之一，在今江苏、安徽北部、山东南部一带。㉜沂：水名，在山东境内。乂：治理。㉝蒙：山名，在今山东蒙阴县西南。羽：山名，在今江苏省赣榆县西南。艺：种植。㉞"大野"两句：大野：指巨野泽，在今山东省巨野县。猪：同"潴"，水停聚的地方。东原：地名，在今山东省东平县一带。厎：得到。平：治理。㉟"厥土"两句：埴：粘土。包：同"苞"，丛生。㊱土五色：五色土，指青黄赤白黑五种颜色的土，五色土是古代君王分封诸侯的用品。㊲"羽畎"两句：夏：大。翟：山雉，其羽毛可做装饰品。峄（yì）：山名，在今江苏省邳县境内。孤桐：特生的桐树。㊳"泗滨"两句：泗：水名，源出今山东省泗水县。浮磬：一种可以做磬的石头。蠙珠：蚌所产的珍珠。㊴玄：黑色。纤：细绸。缟：白绢。㊵河：应为"菏"，指菏泽，菏泽水与济水相通。㊶海：指黄海。扬州：禹划分的九州之一，在今扬州一带。㊷阳鸟：南方的岛屿，古代"鸟""岛"通用。㊸"三江"两句：三江：指岷江、汉水、彭蠡。震泽：指江苏太湖。㊹"篠簜"三句：篠（xiǎo）：小竹。簜（dàng）：大竹。夭：茂盛。乔：高大。㊺涂泥：潮湿的泥土。㊻金三品：指金、银、铜三个等级。品：等级。㊼瑶：美玉。琨：美石。齿：象牙。革：犀牛皮。羽：鸟羽。毛：旄牛尾。惟：和。㊽岛夷：东南沿海各岛的人。卉服：指蓑衣、草笠之类。卉：草。㊾"厥篚"三句：织贝：把很小的贝用线串连起来，织成巾。包：包裹。

锡：与“贡”同义。(50)荆：山名，在今湖北省南漳县。衡：即湖南境内的衡山。荆州：禹划分的九州之一，在今湖南、湖北一带。(51)江：指长江。汉：指汉水。朝宗：诸侯春天朝见天子叫朝，夏天朝见天子叫宗。(52)九江：即今洞庭湖。孔：大。殷：定。(53)“沱、潜”两句：沱：水名，长江的支流，在今湖北枝江县。潜：水名，长江支流，在今湖北省潜江县。云土梦：即云梦，二泽名，江南为云，江北为梦。(54)杶（chūn）：椿树。干：柘木，可做弓。栝（guā）：桧树。(55)砺：粗磨刀石。砥：细磨刀石。砮（nǔ）：石制的箭镞。丹：朱砂。箘（jùn）、簵（lù）：两种竹子。楛（hù）：木名，可做箭杆。(56)三邦：湖泽附近的三个诸侯国。名：名产。(57)“包匦”三句：匦（guǐ）：杨梅。菁茅：一种带刺的茅草，可以滤酒。玄纁（xūn）：指彩色丝绸。纁：黄赤色。玑组：用丝带串起的珍珠串。玑：不圆的珍珠。组：丝带。纳锡：进贡。(58)“浮于”三句：浮：水运。逾：离船上岸陆行。南河：指洛阳巩县一段的黄河。(59)豫州：禹划分的九州之一，在黄河与湖北的荆山之间的地区。(60)“伊、洛”两句：伊：水名，源出今河南卢氏县。洛：水名，源出今陕西洛南县。瀍（chén）：水名，源出今河南孟津县。涧：水名，源出今河南渑池县。荥波：泽名，在今河南荥阳县。(61)“导菏泽”两句：导：疏通，菏泽：在今山东定陶县。被：同“陂”，修筑堤防。孟猪：泽名，在河南商丘东北。(62)垆：黑色硬土。(63)“厥贡”三句：纻（zhù）：苎麻。纩（kuàng）：细棉。磬错：可以制磬的石头。错，石头，可以琢玉。(64)华：即华山，在陕西华阴市南。黑水：怒江。梁州：禹划分的九州之一。(65)岷：山名，在四川北部。艺：治理。(66)“蔡、蒙”两句：蔡：山名，即峨嵋山。蒙：山名，在今四川雅安北。旅：治理。和：名，即大渡河。(67)“厥土”三句：青：黑。黎：疏散。三错：杂出第七、第八、第九三个等级。(68)“厥贡”两句：璆（qiú）：美玉。镂（lòu）：可以刻镂的坚硬金属。罴：一种熊，又叫马熊。狸：野猫、山猫。织皮：指西戎之国。西倾：山名，在今甘肃与青海交界处。桓：水名，即白龙江。(69)“逾于”三句：沔（miǎn）：汉水的上游。渭：水名，源出甘肃渭源县。乱：横渡。(70)西河：在冀州西边黄河南北走向的一段。雍州：禹划分的九州之一。(71)“弱水”四句：弱水：即张掖河。泾：水名。渭：水名。泾水注入渭水，渭水流入黄河。属：注入。汭（ruì）：河流会合的地方。漆沮：代指洛水。沣水：水名，源出陕西省户县东南，注入渭水。同：会合。⑫"荆、岐"三句：荆：山名，在今陕西富平县西南。岐：山名，在陕西岐山县东北。终南：指秦岭。惇物：山名，太白山，在今陕西省郿县。鸟鼠：山名，在今甘肃省渭源县西南。⑬原隰（xī）：指豳（bīn）地，在今陕西省旬邑县和邠县一带。⑭"三危"两句：三危：山名，在鸟鼠西边。丕：大。叙：顺。⑮球：美玉。琳：美石。琅玕：像珠子一样的美玉。⑯"浮于"两句：积石：山名，在今青海西宁西南。龙门：山名，在今陕西韩城东北。⑰"织皮"两句：析支：山名，在今青海省西宁市西南。渠搜：山名。西戎：古代我国西北少数民族的总称。即：就。⑱岍（qiān）：山名，在今陕西陇县南。⑲雷首：山名，在今山西永济县。太岳：即霍太山。⑳厎柱：即三门山，在今山西平陆县。析城：山名，在今山西阳城县西南。王屋：山名，在今山西垣曲县东。㉑太行：山名，在今山西、河北、河南的交界处。恒山：在今河北曲阳县西北，古称北岳。

【译文】

禹划分九州的疆界，顺着山势疏通河道，依照土地的贫瘠情况制定出贡税的等级。

禹划分九州的疆界，顺着山势砍削树木作为路标，依据高山大河奠定疆域。

冀州：壶口的工程施工以后，接着便治理梁山和它的支脉。太原附近的河道也治理好了，工程一直扩展到太岳山的南面。覃怀一带的水利工程也取得了很大的成绩，又治理了横流入河的漳水。冀州的土壤白细，土质松软，这里的臣民应献出一等赋税，也可夹杂二等赋税，这里的土地属第五等。恒水、卫水已经疏通好了，其水可以流入大海，大陆泽的治理工程也开始动工了。东方的岛夷人进贡皮服时，可以先接近右边的碣石山，然后再入黄河来贡。

济水与黄河一带的区域是兖州地区：黄河下游的九条河道疏通了，雷夏泽的治理工程也完成了，灉水、沮水会合流入雷夏泽。适合种植桑树的地方都可以养蚕了，于是人民便从小土山上搬下来，住在平地上。兖州的土地又黑又肥，这里的青草生长得茂盛，树木也长得修长。这里的土地属第六等，赋税是第九等，耕种十三年后，才和其他八州的赋税相同。这里的贡品主要是漆和丝，还有盛放在竹篮子里的带有各种花纹的丝织品。进贡时，可由济水、漯水乘船顺流入黄河。

渤海与泰山之间的区域是青州：嵎夷已经得到治理，潍水与淄水的河道都已经疏通了。这里的土壤呈白色，土地肥沃，沿海的广大地区都是盐碱地。这片土地在九州中属第三等，赋税是第四等。这里的贡品是盐、细葛布和各种各样的海产品。泰山一带出产丝、大麻、锡、松和奇特美好的怪石。莱夷一带可以放牧，除了畜产品外，还要把桑丝放入筐内作为贡品运来。运送贡品的船只可以由汶水直接入济水。

黄海与泰山及淮河之间的区域是徐州：淮水和沂水都已经治理好了，蒙山和羽山一带的土地，也可以种植庄稼了。大野泽蓄水以后，东原一带的土地得以平治。这里的土壤呈红色，又粘又肥，草木也长得越来越茂盛。这里的土地属第二等，赋税是第五等。贡品有五色土、羽山山谷的大山鸡、峄山南面的桐木、泗水之滨的制磬石料、淮夷之地的蚌珠和鱼类，还有用筐盛着的纤细的黑色丝绸和白绢。进贡时船只由淮水入泗水，而后再入菏泽。

淮河与黄海之间的区域是扬州：彭蠡泽已经贮蓄了大量的水，南方岛屿上的人们也可以在上面安居了。三江之水已经顺畅地流入大海，震泽也得以治理。小竹和大竹普遍地生长起来，原野的青草生长得很茂盛，树木也都长得很高大。这里多潮湿的泥土，土地属第九等，赋税是第七等，也夹杂着第六等。其贡品是金、银、铜三种金属，还有美玉、美石、小竹、大竹、象牙、犀牛皮、鸟羽和旄牛尾、木材。沿海一带进贡草制的衣服，还要把贝锦放在筐内，把桔子和柚子打成包裹作为贡品进献给朝廷。进贡时船只沿着长江进入黄海，再转入淮河和泗水。

荆山和衡山南面之间的区域是荆州：长江和汉水像诸侯朝见天子一样向东奔流入海，洞庭湖水系形成了。沱水、潜水都已经疏通了，云梦泽一带也得到了治理。这里的土壤潮湿，土地属第八等，赋税是第三等。贡品有雉羽、旄牛尾、象牙、犀牛皮和金银铜三种金属，还有椿树、柘树、桧树、柏树、粗磨刀石、细磨刀石、制箭头的石头、丹砂以及美竹、楛树等。

州内各国都贡上当地的名产；杨梅、青茅要包裹好，要把彩色的丝织品和串起的珍珠等物品放在竹筐内，一并贡来。洞庭湖还要进贡大龟。进贡时船只由长江顺流入其支流沱水、潜水、汉水，然后登岸由陆路到洛水，再由洛水进入黄河。

荆山与黄河之间的区域是豫州：伊水、洛水、瀍水、涧水都已经疏通而流入黄河了。荥波泽已经治理好了，可以储蓄大量的河水。又疏通菏泽，在孟猪泽筑建堤防。这里的土壤松软，土的底层肥沃，而且又黑又硬。这里的田地属第四等，赋税是第二等，也夹杂着第一等。贡品有漆、大麻、细葛布、苎麻，细绢和细绵要用筐子包装起来，还要进贡制磬的石料。进贡时船只由洛水直入黄河。

华山南面至怒江之间的区域是梁州：岷山和蟠冢山都已经能够种庄稼了，沱江和潜水也都疏通了。峨眉山和蒙山的治理工程也已完工，大渡河一带的治理取得了成效。这里的土壤黑而疏松，土地属第七等，赋税属第八等，也夹杂着第七等和第九等。贡品有美玉、铁、银、镂、做箭头的石头、磬、熊、罴、狐、狸等。织皮和西倾山的贡品可以沿着恒水运来。运送贡品的船只经过潜水和沔水，然后舍舟登陆，陆行至沔水，再进入渭水，然后由渭水横渡进入黄河。

黑水到西河一带之间的区域是雍州：弱水在疏通之后，便向西流去；泾水在渭水的转弯处注入渭水；漆水和沮水在疏通之后，向北流入渭水；沣水也与渭水会合。荆山和岐山的治理工程已经完工，终南山、惇物山一直到鸟鼠山都得到了治理。原隰的治理取得成效，一直到猪野泽一带都取得了很大成绩。三危山这个地方已经能够居住了，三苗人民于是得到了很好的安置。这里的土壤黄而松软，土地属第一等，赋税是第六等。贡品有美玉、美石和宝珠等。进贡时船只由积石山附近进入黄河，顺流至龙门山、西河，然后在渭河弯曲处与其他船只会合。西部少数民族的民众居住在昆仑、析支、渠搜等地，西部各族的百姓就能安定和顺了。

疏通了岍山和岐山的道路，一直到达荆山，越过黄河。又开通了壶口山、雷首山的道路，一直到达太岳山。还开通了厎柱山、析城山的道路，一直到达王屋山。开通了太行山、恒山的道路，一直到达碣石山，从这里就可以进入渤海了。

【原文】

西倾、朱圉、鸟鼠至于太华[1]。熊耳、外方、桐柏至于陪尾[2]。

导嶓冢至于荆山[3]。内方至于大别[4]。岷山之阳至于衡山，过九江至于敷浅原[5]。

导弱水至于合黎，馀波入于流沙[6]。

导黑水至于三危，入于南海。

导河、积石，至于龙门；南至于华阴[7]，东至于底柱；又东至于孟津[8]；东过洛汭，至于大伾[9]；北过降水[10]，至于大陆；又北，播为九河，同为逆河[11]，入于海。

嶓冢导漾[12]，东流为汉；又东，为沧浪之水[13]；过三澨[14]，至于大别，南入于江。东，汇泽为彭蠡；东，为北江，入于海。

岷山导江，东别为沱[15]，又东至于澧[16]；过九江，至于东陵[17]，东迆北，会于汇[18]；东为中江[19]，入于海。

导沇水[20]，东流为济，入于河，溢为荥[21]，东出于陶丘北[22]，又东至于菏；又东北，会于汶；又北东，入于海。

导淮自桐柏，东会于泗、沂，东入于海。

导渭自鸟鼠同穴[23]，东会于沣，又东会于泾；又东过漆沮，入于河。

导洛自熊耳，东北，会于涧、瀍；又东，会于伊；又东北，入于河。

九州攸同，四隩既宅[24]，九山刊旅[25]，九川涤源[26]，九泽既陂，四海会同[27]。六府孔修[28]，庶土交正[29]，厎慎财赋[30]，咸则三壤成赋[31]。中邦锡土、姓，祗台德先，不距朕行[32]。

五百里甸服[33]。百里赋纳总，二百里纳铚，三百里纳秸服[34]，四百里粟，五百里米。

五百里侯服[35]。百里采，二百里男邦，三百里诸侯[36]。

五百里绥服[37]。三百里揆文教，二百里奋武卫[38]。

五百里要服[39]。三百里夷，二百里蔡[40]。

五百里荒服[41]。三百里蛮，二百里流[42]。

东渐于海㊸，西被于流沙，朔南暨声教讫于四海㊹。禹锡玄圭㊺，告厥成功。

【注解】

①朱圉（yǔ）：在今甘肃甘谷县。太华：即西岳华山。②熊耳：山名，在今河南卢氏县东。外方：即中岳嵩山。桐柏：山名，在今河南桐柏县。陪尾：山名，在今湖北安陆市。③嶓冢：山名,在今陕西宁强县西北。荆山：指湖北省南漳县的南条荆山。④内方：山名,在今湖北省钟祥县西南。大别：指湖北与安徽交界处的大别山。⑤敷浅原：指江西的庐山。⑥馀波：指水的下游。流沙：指居延泽一带的沙漠。⑦华阴：华山的北面。⑧孟津：地名，今河南孟津县。⑨大伾：山名，在今河南浚县西南。⑩降水：指漳、洚合流的漳水。⑪"播为"两句：播：分布。九河：指兖州一带的黄河支流。逆河：黄河分出的支流在下游又合在一起。⑫漾：水名，指汉水的上游。⑬沧浪：即汉水。⑭三澨（shì）：水名，源出湖北省京山县，东流入汉水。⑮沱：水名，长江的支流。⑯澧：水名，在今湖南省北部，流入洞庭湖。⑰东陵：地名,在今湖北省黄梅县。⑱汇：指淮河。⑲中江：指岷江。⑳沇（yǔn）：水名，济水的上游。㉑溢：水动荡奔突而出。荥：荥泽，汉代已成平地。㉒陶丘：地名，在今山东定陶市。㉓鸟鼠同穴：指鸟鼠山。㉔隩（ào）：可以定居的地方。㉕刊：削。旅：治理。㉖涤源：疏通水源。㉗四海：指九夷、八狄、七戎、六蛮。㉘六府：水火金木土谷。孔：很。修：治理。㉙交：都。正：征收。㉚厎：定。㉛则：准则。三壤：上中下三等土壤。成：定。㉜"中邦"两句：中邦：中央之邦，指九州。锡：赐。祇：敬。台(yí)：我。距：违背。㉝甸服：古代天子在领地外围，每五百里划分为一种服役地带，按远近分为甸服、侯服、绥服、要服、荒

服。甸服就是为天子治田种谷。㉞"百里"三句：纳：交纳。总：把成熟庄稼完整交出。铚：一种短镰，这里指禾穗。秸服：带稃的谷粒。㉟侯服：服侍天子。㊱"百里采"三句：采：替天子服差役。男邦：担任国家的差事。男：任。诸侯：指侦察放哨。㊲绥服：替天子做安抚之事。㊳奋武卫：奋扬武威，保卫天子。㊴要服：接受王者约束而服侍。㊵"三百里夷"两句：夷：和平相处。蔡：相约遵守法令。㊶荒服：替天子守边。荒：远。㊷"三百里蛮"两句：蛮：尊重他们的风俗，维持隶属关系。流：流动不定居，有时纳贡，有时不纳贡。㊸渐：入。㊹"西被"两句：被：及。讫：到。㊺玄圭：天青色的瑞玉。

【译文】

开通西倾山、朱圉山、鸟鼠山，一直到达太华山。接着又开通熊耳山、嵩山、桐柏山，直到陪尾山。

开通嶓冢山，一直到达南条荆山。接着开通内方山，一直到达大别山。再开通岷山之南的道路，到达衡山。接着再过洞庭湖，直到庐山。

疏导弱水，让其向西流到合黎山下，它的下游流入沙漠。

疏导黑水，让其流到三危山下，最后流入南海。

疏导黄河，从积石山开始，直到龙门山；再向南到达华山之北；再向东到达厎柱山；又向东到达孟津，继续向东经过洛水弯曲处，就到了大伾山；然后折而北流，经过降水，再向前流入大陆泽；继续向北，分布为九条河道，这九个支流再汇合后注入大海。

从嶓冢山开始疏导漾水，向东流则为汉水。再向东流，便成了沧浪之水，经过三澨水，到达大别山，再向南就流入了长江。又东流汇聚为大泽，叫做彭蠡泽；自彭蠡泽再东出称为北江，最后流入大海。

从岷山开始疏导长江，向东另外分出一条支流，称为沱水；再向东到达醴水，然后流过洞庭湖，到达东陵；再自东陵东去，逶迤北流，与淮水会合，再东出称为中江，最后流入大海。

疏导沇水，向东流去称为济水，注入黄河，接着越过黄河向南溢出为荥泽；再自荥泽东出到陶丘北，再东流至菏泽；又向东北流，与汶水会合；

然后向北转向东，流入大海。

疏导淮水从桐柏山开始，向东与泗水、沂水会合，然后向东流入大海。

疏导渭水从鸟鼠山开始，向东与沣水会合，再向东与泾水会合，又向东流经漆水、沮水，然后流入黄河。

疏导洛水从熊耳山开始，向东北流，与涧水、瀍水会合；又向东会合伊水；再向东北，流入黄河。

这时九州的治理工程都已经完成了：四方的土地都可以安居了，九条山脉都治理得可以通行了，九条大河都已疏通水源了，九个湖泽都已修筑起堤防了，四海之内的进贡之道都已经畅通无阻了。六府之事都已经治理得很好了，普天之下的土地都可以征收赋税了，但必须谨慎规定财物赋税的数量和品种，这是根据土地的上中下三个等级而确定的贡赋制度。九州之内的土地都分封给了各国诸侯，并赐予他们姓氏，还告诫他们说要把敬修我的德业放在第一位，不要违背我的德教原则。

国都以外五百里的地域称为甸服。离国都一百里远的要缴纳连秆的庄稼，二百里远的要缴纳禾穗，三百里远的要缴纳带秸的谷粒，四百里远的要缴纳粗米，五百里远的要缴纳精米。

甸服以外五百里的地域称为侯服。离甸服一百里远的应该替天子服差役，二百里远的应该替国家服差役，三百里远的应当承担侦察放哨的工作。

侯服以外五百里的地域称为绥服。离侯服三百里远的要推行天子的文教，二百里远的要奋勇威武地保卫天子。

绥服以外五百里的地域称为要服。离绥服三百里远的要遵约和平相处，二百里远的要遵守天子的法令制度。

要服以外五百里的地域称为荒服。离要服三百里远的可以有自己的风俗，二百里远的是否进贡没有定制。

我们的大地东边至大海，西边至沙漠，无论北方还是南方，都已推行了政教法令，华夏的声威达于四海。于是帝舜赏赐给禹天青色的瑞玉，用以表彰禹所建立的巨大功业。

◎甘 誓◎

【原文】

启与有扈战于甘之野①，作《甘誓》。

大战于甘，乃召六卿②。王曰："嗟！六事之人③，予誓告汝：有扈氏威侮五行④，怠弃三正⑤，天用剿绝其命⑥，今予惟共行天之罚。

"左不攻于左⑦，汝不恭命；右不攻于右，汝不恭命；御非其马之正⑧，汝不恭命。用命，赏于祖⑨；弗用命，戮于社⑩，予则孥戮汝⑪。"

【注解】

①有扈：诸侯国名，其旧城在今陕西省户县。②六卿：六军的主将。③六事之人：六军的全体将士。④威：当为"威"，通"蔑"，轻视。五行：指金木水火土五种物质。⑤怠：懈怠。三正：指正德、利用、厚生三大政事。⑥用：因此。剿：消灭。⑦左：车左。攻：善。⑧御：驾车的人。非：违背。正：事。⑨赏于祖：古代天子亲自出征，必以车载着祖庙的神主。行赏都在神主前进行，表示不敢专断。⑩戮：杀。社：社主。⑪孥（nú）：同"奴"，降为奴隶。

【译文】

启与有扈氏在甘的郊野开战，史官把启战前的誓词记录下来，写成《甘誓》。

启要在甘这个地方与有扈氏作战，于是把六军的将领召来。启说："啊，六军的将士们啊！我告诫你们：有扈氏轻慢五行，废弃正德、利用、厚生三大政事，上天因此要断绝他的国运，现在我将奉行上天的这种惩罚。

"所有在战车左侧的战士，如果不善于射箭，你们就是不奉行我的命令；在战车右侧的战士，如果不善于用戈矛刺杀敌人，你们也是不奉行我的命令；驾御战车的战士，如果不胜任御车的任务，你们也是不奉行我的命令。努力奉行命令的，我就在祖庙里奖赏他；不努力奉行命令的，我就在社神的神位前惩罚他，或者把他降为奴隶，或者将其杀掉！"

商 书

◎汤 誓◎

【原文】

伊尹相汤伐桀，升自陑①，遂与桀战于鸣条之野②，作《汤誓》。

王曰："格尔众庶③，悉听朕言。非台小子，敢行称乱④！有夏多罪，天命殛之⑤。今尔有众，汝曰：'我后不恤我众⑥，舍我穑事，而割正夏⑦？'予惟闻汝众言⑧，夏氏有罪，予畏上帝，不敢不正。今汝其曰⑨：'夏罪其如台⑩？'夏王率遏众力，率割夏邑⑪。有众率怠弗协，曰：'时日曷丧⑫？予及汝皆亡！'夏德若兹，今朕必往。"

"尔尚辅予一人，致天之罚，予其大赉汝⑬！尔无不信⑭，朕不食言⑮。尔不从誓言，予则孥戮汝⑯，罔有攸赦⑰。"

【注解】

①"伊尹"两句：相（xiàng）：辅佐。桀：名履癸，禹的第十四代孙，夏的最后一个君主。陑（ér）：地名，在今陕西潼关附近。②鸣条：地名，在黄河的北面，安邑之西。③格：来。④"非台"两句：台（yí）：我。小子：对自己的谦称。称：举，发动。⑤殛（jí）：诛杀。⑥后：国君。恤：关心体贴。⑦割：通"曷"，为什么。正：征伐。⑧惟：虽然。⑨其：恐怕，表揣测的副词。⑩如台（yí）：如何。⑪"夏王"两句：率：语气助词。遏（jié）：同"竭"，尽。割：剥削。⑫时：这个。日：喻夏桀。曷：什么时候。⑬赉（lài）：赏赐。⑭无：不要。⑮食言：说话不算数。食：吞没。⑯孥：同"奴"，降为奴隶。⑰攸：所。

【译文】

　　伊尹辅佐商汤讨伐夏桀,从陑地北上,与夏桀在鸣条的郊野开战。开战之前,商汤誓师告诫将士们。史官把这段誓词记录下来,写成了《汤誓》。

　　王说:"来吧,你们各位,都来听我说。不是我敢于犯上作乱!实在是因为夏王犯了许多罪行,上天命令我去讨伐他。现在你们大家或许会问:'我们的国君不关心体贴我们大家,让我们把农事抛在一边,而去征讨夏王,这是为什么呢?'我虽然明白你们的意思,但是夏桀有罪,我敬畏上帝,不敢不去征讨啊。现在你们恐怕要问:'夏桀的罪行到底怎么样呢?'夏桀耗尽了民力,剥削夏国百姓。民众懈怠涣散,对他很不友好,都咒骂他说:'你这个太阳什么时候才能坠落啊?我们宁可和你一起灭亡!'夏桀的德行败坏到这种地步,现在我一定要去讨伐消灭他。

　　"你们要辅佐帮助我,执行上天对夏桀的惩罚,我将大大的赏赐你们!你们不要不相信我的话,我决不会自食诺言。如果你们不听从我的告诫,我就把你们降为奴隶,或者杀掉,决不赦免你们!"

◎伊　训◎

【原文】

　　成汤既没①,太甲元年,伊尹作《伊训》《肆命》《徂后》②。

　　惟元祀十有二月乙丑③,伊尹祠于先王④。奉嗣王祗见厥祖⑤,侯甸群后咸在⑥,百官总己以听冢宰⑦。伊尹乃明言烈祖之成德⑧,以训于王。

　　曰:"呜呼!古有夏先后方懋厥德⑨,罔有天灾,山川鬼神,亦莫不宁,暨鸟兽鱼鳖咸若⑩。于其子孙弗率⑪,皇天降灾,假手于我有命,造攻自鸣条⑫,朕哉自亳。惟我商王,布昭圣武⑬,代虐以宽,兆民允怀。今王嗣厥德,罔不在初⑭,立爱惟亲,立敬惟长,始于家邦⑮,终于四海。

"呜呼！先王肇修人纪⑯，从谏弗咈，先民时若⑰。居上克明，为下克忠，与人不求备⑱，检身若不及，以至于有万邦，兹惟艰哉！

"敷求哲人，俾辅于尔后嗣，制官刑，儆于有位⑲。曰：'敢有恒舞于宫，酗歌于室，时谓巫风⑳。敢有殉于货色，恒于游畋，时谓淫风㉑。敢有侮圣言，逆忠直，远耆德，比顽童，时谓乱风㉒。惟兹三风十愆㉓，卿士有一于身，家必丧；邦君有一于身，国必亡。臣下不匡㉔，其刑墨，具训于蒙士㉕。'

太甲继承帝位后，伊尹勉励太甲敬身行德。

"呜呼！嗣王祗厥身，念哉！圣谟洋洋㉖，嘉言孔彰。惟上帝不常，作善降之百祥，作不善降之百殃。尔惟德罔小，万邦惟庆；尔惟不德罔大，坠厥宗㉗。"

【注解】

①没（mò）：死亡。②《肆命》《徂后》：都是《尚书》的篇名，已亡佚。③祀：年。夏代叫岁，商代叫祀，周代叫年，唐虞时叫载。④祠：祭祀。先王：指汤。⑤嗣王：王位的继承人。祗（zhī）：恭敬。⑥侯甸：指侯服和甸服。参见《禹贡》。⑦总己：统领自己的官员。冢宰：周代官名，为六卿之首，又叫大宰。冢，大。宰，治。⑧烈祖：建立了功业的祖先。烈，功绩。成德：盛德。⑨先后：先王，指夏禹。⑩暨（jì）：同。若：顺遂。⑪率：遵循。⑫造：开始。⑬昭：显示。圣武：威德。⑭在：察。初：开头。⑮家：卿大夫的封地。邦：诸侯的封地。⑯肇：努力。人纪：做人的纲纪。⑰若：顺从。⑱与：结交。备：完美。⑲儆（jǐng）：告诫。⑳巫：以祈祷鬼神为职业的人。㉑"敢有"三句：殉：贪求。

货：财物。游：游乐。畋（tián）：打猎。淫：邪恶。㉒"敢有侮"五句：侮：轻慢。耆（qí）德：年长有德的人。比：亲近。乱：荒乱悖理。㉓十愆（qiān）：指上述的十种罪过，即恒舞于宫、酣歌于室、贪图财货、沉迷女色、终日游乐、成天打猎、轻侮圣言、违逆忠良、疏远年长有德者、亲昵愚顽稚童。㉔匡：匡正。㉕具：详尽。蒙士：下士。㉖洋洋：美善。㉗宗：宗庙，代指国家。

【译文】

成汤死后，太甲继承了帝位。太甲元年，伊尹写作了《伊训》《肆命》《徂后》（用来教导太甲）。

太甲元年十二月乙丑日，伊尹祭祀先王成汤。他侍奉刚刚继承王位的太甲恭敬地叩拜祖先的神位，侯服、甸服的众位君长都参加了祭祀仪式，百官率领自己的官员，听从大宰伊尹的命令。伊尹于是明确地阐述成汤建功立业的盛德，来教导太甲。

伊尹说："啊！从前夏的先王大禹努力施行德政的时候，没有发生天灾，山川的鬼神也没有不安宁的，就连鸟兽鱼鳖也都顺遂孳长。可是到了他的子孙登上帝位后，就不遵循他的德政了，上天降下灾祸，借助于我们汤王的手，从鸣条开始讨伐夏桀，从亳开始施行德政。我们的商王，显示出威武圣德，用宽仁代替暴虐，天下万民确实怀念他。当今的太甲继承其美德，不能不考虑开始的情况，树立友爱的风气要从亲近的开始，树立尊敬的风气要从尊敬长者开始。这样，从自己的封地开始施行，最终会推广到天下。

"啊！先王努力地讲求做人的纲纪，采纳众人的谏言，顺从前贤的主张。身处高位能够明察下情，使臣下能够尽忠效力，结交别人不求全责备，反省自己唯恐比不上别人，因此终于达到拥有万邦而登上帝位，这是多么难能可贵的啊！

"汤王还广泛地寻求智者，让他们辅佐你们这样的继承人，制定惩罚官吏的刑罚来警诫做官的人。成汤说：'胆敢在官廷内经常纵情舞蹈，在房中放声唱歌，这叫作巫风。胆敢贪求财物、沉迷女色，经常出游打猎，这叫作淫风。胆敢轻慢圣贤的教诲，不听忠直诚劝，疏远年长有德的人，亲近愚顽稚童，这叫作乱风。这三种风气和十种罪过，卿士身上如果有一种，他的封地一定会丧失；诸侯身上如果有一种，他的国家必然会灭亡。而臣下如果不能匡正君主的过失，就要受到墨刑的惩治，还要用这些详细地教导下士。'

"啊！太甲你要谨记这些教诲，要念念不忘啊！圣人汤王的谋略完美无缺，他的教导也很明白。虽然上天赐福降灾没有不变的常规，但对行善者赐予各种吉祥，对不行善的人降下各种灾祸。你行德不管多小，天下的人都会感到庆幸；你行不善，即使不大，也会丧失你的宗庙，导致亡国。"

周　书

◎牧　誓◎

【原文】

武王戎车三百两①，虎贲三百人②，与受战于牧野，作《牧誓》。

时甲子昧爽③，王朝至于商郊牧野④，乃誓。王左杖黄钺，右秉白旄以麾⑤，曰："逖矣⑥，西土之人！"王曰："嗟！我友邦冢君御事⑦，司徒、司马、司空⑧、亚旅、师氏⑨、千夫长、百夫长⑩，及庸、蜀、羌、髳、微、卢、彭、濮人⑪，称尔戈，比尔干，立尔矛⑫，予其誓。"

王曰："古人有言曰：'牝鸡无晨⑬；牝鸡之晨，惟家之索⑭。'今商王受惟妇言是用⑮，昏弃厥肆祀弗答⑯，昏弃厥遗王父母弟不迪⑰，乃惟四方之多罪逋逃⑱，是崇是长，是信是使⑲，是以为大夫卿士。俾暴虐于百姓，以奸宄于商邑。今予发惟恭行天之罚。今日之事，不愆于六步、七步⑳，乃止齐焉㉑。夫子勖哉㉒！不愆于四伐、五伐、六伐、七伐㉓，乃止齐焉。勖哉夫子！尚桓桓㉔，如虎如貔㉕，如熊如罴㉖，于商郊㉗。弗迓克奔以役西土㉘。勖哉夫子！尔所弗勖㉙，其于尔躬有戮㉚！"

【注解】

① 戎车：战车。两：辆。② 虎贲（bēn）：勇士。三百人：应为三千人。③ 昧爽：太阳将要出升的时候。④ 商郊：商都朝歌的远郊。⑤ "王左杖"两句：杖：拿着。钺（yuè）：大斧。秉：持。旄（máo）：旄牛尾。麾：指挥用的旗子。⑥ 逖（tì）：远。⑦ 御事：邦国的治事大臣。⑧ 司徒、司马、司空：官名，司徒掌管民事，司马掌管兵事，司空掌管土地。⑨ 亚旅：官名，上大夫。师氏：官名，中大夫。⑩ 千夫长：官名，师的统帅。百夫长：官名，旅的统帅。⑪ 庸、蜀、羌、髳（máo）、微、卢、彭、濮：当时周族西南方的八个诸侯国，大约位于现在的湖北、四川、甘肃、陕西等省。⑫ "称尔戈"两句：称：举。戈：古代兵器，横刃、长柄。比：排列。干：古代兵器，盾牌。矛：古代兵器，直刺、长柄。⑬ 牝（pìn）鸡：母鸡。⑭ 索：空，衰落。⑮ 妇：指妲己。用：听。⑯ 昏：轻视。肆：祭祀名，指祭祀祖先。⑰ 迪：用。⑱ 逋（bū）：逃亡。⑲ "是崇"两句：是：就。崇：尊重。长：尊敬。信：信任。使：任用。⑳ 愆（qiān）：超过。㉑ 止齐：等待队伍走整齐。㉒ 勖（xù）：努力。㉓ 伐：击刺。一击一刺称为一伐。㉔ 桓桓：威武的样子。㉕ 貔（pí）：豹类猛兽。㉖ 羆（pí）：熊的一种。㉗ 于：往。㉘ 迓（yà）：禁止。役：帮助。㉙ 所：如果。㉚ 躬：身。戮：杀。

【译文】

　　周武王出动战车三百辆，勇士三千人，与商纣在牧野决战。史官把这件事记录下来，写成《牧誓》。

　　甲子日黎明时分，周武王率军来到商都郊外的牧野，举行誓师。武王左手拿着黄色大斧，右手挥舞着白色旄牛尾做的旗子，说："你们长途跋涉，辛苦啦，西方的将士们！"接着说道："啊！我们友好之邦的国君们和办事的大臣们，司徒、司马、司空、亚旅、师氏、千夫长、百夫长，以及庸、蜀、羌、髳、微、卢、彭、濮各国的军士们，举起你们的戈，排好你们的盾，竖起你们的矛，我将要宣读誓词了。"

　　武王说："古人说：'母鸡不报晓；如果母鸡报晓，那么这户人家就要衰落了。'现在商纣王只听信妇人的话，轻视并抛弃祖宗祭祀而不闻不问，轻视并舍弃同祖兄弟而不任用，对四方重罪逃犯，则推崇尊敬，信任重用，让他们担任大夫、卿士。这些人对百姓施行暴政，在商国的都城违法作乱。现在，我姬发奉天命进行惩讨。今天作战的时候，我们的阵列前后距离，不得超过六步、七步，要保持整齐，不得拖拉。将士们，要努力呀！刺击敌人时，不要超过四至七次，也要保持整齐，不得畏缩不前。努力吧，众位将士！希望你们威武雄壮，像虎貔熊罴一样勇猛，直奔商都的郊外。在战斗中，不要拒绝来投降的人，要用他们来加强我们自己。努力吧，将士们！你们如果不努力，就会被杀戮！"

◎酒 诰◎

【原文】

王若曰："明大命于妹邦①。乃穆考文王②，肇国在西土③。厥诰毖庶邦庶士越少正御事朝夕曰④：'祀兹酒⑤。'惟天降命，肇我民⑥，惟元祀⑦。天降威⑧，我民用大乱丧德，亦罔非酒惟行⑨；越小大邦用丧，亦罔非酒惟辜。

"文王诰教小子有正有事⑩：无彝酒⑪。越庶国⑫：饮惟祀，德将无醉⑬。惟曰我民迪小子惟土物爱，厥心臧⑭。聪听祖考之遗训，越小大德⑮。

"小子惟一妹土⑯，嗣尔股肱⑰，纯其艺黍稷⑱，奔走事厥考厥长。肇牵车牛，远服贾用⑲，孝养厥父母；厥父母庆⑳，自洗腆，致用酒㉑。

"庶士有正越庶伯君子，其尔典听朕教！尔大克羞耇惟君㉒，尔乃饮食醉饱。丕惟曰尔克永观省㉓。作稽中德㉔，尔尚克羞馈祀。尔乃自介用逸㉕，兹乃允惟王正事之臣㉖。兹亦惟天若元德，永不忘在王家㉗。"

王曰："封，我西土棐徂㉘，邦君御事小子尚克用文王教，不腆于酒㉙，故我至于今，克受殷之命。"

王曰："封，我闻惟曰：'在昔殷先哲王迪畏天显小民，经德秉哲㉚。

自成汤咸至于帝乙㉛，成王畏相㉜。惟御事，厥棐有恭，不敢自暇自逸，矧曰其敢崇饮㉝？越在外服㉞，侯甸男卫邦伯；越在内服，百僚庶尹惟亚惟服宗工越百姓里居㉟，罔敢湎于酒。不惟不敢，亦不暇，惟助成王德显越，尹人祗辟㊱。'

"我闻亦惟曰：'在今后嗣王㊲，酗㊳，身厥命，罔显于民祗㊴，保越怨不易㊵。诞惟厥纵㊶，淫泆于非彝㊷，用燕丧威仪㊸，民罔不尽伤心㊹。惟荒腆于酒，不惟自息乃逸㊺。厥心疾很，不克畏死㊻。辜在商邑，越殷国灭，无罹㊼。弗惟德馨香祀，登闻于天㊽；诞惟民怨，庶群自酒㊾，腥闻在上。故天降丧于殷，罔爱于殷，惟逸。天非虐，惟民自速辜㊿。'"

王曰："封，予不惟若兹多诰㊶。古人有言曰：'人无于水监㊷，当于民监。'今惟殷坠厥命，我其可不大监抚于时㊸！予惟曰汝劼毖殷献臣㊹，侯甸男卫，矧太史友、内史友、越献臣百宗工㊺，矧惟尔事、服休服采㊻，矧惟若畴㊼，圻父薄违、农父若保、宏父定辟㊽：'矧汝刚制于酒㊾。'

"厥或诰曰：'群饮。'汝勿佚㊿，尽执拘以归于周，予其杀㊵。又惟殷之迪诸臣惟工㊶，乃湎于酒，勿庸杀之，姑惟教之㊷。有斯明享㊸，乃不用我教辞，惟我一人弗恤弗蠲㊹，乃事时同于杀㊺。"

王曰："封，汝典听朕毖㊶，勿辩乃司民湎于酒㊷。"

【注解】

① 王：指摄政王周公。明：昭告，宣布。妹邦：指康叔的封地卫国。妹：通"沫"，卫国的都邑。② 乃：当初。穆考：指文王。按古代昭穆制，文王世次当穆。③ 肇：创建。④ 诰毖：告诫。庶：众。⑤ 兹：则，才。⑥ "惟天"两句：惟：语气助词。命：福命。肇：劝勉。⑦ 惟：只是。元：大。⑧ 威：罚。⑨ "我民"两句：用：因此。惟：为。⑩ 有正：大臣。有事：小臣。⑪ 无：不要。彝：经常。⑫ 越：于。庶国：指在诸侯国任职。⑬ 将：扶助。德将：以德自助。⑭ "惟曰"两句：迪：指导。土物：指粮食。臧：善。⑮ 越：发扬。⑯ 一：专一。⑰ 嗣：用。股肱：脚手。⑱ 纯：专心。艺：种植。⑲ 服：从事。贾（gǔ）用：指贸易。⑳ 庆：高兴。㉑ "自洗腆"两句：洗腆：洁治丰盛的饮食。致：得到。㉒ 羞：进献。耇：年

长者。惟：与。㉓丕惟：语助词。省：省察。㉔作：举止。稽：符合。中德：中正之德。㉕乃：如果。介：通“界”，限制。用逸：行逸，指饮酒。㉖允：长期。㉗忘：失。㉘棐徂：辅助。徂：通“助”。㉙腆：丰厚。㉚“在昔”两句：惟：有。迪：语助词。天显：指天命。经：行。秉：持。哲：敬。㉛咸：通“覃”，延续。㉜成王：有成就的君王。畏相：敬畏辅臣。㉝崇：纵，尽情。㉞外服：外官，指诸侯。㉟百僚：百官。庶尹：众长。亚：副官。服：任事的官。宗工：宗室的官员。百姓里居：百官中退休而住在家里的人。㊱尹：正。㊲后嗣王：指商纣王。㊳酣：嗜酒。㊴民祇：百姓的疾苦。祇：通“疷”，病。㊵保越：安于。易：改。㊶诞：大。惟：为。纵：淫乱。㊷泆：通“佚”，乐。㊸燕：通“宴”，宴饮。㊹衋（xì）：伤痛。㊺逸：过失。㊻克：肯。㊼罹：忧虑。㊽登：升。㊾庶群：指纣王的群臣。自酒：私自饮酒。(50)速：招致。(51)惟：想。若兹：如此。(52)监：察看。(53)其：难道。监抚：省察。抚：览。(54)劼：谨慎。毖：告。献臣：遗臣。(55)矧：又。友：同僚。(56)事：治事官员。服休：侍宴的官员，一说坐而论道的近臣。服采：管理朝祭的官员。(57)若：你。畴：指下文的三卿。(58)圻（qí）父：指司马，掌管军事。薄：讨伐。农父：司徒，掌管农业。若：顺。保：养。宏父：司空，掌管土地。辟：法度。(59)刚：强。制：断绝。(60)佚：放纵。(61)执拘：逮捕。其：将要。(62)迪：辅佐。惟：与。(63)姑：暂且。(64)享：劝导。(65)恤：怜惜。蠲（juān）：免除。(66)事：治理。时：这种人。同：一样。(67)典：听。毖：告。(68)辩：使。司民：治理民众的官员。

【译文】

王这样说：“你要到卫国去宣布一项重大命令。你那尊敬的先父文王，在西方的土地上创建了周国。他从早到晚告诫各国诸侯、各位卿士和各级官员说：‘只有祭祀时才可以饮酒。’上天降下旨意，劝勉我们的臣民，只能在大祭时才可以饮酒。后来，上天降下惩罚，我们的臣民犯上作乱，丧失了道德，这是因为酗酒造成的；那些大大小小的诸侯国之所以灭亡，也无非就是因为君臣过度纵酒的缘故。

"文王还告诫在朝中担任大小官职的人们：不要经常饮酒。告诫在诸侯国任职的人们：只有祭祀时才可以饮酒，饮酒时要用道德约束自己，不要喝醉了。文王还告诫我们的臣民，要他们爱惜粮食，使他们心地善良。我们要好好听取先祖留下的遗训，发扬各种美德。

"殷民们，你们要一心留在故土，用你们自己的手脚，专心致志地种好庄稼，勤勉地侍奉自己的父兄。努力牵牛赶车，到外地去做生意，以孝敬和赡养你们的父母；父母高兴，自己动手置备丰盛的饮食，这时你们可以饮酒。

"各级官员们，希望你们经常听取我的意见！只要你们能向老人和国君进献酒食，你们就可以吃饱饭、喝足酒了。只要你们能经常省察自己，使自己的行为举止符合中正的美德，你们就可以参与王室的祭祀活动了。如果你们能够约束自己不纵酒，就可以长期担任王室的治事官员了。这也是上天所赞赏的大德，王室将永远不会忘记你们这些臣属。"

王说："封啊，我们西方的诸侯和官员，常常能够遵从文王的教导，从不多喝酒，所以我们到今天能够承受治殷的天命。"

王说："封，我听到有人说：'过去，殷商的先人明王畏惧天命和百姓，施行德政，保持恭敬。从成汤延续到帝乙，明君贤相都时常考虑着如何治理好国家。那些治事之臣，颁布政令都很认真，不敢偷闲享乐，何况敢聚众饮酒呢？在外地的侯、甸、男、卫等诸侯，在朝中的各级官员、宗室贵族以及退居在家的官员，都不敢沉溺于纵酒。不但不敢这样做，就是敢做也没有闲暇的工夫，他们只想着显扬君王的美德，让百官恭敬地事奉君王。'

"我又听到有人说：'近世的商纣王，沉溺于纵酒，自以为有命在天，不体察民间的疾苦，面对百姓的怨恨而不知悔改。他大肆纵酒淫乐，过分贪图安逸而违反常法，因宴乐而丧失了威仪，臣民没有不痛心的。商纣王只想着纵酒，不想停止作乐。他心肠狠毒，不能用死亡来威吓他。他在商都作恶，对于殷国的灭亡，从来没有忧虑过。没有明德芳香的祭祀升闻于天；只有百姓的怨气和群臣私自饮酒的酒气升闻于天。上帝知道了，于是对殷商降下灾祸，不再眷顾殷商，这就是淫乐纵酒的缘故。上帝并不暴虐，是殷民自己招致了灾祸。"

王说:"封啊,我不想如此反复告诫你了。古人说:'人不应该把水面当作镜子来察看自己,而应当把民情当作镜子来察看自己。'现在殷商已经丧失了国运,难道我们不应该好好地省察自己吗?我想告诉你,你要谨慎地告诫殷商的遗臣、诸侯国君和各级官员,对他们说:'你们要强行戒酒啊!'

"假如有人报告说:'有人群聚饮酒。'你不要放纵他们,要把他们全部抓起来,并把他们押送到京城,我将杀掉他们。假如殷商的辅臣和官员沉溺于纵酒,就先不要杀掉他们,暂且先教育他们。有了这样明显的政令,如果还有人违反我的政令,我就不再怜惜他们,不再赦免他们,同治理聚众纵酒的人一样将他们杀掉(绝不姑息)。"

王说:"姬封,你要经常遵从我的告诫,不要让你的官员纵酒啊!"

◎秦 誓◎

【原文】

秦穆公伐郑①。晋襄公帅师败诸崤,还归②,作《秦誓》。

公曰:"嗟!我士,听无哗③!予誓告汝群言之首④。

"古人有言曰:'民讫自若⑤,是多盘⑥。'责人斯无难,惟受责俾如流⑦,是惟艰哉!我心之忧,日月逾迈⑧,若弗云来⑨。

"惟古之谋人,则曰未就予忌⑩;惟今之谋人,姑将以为亲⑪。虽则云然,尚猷询兹黄发⑫,则罔所愆⑬。

"番番良士⑭,旅力既愆⑮,我尚有之⑯。仡仡勇夫⑰,射御不违⑱,我尚不欲⑲。惟截截善谝言⑳,俾君子易辞㉑,我皇多有之㉒!

"昧昧我思之㉓,如有一介臣,断断猗无他技㉔,其心休休焉㉕,其如有容㉖。人之有技,若己有之。人之彦圣㉗,其心好之,不啻若自其口出㉘。是能容之,以保我子孙黎民,亦职有利哉㉙!

"人之有技,冒疾以恶之㉚。人之彦圣,而违之俾不达㉛。是不能容,以不能保我子孙黎民,亦曰殆哉㉜!

"邦之杌陧㉝，曰由一人；邦之荣怀㉞，亦尚一人之庆。"

【注解】

①郑：郑国，今河南省新郑县一带。②还归：指晋国释放秦军三帅孟明视、西乞术、白乙丙还归秦国。③诪：同"哗"，喧哗。④首：首要，紧要处。⑤讫：尽。若：顺。自若：随心所欲。⑥盘：通"般"，邪僻。⑦俾：依从。⑧逾：过、迈：行。⑨云：旋，回转。⑩就：顺从。忌：志，意志。⑪姑：姑且，将。亲：亲近。⑫猷：还。询：征询意见。黄发：老人，这里指蹇叔等老臣。⑬愆：过失。⑭番番：白发苍苍的样子。⑮旅：通"膂"，脊骨。旅力：体力。愆：通"蹇"，亏损。⑯有：亲近。⑰仡仡（yì）：壮健勇武的样子。⑱射御：射箭和驾车。违：失误。⑲欲：喜欢。⑳截截：浅薄的样子。谝（piǎn）：花言巧语。㉑俾：使。易辞：轻忽，懈怠。㉒皇：更，大。㉓昧：暗。㉔断断：精诚专一。猗：语中助词。㉕休休：宽厚。㉖如：能。容：容纳。㉗彦：才能过人。圣：圣明，品德高尚。㉘啻（chì）：但，仅仅。自：从。㉙职：尚，当。㉚冒疾：妒忌。㉛违：阻止。达：通达。㉜殆：危险。㉝杌（wù）陧（niè）：不安。㉞荣怀：光荣和安宁。

【译文】

秦穆公讨伐郑国。晋襄公率军在崤山大败秦军，晋国释放秦军的主帅回归秦国，（秦穆公）作了一篇《秦誓》。

穆公说："喂，我的君臣众士们，你们都听着，不要喧哗，我有重要的话告诉你们。

"古人这样说过：'人若随心所欲，就会出现很多差错。'责备别人并不是难事，被别人责备却能从善如流，这才是困难的啊！我心里所忧虑的，是往事像日月行进那样一去不复返了，（那样的话）懊悔也来不及了。

"对于以前的谋臣，我曾认为他们不顺着我的意志来谋划；对于现在的谋臣，我将要把他们当作最亲近的人。话虽如此，对于军国大事，我还是应当去征询那些德高望重的老成人的意见，这样才不会有过失。

"满头白发的忠臣良士，虽然已年老体衰，我还是要亲近他们。勇猛强壮的武夫，虽然是射御的好手，我却不大喜欢。而那些浅薄善辩的人，使君子轻忽怠惰的人，我竟然非常亲近他们。

"我默默思考，如果有这样一班臣子，他们纯正专一，没有其他技能，胸怀宽广而有容人的雅量。看到别人有技能，就像自己有一样高兴；别人品德高尚、才能出众，他从心里喜欢，不只是从口中称赞出来而已（这就真的是宽容大度了）。任用这样的臣子当政，来保护我的子孙、黎民，这应该是很有利的啊！

"（又有另一种人，）看到别人有才能，就妒忌，就厌恶；看到别人才能出众、品德高尚，就想方设法扼杀阻碍他，这是一种完全不能容忍他人（优点）的人。任用这样的人，不但不能保护我的子孙、黎民，也是很危险的啊！

"国家的不安定，就是君王一人的过失所致；而国家的繁荣稳定，也正是君王一人的善行所致啊！"

第七卷

易经

周易

《易》有三种：《周官·春官·太卜》云："《太卜》掌三《易》之法。一曰《连山》，二曰《归藏》，三曰《周易》。"

```
                    《周易》
          ┌───────────┴───────────┐
       时代 商至春秋时期         内容 变化之书
```

从表面上看，《周易》是专论阴阳八卦的著作，但实际上它论述的核心问题，是对立与统一的宇宙观。《周易》上论天文，下讲地理，中谈人事，包罗万象，无所不有。

《周易》的"周"指的是周朝，"易"指的是变化。《周易》就是一本产生于周朝的变化之书。本来《易》的内容成书更早，但文王为其定下更为具体的规范，后孔子为其做解释，我们只把成书定为这个时期。值得庆幸的是，由于李斯将《周易》列在医术占卜书一类，让《周易》躲过了焚书的劫难，完整地保留下来。

- **易经**：主要讲六十四卦，并分别加以解释和演说。
- **易传**："传"有七种十篇，古人把这十篇"传"叫作"十翼"，就如同是附属于"经"的羽翼，即用来解说"经"的内容。但实际上，是"传"的作者借解说经文来发挥自己的思想观点。
  - **彖**：专门对《易经》卦名和卦辞的注释。
  - **象**：对《易经》卦名和爻辞的注释。
  - **文言**：对《乾》《坤》两卦作进一步的解释。

《易》有三义

郑玄《易赞》云:"《易》之为名也,一名而含三义:易简一也,变易二也,不易三也。"

"易"的"三义":简易、不易、变易。这"三义"可以说包含了中国文化的全部智慧,也是人类文明中的大智慧。

我们先说"简易"。

我们研究宇宙万物的真理,就是要在纷繁错杂的万事万象中发现其中的基本规律。对于任何一件事物的研究都是要从复杂的现象中找出其最基本的规律,这就是智慧。《周易》用阴阳和六十四卦来象征宇宙的万事万物,以简驭繁,这种"简易",是大智慧。

再说"不易"。

"不易",就是永恒不变的道理。可以说,从人类有思想以来,就一直在寻求永恒不变的道理,《周易》讲了很多永恒不变的道理,如天地乾坤的结构,宇宙的变化。

最后说"变易"。

宇宙万物,永远变动不居,世界一切都在变化之中,这也是《周易》告诉我们的一个大智慧。

《周易》是解读中国文化的万能钥匙

《周易》的哲学思想渗透到中华文化的方方面面,它是一个大筐,把什么往里装都能装得下。它可以解释和运用于中医、军事、政治、艺术、男女爱情……

中医的理论基础就是《周易》。中医追求的医疗效果是人体的阴阳平衡,达到中和的境界。中医的方法是阴阳五行、辨症施治,可以说深究医理就要深究《易》理。

中国的军事、政治、经济无一不趋于《易》理。中国的儒、释、道也都与《周易》密切相关。《周易》是儒家的第一经典,自不必说,道教从一开始便胎息于《周易》的体系之中，佛教虽然来自印度，但在传入中国之后，历经魏、晋、隋、唐，也与《周易》的思想相融。总之《周易》的智慧为中华传统文化的儒、道、墨、法、兵名等诸子百家和武术、书画、医学、建筑等艺、术、百工提供了足够的思想支持。

诸子百家

音乐

建筑

中医

纵横学

武术

兵法

书画

《周易》的内容

《周易》以神秘莫测、复杂深奥著称，读者往往觉得繁杂万端。其实，《周易》的内容只不过是"经"和"传"两部分。

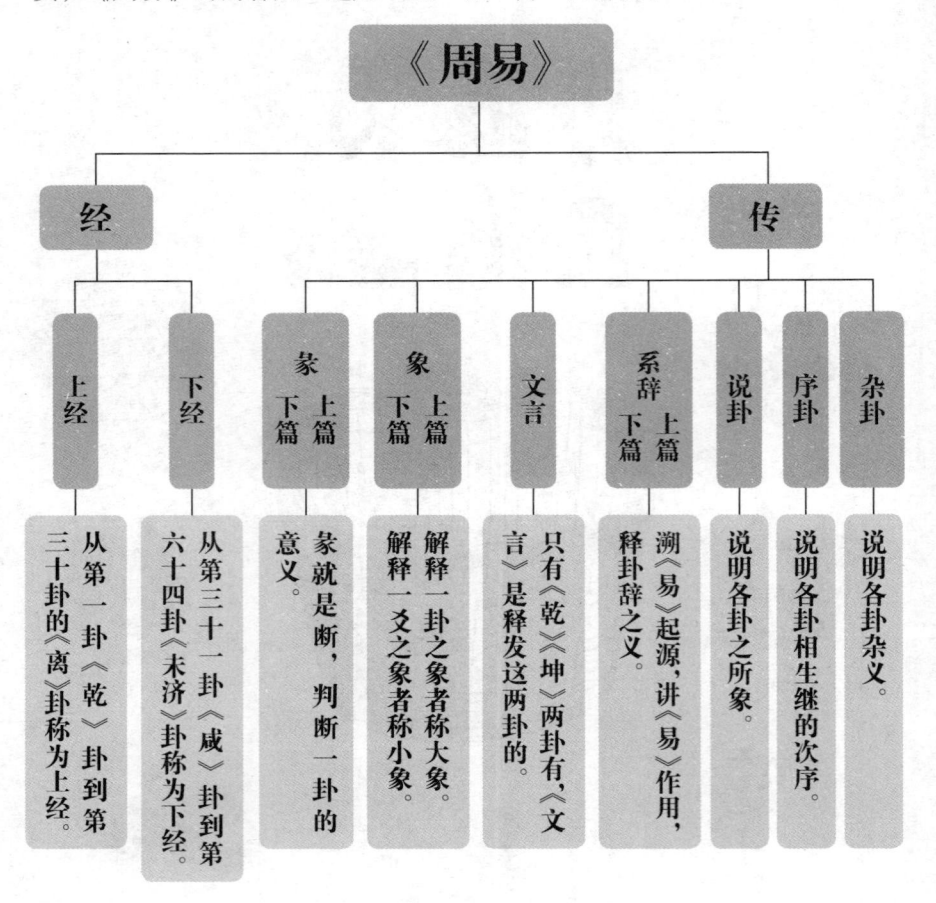

```
                            《周易》
                   ┌───────────┴───────────┐
                   经                      传
              ┌────┴────┐    ┌──────┬──────┬────┬──────┬────┬────┬────┐
             上经       下经  彖     象    文言 系辞   说卦 序卦 杂卦
                            上下    上下        上下
                            篇篇    篇篇        篇篇
```

- **上经**：从第一卦《乾》卦到第三十卦的《离》卦称为上经。
- **下经**：从第三十一卦《咸》卦到第六十四卦《未济》卦称为下经。
- **彖上下篇**：彖就是断，判断一卦的意义。
- **象上下篇**：解释一卦之象者称大象，解释一爻之象者称小象。
- **文言**：只有《乾》《坤》两卦有，《文言》是释发这两卦的。
- **系辞上下篇**：溯《易》起源，讲《易》作用，释卦辞之义。
- **说卦**：说明各卦之所象。
- **序卦**：说明各卦相生继的次序。
- **杂卦**：说明各卦杂义。

《周易》"经"的部分包含六十四卦的卦形符号和卦爻辞，"传"的部分包含阐释《周易》经文的十篇专著，又称《十翼》。经是本体，传是解经的十翼，就是经的十个羽翼。

　　《彖传》依上下经分为上下两篇，共有64节，分别阐释六十四卦的卦名、卦辞及一卦的主旨。"彖"，就是"断"的意思，谓"断定一卦之义"。《彖传》在阐释卦名、卦辞、卦义的体例时，一般取上下卦象、主要爻象为说，以简要明了的文字论断该卦的主旨。

　　《象传》是以卦的"象"——模样，也就是形态符号为根据解释卦和爻的。对一个卦象做总体解说的叫"大象"。对一卦之中的每一爻做解说的叫"小象"。"大象"分两部分，前一部分以卦的形态解释卦义，后一部分根据卦象之义揭示人文意义。如《谦》卦"象辞"，先讲象征天的坤在上，象征地的艮在下，高山低处在地下，说明谦道。后面即讲君子如卦谦谦之意。

　　《文言传》只有在乾卦和坤卦中有。这里的"文言"是修饰、发明的意思，"言"就是"辞""文言"就是很生动、美妙地阐明乾、坤两卦的卦辞。读读看，果真是非常博大，深厚而有文采！

　　《系辞传》是联结"卦"和"爻"的"辞"。系辞是从六十四卦和384爻（《乾》《坤》两卦分别多出"用九""用六"文辞，所以总计有386文辞）的总体上、根本上系统讲《易》的思想的。《系辞传》讲了爻辞的变化原理、自然哲理、人生哲学；理、象、数及占筮等都做了系统的说明。所以汉代以后《系辞传》又被称为"易大全"。"太极""道"等中国哲学的主要概念正是从《系辞传》中发明出来的。

　　《说卦传》主要说明三爻卦中八个卦的"象"和象征意义。全文先讲述《易》的演卦历史，再讲八卦的两种排列方位（宋代人分别称为"先天"和"后天"方位），最后系统说明了八卦的取象特征，这已经成为《周易》六十四卦象征义理中必用的象喻条例。

　　《序卦传》说明了六十四卦的排列根据，按卦序表明思想体系，揭示各卦相承相受的意义。六十四卦排列的顺序本身象征着自然和人间社会变化的过程。《乾》卦和《坤》卦以其象征的天地起始，至三十卦《离》卦结束上篇，主要记述自然的发展过程。以说明夫妻关系的《咸》卦开始，以未济卦完结的下篇，主要是象征地记述了人世间的事。终了一卦，不是以象征完成的《既济》卦，是象征未完成的《未济》卦，形象地表现了周易无穷发展的哲学思想。

《杂卦传》与周易六十四卦的排列方式不一样，是使意思相反的一对成为一卦。以《乾》《坤》开始，以夬卦结束。"杂"卦就是"杂糅众卦，错综其义"的意思，文中对举的两卦卦形或"错"或"综"，揭示事物发展过程中正反相对的变化规律。

两 仪

两仪指具有阴阳对立与并存性质的两种因素或事物。其所指天地、男女、昼夜等，或说为阴阳、或说为奇偶、或说为刚柔、或说为乾坤，总之是说宇宙间一切可以二分的事物。

太极生两仪。　　　　天为阳。　　　　地为阴。

阳爻　　　　阴爻

阴阳：在"周易"中"阳"用"━━"表示，称"阳爻"。"阴"用"━ ━"表示，称"阴爻"。

《庄子·天下篇》明确指出"易以道阴阳"。《周易》把世界所有事物及其性质、状态概括为阴和阳两类，表明世界是由阴阳两种物象构成的，喻示了自然界和人类社会中一切"刚""柔"事物，体现了"阴阳二气"交感消长、互相对立而又相互依存的关系。

宋代朱熹说，天地之间，你去观察任何事物没有一个不是阴阳现象的，万物一动一静，人的一作一息，都含阴阳的至理。

自然和社会的阴阳事例：

天为阳，地为阴。日为阳，月为阴。

昼为阳，夜为阴。明为阳，暗为阴。

我们再来看阴阳与地理。

在我国的地名中有一个约定俗成的称法：山之南，水为阳如洛阳即洛水之南。山之北，水之南为阴，如华阴就是华山的北部。

阴阳与人事：男为阳，女为阴。君子为阳，小人为阴。

阴阳与其他：上为阳，下为阴。动为阳，静为阴。

人们往往把人的性格和审美取向分别称为"阳刚"与"阴柔"。

《周易》六十四卦共有384爻，其中阳爻192，阴爻192，分别喻示着自然和社会的一切"阴阳"和"刚柔"现象。演示着万事万物的发展情状。这三千年前出现的经典，对现代的科学都是适用的，比如阴电，阳电；正极负极，正数，负数。

四 象

四象是指阴阳消长的四个特征，分别是老阳▬、老阴▬▬、少阳▬▬、少阴▬▬。少阳、老阳、少阴、老阴四象分别代表春、夏、秋、冬和东、南、西、北。望、朔、上弦、下弦；青龙、白虎、玄武、朱雀也经常被称为四象。四象是《周易》中由阴阳到八卦的中间环节和过渡性事物。

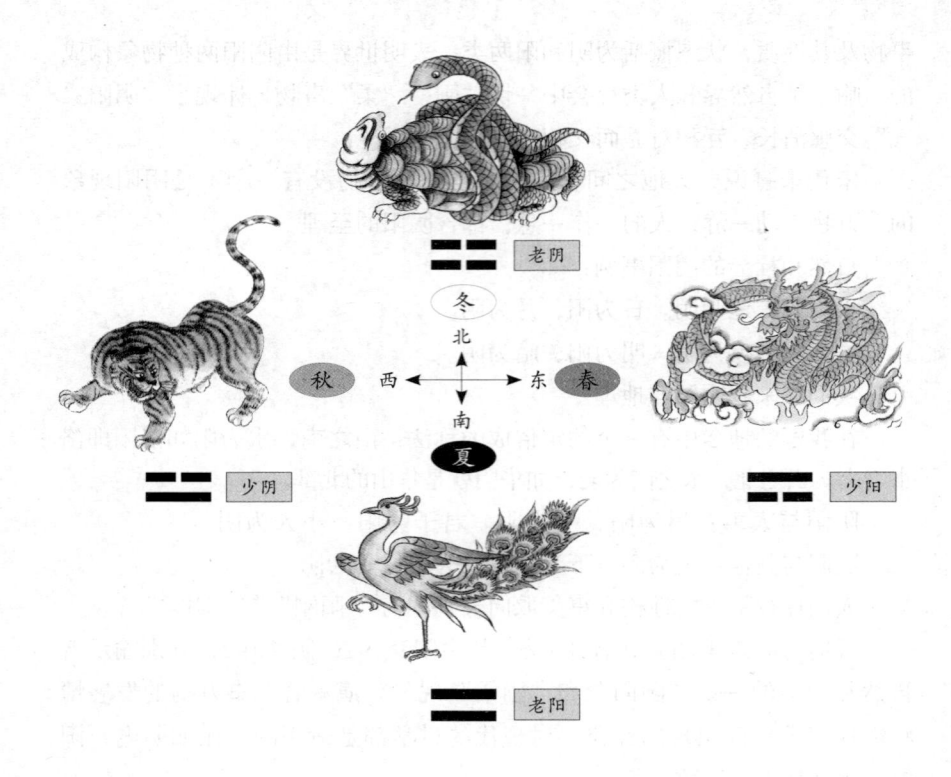

爻、爻象、爻位

爻，六十四卦的每一卦，都有六层线条，这些线条称为"爻"，音yáo，《说文解字》解释"爻"，就是相交。如果把万事万物的无穷信息比喻成一个无边的网，那么一个"爻"就是网上的一个义叉点。阳爻都用数字"九"代表，阴爻都用数字"六"代表。

爻象

是阴爻和阳爻象征的事物及其性质。阳爻象征日、天、男子、君子、刚健等；阴爻象征月、地、女子，阴柔等。

爻位

六十四卦每卦有六个爻，六个爻分处六个等级，称"爻位"。六爻的爻位是自下而上排列，象征事物发展的规律，从低级向高级进行。这些不同等级的爻位都有专称，就是爻名，下面举《乾》《坤》两卦为例：

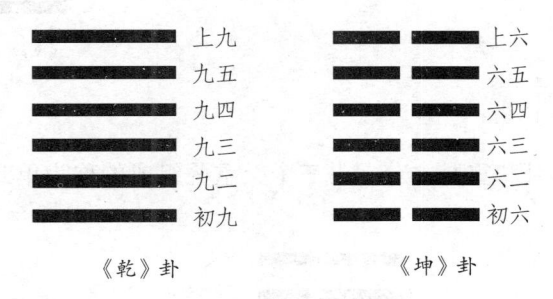

```
━━━━━  上九            ━ ━  上六
━━━━━  九五            ━ ━  六五
━━━━━  九四            ━ ━  六四
━━━━━  九三            ━ ━  六三
━━━━━  九二            ━ ━  六二
━━━━━  初九            ━ ━  初六
   《乾》卦                《坤》卦
```

爻位表现了一切事物自低而高、自小及大的发展变化规律，也表现了空间的天地人和时间的过去现在未来，《周易》爻序的精妙合理，令人叹服！

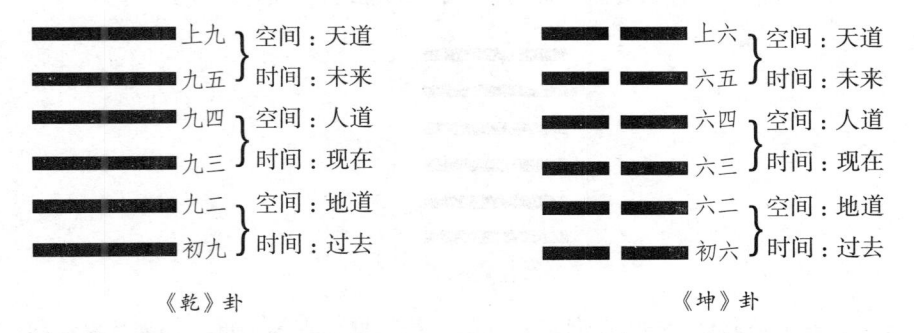

```
━━━━━ 上九 ┐空间：天道      ━ ━ 上六 ┐空间：天道
━━━━━ 九五 ┘时间：未来      ━ ━ 六五 ┘时间：未来
━━━━━ 九四 ┐空间：人道      ━ ━ 六四 ┐空间：人道
━━━━━ 九三 ┘时间：现在      ━ ━ 六三 ┘时间：现在
━━━━━ 九二 ┐空间：地道      ━ ━ 六二 ┐空间：地道
━━━━━ 初九 ┘时间：过去      ━ ━ 初六 ┘时间：过去
        《乾》卦                      《坤》卦
```

爻位还可以象征事物发展过程中所处的贵贱、先后的地位和阶段，以古代社会地位为喻，初为庶民，二为士人，三为大夫，四为公侯，五为天子，上为已离职的太上皇。

六爻一卦，下三爻称"下卦"又称"内卦"；上三爻称"上卦"又称"外卦"。

八卦符号由阴阳爻画三叠而成，前人告诉我们上画象征天，下画象征地，中画象征人，天、地、人即为"三才"。而在重卦中，则以上、五两爻象征天，初、二两爻象征地，三、四两爻象征人，亦具"三才"之义，别称"三材"。

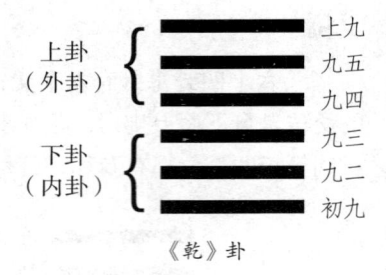

```
上卦     ━━━━━  上九
（外卦） ━━━━━  九五
         ━━━━━  九四
下卦     ━━━━━  九三
（内卦） ━━━━━  九二
         ━━━━━  初九
          《乾》卦
```

单卦、重卦

卦，有单卦和重卦之分。由三个爻重叠组成的称为单卦或小成卦，如：

```
━━━━━
━━━━━
━━━━━
《乾》卦
```

由六个爻重叠组成的卦称为重卦，或大成卦，又称"复卦"，如：

```
━━━━━
━━━━━
━━━━━
━━━━━
━━━━━
━━━━━
《乾》卦
```

每一卦都有名称就是卦名，如乾、坎、艮、震等；每一卦都有象征和寓意作用，如乾象征天，寓意为健，艮象征山，寓意为止，震表示雷，坎表示水，等等。

单卦有八种称为"八卦"。

八卦是：乾、坎、艮、震、巽、离、坤、兑。

乾☰象征天；坎☵象征水；艮☶象征山

震☳象征雷；巽☴象征风；离☲象征火

坤☷象征地；兑☱象征泽

八卦取象

八卦的取象，天、地、水、火、风、雷、山、泽。天和地，一上一下，一阴一阳。水和火，一个往上升一个往下流。风和雷都是运动之象；山和泽是静止之象。风和雷一刚一柔，山泽一凸一凹。风和雷在天，山和泽在地，风雷中有电火明灭，山泽之中又有水气沉浮。八卦错综变化，构成这个生机勃勃多彩多姿的世界。

再对比一下八卦的卦画和它们象征的事物，也令人觉得十分微妙：由三个阳爻组成的"坤"，又极像虚怀若谷，厚积、重负的大地之德；"离"卦如同火焰，刚中有柔；"坎"卦又是恰似水流，柔中带刚；"巽"卦像是晴空下流动的风；"震"卦又像是载着雨水的雷；"艮"卦像山外干而内湿；"兑"卦像湖泊一样下干而上润。

乾☰象征天　　坎☵象征水　　艮☶象征山　　震☳象征雷

巽☴象征风　　离☲象征火　　坤☷象征地　　兑☱象征泽

六十四卦

八卦两两相重，排列组合而成六十四卦，这六十四卦卦名有三种情形：

第一，自相重叠而成的卦，名称不变。例如，乾☰与乾☰上下重叠☰，仍称"乾"，坤☷与坤☷上下重叠而成☷☷，仍称"坤"。依此类推，兑上兑下☱☱仍称兑，离上离下☲☲仍称离，坎上坎下☵☵仍称坎……

第二，异卦上下重叠而成的卦，卦名多取卦爻辞中代表性的为之。如：坎下艮上而成☶☵，该卦爻辞为"童蒙求我"以称为蒙卦。

第三，以现象或事理命名的卦，卦名不见于卦爻辞，如"大有""中孚""既济"等。

要清楚八卦的象征，就得熟练背诵《八卦取象歌》和《卦名次序歌》。

宋代朱熹在《周易本义》一书中有一首《八卦取象歌》和一首《卦名次序歌》，如下：

八卦取象歌

☰乾三连，☷坤六断；
☳震仰盂，☶艮覆碗；
☲离中虚，☵坎中满；
☱兑上缺，☴巽下断。

卦名次序歌

乾坤屯蒙需讼师，比小畜兮履泰否。
同人大有谦豫随，蛊临观兮噬嗑贲。
剥复无妄大畜颐，大过坎离三十备。
咸恒遁兮及大壮，晋与明夷家人睽。
蹇解损益夬姤萃，升困井革鼎震继。
艮渐归妹丰旅巽，兑涣节兮中孚至。
小过既济兼未济，是为下经三十四。

卦 序

卦序是指卦象的排列次序。八卦排列方式有两种，一种是按乾、坤、震、巽、坎、离、艮、兑的顺序排列，称为"文王八卦次序"，又称为"后天八卦次序"；另一种按乾、兑、离、震、巽、坎、艮、坤的顺序排列，称为"伏羲八卦次序"，又称"先天八卦次序"。

今本六十四卦的排列次序从《乾》《坤》两卦开始，到《既济》《未济》两卦终篇。

八卦的卦序称为：乾一、兑二、离三、震四、巽五、坎六、艮七、坤八。六十四卦卦序称为：乾卦第一、坤卦第二……未济卦第六十四。

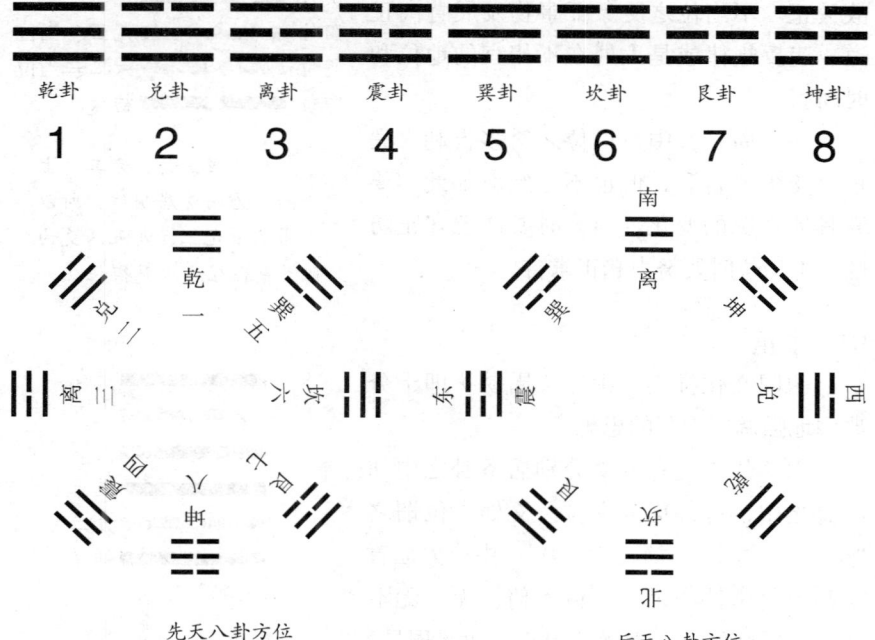

乾卦	兑卦	离卦	震卦	巽卦	坎卦	艮卦	坤卦
1	2	3	4	5	6	7	8

先天八卦方位

后天八卦方位

八卦表示八方：乾正南，坤正北，离正东，坎正西，震东北，兑东南，艮西北，巽西南。这种方位排列法称"先天八卦方位"，又称"伏羲八卦方位"。

离正南，坎正北，震正东，兑正西，艮东北，巽东南，乾西北，坤西南。这种方位排列法称"后天八卦方位"，又称"文王八卦方位"。

《周易》中的爻位占断

当位与不当位

卦象六爻的位次有奇、偶之分，即阴、阳之别，初、三、五是奇位，也就是阳位；二、四、上为偶位，也就是阴位。阳爻居阳位，阴爻居阴位，都称为当位，又称"得位"。古人以为得位之爻象征事物发展符合规律或人处在相宜的地位、环境，具有发展前途。

阳爻居阴位，或阴爻居阳位，称为不当位，又称"失正""不得位"。

如恒卦，初六、六五两爻为阴爻居阳位，故不当位；九二、九四两爻为阳爻居阴位，故失正。不当位之爻象征事物发展背离正道、违反规律或是人处在不相宜的地位和时间。

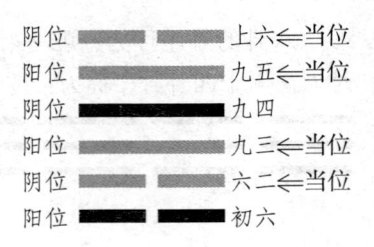

在《周易》中，得位之爻多吉利，失位之爻多不吉利，但也不是绝对如此，要看具体情况的变化。当位时要注意守正防凶，不当位时要努力趋正求吉。

阴位 ▅▅ ▅▅ 上六 ← 当位
阳位 ▅▅▅▅▅ 九五 ← 当位
阴位 ▅▅▅▅▅ 九四
阳位 ▅▅▅▅▅ 九三 ← 当位
阴位 ▅▅ ▅▅ 六二 ← 当位
阳位 ▅▅ ▅▅ 初六

如《咸》卦，六二、上六两爻为阴爻居阴位，所以是当位；九三、九五两爻为阳爻居阳位，也是得位。

中、中正

中国文化推崇"中"，《周易》即十分典型地强调"中"的思想。

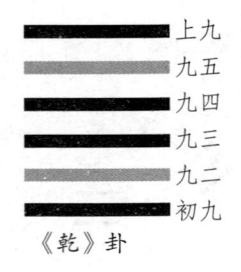

六爻的二爻和五爻分别居下卦之中和上卦之中，这都称为中位。爻处中位谓之"得中""居中"，简言为"中"，中位象征着人和事物坚持中道，不偏不倚，无过无不及，恰到好处。得中优于得正，故《周易》中二爻、五爻多吉利之象。

刚指阳，柔指阴。凡事阳爻居中位，谓之刚中，象征具有刚健而适中之德；阴爻居中位，谓之柔中，象征具有柔顺而适中之德。

▅▅▅▅▅ 上九
▅▅▅▅▅ 九五
▅▅▅▅▅ 九四
▅▅▅▅▅ 九三
▅▅▅▅▅ 九二
▅▅▅▅▅ 初九

《乾》卦

如《乾》卦，九二、九五两爻得中，而且九五阳爻处于阳位既"中"且"正"，这在《周易》爻中是最美善的象征。

如果阴爻居二位，阳爻居五位，既得"中"又得"正"，称为"中正"。在《周易》中，中正之爻尤为善美，象征事物发展到最佳状态，具备最为良好的发展条件。

李光地《周易折中·义例》云："刚柔中正不中正之谓德。刚柔各有善不善，时当用刚，则以刚为善也；时当用柔，则以柔为善也。唯中与正，则无有不善者。然正尤不如中之善，故程子曰：正未必中，中则无不正也。六爻当位者未必皆吉，而二五之中，则吉者独多，以此故尔。"

《周易》的派别

1. 术数派：三国魏的管辂、宋代的陈抟、邵雍都是术数派。
2. 象数派：西汉的孟喜、焦延寿、京房，东汉的马融、郑玄、荀爽，清代的胡煦、焦循都是象数派。
3. 义理派：三国魏的王弼（玄理）、宋代的程颐、朱熹（性理）都是义理派。

《周易》六十四卦的基本内容结构

以《泰》卦为例，如下图所示：

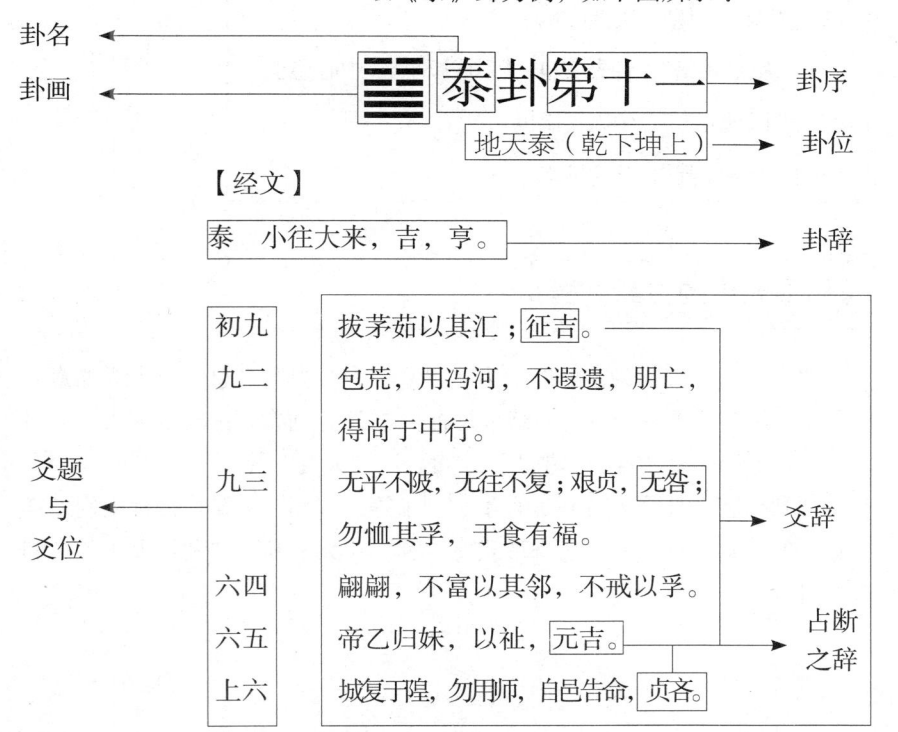

卦名 ← 泰卦第十一 → 卦序
卦画 ← →
地天泰（乾下坤上）→ 卦位

【经文】

泰　小往大来，吉，亨。 → 卦辞

爻题与爻位	爻辞	
初九	拔茅茹以其汇；征吉。	爻辞
九二	包荒，用冯河，不遐遗，朋亡，得尚于中行。	
九三	无平不陂，无往不复；艰贞，无咎；勿恤其孚，于食有福。	
六四	翩翩，不富以其邻，不戒以孚。	占断之辞
六五	帝乙归妹，以祉元吉。	
上六	城复于隍，勿用师，自邑告命，贞吝。	

【彖传】

《彖》曰："《泰》：小往大来，吉，亨。"则是天地交而万物通也，上下交而其志同也。内阳而外阴，内健而外顺，内君子而外小人。君子道长，小人道消也。

【象传】

《象》曰：天地交，《泰》。后以财成天地之道，辅相天地之宜，以左右民。　　→ 大象传

[初九] "拔茅征吉"，志在外也。
[九二] "包荒，得尚于中行"，以光大也。
[九三] "无往不复"，天地际也。
[六四] "翩翩不富"，皆失实也；"不戒以孚"，中心愿也。　　→ 小象传
[六五] "以祉元吉"，中以行愿也。
[上六] "城复于隍"，其命乱也。

《周易》中的占断之辞

"吉"字，其义为"好"，为"善"，为"得"，总之是吉祥如意。但是在《周易》中一种行为的结果是否"吉"，通常是因时、因人、因事而异。表现形式有"吉""中吉""贞吉""大吉"等。

"利"字，其义为有利、宜于、利于等。"利"主要是提示人们怎样做好，怎样做没有好处。表现形式有"利""无不利""利见大人""利涉大川"等。

吉　　　　　　利

"吝"字，其义为艰难、痛惜、遗憾等，在《周易》中的爻辞有"吝"字一般都是警示之义，如果不能因警示而自省自新，就会"自吉而向凶"。表现形式有"吝""往吝""终吝"等。

"悔"字，其义为悔恨。而悔恨往往是因为过失或困厄引起，《周易》中警示人们"悔"而能"改"，如果能改就能"悔自凶而趋吉"。

"咎"字，其义为"灾害"，比悔为重，经凶为轻，悔乃较小之困厄，凶乃巨大之祸殃。在《周易》中出现"咎"字很多，但多数以"无咎"而终，这是因为"无咎者，善补过也"。

"厉"字，其义为"危险"，在《周易》卦爻辞中，"厉"提示人们要避开危险，或是用正确的方法面对危险。

"凶"字，其义为凶险、祸殃。在《周易》中"凶"字是有特定情况的。如果因时、因地、因人能够谨慎自警，多数是可以避免的。

在整个《周易》的六十四卦中，始终有一个基本原则就是万事万物都在变化。所谓"吉"和"凶"也是在互相转化的，多自强，多警惕自己，朝乾夕惕，就能逢凶化吉；如果放纵自己，不求上进，随波逐流，那么即使是吉利的处境，也会转化为凶险。

上　经

◎乾卦第一◎

【原文】

《乾》　元亨利贞。
初九　潜龙勿用。
九二　见龙在田，利见大人。
九三　君子终日乾乾，夕惕若厉，无咎。
九四　或跃在渊：无咎。
九五　飞龙在天，利见大人。
上九　亢龙有悔。
用九　见群龙无首：吉。

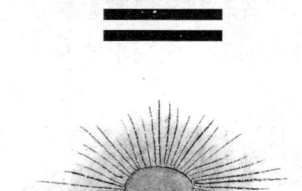

下乾上乾。

【译文】

《乾》　元始，亨通，和合有利，贞正坚固。
初九　龙藏水中，暂时不宜妄动。
九二　龙出现田间，见大人有利。
九三　君子整天勤勉不懈，晚上谨小慎微，纵使遇险也能化险为夷。
九四　（龙或飞腾上天），或遁守深渊：无害。
九五　龙飞在天上，见大人有利。
上九　飞得过高的龙会有麻烦、陷于困境。
用九　群龙出现，都不以首领自居：吉祥。

【原文】

《彖》曰：大哉乾元，万物资始，乃统天。云行雨施，品物流形。大明终始，六位时成。时乘六龙以御天。乾道变化，各正性命，保合大和，乃利贞。首出庶物，万国咸宁。

【译文】

《象传》说：真是伟大啊，乾的创始！万物都依赖它诞生，万物都是属于天的。云朵飘浮，雨水降下，万物的形态千变万化。太阳东升西落，于是上下和东西南北这六个方位就定下了。太阳按时驾着六条龙在天上往返。乾道不断变化，使万物各归其位，使宇宙保持着大和谐的状态，于是万物受益、正道运行。乾道始生天下万物，使万国都得到了安定。

【原文】

《象》曰：天行健，君子以自强不息。

初九　"潜龙勿用"，阳在下也。

九二　"见龙在田"，德施普也。

九三　"终日乾乾"，反复道也。

九四　"或跃在渊"，进无咎也。

九五　"飞龙在天"，大人造也。

上九　"亢龙有悔"，盈不可久也。

用九　"用九"，天德不可为首也。

【译文】

《象传》说：天道刚健，君子取法天道，自强不息。

初九　"潜龙勿用"，这是因为君子还居于下位。

九二　"见龙在田"，表明君子要广施德泽于天下了。

九三　"终日乾乾"，这是说君子反复行道。

九四　"或跃在渊"，这是说明审时度势向前进取而无害。

九五　"飞龙在天"，这是说大人可以大有作为。

上九　"亢龙有悔"，说明凡事过度就久不了。

用九　"用九"，天道之德即天道的特点，六爻（六龙）都在运行变化中，不见端际。

【原文】

《文言》曰：元者，善之长也；亨者，嘉之会也；利者，义之和也；贞者，事之干也。君子体仁足以长人，嘉会足以合礼，利物足以和义，贞固足以干事。君子行此四德者，故曰："乾：元亨利贞。"

【译文】

《文言》说：元，是善的开始；亨，是美的荟萃；利，是义的和谐；贞，是行事的根据。君子践行仁德，足以为人君长；荟萃美好，足以合乎礼仪；利人利物，足以响应道义；坚守正道，足以干出事业。君子能践行仁、礼、义、正这四德，所以说："乾：表现着创始、亨通、和谐有利、贞正坚固。"

【原文】

初九曰："潜龙勿用"，何谓也？子曰："龙，德而隐者也。不易乎世，不成乎名，遁世无闷，不见是而无闷，乐则行之，忧则违之，确乎其不可拔，潜龙也。"

九二曰："见龙在田，利见大人"，何谓也？子曰："龙，德而正中者也。庸言之信，庸行之谨，闲邪存其诚，善世而不伐，德博而化。《易》曰：'见龙在田，利见大人'，君德也。"

九三曰："君子终日乾乾，夕惕若厉，无咎"，何谓也？子曰："君子进德修业，忠信，所以进德也，修辞立其诚，所以居业也。知至至之，可与言几也；知终终之，可与存义也。是故，居上位而不骄，在下位而不忧，故乾乾因其时而惕，虽危无咎矣。"

九四曰："或跃在渊，无咎"，何谓也？子曰："上下无常，非为邪也；进退无恒，非离群也。君子进德修业，欲及时也，故无咎。"

九五曰："飞龙在天，利见大人。"何谓也？子曰，"同声相应，同气相求；水流湿，火就燥，云从龙，风从虎。圣人作而万物睹。本乎天者亲上，本乎地者亲下，则各从其类也。"

上九曰："亢龙有悔"，何谓也？子曰："贵而无位，高而无民，贤人在下位而无辅，是以动而有悔也。"

【译文】

初九说："潜龙勿用"，这是什么意思呢？孔子说："潜龙，是指有德的隐者，他不为世俗所转移，不求虚名，避世却不觉苦闷，不被世人赞同也不苦闷，心以为乐的事就去做，心以为忧恼的事就避开，意志坚定不拔，这就是潜龙。"

九二说："见龙在田，利见大人"，这是什么意思呢？孔子说："龙，是指有德又中正的人，他平时总是言有信，日常行为谨慎有节，防范邪僻，秉持真诚，有益于世却不自夸，德泽广大感化了天下。《周易》说：'见龙在田，利见大人'，这就是君主的品德。"

九三说："君子终日乾乾，夕惕若厉，无咎"，这是什么意思呢？孔子说："这说的是君子增进道德，治理事业。忠信可以增进道德，说话都要出于真诚，可以积累功业。知道方向并努力实现目标，就可以跟他谈事业的精微的道理了；知道方向并达成了目标，就可以和他一道秉守事业的大义了。所以君子居高位时却不骄傲，处低位时却不忧愁，随时勤勉警惕，纵使遇险也能化险为夷了。"

九四说："或龙或跃出渊，或潜入渊"，这是什么意思呢？孔子说："（君子像龙一样）或上或下不定，不是出于邪念；或进或退不定，不是脱离群众。君子增进道德，治理事业，只是想把握时机罢了，所以是无害的。"

九五说："龙高飞在天，有利于出现大人物"，这是什么意思呢？孔子说："同类的声音互相应和，同种的气息互相觅求；水流向湿处，火烧向干处；云伴从龙，风伴从虎。圣人兴起就会万人仰望。本属天的亲近上面，本属地的亲近下面，那么万物就都能各得其所了。"

上九说："龙飞至穷极之处，终将有所悔恨"，这是什么意思呢？孔子说："尊贵却没有君德，居高却脱离群众，贤人屈居下位而丧失辅助，所以君主一轻举妄动就有悔恨。"

【原文】

"潜龙勿用",下也;"见龙在田",时舍也;"终日乾乾",行事也;"或跃在渊",自试也。"飞龙在天",上治也;"亢龙有悔",穷之灾也;乾元"用九",天下治也。

【译文】

"潜龙勿用",是因为君子尚居下位;"见龙在田",说明时势舒展开了;"终日乾乾",是说君子勤勉行事;"或跃在渊",是说君子用实践自检验才能;"飞龙在天",是说君子居高治国,出现最好的局面;"亢龙有悔",因为穷极而将有灾了;乾元"用九",是说天下大治。

【原文】

"潜龙勿用",阳气潜藏;"见龙在田",天下文明;"终日乾乾",与时偕行;"或跃在渊",乾道乃革;"飞龙在天",乃位乎天德;"亢龙有悔",与时偕极;乾元"用九",乃见天则。

【译文】

"潜龙勿用",因为阳气还在潜伏中;"见龙在田",因为万物正当焕然光明;"终日乾乾",是说君子与时俱进;"或跃在渊",是说天道开始变化了;"飞龙在天",是说君子具有天一样的品德;"亢龙有悔",说明人和事情已发展到极端了;乾元"用九""用九"体现了天的规律。

【原文】

《乾》"元"者,始而亨者也;"利贞"者,性情也。乾始能以美利利天下,不言所利。大矣哉!大哉乾乎!刚健中正,纯粹精也。六爻发挥,旁通情也。时乘六龙,以御天也;云行雨施,天下平也。

【译文】

《乾》卦中的"元亨",是说天创始和亨通万物;"利贞",是说天具有利益和规正万物的性情。天创始时用美利来利益天下,却不夸耀它对天下的利益,真是伟大啊!真是伟大啊,天!它刚健中正,达到了纯精的地步。《乾》卦的六爻推演变化,就能广通万物的情状。太阳按时驾着六条龙,为的是在天上运行;云朵飘行,雨水降下,于是天下太平。

【原文】

君子以成德为行,日可见之行也。"潜"之为言也,隐而未见,行而未成,是以君子"弗用"也。

君子学以聚之,问以辩之,宽以居之,仁以行之。《易》曰:"见龙在田,利见大人",君德也。

九三重刚而不中,上不在天,下不在田。故乾乾因其时而惕,虽危无咎矣。

九四重刚而不中,上不在天,下不在田,中不在人,故"或"之。"或"之者,疑之也,故"无咎"。

夫"大人"者,与天地合其德,与日月合其明,与四时合其序,与鬼神合其吉凶,先天而天弗违,后天而奉天时。天且弗违,而况于人乎?况于鬼神乎?

"亢"之为言也,知进而不知退,知存而不知亡,知得而不知丧。其唯圣人乎,知进退存亡而不失其正者,其唯圣人乎!

【译文】

初九 君子以成就德业为目标,每天都可看见他在行动。说是"潜",是因为君子隐伏不露,行动未有成绩,所以君子不妄动。

九二 君子通过学习积累知识,通过问询辨别是非,宽容处世,仁慈办事。《周易》说:"见龙在田,利见大人",这就是君主的品德。

九三 九三爻处于两个阳爻之上,故曰重刚,又未居上卦或下卦中位,上不在天位，下不在地位，所以只要随时勤勉警惕，纵使有危险，也能转危为安。

九四 处于两个重叠的阳爻之上称为重刚，又未居上卦或下卦中位，上不在天位，下不在地位，中不在人位，所以说"或"。所谓"或"，是说君子的位置疑而未定，所以说"无咎"。

九五 所谓"大人"，他的品德可比天地覆载万物，贤明可比日月照亮大地，行为有序可比四季，察知吉凶可比鬼神。先于天的变化而行动，天的变化正好和他的行动一致，他若后于天的变化而行动，也能遵循天的变化规律。天道尚且不违背他，何况人呢，何况鬼神呢？

上九 说是"亢"，是因为君子知进而不知退，知存而不知亡，知得而不知失。大概只有圣人吧——既知道进退存亡，又不失正道的，大概只有圣人吧。

◎坤卦第二◎

【原文】

《坤》元亨，利牝马之贞。君子有攸往，先迷后得主；利。西南得朋，东北丧朋；安贞吉。

初六 履霜，坚冰至。

六二 直方大，不习，无不利。

六三 含章可贞；或从王事，无成有终。

六四 括囊：无咎无誉。

六五 黄裳：元吉。

上六 龙战于野，其血玄黄。

用六 利永贞。

下坤上坤。

【译文】

　　《坤》元始，亨通，像雌马一样柔顺而守正道必然吉祥；安祥守正就会吉祥。

　　初六　当脚踩到秋霜时，寒冬的坚冰也将来临。

　　六二　操持方舟，不熟练也没有什么不利。

　　六三　内蕴文采，占问之事可行，或从事君王的事业，不能成功也有好结果。

　　六四　捆紧囊袋（比喻遇事缄口，不理是非）：无害也无赞誉。

　　六五　黄下衣（象征富贵）：大吉。

　　上六　二龙在野外搏斗，淌出黑黄色的血。

　　用六　永远坚守正道就会有利。

【原文】

　　《彖》曰：至哉坤元！万物资生，乃顺承天。坤厚载物，德合无疆。含弘光大，品物咸亨。牝马地类，行地无疆，柔顺利贞。君子攸行，先迷失道，后顺得常。"西南得朋"，乃与类行；"东北丧朋"，乃终有庆。安贞之吉，应地无疆。

【译文】

　　《彖传》说：真是达到了极致啊！坤的创始！万物都依赖它诞生长成，它是顺承着天道的。坤道的大地深厚，承载万物，坤德配合乾德，没有止境。大地涵容一切，广阔无垠，万物都亨通畅达。母马和地同类，在地上奔驰无疆，它性情柔顺，利于秉守正道。君子出行，起初因抢行而先迷失道路，后来随于人后顺利得回正路。往西南去得到朋友，于是伴友同行；往东北去失去朋友，却能终获福庆。安守正道是吉祥的，能适应大地的广大无边。

【原文】

　　《象》曰：地势坤。君子以厚德载物。

初六　"履霜""坚冰"，阴始凝也；驯致其道，至"坚冰"也。
六二　六二之动，"直"以"方"也；"不习无不利"，地道光也。
六三　"含章可贞"，以时发也；"或从王事"，知光大也。
六四　"括囊无咎"，慎不害也。
六五　"黄裳元吉"，文在中也。
上六　"龙战于野"，其道穷也。
用六　"用六永贞"，以大终也。

【译文】

《象传》说：地势柔顺，君子取法大地厚德载物。

初六　"履霜"，这是说阴气开始凝结了；顺着自然规律发展下去，就会形成"坚冰"。

六二　六二中的"直方"，是说人办事正直端方；"不习无不利"，这是因为地道广大。

六三　有德正直，这要适时使用；"或从王事"，这是因为他智慧大。

六四　"括囊无咎"这是说君子行事谨慎就会无害。

六五　"黄裳元吉"，这是因为君子心怀美德。

上六　"龙战于野"，这是说君子途穷了。

用六　用六说，永远正直，这样就会大有结果。

【原文】

《文言》曰：坤至柔而动也刚，至静而德方。后得主而有常。含万物而化光。坤道其顺乎，承天而时行。

积善之家，必有余庆，积不善之家，必有余殃。臣弑其君，子弑其父，非一朝一夕之故，其所由来者渐矣，由辩之不早辩也。《易》曰："履霜，坚冰至"，盖言顺也。

"直"，其正也，"方"，其义也。君子敬以直内，义以方外，敬义立而德不孤。"直方大，不习无不利"，则不疑其所行也。

阴虽有美，含之以从王事，弗敢成也。地道也，妻道也，臣道也。

地道"无成"，而代"有终"也。

天地变化，草木蕃；天地闭，贤人隐。《易》曰："括囊，无咎无誉"，盖言谨也。

君子"黄"中通理，正位居体，美在其中，而畅于四支，发于事业，美之至也。

阴疑于阳必战，为其嫌于无阳也，故称"龙"焉，犹未离其类也，故称"血"焉。夫"玄黄"者，天地之杂也，天玄而地黄。

【译文】

《文言》说：大地极其柔顺，但运动却是刚健的；大地极其宁静，但地道却是方正的。地道随后，以天道为主人，有稳固的规律。地包容万物而化育广大。地道是柔顺的呵，顺承天道且按时运行。

积善的人家，必然多福庆，积不善的人家，必然多灾殃。臣弑君，儿弑父，不是一朝一夕的缘故，它所以变成这样是渐成的，是由可以察觉却没有早点察觉造成的。《周易》说："踩上霜，坚冰也将来临"，大概说的就是这种事物发展的必然趋势吧。

"直"，是指正直，"方"，是指行事合乎道义。君子通过诚敬成就内在的正直，通过道义成就外在的方正。诚敬、道义确立了，德行就不会孤立了。"直方大，不习无不利"，那么人们就不会怀疑他所做的了。

臣子虽有美德，却能收敛着从事王事，不敢以成功自居。地道就是妻道、臣道。地道无所谓成功，它只是替天道成功罢了。

天地变化，草木就旺盛，天地闭塞，贤人就退隐。《周易》说："括囊，无咎无誉"，大概说的就是谨慎处世的道理吧。

君子内怀美德，通达事理，端正位置，秉守仪礼，美德在心中，外现在四肢上，发扬在事业上，美德真是达到了极致啊。

阴和阳势钧力敌时，一定起争斗，本是阴与阳战而说成"龙战"，是因为怕人们误以为无阳，但上六还没脱离它的阴类属性，不能离开阳，所以称"血"表示阴阳交合。所谓"玄黄"，这是天地杂合的颜色，天是玄色，地是黄色。

◎屯卦第三◎

【原文】

《屯》元亨，利贞；勿用有攸往，利建侯。

初九　磐桓；利居贞，利建侯。

六二　屯如邅如，乘马班如，匪寇，婚媾；女子贞不字，十年乃字。

六三　即鹿无虞，惟入于林中，君子几不如舍，往吝。

六四　乘马班如，求婚媾，往吉，无不利。

九五　屯其膏，小贞吉，大贞凶。

上六　乘马班如；泣血涟如。

下震上坎。

【译文】

《屯》象征事物的初生：元始、亨通，利于坚守正固；不宜有所前往，利于建立诸侯。

初九　徘徊迟疑；静居守持，正固有利，利于建立诸侯。

六二　（他们）聚集前来，乘马回旋，不是抢劫的，是求婚的；女子守持正固，不急出嫁，十年后才能嫁。

六三　逐鹿而没有虞官的帮助，鹿躲入林中，这时与其继续追捕，不如舍弃，继续追捕则将有不利。

六四　乘马徘徊去抢婚，前去吉祥，没有不利。

九五　处草创之艰难，需要普施恩泽。柔小而守正可得吉祥，若刚大则守正也凶险。

上六　（他们）乘马之人徘徊不前，泪流不止，当是凶象。

【原文】

《彖》曰：《屯》，刚柔始交而难生，动乎险中，大亨贞。雷雨之动满盈，天造草昧。宜建侯而不宁。

【译文】

《彖传》说：《屯》卦的象征是，阴阳二气开始相交艰难也随着萌生，下震上坎，事物在艰险下运动发展，如同雷雨，动生万物而润泽之，有元大、亨通的美德。雷雨动行天下，大自然虽然蒙昧，却一片生机。适宜封侯得大安宁。

【原文】

《象》曰：云雷，屯。君子以经纶。
初九　虽"磐桓"，志行正也。以贵下贱，大得民也。
六二　六二之难，乘刚也。"十年乃字"，反常也。
六三　"即鹿无虞"，以从禽也。君子舍之，"往吝"，穷也。
六四　求而往，明也。
九五　"屯其膏"，施未光也。
上六　"泣血涟如"，何可长也？

【译文】

《象传》说：云行于上，雷动于下，这就是《屯》卦。君子取法《屯》卦，在事业草创之际即规划治国方略。

初九　虽然徘徊难以前进，志向和行为却是端正的。地位虽高但能以谦和态度对待人民，就能大获民心。

六二　六二中的"女子贞不字，十年乃字"是艰难的，这是因为女凌驾男。"十年才孕"，这是反常的事。

六三　"即鹿无虞"，这是说追捕禽兽。君子弃追，是因为"往吝"，前去也难有得而且会受困。

六四　前去求婚，且可知晓女家的情况——这是明智的。
九五　"积聚肥肉"，这是说君子尚未广施德泽。
上六　"血泪直流"，这种状况怎能长久呢？

◎蒙卦第四◎

【原文】

《蒙》亨；匪我求童蒙，童蒙求我，初筮告，再三渎，渎则不告；利贞。

初六　发蒙；利用刑人，用说桎梏；以往吝。

九二　包蒙：吉；纳妇：吉，子克家。

六三　勿用取女，见金夫，不有躬，无攸利。

六四　困蒙：吝。

六五　童蒙：吉。

上九　击蒙；不利为寇，利御寇。

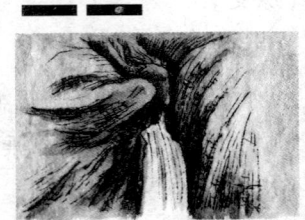

下坎上艮。

【译文】

《蒙》亨通；不是我去求幼童占筮，是幼童求我占筮，初次求教就施以教诲，再三乱问，这就渎犯了神圣的筮法，乱问就不再为之筮。此卦是有利的占问。

初六　启发蒙昧；利于刑人脱桎梏。但有所前往则会发生悔恨之事。

九二　包容蒙昧之人：吉祥；为子娶妻：吉祥；儿子能够继承父志兴家立业。

六三　不能娶那样的女人，她看见有钱人，就会失身，娶她没有什么好处。

六四　困于蒙昧之中：有艰难。

六五　童子蒙昧受启发（能够听从教导）：吉祥。
上九　以猛击开启蒙昧；过于暴烈则不利，用抵御盗寇之法有利。

【原文】

《彖》曰：《蒙》，山下有险，险而止，《蒙》。"蒙亨"，以亨行时中也。"匪我求童蒙，童蒙求我"，志应也；"初筮告"，以刚中也；"再三渎，渎则不告"，渎蒙也。蒙以养正，圣功也。

【译文】

《彖传》说：《蒙》卦的象征是，山下有危险，君子遇险止步，这就是《蒙》卦。《蒙》卦是亨通的，是因为遇险止步是及时的和中正的。"匪我求童蒙，童蒙求我"，这是说双方的想法一致；"初筮告"，是因为蒙童求问的是刚健中正的事；"再三渎，渎则不告"，是因为这种行为是渎犯神灵的和蒙昧的。通过培养中正的道德去除蒙昧，这是圣人的功业。

【原文】

《象》曰：山下出泉，《蒙》。君子以果行育德。
初六　"利用刑人"，以正法也。
九二　"子克家"，刚柔接也。
六三　"勿用取女"，行不顺也。
六四　"困蒙"之"吝"，独远实也。
六五　"童蒙"之"吉"，顺以巽也。
上九　"利"用"御寇"，上下顺也。

【译文】

《象传》说：山下涌出泉水，这就是《蒙》卦的象征。君子取法《蒙》卦果断行动，培养道德。
初六　"利用刑人"，这是说君子按照法令办事。
九二　"……子克家"，这是说男女相配。

六三　"勿用取女",这是说事情不顺。

六四　"困蒙"是艰难的,是因为远离实际。

六五　"童蒙"是吉祥的,是因为蒙童柔顺又能服从大人。

上九　"御寇"是有利的,是因为御寇是自卫,臣民都会顺从支持。

◎需卦第五◎

【原文】

《需》　有孚,光亨,贞吉,利涉大川。

初九　需于郊,利用恒,无咎。

九二　需于沙,小有言,终吉。

九三　需于泥,致寇至。

六四　需于血,出自穴。

九五　需于酒食:贞吉。

上六　入于穴,有不速之客三人来,敬之终吉。

下乾上坎。

【译文】

《需》　真诚守信,光明亨通,守正吉祥,渡大河有利。

初九　停留郊野外,恒心等待有利,无害。

九二　停留在难行的沙地上,会受到小的谴责,但终获吉祥。

九三　停留淤泥里,会招致盗寇到来。

六四　停留血泊中,(形势凶险)但终能逃出洞穴(度过灾难)。

九五　停留酒食之地:占问说吉祥。

上六　故人居于洞穴,有不速之客来访,恭敬接待就会终获吉祥。

【原文】

《彖》曰:需,须也。险在前也,刚健而不陷,其义不困穷矣。

《需》,"有孚,光亨,贞吉",位乎天位,以正中也。"利涉大川",往有功也。

【译文】

《彖传》说:需,指等待。前有危险,人却能凭着刚健,避免使自己陷险,宜其不会困穷。《需》卦说:"有孚,光亨,占吉",这是因为人居尊位,道德中正。"利涉大川",这是说前往有收获。

【原文】

《象》曰:云上乎天,《需》。君子以饮食宴乐。
初九 "需于郊",不犯难行也;"利用恒无咎",未失常也。
九二 "需于沙",衍在中也,虽小有言,以吉终也。
九三 "需于泥",灾在外也。自我"致寇",敬慎不败也。
六四 "需于血",顺以听也。
九五 "酒食贞吉",以中正也。
上六 "不速之客来,敬之终吉",虽不当位,未大失也。

【译文】

《象传》说:云在天上,这就是《需》卦的象征。君子取法《需》卦安于饮食宴乐。

初九 "需于郊",这是说不要冒险前进;"利用恒,无咎",是因为没有违反常道。

九二 "需于沙",这是说君子停于不当停之处而有过失,受到小的谴责,结果却还是吉祥的。

九三 "需于泥",这是说灾祸就在外面。虽是自己招来的寇盗,但谨慎防御,还是能避免失败的。

六四 "需于血",这是说要顺乎时势应乎天命。

九五 "酒食贞吉",这是因为君子能行中正之道。

上六 "不速之客来,敬之终吉"。上六处的位置虽有不当,也不会酿成大过失。

◎讼卦第六◎

【原文】

《讼》有孚，窒，惕，中吉，终凶；利见大人，不利涉大川。

初六　不永所事，小有言，终吉。

九二　不克讼，归而逋，其邑人三百户无眚。

六三　食旧德：贞厉，终吉；或从王事，无成。

九四　不克讼，复即命渝；安贞吉。

九五　讼元吉。

上九　或锡之鞶带，终朝三褫之。

下坎上乾。

【译文】

《讼》有俘获；心中恐惧警惕，事情中途吉祥，结果凶险；见大人有利，渡大河不利。

初六　事情做不久，会受到小的谴责，但终获吉祥。

九二　争讼输了，回家后逃跑，逃至他封邑内的三百户人家那里就能免于灾祸了。

六三　靠祖业过活：守持正固以避免危险，但终获吉祥；或者从事君王事业，成功不自居。

九四　官司输了，回来后服从命令；占问平安：吉祥。

九五　明断讼事，大吉。

上九　偶或（讼胜）得到显贵的大腰带，但一天里多次得到又多次被剥夺。

【原文】

《彖》曰：《讼》，上刚下险，险而健，《讼》。《讼》"有孚，窒惕，中吉"，刚来而得中也；"终凶"，讼不可成也；"利见大人"，尚中正也；"不利涉大川"，入于渊也。

【译文】

《彖传》说：《讼》卦的象征是，君子刚健时遇险，遇险时依然刚健，这就是《讼》卦。《讼》卦说："有孚，窒惕，中吉"，这是因为君子刚健中正；"终凶"，这是说君子争讼不会赢；"利见大人"，是因为君子崇尚中正；"不利涉大川"，是因为强渡会落水。

【原文】

《象》曰：天与水违行，《讼》。君子以作事谋始。

初六 "不永所事"，讼不可长也。虽小有言，其辩明也。

九二 "不克讼"，归逋窜也。自下讼上，患至掇也。

六三 "食旧德"，从上吉也。

九四 "复即命渝""安贞"，不失也。

九五 "讼元吉"，以中正也。

上九 以讼受服，亦不足敬也。

【译文】

《象传》说：天和水反向运动，这就是《讼》卦的象征。君子取法《讼》卦，做事考虑好开始（以绝争讼之源）。

初六 "不永所事"，这是说争讼不可长久了。虽然受到（官吏）小的谴责，是非却已辨明白了。

九二 争讼赢不了，回来后就逃跑。居于下位而和上位发生争讼，招来祸患十分容易。

六三 "食旧德"，这是说顺从上位就能吉祥。

九四　回来后服从命令，安守正道，这就不会有过失。

九五　争讼大吉，这是因为君子居中守正。

上九　通过争讼捞得官位，这是不值得人敬重的。

◎师卦第七◎

【原文】

《师》贞，丈人吉，无咎。

初六　师出以律，否臧凶。

九二　在师中：吉，无咎，王三锡命。

六三　师或舆尸：凶。

六四　师左次：无咎。

六五　田有禽：利执言，无咎；长子帅师，弟子舆尸：贞凶。

上六　大君有命，开国承家，小人勿用。

【译文】

《师》坚守正固，贤明长者率兵吉祥，无害。

初六　行军靠军纪，不守军纪会有凶险。

九二　在军统兵，持中不偏者吉祥，无害，天子多次奖赏他。

六三　军队或会用车载着尸体回来：凶险。

六四　军队撤退安全处驻扎：免遭灾害。

六五　田野上有野禽，利于捕捉，无害；可以委任长者统率军队出征，委任幼稚者就会战亡，尸体用车载着回来：要保持贞正以防凶险。

上六　天子有奖赏，有功者封为诸侯或大夫，小人不得受封。

下坎上坤。

【原文】

《彖》曰："师"，众也；"贞"，正也。能以众正，可以王矣。刚中而应，行险而顺，以此毒天下，而民从之，吉又何咎矣。

【译文】

《彖传》说："师"，指众人；"贞"，指正道。能使众人都来归顺正道，就可以称王了。刚健中正又能得人响应，身处危险仍能顺应正道，这样治理天下，百姓就会归附，这是吉祥的，哪里会有害处呢？

【原文】

《象》曰：地中有水，《师》。君子以容民畜众。
初六 "师出以律"，失律凶也。
九二 "在师中吉"，承天宠也；"王三锡命"，怀万邦也。
六三 "师或舆尸"，大无功也。
六四 "左次无咎"，未失常也。
六五 "长子帅师"，以中行也；"弟子舆尸"，使不当也。
上六 "大君有命"，以正功也；"小人勿用"，必乱邦也。

【译文】

《象传》说：地中有水，这就是《师》卦的象征。君子取法《师》卦容纳和蓄养百姓。
初六 "师出以律"，失了纪律是凶险的。
九二 "在师中吉"，这是因为受到上天的宠爱；"王三锡命"，为的是收服万国的心。
六三 "师或舆尸"，这是说征伐不仅毫无战绩，而且出师的军队可能载尸而归。
六四 "左次无咎"，撤退驻守，没有出现灾祸，这是因为军队没有违反行军的常道。

六五　"长子帅师"，这是因为长子能行中道；"弟子舆尸"，这是因为用人不当。

上六　"大君有命"，为的是论功行赏；"小人勿用"，不然必定乱邦。

◎比卦第八◎

【原文】

《比》吉，原筮，元，永贞无咎；不宁方来，后夫凶。

初六　有孚；比之，无咎；有孚盈缶，终来有它，吉。

六二　比之自内：贞吉。

六三　比之，匪人。

六四　外比之：贞吉。

九五　显比，王用三驱，失前禽，邑人不诫：吉。

上六　比之，无首：凶。

下坤上坎。

【译文】

《比》亲密比辅则吉祥，初次占问大亨通，长久坚持正固则无害；不获安宁的邦国前来朝拜，迟来的有凶险。

初六　心怀诚信，亲比天子则无害；积累的诚信有如水装满瓦器，最终还有别的收获到来：吉祥。

六二　在朝廷内辅助天子：守持正固吉祥。

六三　想亲附而不得其人。

六四　在外亲附于上：守持贞正则吉祥。

九五　用光明的道广获亲比；天子用三驱法狩猎，放掉逃向前面的野禽，当地人对此不加警告：吉祥。

上六　亲附于人而没有好的开端：凶险。

【原文】

《彖》曰：《比》，吉也；《比》，辅也，下顺从也。"原筮元。永贞无咎"，以刚中也；"不宁方来"，上下应也；"后夫凶"，其道穷也。

【译文】

《彖传》说：《比》卦是吉祥的，《比》指辅佐，指臣子顺从君主。"原筮元，永贞无咎"，是因为君主刚健中正；"不宁方来"，是因为君臣能彼此响应；"后夫凶"，这是说后到者将无路可走了。

【原文】

《象》曰：地上有水，《比》。先王以建万国，亲诸侯。
初六　《比》之"初六""有它吉"也。
六二　"比之自内"，不自失也。
六三　"比之，匪人"，不亦伤乎？
六四　外比于贤，以从上也。
九五　"显比"之"吉"，位正中也。舍逆取顺，"失前禽"也。"邑人不诫"，上使中也。
上六　《象》曰："比之无首"，无所终也。

【译文】

《象传》说："地上有水，这就是《比》卦的象征。先王取法《比》卦建立众国，亲近诸侯。
初六　《比》卦初六爻："终会有他人来亲近自己"吉祥。
六二　从内部相亲相辅，坚持正道而不使自己有所过失。
六三　"比之匪人"，这岂不是会被伤害么？
六四　在朝廷外辅佐贤君，这是因为臣子要服从君主。
九五　用光明的道辅助君主是吉祥的，这是因为君主中正。舍弃迎面奔来的野兽不射杀，却去射杀往前远跑的，这是"失前禽"的原因。当地人对此不感到惊奇，这是因为君主中正。

上六 "比之无首"，这是说事情没有好收场。

◎小畜卦第九◎

【原文】

《小畜》亨；密云不雨，自我西郊。

初九 复自道：何其咎，吉。

九二 牵复：吉。

九三 舆说辐；夫妻反目。

六四 有孚，血去惕出，无咎。

九五 有孚挛如，富以其邻。

上九 既雨既处，尚德载；妇贞厉；月几望，君子征凶。

下乾上巽。

【译文】

《小畜》亨通；浓云不下雨，从我的西邑郊外涌来。

初九 从正路返回，能有什么灾祸呢？吉祥。

九二 受人牵引返回：吉祥。

九三 车轮辐条脱落；夫妻反目成仇。

六四 心怀诚信，忧患将要过去；出远门无害。

九五 心怀诚信，密切相联，与近邻共同富裕。

上九 雨下过了，停了，此时应当积德载物，妇女应保持贞正以防危险；接近阴历十五时，君子出征有凶险。

【原文】

《彖》曰：《小畜》，柔得位而上下应之，曰"小畜"。健而巽，刚中而志行，乃"亨"。"密云不雨"，尚往也；"自我西郊"，施未行也。

【译文】

《彖传》说：《小畜》卦的象征是，六四阴爻居阴位即是柔顺者得其位，上下五阳爻与之相应，所以小有蓄聚。所以卦名叫"小蓄"。君子刚健谦逊，道德中正，志向得以推行，所以亨通。"密云不雨"，这是说乌云上涌聚集；"自我西郊"，这是说雨尚未降下，说明阴阳交和之功方积，而未大行其道。

【原文】

《象》曰：风行天上，《小畜》。君子以懿文德。
初九　"复自道"，其义吉也。
九二　"牵复"在中，亦不自失也。
九三　"夫妻反目"，不能正室也。
六四　"有孚惕出"，上合志也。
九五　"有孚挛如"，不独富也。
上九　"既雨既处"，德积载也；"君子征凶"，有所疑也。

【译文】

《象传》说：风刮在天上，这就是《小畜》卦的象征。君子取法《小畜》卦，磨练自己的才能和道德。
初九　"复自道"，这是吉祥的。
九二　"牵复"，这是因为君子能守中道，不会有什么过失。
九三　"夫妻反目"，这是因为丈夫不能使夫妻关系正常家庭和睦。
六四　"有孚惕出"，这是能于居于上位的阳刚者心志相合。
九五　"有孚挛如"，这是说不要一家独富。
上九　"既雨既处"，这是说这时可以装货出行了；"君子征凶"，这是因为出兵时对敌我形势、战争策略都迟疑不决。

◎履卦第十◎

【原文】

《履》 履虎尾，不咥人：亨。

初九 素履往：无咎。

九二 履道坦坦：幽人贞吉。

六三 眇能视，跛能履；履虎尾，咥人，凶；武人为于大君。

九四 履虎尾，愬愬，终吉。

九五 夬履：贞厉。

上九 视履考祥，其旋元吉。

下乾上坤。

【译文】

《履》 踩到老虎尾巴，老虎不咬人：亨通。

初九 穿着朴素无华的鞋子前往：无害。比喻人要以朴实坦白的态度行事，则无害。

九二 大路平坦：幽静无争的人吉祥。

六三 眼瞎了却自以为视力好，瘸腿的却自以为能走路；踩到老虎尾巴，老虎咬人：凶险；粗猛武人要担当君主给的大任。

九四 踩到老虎尾巴，心里戒惧，终获吉祥。

九五 决然行事但不可一意孤行：刚愎自用会有危险。

上九 小心回顾走过的路，考察其中福祸得失的征兆，返回时就能大吉。

【原文】

《彖》曰：《履》，柔履刚也。说而应乎乾，是以"履虎尾，不咥人""亨"。刚中正，履帝位而不疚，光明也。

【译文】

《彖传》说：《履》卦的象征是，小民凌驾君子。小民和悦地响应君子，这就是"履虎尾，不咥人""亨"的象征。君子刚健中正，即使登临帝位也毫无愧疚，前途光明。

【原文】

《象》曰：上天下泽，《履》。君子以辩上下，定民志。

初九 "素履"之"往"，独行愿也。

九二 "幽人贞吉"，中不自乱也。

六三 "眇能视"，不足以有明也；"跛能履"，不足以与行也；"咥人"之"凶"，位不当也；"武人为于大君"，志刚也。

九四 "愬愬终吉"，志行也。

九五 "夬履贞厉"，位正当也。

上九 "元吉"在上，大有庆也。

【译文】

《象传》说：上天下泽，这就是《履》卦的象征。君子取法《履》卦，建立秩序分别上下名分，安定百姓思想。

初九 朴素无华地往前走，这是说君子行事坚定。

九二 安静、中和、恬淡的人是幽人，能坚持守住中正之道，自然是可以获得吉祥的。

六三 "眇能视"，这是说独眼看不清东西；"跛能履"，这是说瘸腿走不了路；"咥人"是凶险的，这是因为地位失当；"武人为于大君"，这是说武人刚愎自用。

九四　"愬愬终吉",这是因为君子得志了。

九五　"夬履贞厉",不过他的地位毕竟是得当的。

上九　"元吉"在上九出现,这是说上位君子大获福庆了。

◎泰卦第十一◎

【原文】

《泰》　小往大来,吉,亨。

初九　拔茅茹以其汇;征吉。

九二　包荒,用冯河,不遐遗,朋亡,得尚于中行。

九三　无平不陂,无往不复;艰贞,无咎;勿恤其孚,于食有福。

六四　翩翩,不富以其邻,不戒以孚。

六五　帝乙归妹,以祉,元吉。

上六　城复于隍,勿用师,自邑告命,贞吝。

下乾上坤。

【译文】

《泰》象征和畅通泰:小的去了大的来,吉祥,亨通。

初九　拔茅草的根,连同茅草的同类也一同拔起来;如此同根同志地团结出征,吉祥。

九二　有包容大川的胸怀,涉越长河的能力,不遗弃远方的贤人,也不溺于私情,要中道行事。

九三　没有哪种平坦,永远不会倾斜,没有哪种失去,永远不会得回;事情艰难也要坚守正道,自然是无害的;不用忧虑无法取信于人,生活是会变富足的。

六四　像鸟飞那样轻飘自得,难保财富。但与邻居相互信任不必加以戒备。

六五　帝乙出嫁少女，因而得福，大吉。

上六　城墙倒塌在濠沟里。命令说是不要用兵，只能自我检讨，坚守正道来防止危害。

【原文】

《彖》曰："《泰》：小往大来，吉，亨。"则是天地交而万物通也，上下交而其志同也。内阳而外阴，内健而外顺，内君子而外小人。君子道长，小人道消也。

【译文】

《彖传》说："《泰》：小往大来。吉，亨。"这是说天地阴阳二气相交就会万物亨通，君臣相互沟通就能心意一致。《泰》卦内卦是阳，外卦是阴，内卦是健，外卦是顺，内卦是君子，外卦是小人。君子的道将要发展，小人的道将要衰落。

【原文】

《象》曰：天地交，《泰》。后以财成天地之道，辅相天地之宜，以左右民。

初九　"拔茅征吉"，志在外也。

九二　"包荒，得尚于中行"，以光大也。

九三　"无往不复"，天地际也。

六四　"翩翩不富"，皆失实也；"不戒以孚"，中心愿也。

六五　"以祉元吉"，中以行愿也。

上六　"城复于隍"，其命乱也。

【译文】

《象传》说：天地阴阳二气相交，这就是《泰》卦的象征。君主取法《泰》卦，制定符合天地之道的制度，辅助百姓从事生产，以便统治百姓。

初九 "拔茅征吉",这是说君子志在向外发展。

九二 "包荒,得尚于中行",这是因为君子光明正大。

九三 "无往不复",这是说事情发展到了临界点(就要转变了)。

六四 "翩翩不富",这是说君子丧失财物;有诚信不戒备,这是君子的心愿。

六五 "以祉元吉",这是因为君子行事中正。

上六 "城复于隍",这是说统帅的命令错乱失当。

◎否卦第十二◎

【原文】

《否》 否之,匪人;不利君子贞;大往小来。

初六 拔茅茹以其汇:贞吉,亨。

六二 包承:小人吉,大人否,亨。

六三 包羞。

九四 有命:无咎,畴离祉。

九五 休否,大人吉,其亡其亡,系于苞桑。

上九 倾否,先否后喜。

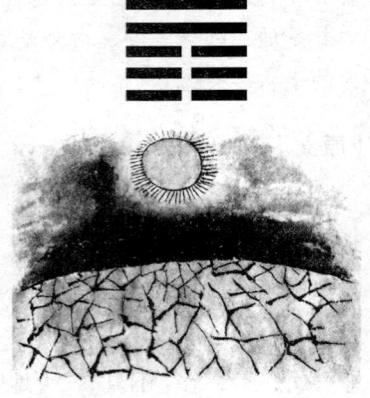

下坤上乾。

【译文】

《否》卦象征天下闭塞不通:否闭之世排斥贤人,君子此时应坚守贞正;大的阳刚去了,小的阴柔来了。事业由盛转衰。

初六 拔茅草的根,连同茅草的同类也一起拔起:君子应当坚守正道,吉祥亨通。

六二 被包容并顺承尊者:小人吉祥,大人闭塞,以后才亨通。

六三 位置不当,包藏羞辱。

九四　保有天命：无害，同志都来会一起享有福祉。

九五　终止闭塞的局面，大人才能吉祥，但还要时刻警惕（将要灭亡，将要灭亡），才会像桑树一样安然无恙。

上九　倾覆闭塞的局面，起初闭塞，后来通泰喜悦。

【原文】

《象》曰："否之匪人。不利君子贞。大往小来。"则是天地不交而万物不通也，上下不交而天下无邦也。内阴而外阳，内柔而外刚，内小人而外君子。小人道长，君子道消也。

【译文】

《象传》说："《泰》：小往大来。吉，亨。"这是说天地阴阳二气不相交，就会万物不亨通，君臣不相沟通，就会国家衰亡。《否》卦内卦是阴，外卦是阳，内卦是柔，外卦是刚，内卦是小人，外卦是君子。小人的道将要发展，君子的道将要衰落。

【原文】

《象》曰：天地不交，《否》。君子以俭德辟难，不可荣以禄。

初六　"拔茅贞吉"，志在君也。

六二　"大人否，亨"，不乱群也。

六三　"包羞"，位不当也。

九四　"有命无咎"，志行也。

九五　"大人"之"吉"，位正当也。

上九　否终则倾，何可长也。

【译文】

《象传》说：天地阴阳二气不相交，这就是《否》卦的象征。君子取法《否》卦，崇尚俭德，躲避祸难，不以利禄为荣。

初六　"拔茅贞吉"，初六不忘上应阳刚，坚持正道则吉祥，这是说君子志在辅助君王。

六二 "大人否，亨"，这是因为大人不和小人厮混。

六三 "包羞"，这是因为地位失当。

九四 "有命无咎"，这是说君子得志了。

九五 大人是吉祥的，这是因为他地位得当。

上九 事情闭塞到了极点就要变了，怎么可能长久不变呢？

◎同人卦第十三◎

【原文】

《同人》 同人于野：亨；利涉大川，利君子贞。

初九 同人于门：无咎。

六二 同人于宗：吝。

九三 伏戎于莽，升其高陵，三岁不兴。

九四 乘其墉，弗克攻，吉。

九五 同人，先号咷而后笑，大师克，相遇。

上九 同人于郊：无悔。

下离上乾。

【译文】

同人 在郊野外聚集众人：亨通，渡大河有利，君子坚守贞正有利。

初九 出了门和同众人：无害。

六二 在宗庙聚集众人：危险。

九三 在草丛埋伏军队，又登上高地瞭望，三年了都不能取胜。

九四 登临敌城了，但又放弃了进攻，是吉祥的。

九五 和同于众人，先是嚎哭，然后大笑，（原来是因为）大部队攻克了敌人，会师成功了。

上九　在野外聚集众位同仁：无悔。

【原文】

《彖》曰：《同人》，柔得位得中，而应乎乾，曰"同人"。《同人》曰："同人于野，亨，利涉大川"，乾行也。文明以健，中正而应，君子正也。唯君子为能通天下之志。

【译文】

《彖传》说：《同人》卦的象征是，柔顺者地位得当，秉守中正，响应刚健者，所以卦名叫"同人"。《同人》卦说："同人于野，亨，利涉大川"，这是因为君子行事刚健。文明刚健，中正又得人响应，这就因为君子秉守正道。唯有君子能通晓天下人的心思。

【原文】

《象》曰：天与火，《同人》。君子以类族辨物。

初九　前往同人，又谁咎也。

六二　"同人于宗"，吝道也。

九三　"伏戎于莽"，敌刚也；"三岁不兴"，安行也。

九四　"乘其墉"，义弗克也。其"吉"，则困而反则也。

九五　"同人"之"先"，以中直也；大师相遇，言相克也。

上九　"同人于郊"，志未得也。

【译文】

《象传》说：天和火，这就是《同人》卦的象征。君主取法《同人》卦的卦象以区分物类，辨明物事。

初九　出门在外与人接触能够和同于人，与人同心同德，又有谁来怪罪呢？

六二　"同人于宗"，这是危险的举动。

九三　"伏戎于莽"，这是因为敌兵强大；"三岁不兴"，这是说不能出兵，此事行不通。

九四　虽然登临敌城了，不过按照道义是不宜赶尽杀绝的；军队是吉祥的，这是因为军队受困时能回归正确的作战计划。

九五　赞同他人，先是哀哭，后是破涕为笑，这是因为君子能守中正；军队和大部队会师，这是说战争打赢了。

上九　"同人于郊"，这是说君子尚未得志。

◎大有卦第十四◎

【原文】

《大有》元亨。

初九　无交害，匪咎，艰则无咎。

九二　大车以载，有攸往：无咎。

九三　公用亨于天子，小人弗克。

九四　匪其尪：无咎。

六五　厥孚交如威如：吉。

上九　自天祐之：吉，无不利。

【译文】

《大有》象征大获富有：事业大亨通。　下乾上离。

初九　没有因不当的交往受祸害，就无灾殃，身处艰难时也无害。

九二　用大车运载货物出行：无害（因为有良好之工具、设备）。

九三　公侯向天子献礼，小人不能担当重任。

九四　富盛而不炫耀：无害。

六五　他与人交往诚信明亮威严：吉祥。

上九　上天降下保佑：吉祥，没有不利。

【原文】

《彖》曰:《大有》,柔得尊位大中,而上下应之,曰"大有"。其德刚健而文明,应乎天而时行,是以"元亨"。

【译文】

《彖传》说:《大有》卦的象征是,阴爻赢得了尊位,秉守中道,得到众阳刚的响应,所以卦名叫"大有"。君子的道德刚健而又文明,能顺应天道适时行事,所以说前途必是至为亨通。

【原文】

《象》曰:火在天上,《大有》。君子以遏恶扬善,顺天休命。

初九 《大有》初九,"无交害"也。

九二 "大车以载",积中不败也。

九三 "公用亨于天子""小人"害也。

九四 "匪其彭,无咎",明辨晰也。

六五 "厥孚交如",信以发志也。"威如"之"吉",易而无备也。

上九 《大有》上"吉""自天祐"也。

【译文】

《象传》说:火在天上,这就是《大有》卦的象征。君子取法《大有》卦遏恶扬善,顺应天道,磨炼命运。

初九 《大有》初九说:"无交害。"(传对此爻没有释读)

九二 "大车以载",这是说货物堆在车上塌不了。

九三 "公用亨于天子",这是说小人参加祭祀会有害。

九四 "匪其彭无咎",这是因为君子明辨事理。

六五 "厥孚交如",这是说君子能老实地表达愿望。办事威严是吉祥的,这是因为他平易近人,毫无心机。

上九 《大有》上九是吉祥的,这是因为有上天的保佑。

◎谦卦第十五◎

【原文】

《谦》 亨,君子有终。

初六 谦谦:君子用涉大川,吉。

六二 鸣谦:贞吉。

九三 劳谦,君子有终:吉。

六四 无不利,㧑谦。

六五 不富以其邻,利用侵伐,无不利。

上六 鸣谦:利用行师,征邑国。

下艮上坤。

【译文】

《谦》卦象征谦虚:亨通,君子能保持谦虚最终有好结果。

初六 谦虚的君子:这种态度可以渡过大河,吉祥。

六二 名声在外,但仍能保持谦虚:吉祥。

九三 功劳很大,但仍能保持谦虚:吉祥。

六四 在事业上发扬谦虚,没有不利。

六五 不能和邻国共富的国家,可以对它进行征伐,没有不利。

上六 名声在外,但仍能保持谦虚:用这种态度出兵征讨邑国有利。

【原文】

《彖》曰:《谦》,"亨"。天道下济而光明,地道卑而上行。天道亏盈而益谦,地道变盈而流谦,鬼神害盈而福谦,人道恶盈而好谦。谦,尊而光,卑而不可逾,君子之终也。

【译文】

《象传》说：《谦》卦是亨通的。天道屈尊向下，照耀成就地上的万物，地道谦逊卑下，从而使得地气得以上升。天道减损盈满的，补充谦虚的；地道毁坏盈满的，增益谦虚的；鬼神道伤害盈满的，造福谦虚的；人道厌恶盈满的，喜爱谦虚的。秉守谦虚，居尊位时是光荣，居卑位时也不会遭人羞辱，这就是君子的好结果。

【原文】

《象》曰：地中有山，《谦》。君子以裒多益寡，称物平施。
初六　"谦谦君子"，卑以自牧也。
六二　"鸣谦贞吉"，中心得也。
九三　"劳谦君子"，万民服也。
六四　"无不利，㧑谦"，不违则也。
六五　"利用侵伐"，征不服也。
上六　"鸣谦"，志未得也。可"用行师""征邑国"也。

【译文】

《象传》说：地中有山，这就是《谦》卦的象征。君子取法《谦》卦取多补少，称物平分。
初六　"谦谦君子"，是君子就要培养谦逊。
六二　"鸣谦贞吉"，这是因为君子心怀中正。
九三　"劳谦君子"，使万民都敬服了。
六四　"无不利，㧑谦"，这是因为没有违反法则。
六五　"利用侵伐"，君子前去讨伐的是不臣服的国家。
上六　"鸣谦"，这是因为尚未得志。出兵征伐不臣服的邑国是可以的。

◎豫卦第十六◎

【原文】

《豫》利建侯行师。

初六　鸣豫：凶。

六二　介于石，不终日：贞吉。

六三　盱豫，悔；迟有悔。

九四　由豫，大有得，勿疑，朋盍簪。

六五　贞疾，恒不死。

上六　冥豫成，有渝无咎。

下坤上震。

【译文】

《豫》象征欢乐：利于建立诸侯出征打仗。

初六　人有名声而耽于享乐：凶险。

六二　耿介如石，不用一天就明白坚守中道，吉祥。

六三　贪慕他人放肆享乐，会有悔恨；迟疑不改，又有悔恨。

九四　人们由于他而得到欢乐，必将大有所得，但不能猜忌，这样朋友就都聚集来了。

六五　坚守正道防止疾病：人能永久健康。

上六　沉迷享乐成性，但能及时改好就无害。

【原文】

《象》曰：《豫》，刚应而志行，顺以动，《豫》。《豫》顺以动，故天地如之，而况"建侯行师"乎？天地以顺动，故日月不过，而四时不忒。圣人以顺动，则刑罚清而民服。《豫》之时义大矣哉！

【译文】

《象传》说:《豫》卦的象征是,君子得到小民的响应,心意得以推行,顺应规律办事,这就是《豫》卦。《豫》卦象征君子顺应规律办事,所以天地会顺从君子,何况是"建侯行师"这种愿望呢!天地顺应规律运转,所以日月的更替没有过失,四季的循环不会出错。圣人顺应规律办事,于是刑罚清明,百姓服从。《豫》卦这种顺应规律办事的道理真是大啊!

【原文】

《象》曰:雷出地奋,《豫》。先王以作乐崇德,殷荐之上帝,以配祖考。

初六 "初六鸣豫",志穷"凶"也。
六二 "不终日,贞吉",以中正也。
六三 "盱豫有悔",位不当也。
九四 "由豫大有得",志大行也。
六五 "六五贞疾",乘刚也;"恒不死",中未亡也。
上六 "冥豫"在上,何可长也?

【译文】

《象传》说:雷出地动,这就是《豫》卦的象征。先王取法《豫》卦制作音乐,推崇道德,用丰盛的祭品祭献上帝和祖先。

初六 "初六鸣豫",这是玩物丧志的表现,会有凶险。
六二 "不终日,贞吉",这是因为君子能守中正。
六三 "盱豫有悔",这是因为地位失当。
九四 "由豫大有得",这是说君子大大得志了。
六五 六五说"贞疾",这是因为小民凌驾君子;"恒不死",这是因为中道尚未丧失。
上六 上级死到临头还在享乐,这种享乐怎能长久呢?

◎随卦第十七◎

【原文】

《随》元亨，利贞，无咎。

初九 官有渝：贞吉；出门交有功。

六二 系小子，失丈夫。

六三 系丈夫，失小子；随有，求得，利居贞。

下震上兑。

九四 随有获：贞凶。有孚在道，以明，何咎。

九五 孚于嘉：吉。

上六 拘系之，乃从维之；王用亨于西山。

【译文】

《随》象征追随：人有元创、亨通、利物、坚守正道之美德，人都愿意随从之，无危害。

初九 做官要懂得变化之理，又要坚守正道吉祥；出门与人交游必能成功。

六二 追随了小子，却失去了丈夫。

六三 追随了丈夫，却失去了小子；追随就会有，追求就能得，坚守正道乃为有利。

九四 追逐能有所收获（但不免相争）：坚守正道以防凶险；行路有诚信，又能明察，这样能有什么害处呢。

九五 真诚信任美善：吉祥。

上六 绑了他，又放走了他；获释后的周文王在西山举行祭祀大礼。

【原文】

《彖》曰：《随》，刚来而下柔，动而说，《随》。大"亨贞无咎"，而天下随之。《随》之时义大矣哉！

【译文】

《彖传》说：《随》卦的象征是，君主礼遇臣子，臣子对君主的行动感到欣喜，这就是《随》卦。君主正直，大亨通无害，天下人都追随他。《随》卦这种因时随人的道理真是大啊！

【原文】

《象》曰：泽中有雷，《随》。君子以向晦入宴息。
初九　"官有渝"，从正"吉"也；"出门交有功"，不失也。
六二　"系小子"，弗兼与也。
六三　"系丈夫"，志舍下也。
九四　"随有获"，其义凶也；"有孚在道"，明功也。
九五　"孚于嘉吉"，位正中也。
上六　"拘系之"，上穷也。

【译文】

《象传》说：泽中有雷，这就是《随》卦的象征。君子取法《随》卦，夜来时休息。
初九　"官有渝"，这是说官吏改邪归正是吉祥的；"出门交有功"，这是因为没有迷失正道。
六二　"系小子"，这是说丈夫和小子不可兼得（这句是说鱼和熊掌不可得兼，必须二者选一）。
六三　"系丈夫"，这是说君子的意见是放弃小子。
九四　"随有获"，这是凶险的；"有孚在道"，这是君子明察的功劳。

九五 "孚于嘉吉"，这是因为君子能守中正。

上六 "拘系之"，这是说上六处于上位而陷于困境。

◎蛊卦第十八◎

【原文】

《蛊》元亨，利涉大川，先甲三日，后甲三日。

初六　干父之蛊，有子，考无咎，厉，终吉。

九二　干母之蛊：不可贞。

九三　干父之蛊：小有悔，无大咎。

六四　裕父之蛊，往见吝。

六五　干父之蛊，用誉。

上九　不事王侯，高尚其事。

下巽上艮。

【译文】

《蛊》象征要拯弊治乱：大亨通，利于渡过大河。物极必反，宜先想好"甲"日前三天的情况，然后定好"甲"日后三天的治乱方针。这符合"七日来复的自然规律。"

初六　纠正父辈积累的弊端：这种儿子能继承先业而且于父辈没有危害，即使有危险，但终获吉祥。

九二　纠正母辈的过失：情势难行时要守正以待。

九三　纠正父辈的过失：小有不幸，但无大害。

六四　放任父辈的过失，这样发展下去会出现危险。

六五　纠正父辈的过失，会得到称赞。

上九　不去侍奉王侯，先培养自己的志尚为重。

【原文】

《彖》曰：《蛊》，刚上而柔下，巽而止，《蛊》。《蛊》"元亨"，而天下治也。"利涉大川"，往有事也；"先甲三日，后甲三日"，终则有始，天行也。

【译文】

《彖传》说：《蛊》卦的象征是，君主居上，臣子居下，都谦逊清静，这就是《蛊》卦。《蛊》卦是大亨通的，会天下大治。"利涉大川"，这是因为有事要办；"先甲三日，后甲三日"，这是说事物到头后又是新的开始，这就是天道。

【原文】

《象》曰：山下有风，《蛊》。君子以振民育德。
初六　"干父之蛊"，意承考也。
九二　"干母之蛊"，得中道也。
九三　"干父之蛊"，终"无咎"也。
六四　"裕父之蛊"，往未得也。
六五　"干父之蛊，用誉"，承以德也。
上九　"不事王侯"，志可则也。

【译文】

《象传》说：山下有风，这就是《蛊》卦的象征。君子取法《蛊》卦感化百姓，培育他们的道德。

初六　"干父之蛊"，整治父辈留下的弊病，这是说儿子志在继承父亲的事业。

九二　"干母之蛊"，这是合乎中道的。

九三　九三说"干父之蛊"，结果"无咎"。（传对此爻没有释读）

六四　"裕父之蛊"，这种做法是不当的。

六五　"干父用蛊，用誉"，这是说儿子继承了父亲的道德。

上九　"不事王侯"，这种志向值得效法。

◎临卦第十九◎

【原文】

《临》元亨，利贞。至于八月有凶。

　　初九　咸临：贞吉。

　　九二　咸临：吉，无不利。

　　六三　甘临，无攸利；既忧之，无咎。

　　六四　至临：无咎。

　　六五　知临，大君之宜：吉。

　　上六　敦临：吉，无咎。

下兑上坤。

【译文】

《临》阳临阴消象征自上至下治理民众之事：大亨通，利于坚守正道。到了阳气日衰的八月份有凶险。

　　初九　用感化的政策治理百姓：正固吉祥。

　　九二　用感化的政策治理百姓：吉祥，没有不利。

　　六三　用巧言令色来治理百姓，无利可得；若是已经知道忧虑这种政策了，则无害。

　　六四　用极为亲和的态度治理百姓：无害。

　　六五　用明智的政策治理百姓，这是君主的适宜的做法：吉祥。

　　上六　用诚恳厚道宽容的政策治理百姓：吉祥，无害。

【原文】

《彖》曰：《临》，刚浸而长。说而顺，刚中而应。大亨以正，天之道也。"至于八月，有凶"，消不久也。

【译文】

《彖传》说：《临》卦的象征是，君子的道德逐渐增长，性情和悦，顺应天道，刚健中正，得人响应。中正才能亨通，这就是天道。"至于八月有凶"，这是因为八月时阳气渐消，不能长久保持了。

【原文】

《象》曰：泽上有地，《临》。君子以教思无穷，容保民无疆。
初九　"咸临贞吉"，志行正也。
九二　"咸临吉无不利"，未顺命也。
六三　"甘临"，位不当也。"既忧之""咎"不长也。
六四　"至临无咎"，位当也。
六五　"大君之宜"，行中之谓也。
上六　"敦临"之"吉"，志在内也。

【译文】

《象传》说：泽上有地，这就是《临》卦的象征。君子取法《临》卦不懈地教导百姓，关心百姓，包容和保护百姓。
初九　"咸临贞吉"，这是因为君子品行端正。
九二　"咸临吉无不利"，这是因为民众不从王命。
六三　"甘临"，这是说君主地位失当；"既忧之"，这样危机就久不了了。
六四　"至临无咎"，这是因为君主地位得当。
六五　"大君之宜"，这是说君主能行中道。
上六　"敦临"是吉祥的，这是因为君主心怀治好国家的愿望。

◎观卦第二十◎

【原文】

《观》盥而不荐,有孚颙若。

初六 童观,小人无咎,君子吝。

六二 窥观,利女贞。

六三 观我生,进退。

六四 观国之光,利用宾于王。

九五 观我生,君子无咎。

上九 观其生,君子无咎。

下坤上巽。

【译文】

《观》象征观仰:观看祭祀开始时用酒洒地迎神的仪式,即使没看到神供献祭品,心中已充满了虔信恭敬。

初六 像儿童一样幼稚地观仰事物,在小人不算过失,在君子则有害。

六二 从暗中偷偷地观仰,有利于女子坚守正道(但对于君子来说就不好了)。

六三 观察自己的成长过程,以决定进退。

六四 观仰国家的光荣,明白这时出仕辅佐君主有利。

九五 观察自己的成长,(时时自省)这样君子就可以无咎害了。

上九 观察别人的成长,(从中借鉴)这样君子就可以无咎害了。

【原文】

《彖》曰:大观在上,顺而巽,中正以观天下,《观》。"盥而不荐,有孚颙若",下观而化也。观天之神道,而四时不忒,圣人以神道设教,而天下服矣。

【译文】

《象传》说：君主遍观下民，柔顺谦逊，观察天下时能秉守中正，这就是《观》卦的象征。"盥而不荐，有孚颙若"，这是为了使下面的臣民看到并受感化。圣人观察上天神妙的规律，发现四季循环不会出错；圣人根据这种神妙的规律设立教化，使得天下都顺服了。

【原文】

《象》曰：风行地上，《观》。先王以省方观民设教。
初六 "初六童观""小人"道也。
六二 "窥观女贞"，亦可丑也。
六三 "观我生进退"，未失道也。
六四 "观国之光"，尚宾也。
九五 "观我生"，观民也。
上九 "观其生"，志未平也。

【译文】

《象传》说：风刮在地上，这就是《观》卦的象征。先王取法《观》卦视察邦国，观察民情，设立教化。
初六 "初六童观"，这是小人的观察方法。
六二 "窥观女贞"，这是丑陋的行为。
六三 "观我生进退"，这是说君子没有迷失正道。
六四 "观国之光"，这是说君子是时候出仕从政了。
九五 反观自己的生命历程，也是说君主观察民生。
上九 "观其生"，这是因为君子尚未得志。

◎噬嗑卦第二十一◎

【原文】

噬嗑　亨，利用狱。
初九　屦校，灭趾：无咎。
六二　噬肤，灭鼻：无咎。
六三　噬腊肉，遇毒：小吝，无咎。
九四　噬干胏，得金矢：利艰贞吉。
六五　噬干肉，得黄金：贞厉，无咎。
上九　何校，灭耳：凶。

下震上离。

【译文】

《噬嗑》象征啮合：亨通，利于决断刑事案件。

初九　脚拖着刑具，脚趾被伤及了：倒也无害。

六二　偷吃肉，被施割鼻的轻刑（由此惩前毖后，所以说）：也无害。

六三　像吃坚硬的腊肉，遇毒：未咽小有不好，没有大害。

九四　吃带骨的干肉，吃到铜箭头：在艰难中要坚持守正，吉祥。（"噬乾胏"比喻办事，"得金矢"比喻办事遇到了艰难，但扔掉金矢，肉还可继续吃，比喻艰难可除，所以说吉祥。）

六五　吃干肉，吃到黄金：占问说危险，但终获无害。（黄金吃进肚里，能致病甚至致死，比喻事有危险；"得黄金"比喻危险发现了，终获无害。）

上九　肩扛着刑具，耳朵被割掉：凶险。

【原文】

《彖》曰：颐中有物，曰噬嗑。《噬嗑》而"亨"，刚柔分，动而明，雷电合而章。柔得中而上行，虽不当位，"利用狱"也。

【译文】

《彖传》说：腮帮鼓动、口腔中有食物，这就叫"噬嗑"。《噬嗑》卦是亨通的，这是因为此卦三阳爻三阴爻刚柔均衡，下震上离，有雷有电，象征办事明察，威明结合。六五阴爻居上卦中位，能守中道，虽然地位失当，但和人打官司还是有利的。

【原文】

《象》曰：雷电，《噬嗑》。先王以明罚敕法。

初九 "屦校灭趾"，不行也。

六二 "噬肤灭鼻"，乘刚也。

六三 "遇毒"，位不当也。

九四 "利艰贞吉"，未光也。

六五 "贞厉无咎"，得当也。

上九 "何校灭耳"，聪不明也。

【译文】

《象传》说：雷和电，这就是《噬嗑》的象征。先王取法《噬嗑》卦明察刑罚，严正法令。

初九 "屦校灭趾"，这是为了使他不再犯罪。

六二 "噬肤灭鼻"，这是因为小民凌驾君子。

六三 "遇毒"，这是因为他地位失当。

九四 "利艰贞吉"，这是说君子这时还未获得光明。

六五 "贞厉无咎"，这是因为君子行为得当。

上九 "何校灭耳"，这是因为他闭目塞听。

◎贲卦第二十二◎

【原文】

《贲》亨。小利有攸往。

初九　贲其趾，舍车而徒。

六二　贲其须。

九三　贲如濡如，永贞吉。

六四　贲如皤如，白马翰如，匪寇，婚媾。

六五　贲于丘园；束帛戋戋，吝，终吉。

上九　白贲：无咎。

下离上艮。

【译文】

贲卦象征文饰：亨通。前往有小利。

初九　修饰自己的脚，舍车走来。

六二　修饰自己的胡子。

九三　扮靓了，又与人相润泽，长期坚守正固必然吉祥。

六四　打扮得美丽，(会有人)骑白马奔来，他们不是抢劫的，是求婚的。

六五　装点山丘田园，礼物却是微薄的丝帛，这样求婚就难了，但终获吉祥。

上九　朴素的打扮：没有过错。

【原文】

《彖》曰：《贲》亨，柔来而文刚，故"亨"。分，刚上而文柔，故"小利有攸往"。刚柔交错，天文也；文明以止，人文也。观乎天文，以察时变，观乎人文，以化成天下。

【译文】

《彖传》说：《贲》卦是亨通的，臣子辅助君主，所以亨通。君臣各居其位，君主援助臣子，所以说"小利有攸往"。刚柔交错，就形成了自然景观；用文明约束人，就形成了人文。圣人观察自然景观，从中洞察时序的变迁，观察社会制度与教化，以此教化并成就天下之人。

【原文】

《象》曰：山下有火，《贲》。君子以明庶政，无敢折狱。
初九　"舍车而徒"，义弗乘也。
六二　"贲其须"，与上兴也。
九三　"永贞"之"吉"，终莫之陵也。
六四　"六四"，当位疑也；"匪寇婚媾"，终无尤也。
六五　"六五"之"吉"，有喜也。
上九　"白贲无咎"，上得志也。

【译文】

《象传》说：山下有火，这就是《贲》卦的象征。君子取法《贲》卦，明察各种政务，不乱断官司。
初九　"舍车而徒"，这是因为他乘车是不合理的。
六二　"贲其须"，这是说六二辅助居上位者振兴事业。
九三　永远正直是吉祥的，这样就没人敢来欺凌他。
六四　六四说的是，君子地位得当，但遇事会起疑心；"匪寇婚媾"，这结果是无害的。
六五　六五中的"吉"，是指喜事临头。
上九　"白贲无咎"，这是说君子得志了。

◎剥卦第二十三◎

【原文】

《剥》 不利有攸往。

初六 剥床以足：蔑贞凶。

六二 剥床以辨，蔑；贞凶。

六三 剥之：无咎。

六四 剥床以肤：凶。

六五 贯鱼以宫人宠：无不利。

上九 硕果不食，君子得舆，小人剥庐。

下坤上艮。

【译文】

《剥》象征剥落：前往不利。

初六 床腿剥蚀了，床将毁掉，凶险。

六二 床身与床足脱落床板剥蚀了，床将毁掉，凶险。

六三 床腿和床板都剥落时，却无咎害。

六四 床面剥蚀：凶险。

六五 像贯串一起的鱼一样的宫女依次得到君王的宠爱，没有不利。

上九 硕大的果子没被摘食，这意味着君子将得到车马，小人将失去房子。

【原文】

《象》曰：《剥》，剥也。柔变刚也。"不利有攸往"，小人长也。顺而止之，观象也。君子尚消息盈虚，天行也。

【译文】

《象传》说：剥，指衰落。小人改变了君子。"不利有攸往"，这是因为小人猖獗。这时君子要顺服清净，这是君子由观察卦象得到的启示。君子按自然消长盈虚的规律决定行动，这就是天道。

【原文】

　　《象》曰：山附于地，《剥》。上以厚下安宅。
　　初六　"剥床以足"，以灭下也。
　　六二　"剥床以辨"，未有与也。
　　六三　"剥之无咎"，失上下也。
　　六四　"剥床以肤"，切近灾也。
　　六五　"以宫人宠"，终无尤也。
　　上九　"君子得舆"，民所载也；"小人剥庐"，终不可用也。

【译文】

　　《象传》说：山依附在地上，这就是《剥》卦的象征。王侯取法《剥》卦厚待百姓，使百姓安居乐业。
　　初六　"剥床以足"，这是说根基坏了。
　　六二　"剥床以辨"，这是说剥蚀到了床身，六二没有相应相助的人（王侯失去了辅助他的人）。
　　六三　"剥之无咎"，这是因为敌人失去了上下人的拥戴。
　　六四　"剥床以肤"，这是说剥蚀到了床面，六四接近凶险（灾祸就要来了）。
　　六五　"以宫人宠"，这结果是无害的。
　　上九　"君子得舆"，这是说君子得到了百姓的拥戴；"小人剥庐"，这是说小人是不能任用的。

◎复卦第二十四◎

【原文】

《复》亨，出入无疾，朋来无咎，反复其道，七日来复；利有攸往。

初九　不远复：无祗悔，元吉。

六二　休复：吉。

六三　频复：厉，无咎。

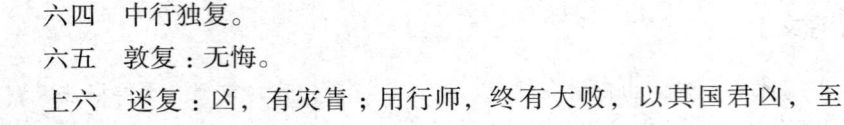

六四　中行独复。

六五　敦复：无悔。

上六　迷复：凶，有灾眚；用行师，终有大败，以其国君凶，至于十年不克征。

下震上坤。

【译文】

《复》象征阳气回复事物复兴：亨通，出入无病，朋友也都挺好，从路上往来，七天就可一个来回；前往有利。

初九　走出不远就返回正道来：没有大悔恨，大吉。

六二　美好的回复：吉祥。

六三　皱着眉头回来：有危险，终获无害。

六四　中路独自回来。

六五　诚恳地返回：无悔。

上六　迷失回来的路：凶险，有祸；行军打仗，结果大败，连他的国君也有凶险，以致十年不能出兵作战。

【原文】

《象》曰：《复》"亨"。刚反，动而以顺行，是以"出入无疾，朋来无咎"。"反复其道，七日来复"，天行也。"利有攸往"，刚长也。《复》，其见天地之心乎。

【译文】

《彖传》说：《复》卦是亨通的。君子将回归正道，顺应规律办事，所以说"出入无疾，朋来无咎"。万物循环往复，以七为周期单位，这就是天道。"利有攸往"，这是因为君子的刚健在增长。《复》卦大概就体现了这种天地循环的规律吧。

【原文】

《象》曰：雷在地中，《复》。先王以至日闭关，商旅不行，后不省方。

初九　"不远"之"复"，以修身也。
六二　"休复"之"吉"，以下仁也。
六三　"频复"之"厉"，义"无咎"也。
六四　"中行独复"，以从道也。
六五　"敦复无悔"，中以自考也。
上六　"迷复"之"凶"，反君道也。

【译文】

《象传》说：雷在地中，这就是《复》卦的象征。先王取法《复》卦，冬至日时关闭城门，杜绝商旅出行，君主停止视察邦国。

初九　才走不远就回来了，这是为了修身养性（如果人偏离了正道，最可贵的是及时回复）。
六二　"休复"是吉祥的，这是因为君主能谦恭地亲近贤人。
六三　"频复"是危险的，不过按理终获无害。
六四　"中行独复"，这是为了顺从正道。
六五　"敦复无悔"，这是因为君子能用中道内省。
上六　"迷复"是凶险的，这是因为君主违反为君之道。

◎无妄卦第二十五◎

【原文】

《无妄》元亨，利贞，其匪正，有眚；不利有攸往。

初九　无妄，往吉。

六二　不耕获，不菑畲，则利有攸往。

六三　无妄之灾，或系之牛，行人之得，邑人之灾。

九四　可贞，无咎。

九五　无妄之疾，勿药有喜。

上九　无妄行，有眚，无攸利。

下震上乾。

【译文】

《无妄》象征不妄为：大为亨通，占问有利，如果不守正道，就会遭灾；前往不利。

初九　不胡来妄为，前往会吉祥。

六二　不耕种，不在乎收获，不开荒，无意于良田，人心平和如此，外出去做事有利。

六三　没有胡来妄为却遭灾了：（邑人）拴牛在外，路人顺手把牛牵走了，这就是邑人的灾祸。

九四　固守正道，无害。

九五　没有胡来妄为而得的小病，不吃药也能好。

上九　不要胡来妄为，不然将有灾，无利可得。

【原文】

《彖》曰：无妄，刚自外来而为主于内，动而健，刚中而应。大

"亨"以正，天之命也。"其匪正有眚，不利有攸往"，无妄之往何之矣？天命不祐，行矣哉！

【译文】

《彖传》说：无虚妄之行，初九阳爻从外部进来，成为一卦之主，其动势健进，刚健中正，得居下卦之中位的阴爻响应。中正才能亨通，这就是天理。"其匪正有眚，不利有攸往"，这是说君子就算不是妄意前往，又能往哪里去呢？上天不保佑，能往哪里去啊！

【原文】

《象》曰：天下雷行，物与，《无妄》。先王以茂对时育万物。

初九 "无妄"之"往"，得志也。

六二 "不耕获"，未富也。

六三 "行人"得牛，"邑人灾"也。

九四 "可贞无咎"，固有之也。

九五 "无妄"之"药"，不可试也。

上九 "无妄"之"行"，穷之灾也。

【译文】

《象传》说：天的下面有雷震动，万物生长，这就是《无妄》卦的象征。先王取法《无妄》卦勉力对应时节，养育万物。

初九 不妄为而前往——这是说君子得志了（这句话是说君子一起步的时候就无妄，前途就会吉祥）。

六二 "不耕获"，——这样是换不来富裕的。

六三 路人顺手牵走了牛——这就是邑人的灾难。

九四 "可贞无咎"，这是因为君子本来具有美德。

九五 没有妄行的疾病却试图服药——这是不必试的。

上九 妄意前行，就会导致途穷的灾难。

◎大畜卦第二十六◎

【原文】

《大畜》利贞，不家食：吉；利涉大川。

初九 有厉，利已。

九二 舆说輹。

九三 良马逐，利艰贞；曰闲舆卫，利有攸往。

六四 童牛之牿：元吉。

六五 豮豕之牙：吉。

上九 何天之衢：亨。

下乾上艮。

【译文】

《大畜》象征大有积蓄：有利于守持正道，不要守食于家（而是外出做事业），吉祥；渡大河有利。

初九 有危险，暂时停止行动有利。

九二 车轴脱了车箱了。

九三 驾着良马奔驰，这意味着牢记艰难的事有利；每天练习驾车术和防卫术，这样就能前往有利。

六四 小牛角上有横木挡着（伤不到人）：大吉。

六五 阉割过的大猪虽有牙齿（伤不到人）：吉祥。

上九 四通八达的符合天意的大道：亨通。

【原文】

《彖》曰：《大畜》，刚健笃实，辉光日新。其德刚上而尚贤，能止健，大正也。"不家食吉"，养贤也；"利涉大川"，应乎天也。

【译文】

《象传》说：《大畜》卦的象征是，君子刚健笃实，道德光辉，天天有新气象。他的德行是，刚正居尊而尚贤，能留住刚健的贤人，这就是伟大的正道。"不家食吉"，这是说君主能蓄养贤人；"利涉大川"，这是因为顺应天道。

【原文】

《象》曰：天在山中，《大畜》。君子以多识前贤往行，以畜其德。

初九 "有厉利已"，不犯灾也。

九二 "舆说輹"，中无尤也。

九三 "利有攸往"，上合志也。

六四 "六四元吉"，有喜也。

六五 "六五"之"吉"，有庆也。

上九 "何天之衢"，道大行也。

【译文】

《象传》说：天在山中，这就是《大畜》卦的象征。君子取法《大畜》卦，多多记取前贤的良言德行，来积累自己的道德。

初九 "有厉利已"，这样就不会引祸上身了。

九二 "舆说輹"，这是说（君子虽然脱离了组织），仍能秉守中道，所以是无害的。

九三 "利有攸往"，这是因为九三能和上九心志相合。

六四 "六四元吉"，这是说将有喜事来临。

六五 六五中的"吉"，是指福庆临头。

上九 "何天之衢"，这是说正道大行于天下。

◎颐卦第二十七◎

【原文】

《颐》贞吉。观颐，自求口实。

初九　舍尔灵龟，观我朵颐：凶。

六二　颠颐，拂经，于丘颐，征凶。

六三　拂颐：贞凶，十年勿用，无攸利。

六四　颠颐：吉；虎视眈眈，其欲逐逐：无咎。

六五　拂经；居贞吉，不可涉大川。

上九　由颐：厉，吉；利涉大川。

下震上艮。

【译文】

《颐》象征颐养：谨守贞正可获吉祥。观察天下的颐养之道，就知人应该自己努力用正道求得食物。

初九　舍掉灵龟的自养美德，却贪看我吃得鼓起来的腮帮：凶险。

六二　既颠倒向下求获颐养，又反常理跑去高丘向尊者乞食，前往就凶险了。

六三　违反颐养常道，要坚守贞正以防凶险，十年不能有所行动，无利可得。

六四　颠倒向下寻求颐养，再用以养人，吉祥；像老虎紧盯猎物，对它的猎物紧追不舍：无害。

六五　违背常理，静居守正可获吉祥，不可渡大河。

上九　天下君民都赖他颐养：有危险，终获吉祥；渡大河有利。

【原文】

《彖》曰：《颐》"贞吉"，养正则吉也；"观颐"，观其所养也；"自求口实"，观其自养也。天地养万物，圣人养贤以及万民，《颐》之时大矣哉！

【译文】

《彖传》说：《颐》卦中的"贞吉"，是说君子循着正道养身就会吉祥；"观颐"，是说观察他人的养生法；"自求口实"，是说观察怎样自我养育。天地养育万物，圣人养育贤人和百姓。《颐》卦这种养生的道理真是大啊！

【原文】

《象》曰：山下有雷，《颐》。君子从慎言语，节饮食。

初九　"观我朵颐"，亦不足贵也。

六二　"六二征凶"，行失类也。

六三　"十年勿用"，道大悖也。

六四　"颠颐"之"吉"，上施光也。

六五　"居贞"之"吉"，顺以从上也。

上九　"由颐厉吉"，大有庆也。

【译文】

《象传》说：山下有雷，这就是《颐》卦的象征。君子取法《颐》卦，谨慎说话，节制饮食。

初九　"观我朵颐"，这种行为是不值一提的（吃喝之风有害健康）。

六二　六二说"征凶"，这是因为行为失轨。

六三　"十年勿用"，这是因为大大违背了颐养之道。

六四　"颠颐"是吉祥的，六四在上而有德之光辉（六四居上而向下问道，以德自养）。

六五　"居贞"是吉祥的，这是因为六五能顺从上九。

上九　"由颐厉吉"，这是说君子大获福庆。

◎大过卦第二十八◎

【原文】

《大过》栋桡,利有攸往,亨。

初六　藉用白茅：无咎。

九二　枯杨生稊,老夫得其女妻：无不利。

九三　栋桡：凶。

九四　栋隆：吉；有它：吝。

九五　枯杨生华,老妇得其士夫：无咎无誉。

上六　过涉灭顶：凶,无咎。

下巽上兑。

【译文】

《大过》象征过度、过分：栋梁弯曲,利于前往,亨通。

初六　用白茅衬垫（祭品）,无咎害。

九二　枯杨树抽嫩芽,老年人娶得年少娇妻：没有不利。

九三　栋梁弯曲：有凶险。

九四　栋梁隆起：吉祥；假如有意外变故：还是有危险。

九五　枯杨树开花,老妇人嫁给少夫：无害也无赞誉。

上六　过河时水没过头顶：有凶险,终究无害。

【原文】

《彖》曰：《大过》,大者过也。"栋桡",本末弱也。刚过而中,巽而说行,"利有攸往",乃"亨"。《大过》之时大矣哉！

【译文】

《象传》说：大过，是说在刚大者超过了限度。"栋梁弯曲"，是说阳刚过分时以中道来调节，刚盛过头，就要回归中正，谦逊和悦地办事，这样才能前往有利，如意亨通。《大过》卦这种察时观势的道理真是大啊！

【原文】

《象》曰：泽灭木，《大过》。君子以独立不惧，遁世无闷。

初六　"藉用白茅"，柔在下也。

九二　"老夫少妻"，过以相与也。

九三　"栋桡"之"凶"，不可以有辅也。

九四　"栋隆"之"吉"，不桡乎下也。

九五　"枯杨生华"，何可久也。"老妇士夫"，亦可丑也。

上六　"过涉"之"凶"，不可咎也。

【译文】

《象传》说：泽水淹没木头，这就是《大过》卦的象征。君子取法《大过》卦独立不惧，纵然遁世也不感到苦闷难熬。

初六　"藉用白茅"，这是说下级具有柔顺的品质。

九二　"老夫少妻"，说明阳刚过度，但能和阴柔相配。

九三　栋梁弯曲是凶险的，没有什么办法补救。

九四　栋梁隆起是吉祥的，这是因为栋梁没有朝下弯曲。

九五　"枯杨生华"，这种花怎能开得长久呢？"老妇士夫"，这是令人羞愧的事。

上六　过河是凶险的，但事已至此，不必多加责备他了。

◎坎卦第二十九◎

【原文】

《习坎》有孚维心，亨，行有尚。

初六　习坎，入于坎窞：凶。

九二　坎有险，求小得。

六三　来之坎坎，险且枕，入于坎窞，勿用。

六四　樽酒簋贰用缶，纳约自牖：终无咎。

九五　坎不盈，祗既平：无咎。

上六　系用徽纆，置于丛棘，三岁不得：凶。

下坎上坎。

【译文】

《习坎》象征坎险重重：用诚信维系人心，亨通，努力前行必得成功。

初六　坑中有坑，进入坑中，掉进深处：凶险。

九二　在坑穴中遇有危险，可以先从小处努力，能有所得。

六三　来去都在坎险之中，进退都难，进入坑中，掉进深处，这意味着不可盲目行动。

六四　一樽酒，两碗饭，用陶器装着，从窗口里送进取出，终获无害。

九五　坑还没填满，小丘的土已被铲平：无咎害。

上六　被绳子捆住了，投进监狱，三年不得放：凶险。

【原文】

《象》曰：习坎，重险也。水流而不盈。行险而不失其信，维心亨，乃以刚中也。"行有尚"，往有功也。天险，不可升也；地险，山川丘陵也。王公设险以守其国。险之时用大矣哉！

【译文】

《彖传》说：习坎，指双重坑险，水流进坑中都不能满坑。君子遇险却不失诚信，顺利地维系众人的心，这是因为他刚健中正。"行有尚"，这是说前往有收获。天险，是指天高不可攀；地险，是指地面山川丘陵密布。但王公却能设置险障来守卫他的国家。这种"险"能因时而用的道理真是大啊！

【原文】

《象》曰：水洊至，习坎。君子以常德行，习教事。

初六 "习坎入坎"，失道"凶"也。

九二 "求小得"，未出中也。

六三 "来之坎坎"，终无功也。

六四 "樽酒簋贰"，刚柔际也。

九五 "坎不盈"，中未大也。

上六 "上六"失道，"凶""三岁"也。

【译文】

《象传》说：水不断涌至，两坎相重，这就是《坎》卦的象征，君子取法《坎》卦崇尚德行，熟习政教。

初六 "习坎入坎"，这是说君子迷失了正道，会有凶险。

九二 "求小得"，这是因为君子没有偏离中道。

六三 "来之坎坎"——任何行动结果是毫无收获。

六四 "樽酒簋贰"，这是说用于刚柔交际的礼品。

九五 "坎不盈"，这是说中正之道尚未光大。

上六 上六说犯人受囚——这是因为他迷失了正道，所以有受囚三年的凶险。

◎离卦第三十◎

【原文】

《离》利贞，亨，畜牝牛，吉。

初九 履错然，敬之：无咎。

六二 黄离：元吉。

九三 日昃之离，不鼓缶而歌，则大耋之嗟：凶。

九四 突如其来如，焚如，死如，弃如。

六五 出涕沱若，戚嗟若：吉。

上九 王用出征，有嘉折首，获匪其丑：无咎。

下离上离。

【译文】

《离》象征附着：守贞正之道有利，亨通，蓄养母牛可获吉祥。

初九 见到鞋子有金饰（象征贵人）恭敬待他：无害。

六二 （见到）附着着黄金色彩的物品（指富贵之物），大吉。

九三 （见到）太阳西斜，附着天边的云彩，如果不及时敲起瓦盆纵歌，那么就会因为老朽而叹气：凶险。

九四 突然而来，像是火在燃烧，会有生命危险，会被抛弃。

六五 践大位为新君，为悼念先君泪水滂沱，哀愁叹息：吉祥。

上九 君主带兵征战，建功业，斩获了敌首，捉住了他们许多人：无害。

【原文】

《象》曰：离，丽也。日月丽乎天，百谷草木丽乎土。重明以丽乎正，乃化成天下；柔丽乎中正，故"亨"，是以"畜牝牛吉"也。

【译文】

《象传》说：离，指附着。日月附着在天上，百谷草木附着在地上。君子不息的明察力附着在正道上，于是促成天下；柔顺附着在中正上，所以亨通，所以能够"畜牝牛吉"。

【原文】

《象》曰：明两作，《离》。大人以继明照于四方。

初九　"履错"之"敬"，以辟咎也。

六二　"黄离元吉"，得中道也。

九三　"日昃之离"，何可久也？

九四　"突如其来如"，无所容也。

六五　"六五"之"吉"，离王公也。

上九　"王用出征"，以正邦也；"获匪其丑"，大有功也。

【译文】

《象传》说：太阳重复升起，这就是《离》卦的象征。大人取法《离》卦，用不息的明察力洞悉四方。

初九　步履错落有致，保持恭敬，这是为了避免过错。

六二　"黄离元吉"，这是因为合乎中道。

九三　"日昃之离"，这种状况怎能长久呢？

九四　"突如其来如"，这是说六四无处容身了。

六五　六五说"吉"，这是因为攀附上了王公贵族。

上九　"王用出征"，这是为了安定国家。

下 经

◎咸卦第三十一◎

【原文】

《咸》亨，利贞，取女吉。

初六　咸其拇。

六二　咸其腓，凶；居吉。

九三　咸其股，执其随，往吝。

九四　贞吉，悔亡；憧憧往来，朋从尔思。

九五　咸其脢：无咎。

上六　咸其辅颊舌。

下艮上兑。

【译文】

《咸》象征交感：亨通，有利于坚守贞正，娶妻吉祥。

初六　感应在大脚趾上。

六二　感应到了小腿肚，有凶险；安静一下，别躁进，吉祥。

九三　感应到了大腿，如果他执意盲目随从别人，如此前往则会有令人悔恨之事。

九四　人道之事是正理，吉祥，悔恨会消失；心神不安地频繁往来，友朋最终会随了你的心思。

九五　交相感应到了背部，这样不会导致什么悔恨。

上六　交相感应到了脸颊和口舌上。

【原文】

《彖》曰：咸，感也。柔上而刚下，二气感应以相与，止而说，男下女，是以"亨利贞，取女吉"也。天地感而万物化生，圣人感人心而天下和平。观其所感，而天地万物之情可见矣。

【译文】

《彖传》说：咸，指感应。阴柔的女在上，阳刚的男在下，阴阳二气交感，男女情投意合，清静和悦。男亲自下到女家迎娶，所以说"亨利贞，取女吉"。天地阴阳二气交感，由此万物化生，圣人感化人心，由此天下和平。观察这些感应的现象，就可以知道天地万物的情状了。

【原文】

《象》曰：山上有泽，《咸》。君子以虚受人。

初六　"咸其拇"，志在外也。

六二　虽"凶居吉"，顺不害也。

九三　"咸其股"，亦不处也，志在"随"人，所"执"下也。

九四　"贞吉悔亡"，未感害也；"憧憧往来"，未光大也。

九五　"咸其脢"，志末也。

上六　"咸其辅颊舌"，滕口说也。

【译文】

《象传》说：山上有泽，这就是《咸》卦的象征。君子取法《咸》卦虚怀纳人。

初六　感应在脚拇指上，这是说初六已经有心在向外追求了。

六二　六二说，虽说凶险，但安居不动就会吉祥，这是说六二顺应时势、从于九五没有害处。

九三　"咸其股"，这是说静不下来、无法独处了，志在追随别人，这种志向是浅薄的。

九四 "贞吉悔亡",这是说守正则吉祥,没有遗憾;"憧憧往来",这是说感应之道还未发挥出来。

九五 "咸其脢",这是说九五感应迟钝志气小。

上六 "咸其辅颊舌",这是说君子说话天花乱坠。

◎恒卦第三十二◎

【原文】

《恒》 亨,无咎,利贞,利有攸往。

初六 浚恒:贞凶,无攸利。

九二 悔亡。

九三 不恒其德,或承之羞:贞吝。

九四 田无禽。

六五 恒其德;贞妇人吉,夫子凶。

上六 振恒:凶。

下巽上震。

【译文】

《恒》征恒久,阴阳和谐:亨通,无害,持贞守正有利,前往有利。

初六 好似挖河,开始就一味求深急切,不是恒久之道,凶险,无利可得。

九二 悔恨消失。

九三 不能长久保持德行,有时会蒙受羞辱:要守正以防留下憾事。

九四 打猎无收获。

六五 能长存柔顺的德行;对女子来说吉祥,对男子来说则凶险。

上六 长久动荡,无恒久之道,凶险。

【原文】

《彖》曰：恒，久也。刚上而柔下，雷风相与。巽而动，刚柔皆应，《恒》。《恒》"亨，无咎，利贞"，久于其道也。天地之道恒久而不已也。"利有攸往"，终则有始也。日月得天而能久照，四时变化而能久成，圣人久于其道而天下化成。观其所恒，而天地万物之情可见矣。

【译文】

《彖传》说：恒，指长久。阳刚在上阴柔在下；雷风相生。谦逊行事，阳刚阴柔都相应，这就是《恒》卦的象征。《恒》卦说："亨无咎利贞"，这是因为君主长存正道。天地的道恒行不止。"利有攸往"，这是说事情到头后又是新的开始。日月顺应天道，便能长久照耀；四季更替有序，便能长久养物；圣人长存正道，所以促成天下。探察天地万物长久的道理，这样就可以知道它们的情状了。

【原文】

《象》曰：雷风，《恒》。君子以立不易方。

初六　"浚恒"之"凶"，始求深也。

九二　"九二悔亡"，能久中也。

九三　"不恒其德"，无所容也。

九四　久非其位，安得"禽"也。

六五　"妇人贞"吉，从一而终也；"夫子"制义，从妇凶也。

上六　"振恒"在上，大无功也。

【译文】

《象传》说：雷和风，这就是《恒》卦的象征。君子取法《恒》卦立身正道，绝不改变。

初六　深求恒久之道是凶险的，这是因为开始时就冒险求深。

九二　"九二悔亡"，这是因为君子能长久守中道而不偏。

九三　不恒久保存德行，就将无处容身。

九四　长久定位失当，怎么能成事呢？

六五　妇人守节是吉祥的，这是因为妇人从一而终；男人是能因事制宜的，顺从妇人就会凶险。

上六　身居高位者不安于长久之道，这样是做不出大的成绩来的。

◎遁卦第三十三◎

【原文】

《遁》亨，小利贞。

初六　遁尾：厉；勿用有攸往。

六二　执之用黄牛之革，莫之胜说。

九三　系遁，有疾：厉；畜臣妾：吉。

九四　好遁：君子吉，小人否。

九五　嘉遁：贞吉。

上九　肥遁：无不利。

下艮上乾。

【译文】

《遁》象征退避：亨通，是阴长阳消之时，有小利，但不失正道。

初六　退避时落在后面，危险；不宜前往。

六二　用黄牛皮绳捆住，谁也脱不掉。

九三　心怀系恋，未能退避，身患疾病，有危险；蓄养男臣女妾，吉祥。

九四　好端端的毅然退避：君子吉祥，小人办不到。

九五　嘉美而及时的隐遁：坚守贞正获吉祥。

上九　远走高飞去隐遁：没有不利。

【原文】

《彖》曰：《遯》"亨"，遯而亨也。刚当位而应，与时行也。"小利贞"，浸而长也。《遯》之时义大矣哉！

【译文】

《彖传》说：《遯》卦是亨通的，说明必先退避而后亨通。阳刚者中正地位得当，而能与下位阴柔者相应和，这是因为他识时务。"小利贞"，这是因为阴气浸润在逐渐渐长。《遯》卦这种识时务知适时退避的意义真是重大啊！

【原文】

《象》曰：天下有山，《遯》。君子以远小人，不恶而严。
初六　"遯尾"之"厉"，不往何灾也？
六二　"执用黄牛"，固志也。
九三　"系遯"之"厉"，有疾惫也。"畜臣妾吉"，不可大事也。
九四　"君子好遯，小人否"也。
九五　"嘉遯贞吉"，以正志也。
上九　"肥遯无不利"，无所疑也。

【译文】

《象传》说：天下有山，这就是《遯》卦的象征。君子取法《遯》卦远离小人，不动声色却严守自我。
初六　隐遯时落在后面是危险的，不隐遯又会有什么灾祸呢？
六二　"执用黄牛"，这是说君子志向坚决。
九三　不隐遯是危险的，君子将病得疲乏。"畜臣妾吉"，这是说这时不宜干大事。
九四　君子爱退隐，小人不退隐会不妙。
九五　"嘉遯贞吉"，这是因为君子志向正当。
上九　"高飞远退无不利"，这是因为君子退隐时毫不迟疑。

◎大壮卦第三十四◎

【原文】

《大壮》利贞。

初九 壮于趾：征凶，有孚。

九二 贞吉。

九三 小人用壮，君子用罔：贞厉；羝羊触藩，羸其角。

九四 贞吉，悔亡；藩决不羸，壮于大舆之輹。

六五 丧羊于易：无悔。

上六 羝羊触藩，不能退，不能遂，无攸利，艰则吉。

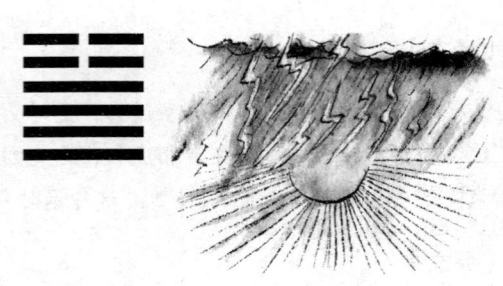

下乾上震。

【译文】

《大壮》象征壮大强盛：坚守贞固有利。

初九 脚趾健壮（比喻有实力）：出征肯定有凶险。

九二 做事吉祥。

九三 小人滥用强力，君子不会滥用强力：占问说危险；公羊触篱，角卡住了。

九四 守持正固，可获吉祥，悔恨消失；好似冲破篱笆也无损坏，比大车的轮輹还要强壮。

六五 在田地上丢了羊：无悔。

上六 公羊触篱，角卡住了，进退不得，无利可得，历经艰难后可转吉祥。

【原文】

《彖》曰：大壮，大者壮也。刚以动，故壮。《大壮》"利贞"，大者正也。正大，而天地之情可见矣。

【译文】

《象传》说：大壮，指大者强壮。行事刚健，所以称"壮"。《大壮》中的"利贞"，是指大者正直。正直壮大，天地万物的情状就可以明白了。

【原文】

《象》曰：雷在天上，《大壮》。君子以非礼弗履。

初九 "壮于趾"，其"孚"穷也。

九二 "九二贞吉"，以中也。

九三 "小人用壮，君子用罔"也。

九四 "藩决不羸"，尚往也。

六五 "丧羊于易"，位不当也。

上六 "不能退，不能遂"，不详也；"艰则吉"，咎不长也。

【译文】

《象传》说：雷在天上轰响，这就是《大壮》卦的象征。君子取法《大壮》卦，不合礼义的事不做。

初九 "壮于趾"，这是说初九确实要走向困境。

九二 "九二贞吉"，这是因为君子能守中道。

九三 九三说："小人滥用强盛，君子虽强不用。"

九四 "藩决不羸"，这是说利于九四向前发展。

六五 "丧羊于易"，这是因为六五地位失当。

上六 "不能退，不能遂"，这是不祥现象；"艰则吉"，这是说遭受灾殃的时间长不了。

◎晋卦第三十五◎

【原文】

《晋》 康侯用锡马蕃庶，昼日三接。

初六 晋如，摧如：贞吉；罔孚，裕无咎。

六二 晋如，愁如：贞吉；受兹介福于其王母。

六三 众允：悔亡。

九四 晋如鼫鼠：贞厉。

六五 悔亡，失得勿恤，往吉，无不利。

上九 晋其角，维用伐邑：厉吉，无咎，贞吝。

下坤上离。

【译文】

《晋》象征上进：康侯蒙受天子赏赐的车马众多，一天里多次受到接见。

初六 进取之初有阻碍，吉祥；初时不能见信于人：宽以待人则无咎害。

六二 进取途中充满忧虑：守持正固可获吉祥；做事能从王母那里获得大福气。

六三 众人都信服他：悔恨消失。

九四 进取之时，就像身无专技的田鼠偷吃禾苗一样：这样很危险。

六五 悔恨消失，不用忧虑得失，前往吉祥，没有不利。

上九 进取到了事物顶端如野兽用它的角进攻，这意味着可以出兵攻邑：起初危险，终获吉祥，无害，坚守贞固以防发生遗憾。

【原文】

《彖》曰：晋，进也。明出地上。顺而丽乎大明，柔进而上行，是以"康侯用锡马蕃庶，昼日三接"也。

【译文】

《彖传》说：晋，指前进。太阳升出地面。顺从的臣子向上依附明君，以柔顺之道积极进取、功业不断增长，所以说"康侯用锡马蕃庶，昼日三接"。

【原文】

《象》曰：明出地上，《晋》。君子以自昭明德。
初六　"晋如摧如"，独行正也；"裕无咎"，未受命也。
六二　"受兹介福"，以中正也。
六三　"众允"之，志上行也。
九四　"鼫鼠贞厉"，位不当也。
六五　"失得勿恤"，往有庆也。
上九　"维用伐邑"，道未光也。

【译文】

《象传》说：太阳升出地面，这就是《晋》卦的象征。君子取法《晋》卦，自我展现美德。

初六　"晋如摧如"，这是因为军队能独行正道；"裕无咎"，这是因为君子未领受王命。

六二　"受兹介福"，这是因为君子中正。

六三　众人都信服他，这是因为六三志向上进。

九四　"鼫鼠贞厉"，这是因为九四地位失当。

六五　不用忧虑得失，六五大胆前往会有收获。

上九　"维用伐邑"，这是说上九进取之道尚未光大。

◎明夷卦第三十六◎

【原文】

《明夷》 利艰贞。

初九　明夷于飞，垂其翼；君子于行，三日不食；有攸往，主人有言。

六二　明夷，夷于左股，用拯马壮：吉。

九三　明夷于南狩，得其大首；不可疾贞。

六四　入于左腹，获明夷之心于前往庭。

六五　箕子之明夷：利贞。

上六　不明，晦，初登于天，后入于地。

下离上坤。

【译文】

《明夷》象征光明损伤：利于牢记艰难，守贞正固。

初九　在光明受到损害之时向外飞，低垂着羽翼；君子前往，几天没饭吃；前往办事，所到之处都受主人责备。

六二　光明不见了，伤了左腿，得到壮马搭救：吉祥。

九三　光明殒伤时去南方行猎，君子捕得大野兽；不宜操之过急，还要守持贞正。

六四　退处于左方腹地，洞悉了光明殒伤的中心情况，终于跨出大门向远方走去。

六五　像箕子一样处于光明殒伤之时，守贞则有利。

上六　天色不明，昏暗一片，（太阳）先是升空，后来落地。

【原文】

《象》曰：明入地中，《明夷》。内文明而外柔顺，以蒙大难，文王以之。"利艰贞",晦其明也,内难而能正其志,箕子以之。

【译文】

《象传》说:太阳落下地面,光明殒伤,这就是《明夷》卦的象征。君子内有文明美德,外有柔顺之象,却蒙受大难,周文王的情况就像这样。"利艰贞",这是说君子隐藏他的光明。君子身陷内难,仍能志向正直,箕子的情况就像这样。

【原文】

《象》曰:明入地中,《明夷》。君子以莅众用晦而明。

初九 "君子于行",义"不食"也。

六二 "六二"之"吉",顺以则也。

九三 "南狩"之志,乃大得也。

六四 "入于左腹",获心意也。

六五 "箕子"之"贞""明"不可息也。

上六 "初登于天",照四国也;"后入于地",失则也。

【译文】

《象传》说:太阳落下地面,象征光明受到殒伤,这就是《明夷》卦。君子取法《明夷》卦,治理众人时要深藏智慧而不显但已明察在心。

初九 君子前往,三天不吃东西,不吃是为了节操。

六二 六二说"吉",这是因为行事时柔顺而能坚守中天规则。

九三 君子向南狩猎的目的,是要有大收获。

六四 (鹈鹕)飞入左边山洞,(君子捉它)是为了获知真实的情况。

六五 箕子是正直的,他的光明是不可熄灭的。

上六 "初登于天",这是说君子德耀四方;"后入于地",这是说君子失掉了准则了。

◎家人卦第三十七◎

【原文】

《家人》利女贞。

初九　闲有家：悔亡。

六二　无攸遂，在中馈：贞吉。

九三　家人嗃嗃：悔，厉，吉；妇子嘻嘻：终吝。

六四　富家：大吉。

九五　王假有家，勿恤，吉。

上九　有孚，威如：终吉。

下离上巽。

【译文】

《家人》象征一家人：女子守持贞固有利。

初九　在家之初即防范邪恶，保有其家：悔恨消失。

六二　女子不用外出，不自作主张，在家打理家务：守持贞固，吉祥。

九三　家人因治家严格而嗷嗷叫苦：有悔恨，有危险，终获吉祥；家人嘻哈作乐：起初亨通，终变艰难。

六四　能使家里富裕起来：大吉。

九五　君王用大道美德感格众人，不用忧虑，吉祥。

上九　有诚信，威严治家：终获吉祥。

【原文】

《象》曰：《家人》，女正位乎内，男正位乎外，男女正，天地之大义也。家人有严君焉，父母之谓也。父父，子子，兄兄，弟弟，夫夫，妇妇，而家道正。正家而天下定矣。

【译文】

《象传》说：《家人》卦的象征是，女子在家居正位守正道，男子在外居正位守正道，男女各守其位，这就是天地阴阳的大义。家中有严明的君长，这就是父和母。如果父有父样，子有子样，兄有兄样，弟有弟样，夫有夫样，妇有妇样，家道就端正了。家道端正了，天下也就定了。

【原文】

《象》曰：风自火出，《家人》。君子以言有物而行有恒。

初九　"闲有家"，志未变也。

六二　"六二"之"吉"，顺以巽也。

九三　"家人嗃嗃"，未失也；"妇子嘻嘻"，失家节也。

六四　"富家大吉"，顺在位也。

九五　"王假有家"，交相爱也。

上九　"威如"之"吉"，反身之谓也。

【译文】

《象传》说：风从火中出来，这就是《家人》卦的象征。君子取法《家人》卦言之有物，恒心办事。

初九　在家多加防范，这是说在家人思想尚未产生变化的时候预先防范。

六二　六二说"吉"，这是因为君子柔顺谦逊。

九三　"家人嗃嗃"，这是说家人没有过失；"妇子嘻嘻"，这是说家中失去了家规。

六四　"富家大吉"，这是因为君子能行柔顺之道，又地位得当。

九五　"王假有家"，这是说一家人交相爱睦。

上九　办事威严是吉祥的，这是因为君子能反省自己。

◎睽卦第三十八◎

【原文】

《睽》小事吉。

初九　悔亡；丧马，勿逐，自复；
见恶人，无咎。

九二　遇主于巷：无咎。

六三　见舆曳，其牛掣，其人天且劓：无初有终。

九四　睽孤，遇元夫，交孚，厉，无咎。

六五　悔亡。厥宗噬肤，往何咎？

上九　睽孤，见豕负涂，载鬼一车，先张之弧，后说之弧，匪寇，婚媾，往遇雨则吉。

下兑上离。

【译文】

《睽》象征睽违背离：小心处事吉祥。

初九　悔恨消失；丢了马，不用追，它自己会回来；谦和接触与自己对立的恶人：无咎害。

九二　小巷里撞见主人：无咎害。

六三　路上见到一辆大车被拖拽难行，牛受牵制也无法前进，车夫是受过刺额和割鼻的刑罚的人：事情开局不妙，但会有好的结果。

九四　在背离、孤独之时与阳刚大丈夫遇合，两人彼此互信：有风险，终获无害。

六五　悔恨消失。它相应的宗亲像咬噬柔嫩皮肤一样和顺应合，哪会有什么祸害呢？

上九　背离孤独之时，看见猪背着污泥在跑，一辆车上载着一堆鬼怪一样奇形怪状的人，他张弓想射，后来放下弓了，原来他不是抢劫的，是求婚的，前去求婚时遇雨吉祥。

【原文】

《彖》曰：《睽》，火动而上，泽动而下；二女同居，其志不同行。说而丽乎明，柔进而上行，得中而应乎刚，是以"小事吉"。天地睽而其事同也，男女睽而其志通也，万物睽而其事类也。睽之时用大矣哉！

【译文】

《彖传》说：《睽》卦的背离违逆的象征是，火苗朝上，泽流朝下；二女同居，心思不同。和悦地附丽于光明，柔顺地上进，居于中正而得阳刚相应，所以说"小事吉"。天地上下背离但却在同做生成万物之事，男女阴阳有别却能心意相通，万物各异却能道理暗合。《睽》卦这种异同共存道理的作用真是大啊！

【原文】

《象》曰：上火下泽，《睽》。君子以同而异。

初九　"见恶人"，以辟咎也。

九二　"遇主于巷"，未失道也。

六三　"见舆曳"，位不当也；"无初有终"，遇刚也。

九四　"交孚无咎"，志行也。

六五　"厥宗噬肤"，往有庆也。

上九　"遇雨"之"吉"，群疑亡也。

【译文】

《象传》说：上火下泽，这就是《睽》卦的象征。君子取法《睽》卦，掌握同中有异、异中有同的道理。

初九　"见恶人"——这是为了避免激化矛盾的祸害。

九二　"遇主于巷"，这是说没有迷失正道。

六三　"见舆曳"，这是说六三地位失当；"无初有终"，这是因为六三遇上了阳刚。

九四 "交孚无咎"，这是说君子志同道合的愿望是可以实现的。

六五 其宗亲如咬噬柔嫩的皮肤一样和顺地应合——前去将得福庆。

上九 求婚遇雨是吉祥的——这时众人的猜疑都消失了。

◎蹇卦第三十九◎

【原文】

《蹇》利西南，不利东北；利见大人，贞吉。

初六 往蹇，来誉。

六二 王臣蹇蹇，匪躬之故。

九三 往蹇，来反。

六四 往蹇，来连。

九五 大蹇，朋来。

上六 往蹇，来硕：吉；利见大人。

下艮上坎。

【译文】

《蹇》象征行走艰难：往西南去有利，往东北去不利；见大人有利，守持正固吉祥。

初六 去时艰难，回时得到荣誉。

六二 君主的臣子处困境十分艰难，这不是他自身原因所致。

九三 去时艰难，回时返归原所。

六四 去时艰难，回时又与九三等爻相联合，说明六四当位正。

九五 碰上大难，朋友们纷纷来归相助。

上六 去时艰难，回时有大成绩：吉祥；见大人有利。

【原文】

《彖》曰：《蹇》，难也，险在前也。见险而能止，知矣哉！《蹇》，"利西南"，往得中也；"不利东北"，其道穷也；"利见大人"，往有功也。当位"贞吉"，以正邦也。《蹇》之时用大矣哉！

【译文】

《彖传》说：《蹇》，指艰难，危险在前，遇见危险就止步，明智啊！《蹇》卦说，"利西南"，往西南去是合乎正道的；"不利东北"，东北是死路一条；"利见大人"，这是说前往有收获。君子地位得当，中正吉祥，足以安邦定国。《蹇》卦这种灵活应对艰险的道理的作用真大啊！

【原文】

《象》曰：山上有水，《蹇》。君子以反身修德。

初六　"往蹇来誉"，宜待也。

六二　"王臣蹇蹇"，终无尤也。

九三　"往蹇来反"，内喜之也。

六四　"往蹇来连"，当位实也。

九五　"大蹇朋来"，以中节也。

上六　"往蹇来硕"，志在内也；"利见大人"，以从贵也。

【译文】

《象传》说：山上有水，这就是《蹇》卦的象征。君子取法《蹇》卦反省自我，修养道德。

初六　如果往前行走，就会很艰难，如果回来就会获得赞誉，这时君子宜等待时机。

六二　六二说大臣忠心耿耿地奔走于艰难之中，结果终无过错。

九三　去时艰难，回时反省，九三心里满意这次出行。

六四　往前行走艰难，归来与九三各爻联合，这是说君子地位得当，从而具有实力。

九五 "大蹇朋来",这是因为君子节操中正。

上六 "往蹇来硕",这是因为君子壮志在心;"利见大人",这是因为君子能追随贵人。

◎解卦第四十◎

【原文】

《解》 利西南;无所往,其来复吉;有攸往,夙吉。

初六 无咎。

九二 田获三狐,得黄矢:贞吉。

六三 负且乘,致寇至:贞吝。

九四 解而拇,朋至斯孚。

六五 君子维有解:吉;有孚于小人。

上六 公用射隼于高墉之上,获之:无不利。

下坎上震。

【译文】

《解》卦象征艰难得到缓解:往西南去有利;没有外出无须缓解,从外返回,吉祥;前往时,早上出去吉祥。

初六 (险难初解)无咎害。

九二 猎得几匹狐狸,捡到铜箭头:坚守正固可得吉祥。

六三 背着东西去坐车,招致强盗来抢:坚贞守正以防事情艰难。

九四 像解开你的脚一样解脱小人的纠缠,真正的朋友会以诚心与你相应。

六五 君子受绑了,又解开了:吉祥;并使小人也相信只有改恶从善才有前途。

上六　王公在高墙上用箭射隼，射中了它：没有不利。

【原文】

《象》曰：《解》，险以动，动而免乎险，《解》。《解》"利西南"，往得众也；"其来复吉"，乃得中也；"有攸往夙吉"，往有功也。天地解而雷雨作，雷雨作而百果草木皆甲坼。《解》之时大矣哉！

【译文】

《象传》说：《解》卦的象征是，君子在危险中行动，通过行动脱险了，所以卦名叫"解"。《解》卦说，"利西南"，这是因为前往会得众人帮助；"其来复吉"，这是因为君子中正；"有攸往夙吉"，这是说前往有收获。天地解冻而雷雨大作，雷雨大作而草木抽芽。《解》卦这种适时解放的道理真是大啊！

【原文】

《象》曰：雷雨作，《解》。君子以赦过宥罪。
初六　刚柔之际，义"无咎"也。
九二　九二"贞吉"，得中道也。
六三　"负且乘"，亦可丑也，自我致戎，又谁咎也？
九四　"解而拇"，未当位也。
六五　"君子有解""小人"退也。
上六　"公用射隼"，以解悖也。

【译文】

《象传》说：雷雨大作，这就是《解》卦的象征。君子取法《解》卦，赦免和宽容人们的过失罪恶。
初六　刚柔相济之时，这该是无害的。
九二　九二说，正直是吉祥的，这是因为合乎中道。

六三　背着东西坐车，这是可笑的，自己招来了寇盗，又能怪谁呢？

九四　像解开脚摆脱的纠缠，这是九四地位尚未妥当。

六五　君子解脱了，小人退缩了。

上六　王公在高墙上用箭射隼，这是说王公的目的是除去悖逆者造成的危难。

◎损卦第四十一◎

【原文】

《损》有孚，元吉，无咎，可贞，利有攸往；曷之用？二簋可用享。

初九　巳事遄往，无咎，酌损之。

九二　利贞；征凶；弗损，益之。

下兑上艮。

六三　三人行则损一人，一人行则得其友。

六四　损其疾，使遄有喜：无咎。

六五　或益之十朋之龟，弗克违：元吉。

上九　弗损，益之：无咎，贞吉；利有攸往，得臣无家。

【译文】

《损》象征减损：心存诚信，大吉，无害，可以坚守正固，前往有利；减损之道怎样体现？两簋食物就可以用来献祭。

初九　祭祀的事要赶快举行，无害，可以酌量减少祭品。

九二　坚守正固有利；出征凶险；不用减损自己就可以施益于上方。

六三　三人同行，其中一人会受损，一人独行，就会得到友人。

六四　减损自己的病症，使初九很快来相增益：无害。

六五　有人赏他价值十朋的大龟，无法推辞：大吉。

上九　不用自我减损，同样可以帮他：无害，守持贞固吉祥；前往有利，将得到大家的拥护。

【原文】

《彖》曰：《损》，损下益上。其道上行。损而"有孚，元吉，无咎，可贞，利有攸往，曷之用二簋，可用享"，二簋应有时。损刚益柔有时，损益盈虚，与时偕行。

【译文】

《彖传》说：《损》卦的象征是，减损下面的以增益上面的。这种道理是处于下位者自愿奉献于上位。《损》卦说："有孚，元吉，无咎，可贞，利有攸往，曷之用二簋，可用享"，这是说君子祭祀时只用两簋食物的方法，要因时而用。减损刚强来补充柔弱要因时而用，减损盈满来补充亏空，这些都是与时机相配合而自然进行的。

【原文】

《象》曰：山下有泽，《损》。君子以惩忿窒欲。

初九　"巳事遄往"，尚合志也。

九二　"九二利贞"，中以为志也。

六三　"一人行""三"则疑也。

六四　"损其疾"，亦可"喜"也。

六五　"六五""元吉"，自上祐也。

上九　"弗损，益之"，大得志也。

【译文】

《象传》说：山下有泽，这就是《损》卦的象征。君子取法《损》卦克制愤怒，节制欲望。

初九　"巳事遄往"，这是说君子的意志要和上级合拍。

九二　"九二利贞",这是说君子以坚守中道作为自己的心志。

六三　一人独行能交到朋友,三人同行就产生疑惑。

六四　病情减缓——这是可喜的事。

六五　六五说"元吉",这是因为有上天保祐。

上九　"弗损,益之",这是说君子大大得到了施益天下之志了。

◎益卦第四十二◎

【原文】

《益》 利有攸往,利涉大川。

初九　利用为大作,元吉,无咎。

六二　或益之十朋之龟,弗克违;永贞吉;王用享于帝:吉。

六三　益之用凶事:无咎;有孚中行,告公用圭。

六四　中行告公,从,利用为依迁国。

九五　有孚惠心,勿问,元吉;有孚惠我德。

上九　莫益之,或击之,立心勿恒:凶。

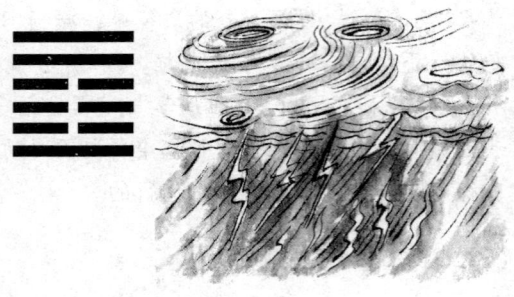

下震上巽。

【译文】

《益》 前往有利,有利于渡大河。

初九　做大事有利,大吉,没有咎害。

六二　有人赏他价值十朋的大龟,无法辞谢;坚守正固可获吉祥;君主以此宝龟祭祀天帝:吉祥。

六三　增益很多应当推及大众,没有除凶灾之事;心存诚信,谨慎持中而行，上告公侯要手持玉珪。

六四　持中慎行之道，上告公侯（迁移国都之事），公侯必能同意，依此建议迁移国都是有利的。

九五　以诚信之心施惠百姓，不必占问，定然大吉；有诚信，百姓就会顺从我的德行。

上九　没人增益于他，有人攻击他，因为他用心不恒：凶险。

【原文】

《彖》曰：《益》，损上益下，民说无疆。自上下下，其道大光。"利有攸往"，中正有庆；"利涉大川"，木道乃行。《益》动而巽，日进无疆。天施地生，其益无方。凡益之道，与时偕行。

【译文】

《彖传》说：《益》卦的象征是，减损于上以补充于下，人民受益则欣喜无限。居于上位的人能自愿处于民众之下，其增益之道就能光大。"利有攸往"，这是说六二与九五者能各得其位，居中得正，就能赢得福庆；"利涉大川"，这是说木舟的作用得到了发挥。《益》卦增益时上震动、下巽顺，象征顺理而动，天天向前，没有止境。天布德泽，地生万物，天地补益万物不分种类。凡是补益的规则，都要因时而用。

【原文】

《象》曰：风雷，《益》。君子以见善则迁，有过则改。

初九　"元吉无咎"，下不厚事也。

六二　"或益之"，自外来也。

六三　"益用凶事"，固有之也。

六四　"告公从"，以益志也。

九五　"有孚惠心""勿问"之矣。"惠我德"，大得志也。

上九　"莫益之"，偏辞也；"或击之"，自外来也。

【译文】

《象传》说：风和雷，这就是《益》卦的象征。君子取法《益》卦，见了善行就学习，有了过失就改正。

初九　"元吉无咎"，这是因为初九本也不能胜任大事。

六二　有人赏他（价值十朋的大龟），这种增益来自外部。

六三　六三说，要加大财力物力，用在去除灾祸上，本就应该这么做了。

六四　六四说，中行劝告国君迁都，国君答应了。这是说六四有益民的志向。

九五　有真诚的施惠天下之心，不必多问，肯定吉祥；民众会感念我的德行，这是说九五损上益下的心志实现了。

上九　没人帮他，人们普遍拒绝对他帮助；有人攻击他，这种攻击来自外部。

◎夬卦第四十三◎

【原文】

《夬》扬于王庭，孚号有厉，告自邑，不利即戎；利有攸往。

初九　壮于前趾，往不胜，为咎。

九二　惕号，莫夜有戎，勿恤。

九三　壮于頄：有凶；君子夬夬独行，遇雨若濡，有愠：无咎。

九四　臀无肤，其行次且，牵羊悔亡，闻言不信。

九五　苋陆，夬夬中行：无咎。

上六　无号，终有凶。

下乾上兑。

【译文】

《夬》象征果决：在王庭上宣布奸人的罪恶，诚恳地号令众人戒备，颁政令于城邑，不利于用武；准备好了前往有利。

初九　仗着前脚趾强壮前往，力不胜任，会惹祸。

九二　恐惧地号叫，原来是夜里敌兵来袭，但不用忧虑。

九三　面颊强壮（比喻炫耀勇猛）：有凶险；君子果决独行，撞上下雨，淋湿了，心中不快：无害。

九四　臀无完肤，走路困难，据说牵羊去献给执刑者，就可以消除悔恨，他听了这话不信。

九五　山羊在陆地上，果决地奔走在路中央：无害。

上六　不号哭，结果有凶险。

【原文】

《彖》曰：夬，决也。刚决柔也，健而说，决而和。"扬于王庭"，柔乘五刚也；"孚号有厉"，其危乃光也；"告自邑不利即戎"，所尚乃穷也；"利有攸往"，刚长乃终也。

【译文】

《彖传》说：夬，指决断。阳刚君子果决决裁阴柔小人，君子刚健和悦，行事果断，坚定而又温和有度。"扬于王庭"，这是说小人凌驾君子；"心怀诚恳地号召众人戒备危险"，因为只有长存戒备之心方能转危为安；"颁告政令于城邑，不利于武力制裁"，这是说好战是行不通的；"利有攸往"，这是因为阳刚君子势力增长，小人阴柔势力到头了。

【原文】

《象》曰：泽上于天，《夬》。君子以施禄及下，居德则忌。

初九　"不胜"而"往""咎"也。

九二　"有戎勿恤"，得中道也。

九三 "君子夬夬"，终"无咎"也。

九四 "其行次且"，位不当也；"闻言不信"，聪不明也。

九五 "中行无咎"，中未光行。

上六 "无号之凶"，终不可长也。

【译文】

《象传》说：泽在天上，这就是《夬》卦的象征。君子取法《夬》卦，把福禄施给百姓，避免以功德自傲。

初九 不能取胜却硬要出征，这是有害的。

九二 "有戎勿恤"，这是因为君子能守居中慎行之道。

九三 君子办事果断，有果决除奸之心，结果是无害的。

九四 "行动犹豫不决"，这是因为君子地位不妥当；"闻言不信"，这是说君子的判断力有问题。

九五 "合乎中道而没有咎害"，这是说中道尚未光大。

上六 上六哭也没用，必定凶险，上六阴柔小人不可能长久了。

◎姤卦第四十四◎

【原文】

《姤》女壮，勿用取女。

初六 系于金柅：贞吉；有攸往，见凶；羸豕孚蹢躅。

九二 包有鱼：无咎；不利宾。

下巽上乾。

九三 臀无肤，其行次且：厉，无大咎。

九四　包无鱼，起凶。

九五　以杞包瓜，含章，有陨自天。

上九　姤其角：吝，无咎。

【译文】

《姤》女子过于强壮，不宜娶她。

初六　像系在金属刹车器上一样静处（象征初遇合时），守持贞正可获吉祥，若急于前往将遇凶险；像系住的瘦弱的母猪一样躁动着，这不行。

九二　厨房里有一条鱼：没有祸害，但非自己之物，从道义上讲不宜用鱼待客。

九三　（受刑后）臀无完肤，走路困难：有危险，但终无大害。

九四　厨房无鱼，会引起凶险。

九五　用杞树枝叶蔽护着树下的甜瓜，内含着文彩，这意味着将有佳遇从天而降。

上九　碰到兽角上：有危险（但没碰伤），终获无害。

【原文】

《彖》曰：《姤》，遇也，柔遇刚也。"勿用取女"，不可与长也。天地相遇，品物咸章也。刚遇中正，天下大行也。《姤》之时义大矣哉！

【译文】

《彖传》说：姤，指际遇、遇合，阴柔遇合了阳刚。"勿用取女"，这是因为和她相处难以久长。天和地相遇合，然后万物章显美好；刚健和中正相遇，然后天下大顺。《姤》卦这种顺时相遇的意义真是重大啊！

【原文】

《象》曰：天下有风，《姤》。后以施命诰四方。

初六　"系于金柅"，柔道牵也。

九二　"包有鱼"，义不及"宾"也。

九三　"其行次且"，行未牵也。
九四　"无鱼"之"凶"，远民也。
九五　"九五""含章"，中正也；"有陨自天"，志不舍命也。
上九　"姤其角"，上穷"吝"也。

【译文】

《象传》说：天下有风，这就是《姤》卦的象征。君主取法《姤》卦，把政令布告四方。

初六　"系于金柅"，这是说阴柔之道总要受到牵制。

九二　"包有鱼"，从道义上讲拿鱼待客是不适宜的。

九三　"其行次且"，这是说行动尚未受阴柔的初六牵制。

九四　九四说，厨房无鱼是凶险的，这是因为君子远离了群众。

九五　九五中的"含章"，是说君子内含彰美之德；"有陨自天"，这是说君子意在不违弃天命。

上九　"姤其角"，这是说君子途穷了。

◎萃卦第四十五◎

【原文】

《萃》　亨，王假有庙；利见大人，亨，利贞；用大牲：
吉；利有攸往。

初六　有孚不终，乃乱乃萃；若号，一握为笑；
勿恤，往无咎。

六二　引吉，无咎，孚乃利用禴。

六三　萃如嗟如：无攸利；往无咎，小吝。

下坤上兑。

九四　大吉，无咎。
九五　萃有位，无咎，匪孚；元永贞：悔亡。
上六　赍咨涕洟：无咎。

【译文】

《萃》象征聚集：亨通，君主来到宗庙祭祀；见大人有利，亨通，利于守持正固；用大牲口祭祀：吉祥；利于有所前往。

初六　有诚信，但不能贯彻始终，导致了行动混乱、不正当聚合。此时若能向正当者呼号，必能握手言欢，不用忧虑，前往无害。

六二　受人招引而相聚可得吉祥，无害，只要有诚信，用禴有利。

六三　大家都来聚集，叹气：事情无利可得；前往无害，但有小遗憾。

九四　大吉，无害。

九五　会聚之时得有正位，是无害的，但其尚未广泛获得众人的信任，只要大气地坚持于中正之道，悔恨自会消失。

上六　叹气掉泪：无害。

【原文】

《彖》曰：《萃》，聚也。顺以说，刚中而应，故聚也。"王假有庙"，致孝享也；"利见大人，亨"，聚以正也；"用大牲吉，利有攸往"，顺天命也。观其所聚，而天地万物之情可见矣。

【译文】

《彖传》说：萃，指会聚。其性柔顺和悦，在上者刚健中正，而又得众人响应，所以能够汇聚众人。"王假有庙"，这是王在表达他的孝顺和祭祀之诚心；"利见大人，亨"，这是因为大家以正道相聚；"用大牲吉，利有攸往"，这是因为君子能顺应天命。探察天地万物会聚的道理，这样就可以知道它们的情状了。

【原文】

《象》曰：泽上于地，《萃》。君子以除戎器，戒不虞。
初六　"乃乱乃萃"，其志乱也。
六二　"引吉无咎"，中未变也。
六三　"往无咎"，上巽也。
九四　"大吉无咎"，位不当也。
九五　"萃有位"，志未光也。
上六　"赍咨涕洟"，未安上也。

【译文】

《象传》说：泽在地上，这就是《萃》卦的象征。君子取法《萃》卦修治兵器，以防不备。
初六　"乃乱乃萃"，这是说君子的心志乱了。
六二　"引吉无咎"，这是因为君子恪守中道的心志不改。
六三　"往无咎"，这是因为君子能谦逊从于阳刚之正。
九四　"大吉无咎"，这是因为君子居位失当。
九五　"萃有位"，这是说君子的会聚天下的志向尚未光大。
上六　"赍咨涕洟，"这是因为上六未能安居此穷极的上位。

◎升卦第四十六◎

【原文】

《升》　元亨，用见大人，勿恤；南征吉。
初六　允升：大吉。
九二　孚乃利用禴，无咎。
九三　升虚邑。
六四　王用亨于岐山：吉，无咎。

六五　贞吉，升阶。
上六　冥升：利于不息之贞。

下巽上坤。

【译文】

《升》象征上升：非常亨通、顺利。见大人有利，不用忧虑；南进征战吉祥。

初六　诚信地得到上升：大为吉祥。
九二　心存诚信，用祭品简单的禴祭有利，无害。
九三　上升顺畅如入无人之邑。
六四　（获释后的）周文王在岐山举行祭祀大礼：吉祥，无害。
六五　柔中守正，必能如登上台阶，步步高升。
上六　夜里登上台阶，利于不停地坚守正固、奋斗不息。

【原文】

《象》曰：柔以时升，巽而顺，刚中而应，是以大"亨"。"用见大人勿恤"，有庆也；"南征吉"，志行也。

【译文】

《象传》说：以柔顺之道与时俱升，谦逊而和顺，刚健中正，而又与上者相应，所以大亨通。"利见大人勿恤"，这是说如此上升将有福庆；"南征吉"，这是说上升的心志可以畅行了。

【原文】

《象》曰：地中生木，升。君子以顺德，积小以高大。
初六　"允升大吉"，上合志也。
九二　"九二"之"孚"，有喜也。
九三　"升虚邑"，无所疑也。

六四　王用亨于岐山，顺事也。

六五　"贞吉升阶"，大得志也。

上六　"冥升"在上，消不富也。

【译文】

《象传》说：地中生木，这就是《升》卦的象征。君子取法《升》卦顺应道德，积累微小以逐渐成就伟大的事业。

初六　"允升大吉"，这是因为初六上承二阳的意志能及时上升。

九二　九二心怀诚信，是说喜庆必然到来。

九三　九三说，上升顺畅如入无人之邑，说明九三果敢而没有疑惑。

六四　"王用亨于岐山"，这是顺应事物之情势做事。

六五　"贞吉升阶"，这是说君子大遂上升的心志了。

上六　上六夜里登上台阶，这是说要改变不富盛的命运。

◎困卦第四十七◎

【原文】

《困》亨，贞大人：吉，无咎；有言不信。

初六　臀困于株木，入于幽谷，三岁不觌。

九二　困于酒食，朱绂方来，利用享祀；征凶，无咎。

六三　困于石，据于蒺藜，入于其宫，不见其妻：凶。

九四　来徐徐，困于金车：吝，有终。

九五　劓刖，困于赤绂，乃徐有说，利用祭祀。

上六　困于葛藟，于臲卼，曰动悔有悔；征吉。

下坎上兑。

【译文】

《困》象征困穷：努力脱困可获亨通，坚守正道的大人可获吉祥，无祸害；此时节说什么话也不会有人信从。

初六　臀部被困在枯的树干之上不能安稳坐处，隐入幽深的山谷，几年不露面。

九二　为酒食所困（指酒食匮乏），但荣禄正在到来（酒食将变丰富），这对祭祀有利；急于出征有凶险，但终获无害。

六三　为乱石所困，手按在蒺藜上（受伤），走进自己的屋里，也见不到妻子：有凶险。

九四　缓缓而来，却为金车所困（比喻受到贵人的为难）：有憾惜，但会有好结果。

九五　心神不安，受到贵人的为难，后来逐渐逃脱了，宜祭祀谢神。

上六　为葛藟所困，心神不安，此时若能汲取动辄生悔的教训而有所悔恨，悔恨前往必可脱离困境以获吉祥。

【原文】

《彖》曰：《困》，刚掩也。险以说，困而不失其所，"亨"，其唯君子乎。"贞大人吉"，以刚中也。"有言不信"，尚口乃穷也。

【译文】

《彖传》说：《困》卦的象征是，阳刚被掩盖而难以伸展。遇险却能和悦应对，困顿却能不失其本色，这种亨通，大概只有君子能得到吧。"贞大人吉"，这是因为君子刚健中正；"有言不信"，这是说信奉空谈是行不通的。

【原文】

《象》曰：泽无水《困》。君子以致命遂志。

初六　"入于幽谷"，幽不明也。

九二 "困于酒食"，中有庆也。

六三 "据于蒺藜"，乘刚也；"入于其宫，不见其妻"，不祥也。

九四 "来徐徐"，志在下也；虽不当位，有与也。

九五 "劓刖"，志未得也；"乃徐有说"，以中直也；"利用祭祀"，受福也。

上六 "困于葛藟"，未当也；"动悔有悔"，吉行也。

【译文】

《象传》说：泽中无水，这就是《困》卦的象征。君子取法《困》卦，不惜舍命达成理想。

初六 "入于幽谷"，这是说君子处境黑暗。

九二 "困于酒食"，这是说秉守中道就会赢得福庆。

六三 "据于蒺藜"，这是说小人凌驾君子；"入于其宫，不见其妻"，这是不祥的兆头。

九四 "来徐徐"，这是说君子甘居下位，虽然地位失当，仍能得人帮助。

九五 "劓刖"，这是说君子尚未得志；"乃徐有说"，这是因为君子中正；"利用祭祀"，这是说祭祀使人蒙福。

上六 "困于葛藟"，这是因为君子行为不当；"动悔有悔"，这样吉祥就来了。

◎井卦第四十八◎

【原文】

《井》 改邑不改井，无丧无得；往来井井，汔至，亦未繘井，羸其瓶：凶。

初六 井泥，不食；旧井无禽。

九二 井谷射鲋；瓮敝漏。

九三 井渫，不食，为我心恻；可用汲，王明，并受其福。

六四　井甃：无咎。

九五　井洌，寒泉食。

上六　井收，勿幕，有孚：元吉。

下巽上坎。

【译文】

井卦象征水井，城邑变了而水井不变，这意味着无失无得；来来往往的人从井中汲水，汲水时，水瓶即将升到井口但还没出井口，汲水瓶磕破了：凶险。

初六　井积淤泥，无法饮用；破旧的井边没有鸟禽飞来。

九二　向井底射小鱼，难射中；水瓮破了，难储水。

九三　井水污秽，不能喝，为此令人心伤悲；此时宜于尽快疏井，疏通后的井。可以汲水，如果是王道圣明，臣民都会受到他的恩泽。

六四　井砌好了：无有咎害。

九五　井水清澈，深壤冒出的井水为人们所喜欢饮用。

上六　从井里汲完了水，不要盖上井口，供人继续饮用：心怀诚信，当得大吉祥。

【原文】

《彖》曰：巽乎水而上水，《井》。井养而不穷也。"改邑不改井"，乃以刚中也；"汔至，亦未繘井"，未有功也；"羸其瓶"，是以凶也。

【译文】

《彖传》说：顺着水的特性蓄水并打上水，这就是《井》卦的象征。井水养人，水源不断。"改邑不改井"，这是因为君子能刚毅持中的美德；"汔至，亦未繘井"，这是说明尚未完成进水养人的功用；"羸其瓶"，这是说事情有凶险。

【原文】

《象》曰：木上有水，《井》。君子以劳民劝相。

初六　"井泥不食"，下也；"旧井无禽"，时舍也。

九二　"井谷射鲋"，无与也。

九三　"井渫不食"，行"恻"也；求"王明""受福"也。

六四　"井甃无咎"，修井也。

九五　"寒泉"之"食"，中正也。

上六　"元吉"在上，大成也。

【译文】

《象传》说：木上有水，这就是《井》卦的象征。君子取法《井》卦，教导百姓劳作互助。

初六　"井泥不食"，这是说井口太低；"旧井无禽"，这是说那时井就废弃了。

九二　"井谷射鲋"，说明得不到帮助的。

九三　"井渫不食"，这是可叹的；祈求君主圣明，这是企盼受福泽。

六四　"井甃无咎"，这是说应当及时修井。

九五　"寒泉"是可以饮用的，这是因为九五有中正之德。

上六　上六大吉祥，这是说水井养人获得了大成功。

◎ 革卦第四十九 ◎

【原文】

《革》巳日乃孚：元亨，利贞，悔亡。

初九　巩用黄牛之革。

六二　巳日乃革之；征吉，无咎。

九三　征凶，贞厉；革言三就，有孚。

九四　悔亡，有孚改命，吉。

九五　大人虎变，未占，有孚。

上六　君子豹变，小人革面；征凶，居贞吉。

下离上兑。

【译文】

《革》卦象征变革，选择最佳时日进行变革：能取信于民，它具有元始、通达、和谐、贞正的德行。悔恨消失。

初九　要用坚固的黄牛皮束缚以固根本。

六二　选最佳时日可以推行变革；勇于前往、必获吉祥，必无咎害。

九三　过急行动有凶险，须守持贞正以防危险；变革的主张要多次研究、广泛听取意见，变革将有曲折，要长久保有诚心。

九四　悔恨消失，心怀诚信；革除旧命，定会吉祥。

九五　大人像老虎一样勇猛无惧地推行变革，其道如虎纹昭然可见，还没占问前，已令人感其诚信。

上六　君子像豹子一样勇猛灵活地推行变革，小人纷纷改变脸色只是表面上拥护变革，急进将有凶险，守持正固则可吉祥。

【原文】

《彖》曰：《革》，水火相息，二女同居，其志不相得，曰革。"巳日乃孚"，革而信之。文明以说，大亨以正。革而当，其"悔"乃"亡"。天地革而四时成，汤武革命，顺乎天而应乎人。《革》之时大矣哉！

【译文】

《彖传》说：《革》卦的象征是，像水与火相互冲突；又像二女同居一室，心思常常各异，这就是《革》卦。"巳日乃孚"，这是说选择好时机变革将获得天下信从。具有文明美德而又使天下和悦，正直大顺，变革恰当，所以悔恨消失。天地变革而四季形成，汤武革命，顺乎天道又合乎人心。《革》卦这种因时变革的意义真是大啊！

【原文】

《象》曰：泽中有火，《革》。君子以治历明时。

初九 "巩用黄牛"，不可以有为也。

六二 "巳日乃革之"，行有嘉也。

九三 "革言三就"，又何之矣。

九四 "改命"之"吉"，信志也。

九五 "大人虎变"，其文炳也。

上六 "君子豹变"，其文蔚也；"小人革面"，顺以从君也。

【译文】

《象传》说：泽中有火，这就是《革》卦的象征。君子取法《革》卦修治历法，明确时令。

初九 "巩用黄牛皮"，这是说这时君子不宜行动。

六二 "巳日乃革之"，这是说这时君子办事有利。

九三 "革言三就"，这是说不走变革之路，又能往哪里去呢？

九四 变革政令是吉祥的，要相信九四的变革之志。

九五 "大人虎变"，大人像猛虎一样推行变革，文彩光耀炳焕照人。

上六 "君子豹变"，这种变革的成绩将是极大的；最后小人洗心革面也会顺从君主的改革的。

◎鼎卦第五十◎

【原文】

《鼎》 元吉，亨。

初六 鼎颠趾，利出否；得妾以其子：无咎。

九二　鼎有实，我仇有疾，不我能即：吉。

九三　鼎耳革，其行塞，雉膏不食，方雨，亏，悔，终吉。

九四　鼎折足，覆公𫗴，其形渥：凶。

六五　鼎黄耳、金铉：利贞。

上九　鼎玉铉：大吉，无不利。

下巽上离。

【译文】

《鼎》象征制鼎器而明新制大吉祥而亨通。

初六　鼎足颠倒，对倒空鼎里的废物有利；就像娶妾而生下的儿子，无害。

九二　鼎里装满食物；我的仇人有病，不能接近我：吉祥。

九三　鼎耳有所变，它的移动受阻，鼎里精美的野鸡肉还没得及吃，等到天降阴阳和合之雨，悔憾可清除，终获吉祥。

九四　由于不堪重负，鼎足折了，翻倒了公侯的美味，鼎浑身沾湿：凶险。

六五　鼎配有黄色的鼎耳、铜铉（象征富贵）：利于守持正固。

上九　鼎配有镶玉的铉（象征富贵）：大吉祥，没有不利。

【原文】

《象》曰：《鼎》，象也，以木巽火，亨饪也。圣人亨以享上帝，而大亨以养圣贤。巽而耳目聪明，柔进而上行，得中而应乎刚，是以"元亨"。

【译文】

《象传》说：《鼎》卦是养人的烹饪器具的形象，架起木头升起火烹饪食物。圣人煮食物祭祀上帝，用最丰盛的食物奉养贤人。君主谦逊而耳聪目明，以性情柔顺美德，前进上升，高居中正而又与阳刚贤者相应合，所以大亨通。

【原文】

《象》曰：木上有火，《鼎》。君子以正位凝命。
初六 "鼎颠趾"，未悖也。"利出否"，以从贵也。
九二 "鼎有实"，慎所之也。"我仇有疾"，终无尤也。
九三 "鼎耳革"，失其义也。
九四 "覆公悚"，信如何也。
六五 "鼎黄耳"，中以为实也。
上九 "玉铉"在上，刚柔节也。

【译文】

《象传》说：木上有火，这就是《鼎》卦的象征。君子取法《鼎》卦端正职位，完成使命。
初六 "鼎颠趾"，这是说君子行事不悖于常理；"利出否"，这么做是为了能跟从贵人。
九二 鼎里食物满了，这是说外出要谨慎；我的仇人生病了，结果我无忧于谷害了。
九三 "鼎耳革"，这是说君子行事有失道义。
九四 这人打翻了王公的美食，怎么能信任呢？
六五 "鼎黄耳"，这是说君子能守中道，从而得阳刚充实之利了。
上九 玉铉出现在上九，这说明上九与阴柔相互调节。

◎震卦第五十一◎

【原文】

《震》亨，震来虩虩，笑言哑哑；震惊百里，不丧匕鬯。
初九 震来虩虩，后笑言哑哑：吉。

六二　震来，厉，亿丧贝，跻于九陵，勿逐，七日得。

六三　震苏苏，震行：无眚。

九四　震，遂泥。

六五　震往来，厉，亿无丧有事。

上六　震，索索，视矍矍；征凶；震不于其躬，于其邻：无咎；婚媾有言。

下震上震。

【译文】

《震》象征震动亨通，雷声震动，人们起先惶恐畏惧，后来笑语阵阵；雷声震惊百里，祭师却没有抖落羹匙里的一滴酒。

初九　雷声震动，人们起先惶恐畏惧，后来慎行保福笑语阵阵：可获吉祥。

六二　雷声震动，有危险，丢了很多货币，此时登上高陵之上，不用寻找，过七天会失而复得。

六三　雷声轻缓，在这样的雷声中行路，不会遭殃。

九四　雷声震动，慌不择路，掉进泥污中。

六五　雷声阵阵，上下往来都有危险，但能知危惧而慎守中道，可以万无一失。

上六　雷声震动，极端恐惧，畏缩难以行走，目光惊恐不安；此时前行必有凶险；雷电没有打中他的身体，打中了他的邻居：无害；此时谋求婚姻会导致议论。

【原文】

《彖》曰：《震》，"亨，震来虩虩"，恐致福也；"笑言哑哑"，后有则也；"震惊百里"，惊远与迩也。出，可以守宗庙社稷，以为祭主也。

【译文】

《象传》说：《震》卦说："亨，震来虩虩"，这是说祭师克服惊吓，就能带来福运；"笑言哑哑"，这是说惊吓过后，祭祀就恢复秩序了。"震惊百里"，这是说远近的人都吓坏了。那种能够做到"不丧匕鬯"的人，出去可以守护宗庙国家，担任祭主。

【原文】

《象》曰：洊雷，《震》。君子以恐惧修省。

初九 "震来虩虩"，恐致福也；"笑言哑哑""后"有则也。

六二 "震来厉"，乘刚也。

六三 "震苏苏"，位不当也。

九四 "震遂泥"，未光也。

六五 "震往来厉"，危行也，其事在中，大"无丧"也。

上六 "震索索"，中未得也；虽"凶""无咎"，畏邻戒也。

【译文】

《象传》说：持续地打雷，这就是《震》卦的象征。君子取法《震》卦心怀戒惧，修身自省。

初九 "震来虩虩"，这是说初九知惧而戒慎，就能带来福运；"笑言哑哑"，这是说惊吓过后，行为遵循法则不失常态。

六二 "震雷打来有危险"，这是因为六二乘凌于阳刚之上。

六三 "震苏苏"，这是因为君子地位失当。

九四 "震遂泥"，这是说其阳刚之德还没有光大。

六五 "震动之时上下往来均有危险"，这是说君子的行动遇上危险了，但因为能守中道，不会有损失。

上六 "震动之时极其恐惧以致畏缩难行"，这是因为君子未能秉守中道；君子有凶险，后来无害，这是因为畏惧邻居的那种灾祸，从而有了戒备。

◎艮卦第五十二◎

【原文】

《艮》 艮其背，不获其身，行其庭，不见其人：无咎。

初六　艮其趾：无咎。利永贞。

六二　艮其腓，不拯其随，其心不快。

九三　艮其限，列其夤：厉，熏心。

六四　艮其身：无咎。

六五　艮其辅，言有序：悔亡。

上九　敦艮：吉。

下艮上艮。

【译文】

《艮》象征当止则止：止于背后，不让私欲占据身体而妄行，好似在庭院里自如地行走。必无咎害。

初六　抑止在脚趾迈出之前：无害。利于永守正固。

六二　抑止在小腿迈出之前，没有承上而随行，心里不快。

九三　抑止他的腰，致使连续人体上下的部分脊肉裂开：十分危险，像火一样烧灼心。

六四　抑止身体不妄动：无害。

六五　抑止他的面颊，说话注意有条不紊，悔恨就可以消失。

上九　以诚恳厚道的品德抑止亢进的私欲：吉祥。

【原文】

《彖》曰：艮，止也。时止则止，时行则行，动静不失其时，其道光明。艮其止，止其所也。上下敌应，不相与也。是以"不获其身，行其庭，不见其人，无咎"也。

【译文】

《象传》说：艮，抑止之意。当止则止，当行则行，行止动静都能适时，就会前途光明。艮卦的抑止，是要止于当止之处。卦中各爻都上下同性相敌对而不应合，所以卦辞说："不随身体本能之欲妄行，在庭院中自如地行走，如同没有人，没有咎害"。

【原文】

《象》曰：兼山，《艮》。君子以思不出其位。

初六　"艮其趾"，未失正也。

六二　"不拯其随"，未退听也。

九三　"艮其限"，危"熏心"也。

六四　"艮其身"，止诸躬也。

六五　"艮其辅"，以中正也。

上九　"敦艮"之"吉"，以厚终也。

【译文】

《象传》说：两山重叠，这就是《艮》卦的卦象。君子取法《艮》卦，谋事不超出本分。

初六　"艮其趾"，这是说君子没有迷失正道。

六二　不再追随他了，这是因为他不能退而听从不同的意见。

九三　"艮其限"，这是说危险使君子焦心。

六四　"艮其身"，这是说君子安守本分了。

六五　"艮其辅"，这是说君子能守中正。

上九　"很诚恳地止而不动"而"获吉祥"，是因为上九能始终保持敦厚。

◎渐卦第五十三◎

【原文】

《渐》女归：吉，利贞。

初六　鸿渐于干；小子厉，有言：无咎。

六二　鸿渐于磐，饮食衎衎：吉。

九三　鸿渐于陆；夫征不复，妇孕不育：凶；利御寇。

六四　鸿渐于木，或得其桷：无咎。

九五　鸿渐于陵，妇三岁不孕，终莫之胜：吉。

上九　鸿渐于陆，其羽可用为仪：吉。

下艮上巽。

【译文】

《渐》象征渐进女子出嫁按礼逐步进行，吉祥，利于坚守正道。

初六　大雁飞进水边；小孩（到水边玩耍）有危险，加以责备（使他离去）：无害。

六二　大雁飞到水边石上，快乐地饮水吃鱼：吉祥。

九三　大雁飞进陆地；丈夫出征未回，妻子失贞得孕而不能育，凶险；不过却对防御敌人有利。

六四　大雁飞到高高的树上，有的停在像平稳舒展的树枝上：没有祸害。

九五　大雁飞上山峰（尽管有阻力尚未遂愿）；就像妇女几年不孕，但最终没人能替代她：吉祥。

上九　大雁飞进云路；它的羽毛可用来编织仪饰：吉祥。

【原文】

《彖》曰：渐之进也。"女归吉"也，进得位，往有功也。进以正，可以正邦也。其位，刚得中也，止而巽，动不穷也。

【译文】

《彖传》说：渐，指渐进。"女归吉"，这是说君子会逐渐获得地位，前往有收获。凭着正道进取，可以安邦定国。这样的君子刚健中正，清净谦逊，行事不会途穷。

【原文】

《象》曰：山上有木，《渐》。君子以居贤德善俗。

初六 "小子"之"厉"，义"无咎"也。

六二 "饮食衎衎"，不素饱也。

六三 "夫征不复"，离群丑也；"妇孕不育"，失其道也；"利用御寇"，顺相保也。

六四 "或得其桷"，顺以巽也。

九五 "终莫之胜吉"，得所愿也。

上九 "其羽可用为仪吉"，不可乱也。

【译文】

《象传》说：山上有木，这就是《渐》卦的象征。君子取法《渐》卦积累贤德，端正习俗。

初六 小孩近水是危险的，大人责备他，这理所当然是无害的。

六二 "饮食衎衎"，这是说君子不是吃白饭的。

六三 "夫征不复"，这是说丈夫离群去了；"妇孕不育"，这是因为迷失正道了；"利用御寇"，这是说人们能和顺同心地保卫家园。

六四 "或得其桷"，这是说君子能和顺而谦逊啊！

九五 "终莫之胜吉"，这是说阴阳相合的心愿实现了。

上九 "其羽可用为仪吉"——这是说其高洁的志向不能躁乱。

◎归妹卦第五十四◎

【原文】

《归妹》征凶,无攸利。

初九 归妹以娣;跛能履;征吉。

九二 眇能视;利幽人之贞。

六三 归妹以须,反归以娣。

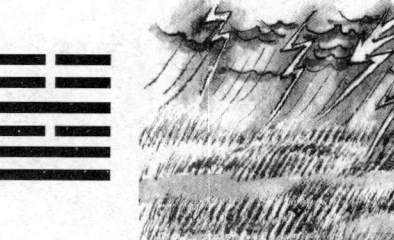

九四 归妹愆期,迟归有时。

六五 帝乙归妹,其君之袂不如其娣之袂良,月几望:吉。

上六 女承筐,无实,士刲羊,无血:无攸利。

下兑上震。

【译文】

《归妹》象征嫁出少女不可急就强求,急就强求则凶险,无利可得。

初九 嫁少女并以少女的妹妹陪嫁;像跛子能够走路;前往吉祥。

九二 瞎了一只眼勉强能够看见;此时幽静的人坚守正固将有利。

六三 少女出嫁盼望成为正室,结果正是随姐姐嫁作偏房。

九四 嫁少女延误婚期,迟嫁是想等待更好的夫家。

六五 象征帝乙嫁女儿,作为正夫人的服饰没有陪嫁妹妹的服饰漂亮,其内在的美德如临近阴历十五时的月亮近圆满而不盈,吉祥。

上六 女子捧着筐子,筐中没有东西,男子杀羊,(是空刺)刺不出血:无利可得。

【原文】

《彖》曰：《归妹》，天地之大义也。天地不交，而万物不兴。

《归妹》，人之终始也。说以动，所归妹也。"征凶"，位不当也；"无攸利"，柔乘刚也。

【译文】

《彖传》说：《归妹》卦讲少女出嫁体现的是天地之间的大道理。天地阴阳二气不交接，万物就不能生长。《归妹》卦就是体现人类繁衍的道理的。男女相处和悦，所以婚姻就成了。"征凶"，这是因为君子地位失当；"无攸利"，这是因为柔爻凌驾刚爻。

【原文】

《象》曰：泽上有雷，《归妹》。君子以永终知敝。

初九　"归妹以娣"，以恒也。"跛能履吉"，相承也。

九二　"利幽人之贞"，未变常也。

六三　"归妹以须"，未当也。

九四　"愆期"之志，有待而行也。

六五　"帝乙归妹""不如其娣之袂良"也。其位在中，以贵行也。

上六　上六"无实"，承虚筐也。

【译文】

《象传》说：泽上有雷，这就是《归妹》卦的象征。君子取法《归妹》卦，追求婚姻美满，察明婚姻有始无终的流弊。

初九　"归妹以娣"，这是按常规办事。"跛能履吉"，这是因为吉祥紧随着来。

九二　"利幽人之贞"，这是因为其不会改变柔和幽静的一贯志向。

六三　"归妹以须"，这种地位失当的。

九四　错过嫁期的目的，是有所等待的行为啊！

六五　帝乙嫁女儿，作为正夫人的服饰没有陪嫁妹妹的漂亮，但她品行中正，是以尊贵的身份而行朴素之道啊！

上六　上六说，女子的筐里没东西，她捧的是空筐啊。

◎丰卦第五十五◎

【原文】

《丰》亨，王假之，勿忧，宜日中。

初九　遇其配主，虽旬无咎，往有尚。

六二　丰其蔀，日中见斗，往得疑疾，有孚发若：吉。

九三　丰其沛，日中见沫，折其右肱：无咎。

九四　丰其蔀，日中见斗，遇其夷主：吉。

六五　来章，有庆誉：吉。

上六　丰其屋，蔀其家，窥其户，阒其无人，三岁不觌：凶。

下离上震。

【译文】

《丰》象征盛大：亨通，君主会达到盛大亨通之境界，不用忧虑，宜保持如日中天之势。

初九　遇上仁厚的主子，十天之内可以无害，前往会得嘉赏。

六二　增大他的草帘，（遮住太阳，屋中一片黑暗，以至明明是）正午，（黑屋中的他却）看见了北斗星（北斗星代指黑夜，此人多疑，以为黑屋是由黑夜所致），这意味着前往会得多疑病，（此时克服多疑，向人）表明自己的信任：吉祥。

九三　增大他的布幔，（遮住太阳，屋中一片黑暗，以至于明明是）正午，（黑屋中的他却）看见了星星，这意味着会折断手臂（但能治愈）：无害。

九四　增大他的草帘，（遮住太阳，屋中一片黑暗，以至明明是）正午，

733

（黑屋中的他却）看见了北斗星（北斗星代指黑夜，此人多疑，以为黑屋是由黑夜所致），此时遇上仁厚的主子：吉祥。

六五　取得德行上的风采，就会得到赏赐和赞誉：吉祥。

上六　增大他的屋子，用草帘遮蔽他的家，窥探他的窗户，寂静无人，几年不见他了：凶险。

【原文】

《彖》曰：丰，大也。明以动，故丰。"王假之"，尚大也；"勿忧宜日中"，宜照天下也。日中则昃，月盈则食，天地盈虚，与时消息，而况于人乎，况于鬼神乎？

【译文】

《彖传》说：丰，象征丰大。如离明动而上行，君子可使事业如太阳升至高空，所以能够盛大。"王假之"，这是说君主崇尚丰大；"勿忧宜日中"，这是说君主宜以丰盛之德普照天下。太阳升中就西斜，月亮满了就亏缺，天地的盈缺，都是随着时间消长的，何况人呢，何况鬼神呢？

【原文】

《象》曰：雷电皆至，《丰》。君子以折狱致刑。

初九　"虽旬无咎"，过旬灾也。

六二　"有孚发若"，信以发志也。

九三　"丰其沛"，不可大事也；"折其右肱"，终不可用也。

九四　"丰其蔀"，位不当也；"日中见斗"，幽不明也；"遇其夷主""吉"行也。

六五　"六五"之"吉"，有庆也。

上六　"丰其屋"，天际翔也；"窥其户，阒其无人"，自藏也。

【译文】

《象传》说：雷电交加，这就是《丰》卦的象征。君子取法《丰》卦审明案件，施用刑罚。

初九 十天之内可以无害，不过十天，一过可就有灾了。

六二 "有孚发若"，这是说君子能老实地表达真诚的愿望。

九三 "丰其沛"，这是说这时君子不宜办大事；"折其右肱"，结果右肱就不能用了。

九四 "丰其蔀"，这是说君子地位失当；"日中见斗"，这是说君子的处境黑暗；"遇其夷主"，如此相得相合定获吉祥。

六五 六五中的"吉"，是说必有福庆。

上六 "丰其屋"，这是说君子高飞逃逸了；"窥其户，阒其无人"，这是说君子自己深藏不露。

◎旅卦第五十六◎

【原文】

《旅》小亨，旅贞吉。

初六 旅琐琐，斯其所取灾。

六二 旅即次，怀其资，得童仆：贞。

九三 旅焚其次，丧其童仆：贞厉。

九四 旅于处，得其资斧，我心不快。

六五 射雉，一矢亡，终以誉命。

上九 鸟焚其巢，旅人先笑后号咷；丧牛于易：凶。

下艮上离。

【译文】

《旅》象征行旅：小事亨通，旅人坚守正道则吉祥。

初六 旅人行为卑贱猥琐心中多疑，这是他招致灾祸的原因。

六二　旅人住进旅舍，怀带资财，拥有童仆：守持正固吉祥。
九三　旅人住的旅舍失火，火灾中跑了童仆：应守持正固以防危险。
九四　旅人住进了别的旅舍，寻回了他的钱币，但心里仍有不快。
六五　（旅人）射野鸡，野鸡被一箭射中，（射艺高超的旅人）终获赞誉和爵命。
上九　鸟巢失火（比喻旅中过于张扬忘形而旅舍失火），旅人先得高位而笑后遭殃而哭；好像牛在地边走失：有凶险。

【原文】

《彖》曰：《旅》"小亨"。柔得中乎外，而顺乎刚，止而丽乎明，是以"小亨，旅贞吉"也。《旅》之时义大矣哉！

【译文】

《彖传》说：《旅》卦辞言是能小亨通的。谦柔之人民位中正，顺从阳刚君子，安定守正而依附光明，所以说"小获亨通，羁旅在外守持贞正可获吉祥"。《旅》卦这种适时前往的道理真是大啊！

【原文】

《象》曰：山上有火，《旅》。君子以明慎用刑而不留狱。
初六　"旅琐琐"，志穷灾也。
六二　"得童仆贞"，终无尤也。
九三　"旅焚其次"，亦以伤矣。以旅与下，其义丧也。
九四　"旅于处"，未得位也。"得其资斧"，心未快也。
六五　"终以誉命"，上逮也。
上九　以旅在上，其义焚也。"丧牛于易"，终莫之闻也。

【译文】

《象传》说：山上有火，这就是《旅》卦的象征。君子取法《旅》卦，使用刑罚时明察慎重，办案时不拖延案件。

初六　"行旅之初行为过于卑贱猥琐"，这是说其由于意志穷窘而酿祸了。

六二　旅客凭正道得到童仆，这结果是无害的。

九三　"旅焚其次"，这是可悲的；旅客和童仆共处，童仆在失火时跑了，跑是理所当然的。

九四　"旅于处"，这是说旅客地位失当。旅客的钱财失而复得，但他心里还是不快。

六五　终获赞誉和爵命，这是追随上面尊者的结果。

上九　旅客前往，却居高自傲，所以他的房子被烧是理所当然的；牛在边地走失这件事，终归是无人知道啊！

◎ 巽卦第五十七 ◎

【原文】

《巽》小亨，利有攸往，利见大人。

初六　进退，利武人之贞。

九二　巽在床下，用史巫纷若：吉，无咎。

九三　频巽：吝。

六四　悔亡，田获三品。

九五　贞吉，悔亡，无不利，无初有终；先庚三日，后庚三日：吉。

上九　巽在床下，丧其资斧：贞凶。

下巽上巽。

【译文】

《巽》象征谦顺：小事亨通，前往有利，见大人有利。

初六　谦顺过度而犹豫，以为进退都可，勇武之人守持贞正则有利。

九二　谦顺地伏于床下，如祝史、巫、觋一样殷勤侍奉于上：吉祥，无咎害。

九三　皱眉不乐地勉强谦顺；必有悔憾。
六四　悔恨消失，打猎获得多种猎物。
九五　坚守正固吉祥，悔恨消失，没有不利，事情开局不妙，但会有好结果；在象征变更的庚日前三天发布新令，在庚日后三天实行，必获吉祥。
上九　（惊恐地）躲伏床下，丢了资财；坚守正固以防凶险。

【原文】

《彖》曰：重巽以申命。刚巽乎中正而志行，柔皆顺乎刚，是以"小亨，利有攸往，利见大人"。

【译文】

《彖传》说：上下都谦顺宜于君主重申政令。君主刚健，具有谦顺而中正之美德，意志得以推行，阴柔者都能顺从于阳刚者，所以说"小亨，利有攸往，利见大人"。

【原文】

《象》曰：随风，《巽》。君子以申命行事。
初六　"进退"，志疑也；"利武人之贞"，志治也。
九二　"纷若"之"吉"，得中也。
九三　"频巽"之"吝"，志穷也。
六四　"田获三品"，有功也。
九五　"九五"之"吉"，位正中也。
上九　"巽在床下"，上穷也；"丧其资斧"，正乎凶也。

【译文】

《象传》说：风随着风吹，这就是《巽》卦的象征。君子取法《巽》卦，办事时申明政令。
初六　"进退"，这是说君子心存疑惑；"利武人之贞"，这是说勇武君子心志坚定。

九二 史巫纷纷（前来为他祷告），这是吉祥的，这是因为他能秉守中道。

九三 皱眉躲伏是危险的，这是说其心志困穷。

六四 "田获三品"，这是说君子有收获了。

九五 九五说，事情吉祥，这是因为君子能守中正。

上九 "巽在床下"，这是说上九途穷了；"丧其资斧"，这是说钱丢了，此时应守持贞正以防凶险。

◎ 兑卦第五十八 ◎

【原文】

《兑》亨，利贞。

初九 和兑：吉。

九二 孚兑：吉，悔亡。

六三 来兑：凶。

九四 商兑未宁；介疾有喜。

九五 孚于剥：有厉。

上六 引兑。

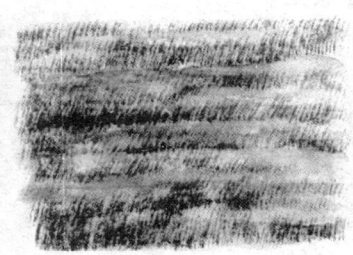

下兑上兑。

【译文】

《兑》象征和悦：亨通，利于守持正固。

初九 和气待人：吉祥。

九二 诚实欣悦待人：吉祥，悔恨消失。

六三 前来曲意逢迎取悦于人当至凶险。

九四 商谈尚未定下来的事，心中很不安宁；要是隔断疾患一样的邪恶之人，则有喜事。

九五 相信消剥阳气的小人：有危险。

上六 （有人）引诱我相悦：有危险。

【原文】

《彖》曰：兑，说也。刚中而柔外，说以"利贞"，是以顺乎天而应乎人。说以先民，民忘其劳；说以犯难，民忘其死。说之大，民劝矣哉！

【译文】

《彖传》说：兑，指的是和悦。君子刚健中正于内，柔顺接物于外，把利益百姓、秉守正道当成乐事，所以君子能顺应天道，应合人情。用和悦的政策引导百姓，百姓就会忘掉劳苦；用和悦的政策宣扬赴难，百姓就会舍生忘死。和悦的政策光大了，百姓就都能奋勉不息了。

【原文】

《象》曰：丽泽，《兑》。君子以朋友讲习。
初九 "和兑"之"吉"，行未疑也。
九二 "孚兑"之"吉"，信志也。
六三 "来兑"之"凶"，位不当也。
九四 "九四"之"喜"，有庆也。
九五 "孚于剥"，位正当也。
上六 "上六引兑"，未光也。

【译文】

《象传》说：泽连着泽，互相附丽润泽这就是《兑》卦的象征。君子取法《兑》卦，和朋友们互相讲习切磋。
初九 和悦是吉祥的，这是因为君子行事平和正直不为所疑。
九二 诚信和悦是吉祥的，这是因为大家信赖他的心志诚信。
六三 主动跟人说话是凶险的，这是因为他居地位失当。
九四 九四中的"喜"，是说福庆临头。
九五 没落时还能诚信，这是因为九五所处的地位得当。
上六 上六说，有人引诱我说话，这是因为君子的欣悦之道尚未光大。

◎涣卦第五十九◎

【原文】

《涣》亨,王假有庙;利涉大川,利贞。

初六　用拯马壮:吉。

九二　涣奔其机:悔亡。

六三　涣其躬:无悔。

六四　涣其群:元吉;涣有丘,匪夷所思。

九五　涣汗其大号,涣王居:无咎。

上九　涣其血去,逖出:无咎。

下坎上巽。

【译文】

《涣》象征涣散:亨通,君主亲临宗庙祭祀以诚聚民心;渡大河有利,占问有利。

初六　涣散时有壮马搭救:吉祥。

九二　涣散之时,奔向几案,要找到一个安身之所:悔恨消失。

六三　散其私心(献身于事业):无悔。

六四　涣散朋党,大吉;涣散小丘聚成大阜,这不是一般人能想到的。

九五　像涣散汗水一样发布号令,广散王的积财以聚合人心:无害。

上九　涣散之极的忧患消失,保持警惕:无害。

【原文】

《彖》曰:《涣》"亨",刚来而不穷,柔得位乎外而上同。"王假有庙",王乃在中也;"利涉大川",乘木有功也。

【译文】

《象传》说:《涣》卦是亨通的。是说阳刚者前来处于阴柔之中而不困穷,阴柔者获正位于外而与上面阳刚同德。"王假有庙",这是君主中正的表现;"利涉大川",这是说乘木船过河会成功。

【原文】

《象》曰:风行水上,《涣》。先王以享于帝,立庙。

初六 "初六"之"吉",顺也。

九二 "涣奔其机",得愿也。

六三 "涣其躬,志在外也。"

六四 "涣其群元吉",光大也。

九五 "王居无咎",正位也。

上九 "涣其血",远害也。

【译文】

《象传》说:风吹在水上,这就是《涣》卦的象征。先王取法《涣》卦祭祀上帝,设立宗庙。

初六 初六说,涣散时有壮马搭救是吉祥的,这是因为其能顺承阳刚、马能顺从人意。

九二 "涣奔其机",这是说君子阴阳聚合的愿望实现了。

六三 "涣其躬",这是说君子志在向外发展。

六四 "涣其群元吉",这是六四品德光明正大。

九五 "王居无咎",这是因为君主地位得当。

上九 涣散之极的忧患消失,这样就远离危害了。

◎节卦第六十◎

【原文】

《节》亨；苦节，不可贞。

初九　不出户庭，无咎。

九二　不出门庭，凶。

六三　不节若，则嗟若：无咎。

六四　安节：亨。

九五　甘节：吉，往有尚。

上六　苦节：贞凶，悔亡。

下兑上坎。

【译文】

《节》卦象征节制：亨通，以节制为苦：不可占问（会有凶险）。

初九　节制自守居家不出户庭：无害。

九二　（自拘于节制）不出门庭：凶险。

六三　不守节制（事情败坏），人将叹息：（但转机将来）无害。

六四　安于节制：亨通。

九五　甘于节制：吉祥，前往得奖赏。

上六　以节制为苦：利于守持正固以防凶险（但转机将来），悔恨消失。

【原文】

《彖》曰：节"亨"。刚柔分而刚得中。"苦节不可贞"，其道穷也。说以行险，当位以节，中正以通。天地节而四时成。节以制度，不伤财，不害民。

【译文】

《彖传》说：节制可致亨通。阳刚与阴柔均衡相分，而又刚健中正。

以节制为苦而不守正道，君子就将途穷。君子遇险却能和悦应对，地位得当，奉行节制，道德中正，所以亨通。天地节制就形成了四季。订立制度来推行节制，就可以不损民伤财。

【原文】

　　《象》曰：泽上有水，《节》。君子以制数度，议德行。
　　初九　"不出户庭"，知通塞也。
　　九二　"不前往庭凶"，失时极也。
　　六三　"不节"之"嗟"，又谁咎也。
　　六四　"安节"之"亨"，承上道也。
　　九五　"甘节"之"吉"，居位中也。
　　上六　"苦节贞凶"，其道穷也。

【译文】

　　《象传》说：泽上有水，这就是《节》卦的象征。君子取法《节》卦订立制度，议定道德的准则。
　　初九　"不出户庭"，这是因为君子晓得外出行或不行的道理。
　　九二　"不前往庭凶"，这是因为君子大大地错过时机了。
　　六三　由于不知节制导致叹息，这又能怪谁呢？
　　六四　安于节制是亨通的，因为这是遵从上位的刚中之道。
　　九五　甘于节制是吉祥的，这是秉守中正的表现。
　　上六　"苦节贞凶"，这是说君子途穷了。

◎中孚卦第六十一◎

【原文】

　　《中孚》　豚鱼：吉；利涉大川，利贞。
　　初九　虞：吉；有它，不燕。

九二　鸣鹤在阴，其子和之；我有好爵，吾与尔靡之。

六三　得敌，或鼓或罢，或泣或歌。

六四　月几望，马匹亡：无咎。

九五　有孚挛如：无咎。

上九　翰音登于天：贞凶。

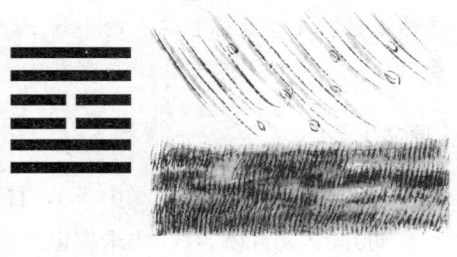

下兑上巽。

【译文】

《中孚》象征内心要诚信，诚信到能感动小猪和鱼：肯定吉祥；渡大河有利，有利于守持正固。

初九　心中安守诚信：吉祥；别有他求，则心中不安。

九二　鹤在树荫鸣叫，它的同类来应和；两者诚信相合，我有美酒，与你共饮。

六三　用心不诚，而自树敌手，有时击鼓进攻，有时停止攻击，有时畏敌而自生悲泣，有时轻敌而发出欢歌。

六四　此爻象征其地位甚佳如接近阴历十五时的月亮，但由于心不诚不专而致使马匹丢失，（但终能找回）：若能专诚则无害。

九五　诚信一以贯之：无祸害。

上九　飞鸟鸣声上达于天（虚有声名）上天：当守持正固以防凶险。

【原文】

《象》曰：《中孚》，柔在内而刚得中，说而巽，孚乃化邦也。"豚鱼吉"，信及豚鱼也；"利涉大川"，乘木舟虚也；中孚以"利贞"，乃应乎天也。

【译文】

《象传》说：《中孚》卦讲的是心中诚信，说的是君子心怀柔顺至诚，刚健中正，和悦谦逊，运用诚信使邦国得到了教化。"豚鱼吉"，这是说君子的诚信甚至推及豚鱼这类的小物;"利涉大川",这是因为有木船渡河将畅行无阻;心诚对秉守正道是有利的,这是合乎天道的啊!

【原文】

《象》曰:泽上有风,《中孚》。君子以议狱缓死。
初九 "初九虞吉",志未变也。
九二 "其子和之",中心愿也。
六三 "或鼓或罢",位不当也。
六四 "马匹亡",绝类上也。
九五 "有孚挛如",位正当也。
上九 "翰音登于天",何可长也?

【译文】

《象传》说:泽上有风,这就是《中孚》卦的象征。君子取法《中孚》卦议定案件,宽缓死刑。
初九 初九说,君子心中安定是吉祥的,这是因为君子诚信的心志不改变。
九二 小鹤来应和,这是其心里乐意的啊。
六三 "或鼓或罢",这是因为它地位失当。
六四 马丢了,要断绝分心之处而专心承从于上位。
九五 诚信能够一以贯之,这是因为九五地位得当。
上九 "翰音登于天",这种虚诚的状况怎能长久呢?

◎小过卦第六十二◎

【原文】

《小过》 亨,利贞;可小事,不可大事;飞鸟遗之音,不宜上,宜下:大吉。

初六　飞鸟以凶。

六二　过其祖，遇其妣；不及其君，遇其臣：无咎。

九三　弗过，防之，从或戕之：凶。

九四　无咎；弗过遇之；往厉，必戒；勿用永贞。

六五　密云不雨，自我西郊；公弋，取彼在穴。

上六　弗遇，过之，飞鸟离之：凶，是谓灾眚。

下艮上震。

【译文】

《小过》象征小有过度，亨通，有利于守持正固；可做小事，不可做大事；飞鸟欲留声，不宜向上飞太高，宜向下飞低（谦逊务实）：如此可获大吉祥。

初六　飞鸟飞过：（所过太甚）有凶险。

六二　超过他的祖父，得遇他的祖母；赶不上他的君主，君主能遇他的臣子：无咎害。

九三　没有过度防备，接着有人会害了他，有凶险。

九四　没有祸害；不要过分刚强就能得遇阴柔；急于前往有危险，务必要警告他；不可施展才干，要永远守持贞正。

六五　浓云不下雨，从我的西郊飘来；公侯射兽，在洞穴中捉到了猎物。

上六　不能遇合阳刚却超越阳刚太甚，好似飞鸟遭到射杀，有凶险，这就是灾祸。

【原文】

《象》曰：《小过》，小者过而亨也。过以"利贞"，与时行也。柔得中，是以"小事吉"也。刚失位而不中，是以"不可大事"也。有飞鸟之象焉，"飞鸟遗之音，不宜上，宜下，大吉"，上逆而下顺也。

【译文】

《象传》说:《小过》卦是说,小有过度,还是能亨通的。小有点过度,对秉守正道是有利的,这是说君子能与时俱进。阴柔居于中正,所以说"小事吉";阳刚地位失当,不守中正,所以说"不可大事"。《小过》卦有飞鸟的象征,"飞鸟遗之音,不宜上,宜下,大吉",这是说君子过于向上发展将受阻,而向下发展则顺利。

【原文】

《象》曰:山上有雷,《小过》。君子以行过乎恭,丧过乎哀,用过乎俭。

初六 "飞鸟以凶",不可如何也。
六二 "不及其君",臣不可过也。
九三 "从或戕之",凶如何也?
九四 "弗过遇之",位不当也。"往厉必戒",终不可长也。
六五 "密云不雨",已上也。
上六 "弗遇过之",已亢也。

【译文】

《象传》说:山上有雷,这就是《小过》的象征。君子取法《小过》卦,办事时格外恭谦,奔丧时格外哀痛,消费时格外节俭。

初六 飞鸟飞过,有凶险,这是其自己做得太过,有什么办法呢。
六二 "不及其君",这是说臣子不能僭越君主。
九三 纵容他有时会害了他,这种凶险怎么避免呢。
九四 不要过分礼遇他,他地位失当。"往厉必戒",这样危险就不能长久了。
六五 "密云不雨",这是说它已经超越阳刚而高居在上了。
上六 (没有过失)却不礼遇他,反批评他,这种行为过分了。

◎既济卦第六十三◎

【原文】

《既济》亨小，利贞；初吉，终乱。

初九 曳其轮，濡其尾：无咎。

六二 妇丧其茀，勿逐，七日得。

九三 高宗伐鬼方，三年克之；小人勿用。

六四 繻有衣袽，终日戒。

九五 东邻杀牛，不如西邻之禴祭，实受其福。

上六 濡其首：厉。

下离上坎

【译文】

《既济》象征事已成：连柔小者也都得到亨通，守持贞正有利，否则起初吉祥，终成祸乱。

初九 拉动车轮（过河），（河水）沾湿了车尾：无害。

六二 妇女丢了首饰，不必寻找，七天内会失而复得。

九三 殷高宗讨伐鬼方，几年后打败了它；不要任用小人。

六四 （河水）沾湿了衣絮，（怕受冻）整天警惕。

九五 东邻杀牛厚祭，不如西邻微薄的禴祭，能确实地得到神的赐福。

上六 （河水）沾湿了车头：危险。

【原文】

《彖》曰：既济"亨"，小者亨也。"利贞"，刚柔正而位当也。"初吉"，柔得中也。"终"止则"乱"，其道穷也。

【译文】

《象传》说：事已成，亨通，此时柔小者都可亨通。秉守正道是有利的，因为阳刚和阴柔都地位得当。"初吉"，这是因为柔顺者居中得位；柔顺者居中得位，事之最终将有危乱，是因为事成之道将近困穷了。

【原文】

《象》曰：水在火上，《既济》。君子以思患而预防之。

初九　"曳其轮"，义"无咎"也。

六二　"七日得"，以中道也。

九三　"三年克之"，惫也。

六四　"终日戒"，有所疑也。

九五　"东邻杀牛"，不如西邻之时也。"实受其福"，吉大来也。

上六　"濡其首"，何可久也？

【译文】

《象传》说：水在火上，这就是《既济》卦的象征。君子取法《既济》卦，忧虑祸患并预防它。

初九　拉动车轮过河，按理这是无害的。

六二　"七日得"，这是因为君子能守中道。

九三　几年后才打败了敌人，真是太疲惫了。

六四　"终日戒"，这是因为它疑心重啊！

九五　东邻杀牛厚祭，不如西邻微薄的禴祭来得时机适当。"实受其福"，这是说吉庆将大大地到来了。

上六　"濡其首"，这种状况怎能长久呢？

◎未济卦第六十四◎

【原文】

《未济》亨；小狐汔济，濡其尾：无攸利。

初六　濡其尾：吝。

九二　曳其轮：贞吉。

六三　未济，征凶；利涉大川。

九四　贞吉，悔亡；震用伐鬼方，三年有赏于大国。

六五　贞吉，无悔；君子之光有孚：吉。

上九　有孚于饮酒：无咎；濡其首，有孚，失是。

下坎上离。

【译文】

《未济》象征事未成之时：努力可致亨通；（如果不慎）就像小狐几乎渡水成功时，沾湿了尾巴：无利可得。

初六　小狐沾湿了尾巴：必有遗憾。

九二　（事未成之时），拖曳住车轮不使急行：守持贞正可获吉祥。

六三　渡水失败，争于前进则凶险；渡大河有利。

九四　守持贞正可获吉祥，悔恨消失；以雷霆之势讨伐鬼方，三年后得以封赏为大国。

六五　守持贞正可获吉祥，没有悔恨；君子的光荣是做人有诚信：吉祥。

上九　怀着诚信之心饮酒：无灾害；饮酒得意忘形，浇湿了脑袋，失去诚信，即有失正道。

【原文】

《彖》曰：《未济》"亨"，柔得中也。"小狐汔济"，未出中也；

"濡其尾，无攸利"，不续终也。虽不当位，刚柔应也。

【译文】

《象传》说：《未济》卦是亨通的，因为臣子中正。"小狐汔济"，这是说臣子办事不是出于中道；"濡其尾，无攸利"，这是说臣子办事不能善终。虽然臣子地位失当，君臣之间却还能互相响应。

【原文】

《象》曰：火在水上，《未济》。君子以慎辨物居方。
初六　"濡其尾"，亦不知极也。
九二　"九二""贞吉"，中以行正也。
六三　"来济征凶"，位不当也。
九四　"贞吉悔亡"，志行也。
六五　"君子之光"，其晖吉也。
上九　"饮酒濡首"，亦不知节也。

【译文】

《象传》说：火在水上，这就是《未济》卦的象征。君子取法《未济》卦，谨慎地辨别事物，摆正事物的位置。
初六　渡水沾湿了尾巴，这是因为不懂审慎前进的准则。
九二　九二说秉守正道是吉祥的，这是说君子守中，行事正直。
六三　"未济，征凶"，这是因为君子地位失当。
九四　"贞吉悔亡"，这是说君子心志实现了。
六五　君子的光荣是在讨伐中有所俘获，这种诚信的光荣是吉祥的。
上九　饮酒时浇湿了脑袋，这人也太不知节制了。

系辞传

◎系辞上传◎

【原文】

天尊地卑，乾坤定矣；卑高以陈①，贵贱位矣；动静有常②，刚柔断矣③；方以类聚④，物以群分，吉凶生矣；在天成象，在地成形，变化见矣⑤。是故刚柔相摩⑥，八卦相荡⑦，鼓之以雷霆，润之以风雨，日月运行，一寒一暑。乾道成男，坤道成女；乾知大始⑧，坤作成物；乾以易知，坤以简能。易则易知，简则易从；易知则有亲，易从则有功；有亲则可久，有功则可大。可久则贤人之德，可大则贤人之业。易简而天下之理得矣；天下之理得，而成位乎其中矣。

【注解】

①陈：陈列。②常：规律。③断：分。④方：事物的走向。"方以类聚，物以群分"是互文。⑤见：同"现"，显现。⑥摩：摩擦。⑦荡：激荡。⑧知：功能。

【译文】

天在上为，尊地在下而卑，乾尊坤卑的性质也就定了；尊卑已经排好，贵贱的位置也就定了；动静自有规律，刚柔的分别也就形成了；事物按照种类群体或合或分，吉凶也就产生了；在天上的形成日月星辰等天象，在地下的形成草木山川等形体，变化也就显现了。所以刚柔相互摩擦，八卦相互激荡，雷霆震动天地，风雨滋润万物，日月穿梭运行，寒暑交替循环。乾道构成男性，坤道构成女性；乾的功能是创始万物，坤的作为是成就万物；乾以平易的方式发挥功能，坤以简约的方式产生作用。平易的容易认识，简约的容易遵从；容易认识，所以有人亲近；容易遵从，所以有所成功；

有人亲近就可以长久，有所成功就可以壮大。可以长久，是说贤人的品德；可以壮大，是说贤人的事业。掌握了平易简约的道理，就是掌握了天下的道理；掌握了天下的道理，人在其中的地位也就确立了。

天尊地卑，乾坤定矣；动静有常，刚柔断矣；方以类聚，物以群分。

【原文】

圣人设卦观象，系辞焉而明吉凶①。刚柔相推而生变化。是故吉凶者，失得之象也；悔吝者，忧虞之象也②；变化者，进退之象也；刚柔者，昼夜之象也。六爻之动，三极之道也③。是故君子所居而安者④，《易》之序也；所乐而玩者，爻之辞也。是故君子居则观其象而玩其辞，动则观其变而玩其占，是以"自天祐之，吉，无不利⑤"。

【注解】

①系：配置。②虞：忧虑。③三极：指天、地、人三极。④安：安于。⑤"自天祐之"三句：见《大有》卦上九爻辞。

【译文】

圣人创立八卦和六十四卦，观察卦象爻象，并配上相应的文辞以说明吉凶。刚柔相互推动就产生了变化。所以所谓吉凶，是得失的象征；所谓悔吝，是忧虑的象征；所谓变化，是进退的象征，所谓刚柔，是昼夜的象征。六爻的变化，体现的是天地人三极变化的道理。所以君子闲居时所安于的，是《周易》的卦象爻象；高兴时所玩味的，是卦辞爻辞。所以君子闲居时就观察玩味它的象辞，行动时就观察它的变化并玩味它的占法，这样就能"自天祐之，吉，无不利"。

【原文】

象者①，言乎象者也。爻者，言乎变者也。吉凶者，言乎其得失也。悔吝者，言乎其小疵也。无咎者，善补过者也。是故列贵贱者存乎位，齐小大者存乎卦②，辩吉凶者存乎辞，忧悔吝者存乎介③，震无咎者存乎悔④。是故卦有小大，辞有险易⑤。辞也者，各指其所之⑥。

【注解】

①象：指卦辞。《系辞》的作者称卦辞为象，与《象传》无关。②齐：与"列"同义，排列。③介：细小，指细节。④震：震撼，指自警。悔：悔悟。⑤险：凶险。易：安易，指平安。⑥之：往。

【译文】

卦辞，是说明卦象的；爻辞，是说明爻变的；吉凶，是说明得失的；悔吝，是说人有小瑕疵；无咎，是说人善于补救过失。所以排列贵贱是根据爻位，排列大小是根据卦是阳卦还是阴卦，（阳卦表示大，阴卦表示小）辨别吉凶是根据卦辞爻辞；知道忧虑悔吝的事情的，在于注重细节；善于从无咎的事情中自警的，在于及时悔悟。所以说卦有大小的分别，辞有凶险平安的差异。辞，都指示着人们趋吉避凶的方向。

【原文】

《易》与天地准①，故能弥纶天地之道②。仰以观于天文，俯以察于地理，是故知幽明之故；原始反终③，故知死生之说；精气为物④，游魂为变⑤，是故知鬼神之情状；与天地相似，故不违；知周乎万物而道济天下⑥，故不过；旁行而不流⑦，乐天知命，故不忧；安土敦乎仁⑧，故能爱。范围天地之化而不过⑨，曲成万物而不遗⑩，通乎昼夜之道而知⑪，故神无方而易无体⑫。

【注解】

①准：等同。②弥纶：囊括。③原：考察。反：通"返"，推求。④物：神灵之物。⑤变：人的变化，指鬼魂。⑥周：周遍。⑦旁：通"方"，端正。流：放纵。⑧安土：安于环境。敦：厚，指积蓄。⑨范围：囊括。⑩曲：都。⑪昼夜之道：阴阳之道。知：通"智"，智慧。⑫神：神妙之道，指大道。方：形状。体：形式。

【译文】

《周易》和天地等同，所以能够囊括天地间的一切道理。圣人抬头观察天文，低头察探地理，所以晓得事物隐藏和出现的原因；考察事物的原始，推求事物的结局，所以知道万物生死有常的道理；精气凝聚变成神灵，游魂离身变成鬼魂，所以据此知道鬼神的情况；德行和天地相合，所以不违背天地大道；遍知万物的道理，道德足以匡济天下，所以没有过失；行为端正而不放纵，乐天知命，所以没有忧愁；安于环境而积蓄仁德，所以能够爱人。《周易》囊括了天地之间的一切变化而又不过度，成全万物而无一遗漏，洞悉阴阳变化之道而充满智慧，所以说大道没有一定的形状，《周易》之道也没有一定的形式。

【原文】

一阴一阳之谓道，继之者善也，成之者性也。仁者见之谓之仁，知者见之谓之知①，百姓日用而不知，故君子的道鲜矣②。显诸仁③，藏诸用④，鼓万物而不与圣人同忧，盛德大业至矣哉！富有之谓大业，日新之谓盛德。生生之谓易，成象之谓乾，效法之谓坤⑤，极数知来之谓占⑥，通变之谓事，阴阳不测之谓神。

【注解】

①知：通"智"，智慧。②君子的道：为君子所认识的全面的道。仁者、智者和百姓对道的认识都是片面的，只有君子对道的认识是全面的，故有

此语。③诸：之于。④用：作用。⑤效：呈现。法：地法。⑥极：穷尽，指推究。

【译文】

一阴一阳的对立转化就叫道，继承道的是美德，成就道的是本性。仁者看见这种包含了仁德的道，就叫它"仁"，智者看见这种蕴含了智慧的道，就叫它"智"，百姓天天在运用这种道却不知道，所以为君子所认识的全面的道就少了。道通过仁德显现，在对万物的作用中隐藏，鼓动万物却不像圣人一样忧愁，它的宏德大业真是到了极致啊！使万物富裕就叫"大业"，使世界日新就叫"盛德"。生生不息叫作"易"，形成天象叫作"乾"，呈现地法叫作"坤"，推究卦爻的数理以预测未来叫作"占"，洞悉变化以采取行动叫作"事"，阴阳两极变化莫测叫作"神"。

【原文】

夫《易》广矣大矣，以言乎远则不御①，以言乎迩则静而正②，以言乎天地之间则备矣③。夫乾，其静也专④，其动也直⑤，是以大生焉。夫坤，其静也翕⑥，其动也辟⑦，是以广生焉。广大配天地，变通配四时，阴阳之义配日月⑧，易简之善配至德。

【注解】

①御：停止。②迩：近。静：精审。③备：包纳。④专：专一不变。⑤直：刚直不阿。⑥翕：合。⑦辟：开。⑧义：特点。

【译文】

《周易》之道可说是非常广大的了，用它论断远的事物，就通畅无阻；用它论断近的事物，就精审正确；用它论断天地之间的万物，也能无所不包。乾，它静止时就专一不变，运转时就刚直不阿，所以形成了"大"；坤，它静止时就收敛闭合，运转时就张开显露，所以形成了"广"。广大和天地相配，变通和四季相配，阴阳的特点和日月相配，平易简约的道德和至高的道德相配。

【原文】

子曰："《易》其至矣乎！夫《易》，圣人所以崇德而广业也。知崇礼卑①，崇效天，卑法地。天地设位，而《易》行乎其中矣。成性存存②，道义之门。"

【注解】

①知：通"智"，智慧。②存存：前一个"存"是动词，保存。后一个"存"是名词，生存。

【译文】

孔子说："《周易》真是达到了极致啊！《周易》，是圣人用以推崇道德和光大事业的。圣人智慧崇高，礼仪谦卑，崇高效法天，谦卑效法地。天地确立了高下尊卑的位置，《周易》之道也就在其中运行了。它成就万物的本性，保存万物的生存，是通往道义的大门。"

【原文】

圣人有以见天下之赜①，而拟诸其形容②，象其物宜③，是故谓之象；圣人有以见天下之动，而观其会通④，以行其典礼⑤，系辞焉以断其吉凶，是故谓之爻。言天下之至赜而不可恶也⑥，言天下之至动而不可乱也，拟之而后言，议之而后动，拟议以成其变化。

"鸣鹤在阴，其子和之。我有好爵，吾与尔靡之⑦。"子曰："君子居其室，出其言善，则千里之外应之，况其迩者乎？居其室，出其言不善，则千里之外违之，况其迩者乎？言出乎身，加乎民；行发乎迩，见乎远。言行，君子之枢机⑧。枢机之发，荣辱之主也。言行，君子之所以动天地也，可不慎乎！"

"同人先号咷而后笑⑨。"子曰："君子的道，或出或处，或默或语。二人同心，其利断金；同心之言，其臭如兰⑩。"

【注解】

①赜（zé）：复杂。②拟：模拟。诸：相当于"乎"，语气助词。形容：形态。③物宜：与事物相宜的特性。④会通：融会贯通。⑤典礼：典章礼制。⑥恶：厌烦。⑦"鸣鹤在阴"四句：见《中孚》九二爻辞。⑧枢机：弓箭上发射弓箭的机关。⑨"同人"句：见《同人》九五爻辞。⑩臭：气味。

【译文】

圣人看见天下事物的繁杂，而用卦爻模拟它们的形态，象征它们的特性，所以叫作"象"；圣人看见天下事物的变化，而观察它们融会贯通的过程，以推行典章礼制，为卦爻配上文辞，以判断人事的吉凶，所以叫作"爻"。圣人谈论天下最繁杂的事物而不可心烦，谈论天下最多变的现象而不可搅混，用卦爻模拟它们后才来谈论，讨论它们后才去行动，通过模拟讨论来确定他们的变化。

"鸣鹤在阴，其子和之。我有好爵，吾与尔靡之。"这是什么意思呢？孔子说："君子住在家里，讲出的话如果是善的，那么远在千里的人都来响应他，何况近在身边的人呢？住在家里，讲出的话如果是不善的，那么远在千里的人都来反对他，何况近在身边的人呢？话从他那里发出，影响到百姓；行为在近处做出，波及出现在远处。言行，是君子的枢机，枢机的发动，是荣辱的主宰。言行，是君子用来影响天地的，能不谨慎吗！"

"同人先号咷而后笑。"这是什么意思呢？孔子说："君子的处世之道，是有时出仕，有时退处，有时沉默，有时开口。两人同心，就会锋利似刀能切断金属；同心同德的言论，它的气味就像兰花的幽香。"

【原文】

"初六：藉用白茅，无咎①。"子曰："苟错诸地而可矣②，藉之用茅，何咎之有？慎之至也。夫茅之为物薄，而用可重也。慎斯术也以往，其无所失矣。"

"劳谦，君子有终，吉③。"子曰："劳而不伐④，有功而不德⑤，厚之至也⑥。语以其功下人者也。德言盛⑦，礼言恭。谦也者，致恭以存其位者也。"

"亢龙有悔⑧。"子曰："贵而无位⑨，高而无民，贤人在下位而无辅，是以动而有悔也。"

"不出户庭，无咎⑩。"子曰："乱之所生也，则言语以为阶⑪。君不密则失臣⑫，臣不密则失身，几事不密则害成⑬。是以君子慎密而不出也⑭。"

子曰："作《易》者，其知盗乎？《易》曰：'负且乘，致寇至⑮。'负也者，小人之事也；乘也者，君子之器也。小人而乘君子之器，盗思夺之矣。上慢下暴⑯，盗思伐之矣。慢藏诲盗⑰，冶容诲淫⑱。《易》曰：'负且乘，致寇至。'盗之招也。"

【注解】

①"初六"三句：见《大过》初六爻辞。②苟：如果。错：通"措"，放置。③"劳谦"三句：见《谦》卦九三爻辞。④伐：夸耀。⑤德：以功德自居。⑥厚：厚道。⑦言：讲究。⑧亢龙有悔：见《乾》卦上九爻辞。⑨位：与尊位相宜的美德，指君德。⑩"不出户庭"两句：见《节》卦初九爻辞。⑪阶：阶梯。⑫密：指谨慎。⑬几：通"机"，政事。⑭出：发表意见。⑮"负且乘"两句：见《解》卦六三爻辞。⑯慢：疏懒。⑰诲：诱导，指招致。⑱冶：妖艳。

【译文】

"初六：藉用白茅，无咎。"这是什么意思呢？孔子说："祭品如果直接放在地上，也是可以的，如今用干净的白茅垫着，有什么害处呢？这是极其慎重的表现。白茅作为物质是微不足道的，作用却可以很大。按照这种谨慎的原则办事，就可以没有过失了。"

"劳谦，君子有终，吉。"这是什么意思呢？孔子说："有苦劳而不以此自夸，有功德而不以此自居，真是厚道极了，说的是虽然有功德却能甘居人下。德行讲究盛大，礼仪讲究恭敬。谦卑，说的是通过向人表达他的恭敬，来保存他的地位。"

"亢龙有悔。"这是什么意思呢？孔子说："尊贵却没有君德，居高却脱离群众，贤人屈居下位而丧失辅助，所以君主一妄动就有悔恨。"

"不出户庭，无咎。"这是什么意思呢？孔子说："灾乱的发生，往往是由说话引起的。君主说话不谨慎就会失掉臣子，臣子说话不谨慎就会丢掉性命，政事不谨慎就会酿成灾害，所以君子小心谨慎而不乱说话。"

孔子说："创作《周易》的人，大概了解盗贼吧。《周易》说：'负且乘，致寇至。'背东西，是小人的事；坐的车，是君子的交通工具。作为小人却乘坐君子的交通工具，盗贼就会想来抢他了。上面的人疏懒，下面的人横暴，盗贼就会想来攻打他了。疏懒的藏财会招来盗贼，妖艳的打扮会诱来淫贼。《周易》说：'负且乘，致寇至。'盗贼就是这样招来的。"

【原文】

大衍之数五十①，其用四十有九。分而为二以象两②，挂一以象三③，揲之以四以象四时④，归奇于扐以象闰⑤。五岁再闰，故再扐而后挂⑥。

天一⑦，地二⑧；天三，地四；天五，地六；天七，地八；天九，地十。天数五，地数五。五位相得而各有合⑨，天数二十有五，地数三十，凡天地之数五十有五，此所以成变化而行鬼神也⑩。《乾》之策二百一十有六⑪，《坤》之策百四十有四，凡三百有六十，当期之日⑫。二篇之策，万有一千五百二十⑬，当万物之数也。是故四营而成《易》⑭，十有八变而成卦⑮。八卦而小成⑯，引而伸之⑰，触类而长之，天下之能事毕矣⑱。显道神德行，是故可与酬酢⑲，可与祐神矣⑳。

【注解】

①大衍之数五十：五十后当脱"有五"二字，下文说"其用四十有九"，余下不用的六枚是象征六爻。"大衍之数"指算卦时用的蓍草数。衍：算卦。②两：指天和地。③挂一：从两堆蓍草中的某一堆，随意抽出蓍草一枚，竖放在上下两堆中间，因形如悬挂，所以说"挂一"。三：指天地人三才。④揲：数。四时：四季。⑤奇：余。扐：扐

借为"肋"，胸两旁。这里指所挂蓍草的两旁。闰：闰月。⑥再扐：这是"揲之以四，归奇于扐"的省文。指把下堆蓍草同样揲四、归奇。后挂：两次揲四余下的蓍草竖搁在所挂蓍草两旁，上下两堆蓍草中间，因形如悬挂，又在"挂一"后，所以说"后挂"。⑦天一：天数是奇数，所以说"天一、天三……"，总计有一三五七九。"天一……地十"一句，原在《系辞上》第十一章开头，学界多认为是错简，今移正于此。⑧地二：地数是偶数，所以说"地二、地四……"，总计有二四六八十。⑨位：数。相得：相加。合：和数。⑩成：确立。行：感通。⑪策：指蓍草。⑫期：指一年。⑬二篇：指《周易》上下经二篇。⑭四营：指分二、挂一、揲四、归奇这四种步骤。营：经营，指步骤。⑮十有八变：指把"四营"重复十八次。⑯八卦：指乾坤震巽坎离艮兑这八经卦。小成：八经卦只能进行小范围的象征，所以说"小成"。⑰伸：同"申"。⑱毕：尽。⑲酬酢（zuò）：应对。⑳祐：同"佑"，辅助。

【译文】

算卦用的蓍草数是五十五枚，只用其中的四十九枚。把四十九枚随意分成上下两堆，象征天和地；从上堆随意抽出一枚，（竖挂在上下两堆中间，上下两堆和所挂蓍草这三部分，就分别）象征天地人三才；把上堆按每四枚一组分组，象征四季，接着把余下的竖搁在所挂蓍草的左边，象征闰月。阴历五年中有两次闰月，所以再把下堆，按每四枚一组分组，把余下的竖搁在所挂蓍草的右边。

一、三、五、七、九是天数，二、四、六、八、十是地数，天数五个，地数五个。五天数和五地数分别相加，各有其和数，天数加得二十五，地数加得三十，天数地数总计是五十五。这就是确定各爻变化和感通鬼神的根据。占成《乾》卦所用的蓍草数是二百一十六枚，占成《坤》卦所用的蓍草数是一百四十四枚，总计三百六十枚，相当于一年的天数。占成《周易》上下经六十四卦所用的蓍草数，总计是一万一千五百二十枚，相当于万物的数目。所以只用分二、挂一、揲四、归奇这四种步骤，就成就了《周易》，这四种步骤重复十八次，就得出了六十四卦中的一卦。八经卦只是小范围的象征，引申成六十四卦，触类旁通，扩大象征，天下所能取象的事物就都尽其中了。《周易》能彰显道、神、德行，所以可以用它应对人事，辅助神灵。

【原文】

子曰："知变化之道者，其知神之所为乎。"《易》有圣人之道四焉：以言者尚其辞；以动者尚其变；以制器者尚其象；以卜筮者尚其占。"是以君子将有为也，将有行也，问焉而以言。其受命也如响，无有远近幽深，遂知来物①。非天下之至精，其孰能与于此②。参伍以变③，错综其数④。通其变，遂成天下之文⑤；极其数⑥，遂定天下之象。非天下之至变，其孰能与于此。《易》无思也无为也，寂然不动，感而遂通天下之故⑦。非天下之至神，其孰能与于此。夫《易》，圣人之所以极深而研几也⑧。唯深也，故能通天下之志；唯几也，故能成天下之务；唯神也，故不疾而速，不行而至。子曰："《易》有圣人之道四焉"者，此之谓也。

【注解】

①来物：未来的事。②与：到达。③参伍：错综。下文的"变"指卦变。④数：爻数。"参伍以变，错综其数"是互文。⑤文：象理。⑥极：穷尽，指探究。"通其变，遂成天下之文；极其数，遂定天下之象"是互文。⑦感：感应。故：事。⑧几：精微。

【译文】

孔子说："晓得变化的道的人，大概是晓得神灵的所为的吧。《周易》有四种圣人的道：用它来指导言论的崇尚、它的卦爻辞，用它来指导行动的崇尚、它的变化规律，用它来制作器物的崇尚、它的卦象，用它来占问的崇尚、它的占法。"所以君子将要有所作为，有所行动时，就向它进行占问并以它为根据说话。它接收人的请求就像回响一样，不论远的近的、晦暗的深奥的，都能预知未来的事。不是天下最精妙的东西，谁能达到这

种境界呢。它的卦变和爻数错综复杂。探究弄懂它的卦变和爻数，就能判定天地万物的象理。不是天下最灵活的东西，谁能达到这种境界呢。《周易》本身无所谓思虑和作为，寂静不动，但一旦通过占问使它发生感应，它就

夫《易》，圣人之所以极深而研几也。

能精通天下的事。不是天下最神妙的东西，谁能达到这种境界呢？《周易》，是圣人用来探究深奥的和精微的事理的。因为探究深奥的事理，所以能通晓天下人的心志；因为探究精微的事理，所以能成就天下的事务；因为神妙，所以没有急走却能速度很快，没有行走却能到达目的地。孔子说："《易》有圣人之道四焉"，说的就是这个。

【原文】

子曰："夫《易》何为者也？夫《易》开物成务①，冒天下之道②，如斯而已者也。"是故圣人以通天下之志，以定天下之业，以断天下之疑。是故蓍之德圆而神③，卦之德方以知④，六爻之义易以贡⑤。圣人以此洗心⑥，退藏于密⑦，吉凶与民同患⑧。神以知来，知以藏往，其孰能与于此哉！古之聪明睿知神武而不杀者夫！是以明于天之道，而察于民之故，是兴神物以前民用⑨，圣人以此斋戒⑩，以神明其德夫⑪。是故阖户谓之坤⑫，辟户谓之乾⑬，一阖一辟谓之变，往来不穷谓之通，见乃谓之象⑭，形乃谓之器，制而用之谓之法，利用出入⑮，民咸用之谓之神⑯。

【注解】

①开：揭示。②冒：囊括。③德：特点。下文"义"与此同义。④知：通"智"，智慧。下文"知以藏往"的"知""聪明睿知"的"知"与此同义。⑤易：变动。贡：灵巧。⑥洗：启迪。⑦退：指占问结束。⑧患：忧虑，指承担。⑨神物：指蓍草。前：先导。用：行事。⑩斋：虔敬。戒：警惕。⑪神明：彰显。⑫阖：合。⑬辟：开。⑭见：通"现"，显现。⑮利用：根据。出入：指做各种事情。⑯咸：都。

【译文】

孔子说："《周易》是做什么的呢？《周易》就是用来揭示事物的奥秘，成就事务，囊括天下的道理的，如此而已。"所以圣人用它来通晓天下人的心志，确立天下的事业，解决天下的疑难问题。所以蓍占的特点是圆满而神妙，卦的特点是方正而智慧，六爻的特点是变动而灵巧。圣人用它启迪心神，占问结束把结果藏在密处，（作为来日的借鉴，）吉凶都和百姓一起承担。它神妙无比能预知未来，智慧无比能包藏往事，谁能达到这种境界啊！只有古代聪明睿智、神勇英武而又不滥杀无辜的圣人吧！所以圣人明察天道，体察百姓的事情，创立用蓍草占问的方法，来作为百姓行事的先导。圣人用它表达虔敬警惕，以彰显它的特点。所以闭合门户叫作"坤"，打开门户叫作"乾"，一开一合就叫"变"，往来不绝叫作"通"，显现的叫作"象"，成形的叫作"器"，制作器物并使用叫作"法"，根据"法"来办事，百姓都应用这个"法"就叫作"神"。

【原文】

是故《易》有太极①，是生两仪②。两仪生四象③。四象生八卦。八卦定吉凶。吉凶生大业。是故法象莫大乎天地④。变通莫大乎四时⑤。县象著明莫大乎日月⑥。崇高莫大乎富贵。备物致用⑦，立成器⑧，以为天下利，莫大乎圣人。探赜索隐⑨，钩深致远，以定天下之吉凶，成天下之亹亹者⑩，莫大乎蓍龟⑪。是故天生神物，圣人则之⑫；天地变化，圣人效之；天垂象⑬，见吉凶，圣人象之；河出图，洛出书⑭，圣人则之。《易》有四象，所以示也；系辞焉，所以告也；定之以吉凶，所以断也。

【注解】

①太极：指宇宙的本体。②两仪：指阴阳。③四象：指少阳、老阳、少阴、老阴四象。④法：效法。⑤四时：四季。⑥县：通"悬"，悬挂。著明：光明。⑦备:预备。⑧立：付出。⑨赜：繁复。"探赜索隐，钩深致远"是互文。⑩亹亹：勤勉的样子。⑪蓍龟：占筮用的蓍草和龟甲。⑫则：取法。⑬垂：垂现，指显现。⑭河出图，洛出书：这是古代的传说，传说伏羲氏时，黄河出现了一匹龙马，马背有纹，伏羲氏据此画成八卦；夏禹时，洛水出现了一匹神龟，龟背有字，大禹据此作成《九畴》（"九畴"即《尚书·洪范》中提到的治国的九种大法）。

【译文】

所以《周易》有太极，太极生两仪，两仪生四象，四象生八卦，通过八卦可以判定吉凶。趋吉避凶可以产生大事业。所以能够效法的对象没有比天地更大的，灵活变通没有比四季更显著的，高悬的各种物体的光明没有比日月更亮的，地位崇高没有比富贵更高的。预备物质供人使用，付出功劳制成器具，以利于天下的人，没有比圣人更伟大的。探求繁杂隐晦、深奥久远的事理，来判定天下的吉凶，并且成就天下的勤勉的事业的，没有比蓍龟更大的。所以上天生出蓍龟这样的神物，圣人就取法它创立筮法。天地万物变化无穷，圣人就取法它形成卦变。上天显现种种天象，显明吉凶，圣人就用卦象象征它。黄河出现龙图，洛水出现龟书，圣人就取法它创造了八卦和《九畴》。《周易》有四象，是用来显示事物变化的，系辞，是用来告诉人们卦爻的含义的，在系辞中确定吉凶，是用来裁断人们的行动去向的。

【原文】

《易》曰："自天祐之，吉，无不利①。"子曰："祐者，助也。天之所助者，顺也；人之所助者，信也。履信思乎顺，又以尚贤也，是以'自天祐之，吉，无不利'也。"

子曰："书不尽言②，言不尽意。"然则圣人之意，其不可见乎③？子曰："圣人立象以尽意，设卦以尽情伪④，系辞焉以尽其言。变而通之以尽利，鼓之舞之以尽神⑤。"乾坤，其《易》之缊邪⑥？乾坤成列，而《易》立乎其中矣。乾坤毁，则无以见《易》；《易》不可见，则乾坤或几乎息矣⑦。是故形而上者谓之道，形而下者谓之器。化而裁之谓之变⑧，推而行之谓之通，举而错之天下之民谓之事业⑨。是故夫象，圣人有以见天下之赜⑩，而拟诸其形容⑪，象其物宜⑫，是故谓之象。圣人有以见天下之动，而观其会通⑬，以行其典礼⑭，系辞焉以断其吉凶，是故谓之爻。极天下之赜者存乎卦，鼓天下之动者存乎辞，化而裁之存乎变，推而行之存乎通，神而明之存乎其人，默而成之，不言而信，存乎德行。

【注解】

①"自天"三句：见《大有》卦上九爻辞。②书：文字。③见：认识。④情伪：情，情实；伪，虚伪。情伪，指真假。⑤鼓：摆弄。下文的"舞"与此同义。⑥缊：当作"经"，指门径。⑦息：亡。⑧化：改变。裁：裁制。⑨错：通"措"，应用。⑩赜：复杂。⑪拟：模拟。诸：相当于"乎"，语气助词。形容：形态。⑫物宜：与事物相宜的特性。⑬会通：融会贯通。⑭典礼：典章礼制。

【译文】

《周易》说："自天祐之，吉，无不利。"这是什么意思呢？孔子说："祐，是指帮助。上天所帮助的，是顺应天道的人；人所帮助的，是谨守信道的人。谨守信道，谋求顺应天道，又能重视贤人，所以说'自天祐之，吉，无不利'。"孔子说："文字不能完全表达人的言语，言语不能完全表达人的意思。"那么圣人的意思，就不可认识了吗？

孔子说："圣人创立象系来完全表达他的意思，设立卦系来完全揭示真假，为卦爻配上文辞以完全表达他的言语，变融卦爻以完全施利于天下，摆弄蓍草以完全发挥它的神妙的作用。"乾卦和坤卦，是把握《周易》的门径所在吧？乾卦和坤卦的位置一经确立，《周易》的道理也就确立其中了。假如没有乾卦和坤卦，也就无从得见《周易》的道理；《周易》的道理无从得见，乾卦和坤卦也就近似于名存实亡了。所以形而上的东西叫作"道"，形而下的东西叫作"器"，改制道器叫作"变"，推行道器叫作"通"，把道器应用在天下百姓身上叫作"事业"。所以所谓"象"，是因为圣人看见天下事物的繁杂，而用卦爻模拟它们的形态，象征它们的特性，所以叫作"象"。圣人看见天下事物的变化，而观察它们融会贯通的过程，以推行典章礼制，为卦爻配上文辞，以判断人事的吉凶，所以叫作"爻"。探究天下事物的繁杂，根据的是卦，鼓动天下事物的变化，根据的是辞，改制道器，根据的是"变"，推行道器，根据的是"通"，彰显道器，根据的是人。静默不动却能成就事业，一言不发却能取信于民，根据的是德行。

是故《易》有太极。

◎系辞下传◎

【原文】

　　八卦成列，象在其中矣；因而重之①，爻在其中矣；刚柔相推，变在其中焉；系辞焉而命之②，动在其中矣。吉凶悔吝者，生乎动者也；刚柔者，立本者也；变通者，趣时者也③；吉凶者，贞胜者也④。天地之道，贞观者也⑤；日月之道，贞明者也；天下之动，贞夫一者也。夫乾确然⑥，示人易矣；夫坤隤然⑦，示人简矣。爻也者，效此者也；象也者，像此者也。爻象动乎内，吉凶见乎外，功业见乎变，圣人之情见乎辞。天地之大德曰生，圣人之大宝曰位⑧。何以守位？曰仁；何以聚人？曰财。理财正辞⑨，禁民为非，曰义。

【注解】

①重:重叠。②命:告知。③趣:通"趋",趋向。④贞:正道。⑤观:昭示。⑥确:刚健的样子。⑦隤:柔顺的样子。⑧宝:宝物。⑨辞:法令。

【译文】

八卦确立了位置,卦象就包含在其中了;八卦叠变为六十四卦,爻和爻辞就包含在其中了;刚柔互相推演,变化就包含在其中了;为卦爻配上文辞示人,人的以此作为指导的行动就包含在其中了。所谓吉凶悔吝,是从人的行动中产生;刚柔,是确立卦爻性质的根本;变通,是指导人趋时而动,吉凶,是说明秉持正道就会得胜。天地的道,是以正道示人的;日月的道,是以正道发光的;天下万物的变化,都是遵循着同一种正道的。乾道刚健,示人平易;坤道柔顺,示人简约。所谓爻,就是效法这种平易简约的乾坤的道的;所谓象,就是象征这种刚健柔顺的乾坤的道的。爻和象在卦内变化,吉和凶在卦外显现,功业在变化中成就,圣人的情思在卦爻辞中显现。天地的大德是化生万物,圣人的宝物是权位功业。凭什么守住权位?凭仁德;凭什么招揽众人?凭钱财。管好钱财,端正法令,禁止百姓胡作非为就是义。

上古伏羲氏统治天下。

【原文】

古者包牺氏之王天下也①,仰则观象于天,俯则观法于地,观鸟兽之文与地之宜②,近取诸身,远取诸物,于是始作八卦,以通神明之德,以类万物之情③,作结绳而为网罟④,以佃以渔⑤,盖取诸《离》⑥。包牺氏没,神农氏作,斫木为耜⑦,揉木为耒⑧,耒耨之利⑨,以教天下,盖取诸《益》；日中为市⑩，致天下之民，聚天下之货，交易而退，各得其所，盖取诸《噬嗑》。神农氏没，黄帝、尧、舜氏作，通其变⑪，使民不倦，神而化之，使民宜之。《易》，穷则变，变则通，通则久，是以"自天祐之，吉，无不利⑫"。黄帝、尧、舜垂衣裳而天下治⑬，盖取诸《乾》《坤》；刳木为舟⑭，剡木为楫⑮，舟楫之利，以济不通，致远以利天下，盖取诸《涣》；服牛乘马⑯，引重致远，以利天下，盖取诸《随》；重门击柝⑰，以待暴客⑱，盖取诸《豫》；断木为杵⑲，掘地为臼⑳，杵臼之利，万民以济，盖取诸《小过》；弦木为弧㉑，剡木为矢，弧矢之利，以威天下，盖取诸《睽》。上古穴居而野处，后世圣人易之以宫室㉒，上栋下宇㉓，以待风雨，盖取诸《大壮》；古之葬者，厚衣之以薪㉔，葬之中野，不封不树㉕，丧期无数㉖。后世圣人易之以棺椁㉗，盖取诸《大过》；上古结绳而治，后世圣人易之以书契㉘，百官以治，万民以察，盖取诸《夬》。

【注解】

① 包牺氏：指伏羲氏。王：统治。② 文：纹理。地之宜：指适合在地上生长的植物。③ 类：分别。④ 罟：网。⑤ 佃：通"田"，狩猎。⑥ 盖：大概。⑦ 斲：砍。耜：古代的一种锄具。下文的"耒"是古代的一种犁具。⑧ 揉：加工使木头弯曲。⑨ 耨：当为"耜"的讹误。⑩ 日中：正午。⑪ 变：指前人的创制。⑫ "自天"三句：见《大有》卦上九爻辞。⑬ 垂衣裳：垂，垂范；衣，上衣；裳，下衣。衣裳上下有序，象征尊卑等级的制度。垂衣裳，比喻分出尊卑等级。⑭ 刳：挖空。⑮ 剡：削。⑯ 服：驾。与下文的"乘"同义。⑰ 柝：打更的梆子。⑱ 暴客：指盗贼。⑲ 杵：舂米用的木棒。⑳ 臼：舂米时放米用的器具，石制或木制，中间凹下。㉑ 弦木：给木头装弦。弧：弓。㉒ 宫室：房屋。㉓ 宇：屋边，指墙壁。㉔ 衣：包裹。薪：草柴。㉕ 封：堆砌土坟。树：指种树。㉖ 无数：没有定期。㉗ 椁：棺材外面套的大棺。㉘ 书契：指文字。

【译文】

上古伏羲氏统治天下，抬头观察天象，低头察探地形，观察鸟兽身上的纹理和地上的植物，在近，就取法自身，在远，就取法万物，在这基础上开始创制八卦，用来通达神明的德性，分别万物的情状，编结绳子织成罗网，用来渔猎，这大概是取法了《离》卦吧。伏羲氏死后，神农氏继起，砍削木头造耜，弄弯木头制耒，将耒耜的便利，教给百姓，这大概是取法了《益》卦吧；正午时设立集市，招揽天下的人们，聚拢天下的货物，互相交易后散去，使各人得到他们所需要的，这大概是取法了《噬嗑》卦吧。神农氏死后，黄帝、尧、舜继起，变通前人的创制，使百姓使用起来不疲倦，进行神妙的改造，使百姓方便使用。《周易》的道理，是不通时就变，变就通，通就能长久，所以说"自天佑之，吉，无不利"。黄帝、尧、舜分出尊卑等级从而促使天下大治，这大概是取法了《乾》卦和《坤》卦吧。掏空木头做船，削尖木头做楫，凭着船楫的便利，渡过河水，到达远处从而使天下人得利，这大概是取法了《涣》卦吧；驾着牛马，载重物走远路，使天下人得利，这大概是取法了《随》卦吧；增设城门，巡夜打更，来防备盗贼，这大概是取法了《豫》卦吧；砍断木头制杵，掏挖洞穴做臼，天下人从杵臼的便利中得利，这大概是取法了《小过》卦吧；给木头装弦做弓，削尖木头做箭，用弓箭的便利威慑天下，这大概

结绳以网，用来捕鱼，大概是取法了《离》卦。

驾着牛马，负重而行，使天下人得到利益，大概是取法了《随》卦。

上古之人住于洞穴野地，后世圣人改住房屋，大概是取法了《大壮》卦。

是取法了《睽》卦吧。上古的人们住在洞穴和野地，后世的圣人改住房屋，上有栋梁，下有墙壁，用来抵御风雨，这大概是取法了《大壮》卦吧；古时埋葬死人，用草柴厚厚包着，葬在野外，不立坟也不种树，服丧没有定期，后世的圣人改用棺和椁，这大概是取法了《大过》卦吧；上古的人们结绳治事，后世的圣人用文字代替它，从此百官都能用文字治理政事，百姓都能凭文字明察事理了，这大概是取法了《夬》卦吧。

【原文】

是故《易》者，象也，象也者，像也。彖者①，材也②，爻也者，效天下之动者也。是故吉凶生而悔吝著也③。

【注解】

①彖：指卦辞。《系辞》的作者称卦辞为彖，与《彖传》无关。②材：通"裁"，裁断。卦辞能裁断一卦的吉凶，所以说"彖者，材也"。③著：显明。

【译文】

所以《周易》的根本，就是象，所谓象，就是象征。所谓彖，就是裁断，所谓爻，就是仿效天下万物的变化。所以吉凶就由此产生、悔吝就由此显明出来了。

【原文】

阳卦多阴，阴卦多阳①，其故何也？阳卦奇②，阴卦耦③。其德行何也？阳一君而二民，君子之道也；阴二君而一民，小人之道也。

【注解】

①阳卦多阴，阴卦多阳：八卦分阳卦和阴卦两种，由奇数枚阳爻组成的卦就是阳卦，由偶数枚阳爻组成的卦就是阴卦。乾、震、坎、艮是阳卦，坤、巽、离、兑是阴卦。这里所说的"阳卦"只指阳卦中的震坎艮三卦，

"阴卦"只指阴卦中的巽离兑三卦。阴：指阴爻；阳：指阳爻。②奇：指阳爻的枚数是奇数。③耦：同"偶"。指阳爻的枚数是偶数。

【译文】

阳卦多阴爻，阴卦多阳爻，这是什么原因呢？是因为阳卦中阳爻的枚数，总是奇数，阴卦中阳爻的枚数，总是偶数。阳卦和阴卦代表的德行是什么呢？阳卦代表一个君主和两个庶民（形容一个君主统治天下），这是君子的道；阴卦代表两个君主和一个庶民（形容天下大乱，诸侯各自称王），这是小人的道。

【原文】

《易》曰："憧憧往来，朋从尔思①。"子曰："天下何思何虑？天下同归而殊涂②，一致而百虑。天下何思何虑？日往则月来，月往则日来，日月相推而明生焉；寒往则暑来，暑往则寒来，寒暑相推而岁成焉。往者屈也，来者信也③，屈信相感而利生焉。尺蠖之屈④，以求信也；龙蛇之蛰，以存身也。精义入神，以致用也；利用安身，以崇德也⑤。过此以往，未之或知也。穷神知化，德之盛也。"

《易》曰："困于石，据于蒺藜，入于其宫，不见其妻，凶⑥。"子曰："非所困而困焉，名必辱。非所据而据焉，身必危。既辱且危，死期将至，妻其可得见耶⑦！"

【注解】

①"憧憧"两句：见《咸》卦九四爻辞。②涂：同"途"，路。③信：同"伸"，伸展。④尺蠖：一种通过身子一屈一伸前进的小毛虫。⑤崇：提升。⑥"困于石"五句：见《困》卦六三爻辞。⑦其：岂。

【译文】

《周易》说:"憧憧往来,朋从尔思。"这是什么意思呢?孔子说:"天下人何必劳思费神呢?天下人走的是不同的道路,到达的却是同一个地方;思虑虽有种种,目标却是一致。天下人何必劳思费神呢?太阳落了月亮上来,月亮落了太阳上来,太阳月亮相互交替就产生光明;寒冷去了暑热到来,暑热去了寒冷到来,寒冷暑热相互循环就形成一年四季。过去的是退屈,到来的是伸展,退屈伸展相互呼应就带来利益。尺蠖退屈身子,为的是伸展身子;龙蛇蛰伏隐藏,为的是保存生命。精通义理达到神妙的地步,为的是能够应用;利用所学来安身立命,为的是提升道德。超过以上这些的,就不知道是什么了。穷究事物的神妙,晓知事物的变化,这是伟大的德行。"

《周易》说:"困于石,据于蒺藜,入于其宫,不见其妻:凶。"这是什么意思呢?孔子说:"不是应该受困的地方却受了困,名节必定受辱;不是应该仰赖的人却去仰赖,生命必定危险。受了侮辱,又遇危险,死期将到,哪里还能见得到妻子呢。"

【原文】

《易》曰:"公用射隼于高墉之上,获之,无不利①。"子曰:"隼者,禽也。弓矢者,器也。射之者,人也。君子藏器于身,待时而动,何不利之有?动而不括②,是以出而有获,语成器而动者也。

子曰:"小人不耻不仁,不畏不义,不见利不劝③,不威不惩④。小惩而大诫⑤,此小人之福也。《易》曰:'履校灭趾,无咎⑥。'此之谓也。

"善不积不足以成名,恶不积不足以灭身。小人以小善为无益而弗为也,以小恶为无伤而弗去也,故恶积而不可掩,罪大而不可解⑦。《易》曰:'何校灭耳,凶⑧。'"

子曰:"危者,安其位者也;亡者,保其存者也;乱者,有其治者也。是故君子安而不忘危,存而不忘亡,治而不忘乱,是以身安而国家可保也。《易》曰:'其亡其亡,系于苞桑⑨。'"

【注解】

① "公用"三句：见《解》卦上六爻辞。② 括：阻碍。③ 劝：劝勉，指努力。④ 威：刑罚的威严，指刑罚。⑤ 诫：警戒。⑥ "屡校"两句：见《噬嗑》卦初九爻辞。⑦ 解：赦免。⑧ "何校"两句：见《噬嗑》卦上九爻辞。⑨ "其亡"两句：见《否》卦九五爻辞。

【译文】

《周易》说："公用射隼于高墉之上，获之，无不利。"这是什么意思呢？孔子说："隼，是飞禽，弓矢，是工具，射隼的，是人。君子怀藏工具，等待时机出动，哪里会有什么不利呢？出动而没有阻碍，所以出动就会有收获，这是说先要具备工具再去采取行动。"

孔子说："小人不对自己的不仁感到羞耻，不对自己的不义感到害怕，看不到好处就不会努力，所以不对小人进行刑罚，就收不到刑罚的作用。受到小的刑罚，得到大的警戒，这是小人的福气。《周易》说：'屡校灭趾，无咎'，说的就是这个道理。

"善行不积累，就成就不了美名，恶行不积累，就不会自取灭亡。小人认为做小的善事没有好处就不去做，认为做小的恶事不会受损就不去克服，所以恶行越积越多难以掩盖，罪行越积越大难以赦免。最后就会像《周易》上所说的：'何校灭耳，凶。'"

孔子说："危险，是由于安于他的地位忘记了忧患；灭亡，是由于保持他的现状忘记了危机；变乱，是由于享受他的太平忘记了警惕。所以君子安逸时不忘危险，活命时不忘灭亡，太平

小人不耻不仁，不畏不义，不见利不劝，不威不惩。

时不忘变乱，因此能够生命平安、国家长存。不然就会像《周易》上所说的：'其亡其亡！系于苞桑。'"

【原文】

子曰："德薄而位尊，知小而谋大，力少而任重，鲜不及矣①。《易》曰：'鼎折足，覆公餗，其形渥：凶②。'言不胜其任也。"

子曰："知几③，其神乎！君子上交不谄，下交不渎④，其知几乎？几者，动之微，吉凶之先见者也⑤。君子见几而作，不俟终日。《易》曰：'介于石，不终日，贞吉⑥。'介如石焉⑦，宁用终日⑧，断可识矣⑨。君子知微知彰，知柔知刚，万夫之望。"

子曰："颜氏之子，其殆庶几乎⑩？有不善未尝不知，知之未尝复行也。《易》曰：'不远复，无祗悔，元吉⑪。'"

"天地絪缊⑫，万物化醇⑬；男女构精⑭，万物化生。《易》曰：'三人行则损一人，一人行则得其友⑮。'言致一也⑯。"

子曰："君子安其身而后动，易其心而后语⑰，定其交而后求。君子修此三者，故全也。危以动，则民不与也；惧以语，则民不应也；无交而求，则民不与也。莫之与，则伤之者至矣。《易》曰：'莫益之，或击之，立心勿恒，凶⑱。'"

【注解】

①及："及于祸难"的省语，指祸难。②"鼎折足"三句：见《鼎》卦九四爻辞。③几：细微。④渎：亵渎，指轻慢。⑤先见：预兆。⑥"介于石"三句：见《豫》卦六二爻辞。⑦介：借为"砎"，坚固。⑧宁：岂。⑨断：断然。⑩殆：大概。庶几：接近。⑪"不远复"三句：见《复》卦初九爻辞。⑫絪缊：同"氤氲"，阴阳二气交融弥漫的样子。⑬醇：均匀。⑭男女：指雌雄两性。⑮"三人行"两句：见《损》卦六三爻辞。⑯致一：合作。⑰易：平和。⑱"莫益之"四句：见《益》卦上九爻辞。

【译文】

孔子说:"道德浅薄却身居高位,智慧贫乏却图谋大事,能力不足却担当重任,这种人是少有不遭殃的。《周易》说:'鼎折足,覆公餗,其形渥:凶。'说的就是人没有能力担当他的重任。"

孔子说:"君子能够洞察细微,真是神奇啊!君子和上级交往却不谄媚,和下级交往却不轻慢,他是洞察了细微的征兆吧?所谓几,就是变化时的细微之处,是吉凶的预兆。君子一见预兆就行动,不会长久等待。《周易》说:'介于石,不终日,贞吉。'看似坚如石头,然而哪里需要一整天,就可断然看出变化来了。君子既知道细微的状况,又知道显著的状况,既知道柔顺的道理,又知道刚健的道理,他是万人仰望的人物。"

孔子说:"颜家的儿子颜回,他的修养大概接近完美了吧?犯了过失没有不知道的,一旦知道就永远不会再犯,就像《周易》上所说的:'不远复,无祗悔,元吉。'

"天地阴阳交融,万物均匀化育;雌雄精气交合,万物化育生长。《周易》说:'三人行则损一人,一人行则得其友。'说的就是合作的道理。"

孔子说:"君子安定身子后再行动,平静心气后再说话,确定交情后再求助。君子能修持这三点,所以安全无害。身处险境偏采取行动,人们不会帮助他;心怀恐惧偏发号施令,人们不会响应他;没有交情偏求人帮助,人们不会帮助他。大家都不帮助他,那么伤害他的人就要到来了,就像《周易》上所说的:'莫益之,或击之,立心勿恒,凶。'"

【原文】

子曰:"乾坤,其《易》之门耶①?"乾,阳物也;坤,阴物也。阴阳合德,而刚柔有体。以体天地之撰②,以通神明之德。其称名也③,杂而不越④。于稽其类⑤,其衰世之意邪?夫《易》彰往而察来,而微显阐幽,开而当名辨物⑥,正言断辞⑦,则备矣。其称名也小,其取类也大。其旨远,其辞文⑧,其言曲而中⑨,其事肆而隐⑩。因贰以济民行⑪,以明失得之报⑫。

【注解】

①其：大概。②体：分别。撰：具，指天地具有的万物。③称名：用来指称事物的概念。④越：逾越，指混乱。⑤于：发语词。稽：考察。类：事类，指事迹。⑥当名：恰当的概念。⑦正言：准确的文辞。⑧文：文采。⑨中：中肯。⑩肆：直白。⑪贰：指一阴一阳的道理。济：辅助。⑫报：应验。指得失应验的原因。

危险，是由于安于他的地位忘记了忧患。

【译文】

孔子说："乾卦和坤卦，大概是《周易》的门径吧？"乾，是阳性物质，坤，是阴性物质。阴阳配合德行，刚柔各有体性。利用阴阳刚柔的这些道理来分别天地的万物，通达神明的德行。《周易》中指称事物的概念，庞杂但不混乱。考察《周易》的事迹，透露的大概是殷代末世的意味吧？《周易》能够彰显过去，察知来来，显露细微，阐明隐晦，打开《周易》，用恰当的概念辨别事物，准确的文辞判断事理，其中都已具备无遗了。它指称事物的概念是有限的，用有限的概念比类的事理却是无限的。它的意旨深远，文辞华美，行文婉曲却中肯，叙事直白却深邃。它用一阴一阳的道理辅助人们的行动，阐明得失的原因。

【原文】

《易》之兴也①，其于中古乎？作《易》者，其有忧患乎？是故《履》，德之基也，《谦》，德之柄也②，《复》，德之本也，《恒》，德之固也③，《损》德之修也④，《益》，德之裕也⑤，《困》，德之辨也，《井》，德之地也⑥，《巽》，德之制也⑦。《履》，和而至，《谦》，尊而光，《复》，小而辨于物⑧，《恒》，杂而不厌，《损》，先难而后易，《益》，长裕而不设⑨，《困》，穷而通，《井》，居其所而迁⑩，《巽》，称而隐⑪。《履》以和行，《谦》以制礼⑫，《复》以自知，《恒》以一德⑬，《损》以远害，《益》以兴利，《困》以寡怨，《井》以辨义⑭，《巽》以行权⑮。

【注解】

①兴：创作。②柄：指关键。③固：坚守。④修：修养。⑤裕：充实。⑥地：环境。⑦制：自制。⑧辨：辨别。⑨设：造作。⑩迁：播撒。⑪称：权衡。⑫制：指遵守。⑬一德：专一。⑭义：兼指"非义"，指是非。⑮权：权宜，指变通。

【译文】

《周易》的创作，大概是在中古时候吧？《周易》的作者，大概是怀着忧患的吧？所以《履》卦是说道德的基础，《谦》卦是说道德的关键，《复》卦是说道德的根本，《恒》卦是说坚守道德，《损》卦是说修养道德，《益》卦是说充实道德，《困》卦是说辨别道德，《井》卦是说道德的环境，《巽》卦是说道德的自制。《履》卦是说和悦施德，《谦》卦是说居尊却能光大谦逊，《复》卦是说行善从点滴遍及万物，《恒》卦是说应对繁杂不厌烦，《损》卦是说事事先难后易，《益》卦是说道德长裕不造作，《困》卦是说困难到头就亨通，《井》卦是说身居家中却能德泽外播，《巽》卦是说权衡时势以便退隐。《履》卦教人和悦办事，《谦》卦教人守礼，《复》卦教人自知，《恒》卦教人专一，《损》卦教人避害，《益》卦教人谋利，《困》卦教人少怨，《井》卦教人辨别是非，《巽》卦教人变通。

【原文】

《易》之为书也不可远①，为道也屡迁，变动不居，周流六虚②，上下无常，刚柔相易，不可为典要③，唯变所适④。其出入以度外内⑤，使知惧，又明于忧患与故⑥。无有师保⑦，如临父母。初率其辞⑧，而揆其方⑨，既有典常⑩。苟非其人⑪，道不虚行⑫。

【注解】

①远：穷尽。②六虚：指六个爻位。"变动不居，周流六虚"是指爻变化不定，在六个爻位之间变动。③典要：模式。④适：走。⑤出入：按照筮法，先得的卦叫本卦，后变的卦叫变卦（古人叫"之卦"），"出入"指一卦由本卦变成变卦。下文的"度"指计量，"外"指变卦，"内"指本卦。⑥故：过往的事。⑦师保：老师。⑧率：循着。⑨揆：揣摩。方：含义。⑩既：则。典常：规律。⑪苟：如果。⑫虚：空。

【译文】

《周易》这部书难以穷尽，书中的道理灵活多端，各爻在六个爻位之间变化不停，或上或下没有定式，刚柔之间相互转化，所以不可把它当作是僵化的模式，而要顺着它的变化走。通过卦变计量本卦和变卦的联系，使人知道警惕，并且晓得忧患和过往的事。虽然没有老师，但是《周易》指导人，就像是父母亲临指导一样。开始时循着卦辞爻辞，揣摩其中的含义，逐渐地就会找出规律来了。如果不是精通《周易》的人，《周易》的道理是不会凭空发挥效果的。

【原文】

《易》之为书也，原始要终①，以为质也②。六爻相杂，唯其时物也③。其初难知④，其上易知，本末也⑤。初辞拟之⑥，卒成之终⑦。若夫杂物撰德⑧，辩是与非⑨，则非其中爻不备⑩。噫⑪！亦要存亡吉凶⑫，则居可知矣。知者观其彖辞⑬，则思过半矣⑭。二与四同功而异位⑮，其善不同⑯，二多誉，四多惧，近也。柔之为道不利远者。其要无咎⑰，其用柔中也⑱。三与五同功而异位，三多凶，五多功，贵贱之等也。其柔危⑲，其刚胜邪⑳？

【注解】

①原：考察。要：探求。②质：本质。③时物：一定时间内的事物。④初：指初爻。下文的"上"指上爻。⑤本末：初爻为本，上爻为末。⑥初辞：初

爻爻辞。⑦卒：上爻爻辞。⑧若夫：至于。撰：阐明。⑨辩：同"辨"，辨别。⑩中爻：指第二、三、四、五爻。⑪噫：叹词。⑫要：探求。⑬彖辞：指卦辞。⑭思：领悟。⑮功：事。位：指爻位。⑯善：兼指坏，指好坏。⑰要：概要，指大体。⑱其用柔中："其"指二爻。二爻居第二爻位，是阴位，是柔；第二爻位又是下卦中位，所以说"其用柔中"。"其用柔中"象征君子办事柔顺中正。⑲柔危：阴爻是柔，三五爻位是阳位，阴爻居阳位，是"不当位"，象征君子地位失当，有危险，所以说"柔危"。⑳刚胜：阳爻是刚，三五爻位是阳位，阳爻居阳位，是"当位"，象征君子地位得当，会得胜，所以说"刚胜"。

【译文】

《周易》这部书，是以考察事物的源头、探求事物的结局为本质的。六爻错综交合，反映的是一定时间内的事物。凭借初爻难以把握事物全貌，凭借上爻容易把握事物全貌，这就是本末的区别。初爻爻辞比类事物的开始，上爻爻辞确定事物的结局。至于杂合事物，阐明道德，辨别是非，那么就非凭借中爻不能办到。呵！探求存亡吉凶，只要坐在家中钻研《周易》就可以知道了。聪明的人只要看过卦辞，就可以领悟到全卦的大半道理了。二爻和四爻都象征着要以柔顺的态度办事，但爻位不同，所以好坏也就不同：二爻多赞誉，四爻多惊惧，这是因为二爻居内卦在近处（四爻居外卦在远处）。以柔顺态度办事的道理，对身在远处的人不利。二爻大体是无害的，是因为二爻象征柔顺并且居下卦中位。三爻和五爻都象征着要以刚健的态度办事，但爻位不同（所以好坏也就不同）：三爻多凶险，五爻多功绩，这是因为三爻和五爻所居的爻位有贵贱等级的差别。（三爻居下卦的偏位，是卑贱的位置，五爻居上卦的中位，是尊贵的位置。）阴爻居三五爻位，大概是危险的吧？阳爻居三五爻位，大概是得胜的吧？

【原文】

《易》之为书也，广大悉备。有天道焉，有人道焉，有地道焉。兼三才而两之①，故六。六者非它也，三才之道也。道有变动，故曰爻②；爻有等③，故曰物④；物相杂，故曰文⑤。文不当⑥，故吉凶生焉。

【注解】

①三才：才通"材"，三才指天地人。两：指用两爻象征一才。初二爻象征地才，三四爻象征人才，五上爻象征天才。②故曰爻：爻字本有变化之义，《周易》又是用阴阳爻的变动比类道的变化，所以说"道有变动，故曰爻"。③等：等别。④故曰物：爻有阴阳的等别，《周易》是用爻的阴阳比类物的阴阳，所以说"爻有等，故曰物"。⑤故曰文：《周易》是用爻的错综交合比类物的错综交合，所以说"物相杂，故曰文"。文：指爻错综交合时的状态。⑥不当：兼指当。指得当或不得当。

【译文】

《周易》这部书，内容广博，无所不有，有天道，有人道，有地道。兼有天地人三材而用每两爻象征一材，所以有六爻。六爻不是别的，说的是三材的道理。道有变化，所以叫"爻"；爻有等别，所以叫"物"；物错综交合，所以叫"文"。文有得当不得当，所以或吉或凶就产生了。

【原文】

《易》之兴也，其当殷之末世，周之盛德耶？当文王与纣之事耶？是故其辞危①。危者使平，易者使倾②，其道甚大，百物不废③。惧以终始，其要无咎④，此之谓《易》之道也。

【注解】

①危：危惧。②易：安逸。③废：例外。④要：概要，指大体。

【译文】

《周易》的创作，大概是在殷代末世、周族德业兴盛的时候吧？反映的是周文王和殷纣王的事吧？所以它的卦辞和爻辞多有危惧的意味。时刻危惧的人换来平安，一味安逸的人导致灭亡，这个道理很普遍，万物都不例外。从始至终保持危惧意识，就可以大体无害了，这就是《周易》的道理。

【原文】

夫乾，天下之至健也，德行恒易以知险①；夫坤，天下之至顺也，德行恒简以知阻。能说诸心②，能研诸侯之虑③，定天下之吉凶，成天下之亹亹者④。是故变化云为⑤，吉事有祥⑥。象事知器⑦，占事知来。天地设位，圣人成能；人谋鬼谋⑧，百姓与能。八卦以象告，爻彖以情言⑨，刚柔杂居⑩，而吉凶可见矣。变动以利言，吉凶以情迁。是故爱恶相攻而吉凶生，远近相取而悔吝生，情伪相感而利害生⑪。凡《易》之情，近而不相得则凶，或害之，悔且吝。将叛者其辞惭⑫，中心疑者其辞枝⑬，吉人之辞寡⑭，躁人之辞多，诬善之人其辞游⑮，失其守者其辞屈⑯。

【注解】

①恒：永远。②说：通"悦"，和悦。诸：指百姓。③研：体察。④亹亹（wěi）：勤勉的样子。⑤云为：云，"子曰诗云"的云；为，作为。"云为"指言行。⑥祥：显露征兆。⑦器：器物，这里喻指典章礼制。⑧人谋：自己谋事。鬼谋：通过占筮鬼神谋事。⑨爻：爻辞。下文的"彖"指卦辞。情：事理。⑩刚：指阳爻。下文的"柔"指阴爻。⑪情伪：指真假。⑫惭：读音同"渐"，诈伪。⑬枝：枝蔓，指混乱。⑭吉人：老实人。⑮善：好人。游：游移不定。⑯守：操守。屈：屈从，指唯唯诺诺。

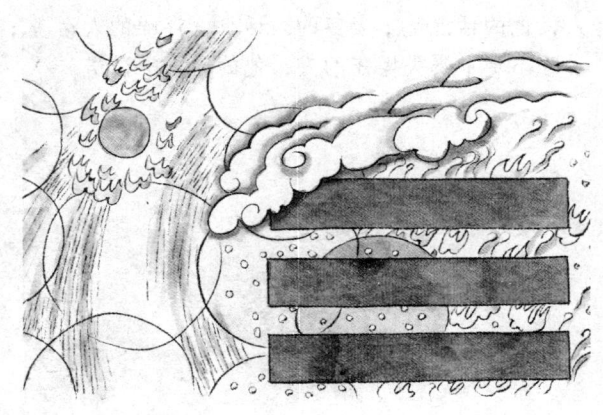

夫乾，天下之至健也，德行恒易以知险。

【译文】

乾,是天下最刚健的,它的德行是明知艰险却能永远秉持平易;坤,是天下最柔顺的,它的德行是明知阻难却能永远秉持简约。运用乾坤的道能够和悦百姓的心,体察诸侯的疑虑,确定天下的吉凶,成就天下的勤勉的事业。所以言行顺应变化,吉事就会出现。《周易》象征世间人事,从中可以知道如何规定典章礼制,占问世间人事,从中可以知道未来吉凶。天地确立了高下尊卑的位置,圣人就在其中施展才能;圣人既自己谋事,也通过占筮谋事,还有百姓来助他成功。八卦以卦象示人,爻辞和卦辞以事理示人,阳爻阴爻错综交合,吉凶就可以显现出来了。变不变化要视有利没利而定,吉凶是随着事理的变化而变化的。所以说爱和恶相互碰撞就产生吉凶,远和近相互取舍就产生悔吝,真和假相互感应就产生利害。一切《周易》的事理都说明了,人和人离得很近却不能彼此和睦就会凶险,就会有人害他,使他产生悔吝。将要叛乱的人,他的话诈伪;心里疑惑的人,他的话混乱;老实的人话少,浮躁的人话多;污蔑好人的人,他的话游移不定;丧失操守的人,他的话唯唯诺诺。

第八卷

春秋

春 秋

《春秋》是世界上最早的编年体史书，记载了上自公元前722年，下至公元前481年，合计242年鲁国的历史。

　　《春秋》是鲁国史记的名字，也是我国现存最早的一部编年史书。为什么叫《春秋》呢？因为，说到春，就兼及了夏，说到秋，就可以想见冬，所以用"春秋"二个字，就包括了春夏秋冬四时，万物繁育，尽在其中。四时之事，无物不包，无事不记，所以当时把一国的历史称为《春秋》。在西周，"春秋"是各国国史的通称，当时有"周之春秋""燕之春秋""齐之春秋"……有所谓"百国春秋"。

　　现在我们所读的《春秋》是鲁国的编年体国史，经过孔子的修订，成为了儒家的经典，《春秋》成了这部经典的专用名称。

作者 孔子

时代 春秋时期

"春秋"因鲁国编年史《春秋》得名，始于周平王东迁，为东周的第一个历史阶段。据史家推算，鲁国史书《春秋》自鲁隐公元年（公元前722年）到鲁哀公十四年（公元前481年），共242年。《左传》记载史事较《春秋》明备，下续至哀公二十七年（公元前468年）终，共255年。此时期是中国历史上社会经济急剧变化，政治局面错综复杂，军事斗争层出不穷，学术文化异彩纷呈的一个变革时期，是中华文明最富生命力、创造力，思想最为自由的青春时期。

内容 鲁国史记

> 《春秋》是鲁国史，但也是把当时天下演变的情况做了广泛的记载。《春秋》全书大约17000字，不仅涉及诸侯国之间的征伐、会盟、朝聘等事件，也记载了如日蚀、月蚀、地震、山崩、星变、水灾、虫灾等自然现象，和祭祀、婚丧、城筑、宫室、狩猎、土田等经济文化生活。

《春秋》的内容

《春秋》是记述鲁国自隐公元年（公元前722年），至哀公十四年（公元前481年）（共242年）间的鲁国及所关系于各诸侯国的大事。

《春秋》所记的时间上起鲁隐公，下到鲁哀公，前后242年。尽管它以鲁君年号纪元，却不只写鲁国事，各诸侯国都有兼顾，其中着墨最多的是有关晋文公和齐桓公的事迹，俨然是当时的"华夏史"。书中记事按年月编排，开编年记史之先河。上面记载的除了政事，还有天文、鬼神、灾变。记灾是表示天罚，记鬼表示恩仇，尽管有点迷信，但体现了它的"劝惩"之意。至于政事上，劝惩的意思更是明显，如齐国南史氏听闻史官记录"崔杼弑其君"，还滥杀无辜，就跑到都城续载这件事，崔杼见了有所顾忌，就停止了杀戮。

微言大义的《春秋》

《春秋》记事细微简略，细细咀嚼，却能读之有味，这就是它的"微言大义"。孟子说"孔子成《春秋》而乱臣贼子惧"，乱臣贼子因何惧怕？这是因为《春秋》一书寓含褒贬，一字之褒，比做王侯还荣耀；一字之

孔子作《春秋》，微言大义。

贬，比做罪人还耻辱。所以那些弑君夺位的臣子，就不得不有所顾虑。就如三国曹丕篡夺汉室天下，还要堂而皇之地叫皇帝下诏让贤，生怕落个骂名，这正是春秋大义的影响。

《春秋》的价值

1. 保存了史料。

司马迁《史记·太史公自序》云："万物之散聚皆在《春秋》。《春秋》中，弑君三十六，亡国五十二，诸侯奔走不得保其社稷者不可胜数。"

2. "寓王法"——提出建立稳定的社会秩序。

我们知道在古代，史官是一个重要的职位，其作用非常重要，凡君王的言行，都要由史官记下来，作为国家臣民的法典和榜样，这样君王就必须言行谨慎。

孔子在修订鲁《春秋》时，用"微言"寄托了"大义""上明三王之道，下辨人事之纪，别嫌疑，明是非，定犹豫，善善恶恶，贤贤贱不肖，存亡国，继绝世，补敝起废，王道之大者也……拨乱世，反之正"；"故《春秋》者，礼义之大宗也"。

孔子在修订《春秋》时候所用的"微言"，就是微妙精深而又含蓄的言辞，发挥的是治国的大道，社会的秩序，是非的标准，目的是扬善去

孔子作《春秋》保存了史料。

《春秋》中蕴含了建立稳定社会秩序的理想。

《春秋》笔法对后世产生了深远的影响。

恶，拨乱反正。孔子的这种《春秋》"笔法"，对后世产生了深远的影响，让人们明是非，知善恶，守正不移，把对于理想的坚持，对于人格的保持，对于荣誉的珍视，对于正义的维护，看得比生命都重要。

春秋"三传"

孔子作的《春秋》被称为"经"，后来为这些"经"作传注的叫"传"，现在我们能读到的给《春秋》作传的有三种：《左传》《公羊传》《谷梁传》。

孔子开门授徒，把经典解释给学生听，其中《春秋》是一个重要科目。孔子没后，有的徒弟把先师讲《春秋》时的经义叙述给学生，一代代传下去，不断咬嚼其义，到西汉时出现两部解释《春秋》经义的传：《公羊传》《谷梁传》；也有人怕孔门子弟所传的经义失真，故而不释其义，只传其事，这便是《左传》。以后就把这三部解释《春秋》的传称为"春秋三传"。

《左传》

《左传》，是《春秋》三传之一，又名《左氏春秋》，是编年记事的史书，记事自鲁隐公元年（公元前722年）至鲁哀公二十七年也就是周贞定王元年（公元前429年），共293年。

《左传》的作者，一般认为是左丘明，孔子根据鲁《春秋》而著成《春秋》，左丘明根据《春秋》而著成《左传》。唐宋以后有人质疑《左传》的作者，但是也承认是出自战国中期的散文大家之手。

左丘明像

《左传》是为《春秋》作传，它以精妙的文字阐发《春秋》的微言大义。《左传》的记事是直书其事，简明扼要。《左传》与《春秋》互为表里，详略互见，《春秋》简要的地方，《左传》为它详尽，《春秋》明细的地方，《左传》往往就简约。

《左传》融经学于史学，寓褒贬于记事，是一部不朽的史书，也是重要的经书。

《左传》的价值

1. 《左传》贯通经学，可供我们考证先秦很多经典著作的源流，明白这些经典在当时社会的作用和影响。《左传》中记载了《易》占17次，引赋《诗》28次，引《诗》156处。

2. 《左传》继承《春秋》，把历史家的境界提升到一个新的高度，让历史变成对后人有益的借鉴。

3. 《左传》在文学上有极高的价值，"其言简而要，其事详而博"（刘知几）。

《公羊传》

《公羊传》也是为《春秋》作传。它的特点是解经每句一解，这点不同于《左传》。

《公羊传》相传是子夏的弟子公羊高所作。孔子的门人子夏传授此学于公羊高，当时是口传心授，五传到了公羊寿、胡毋生始著之于竹帛成书。此书有三个特点：

1. 《公羊传》的记事，多用问答式，并且记载事件的始末。

子夏像

2. 《公羊传》重在传《春秋》中的大义，就是阐发扬善去恶的思想，强调国家的"大一统"。

3.《公羊传》提出了著名的"三世说",对后世影响很大。

> 《公羊传》,亦叫《春秋公羊》,据说是由西汉景帝时人公羊寿与胡母生,根据前辈对《春秋》经义的口传写成的。这本传《春秋》经义的书深为汉武帝推崇,所以把它立为博士。《谷梁传》的始传承者是战国人谷梁子,如何成书尚不得知,只知道西汉宣帝经常就这本书进行学术讨论,也把它立了博士。《公羊》《谷梁》解释《春秋》经义,注重一字一句的咬嚼,咬嚼出来的就是"书法""褒贬",这就是春秋大义。汉代推崇《公羊》《谷梁》,把它们列入五经,看重的便是咬嚼出的"大义"。例如《公羊传》里有"九世复仇"之说,这恰好给汉武帝征伐匈奴找到借口。于是,《公羊》《谷梁》成为王官之学。

《谷梁传》

《谷梁传》同样阐发《春秋》大义,侧重礼仪教化。

《谷梁传》也是出自孔子的门人子夏,据传周末鲁人谷梁赤与公羊高同师于子夏,学习《春秋》并传授弟子,终作成《春秋谷梁传》。

《谷梁传》和《公羊传》相似也是用每句问答的方式来阐发《春秋》的含义。在三传当中,《谷梁传》的文字最为质朴、清简。

公羊高像

谷梁赤像

"三传"的价值

《春秋》是历史大纲,内寓微言大义。《左传》用简练而又极为生动的文笔,详实地记述史实。《公羊传》《谷梁传》则阐发《春秋》中的历史意义。从此《春秋》和"三传"成为重要的中华文化经典。

胡母生像

隐　公

◎元　年◎

【原文】

惠公元妃孟子①。孟子卒，继室以声子，生隐公。

宋武公生仲子。仲子生而有文在其手，曰："为鲁夫人。"故仲子归于我②。生桓公而惠公薨③，是以隐公立而奉之。

【注解】

①惠公：名弗湦，隐公、桓公之父。元妃：元配夫人。②归：女子出嫁。我：指鲁国。③薨：周代诸侯死称薨。

【译文】

鲁惠公的元配夫人是孟子。孟子死后，娶声子为继室，生下了隐公。

宋武公生了仲子。仲子出生时手上有字样说："为鲁夫人。"所以仲子便让她出嫁鲁国。生下桓公后惠公就死了。因此隐公摄政拥立桓公为君。

【原文】

元年春，王正月①。三月，公及邾仪父盟于蔑②。

夏五月，郑伯克段于鄢③。

秋七月，天王使宰咺来归惠公、仲子之赗④。九月，及宋人盟于宿⑤。

冬十有二月，祭伯来⑥。公子益师卒⑦。

【注解】

①王正月：周历的正月。②邾：诸侯国名，在今山东邹城南。仪父：

郕君的字。蔑：地名，在今山东泗水东南。③郑伯：郑庄公。段：共叔段，郑伯的同母弟。鄢：在今河南鄢陵县北。④天王：指周平王。赗：助丧之物。⑤宿：国名，在今山东东平县东南。⑥祭伯：诸侯之中在周朝担任卿士的称为祭伯。⑦公子益师：鲁孝公的儿子。

【译文】

鲁隐公元年春，周历正月。三月，隐公和邾仪父在蔑地结盟。

夏季五月，郑伯在鄢地击败共叔段。

秋季七月，周平王派宰咺来赠送惠公、仲子的助丧之物。九月，鲁国与宋国在宿地结盟。

冬季十二月，祭伯来到鲁国。公子益师去世。

◎二　年◎

【原文】

二年春，公会戎于潜①。

夏五月，莒人入向②。无骇帅师入极③。

秋八月庚辰，公及戎盟于唐④。九月，纪裂繻来逆女⑤。

冬十月，伯姬归于纪。纪子帛、莒子盟于密⑥。十有二月乙卯，夫人子氏薨。郑人伐卫。

【注解】

①会：会见。潜：地名，在今山东济宁西南。②莒：国名，在今山东莒县。向：地名，在今山东莒县南。③无骇：鲁国司空。④唐：地名，在今山东曹州东南。⑤逆：迎娶。⑥密：莒地。

【译文】

二年春，隐公在潜地会见戎人。

夏季五月，莒人进入向地。司空无骇率领军队进入极国。

秋季八月庚辰日，隐公在唐地与戎人结盟。九月，纪国大夫裂𦈡来迎娶鲁国女子。

冬季十月，伯姬嫁到了纪国。纪子帛与莒君在密地结盟。十二月乙卯日，惠公的夫人子氏去世。郑人讨伐卫国。

◎三 年◎

【原文】

三年春，王二月己巳，日有食之。三月庚戌，天王崩。

夏四月辛卯，君氏卒①。

秋，武氏子来求赙②。八月庚辰，宋公和卒③。

冬十有二月，齐侯、郑伯盟于石门④。癸未，葬宋穆公。

【注解】

①君氏：鲁隐公的母亲，名叫声子。②赙：助丧的财物。③宋公和：即宋穆公。④石门：地名，在今山东长清西南。

【译文】

三年春，周历二月己巳日，出现日食。三月庚戌日，周平王驾崩。

夏季四月辛卯日，隐公生母君氏去世。

秋季，周大夫武氏子来到鲁国收取助丧的财物。八月庚辰日，宋穆公去世。

周平王驾崩，周大夫武氏子来到鲁国取助丧之物。

冬季十二月，齐侯、郑伯在石门结盟。癸未日，安葬宋穆公。

◎四　年◎

【原文】

四年春，王二月，莒人伐杞①，取牟娄。戊申，卫州吁弑其君完。
夏，公及宋公遇于清②。宋公、陈侯、蔡人、卫人伐郑。
秋，翚帅师会宋公、陈侯、蔡人、卫人伐郑。九月，卫人杀州吁于濮③。
冬十有二月，卫人立晋。

【注解】

①杞：国名，在今山东安丘东北。②清：卫邑，在今山东东阿县南。③濮：陈地名。

【译文】

四年春，周历二月，莒人讨伐杞国，攻取了牟娄。戊申日，卫州吁杀了其国君卫桓公。
夏季，隐公与宋殇公在清地相遇。宋、陈、蔡、卫四国联合起来讨伐郑国。
秋季，大夫公子翚率军与宋、陈、蔡、卫四国一起讨伐郑国。九月，卫人在濮地杀死了州吁。
冬季十二月，卫人迎立公子晋为君。

◎五　年◎

【原文】

五年春，公矢鱼于棠①。
夏四月，葬卫桓公。
秋，卫师入郕②。九月，考仲子之宫③。初献六羽④。邾人、郑人伐宋。螟。

冬十有二月辛巳，公子彄卒。宋人伐郑，围长葛。

【注解】

①矢：陈列。棠：地名，在今山东鱼台。②郲：地名。③考：落成。④六羽：即六佾，古代乐舞八人为一列，称为一佾。爵位不同，舞队列数也不相同。

【译文】

五年春，隐公在棠地观看捕鱼。

夏季四月，安葬卫桓公。

秋季，卫国军队攻入郲城。九月，仲子之宫落成。举行落成典礼时进献六羽之乐舞。邾国和郑国联合讨伐宋国。发生虫灾。

冬季十二月辛巳日，公子彄卒。宋人攻伐郑国，包围长葛。

◎七 年◎

【原文】

七年春，王三月，叔姬归于纪。滕侯卒①。

夏，城中丘②。齐侯使其弟年来聘③。

秋，公伐邾。

冬，天王使凡伯来聘。戎伐凡伯于楚丘以归④。

【注解】

①滕：国名，在今山东省滕州市西南。②中丘：地名，在今山东境内。③聘：访问。④楚丘：卫地。

【译文】

　　七年春，周历三月，叔姬嫁到纪国。滕侯去世。

　　夏季，修筑中丘城墙。齐侯派其弟来鲁国访问。

　　秋季，隐公讨伐邾国。

　　冬季，周王命令凡伯来鲁国访问。凡伯返回周朝时在楚丘被戎人捉住。

桓　公

◎元　年◎

【原文】

　　元年春，王正月，公即位。三月，公会郑伯于垂，郑伯以璧假许田①。

　　夏季四月丁未，公及郑伯盟于越②。

　　秋，大水。

　　冬十月。

【注解】

①假：借。②越：地名，在今山东境内。

【译文】

　　元年春，周历正月，桓公即位。三月，桓公在垂地会见郑伯，郑伯以圭璧来换取鲁国的许田之地。

　　夏季四月丁未，桓公与郑伯在越地结盟。

　　秋季，发生水灾。

　　冬季十月，郑庄公前来拜谢结盟。

◎ 二 年 ◎

【原文】

　　二年春，王正月戊申，宋督弑其君与夷及其大夫孔父。滕子来朝。三月，公会齐侯、陈侯、郑伯于稷①，以成宋乱②。

　　夏四月，取郜大鼎于宋。戊申，纳于大庙。

　　秋七月，杞侯来朝。蔡侯、郑伯会于邓③。九月，入杞。公及戎盟于唐。

　　冬，公至自唐。

【注解】

①稷：地名，在今河南商丘。②成：平。③邓：地名，在今河南境内。

【译文】

　　二年春，周历正月戊申日，宋国的华父督杀死宋国国君以及大夫孔父嘉。滕君前来朝见。三月，桓公在稷地会见齐侯、陈侯及郑伯，计划平定宋国的叛乱。

　　夏季四月，鲁国取走宋国的郜大鼎。戊申日，将鼎放入太庙之中。

　　秋季七月，杞侯前来朝见。蔡侯、郑伯在邓地相见。九月，鲁国派军队进入杞国。桓公与戎人在唐地结盟。

　　冬季，桓公由唐地回国。

◎ 三 年 ◎

【原文】

　　三年春，正月，公会齐侯于嬴①。

　　夏，齐侯、卫侯胥命于蒲②。六月，公会杞侯于郕。

　　秋七月壬辰朔，日有食之，既③。公子翚如齐逆女。九月，齐侯送姜氏于谨④。公会齐侯于谨。夫人姜氏至自齐。

冬，齐侯使其弟年来聘。有年。

【注解】

①嬴：地名，在今山东莱芜西北。②胥命：不举行仪式的结盟。蒲：地名，在今河南境内。③既：尽。④谨：地名，在今山东宁阳县北。

【译文】

三年春，正月，桓公在嬴地会见齐侯。

夏季，齐侯、卫侯在蒲地相见，双方表示彼此会信守约言。六月，桓公在郕地会见杞侯。

秋季七月壬辰日，发生日全食。桓公在谨地会见齐侯。夫人姜氏从齐国来到鲁国。

冬季，齐侯派自己的弟弟年来鲁国访问。这一年五谷皆熟。

◎四 年◎

【原文】

四年春，正月，公狩于郎①。

夏，天王使宰渠伯纠来聘。

秋，秦师侵芮，败焉，小之也。

冬，王师、秦师围魏，执芮伯以归。

【注解】

①狩：冬猎。

【译文】

四年春，正月，桓公在郎地狩猎。

夏季，周王派宰臣渠伯纠来鲁国访问。

秋天，秦国的军队入侵芮国，不料遭到失败，这是由于秦军太轻视芮国的缘故。

冬天，周王的军队和秦国的军队包围魏城，俘虏了芮伯回来。

◎五　年◎

【原文】

五年春，正月，甲戌、己丑，陈侯鲍卒。

夏，齐侯、郑伯如纪①。天王使仍叔之子来聘。葬陈桓公。城祝丘。

秋，蔡人、卫人、陈人从王伐郑。大雩②。螽③。

冬，州公如曹。

【注解】

①如纪：前往纪国。②大雩：祈雨仪式。③螽（zhōng）：飞蝗之类的昆虫。

【译文】

五年春，正月，收到陈侯甲戌、己丑两次讣告。

夏季，齐侯、郑伯前往纪国。周王派仍叔之子来鲁国访问。安葬陈桓公。修筑祝丘城墙。

秋季，蔡人、卫人、陈人跟随周王讨伐郑国。举行祈雨仪式。发生蝗灾。

冬季，州国君主前往曹国。

◎六　年◎

【原文】

六年春，正月，寔来①。

夏四月，公会纪侯于成②。
秋八月壬午，大阅③。蔡人杀陈佗。九月丁卯，子同生。
冬，纪侯来朝。

【注解】

①寔（shí）来：指淳于公来鲁国朝见而不再回到本国。②成：地名，在今山东宁阳县北。③大阅：检查兵车。

【译文】

六年春，正月，淳于公来到鲁国，却不返回故国。

夏季四月，桓公在成地会见纪侯。

秋季八月壬午，检查兵车。蔡人杀死陈佗。九月丁卯日，桓公的嫡长子同出生了。

冬季，纪侯来鲁国朝见。

齐桓公在成地会见纪侯。

◎十二年◎

【原文】

十有二年春，正月。

夏六月壬寅，公会杞侯、莒子，盟于曲池①。

秋七月丁亥，公会宋公、燕人，盟于谷丘②。八月壬辰，陈侯跃卒。公会宋公于虚。

冬十有一月，公会宋公于龟。丙戌，公会郑伯，盟于武父。丙戌，卫侯晋卒。十有二月，及郑师伐宋。丁未，战于宋。

【注解】

①曲池：地名，在今山东省宁阳县东北。②谷丘：地名，在今河南商丘东南。

【译文】

十二年春正月，无事。

夏季六月壬寅日，桓公会见杞侯、莒子，并在曲池结盟。

秋季七月丁亥日，桓公会见宋公、燕人，并在谷丘结盟。八月壬辰日，陈侯跃卒。桓公在虚地会见宋公。

冬季十一月，桓公在龟地会见宋公。丙戌日，桓公会见郑伯，双方在武父结盟。丙戌日，卫侯晋卒。十二月，鲁国联合郑国讨伐宋国。丁未日，与宋国开战。

庄 公

◎元 年◎

【原文】

元年春，王正月。三月，夫人孙于齐①。

夏，单伯送王姬。

秋，筑王姬之馆于外②。

冬十月乙亥，陈侯林卒。王使荣叔来锡桓公命③。王姬归于齐。齐师迁纪郱、鄑、郚④。

【注解】

①孙：同"逊"，出奔的意思。②馆：行馆。③锡命：赐命。④邢（píng）、鄑（zī）、郚（wú）：皆是纪国的邑名。

【译文】

元年春，周历正月。三月，夫人出奔到齐国。

夏季，单伯送周王女来鲁国待嫁。

秋季，在都城的外面修筑供王姬居住的行馆。

冬十月乙亥日，陈侯林卒。周王派荣叔来鲁国追命桓公。王姬嫁到齐国。齐军强迫纪国邢、鄑、郚三个城邑的居民迁走。

◎二 年◎

【原文】

二年春，王二月，葬陈庄公。

夏，公子庆父帅师伐于余丘①。

秋七月，齐王姬卒。

冬十有二月，夫人姜氏会齐侯于禚。乙酉，宋公冯卒。

【注解】

①于余丘：春秋时靠近鲁国的小诸侯国。

【译文】

二年春，周历二月，安葬陈庄公。

夏季，公子庆父率领军队讨伐于余丘。

秋七月，齐王姬卒。

冬十二月，夫人姜氏在于禚会见齐侯。乙酉日，宋公冯卒。

◎四 年◎

【原文】

四年春，王二月，夫人姜氏享齐侯于祝丘①。三月，纪伯姬卒。

夏，齐侯、陈侯、郑伯遇于垂。纪侯大去其国②。六月乙丑，齐侯葬纪伯姬。

秋七月。

冬，公及齐人狩于禚。

【注解】

①享：宴请。②大去：不再回来。

【译文】

四年春，周历二月，夫人姜氏在祝丘宴请齐侯。三月，纪国夫人伯姬卒。

这年夏天，齐侯、陈侯、郑伯在垂地相遇。纪侯离开纪国，不再回来。六月乙丑日，齐侯安葬纪国夫人伯姬。

秋七月，无事。冬季，庄公与齐人在禚地打猎。

◎五 年◎

【原文】

五年春，王正月。

夏，夫人姜氏如齐师。

秋，郳犁来来朝①。

冬，公会齐人、宋人、陈人、蔡人伐卫。

【注解】

①郳（ní）：小国名，在今山东滕州东。

【译文】

五年春，周历正月。
夏天，夫人姜氏去齐国军营拜见齐侯。
秋天，郳国君主犁来到齐国朝见。
冬季，庄公联合齐、宋、陈、蔡四国讨伐卫国。

◎九 年◎

【原文】

九年春，齐人杀无知。公及齐大夫盟于蔇①。
夏，公伐齐，纳子纠。齐小白入于齐。
秋七月丁酉，葬齐襄公。八月庚申，及齐师战于乾时②，我师败绩。九月，齐人取子纠，杀之。
冬，浚洙。

【注解】

①蔇：地名，在今山东。②乾时：地名，在今山东博兴南。

【译文】

九年春，齐人杀死无知，庄公与齐大夫在蔇地结盟。
夏季，庄公讨伐齐国，因此送公子纠回国。齐公子小白回到齐国。
秋七月丁酉日，安葬齐襄公。八月庚申日，与齐军在乾时开战，鲁军大败。九月，齐人求取公子纠，于是鲁人把他杀死。
这年冬天，疏浚洙水。

◎十一年◎

【原文】

十有一年春,王正月。
夏五月戊寅,公败宋师于鄑①。
秋,宋大水。
冬,王姬归于齐。

【注解】

①鄑(zī):地名。

【译文】

十一年春,周历正月。
夏五月戊寅日,庄公在鄑地打败宋军。
秋季,宋国发生大水灾。
冬季,王姬嫁到齐国。

秋季,宋国发生大水灾。

◎十五年◎

【原文】

十有五年春,齐侯、宋公、陈侯、卫侯、郑伯会于鄄。
夏,夫人姜氏如齐。
秋,宋人、齐人、邾人伐郳①。郑人侵宋。
冬十月。

【注解】

①郳(ní):国名。

【译文】

十五年春，齐侯、宋公、陈侯、卫侯、郑伯在鄄地相会。

夏季，夫人姜氏去了齐国。

秋季，宋、齐、邾三国联合讨伐郳国。

冬季十月，无事。

◎十九年◎

【原文】

十有九年春，王正月。

夏四月。

秋，公子结媵陈人之妇于鄄①，遂及齐侯、宋公盟。夫人姜氏如莒。

冬，齐人、宋人、陈人伐我西鄙。

【注解】

①媵：陪嫁。

【译文】

十九年春，周历正月。

夏季四月，无事。

秋季，大夫公子结送鲁女陪嫁陈侯夫人去了鄄地，于是与齐侯、宋公结盟。夫人姜氏去了莒国。

冬季，齐、宋、陈三国进攻鲁国西部边境。

◎二十三年◎

【原文】

二十有三年春,公至自齐。祭叔来聘。

夏,公如齐观社①。公至自齐。荆人来聘。公及齐侯遇于谷。萧叔朝公。

秋,丹桓宫楹②。

冬十有一月,曹伯射姑卒。十有二月甲寅,公会齐侯盟于扈。

【注解】

①社:祭祀社神。②楹:柱子。

【译文】

二十三年春,庄公从齐国返回。祭叔来鲁国访问。

夏季,庄公到齐国去观看祭祀社神的礼仪。庄公从齐国返回。楚人来鲁国访问。庄公与齐侯在谷地相遇。萧叔来鲁国朝见庄公。

秋季,以红漆涂饰鲁桓公的庙柱。

冬季十一月,曹伯射姑卒。十二月甲寅日,庄公在扈地与齐侯结盟。

◎三十一年◎

【原文】

三十有一年春,筑台于郎。

夏四月,薛伯卒。筑台于薛。六月,齐侯来献戎捷①。

秋,筑台于秦。

冬,不雨。

【注解】

①献戎捷：向鲁国贡献伐戎所获。

【译文】

　　三十一年春，在郎地筑台。

　　夏季四月，薛伯辛。在薛地筑台。六月，齐侯派人来鲁国献上伐戎所获。

　　秋季，在秦地筑台。

　　冬季，没有下雨。

庄公在郎地筑台。

僖 公

◎元 年◎

【原文】

　　元年春，王正月。齐师、宋师、曹师次于聂北，救邢。

　　夏六月，邢迁于夷仪。齐师、宋师、曹师城邢。

　　秋七月戊辰，夫人姜氏薨于夷，齐人以归。楚人伐郑。八月，公会齐侯、宋公、郑伯、曹伯、邾人于柽①。九月，公败邾师于偃。

　　冬十月壬午，公子友帅师败莒于郦，获莒拏②。十有二月丁巳，夫人氏之丧至自齐③。

【注解】

①柽（chēng）：地名。②拏（ná）：莒君的弟弟。③夫人氏：即夫人姜氏。

【译文】

元年春，周历正月。齐、宋、曹三国军队驻扎在聂北，（准备）救援邢国。

夏季六月，邢国的都城迁到夷仪。齐、宋、曹三国军队帮助邢国修筑城墙。

秋季七月戊辰日，夫人姜氏在夷地被齐人杀死，齐国将其尸体送回。楚军讨伐郑国。八月，僖公在柽地与齐侯、宋公、郑伯、曹伯、邾人相会。九月，僖公在偃地打败了邾国军队。

冬季十月壬午日，公子友率军在郦地击败莒军，并俘获莒君的弟弟拏。十二月丁巳日，夫人姜氏的灵柩由齐国运回鲁国。

◎ 五 年 ◎

【原文】

五年春，晋侯杀其世子申生。杞伯姬来朝其子。

夏，公孙兹如牟。公及齐侯、宋公、陈侯、卫侯、郑伯、许男、曹伯会王世子于首止。

秋八月，诸侯盟于首止。郑伯逃归不盟。楚人灭弦，弦子奔黄。九月戊申，朔，日有食之。

冬，晋人执虞公。

【译文】

五年春，晋侯杀死其太子申生。杞伯姬命令其子来鲁国朝见。

夏季，公孙兹前往牟国。僖公与齐侯、宋公、陈侯、卫侯、郑伯、许男、曹伯在首止会见王世子。

秋季八月，诸侯在首止订立盟约。郑伯逃走，不参加盟会。楚国灭掉弦国，弦君逃到黄地。九月戊申日，初一，有日食。

冬季，晋人逮捕虞公。

◎十五年◎

【原文】

十有五年春，王正月，公如齐。楚人伐徐。三月，公会齐侯、宋公、陈侯、卫候、郑伯、许男、曹伯盟于牡丘，遂次于匡。公孙敖帅师及诸侯之大夫救徐。

夏五月，日有食之。

秋七月，齐师、曹师伐厉。八月，螽。九月，公至自会。季姬归于鄫。己卯晦①，震夷伯之庙②。

冬，宋人伐曹。楚人败徐于娄林。十有一月壬戌，晋侯及秦伯战于韩，获晋侯。

【注解】

①晦：每月最后一天。②震：雷击。

【译文】

十五年春，周历正月，僖公前往齐国。楚军讨伐徐国。三月，僖公与齐侯、宋公、陈侯、卫候、郑伯、许男、曹伯相会，并在牡丘结盟，继而在匡地驻扎军队。公孙敖率领鲁军与诸侯大夫救援徐国。

夏季五月，有日食。

秋季七月，齐军、曹军讨伐厉国。八月，发生虫灾。九月，僖公从牡丘之会返回鲁国。季姬回到鄫国。己卯，三十日，雷击夷伯之庙。

冬季，宋人讨伐曹国。楚军在娄林打败徐国军队。十一月壬戌日，晋侯与秦伯在韩地开战，秦国俘获晋侯。

◎二十三年◎

【原文】

二十有三年春,齐侯伐宋,围缗①。

夏五月庚寅,宋公兹父卒。

秋,楚人伐陈。

冬十有一月,杞子卒。

【注解】

①缗(mín):宋邑。

齐侯进攻宋国。

【译文】

二十三年春,齐侯进攻宋国,围困缗邑。

夏季五月庚寅日,宋公兹父卒。

秋季,楚军攻伐陈国。

冬季十一月,杞子卒。

◎二十六年◎

【原文】

二十有六年春,王正月,己未,公会莒子、卫宁速,盟于向。齐人侵我西鄙,公追齐师至酅,弗及。

夏,齐人伐我北鄙。卫人伐齐。公子遂如楚乞师。

秋,楚人灭夔,以夔子归。

冬,楚人伐宋,围缗。公以楚师伐齐,取谷。公至自伐齐。

【译文】

二十六年春,周历正月,己未日,僖公在向地会见莒子、卫宁速,并订立盟约。齐国侵入鲁国西部边境,僖公追击齐军,到达酅地,最终没能追上。

夏季,齐国又入侵鲁国北部边境。卫国讨伐齐国。公子遂前往楚国请求出兵伐齐。

秋季,楚国灭掉夔国,把夔国君主带回楚国。

冬季,楚国攻伐宋国,围困缗地。僖公领着楚军讨伐齐国,取得谷地。僖公由伐齐之地返回。

◎三十一年◎

【原文】

三十有一年春,取济西田①。公子遂如晋。

夏四月,四卜郊②,不从,乃免牲。犹三望③。

秋七月。

冬,杞伯姬来求妇。狄围卫。十有二月,卫迁于帝丘。

【注解】

①济西:济水以西。②郊:祭天的礼仪,冬至日在南郊举行。③望:祭祀山川的礼仪。

【译文】

三十一年春,取得济水以西的田地。公子遂前往晋国。

夏季四月,四次为郊祭占卜,都不可行,于是免去牺牲。仍然举行祭祀山川之礼。

秋季七月,无事。

冬季，杞伯姬来到鲁国，为其子求妇。狄人围困卫国。十二月，卫国把都城迁到帝丘。

◎三十三年◎

【原文】

三十有三年春，王二月，秦人入滑。齐侯使国归父来聘。

夏四月辛巳，晋人及姜戎败秦师于殽。癸巳，葬晋文公。狄侵齐。公伐邾，取訾娄。

秋，公子遂帅师伐邾。晋人败狄于箕。

冬十月，公如齐。十有二月，公至自齐。乙巳，公薨于小寝①。陨霜不杀草，李、梅实。晋人、陈人、郑人伐许。

【注解】

①小寝：即燕寝，为君主休息、睡眠的宫室。

【译文】

三十三年春，周历二月，秦国入侵滑国。齐侯派国归父来鲁国访问。

夏季四月辛巳日，晋人及姜戎在殽地大败秦军。癸巳日，为晋文公举行葬礼。狄人入侵齐国。僖公攻伐邾国，夺取訾娄。

秋季，公子遂率军讨伐邾国。晋人在箕地打败狄人。

冬季十月，僖公前往齐国。十二月，僖公自齐国回国。乙巳日，僖公薨于寝室。降霜而不能杀草，李树、梅树结出果实。晋人、陈人、郑人攻伐许国。

文 公

◎元 年◎

【原文】

元年春,王正月,公即位。二月癸亥,日有食之。天王使叔服来会葬。夏四月丁巳,葬我君僖公。天王使毛伯来锡公命①。晋侯伐卫。叔孙得臣如京师。卫人伐晋。

秋,公孙敖会晋侯于戚。

冬十月丁未,楚世子商臣弑其君頵。公孙敖如齐。

【注解】

①锡:同"赐"。诸侯即位时,天子赐予爵位称为"赐命"。

【译文】

元年春,周历正月,文公即位。二月癸亥日,有日食。周王派叔服参加僖公的葬礼。

夏季四月丁巳日,为僖公举行葬礼。周王派毛伯前来赐予文公爵位。晋侯进攻卫国。鲁叔孙得臣前往京师。卫人攻伐晋国。

秋季,公孙敖在戚地与晋侯相会。

冬季十月丁未,楚国世子商臣杀死其君主頵。公孙敖去了齐国。

◎二 年◎

【原文】

二年春,王二月甲子,晋侯及秦师战于彭衙①,秦师败绩。丁丑,作僖公主。三月乙巳，及晋处父盟。

夏六月，公孙敖会宋公、陈侯、郑伯、晋士縠，盟于垂陇。

自十有二月不雨，至于秋七月。八月丁卯，大事于大庙②，跻僖公。

晋侯与秦军在彭衙作战。

冬，晋人、宋人、陈人、郑人伐秦。公子遂如齐纳币。

【注解】

①彭衙：秦国邑名。②大事：这里指大祭。

【译文】

二年春，周历二月甲子，晋侯与秦军战于彭衙，秦师溃败。丁丑日，制作僖公的神主牌位。三月乙巳日，文公与晋国大夫处父结盟。

夏季六月，公孙敖与宋公、陈侯、郑伯、晋士縠在垂陇相会，并订立盟约。

自去年十二月至今年七月，一直没有下雨。八月丁卯日，在太庙举行大祭，把僖公的神主提升到闵公之上。

冬季，晋人、宋人、陈人、郑人联合讨伐秦国。公子遂前往齐国馈送礼物以修婚姻之礼。

◎ 三 年 ◎

【原文】

三年春，王正月，叔孙得臣会晋人、宋人、陈人、卫人、郑人伐沈。

沈溃。

夏五月，王子虎卒。秦人伐晋。

秋，楚人围江。雨螽于宋。

冬，公如晋。十有二月己巳，公及晋侯盟。晋阳处父帅师伐楚以救江。

【译文】

三年春，周历正月，鲁叔孙得臣与晋人、宋人、陈人、卫人、郑人联合讨伐沈国。沈国大败。

夏季五月，王子虎卒。秦人讨伐晋国。

秋季，楚人围困江国。宋国发生虫害。

冬季，鲁公前往晋国。十二月己巳日，文公与晋侯结盟。晋阳处父率军讨伐楚国以援救江国。

◎五　年◎

【原文】

五年春，王正月，王使荣叔归含且赗①。三月辛亥，葬我小君成风。王使召伯来会葬。

夏，公孙敖如晋。秦人入鄀。

秋，楚人灭六。

冬十月甲申，许男业卒。

【注解】

①归：馈赠。含：放入死者口中的珠玉。赗：助丧的车马、束帛等物。

【译文】

五年春，周历正月，周王派荣叔来鲁国馈赠含玉和助丧的车马、束帛等物。三月辛亥日，安葬小君成风。周王派召伯来鲁国参加葬礼。

夏季，公孙敖前往晋国。秦人入侵鄀国。

秋季，楚人灭六。

冬季，十月甲申日，许男业卒。

◎六　年◎

【原文】

六年春，葬许僖公。

夏，季孙行父如陈。

秋，季孙行父如晋。八月乙亥，晋侯骊卒。

冬十月，公子遂如晋。葬晋襄公。晋杀其大夫阳处父。晋狐射姑出奔狄。闰月不告月①，犹朝于庙。

【注解】

①告月：即告朔。

【译文】

六年春，安葬许僖公。

夏季，季孙行父前往陈国。

秋季，季孙行父去了晋国。八月乙亥日，晋侯骊卒。

冬季十月，公子遂前往晋国。参加晋襄公的葬礼。晋人杀死其大夫阳处父。晋国大臣狐射姑出奔到狄国。闰月不行告朔之礼，仍旧保留对诸庙的祭祀。

◎九　年◎

【原文】

九年春，毛伯来求金①。夫人姜氏如齐。二月，叔孙得臣如京师。辛丑，葬襄王。晋人杀其大夫先都。三月，夫人姜氏至自齐。晋人杀其大夫士縠及箕郑父。楚人伐郑。公子遂会晋人、宋人、卫人、许人救郑。

夏，狄侵齐。

秋八月，曹伯襄卒。九月癸酉，地震。

冬，楚子使椒来聘。秦人来归僖公、成风之禭。葬曹共公。

【注解】

①求金：求取贡物。

【译文】

九年春，毛伯到鲁国求取贡物。夫人姜氏前往齐国。二月，鲁叔孙得臣前往京师。辛丑日，安葬襄王。晋人杀死其大夫先都。三月，夫人姜氏自齐国返回。晋人杀死其大夫士縠及箕郑父。楚人讨伐郑国。公子遂与晋人、宋人、卫人、许人一起援救郑国。

夏季，狄国入侵齐国。

秋季八月，曹伯襄卒。九月癸酉日，发生地震。

冬季，楚君派子越椒来鲁国访问。秦人来鲁国馈送僖公、成风丧事所用的衣衾。为曹共公举行葬礼。

◎ 十 年 ◎

【原文】

十年春，王三月辛卯，臧孙辰卒。

夏，秦伐晋。楚杀其大夫宜申。

自正月不雨，至于秋七月。及苏子盟于女栗。

冬，狄侵宋。楚子、蔡侯次于厥貉①。

【注解】

①次：驻扎。

【译文】

十年春，周历三月辛卯日，臧孙辰卒。

夏季，秦国攻伐晋国。楚国杀死其大夫宜申。

从正月就无雨，至七月才开始降雨。文公在女栗与苏子结盟。

冬季，狄人入侵宋国。楚子、蔡侯在厥貉驻扎军队。

◎十二年◎

【原文】

十有二年春，王正月，郕伯来奔。杞伯来朝。二月庚子，子叔姬卒。

夏，楚人围巢。

秋，滕子来朝。秦伯使术来聘。

冬十有二月戊午，晋人、秦人战于河曲。季孙行父帅师城诸及郓。

【译文】

十二年春，周历正月，郕伯投奔鲁国。杞伯来鲁国朝见。二月庚子日，叔姬卒。

夏季，楚人围困巢国。

秋季，滕国君主来鲁国朝见。秦伯派西乞术访问鲁国。

冬季十二月戊午日，晋人与秦人战于河曲。季孙行父率军去诸地和郓地筑城。

◎十四年◎

【原文】

十有四年春，王正月，公至自晋。邾人伐我南鄙，叔彭生帅师伐邾。

夏五月乙亥，齐侯潘卒。六月，公会宋公、陈侯、卫侯、郑伯、许男、曹伯、晋赵盾。癸酉，同盟于新城。

秋七月，有星孛入于北斗。公至自会。晋人纳捷菑于邾。弗克纳。九月甲申，公孙敖卒于齐。齐公子商人弑其君舍。宋子哀来奔。

冬，单伯如齐。齐人执单伯。齐人执子叔姬。

【译文】

十四年春，周历正月，文公自晋国回国。邾人进攻鲁国的南部边境，叔彭生率军讨伐邾国。

夏季五月乙亥日，齐侯潘卒。六月，文公与宋公、陈侯、卫侯、郑伯、许男、曹伯、晋卿赵盾相会。癸酉日，在新城结盟。

秋季七月，有彗星穿过北斗星所在的区域。文公自盟会返回鲁国。晋人护送邾国公子捷菑回国即位，未能为邾人接纳。九月甲申日，公孙敖卒于齐国。齐公子商人杀死其君舍。宋国君主哀投奔鲁国。

冬季，周朝卿士单伯前往齐国。齐人扣留单伯。齐人逮捕子叔姬。

◎十五年◎

【原文】

十有五年春，季孙行父如晋。三月，宋司马华孙来盟。

夏，曹伯来朝。齐人归公孙敖之丧。六月辛丑朔，日有食之。鼓，用牲于社①。单伯至自齐。晋郤缺帅师伐蔡。戊申，入蔡。

秋，齐人侵我西鄙。季孙行父如晋。

冬十有一月，诸侯盟于扈。十有二月，齐人来归子叔姬。齐侯侵我西鄙，遂伐曹，入其郛。

【注解】

①用牲于社：用牺牲在社稷坛祭祀。

【译文】

十五年春，季孙行父前往晋国。三月，宋国司马华孙来鲁国结盟。

夏季，曹伯来鲁国朝见。齐人送回公孙敖的灵柩。六月辛丑日，初一，有日食。鲁国在社稷坛击鼓，用牺牲进行祭祀。单伯从齐国来到鲁国。晋国上卿郤缺率军讨伐蔡国。戊申日，进入蔡国。

秋季，齐人侵犯鲁国西部边境。季孙行父前往晋国。

冬季十一月，诸侯在扈地结盟。十二月，齐人送回子叔姬。齐侯侵犯鲁国西部边境，接着进攻曹国，进入其外城。

◎十六年◎

【原文】

十有六年春，季孙行父会齐侯于阳谷，齐侯弗及盟。

夏五月，公四不视朔。六月戊辰，公子遂及齐侯盟于郪丘。

秋八月辛未，夫人姜氏薨。毁泉台。楚人、秦人、巴人灭庸。

冬十有一月，宋人弑其君杵臼。

【译文】

十六年春，季孙行父与齐侯在阳谷相会，齐侯没有与他结盟。

夏季五月，文公四次没有在朔日告庙听政。六月戊辰日，公子遂与齐侯在郪丘结盟。

秋季八月辛未日，夫人姜氏薨。毁坏泉台。楚、秦、巴三国联合灭掉庸国。

冬季十一月，宋人杀死其君杵臼。

◎十七年◎

【原文】

十有七年春，晋人、卫人、陈人、郑人伐宋。

夏四月癸亥，葬我小君声姜。齐侯伐我西鄙。六月癸未，公及齐侯盟于谷。诸侯会于扈。

秋，公至自谷。

冬，公子遂如齐。

【译文】

十七年春，晋、卫、陈、郑四国讨伐宋国。

夏季四月癸亥日，安葬夫人声姜。齐侯侵犯鲁国西部边境。六月癸未日，文公与齐侯在谷地结盟。诸侯相会于扈地。

秋季，文公自谷地回国。

冬季，公子遂前往齐国。

宣 公

◎元 年◎

【原文】

元年春，王正月，公即位。公子遂如齐逆女。三月，遂以夫人妇姜至自齐。

夏，季孙行父如齐。晋放其大夫胥甲父于卫①。公会齐侯于平州。公子遂如齐。六月，齐人取济西田。

秋，郯子来朝。楚子、郑人侵陈，遂侵宋。晋赵盾帅师救陈。

秋季，郯子来鲁国朝见。

宋公、陈侯、卫侯、曹伯会晋师棐林，伐郑。

冬，晋赵穿帅师侵崇。晋人、宋人伐郑。

【注解】

①放：放逐。

【译文】

元年春，周历正月，宣公即位。公子遂前往齐国为宣公迎娶夫人。三月，公子遂从齐国迎回夫人妇姜。

夏季，季孙行父前往齐国。晋国将其大夫胥甲父放逐到卫国。宣公在平州会见齐侯。公子遂前往齐国。六月，齐人夺取济西的田地。

秋季，郯子来鲁国朝见。楚子、郑人侵犯陈国，继而侵犯宋国。晋卿赵盾率军援救陈国。宋公、陈侯、卫侯、曹伯在棐林与晋军会合，一起讨伐郑国。

冬季，晋国大夫赵穿率军侵犯崇国。晋人、宋人讨伐郑国。

◎四 年◎

【原文】

四年春，王正月，公及齐侯平莒及郯。莒人不肯，公伐莒，取向。秦伯稻卒。

夏六月乙酉，郑公子归生弑其君夷。赤狄侵齐。

秋，公如齐。公至自齐。

冬，楚子伐郑。

【译文】

四年春，周历正月，宣公与齐侯调解莒国与郯国之间的纷争。莒国不接受调解，宣公讨伐莒国，夺得向邑。秦伯稻卒。

夏季六月乙酉日，郑国公子归生杀死其君夷。赤狄侵犯齐国。

秋季，宣公前往齐国。宣公自齐国回国。

冬季，楚子讨伐郑国。

◎五 年◎

【原文】

五年春，公如齐。

夏，公至自齐。

秋九月，齐高固来逆子叔姬。叔孙得臣卒。

冬，齐高固及子叔姬来。楚人伐郑。

楚人讨伐郑国。

【译文】

五年春,宣公去了齐国。

夏季,宣公自齐国回国。

秋季九月,齐国大夫高固来鲁国迎娶子叔姬。叔孙得臣卒。

冬季,高固与子叔姬来到鲁国。楚人讨伐郑国。

◎九 年◎

【原文】

九年春,王正月,公如齐。公至自齐。

夏,仲孙蔑如京师。齐侯伐莱。

秋,取根牟。八月,滕子卒。九月,晋侯、宋公、卫侯、郑伯、曹伯会于扈。晋荀林父帅师伐陈。辛酉,晋侯黑臀卒于扈。

冬十月癸酉,卫侯郑卒。宋人围滕。楚子伐郑。晋郤缺帅师救郑。陈杀其大夫泄冶。

【译文】

九年春,周历正月,宣公去了齐国。宣公自齐国回国。

夏季,仲孙蔑前往京师。齐侯讨伐莱国。

秋季,夺取根牟。八月,滕子卒。九月,晋侯、宋公、卫侯、郑伯、曹伯在扈地相会。晋国荀林父率军进攻陈国。辛酉日,晋侯黑臀卒于扈地。

冬季十月癸酉日,卫侯郑卒。宋人包围滕国。楚子讨伐郑国。晋国上卿郤缺率军援救陈国。陈国杀死其大夫泄冶。

◎十 年◎

【原文】

十年春，公如齐。公至自齐。齐人归我济西田。

夏四月丙辰，日有食之。己巳，齐侯元卒。齐崔氏出奔卫。公如齐。五月，公至自齐。癸巳，陈夏征舒弑其君平国。六月，宋师伐滕。公孙归父如齐，葬齐惠公。晋人、宋人、卫人、曹人伐郑。

秋，天王使王季子来聘。公孙归父帅师伐邾，取绎。大水。季孙行父如齐。

冬，公孙归父如齐。齐侯使国佐来聘。饥。楚子伐郑。

【译文】

十年春，宣公去了齐国。宣公自齐国回国。齐人归还鲁国济西的田地。

夏季四月丙辰日，有日食。己巳日，齐侯元卒。齐国大夫崔氏出奔到卫国。宣公前往齐国。五月，宣公自齐国回国。癸巳日，陈国夏征舒杀死其君平国。六月，宋军讨伐滕国。公孙归父前往齐国，参加齐惠公的葬礼。晋人、宋人、卫人、曹人讨伐郑国。

秋季，周王派使臣来鲁国访问。公孙归父率军进攻邾国，取得绎地。发生大水灾。季孙行父去了齐国。

冬季，公孙归父去了齐国。齐侯派国佐来鲁国访问。发生饥荒。楚子讨伐郑国。

◎十二年◎

【原文】

十有二年春，葬陈灵公。楚子围郑。

夏六月乙卯，晋荀林父帅师及楚子战于邲，晋师败绩。

秋七月。

冬十有二月戊寅，楚子灭萧。晋人、宋人、卫人、曹人同盟于清丘。宋师伐陈。卫人救陈。

【译文】

十二年春，安葬陈灵公。楚子包围郑国。

夏季六月乙卯日，晋国荀林父率军与楚子战于邲地，晋军溃败。

秋季七月，无事。

冬季十二月戊寅日，楚子灭掉萧国。晋人、宋人、卫人、曹人在清丘结盟。宋军攻伐陈国。卫人援救陈国。

◎十五年◎

【原文】

十有五年春，公孙归父会楚子于宋。

夏五月，宋人及楚人平。六月癸卯，晋师灭赤狄潞氏，以潞子婴儿归。秦人伐晋。王札子杀召伯、毛伯。

秋，螽。仲孙蔑会齐高固于无娄。初税亩。

冬，蝝彖生①。饥。

【注解】

①蝝（yuán）：飞蝗的幼虫。

【译文】

十五年春，公孙归父与楚子在宋地相会。

夏季五月，宋人与楚人讲和。六月癸卯日，晋军灭掉赤狄潞国，把潞国君主婴儿带回晋国。秦人讨伐晋国。王札子杀死召伯、毛伯。

秋季，有蝗灾。仲孙蔑在无娄与齐国高固相会。鲁国实行初税亩的赋税制度。

冬季，蝗虫卵化产生幼虫。发生饥荒。

◎十七年◎

【原文】

十有七年春，王正月庚子，许男锡我卒。丁未，蔡侯申卒。

夏，葬许昭公。葬蔡文公。六月癸卯，日有食之。己未，公会晋侯、卫侯、曹伯、邾子同盟于断道。

秋，公至自会。

冬十有一月壬午，公弟叔肸卒。

宣公在断道与晋侯、卫侯、曹伯、邾子相会，并订立盟约。

【译文】

十七年春，周历正月庚子日，许国的君主锡我卒。丁未日，蔡侯申卒。

夏季，安葬许昭公。安葬蔡文公。六月癸卯日，有日食。己未日，宣公在断道与晋侯、卫侯、曹伯、邾子相会，并订立盟约。

秋季，宣公自断道之会回国。

冬季十一月壬午日，宣公弟弟叔肸卒。

◎十八年◎

【原文】

十有八年春，晋侯、卫世子臧伐齐。公伐杞。

夏四月。

秋七月，邾人戕鄫①，子于鄫。甲戌，楚子旅卒。公孙归父如晋。

冬十月壬戌，公薨于路寝。归父还自晋，至笙。遂奔齐。

【注解】

①戕：杀。

【译文】

十八年春，晋侯、卫世子臧联合讨伐齐国。宣公进攻杞国。

夏季四月，无事。

秋季七月，邾人在鄫国杀死鄫国君主。甲戌日，楚子旅卒。公孙归父去了晋国。

冬季十月壬戌日，宣公薨于路寝。归父自晋国回国，到达笙地。接着奔往齐国。

成 公

◎元 年◎

【原文】

元年春，王正月，公即位。二月辛酉，葬我君宣公。无冰。三月，作丘甲。

夏，臧孙许及晋侯盟于赤棘。

秋，王师败绩于茅戎。

冬十月。

【译文】

元年春,周历正月,成公即位。二月辛酉日,为鲁宣公举行葬礼。没有结冰。三月,制定丘甲制度。

夏季,臧孙许与晋侯在赤棘结盟。

秋季,周王的军队战败于茅戎。

冬季十月,无事。

◎ 三 年 ◎

【原文】

三年春,王正月,公会晋侯、宋公、卫侯、曹伯伐郑。辛亥,葬卫穆公。二月,公至自伐郑。甲子,新宫灾①。三日哭。乙亥,葬宋文公。

夏,公如晋。郑公子去疾帅师伐许。公至自晋。

秋,叔孙侨如帅师围棘。大雩。晋郤克、卫孙良夫伐廧咎如。

冬十有一月,晋侯使荀庚来聘。卫侯使孙良夫来聘。丙午,及荀庚盟。丁未,及孙良夫盟。郑伐许。

【注解】

①灾:火灾。

【译文】

三年春,周历正月,成公会合晋侯、宋公、卫侯、曹伯讨伐郑国。辛亥日,安葬卫穆公。二月,成公从伐郑战场返回。甲子日,宣公庙失火。成公和大臣们大哭三日。乙亥日,安葬宋文公。

夏季,成公前往晋国。郑公子去疾率军攻伐许国。成公由晋国返回。

秋季,叔孙侨如率军围困棘邑。举行盛大的祈雨仪式。晋国郤克、卫国孙良夫讨伐廧咎如。

冬季十一月，晋侯派荀庚来鲁国访问。卫侯派孙良夫来鲁国访问。丙午日，与荀庚结盟。丁未日，与孙良夫结盟。郑国讨伐许国。

◎四 年◎

【原文】

四年春，宋公使华元来聘。三月壬申，郑伯坚卒。杞伯来朝。

夏四月甲寅，臧孙许卒。公如晋，葬郑襄公。

秋，公至自晋。

冬，城郓。郑伯伐许。

【译文】

四年春，宋公派华元来鲁国访问。三月壬申日，郑伯坚卒。杞伯来鲁国朝见。

夏四月甲寅日，臧孙许卒。成公前往晋国，安葬郑襄公。

秋季，成公自晋国回国。

冬季，修筑郓地的城墙。郑伯讨伐许国。

◎五 年◎

【原文】

五年春，王正月，杞叔姬来归。仲孙蔑如宋。

夏，叔孙侨如会晋荀首于谷。梁山崩。

秋，大水。

冬十有一月己酉，天王崩。十有二月己丑，公会晋侯、齐侯、宋公、卫侯、郑伯、曹伯、邾子、杞伯同盟于虫牢。

【译文】

五年春，周历正月，杞叔姬被休弃，回到鲁国。仲孙蔑前往宋国。

夏季，叔孙侨如在谷地会见晋国荀首。梁山发生山崩。

秋季，发生大水灾。

冬季十一月己酉日，周王驾崩。十二月己丑日，成公会见晋侯、齐侯、宋公、卫侯、郑伯、曹伯、邾子、杞伯，在虫牢之地结盟。

◎六 年◎

【原文】

六年春，王正月，公至自会。二月辛巳，立武宫①。取鄟。卫孙良夫帅师侵宋。

夏六月，邾子来朝。公孙婴齐如晋。壬申，郑伯费卒。

秋，仲孙蔑、叔孙侨如帅师侵宋。楚公子婴齐帅师伐郑。

冬，季孙行父如晋。晋栾书帅师救郑。

【注解】

①立武宫：为战所建的建筑，用来炫耀武功。

【译文】

六年春，周历正月，成公自虫牢之会回国。二月辛巳日，建造武宫。夺取鄟地。卫国孙良夫率军侵犯宋国。

夏季六月，邾国君主来鲁国朝见。公孙婴齐前往晋国。壬申日，郑伯费卒。

秋季，仲孙蔑、叔孙侨

楚国公子婴齐率军伐郑。

如率军侵入宋国。楚国公子婴齐率军伐郑。

冬季,季孙行父前往晋国。晋国正卿栾书率军援救郑国。

◎八　年◎

【原文】

八年春,晋侯使韩穿来言汶阳之田,归之于齐。晋栾书帅师侵蔡。公孙婴齐如莒。宋公使华元来聘。

夏,宋公使公孙寿来纳币①。晋杀其大夫赵同、赵括。

秋七月,天子使召伯来赐公命。

冬十月癸卯,杞叔姬卒。晋侯使士燮来聘。叔孙侨如会晋士燮、齐人、邾人伐郯。卫人来媵。

【注解】

①纳币:下聘礼。

【译文】

八年春,晋侯派韩穿来鲁国商量把汶阳之田还给齐国之事。晋国栾书率军侵犯蔡国。公孙婴齐前往莒国。宋公派华元来鲁国聘夫人。

夏季,宋公派公孙寿来鲁国下聘礼。晋人杀死其大夫赵同、赵括。

秋季七月,周王派召伯来封赐成公的爵位。

冬季十月癸卯日,杞叔姬卒。晋侯派士燮来鲁国访问。叔孙侨如会合晋国士燮、齐人、邾人讨伐郯国。卫人送女来陪嫁。

◎九　年◎

【原文】

九年春,王正月,杞伯来逆叔姬之丧以归。公会晋侯、齐侯、宋公、卫侯、郑伯、曹伯、莒子、杞伯,同盟于蒲。公至自会。二月,伯姬归于宋。

夏,季孙行父如宋致女①。晋人来媵。

秋七月丙子,齐侯无野卒。晋人执郑伯。晋栾书帅师伐郑。

冬十有一月,葬齐顷公。楚公子婴齐帅师伐莒。庚申,莒溃。楚人入郓。秦人、白狄伐晋。郑人围许。城中城。

【注解】

①致女:女子出嫁三个月后,母国派大夫前往聘问,称为致女。

【译文】

九年春,周历正月,杞伯来鲁国迎回叔姬的灵柩。成公会见晋侯、齐侯、宋公、卫侯、郑伯、曹伯、莒子、杞伯,在蒲地结盟。成公自蒲地回国。二月,伯姬嫁到宋国。

夏季,季孙行父前去宋国致女。晋国送来女子为伯姬陪嫁。

秋季七月丙子日,齐侯无野卒。晋人捉住郑伯。晋国栾书率军伐郑。

冬季十一月,安葬齐顷公。楚国公子婴齐率军攻伐莒国。庚申日,莒人溃散。楚人进入郓邑。秦人、白狄讨伐晋国。郑人围困许国。修缮都城内城。

◎十四年◎

【原文】

十有四年春,王正月,莒子朱卒。

夏,卫孙林父自晋归于卫。

秋,叔孙侨如如齐逆女。郑公子喜帅师伐许。九月,侨如以夫人妇姜氏至自齐。

冬十月庚寅,卫侯臧卒。秦伯卒。

【译文】

十四年春，周历正月，莒国君主朱卒。

夏季，卫国孙林父自晋复归于卫国。

秋季，叔孙侨如前往齐国为鲁君迎娶女子。郑国公子喜率军进攻许国。九月，侨如从齐国迎娶回夫人姜氏。

冬季十月庚寅日，卫侯臧卒。秦伯卒。

◎十五年◎

【原文】

十有五年春，王二月，葬卫定公。三月乙巳，仲婴齐卒。癸丑，公会晋侯、卫侯、郑伯、曹伯、宋世子成、齐国佐，邾人同盟于戚。晋侯执曹伯归于京师。公至自会。

夏六月，宁公固卒。楚子伐郑。

秋八月庚辰，葬宋共公。宋华元出奔晋。宋华元自晋归于宋。宋杀其大夫山。宋鱼石出奔楚。

冬十有一月，叔孙侨如会晋士燮、齐高无咎、宋华元、卫孙林父、郑公子鳅、邾人会吴于钟离。许迁于叶。

【译文】

十五年春，周历二月，安葬卫定公。三月乙巳日，仲婴齐卒。癸丑日，成公会见晋侯、卫侯、郑伯、曹伯、宋世子成、齐国佐、邾人，在戚地结盟。晋侯逮捕曹伯回到京师。成公自戚地回国。

夏季六月，宁公固卒。楚子讨伐郑国。

秋季八月庚辰日，安葬宋共公。宋国华元逃往晋国。宋国华元自晋国回到宋国。宋国杀死其大夫山。宋国鱼石逃到楚国。

冬季十一月，叔孙侨如会合晋士燮、齐高无咎、宋华元、卫孙林父、郑公子䲣、邾人，与吴在钟离相会。许国迁都到叶地。

◎十六年◎

【原文】

十有六年春，王正月，雨，木冰。

夏四月辛未，滕子卒。郑公子喜帅师侵宋。六月丙寅，朔，日有食之。晋侯使栾黡来乞师。甲午晦，晋侯及楚子、郑伯战于鄢陵。楚子、郑师败绩。楚杀其大夫公子侧。

秋，公会晋侯、齐侯、卫侯、宋华元、邾人于沙随，不见公。公至自会。公会尹子、晋侯、齐国佐、邾人伐郑。曹伯归自京师。九月，晋人执季孙行父，舍之于苕丘。

冬十月乙亥，叔孙侨如出奔齐。十有二月乙丑，季孙行父及晋郤犨，盟于扈。公至自会。乙酉，刺公子偃①。

夏季四月辛未日，滕国君主去世。

【注解】

①刺：杀。

【译文】

十六年春，周历正月，下雨，出现木冰。

夏季四月辛未日，滕国君主卒。郑国公子喜率军侵犯宋国。六月丙寅日，初一，有日食。晋侯派栾黡来鲁国请求出兵。甲午日，晋侯与楚子、郑伯战于鄢陵。楚、郑两国军队溃败。楚国杀死其大夫公子侧。

秋季，成公与晋侯、齐侯、卫侯、宋华元、邾人在沙随相会，晋侯不肯会见成公。成公自沙随之会回国。成公会合尹子、晋侯、齐国佐、邾人伐郑。曹伯自京师回国。九月，晋人逮捕季孙行父，将其囚禁在苕丘。

冬季十月乙亥日，叔孙侨如出奔到齐国。十二月乙丑日，季孙行父在扈地与晋国大夫郤犨结盟。成公自扈地之会回国。乙酉日，杀死公子偃。

◎十七年◎

【原文】

十有七年春，卫北宫括帅师侵郑。

夏，公会尹子、单子、晋侯、齐侯、宋公、卫侯、曹伯、邾人伐郑。六月乙酉，同盟于柯陵。

秋，公至自会。齐高无咎出奔莒。九月辛丑，用郊①。晋侯使荀䓨来乞师。

冬，公会单子、晋侯、宋公、卫侯、曹伯、齐人、邾人伐郑。十有一月，公至自伐郑。壬申，公孙婴卒于貍脤。十有二月，丁巳，朔，日有食之。邾子貜且卒。晋杀其大夫郤锜、郤犨、郤至。楚人灭舒庸。

【注解】

①用郊：行郊祭之礼。

【译文】

十七年春，卫国卿大夫北宫括率军侵犯郑国。

夏季，成公会合尹子、单子、晋侯、齐侯、宋公、卫侯、曹伯、邾人一起伐郑。六月乙酉日，在柯陵结盟。

秋季，成公自柯陵之会回国。齐国高无咎出奔到莒国。九月辛丑日，行郊祭之礼。晋侯派荀䓨来鲁国请求援兵。

冬季，成公会合单子、晋侯、宋公、卫侯、曹伯、齐人、邾人一起伐郑。十一月，成公自伐郑战场回国。壬申日，公孙婴卒于狸脤。十二月丁巳日，初一，有日食。邾国君主貜且卒。晋国杀死其大夫郤锜、郤犨、郤至。楚国灭掉舒庸。

襄 公

◎元 年◎

【原文】

元年春，王正月，公即位。仲孙蔑会晋栾黡、宋华元、卫宁殖、曹人、莒人、邾人、滕人、薛人围宋彭城。

夏，晋韩厥帅师伐郑，仲孙蔑会齐崔杼、曹人、邾人、杞人次于鄫。

秋，楚公子壬夫帅师侵宋。九月辛酉，天王崩。邾子来朝。

冬，卫侯使公孙剽来聘。晋侯使荀䓨来聘。

【译文】

元年春，周历正月，襄公即位。仲孙蔑会合晋栾黡、宋华元、卫宁殖、曹人、莒人、邾人、滕人、薛人一起围困宋国的彭城。

夏季，晋国大夫韩厥率军伐郑，仲孙蔑会合齐崔杼、曹人、邾人、杞人在鄫地驻扎军队。

秋季，楚国公子壬夫率军侵犯宋国。九月辛酉日，周王驾崩。邾国君主来鲁国朝见。

冬季，卫侯派公孙剽来鲁国访问。晋侯派荀䓨来鲁国访问。

◎二 年◎

【原文】

二年春，王正月，葬简王。郑师伐宋。

夏五月庚寅，夫人姜氏薨。六月庚辰，郑伯睔卒。晋师、宋师、卫宁殖侵郑。

秋七月，仲孙蔑会晋荀䓨、宋华元、卫孙林父、曹人、邾人于戚。己丑，葬我小君齐姜。叔孙豹如宋。

冬，仲孙蔑会晋荀䓨、齐崔杼、宋华元、卫孙林父、曹人、邾人、滕人、薛人、小邾人于戚，遂城虎牢。楚杀其大夫公子申。

【译文】

二年春，周历正月，安葬简王。郑军进攻宋国。

夏季五月庚寅日，夫人姜氏薨。六月庚辰日，郑伯睔卒。晋师、宋师、卫宁殖侵犯郑国。

秋季七月，仲孙蔑与晋荀䓨、宋华元、卫孙林父、曹人、邾人在戚地相会。己丑日，为夫人齐姜举行葬礼。叔孙豹前往宋国。

冬季，仲孙蔑与晋荀䓨、齐崔杼、宋华元、卫孙林父、曹人、邾人、滕人、薛人、小邾人在戚地相会，接着在虎牢之地筑城。楚国杀死其大夫公子申。

周历正月，安葬简王。

◎五 年◎

【原文】

五年春,公至自晋。
夏,郑伯使公子发来聘。叔孙豹、鄫世子巫如晋。仲孙蔑、卫孙林父子会吴于善道。
秋,大雩。楚杀其大夫公子壬夫。公会晋侯、宋公、陈侯、卫侯、郑伯、曹伯、莒子、邾子、滕子、薛伯、齐世子光、吴人、鄫人于戚。公至自会。
冬,戍陈。楚公子贞帅师伐陈。公会晋侯、宋公、卫侯、郑伯、曹伯、齐世子光救陈。十有二月,公至自救陈。辛未,季孙行父卒。

【译文】

五年春,襄公自晋回国。
夏季,郑伯派公子发来鲁国访问。叔孙豹、鄫世子巫前往晋国。仲孙蔑、卫国孙林父与吴人在善道相会。
秋季,举行盛大的祈雨祭祀。楚国杀死其大夫公子壬夫。襄公在戚地会见晋侯、宋公、陈侯、卫侯、郑伯、曹伯、莒子、邾子、滕子、薛伯、齐世子光、吴人、鄫人。襄公自戚地之会回国。
冬季,出兵戍守陈国。楚国公子贞率军攻伐陈国。襄公会合晋侯、宋公、卫侯、郑伯、曹伯、齐世子光一起援救陈国。十二月,襄公从救陈的战场回国。辛未日,季孙行父卒。

◎八 年◎

【原文】

八年春,王正月,公如晋。
夏,葬郑僖公。郑人侵蔡,获蔡公子燮。季孙宿会晋侯、郑伯、齐人、宋人、卫人、邾人于邢丘。公至自晋。莒人伐我东鄙。

秋九月，大雩。

冬，楚公子贞帅师伐郑。晋侯使士匄来聘①。

【注解】

①士匄：即范宣子，晋国大臣。

【译文】

八年春，周历正月，襄公前往晋国。

夏季，安葬郑僖公。郑人侵犯蔡国，俘获蔡公子燮。季孙宿在邢丘会见晋侯、郑伯、齐人、宋人、卫人、邾人。襄公自晋回国。莒人侵犯鲁国东部边境。

秋季九月，举行盛大的祈雨祭祀。

冬季，楚公子贞率军讨伐郑国。晋侯派士匄来鲁国聘问。

◎九　年◎

【原文】

九年春，宋灾。

夏，季孙宿如晋。五月辛酉，夫人姜氏薨。

秋八月癸未，葬我小君穆姜。

冬，公会晋侯、宋公、卫侯、曹伯、莒子、邾子、滕子、薛伯、杞伯、小邾子、齐世子光伐郑。十有二月己亥，同盟于戏。楚子伐郑。

【译文】

九年春，宋国发生火灾。

夏季，季孙宿前往晋国。五月辛酉日，夫人姜氏薨。

秋季八月癸未日，为穆姜夫人举行葬礼。

冬季,襄公会合晋侯、宋公、卫侯、曹伯、莒子、邾子、滕子、薛伯、杞伯、小邾子、齐世子光一起进攻郑国。十二月己亥日,一起在戏地结盟。楚国伐郑。

◎十一年◎

【原文】

十有一年春,王正月,作三军①。

夏四月,四卜郊,不从,乃不郊。郑公孙舍之帅师侵宋。公会晋侯、宋公、卫侯、曹伯、齐世子光、莒子、邾子、滕子、薛伯、杞伯、小邾子伐郑。

秋七月己未,同盟于亳城北。公至自伐郑。楚子、郑伯伐宋。公会晋侯、宋公、卫侯、曹伯、齐世子光、莒子、邾子、滕子、薛伯、杞伯、小邾子伐郑,会于萧鱼。公至自会。楚人执郑行人良霄。

冬,秦人伐晋。

【注解】

①作三军:恢复三军军制。

【译文】

十一年春,周历正月,鲁国恢复三军军制。

夏季四月,四次占卜郊祭的日期,都不吉利,于是没有举行郊祭。郑公孙舍之率军侵犯宋国。襄公会合晋侯、宋公、卫侯、曹伯、齐世子光、莒子、邾子、滕子、薛伯、杞伯、小邾子讨伐郑国。

秋季七月己未日,诸侯在亳城北结盟。襄公自伐郑战场回国。楚子、郑伯讨伐宋国。襄公会合晋侯、宋公、卫侯、曹伯、齐世子光、莒子、邾子、滕子、薛伯、杞伯、小邾子讨伐郑国,并在萧鱼相会。襄公自盟返回鲁国。楚国逮捕郑国的使臣良霄。

冬季，秦人讨伐晋国。

◎十四年◎

【原文】

十有四年春，王正月，季孙宿、叔老会晋士匄、齐人、宋人、卫人、郑公孙虿、曹人、莒人、邾人、滕人、薛人、杞人、小邾人会吴于向。二月乙未朔，日有食之。

夏四月，叔孙豹会晋荀偃、齐人、宋人、卫北宫括、郑公孙虿、曹人、莒人、邾人、滕人、薛人、杞人、小邾人伐秦。己未，卫侯出奔齐。莒人侵我东鄙。

秋，楚公子贞帅师伐吴。

冬，季孙宿会晋士匄、宋华阅、卫孙林父、郑公孙虿、莒人、邾人于戚。

【译文】

十四年春，周历正月，季孙宿、叔老会合晋士匄、齐人、宋人、卫人、郑公孙虿、曹人、莒人、邾人、滕人、薛人、杞人、小邾人在于向与吴人相会。二月乙未日，初一，有日食。

夏季四月，叔孙豹会合晋荀偃、齐人、宋人、卫北宫括、郑公孙虿、曹人、莒人、邾人、滕人、薛人、杞人、小邾人攻伐秦国。己未日，卫侯出奔到齐国。莒人侵犯鲁国的东部边境。

秋季，楚公子贞率军攻伐吴国。

冬季，季孙宿在戚地会见晋士匄、宋华阅、卫孙林父、郑公孙虿、莒人、邾人。

◎十六年◎

【原文】

十有六年春，王正月，葬晋悼公。三月，公会晋侯、宋公、卫侯、郑伯、曹伯、莒子、邾子、薛伯、杞伯、小邾子于溴梁①。戊寅，大夫盟。晋人执莒子、邾子以归。齐侯伐我北鄙。

夏，公至自会。五月甲子，地震。叔老会郑伯、晋荀偃、卫宁殖、宋人伐许。

秋，齐侯伐我北鄙，围成。大雩。

冬，叔孙豹如晋。

【注解】

①溴（jú）：河名，在今河南省境内。梁：水堤。

【译文】

十六年春，周历正月，安葬晋悼公。三月，襄公在溴梁与晋侯、宋公、卫侯、郑伯、曹伯、莒子、邾子、薛伯、杞伯、小邾子相会。戊寅日，各国诸侯的大夫结盟。晋人逮捕莒子、邾子回到晋国。齐侯进攻鲁国的北部边境。

夏季，襄公自盟会回国。五月甲子日，发生地震。叔老联合郑伯、晋荀偃、卫宁殖、宋人讨伐许国。

秋季，齐侯进攻鲁国北部边境，包围成邑。举行盛大的祈雨祭祀。

冬季，叔孙豹前往晋国。

◎十九年◎

【原文】

十有九年春，王正月，诸侯盟于祝柯①。晋人执邾子，公至自伐齐。

取邾田，自漷水②。季孙宿如晋。葬曹成公。

夏，卫孙林父帅师伐齐。

秋七月辛卯，齐侯环卒③。晋士匄帅师侵齐④，至谷，闻齐侯卒，乃还。八月丙辰，仲孙蔑卒。齐杀其大夫高厚。郑杀其大夫公子嘉。

冬，葬齐灵公。城西郛。叔孙豹会晋士匄于柯。城武城。

春季，诸侯在祝柯结盟。

【注解】

①祝柯：地名，在今山东长清东北。②"取邾田"二句：夺取邾国之田而以漷水为界。漷水，即今南沙河，在山东省境内。③齐侯环：即齐灵公。

【译文】

十九年春，周历正月，诸侯在祝柯结盟。晋人逮捕邾国君主，襄公亲自率师攻打齐国。夺取邾田，以漷水为界。季孙宿前往晋国。安葬曹成公。

夏季，卫国孙林父率军伐齐。

秋季七月辛卯日，齐侯环卒。晋国士匄率军侵犯齐国，到达谷地，听说齐侯死了，便撤兵而回。八月丙辰日，仲孙蔑卒。齐国杀死其大夫高厚。郑国杀死其大夫公子嘉。

冬季，安葬齐灵公。修筑西郛的城墙。叔孙豹在柯地会见晋士匄。修筑武城。

◎二十二年◎

【原文】

二十有二年春，王正月，公至自会①。

夏四月。

秋七月辛酉，叔老卒。

冬，公会晋侯、齐侯、宋公、卫侯、郑伯、曹伯、莒子、邾子、薛伯、杞伯、小邾子于沙随②。公至自会。楚杀其大夫公子追舒③。

【注解】

①会：指商任之会。②沙随：地名，在今河南宁陵北。③公子追舒：即子南，楚公子。

【译文】

二十二年春，周历正月，襄公自商任之会回国。

夏季四月，无事。

秋季七月辛酉日，叔老卒。

冬季，襄公在沙随会见晋侯、齐侯、宋公、卫侯、郑伯、曹伯、莒子、邾子、薛伯、杞伯、小邾子。襄公自沙随之会回国。楚国杀死其大夫公子追舒。

◎二十九年◎

【原文】

二十有九年春，王正月，公在楚。

夏五月，公至自楚。庚午，卫侯衎卒，阍弑吴子馀祭①。仲孙羯会晋荀盈、齐高止、宋华定、卫世叔仪、郑公孙段、曹人、莒人、滕子、薛人、小邾人城杞。晋侯使士鞅来聘。杞子来盟。吴子使札来聘。

秋九月，葬卫献公。齐高止出奔北燕。

冬，仲孙羯如晋。

【注解】

①阍（hūn）：守门人。

【译文】

二十九年春，周历正月，襄公身在楚国。

夏季五月，襄公自楚国回国。庚午日，卫侯衎卒，守门人杀死吴子馀祭。仲孙羯与晋荀盈、齐高止、宋华定、卫世叔仪、郑公孙段、曹人、莒人、滕子、薛人、小邾人修筑杞国的城墙。晋侯派士鞅来鲁国访问。杞子来鲁国结盟。吴子派季札访问鲁国。

秋季九月，安葬卫献公。齐国高止出奔到燕国。

冬季，仲孙羯前往晋国。

昭　公

◎元　年◎

【原文】

元年春，王正月，公即位。叔孙豹会晋赵武、楚公子围、齐国弱、宋向戌、卫齐恶、陈公子招、蔡公孙归生、郑罕虎、许人、曹人于虢①。三月，取郓②。

夏，秦伯之弟针出奔晋。六月丁巳，邾子华卒。晋荀吴帅师败狄于大卤③。

秋，莒去疾自齐入于莒。莒展舆出奔吴。叔弓帅师疆郓田。葬邾悼公。冬十有一月己酉，楚子麇卒。楚公子比出奔晋。

【注解】

①虢：指东虢，郑地，在今河南郑州。②郓：地名，在今山东沂水东北。③大卤：地名，在今山西太原西南。

【译文】

　　元年春,周历正月,昭公即位。叔孙豹与晋赵武、楚公子围、齐国弱、宋向戌、卫齐恶、陈公子招、蔡公孙归生、郑罕虎、许人、曹人在东虢相会。三月,夺取郓地。
　　夏季,秦伯之弟鍼出奔到晋国。六月丁巳日,邾子华卒。晋国荀吴率军在大卤大败狄人。
　　秋季,莒国的去疾自齐国回到莒国。莒国的展舆出奔到吴国。叔弓率军划定郓国的疆界。安葬邾悼公。
　　冬季十一月己酉日,楚子麇卒。楚公子比出奔到晋国。

◎六　年◎

【原文】

　　六年春,王正月,杞伯益姑卒。葬秦景公。
　　夏,季孙宿如晋。葬杞文公。宋华合比出奔卫。
　　秋九月,大雩。楚薳罢帅师伐吴。
　　冬,叔弓如楚。齐侯伐北燕。

【译文】

　　六年春,周历正月,杞伯、益姑卒。安葬秦景公。
　　夏季,季孙宿出访晋国。安葬杞文公。宋国华合比出奔到卫国。
　　秋季九月,举行盛大的祈雨祭祀。楚国的薳罢率军讨伐吴国。
　　冬季,叔弓去了楚国。齐侯攻伐燕国。

◎七　年◎

【原文】

　　七年春,王正月,暨齐平。三月,公如楚。叔孙婼如齐莅盟。

夏四月，甲辰，朔，日有食之。

秋八月戊辰，卫侯恶卒。九月，公至自楚。

冬十有一月癸未，季孙宿卒。十有二月癸亥，葬卫襄公。

【译文】

七年春，周历正月，燕国与齐国讲和。三月，昭公出访楚国。叔孙婼到齐国参加盟会。

夏季四月甲辰日，初一，有日食。

秋季八月戊辰日，卫侯恶卒。九月，昭公自楚国回国。

冬季十一月癸未日，季孙宿卒。十二月癸亥日，安葬卫襄公。

◎十一年◎

【原文】

十有一年春，王二月，叔弓如宋。葬宋平公。

夏四月丁巳，楚子虔诱蔡侯般，杀之于申①。楚公子弃疾帅师围蔡。五月甲申，夫人归氏薨。大蒐于比蒲②。仲孙貜会邾子盟于祲祥③。

秋，季孙意如会晋韩起、齐国弱、宋华亥、卫北宫佗、郑罕虎、曹人、杞人于厥慭④。九月己亥，葬我小君齐归⑤。

冬，十有一月丁酉，楚师灭蔡，执蔡世子有以归，用之。

【注解】

①申：楚邑，在今河南南阳。②比蒲：鲁国地名，所在不详。③祲祥：地名，在今山东曲阜。④厥慭：卫国地名，在今河南新乡。⑤小君：指侯嫡妻或诸侯母丧葬礼如制者。

【译文】

十一年春，周历二月，叔弓前往宋国。参加宋平公的葬礼。

夏季四月丁巳日，楚子虔诱骗蔡侯般并在申地杀了他。楚公子弃疾率军围困蔡国。五月甲申日，夫人归氏薨。在比蒲举行大规模的阅兵仪式。

仲孙貜会见邾子，并在祲祥结盟。

秋季，季孙意如与晋韩起、齐国弱、宋华亥、卫北宫佗、郑罕虎、曹人、杞人在厥慭相会。九月己亥日，安葬夫人齐归。

冬季，十一月丁酉日，楚国灭掉蔡国，逮捕蔡国的世子有并把他带回楚国，用来祭祀。

◎十二年◎

【原文】

十有二年春，齐高偃帅师纳北燕伯于阳①。三月壬申，郑伯嘉卒。

夏，宋公使华定来聘。公如晋，至河乃复。五月，葬郑简公。楚杀其大夫成熊。

秋七月。

冬十月，公子慭出奔齐。楚子伐徐。晋伐鲜虞②。

【注解】

①阳：地名，在今河北文安与大城之间。②鲜虞：白狄别种，其都城在今河北正定北。

【译文】

十二年春，齐国高偃率军护送北燕伯回到阳邑。三月壬申日，郑伯嘉卒。

夏季，宋公派华定访问鲁国。昭公前往晋国，到达黄河边才返回。五月，安葬郑简公。楚国杀死其大夫成熊。

秋季七月，无事。

冬季十月，公子慭出奔到齐国。楚子讨伐许国。晋国攻伐鲜虞。

◎十五年◎

【原文】

十有五年春，王正月，吴子夷末卒。二月，癸酉，有事于武宫①。籥入，叔弓卒。去乐卒事。

夏，蔡朝吴出奔郑。六月丁巳，朔，日有食之。

秋，晋荀吴帅师伐鲜虞。

冬，公如晋。

【注解】

①武宫：此处指鲁武公庙。

【译文】

十五年春，周历正月，吴国君主夷末卒。二月癸酉日，在武宫举行祭祀。在表演羽龠之舞时，叔弓卒。停止奏乐，完成祭祀。

夏季，蔡朝吴出奔到郑国。六月丁巳日，初一，出现日食。

秋季，晋国荀吴率军攻伐鲜虞。

冬季，昭公前往晋国。

◎二十二年◎

【原文】

二十有二年春，齐侯伐莒。宋华亥、向宁、华定自宋南里出奔楚。大蒐于昌间①。

夏四月乙丑，天王崩②。六月，叔鞅如京师，葬景王。王室乱。刘子、单子以王猛居于皇③。

秋，刘子、单子以王猛入于王城。

冬十月，王子猛卒。十有二月癸酉，朔，日有食之。

【注解】

①昌间：地名，在今山东泗水。②天王：指周景王。③皇：地名，在今河南洛阳东。

【译文】

二十二年春,齐侯讨伐莒国。宋国的华亥、向宁、华定从宋国的南里逃亡到楚国。在昌间举行大的阅兵礼。

夏季四月乙丑日,周景王驾崩。六月,叔鞅前往京师,参加周景王的葬礼。周王室发生内乱。刘子、单子带着王子猛进入皇地。

秋季,刘子、单子带着王子猛进入王城。

冬季十月,王子猛卒。十二月癸酉日,初一,出现日食。

晋国荀吴率军攻伐鲜虞。

◎二十四年◎

【原文】

二十有四年春,王二月丙戌,仲孙貜卒①。婼至自晋。

夏五月乙未,朔,日有食之。

秋八月,大雩。丁酉,杞伯郁釐卒。

冬,吴灭巢。葬杞平公。

【注解】

①貜(jué):人名。

【译文】

二十四年春,周历二月丙戌,仲孙貜卒。叔孙婼从晋国返回鲁国。

夏季五月乙未日,初一,出现日食。

秋季八月,举行盛大的祈雨祭祀。丁酉日,杞伯郁釐卒。

冬季，吴国灭掉巢国。安葬杞平公。

◎二十九年◎

【原文】

二十有九年春，公至自乾侯，居于郓，齐侯使高张来唁公。公如晋，次于乾侯。

夏四月庚子，叔诣卒。

秋七月。

冬十月，郓溃。

【译文】

二十九年春，昭公从乾侯返回鲁国，居住在郓地，齐侯派高张慰问昭公。昭公前往晋国，住在乾侯。

夏季四月庚子日，叔诣卒。

秋季七月，无事。

冬季十月，郓地的奴隶逃了出来。

◎三十二年◎

【原文】

三十有二年春，王正月，公在乾侯。取阚①。

夏，吴伐越。

秋七月。

冬，仲孙何忌会晋韩不信、齐高张、宋仲儿、卫世叔申、郑国参、曹人、莒人、薛人、杞人、小邾人城成周。十有二月乙未，公薨于乾侯。

【注解】

①阚：鲁国地名，如今已经为南旺湖所淹。

【译文】

三十二年春，周历正月，昭公居住在乾侯。夺取阚地。

夏季，吴国讨伐越国。

秋季七月，无事。

冬季，仲孙何忌会合晋国的韩不信、齐国的高张、宋国的仲儿、卫国的世叔申、郑国的国参、曹人、莒人、薛人、杞人、小邾人在成周筑城。十二月乙未日，昭公薨于乾侯。

定 公

◎元 年◎

【原文】

元年春，王①。三月，晋人执宋仲几于京师。

夏六月癸亥，公之丧至自乾侯。戊辰，公即位。

秋七月癸巳，葬我君昭公。九月，大雩。立炀宫②。

冬十月，陨霜杀菽。

【注解】

①王：此处不写"王正月"，这是因为鲁定公于六月即位。②炀宫：炀公庙。炀公为鲁国的先君，伯禽之子。

【译文】

元年春,周历。三月,晋人在京师逮捕了宋国的仲几。

夏季六月癸亥日,昭公的丧车从乾侯回到鲁国。戊辰日,定公即位。

秋季七月癸巳日,为鲁昭公举行葬礼。九月,举行盛大的祈雨祭祀。修建炀公庙。

冬季十月,天降严霜害死很多豆类作物。

◎二 年◎

【原文】

二年春,王正月。

夏五月壬辰,雉门及两观灾①。

秋,楚人伐吴。

冬十月,新作雉门及两观。

【注解】

①雉门:诸侯之宫的南门。

雉门及两观发生火灾。

【译文】

二年春,周历正月。

夏季五月壬辰日,雉门及两观发生火灾。

秋季,楚人讨伐吴国。

冬季十月,重建雉门及两观。

◎六 年◎

【原文】

六年春，王正月癸亥，郑游速帅师灭许，以许男斯归。二月，公侵郑。公至自侵郑。

夏，季孙斯、仲孙何忌如晋。

秋，晋人执宋行人乐祁犁。

冬，城中城①。季孙斯、仲孙忌帅师围郓。

【注解】

①中城：内城。

【译文】

六年春，周历正月癸亥日，郑国的游速率军灭了许国，俘虏许国君主斯回到郑国。二月，定公入侵郑国。定公从侵郑前线返回鲁国。

夏季，季孙斯、仲孙何忌去了晋国。

秋季，晋人逮捕宋国的外交官乐祁犁。

冬季，修缮内城。季孙斯、仲孙何忌率军围困郓地。

◎十 年◎

【原文】

十年春，王三月，乃齐平。

夏，公会齐侯于夹谷①。公至自夹谷。晋赵鞅帅师围卫。齐人来归郓、讙、龟阴田②。叔孙州仇、仲孙何忌帅师围郈③。

秋，叔孙州仇、仲孙何忌帅师围郈。宋乐大心出奔曹。宋公子地出奔陈。

冬，齐侯、卫侯、郑游速会于安甫④。叔孙州仇如齐。宋公之弟辰暨仲佗、石彄出奔陈⑤。

【注解】

①夹谷：地名，在今山东莱芜。②龟阴：地名，在今山东新泰西。③郈（hòu）：地名，在今山东东平东南。④安甫：地名，具体位置不详。⑤石彄（kōu）：宋共公的孙子。

【译文】

十年春，周历三月，与齐国议和。

夏季，定公在夹谷会见齐侯。定公自夹谷回国。晋国赵鞅率军围困卫国。齐人还给鲁国郓、谨、龟阴三地。叔孙州仇、仲孙何忌率军围困郈邑。

秋季，叔孙州仇、仲孙何忌率军围困郈邑。宋国的乐大心逃往曹国。宋国的公子地逃往陈国。

冬季，齐侯、卫侯、郑游速在安甫相会。叔孙州仇前往齐国。宋公的弟弟辰暨仲佗、石彄逃往陈国。

◎十四年◎

【原文】

十有四年春，卫公叔戍来奔。卫赵阳出奔宋。二月辛巳，楚公子结、陈公孙佗人师师灭顿①，以顿子牂归。

夏，卫北宫结来奔。五月，于越败吴于槜李②。吴子光卒。公会齐侯、卫侯于牵③。公至自会。

秋，齐侯、宋公会于洮④。天王使石尚来归脤⑤。卫世子蒯聩出奔宋。卫公孟彄出奔郑。宋公之弟辰自萧来奔。大蒐于比蒲。邾子来会公。城莒父及霄⑥。

【注解】

①顿：国名，在今河南项城南。②檇李：地名，在今浙江嘉兴南。③牵：地名，在今河南浚县北。④洮：地名，在今山东鄄城西南。⑤归：通"馈"。脤：祭祀之肉，用脤器盛起来，以赏赐同姓诸侯。⑥莒父：地名，在今山东莒县境内。霄：地名，亦在今山东莒县境内。

卫国的赵阳逃到宋国。

【译文】

十四年春，卫国的公叔戍逃至鲁国。卫国的赵阳逃到宋国。二月辛巳日，楚国的公子结、陈国的公孙佗人率军灭了顿国，俘获顿国君主牂而归。

夏季，卫国的北宫结逃到鲁国。五月，越国在檇李大败吴军。吴子光卒。定公在牵地会见齐侯、卫侯。定公从会盟地返回鲁国。

秋季，齐侯、宋公在洮地相会。周天子派石尚来鲁国馈赠祭祀之肉。卫国的世子蒯聩逃到宋国。卫国的公孟彄逃到郑国。宋公的弟弟辰自萧逃往鲁国。在比蒲举行盛大的阅兵仪式。邾子来会见定公。在莒父和霄地筑城。

◎十五年◎

【原文】

十有五年春，王正月，邾子来朝。鼷鼠食郊牛①，牛死，改卜牛。二月辛丑，楚子灭胡，以胡子豹归。

夏五月辛亥，郊。壬申，公薨于高寝。郑罕达帅师伐宋。齐侯、卫侯次于渠蒢②。邾子来奔丧。

秋七月壬申，姒氏卒。八月庚辰，朔，日有食之。九月，滕子来会葬。丁巳，葬我君定公，雨，不克葬。戊午，日下昃③，乃克葬。辛巳，葬定姒。

冬，城漆④。

【注解】

①鼷鼠：鼠类的一种。②渠蒢（chú）：地名，具体位置不详。③昃：日西斜。④漆：地名，在今山东邹城北。

【译文】

十五年春，周历正月，邾子来鲁国朝见。鼷鼠咬伤郊祭之牛，这头牛死了，改卜郊祭之牛。二月辛丑日，楚子灭了胡国，俘获胡国君主豹带回楚国。

夏季五月辛亥日，举行郊祭。壬申日，定公薨于高寝。郑国的罕达率军攻伐宋国。齐侯、卫侯驻扎在渠蒢。邾子来奔丧。

秋季七月壬申日，姒氏卒。八月庚辰日，初一，出现日食。九月，滕子来参加葬礼。丁巳日，安葬鲁定公，赶上下雨，不能下葬。戊午日，午后才能下葬。辛巳日，安葬定姒。

冬季，修筑漆城。

哀 公

◎元 年◎

【原文】

元年春，王正月，公即位。楚子、陈侯、随侯、许男围蔡。鼷鼠食郊牛，改卜牛。

夏四月辛巳，郊。

秋，齐侯、卫侯伐晋。

冬，仲孙何忌帅师伐邾。

【译文】

元年春，周历正月，哀公即位。楚子、陈侯、随侯、许男包围蔡国。鼹鼠咬伤郊祭之牛，改卜其它的牛代替。

夏季四月辛巳日，举行郊祀之礼。

秋季，齐侯、卫侯讨伐晋国。

冬季，仲孙何忌率军讨伐邾国。

◎ 二 年 ◎

【原文】

二年春，王二月，季孙斯、叔孙州仇、仲孙何忌帅师伐邾，取漷东田及沂西田①。癸巳，叔孙州仇、仲孙何忌及邾子盟于句绎②。

夏四月丙子，卫侯元卒。滕子来朝。晋赵鞅帅师纳卫世子蒯聩于戚③。

秋八月甲戌，晋赵鞅帅师及郑罕达帅师战于铁④，郑师败绩。

冬十月，葬卫灵公。十有一月，蔡迁于州来⑤。蔡杀其大夫公子驷。

【注解】

①漷东：漷水之东。漷，即今南沙河。沂西：沂水之西。沂，即西沂河，源出山东邹城，入于泗水。②句绎：地名，在今山东邹城东南。③戚：地名，在今河南濮阳北。④铁：地名，在今河南濮阳西北。⑤州来：地名，在今安徽凤台。

【译文】

二年春，周历二月，季孙斯、叔孙州仇、仲孙何忌率军讨伐邾国，攻取潍水以东的土地及沂水以西的土地。癸巳日，叔孙州仇、仲孙何忌与邾国君主在句绎结盟。

夏季四月丙子日，卫侯元卒。滕子来鲁国朝见。晋国的赵鞅率军护送卫国世子蒯聩进入戚邑。

秋季八月甲戌日，晋国的赵鞅率军与郑国罕达的军队战于铁地，郑军溃败。

冬季十月，安葬卫灵公。十一月，蔡国迁到州来。蔡国人杀死自己的大夫公子驷。

◎ 六 年 ◎

【原文】

六年春，城邾瑕①。晋赵鞅帅师伐鲜虞。吴伐陈。

夏，齐国夏及高张来奔。叔还会吴于柤②。

秋七月庚寅，楚子轸卒。齐阳生入于齐。齐陈乞弑其君荼。

冬，仲孙何忌帅师伐邾。宋向巢帅师伐曹。

【注解】

①邾瑕：地名，在今山东济宁南。②柤：地名，在今江苏邳县北。

【译文】

六年春，在邾瑕筑城。晋国的赵鞅率军讨伐鲜虞。吴国攻伐陈国。

夏季，齐国的国夏及高张逃到鲁国。叔还在柤地会见吴人。

秋季七月庚寅日，楚君轸卒。齐国的阳生回到齐国。齐国的陈乞杀死自己的君主荼。

冬季，仲孙何忌率军攻伐邾国。宋国的向巢率军讨伐曹国。

◎十 年◎

【原文】

十年春，王二月，邾子益来奔。公会吴伐齐。三月戊戌，齐侯阳生卒。

夏，宋人伐郑。晋赵鞅帅师侵齐。五月，公至自伐齐。葬齐悼公。卫公孟彄自齐归于卫。薛伯夷卒。

秋，葬薛惠公。

冬，楚公子结帅师伐陈。吴救陈。

【译文】

十年春，周历二月，邾君益逃到鲁国。哀公会合吴国讨伐齐国。三月戊戌日，齐侯阳生卒。

夏季，宋人讨伐郑国。晋国赵鞅率军侵犯齐国。五月，哀公自伐齐前线回国。安葬齐悼公。卫国的公孟彄从齐国回到卫国。薛伯夷卒。

秋季，安葬薛惠公。

冬季，楚公子结率军攻伐陈国。吴国援救陈国。

◎十二年◎

【原文】

十有二年春，用田赋。

夏五月甲辰，孟子卒。公会吴于橐皋[①]。

秋，公会卫侯、宋皇瑗于郧[②]。宋向巢帅师伐郑。

冬十有二月，螽。

【注解】

①橐皋：地名，在今安徽巢县西。②郧：地名，在今山东莒县南。

【译文】

十二年春，实行田赋制度。

夏季五月甲辰日，孟子卒。哀公在橐皋与吴人会面。

秋季，哀公在郧地会见卫侯和宋国的皇瑗。宋国的向巢率军讨伐郑国。

冬季十二月，发生蝗灾。

◎十三年◎

【原文】

十有三年春，郑罕达帅师取宋师于嵒。

夏，许男成卒。公会晋侯及吴子于黄池①。楚公子申帅师伐陈。于越入吴。

秋，公至自会。晋魏曼多帅师侵卫。葬许元公。九月，螽。

冬十有一月，有星孛于东方②。盗杀陈夏区夫。十有二月，螽。

【注解】

①黄池：地名，在今河南封丘南。②孛：指彗星。

【译文】

十三年春，郑国的罕达率军在嵒地歼灭宋军。

夏季，许君成卒。哀公在黄池会见晋侯及吴子。楚国的公子申率军讨伐陈国。越军攻入吴国。

秋季，哀公从会盟地回国。晋国的魏曼多率军入侵卫国。安葬许元公。九月，发生蝗灾。

冬季十一月，有彗星在东方出现。强盗杀死陈国的夏区夫。十二月，发生蝗灾。

◎十四年◎

【原文】

十有四年春，西狩获麟①。小邾射以句绎来奔②。

夏四月，齐陈恒执其君，置于舒州③。庚戌，叔还卒。五月庚申，朔，日有食之。陈宗竖出奔楚。宋向魋入于曹以叛。莒子狂卒。六月，宋向魋自曹出奔卫。宋向巢来奔。齐人弑其君壬于舒州。

秋，晋赵鞅帅师伐卫。八月辛丑，仲孙何忌卒。

冬，陈宗竖自楚复入于陈，陈人杀之。陈辕买出奔楚。有星孛。饥。

【注解】

①麟：麒麟，传说中的一种瑞兽。②句绎：在今山东邹县东南。③舒州：在今河北大城。

【译文】

十四年春天，在西部狩猎，获得麒麟。小邾射带着句绎逃亡到鲁国。

夏天四月，齐国的陈恒拘留他的君主，安置在舒州。庚戌日，叔还卒。五月庚申朔日，有日食现象发生。陈国的宗竖逃亡到楚国。宋国的向魋进入曹而据以叛宋，莒君狂卒。六月，宋国的向魋从曹逃亡到卫国。宋国的向巢逃亡到鲁国。齐人在舒州杀掉了自己的国君壬。

秋天，晋国的赵鞅率师讨伐卫国。八月辛丑日，仲孙何忌卒。

冬天，陈国的宗竖从楚国再次回到陈，陈人把他杀了。陈国的辕买出逃到楚国。有彗星出现。发生饥荒。

第九卷

礼记

礼 记　我们中华民族有着五千年灿烂的文化传统，其文化核心之一就是"礼"，而"三礼"：《仪礼》《礼记》和《周礼》集中表述了"礼"的思想。

"三礼"是指《仪礼》《礼记》和《周礼》这三部儒家经典。

"礼"本来是指祭祀鬼神时的一种仪式，后来引申指社会上一切礼仪。

"礼"，就是身体力行，是一种脚踏实地的实践活动。

《礼记》是这样解释"礼"的："夫礼者，所以定亲疏，决嫌疑，别同异，明是非。"（《礼记·曲礼》）这是说"礼"可以区别人们不同的地位、作为是非的标准。也就是说，人在社会上要找到自己合适的坐标。《礼记》还说："礼节民心""礼者，天地之序也""中正无邪，礼之质也。庄敬恭顺，礼之制也。过制则乱，胜质则伪"。（《礼记·乐记》）"礼"是节，节就是掌握一定的度，凡事过了度肯定不好。"礼"既要防止破坏秩序的祸乱，也要防止流于形式的虚伪。人都是有欲望的，欲望的需求是没有止境的。人的欲望，是社会发展的动力，如果失去节制，也是巨大的破坏力量。

中华自古就是"礼仪之邦"。"礼"是中国古代传统文化的主题内容，也是中国古代儒家思想的核心价值观念。"礼"是中国古代社会生活的规范、制度和思想观念。

《礼记》

作者 戴圣

《礼记》是中国古代一部重要的典章制度书籍。该书编定是西汉礼学家戴德和他的侄子戴圣。戴德选编的八十五篇本叫《大戴礼记》，在后来的流传过程中若断若续，到唐代只剩下了三十九篇。戴圣选编的四十九篇本叫《小戴礼记》，即我们今天见到的《礼记》。这两种书各有侧重和特色。东汉末年，著名学者郑玄为《小戴礼记》作了出色的注解，后来这个本子盛行不衰，并由解说经文的著作逐渐成为经典，到唐代被列为"九经"之一，到宋代被列入"十三经"之中，为士者必读之书。

时代 西汉

《礼记》成书于汉宣帝时期。汉宣帝长期在民间生活，深知民间疾苦，他在位时期，勤俭治国，整肃吏治，政治清明，社会经济繁荣。为了巩固统治，宣帝进一步确定儒家地位，召集著名儒生在未央宫讲论五经，并组织学者进一步整理研究儒家著述。继汉武帝"罢黜百家，独尊儒术"之后，儒家学说在宣地时期得到了进一步的阐释和发扬。

内容 记述先秦礼仪制度

- **记录孔子和孔门弟子的言行及时事**
  - 《孔子闲居》《檀弓》《曾子问》等篇。

- **解释《仪礼》**
  - 《冠义》《婚义》《乡饮酒义》《射义》《聘义》《丧服四制》等篇。

- **格言名句**
  - 《曲礼》《少仪》《儒行》等篇。

- **记录古代制度礼节，并加以考辨**
  - 《王制》《曲礼》《玉藻》《明堂月令》《礼器》《郊特牲》《祭统》《祭法》《大传》《丧大记》《丧服大记》《奔丧》《问丧》《文王世子》《内则》《少仪》等篇。

- **通论礼仪和学术**
  - 《礼运》《经解》《乐记》《学记》《大学》《中庸》《坊记》《表记》《缁衣》等篇。

《礼记》

《周礼》

《周礼》，是一部记述国家王室制度的书，通过对300多种职官掌管的具体事物的记述，阐明了社会制度的思想。

《周礼》共6篇，每篇一官，配以天、地、春、夏、秋、冬四时，分述周代六官的职守。它的内容是：

（1）天官：冢宰，掌邦治。
（2）地官：司徒，掌邦教。
（3）春官：宗伯，掌邦礼。
（4）夏官：司马，掌邦政。
（5）秋官：司寇，掌邦刑。
（6）冬官：司空，掌邦事。

《周礼》

《周礼》的出现：汉武帝时民间的一位姓李的人，从山岩屋壁中发现了古《周礼》，呈现给了河间献王，全书只缺少《冬官》一篇，于是悬赏千金，向民间征求，没有得到，只好取《考工记》补进去。河间献王将这部《周礼》献给了汉武帝，藏于秘府。

《仪礼》

《仪礼》17篇，先秦儒家所传授的六经《诗》《书》《礼》《乐》《易》《春秋》中的《礼》就是指《仪礼》。

《仪礼》是有关祭天、祀祖、区分尊卑上下、维护社会等级制度的礼节和行为规范。《仪礼》的内容有冠、昏、丧、祭、乡、射、朝、聘八种，是记载古代宗教仪式和风俗习惯的礼仪之书，也是研究古代社会生活和文化的必读书。这在春秋以前，是"士"以上的贵族们必须学会的礼仪。

我们简单介绍一下《仪礼》的内容：

《士冠礼》第一：古时候，男子20岁就算成年人了，要加冠，加冠时要举行冠礼，这是成年礼，加冠命字。

《士昏礼》第二：士以上的贵族娶妻成婚的礼仪。昏（婚）礼有六项内容，所以也叫六礼：纳采、问名、纳吉、纳徵、请期、亲迎。

《士相见礼》第三：是士初次相见的礼仪。

《乡饮酒礼》第四：记载乡（古代基层行政组织）定期举行酒会的仪式。

《乡射礼》第五：记载乡（古代基层行政组织）定期举行射箭比赛大会的礼仪。

《燕礼》第六：讲述诸侯与其大臣举行的宴饮之礼。宴会上有歌舞表演。

《大射礼》第七：是讲君王主持射箭比赛的礼仪。

《聘礼》第八：这是国君派遣使节到其他诸侯国进行友好访问的礼节。

《公食大夫礼》第九：这是讲国君举行宴会招待外国使节的礼仪。

《觐礼》第十：记述诸侯朝见天子的礼节。

《丧服》第十一：讲的是古代人们根据亲疏关系为去世的亲属穿不同丧服、服不同丧期的礼仪制度。

《士丧礼》第十二、《既夕礼》第十三：这两篇讲的是士死后的丧葬过程和

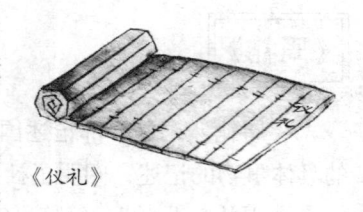

礼仪。

《士虞礼》第十四：讲述士埋葬父母后回家为父母举行的安魂礼仪。

《特牲馈食礼》第十五：士定期在家庙中以豕（猪）祭祖的礼仪。

《少老馈食礼》第十六、《有司彻》第十七：这两篇讲述诸侯的卿大夫定期在家庙中用少牢祭祖的礼仪（用羊和猪两牲为祭品称为"少牢"）

士丧礼

《礼记》

《礼记》49篇，共约90000字。内容主要是记述先秦的礼仪制度，阐释《仪礼》，记录孔子与弟子的言论等。

《礼记》流传到现在的有38篇《大戴记》和49篇《小戴记》，我们现

"三礼"及"大小戴记"比较

书名	周礼	仪礼	礼记	
			大戴记	小戴记
作者	相传为周公所作	古文家认为是周公，今文家认为是孔子	秦汉儒者（孔子弟子及其后辈）	
选编			戴德	戴圣
篇数	6篇	古文亡佚，今存17篇	85篇，今存40	49篇
内容	记述周代官制和社会规范	记载礼仪规范	解释仪礼，含哲理、政治，及礼乐器物、生活礼节	

在说的《礼记》就是《小戴记》。

《礼记》中的《礼运》篇讲述了大同社会的政治原理,康有为著的《大同书》其理论渊源就在这里。孙中山先生曾亲笔书写《礼运》篇,三民主义也从《礼记》中吸取了合理成分。我们现在讲的"小康社会",其概念也源于此。

《礼记》中的《学记》讲的是教育原理。《礼记》中的《大学》讲的是"修身、齐家、治国、平天下"一套完整的社会政治原理。《礼记》中的《中庸》讲的是宇宙观和人生哲学。《大学》《中庸》两篇被宋代的朱熹从《礼记》中抽出来,与《论语》《孟子》合编为"四书"。

中国的礼乐文化

孔子说:"绘事后素",画画要有素净的底子。一切的"礼",都是以真实、质朴为基础的。真挚的"礼"是对人的尊重。由于有了"礼",人们互相尊重,有尊重才可能有爱,大家才能和谐相处。

礼乐文化是古人将"礼教"与"乐教"并提而形成的教化体系,它们的本义,是以礼、乐为教,来教化民众。

远古时代,人与禽兽为伍,不知礼仪。《礼记·曲礼》中说,为了让人们懂得"自别于禽兽",有圣人起来"为礼以教人,使人以有礼"。"为礼以教人",就是创制了礼来教人。礼使人自觉地区别于"禽兽",走向了文明。而圣人的历史功绩正是在于"为礼"和"教人"。

上古圣王治理民众的方针,以及后世圣贤教化民众的方法,都可以最终归

礼,履也。所以事神致福也。(《说文解字》)

礼者,所以定国家、安社稷、存人民、利后嗣者也。(《左传》)

《礼》以节人,《乐》以发和。

纳为一个"礼"字。圣王治世的目标，是建立大同世界。圣贤教民，是要让百姓懂得礼、遵守礼。

司马迁在《史记·滑稽列传》里面引孔子的话说："六艺于治一也，《礼》以节人，《乐》以发和。"这句话高度概括了中国礼乐文化的性质和作用。《论语·学而》提出"礼之用，和为贵"的社会和谐思想，这在今天具有普世的价值。

孔子是周代礼乐文化的继承者和倡导者。

我们知道，周公制礼是以民众为治国重心的，他曾说："人无于水鉴，当于民鉴。"这种以为人鉴的思想（鉴就是镜子，用以检验自己的）对后世产生了深远的影响，唐太宗就注意以人为鉴开创了贞观盛世。周公制礼标志着中国在西周时代就有了"人本主义"思想，走出了神话时代。

礼乐教化的"乐"是指人的心声，表达的是人的感情。按照儒家的说法，自然界的各种声响（包括动物叫声）都是属于"声"，而人创造的乐曲则称为"音"，人能欣赏音乐，超越了天籁之声，这是人与动物的区别之一。《礼记·乐记》"禽兽知声而不知音"。而这些"音"当中能够提升人的道德，有益于人的身心健康，就称为"乐"，所以说"德音之谓乐"，这就是礼乐的"乐"。

礼乐文化的本质是尊重人，其教化作用是让社会和谐，让人快乐而有节制，有益于人的身心健康。

曲礼上第一

【原文】

曲礼曰：

毋不敬，俨若思，安定辞①。安民哉！

傲不可长，欲不可从，志不可满，乐不可极。

贤者狎而敬之，畏而爱之。爱而知其恶，憎而知其善。积而能散。安安而能迁②。临财毋苟得，临难毋苟免。很③，毋求胜；分，毋求多。疑事毋质，直而勿有。

若夫，坐如尸④，立如齐⑤，礼从宜，使从俗。

夫礼者，所以定亲疏，决嫌疑，别同异，明是非也。礼不妄说人，不辞费。礼不逾节，不侵侮，不好狎。修身践言，谓之善行。行修言道，礼之质也。礼闻取于人，不闻取人。礼闻来学，不闻往教。

道德仁义，非礼不成。教训正俗，非礼不备。分争辨讼，非礼不决。君臣、上下、父子、兄弟，非礼不定。宦学事师，非礼不亲。班朝治军⑥，莅官行法，非礼威严不行。祷祠、祭祀、供给鬼神，非礼不诚不庄。是以君子恭敬撙节⑦，退让以明礼。鹦鹉能言，不离飞鸟；猩猩能言，不离禽兽。今人而无礼，虽能言，不亦禽兽之心乎？夫唯禽兽无礼，故父子聚麀⑧。是故圣人作，为礼以教人，使人以有礼，知自别于禽兽。

大上贵德⑨，其次务施报⑩。礼尚往来：往而不来，非礼也；来而不往，亦非礼也。人有礼则安，无礼则危，故曰："礼者不可不学"也。夫礼者，自卑而尊人。虽负贩者，必有尊也，而况富贵乎？富贵而知好礼，则不骄不淫。贫贱而知好礼，则志不慑。

人生十年曰幼，学；二十曰弱，冠；三十曰壮，有室；四十曰强，而仕；五十曰艾，服官政；六十曰耆，指使；七十曰老，而传重⑪；八十、九十曰耄；七年曰悼。悼与耄虽有罪，不加刑焉。百年曰期，颐。

大夫七十而致事，若不得谢，则必赐之几杖；行役以妇人，适四方，乘安车。自称曰"老夫"，于其国则称名。越国而问焉，必告之以其制。

谋于长者，必操几杖以从之。长者问，不辞让而对，非礼也。

凡为人子之礼，冬温而夏凊，昏定而晨省。在丑夷不争⑫。

夫为人子者，三赐不及车马⑬，故州闾乡党称其孝也，兄弟亲戚称其慈也，僚友称其弟也，执友称其仁也，交游称其信也。见父之执⑭，不谓之进，不敢进；不谓之退，不敢退；不问，不敢对。此孝子之行也。

夫为人子者，出必告，反必面；所游必有常，所习必有业；恒言不称老。年长以倍，则父事之。十年以长，则兄事之。五年以长，则肩随之⑮。群居五人，则长者必异席。

为人子者，居不主奥⑯，坐不中席，行不中道，立不中门；食飨不为概⑰，祭祀不为尸；听于无声，视于无形；不登高，不临深；不苟訾，不苟笑。

孝子不服暗，不登危，惧辱亲也。父母存，不许友以死；不有私财。

为人子者，父母存，冠衣不纯素⑱。孤子当室⑲，冠衣不纯采。

幼子常视毋诳⑳，童子不衣裘裳。立必正方，不倾听。长者与之提携，则两手奉长者之手。负剑辟咡诏之㉑，则掩口而对。

从于先生，不越路而与人言。遭先生于道，趋而进，正立拱手。先生与之言，则对；不与之言，则趋而退。

从长者而上丘陵，则必乡长者所视。

登城不指。城上不呼。将适舍，求毋固。将上堂，声必扬。户外有二屦㉒，言闻则入，言不闻则不入。将入户，视必下。入户奉扃㉓，视瞻毋回。户开亦开，户阖亦阖。有后入者，阖而勿遂。毋践屦，毋踖席㉔，抠衣趋隅㉕。必慎唯诺。

大夫、士出入君门，由闑右㉖，不践阈㉗。

873

中华国学精粹
典藏珍本 / 全注全译四书五经

人一生中各个年龄阶段的称谓及如何从于长者

人七岁称为"悼"。

人长到十岁称为"幼"，开始学习。

二十岁称为"弱"，要举行冠礼。

三十岁称为"壮"，娶妻成家。

四十岁称为"强"，可以外出做官。

五十岁称为"艾"，可以独当一面处理政事。

六十岁称为"耆"，可以指导使唤他人。

七十岁称为"老"，应该传重于子孙了。

八十岁、九十岁的老人称为"耄"。

百岁老人称为"期",应当颐养天年了。

七十岁的老人可以自称为"老夫"。大夫七十岁就可以致仕退休了,如果不得辞官,(君王)应当赐给他几和杖。

后辈到长者那儿去商议事情,一定要附带几、杖随从他。长者问话,不先谦让就回答,是不符合礼的。随从长者登上丘陵,一定要朝长者所看的方向观望。

"耄"和"悼"即使犯有罪过,也不施加刑罚。

凡与客入者,每门让于客。客至于寝门,则主人请入为席,然后出迎客;客固辞,主人肃客而入;主人入门而右,客入门而左;主人就东阶,客就西阶,客若降等,则就主人之阶;主人固辞,然后客复就西阶。主人与客让登,主人先登;客从之。拾级聚足,连步以上。上于东阶,则先右足;上于西阶,则先左足。

帷薄之外不趋㉘,堂上不趋,执玉不趋。堂上接武㉙,堂下布武㉚。室中不翔㉛。并坐不横肱。授立不跪,授坐不立。

凡为长者粪之礼㉜,必加帚于箕上,以袂拘而退㉝。其尘不及长者,以箕自乡而扱之㉞。

奉席如桥衡㉟,请席何向,请衽何趾。席南向北向,以西方为上;东向西向,以南方为上。

若非饮食之客,则布席,席间函丈㊱。主人跪正席。客跪,抚席而辞。客彻重席,主人固辞。客践席,乃坐。主人不问,客不先举。将即

做儿子的礼仪

儿子应照顾好父母的日常生活起居，应使父母在冬天里感到温暖，在夏天里感到凉爽。

晚上替父母铺床安枕，早晨向他们请安问好。

做儿子的，虽官至三命但不敢接受君王的车马之赐。

见到父亲的挚友，不叫上前就不上前，不让退后便不退后，不问话就不敢随便答话。

外出必须告知父母。

回家必须当面禀告。出游必须有固定的地方。

全注全译四书五经 中华国学精粹 典藏珍本

学习必须有一定的专业。

起居饮食祭祀不居于主位。

要善于揣摩父母的心思，让父母心情愉悦。

孝子不潜伏于暗处，不登临危险之地，害怕（因出危险而）辱没父母的名声。

不随便嬉戏笑闹。父母在世，不可对朋友以死相许，也不积蓄私房钱。

做儿子的，父母在世，衣帽不镶白边；父母去世，孤子主持家事，衣帽不镶彩边。

席，容毋怍。两手抠衣，去齐尺㊲。衣毋拨，足毋蹶。

先生书策、琴瑟在前，坐而迁之，戒勿越。虚坐尽后，食坐尽前。坐必安，执尔颜。长者不及，毋儳言。正尔容，听必恭。毋剿说，毋雷同。必则古昔，称先王。侍坐于先生，先生问焉，终则对。请业则起，请益则起。父召，无"诺"。先生召，无"诺"。"唯"而起。侍坐于所尊，敬毋余席。见同等不起。烛至，起。食至，起。上客，起。烛不见跋㊳。尊客之前不叱狗。让食不唾。

侍坐于君子，君子欠伸、撰杖屦、视日蚤莫㊴，侍坐者请出矣。侍坐于君子，君子问更端，则起而对。侍坐于君子，若有告者曰"少间，愿有复也"，则左右屏而待。毋侧听，毋噭应㊵，毋淫视，毋怠荒。游毋倨，立毋跛，坐毋箕，寝毋伏。敛发毋髢㊶，冠毋免。劳毋袒，暑毋褰裳。

侍坐于长者，屦不上于堂，解屦不敢当阶。就屦，跪而举之，屏于侧。乡长者而屦，跪而迁屦，俯而纳屦。

离坐离立㊷，毋往参焉。离立者不出中间。男女不杂坐，不同椸枷㊸，不同巾栉，不亲授。嫂叔不通问，诸母不漱裳㊹。外言不入梱㊺，内言不出梱。

女子许嫁，缨。非有大故，不入其门。姑、姊、妹、女子子已嫁而反，兄弟弗与同席而坐，弗与同器而食。父子不同席。男女非有行媒，不相知名。非受币，不交不亲。故日月以告君，斋戒以告鬼神，为酒食以召乡党僚友，以厚其别也。取妻不取同姓，故买妾不知其姓，则卜之。寡妇之子，非有见焉，弗与为友。

贺取妻者曰："某子使某，闻子有客，使某羞㊻。"贫者不以货财为礼，老者不以筋力为礼。

名子者不以国，不以日月，不以隐疾，不以山川。

男女异长。男子二十，冠而字。父前子名，君前臣名。女子许嫁，笄而字㊼。

凡进食之礼：左肴右胾㊽；食居人之左，羹居人之右；脍炙处外，醢酱处内，葱渫处末㊾，酒浆处右；以脯修置者，左朐右末㊿。客若降等，执食兴辞；主人兴辞于客，然后客座。主人延客祭。祭食，祭所先

侍坐之礼

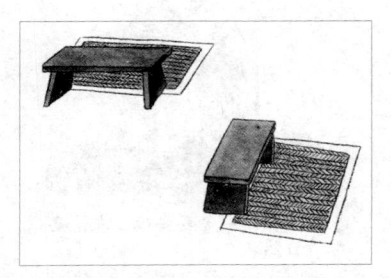

如果请来的不是饮酒吃饭的客人,为他布席时应当宽敞一些,席与席之间大约应有一丈间隔。

主人跪下为客人整理席位时,客人应当跪下用手按席表示辞谢。

客人要撤掉垫在上面的席子时,主人要再三请他不要撤去。

客人登席,主人才就坐。

主人不发问,客人不抢先说话。

将要入席时,脸色不要有变化,要用双手提起衣裳,使衣裳的下摆离地面一尺左右。

饮酒吃饭就尽量往前坐。

坐有坐相,一定要安稳,表情要保持自然。

父亲和老师召唤自己,一定要声应身从,马上站起立即行动。

向老师请教学业要起立,请老师重复一遍也要起立。

长者没有提及的话题,不要妄言。要端正你的仪容。

先生发问,要等他把话问完再回答。

如果在自己尊敬的人面前陪坐，要坐在席端距离他最近的地方，不使中间有空席。

侍坐于君子，要保持仪容端正，不要侧耳偷听，不要粗声大气地喊叫，不要左顾右盼，不要无精打采。

在君子身旁陪坐，如果君子打呵欠，伸懒腰，摆弄拐杖、鞋子，观看天色早晚，陪坐的人就应该请求告退了。

在长辈身旁陪坐，不能穿着鞋上堂，也不能在堂前台阶上脱鞋。穿鞋时，要跪着拿起鞋子，退避到一旁再穿。

见两个人坐在一起，或两个人站在一起，不要侧身插入他们中间。

男女不同坐一块儿。

男女成人、交媾之礼

给儿子取名,不用国名,不同日月之名,不用身体上的暗疾为名,不用山川为名。

男子到了二十岁,就要举行成人礼。

女子许嫁之后,才行成人礼,并为她取字。

女子一旦订婚,就要系上五色彩缨。除非有大的变故,就不要进她的屋门。

男女之间没有媒妁做媒,不互通姓名。没有接受男方的聘礼,双方不交际往来。

一旦选定了男女婚期,就要把吉日登记上报,并沐浴斋戒而后祭告家庙中的鬼神,然后大摆宴席遍请乡亲朋友。

进。肴之序，遍祭之。三饭，主人延客食胾，然后辩肴。主人未辩，客不虚口(51)。

侍食于长者，主人亲馈，则拜而食；主人不亲馈，则不拜而食。

共食不饱，共饭不泽手(52)。

毋抟饭。毋放饭。毋流歠(53)。毋咤食。毋啮骨。毋反鱼肉。毋投与狗骨。毋固获。毋扬饭。饭黍毋以箸。毋嚃羹(54)。毋絮羹(55)。毋刺齿。毋歠醢(56)。客絮羹，主人辞不能亨。客歠醢，主人辞以窭(57)。濡肉齿决，乾肉不齿决。毋嘬炙(58)。卒食，客自前跪，彻饭齐(59)，以授相者。主人兴辞于客，然后客坐。

侍饮于长者，酒进则起，拜受于尊所，长者辞，少者反席而饮。长者举未釂(60)，少者不敢饮。

长者赐，少者贱者不敢辞。赐果于君前，其有核者，怀其核。御食于君，君赐余，器之溉者不写(61)，其余皆写。

馂馀不祭(62)，父不祭子，夫不祭妻。

御同于长者，虽贰不辞。偶坐不辞。

羹之有菜者用梜(63)，其无菜者不用梜。

为天子削瓜者副之，巾以絺(64)。为国君者华之，巾以绤(65)。为大夫累之(66)，士疐之(67)，庶人龁之。

父母有疾，冠者不栉，行不翔，言不惰，琴瑟不御，食肉不至变味，饮酒不至变貌，笑不至矧(68)，怒不至詈。疾止复故。

有忧者，侧席而坐；有丧者，专席而坐。

水潦降，不献鱼鳖。献鸟者佛其首(69)，畜鸟者则勿佛也。献车马者执策绥。献甲者执胄，献杖者执末，献民虏者操右袂，献粟者执右契，献米者操量鼓，献孰食者操酱齐，献田宅者操书致。

凡遗人弓者：张弓尚筋，弛弓尚角；右手执箫，左手承弣(70)；尊卑垂帨(71)。若主人拜，则客还辟，辟拜。主人自受，由客之左，接下承弣，乡与客并。然后受。进剑者左首。进戈者前其镈(72)，后其刃。进矛戟者前其镦(73)。

进几杖者拂之。效马效羊者右牵之，效犬者左牵之。执禽者左首，

凡献弓给人的，张了弦的弓要使弓弦朝上。

凡作为国君使者出使的，一旦接受了命令就必须立即出发，不得带着君命在家过夜。

博闻强记而能够谦让，广多善事而不懈怠，可称之为君子。君子不要求别人无尽地喜欢自己，也不要求别人全力为自己尽忠，以使交情得以完美地保持下去。

饰羔雁者以缋。受珠玉者以掬。受弓剑者以袂。饮玉爵者弗挥。凡以弓、剑、苞、苴、箪、笥问人者，操以受命，如使之容。

凡为君使者，已受命，君言不宿于家。君言至，则主人出拜君言之辱；使者归，则必拜送于门外。若使人于君所，则必朝服而命之；使者反，则必下堂而受命。

博闻强识而让，敦善行而不怠，谓之君子。君子不尽人之欢，不竭人之忠，以全交也。

礼曰：君子抱孙不抱子。此言孙可以为王父尸，子不可以为父尸。为君尸者，大夫、士见之，则下之。君知所以为尸者，则自下之；尸必式⑭。乘必以几。

斋者不乐不吊。

居丧之礼：毁瘠不形，视听不衰，升降不由阼阶，出入不当门隧。

居丧之礼：头有创则沐，身有疡则浴；有疾则饮酒食肉，疾止复初。不胜丧，乃比于不慈不孝。五十不致毁，六十不毁，七十唯衰麻在身㊂，饮酒食肉处内。

生与来日，死与往日。

知生者吊。知死者伤。知生而不知死，吊而不伤。知死而不知生，伤而不吊。

吊丧弗能赙㊆，不问其所费。问疾弗能遗，不问其所欲。见人弗能馆，不问其所舍。赐人者不曰"来取"，与人者不问其所欲。

适墓不登垄，助葬必执绋㊇。临丧不笑。揖人必违其位。望柩不歌。入临不翔。当食不叹。邻有丧，舂不相；里有殡，不巷歌。适墓不歌，哭日不歌。送丧不由径，送葬不辟途潦。临丧则必有哀色，执绋不笑，临乐不叹，介胄则有不可犯之色。故君子戒慎，不失色于人。

国君抚式，大夫下之。大夫抚式，士下之。

礼不下庶人，刑不上大夫。刑人不在君侧。

兵车不式，武车绥旌，德车结旌。

史载笔，士载言。前有水，则载青旌。前有尘埃，则载鸣鸢。前有车骑，则载飞鸿。前有士师，则载虎皮。前有挚兽，则载貔貅。行，前朱鸟而后玄武，左青龙而右白虎；招摇在上㊈，急缮其怒㊉；进退有度，左右有局，各司其局。

父之仇，弗与共戴天。兄弟之仇，不反兵。交游之仇，不同国。

四郊多垒，此卿、大夫之辱也。地广大，荒而不治，此亦士之辱也。

临祭不惰。祭服敝则焚之，祭器敝则埋之，龟策敝则埋之，牲死则埋之。凡祭于公者，必自彻其俎。

卒哭乃讳㊋。礼不讳嫌

父之仇，弗与共戴天。

居丧之礼

守丧之礼：虽因哀伤而身体羸瘦，但不可形销骨立，也不可以损坏视力和听力。

上、下堂不走阼阶，进、出门不走正中的甬道。

头上长了疮才能洗头，身上发痒了才可洗澡。

活人（为死人的服丧期）从人死的第二天算起。

孝子禁不住哀伤而伤害了身体，就要等同于不慈不孝。

病了才能饮酒吃肉，病愈后还要恢复原样。

名，二名不遍讳。逮事父母，则讳王父母。不逮事父母，则不讳王父母。君所无私讳，大夫之所有公讳。《诗》《书》不讳。临文不讳。庙中不讳。夫人之讳，虽质君之前，臣不讳也。妇讳不出门。大功、小功不讳。入竟而问禁，入国而问俗，入门而问讳。

外事以刚日，内事以柔日。凡卜筮日，旬之外曰"远某日"，旬之内曰"近某日"。丧事先远日，吉事先近日。曰："为日，假尔泰龟有常[81]，假尔泰筮有常。"卜筮不过三。卜筮不相袭。

龟为卜，策为筮。卜筮者，先圣王之所以使民信时日，敬鬼神，畏法令也；所以使民决嫌疑，定犹与也。故曰："疑而筮之，则弗非也。日而行事，则必践之。"

君车将驾，则仆执策立于马前。已驾，仆展轸[82]。效驾，奋衣由右上，取贰绥；跪乘，执策分辔，驱之五步而立。君出就车，则仆并辔授，左右攘辟。车驱而驺，至于大门，君抚仆之手，而顾命车右就车[83]。门闾、沟渠必步。凡仆人之礼，必授人绥。若仆者降等，则受，不然则否。若仆者降等，则抚仆之手；不然，则自下拘之。

客车不入大门。妇人不立乘。犬马不上于堂。

故君子式黄发，下卿位，入国不驰，入里必式。

君命召，虽贱人，大夫、士必自御之。

介者不拜，为其拜而蓌拜[84]。

祥车旷左[85]。乘君之乘车，不敢旷左；左必式。

仆御妇人，则进左手，后右手。御国君，则进右手，后左手而俯。国君不乘奇车。

车上不广咳，不妄指。立视五巂[86]，式视马尾，顾不过毂。国中以策彗恤勿驱[87]，尘不出轨。

国君下齐牛，式宗庙。大夫、士下公门，式路马。乘路马，必朝服，载鞭策，不敢授绥，左必式。步路马，必中道。以足蹴路马刍[88]，有诛。齿路马，有诛。

卜筮之礼

在宗庙外举行典礼要选在单日,在宗庙内举行典礼要选在双日。

凡需要用卜筮决定举行典礼的日子,十天以外的称为"远某日",十天以内的称为"近某日"。

卜筮时要说"选择吉日,借助你这从无差错的大龟来占卜",或说"借助你这从无差错的大蓍草来占筮"。

卜、筮都不得超过三次。占卜、占筮也不可互相重复使用。

用龟甲叫占卜,用蓍草叫占筮。

有怀疑就问卜,问了卜就不会再犹豫不定;办事情择吉日,择定了日子就一定要履行。

乘驭之礼

国君的车将要套马出行，驾车的仆人要手持马鞭站在马前。

上车后，要跪在车上，手执马鞭，并将马缰绳分别握在两个手中。

君王出来乘车时，仆人要把马缰绳合握在一手，而用另一只手将绥递给君王。

左右群臣都要为君王避让，车前行时群臣要急步紧跟。

车行至大门口，君王要按住仆人的手示意停车，而回头命令车右上车。

当车驶过大门、里巷、沟渠等地方时，车右要下车步行。

客人的车不可直接驶进主人家的大门，妇女不站着乘车。

国君乘车，路遇高龄老人要行轼礼。

进入国都不驱驰，行过里巷要行轼礼，经过卿的朝位要下车步行。

【注解】

①定：指说话语气要确切。②安安：安于所习惯的环境或事物。③很：指争讼。④尸：用一活人扮作父祖的形象以代父祖受祭，此人即称为尸。⑤齐：通“斋”。⑥班：正位次。⑦撙（zǔn）：自我抑损。⑧麀（yōu）：母鹿，在此泛指雌兽。⑨大上：指帝皇之世，即传说中的三皇五帝时代。⑩其次：指后王。⑪传重：父亲把宗庙土的地位传给嫡长子，就叫传重。⑫丑夷：丑，众也；夷，侪也。指同辈、平辈。⑬三赐：指三命之赐。⑭父之执：父亲的朋友。⑮肩随：并行而差退。⑯奥：屋中西南角，尊长居住。⑰概：量米麦时刮平斗斛的器具。⑱纯（zhǔn）：古代衣裳、鞋帽的镶边。⑲孤子：二十九岁以下而无父称为孤子。⑳视：通“示”，示意。㉑负剑辟咡诏之：剑，挟小儿于胁下如带剑也。辟，倾也。咡（èr），口旁也。㉒屦（jù）：古代的一种单底鞋。㉓扃（jiǒng）：上门的横杠或门栓。㉔踖（jì）：践踏。㉕抠：提。㉖闑（niè）：古代大门正中所竖的短木。㉗阈（yù）：门槛。㉘帷薄：帷，指布幔。薄，指帘子。㉙接武：武，足迹。接武，指足迹相接。㉚布武：每移足，各自成迹，不相接连。㉛翔：指甩开手臂。㉜粪：除污秽。㉝拘：遮蔽。㉞扱：即收取垃圾。㉟桥衡：桥，措井上打水的桔槔衡，指桔槔上起杠杆作用的横本杆。㊱函丈：三席为一丈，广三尺三寸三分，谓函丈。㊲齐（zī）：衣裳的下边。㊳跋：本也，指火把的柄。㊴蚤莫：早暮。㊵噭：号呼三声。㊶髢（tì）：垂发。㊷离：两也。㊸椸（yí）枷（jiā）：椸，晾衣服的竹竿。枷，衣架。㊹诸母：父之诸妾有子者。㊺梱（kǔn）：门槛。㊻羞：进也。所进者，据郑玄《注》说，是一壶酒，十条干肉，无干肉就送一条狗。㊼笄：女子的成人礼。㊽胾（zì）：熟肉带骨切成大块叫肴，纯肉切块叫胾。㊾渫（xiè）：即渫，蒸葱。㊿朐（qú）：干肉中间弯曲就叫朐。(51)虚口：漱口。(52)泽手：揉搓手。吃饭用手，既与人共饭，手宜洁净，不得临食时揉搓手，使别人嫌恶。(53)歠（chuò）：饮。(54)嚃（tā）羹：羹不嚼菜，合而饮之。(55)絮：调也。(56)歠醢：醢即肉酱、歠醢是指像吃羹一样饮而食之。(57)窭

（jù）：贫，不足。㊽嚽：吞食。㊾齐：指酱、腌菜等。㉗醮（jiào）：即干杯。㉑写：泻，是说把食物从一个容器倒入另一个容器。㉒馂（jùn）：吃剩的食物。㉓梜：箸，筷子。㉔缔（chī）：细葛布。㉕绤（xī）：粗葛布。㉖累：通"裸"。㉗螮（dì）：通"蒂"。㉘矧（shěn）：齿。㉙佛其首：用小竹笼把鸟罩上。㉚弣（fǔ）：弓中部把手处。㉛帨：古人腰际的佩巾。㉜镈：戈柄末的金属套。㉝镦：矛戟柄末端的金属套。㉞式：通"轼"，是古代车箱前供人凭依的横木，人立于车凭轼俯身向人表示敬意也叫轼。㉟衰：通"缞"（cuī），古时丧服，用粗麻布制成。㊱赗（fù）：赠送财物给办丧事的人家。㊲绋：牵引灵车的大绳。㊳招摇：

礼，是用来规定人们之间的亲疏关系、决断事理上的疑问、分辨事物的异同、明确道理上的是非的。

依礼而言，不随便讨好人，不说多余的话。

依礼而行，不超越节度，不侵犯侮慢他人，不与人亲昵失敬。

加强自身修养，实践许下的诺言，便可称之为"善行"。

行为有修养，言谈合道理，就体现了礼的本质。

关于礼的学问，要到别人那儿取法学习。

指北斗第七星。㊉缱：坚定，坚持。㊊卒哭：祭名，指人死葬后的最后一次祭礼。㊋泰龟有常：泰龟，大龟。此指龟甲。有常：指其无差错。皆为尊称美辞。㊌轸：车阑，即车箱前面和左右两面横直交结的栏木。㊍车右：勇力之士，护卫君王，乘车则在右边。㊎蒌拜：蒌（cuò），蹲也，犹诈也。著铠甲而拜，形仪不足，似诈也。㊏祥车：死者生前所乘的车。㊐蒍（guī）：即规，车轮的周长。㊑策彗：即以彗策。彗，带叶的竹扫帚。恤勿：搔摩也。㊒蹙：通"蹴"，踢也。

【译文】

《曲礼》说：

（凡事）不要不严肃认真，（神情要）庄重若有所思，说话要态度安详、言辞确切。这样才能使人信服，使民众安定！

傲气不可滋长，欲望不可放纵，心志不可自满，享乐不可穷极。

对有德行的人要亲近而敬重，畏服而爱慕。（对）所爱的人要知道他的缺点，（对）所恨的人要知道他的优点。（财富）既能善于积聚，又能广泛布施；（处境）既能安于现状，又能适时变迁。面对财物，不随便获取；面临危难，不随便逃避。遇有争讼，不求胜过他人；分配财物，不求多于别人。事有疑问，不要臆断；自己正确，不要得理不让人。

如果坐着，就要像"尸"那样端庄矜持；如果站着，就要同斋戒那样恭恭敬敬。礼仪要遵从事理机宜，出使他国要顺从当地的风俗习惯。

礼，是用来规定人们之间的亲疏关系、决断事理上的疑问、分辨事物的异同、明确道理上的是非的。依礼而言，不随便讨好人，不说多余的话。依礼而行，不超越节度，不侵犯侮慢他人，不与人亲昵失敬。加强自身修养，实践许下的诺言，便可称之为"善行"。行为有修养，言谈合道理，就体现了礼的本质。关于礼的学问，只听说到别人那儿取法学习，没听说主动要求别人来学习；只听说前来投师学习，没听说主动前去教授。

没有礼，就不能成就仁义道德；没有礼，教训人民移风易俗就不能完备；没有礼，就不能决断分辨争讼的是非；没有礼，就不能确定君臣、上下、父子、兄弟的名分；外出游学拜师，没有礼，师生之间就不会亲密；排列朝班，整治军队，莅临官职，执行法令，没有礼，就失去了威严；临时的祭祀和定期的祭祀，供奉鬼神，没有礼，就失去了虔诚和庄重。因此，君子态度恭敬，凡事有节制，对人谦让，以此来体现礼。鹦鹉虽能学人言，终究不外是飞鸟；猩猩虽懂人语，到底还是禽兽。现在作为人而不知礼，虽然讲的是人话，其心也不过是禽兽。正因为禽兽没有礼，所以父子能共一雌兽。因此，圣人制定礼制，用以教化人民，使人民有了礼制而自知区别于禽兽。

上古时代，人们崇尚德，以德为贵；（后来则讲究施惠和报答）礼崇尚有来有往：只往而不来，不合乎礼；只来而不往，也不合乎礼。人人都有了礼，社会就能安定；人人都没有了礼，社会就会危机，因此说"礼，是不可以不学的"。礼的原则，要求自己谦卑而尊重他人，即使是身份低微的人，也有值得尊敬的（地方），何况是富贵的人呢？富贵而且懂得爱好礼义，就不会骄奢淫逸；贫贱却能懂得爱好礼义，便不会畏怯困惑。

人长到十岁称为"幼"，开始学习；二十岁称为"弱"，行冠礼；三十岁称为"壮"，娶妻成家；四十岁称为"强"，可以外出做官；五十岁称为"艾"，可以独当一面处理政事；六十岁称为"耆"，可以指导使唤他人；七十岁称为"老"，应该传重于子孙了；八十岁、九十岁称为"耄"；七岁称为"悼"。"耄"和"悼"即使犯有罪过，也不施加刑罚。百岁老人称为"期"，应当颐养天年了。

大夫七十岁就可以致仕退休了，如果不得辞官，（君王）应当赐给他几和杖,外出办事要派妇人服侍,出使四方,要让他乘坐安车。七十岁的人可以自称"老夫",但在本国朝廷上仍需自称名字。别国来问国政,一定要能把本国的制度告诉人家。

到长者那儿去商议事情,一定要附带几、杖随从他。长者问话,不先谦让就回答,是不符合礼的。

凡做儿子的礼仪,应使父母在冬天里感到温暖,在夏天里感到凉爽;晚上替父母铺床安枕,早晨向他们请安问好。与同辈人相处,不发生争吵。

做儿子的,虽官至三命但不敢接受君王的车马之赐,因此地方上的人称他孝顺,兄弟亲戚称他慈爱,同事友好称他敬重兄长,朋友称他仁爱,同他有交往的人称他诚实。见到父亲的挚友,不叫上前就不上前,不让退后便不退后,不问话就不敢随便答话:这些都是孝子的品行。

做儿子的,外出必须告知父母,回家必须当面禀告;出游必须有固定的地方,学习必须有一定的专业;平时说话不自称"老"。年长自己一倍的人,以父辈之礼对待;年长自己十岁的人,以兄长之礼对待;年长自己五岁的人以同辈之礼对待,但一块儿行走应略退后。五个人同在一起,就必须为年长者另设专席。

做儿子的,起居不占家长的尊位,不坐当中的席位,不走中间的道路,不站在门的中央,在为招待宾客或祭祀而设的食礼和飨礼中不居于主位,祭祀时不敢充当"尸",(要善于揣摩父母的心思)虽然没有听到父母的声音也能知道他们要指使自己了。不攀登险峻的高处,不临近危险的深渊;不随便诋毁他人,不随便嬉戏笑闹。

孝子不潜伏于暗处,不登临危险之地,害怕(因出危险而)辱没父母的名声。父母在世,不可对朋友以死相许,也不积蓄私房钱。

做儿子的,父母在世,衣帽不镶白边;父母去世,孤子主持家事,衣帽不镶彩边。

平时要用正确的道理教育幼儿,绝不能欺骗他。儿童不宜穿皮裘和裙子,站立一定要端正,不要歪着头听长者说话。长辈搀扶儿童,儿童要双手握住长辈的手。长辈背负儿童或挟着儿童时,俯身在儿童耳旁说话,儿童要用手掩口再回答长者的话。

随从先生行路，不越过道路到另一边去同别人说话。在路上遇见先生，应当快步前迎，站立端正向老师拱手致敬。先生同自己讲话，就应当回话；如不讲话，则应快步退下。

随从长者登上丘陵，一定要朝长者所看的方向观望。

登城不要用手乱指划，在城上不要乱呼乱叫。外出宿于旅舍，要求不能像在家一样。将要走进堂屋，应当高声说话（使屋内人听到）。如果门外有两双鞋，能听见室内的说话声，就可以进去；否则不要进去。将进入室内时，眼睛一定要向下看；进屋之后，双手要像捧着门闩一样，眼睛不要东张西望。进门之前门是开着的，进屋之后就仍然让它开着；进门之前门是关着的，进屋之后就应随手把门关上。如果身后还有人要进来，就不要把门立即关上。不要踩别人的鞋子，不要越过席次去就坐，应当提起衣脚走到席位下角入座。谈话时一定要谨慎。

大夫、士出入国君的朝门，要走门橛的右边，不要踩踏门槛。

凡主人与客人一起进门，每到一个门前主人都要请客人先进。但客人来至寝室门口时，主人要自己先进去，为客人铺好坐席之后再迎客入室。如果客人谦逊，一再请主人先行，则主人要在前引导客人入内。主人进门后走右边，客人则走左边。主人来到东阶前，客人来到西阶前。客人地位如果低于主人，就要跟随主人走向东阶，主人一再推辞，然后客人再回到西阶。主人与客人又谦让着上台阶，然后主人先登，客人随之而登。登阶时主宾一级一级踩着走，上一级一并足，步步相继而上。上东阶，先抬右脚；上西阶，先抬左脚。

在帷幔和帘子外面不快步行走，在堂上不快步行走，端着玉器不快步行走。在堂上要小步行走，在堂下可大步流星。在室内，不要甩着膀子行走。和别人一块儿坐着，不要横着胳膊。把东西交给站立的人，不用下跪；把东西交给坐着的人，不要站着。

凡为长辈清扫席前垃圾之礼，必须将扫帚放在簸箕上双手捧着前去，然后用一手的衣袖遮住扫帚且扫且退。（这样，可）避免灰尘飞扬到长者身上，（扫完之后）要将簸箕口朝自己一方扫入拉圾。

为长者捧席，要像桔槔上的横木一样左高右低。布设坐席时要请问长者面朝哪个方向，布设卧席时要请问长者脚朝哪个方向。席面如若是南北方向，则以西方为上；如若是东西方向，则以南方为上。

如果请来的不是饮酒吃饭的客人，为他布席时应当宽敞一些，席与席之间大约应有一丈间隔。主人跪下为客人整理席位时，客人应当跪下用手按席表示辞谢。客人要撤掉垫在上面的席子时，主人要再三请他不要撤去。客人登席，主人才就坐。主人不发问，客人不抢先说话。将要入席时，脸色不要有变化，要用双手提起衣裳，使衣裳的下摆离地面一尺左右。衣裳不要摆动，脚步不能急促。

老师的书策琴瑟放在前面，（做弟子的）应当跪着绕过去，千万不能从上边跨过去。不饮酒吃饭时应尽量往后坐，饮酒吃饭就尽量往前坐。坐有坐相，一定要安稳，表情要保持自然。长者没有提及的话题，不要妄言。要端正你的仪容，洗耳恭听。不要抄袭他人的学说，也不要同别人雷同，要依据古代的道理，称引先贤的遗训。在老师那儿侍奉陪坐，先生发问，要等他把话问完再回答。向老师请教学业要起立，请老师重复一遍也要起立。父亲和老师召唤自己，不要只应声而不行动，一定要声应身从，马上站起立即行动。在自己尊敬的人面前陪坐，要坐在席端距他最近的地方，不使中间有空席。看到同辈的人不用起立。（天黑后）有人送来火把，要起立。（吃饭时）有人送来饭菜要起立。尊贵的客人来了要起立。火把不要等烧到根部再换掉。在贵客面前不要喝叱狗。在谦让食物时不要吐口水。

在君子身旁陪坐，如果君子打呵欠，伸懒腰，摆弄拐杖、鞋子，观看天色早晚，陪坐的人就应该请求告退了。在君子身旁陪坐，如果君子转换话题询问另外一件事，就要起立回答。在君子身旁陪坐，如果有人进来禀告君子说："等您稍有闲暇，有事想向您汇报。"陪坐者就应该退避到一旁等候。不要侧耳偷听，不要粗声大气地喊叫，不要左顾右盼，不要无精打采。走路不要大摇大摆，站立不要左偏右斜，坐着不要两腿分开，睡觉不要趴伏着身子，头发要收拢好不要下垂。帽子不要随便脱下，劳作时不要袒脚露臂，炎热时不要撩起衣裙。

在长辈身旁陪坐，不能穿着鞋上堂，也不能在堂前台阶上脱鞋。穿鞋时，要跪着拿起鞋子，退避到一旁再穿。如果面朝长辈穿鞋，要先跪下把鞋拿近，再俯身穿上鞋子。

见两个人坐在一起，或两个人站在一起，不要侧身插入他们中间。两人并排站在一起，不要从他们中间穿过。男女不同坐一块儿，不共用一根竹竿或一个衣架晾晒衣服，不共用面巾和梳子、篦子，不亲手递给对方东西。叔嫂之间不通问候。不让庶母洗涤衣裳。男人在外面的公务不说给家中妇女听，妇女闺门内的琐事也不要用来聒噪男人。

女子一旦订婚，就要系上五色彩缨。除非有大的变故，就不要进她的屋门。姑、姊妹以及自己的女儿，已经出嫁又回到家里来的，兄弟们不和她同席而坐，也不与她们共用餐具。父子也不同席而坐。

男女之间没有媒妁做媒，不互通姓名。没有接受男方的聘礼，双方不交际往来。因此，一旦选定了男女的婚期，就要把吉日登记上报，并沐浴斋戒而后祭告家庙中的鬼神，然后大摆宴席遍请乡亲朋友，以此来显示慎重男女之间的区别。娶妻不娶同姓的女子，因此买妾时如果不知道她的姓氏，就要用占卜断定吉凶。寡妇的儿子，如果不是才能突出，不要同他结为朋友。

向娶妻的人祝贺，应当说："某子派某前来，听说您宴请宾客，特意送来一份礼物。"如果家境贫寒，就不必送财物；如果年高体弱，就不必劳动身体亲身前来。

给儿子取名，不用国名，不同日月之名，不用身体上的暗疾为名，不用山川为名。

男女分别按长幼排序。男子到了二十岁，就要举行成人礼仪，并为他取字，但儿子在父亲面前仍然称名（不称字），臣子在君王面前也称名（不称字）。女子许嫁之后，才行成人礼，并为她取字。

凡向客人行进食之礼，要把带骨头的肉块陈放在左边，把纯肉块陈放在右边。饭食放在客人的左边，羹汤放在客人的右边。细切的烤肉放在外侧，醋和酱放在里侧，蒸葱放在末端，酒浆放在后边。如果再放脯脩，就要把形状弯曲的放在左边；形状挺直的放在右边。宾客如果地位低于主人，就要端着饭食站起来，（对主人陪食）加以推辞，（并表示要下堂去用饭。）主人要站起来说请他安坐饮食一类的话，然后客人才重新在堂上就坐。主人引导客人行食前祭礼。祭食物，应从先进上的开始，然后依次遍祭各种食物。客人吃过三口饭后，主人要引导客人吃大块的切肉，然后请客人依次遍吃各种食物。主人还没有吃遍各种食物之前，客人不饮酒以洁口。

陪长辈吃饭，如果长辈亲自向自己盘中夹送食物，就要行拜礼然后再吃；如果长辈不亲自为自己夹菜，就不必行拜礼。

与人在同一个食器内吃饭，不要求吃饱；与人同在一个食器内吃饭不要揉搓手。

不要用手搓饭团吃，不要将剩饭再放回食器中，不要在喝汤时狼吞虎咽，不要在吃饭时喷喷作声。不要啃骨头，不要把吃过的鱼肉再放回食器内，也不要把骨头喂狗。不要单挑自己喜欢的菜吃，不要为使饭凉的快些而簸扬，吃黍米饭不要用筷子（而要用手）；不要不嚼汤中的菜而囫囵吞咽，不要给自己的羹汤添加调料。吃饭时不要剔牙。不要像喝汤一样喝调料。如果客人往自己的汤里加调料，主人要道歉，说"家人不善于烹煮羹饭"。客人有饮调料的，主人也要道歉，说"家贫以致食物不足"。温软的肉可以直接用牙齿咬开吃，干肉用牙咬不开（而要用手撕开再吃）。不要大口吞食烤肉。吃完后，客人要起身前跪，帮助主人收拾饭桌，将吃剩的饭菜交给佣人。主人则要站起来，请客人不必动手，然后客人再重新入座。

陪长辈吃饭，如果长辈向晚辈递酒，晚辈应站起来走到陈放酒樽的地方向长辈行拜礼，然后再接酒；如果长辈说不必客气，晚辈即可返回自己席上饮酒。但长辈没有饮干杯中酒，晚辈就不敢饮酒。

长辈有赏赐，晚辈和地位卑下者不必推辞。如果君王当面赐给臣下水果，水果有核，则臣下应当把果核揣进怀里（不能随便丢弃）。侍候国君吃饭，国君将吃剩下的饭菜赐给侍者，如果食物是盛在可以洗涤的容器内，就不必倒在别的器皿中再吃；如果食物是盛在不可洗涤的容器内，就应当倒在可以洗涤的器具中再吃。

吃别人剩下的饭菜可以不举行食前祭祀，父亲吃儿子进的馔可以不祭，丈夫吃妻子进的馔也可以不祭。

陪侍长辈吃饭，即使主人献上双份食物，也不能推辞（因为自己是侍者，食物非为自己专设）。如果同辈两人并坐为客，（主人献上双份饭菜）自己

宾客如果地位低于主人，就要端着饭食站起来，对主人陪食加以推辞。

客人吃过三口饭后，主人要引导客人吃大块的切肉，然后请客人依次遍吃各种食物。

陪长辈吃饭，如果长辈向晚辈递酒，晚辈应站起来走到陈放酒樽的地方向长辈行拜礼，然后再接酒。

也不须推辞（因为主人的意思未必是专为自己所设）。

羹汤中有菜就用筷子，没有菜就不用筷子。

为天子削瓜，应当把瓜顺切成四瓣然后横切开来，用细葛布覆好送上；为国君削瓜，应当把瓜切成两瓣然后横切开来，再用粗葛布覆好送上；为大夫削瓜，应当把瓜切成两半再横切开来，不用覆盖就可送上；士（自己动手削瓜，然后）去掉瓜蒂即可食用；庶人（只把瓜蒂去掉）就咬着吃。

父母有病，已经成人的儿子顾不上梳理头发，走路顾不上注意姿势，说话顾不上注意辞藻，不弹奏琴瑟。吃肉少到不至改变食物的滋味，饮酒少到不至脸红，笑不露齿，怒不骂人。父母病体痊愈之后，再恢复到原来的样子。

遭遇忧患的人，自己独席而坐；遇有丧事的人，只坐单席。

雨水多降的季节，不向人献鱼鳖（因为不足珍异）。献野鸟时要用小笼罩住（防止它啄人）。驯服的鸟就不用罩住了。献车马的，要手执马鞭和登车绳献上。献铠甲的，要拿头盔献上。献手杖的，要拿住手杖的末端。献俘虏的，要抓住俘虏的右手。献粟的，要拿符契的右半边献上。献米粮的，要拿量鼓献上。献熟食的，要将调料献上。献田宅的，要将房地契献上。

凡献弓给人的，张了弦的弓要使弓弦朝上，未张弦的弓要使弓背朝上，右手拿着弓的末端，左手托着弓背的中部。不分贵贱，授受双方都要互相鞠躬致意。如果主人行拜受礼，客人就要退后避让主人的拜谢。主人亲自接受所赠的弓，要由客人的左边，从客人手的下边托着弓背中央，与客人同向并排站立，然后接过弓来。进献宝剑的，要把剑柄朝左递给主人。进献戈的，要将戈把朝前，戈刃朝后。进献矛戟的，也要把柄递给人家。

进献几、杖的，要擦抹干净。送马送羊的，要用右手牵着。送狗的可以用左手牵着。拿禽鸟送人的要使鸟头向左，拿羔羊、大雁送人的，要系上彩色的装饰。接受别人赠送珠玉的人要用双手捧着。接受弓剑的人要用衣袖承接。用玉杯饮酒的人不可挥动酒杯。凡用弓、剑，或用苞、苴、革、笥等容器盛物送人的，（送东西的人）应先拿着这些东西接受主人的吩咐，就好像使者奉命出使一样。

凡作为国君使者出使的，一旦接受了命令就必须立即出发，不得带着君命在家过夜。国君有命令传到，主人就要出门拜迎君命；使者回去的时候，主人要到大门外拜送。如果臣下派使者到

献野鸟时要用小笼罩住（防止它啄人）。

献车马的，要手执马鞭和登车绳献上。

国君那里请示君命，则一定要穿上朝服命令使者。使者返回后，一定要下堂接受使者带回的君命。

博闻强记而能够谦让，广行善事而不懈怠，可称之为君子。君子不要求别人无尽地喜欢自己，也不要求别人全力为自己尽忠，以使交情得以完美地保持下去。

《礼》书上说；"君子抱孙不抱子。意思是说孙子可以充当祭祀祖父的尸，儿子却不可以充当祭祀父亲的尸。为已故君王充当尸为人，大夫、士见了都要下马致敬。国君知道了为先君充当尸的人，也要亲自下车（向他致意）。而充当尸的人也应当凭轼还礼。尸乘车时一定要用几垫脚。

斋戒的人，不听音乐，也不凭吊死者。

守丧之礼：虽因哀伤而身体羸瘦，但不可形销骨立，也不可损坏视力和听力；上、下堂不走阼阶，进、出门不走正中的甬道。守丧之礼：头上长了疮才能洗头，身上发痒了才可洗澡，生病了才能饮酒吃肉，病愈后还要恢复原样。假如孝子禁不住哀伤而伤害了身体，就要等同于不慈不孝。五十岁守丧不可因悲痛而毁坏身体，六十岁守丧不可影响健康，七十岁守丧只需身穿丧服，可以饮酒吃肉，住在室内。

活人（为死人的服丧期）从人死的第二天算起，死者的（殓殡期）从人死的当天算起。

与死者的亲属相识的要向他们致慰问辞，与死者相识的要向死者致悼辞。只与亲属相识而不认识死者的，仅致慰问辞而无须致悼辞；只与死者相识而不认识其家属的，仅致悼辞而不必致慰问辞。

吊丧而不能拿出钱物来助人办丧事，就不要询问丧家的花费。慰问病人而不能馈赠钱物，就不要问病人需要什么。见到客人而不能招待住宿，就不要问他住在什么地方。赠人礼物不要让人家来取，送东西给人也不要问人家想要什么。

走进墓地不要登上坟冢，为人送葬一定要牵引灵车。参加丧礼不可嬉笑。对人作揖要离开原位。看到灵柩不要唱歌。参加丧礼不张臂走路。面对饭食不唉声叹气。邻居家有丧事，不唱歌助舂。同里有丧，不在巷中唱歌。进入墓地不要唱歌。参加吊唁的日子也不要唱歌。护送灵车不贪走捷

慰问病人而不能馈赠钱物,就不要问病人需要什么。

凡作为国君使者出使的,一旦接受了命令就必须立即出发。

径,也不躲避泥途和雨水。参加丧礼脸上要有哀伤的表情,牵引灵车不能嬉笑,参加欢乐的场合不唉声叹气,穿上盔甲就要有不可侵犯的威严。因此,君子要小心谨慎,不能在人前失态。

国君手抚车轼表示敬意的时候,大夫就应该下车。大夫手抚车轼表示敬意的时候,士就应该下车。

(礼不为庶人而制,故)不适用于庶人;(刑不为大夫面制,故)不施用于大夫受过刑的人不能在国君身边(听用)。

乘坐兵车的人不行轼礼,武车上旌旗要任其舒展,德车上的旗帜应缠结垂敛。

记录王事的史官要携带书写工具,管理外交的士人要携带盟会的文辞。队伍前进的时候,如果遇到河流,就树起饰有青雀的旗帜;如果前面有风吹起的尘埃,就树起饰有鸣鸢的旗帜;如果前边有车马,就树起饰有鸿雁的旗帜;如果前面有军队,就挂起虎皮;如果前面有猛兽,就树起饰有貔貅的旗帜。军队布阵的法则:前为朱鸟阵,后为玄武阵,左边青龙阵,右边白虎阵。中军用画有北斗七星的军旗,高举在上,以激励战士的士气,前进、后退都有节度,向左、向右各有布局。将帅各司其职。

对于杀父的仇人,和他不共戴天。对于兄弟的仇人,随时携带兵刃(见了就杀掉)。对于朋友的仇人,不和他同住一国。

四面边境多筑壁垒,这是卿大夫的耻辱。广袤的土地,荒废而得不到开垦。这是士的耻辱。

参加祭祀不可怠慢。祭服破了，就得烧掉；祭器坏了，就得埋掉；占卜用的龟策坏了，祭祀用的牲畜死了，全部都要埋掉。凡到国君的宗庙去助祭的士，祭祀结束后必须亲自动手撤走祭品。

卒哭祭之后才开始避讳死者的名字。按照礼的规定，不避讳名字的同音字，两个字的名字不必同时邦避讳（只讳其中一个字即可）。侍奉父母的人，要避讳祖父母的名字；自幼丧失了父母的人，则可以不避讳祖父母的名字。在国君面前可以不避自己的家讳，但在大夫面前要避君讳。读《诗》《书》时可以不避讳，写文章可以不避讳，在庙中读祝告辞可以不避讳。国君夫人的家讳，即使当着国君的面，臣也可以不避讳，这是因为妇人的家讳不出家门。大功、小功的亲戚不避讳。来到一个新的地方要打听当地的禁忌，进入其他的国境要了解该国的习俗，到了别人家里要询问这家的避讳。

在宗庙外举行典礼要选在单日，在宗庙内举行典礼要选在双日。凡需要用卜筮决定举行典礼的日子，十天以外的称为"远某日"，十天以内的称为"近某日"。丧事先卜远日，吉事先卜近日。卜筮时要说"选择吉日，借助你这从无差错的大龟来占卜"，或说"借助你这从无差错的大蓍草来占筮"。卜、筮都不得超过三次。占卜、占筮也不可互相重复使用。

用龟甲叫做占卜，用蓍草叫占筮。占卜与占筮，是先代圣王用来使人民择定办事的吉日，敬重祭祀的鬼神，畏惧国家法律的；是用来使人民决断嫌疑，走出犹豫的。所以说"有怀疑就问卜，问了卜就不会再犹豫不定；办事情择吉日，择定了日子就一定要履行"。

国君的车将要套马出行，驾车的仆人要手持马鞭站在马前。马车套好后，驾车的仆人要察看一下车轴两端的辖头，试一下车马套是否牢固。然后，拂干净衣服上的灰尘，从车的右边上车，登车时要抓住副绥。上车后，要跪在车上，手执马鞭，并将马缰绳分别握在两个手中，然后驱马行车。试行五步后，再由跪乘变为立乘（以待君王上车）。君王出来乘车时，仆人要把马缰绳合握在一个手里，而用另一只手将绥递给君王。左右群臣都要为君王避让，车前行时群臣要急步紧跟。车行至大门口，君王要按住仆人的手示意停车,而回头命令车右上车。当车驶过大门、里巷、沟渠等地方时,车右要下车步行,(以保护君王的安全。)凡驾车的仆人之礼,一定要把绥递给乘车的人。如果驾车的人身份比乘车人低,乘车人就接过他递来的绥;如果驾车人身份比乘车人高,乘车人就不敢接受。如果驾车人身份比乘车人低,乘车人要先按住他的手(以示不必客气,然后再接绥);如果驾车人不比乘车人身份低,乘车人就要从驾车人的手下边取过绥来。

客人的车不可直接驶进主人家的大门,妇女不站着乘车。向人赠送犬马不能牵上堂来。

因此,国君乘车,路遇高龄老人要行轼礼,经过卿的朝位要下车步行,进入国都不驱驰,行过里巷要行轼礼。

国君命令召见臣下,即使国君的使者地位卑下,大夫、士也必须亲自迎接。

身穿铠甲的人不下拜。(因为铠甲沉重,行动不便,致使穿铠甲行礼不到位)所以,穿铠甲下跪会使人觉得不诚实。

载魂的祥车要守着左边(以象征死者之神乘坐)。乘国君的车却不敢空着左边,但臣子乘在左边一定要俯身凭轼。

仆人为妇女驾车,要使左手在前执辔,右手置身后。(略示侧身背向妇女,以避嫌疑,因为仆人居中驾车,妇女居左。)为国君驾车,就要右手在前执辔,左手置于身后,并微俯身躯以示恭敬。国君不乘奇邪不正的车。

乘车时不大声咳嗽,不胡乱指划。立乘在车上只能向前看相当于车轮五周的距离,行轼礼时要看着马尾,回头看时目光不超过车毂。在都城中,要用竹子轻轻赶马,以便扬起的灰尘不飞出车辙之外。

国君乘车,经过宗庙要下车,看到祭牛要行轼礼。大夫、士乘车,经过国君门口要下车,看到国君的车马要行轼礼。臣子乘国君的车马,一定要穿上朝服,将马鞭载在车上(而不敢使用),而且不敢让驾车人向自己授绥,站在车左边的位子上一定要凭轼俯身。牵着国君的马行走时,一定要走在路的中间。用脚践踏了君马吃的饲料要受到处罚,估算君马的年龄也要受到处罚。

曲礼下第二

【原文】

凡奉者当心，提者当带。

执天子之器，则上衡①；国君，则平衡；大夫，则绥之②；士，则提之。

凡执主器，执轻如不克。执主器，操币圭璧，则尚左手③；行不举足，车轮曳踵；立则磬折垂佩④。主佩倚，则臣佩垂；主佩垂，则臣佩委。执玉，其有藉者则裼，无藉者则袭。

国君不名卿老、世妇⑤。大夫不名世臣、侄娣⑥。士不名家相、长妾⑦。

君大夫之子，不敢自称曰"余小子"⑧。大夫、士之子，不敢自称曰"嗣子某"⑨，不敢与世子同名⑩。

君使士射，不能，则辞以疾，言曰："某有负薪之忧⑪。"

侍于君子，不顾望而对，非礼也。

君子行礼，不求变俗。祭祀之礼，居丧之服，哭泣之位，皆如其国之故，谨修其法而审行之⑫。

去国三世，爵禄有列于朝，出入有诏于国，若兄弟宗族犹存，则反告于宗后⑬。

去国三世，爵禄无列于朝，出入无诏于国，唯兴之日⑭，从新国之法。

君子已孤不更名；已孤暴贵⑮，不为父作谥。

居丧未葬，读丧礼。既葬，读祭礼。丧复常，读乐章。居丧不言乐，

凡执主器，执轻如不克。

祭事不言凶，公庭不言妇女。

振书、端书于君前⑯，有诛。倒策、侧龟于君前，有诛。

龟策、几杖、席盖、重素、袗绤绤⑰，不入公门。苞屦、扱衽⑱、厌冠⑲，不入公门。书方、衰、凶器⑳，不以告，不入公门。

公事不私议。

君子将营宫室，宗庙为先，厩库为次，居室为后。凡家造，祭器为先，牺赋为次㉑，养器为后。

无田禄者，不设祭器。有田禄者，先为祭服。君子虽贫，不粥祭器㉒；虽寒，不衣祭服；为宫室，不斩于丘木。

大夫、士去国，祭器不逾竟。大夫寓祭器于大夫㉓，士寓祭器于士。

大夫、士去国，逾竟，为坛位，乡国而哭；素衣、素裳、素冠；彻缘㉔，鞮屦㉕，素簚㉖；乘髦马，不蚤鬋㉗，不祭食；不说人以"无罪"；妇人不当御，三月而复服。

侍于君子，不顾望而对，非礼也。

公事不私议。

大夫、士见于国君，君若劳之，则还辟，再拜稽首㉘；君若迎拜，则还辟，不敢答拜。

大夫、士相见；虽贵贱不敌，主人敬客，则先拜客；客敬主人，则先拜主人。凡非吊丧，非见国君，无不答拜者。

大夫见于国君，国君拜其辱㉙。士见于大夫，大夫拜其辱。同国始相见，主人拜其辱。君于士，不答拜也；非其臣，则答拜之。大夫于其臣，虽贱，必答拜之。

男女相答拜也。

国君春田不围泽㉚，大夫不掩群，士不取麛卵㉛。

岁凶，年谷不登，君膳不祭肺㉜，马不食谷，驰道不除，祭事不县㉝；大夫不食粱，士饮酒不乐。

君无故玉不去身，大夫无故不彻悬，士无故不彻琴瑟。

士有献于国君，他日君问之曰："安取彼？"再拜稽首而后对。

大夫私行，出疆必请，反必有献。士私行，出疆必请，反必告。君劳之，则拜；问其行，拜而后对。

国君去其国㉞，止之曰："奈何去社稷也？"大夫㉟，曰："奈何去宗庙也？"士，曰："奈何去坟墓也？"

国君死社稷，大夫死众㊱，士死制。

君天下，曰"天子"。朝诸侯，分职授政任功，曰"予一人"。践阼㊲，临祭祀，内事曰"孝王某"，外事曰"嗣王某"。临诸侯，畛于鬼神㊳，曰"有天王某甫"。崩，曰"天王崩"。复，曰"天子复矣"。告丧，曰"天王登假"。措之庙，立之主，曰"帝"。天子未除丧，曰"予小子"。生名之，死亦名之。

天子有后，有夫人，有世妇，有嫔，有妻，有妾。

天子建天官，先六大㊴，曰大宰、大宗、大史、大祝、大士、大卜，典司六典。天子之五官，曰司徒、司马、司空、司士、司寇，典司五众。天子之六府，曰司土、司木、司水、司草、司器、司货，典司六职。天子

天子 　　　　诸侯 　　　　大夫 　　　　庶人

天子之六工

土工　　金工　　石工　　木工

之六工,曰土工、金工、石工、木工、兽工、草工,典制六材。

五官致贡曰享⑭。五官之长曰伯,是职方。其摈于天子也,曰"天子之吏"。天子同姓,谓之"伯父";异姓谓之"伯舅",自称于诸侯,曰:"天子之老"。于外,曰公;于其国,曰君。

兽工　　草工

九州之长㊶,入天子之国,曰牧。天子同姓,谓之"叔父";异姓谓之"叔舅"。于外,曰侯;于其国,曰君。

其在东夷、北狄、西戎,南蛮,虽大曰"子"。于内,自称曰"不穀"㊷;于外,自称曰"王老"。

庶方小侯,入天子之国,曰"某人"。于外,曰子,自称曰孤。

天子当依而立㊳,诸侯北面而见天子,曰觐。天子当宁而立㊹,诸公东面,诸侯西面,曰朝。

诸侯未及期相见,曰遇;相见于郤地㊺,曰会。诸侯使大夫问于诸侯,曰聘;约信,曰誓;莅牲,曰盟。

诸侯见天子,曰"臣某侯某"㊻。其与民言,自称曰"寡人"。其在凶服,曰"嫡子孤"。临祭祀,内事,曰"孝子某侯某";外事,曰"曾孙某侯某"。死曰"薨",复,曰"某甫复矣"。既葬,见天子,曰"类见"㊼。

言谥曰"类"。

诸侯使人使于诸侯,使者自称曰"寡君之老"。

天子穆穆,诸侯皇皇,大夫济济,士跄跄,庶人僬僬。

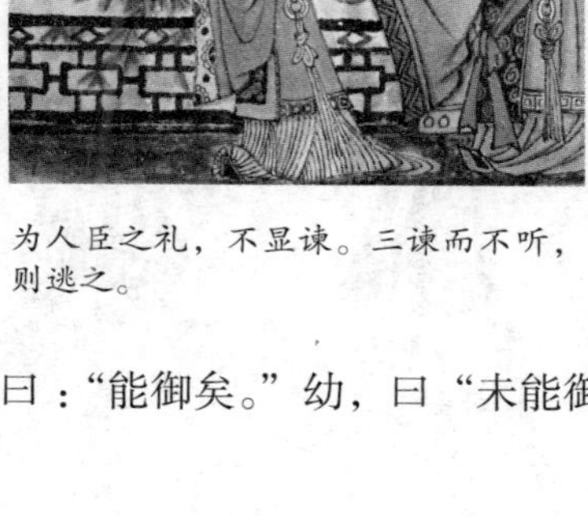

天子之妃曰后,诸侯曰夫人,大夫曰孺人,士曰妇人,庶人曰妻。公侯有夫人,有世妇,有妻,有妾。夫人自称于天子,曰"老妇";自称于诸侯,曰"寡小君";自称于其君,曰"小童"。自世妇以下,自称曰"婢子"。

子于父母,则自名也。

列国之大夫,入天子之国曰"某士";自称曰"陪臣某"。于外曰"子",于其国曰"寡君之老"。使者,自称曰"某"。

天子不言"出"。诸侯不生名。君子不亲恶。诸侯失地,名;灭同姓,名。

为人臣之礼,不显谏。三谏而不听,则逃之。子之事亲也,三谏而不听,则号泣而随之。

君有疾饮药,臣先尝之。亲有疾饮药,子先尝之。医不三世,不服其药。

儗人必于其伦㊽。

问天子之年,对曰:"闻之,始服衣若干尺矣。"问国君之年,长,曰:"能从宗庙社稷之事矣。"幼,曰:"未能从宗庙稷社之事也。"问大夫之子,长,曰:"能御矣。"幼,曰"未能御也"。问士之子,长,曰:"能典谒矣㊾。"

夫人自称于诸侯,曰"寡小君"。

天子之妃曰后,诸侯曰夫人

为人臣之礼,不显谏。三谏而不听,则逃之。

天子的女官

后　　夫人　　命妇　　嫔　　妻　　妾

天子之六太

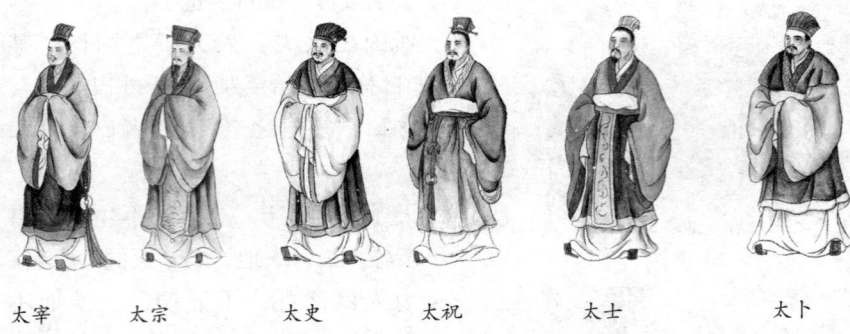

太宰　太宗　太史　太祝　太士　太卜

天子之五官

司徒　司马　司空　司士　司寇

天子之六府

司土　司水　司草　司器　司木　司货

幼，曰："未能典谒也。"问庶人之子，长，曰："能负薪矣。"幼，曰："未能负薪也。"

问国君之富，数地以对，山泽之所出。问大夫之富，曰："有宰食力(50)，祭器衣服不假。"问士之富，以车数对，问庶人之富，数畜以对。

天子祭天地，祭四方，祭山川，祭五祀，岁遍。诸侯方祀，祭山川，祭五祀，岁遍。大夫祭五祀，岁遍。士祭其先。

凡祭：有其废之，莫敢举也；有其举之，莫敢废也。非其所祭而祭之，名曰淫祀(51)。淫祀无福。

天子以牺牛，诸侯以肥牛，大夫以索牛，士以羊、豕。

支子不祭，祭必告于宗子。

凡祭宗庙之礼，牛曰"一元大武"(52)，豕曰"刚鬣"(53)，豚曰"腯肥"(54)，羊曰"柔毛"，鸡曰"翰音"，犬曰"羹献"，雉曰"疏趾"，兔曰"明视"；脯曰"尹祭"(55)，槁鱼曰"商祭"(56)，鲜鱼曰"脡祭"(57)；水曰"清涤"，酒曰"清酌"；黍曰"芗合"(58)，粱曰"芗萁"，稷曰"明粢"(59)，稻曰"嘉蔬"；韭曰"丰本"，盐曰"咸鹾"(60)；玉曰"嘉玉"，币曰"量币"(61)。

天子死曰崩，诸侯死曰薨，大夫曰卒，士曰不禄，庶人曰死。在床曰尸，在棺曰柩。

羽鸟曰降，四足曰渍。死寇曰兵。

天子之六工

土工　　金工　　石工　　木工　　兽工　　草工

祭王父曰皇祖考，王母曰皇祖妣。父曰皇考，母曰皇妣，夫曰皇辟。生曰父，曰母，曰妻；死曰考，曰妣，曰嫔。

寿考曰卒，短折曰不禄。

天子视不上于袷㉒，不下于带。国君绥视㉓，大夫衡视，士视五步。凡视，上于面则敖，下于带则忧，倾则奸。

君命，大夫与士肄。在官言官㉔，在府言府㉕，在库言库㉖，在朝言朝。朝言不及犬马。辍朝而顾，不有异事，必有异虑。故辍朝而顾，君子谓之固㉗。在朝言礼，问礼对以礼。

大飨不问卜，不饶富。

凡挚，天子鬯㉘，诸侯圭，卿羔，大夫雁，士雉，庶人之挚匹。童子委挚而退。

野外军中无挚，以缨、拾、矢，可也。

妇人之挚：椇，榛，脯，脩，枣，栗㉙。

纳女于天子，曰"备百姓"㉚；于国君，曰"备酒浆"；于大夫，曰"备扫洒"。

【注解】

①衡：平的意思。此指平正当心的位置。②绥（tuǒ）之：指低于心的位

置。③尚：上。④磬折：指臣子为表示恭敬而佝偻着身子，样子像磬的背一样。⑤世妇：指两媵，其地位仅次于夫人而贵于诸妾。⑥世臣、侄娣：世臣，指父亲时代的老臣。侄，指妻子兄长的女儿。娣，指妻子的妹妹。⑦家相、长妾：家相，又叫家宰，是帮助治理家事的家臣的首领。长妾，指家中生有儿子的妾。⑧余小子：天子居丧时的自我称呼。君大夫的儿子应当避讳。⑨嗣子某：诸侯守丧时的自我称呼。大夫、士的儿子应当避讳。⑩世子：天子、诸侯的嫡长子。⑪负薪之忧：这是有病的谦虚的说法。⑫修：循，遵循的意思。⑬反告：是指冠、娶妻必通报，死亡必奔丧。⑭兴：是指被国君起用为卿大夫。⑮暴贵：指士庶被起用为诸侯，有连升数级的意思。⑯振书：书，指文书。振书，是指去掉文书上的灰尘。⑰袗（zhěn）：单也。⑱扱（chā）衽：将上衣前襟插入腰带中，是为初丧父母所服的丧服。⑲厌冠：即丧冠，因形状低伏而称厌冠，厌者，伏也。⑳凶器：指冥器，古代的殉葬器物。㉑牺赋：牺，指祭祀用的牺牲，大夫所用牺牲可以向人民征收，因此叫牺赋。㉒粥：通"鬻"，卖。㉓寓：藏，寄放。㉔缘：衣服的滚边。㉕鞮（dī）屦：革屦。㉖素幦（mì）：素，白狗皮。幦，同"幭"，车轼上的覆盖物。㉗蚤、鬋：蚤，通"爪"。鬋，通"剪"，指剃治须发。㉘稽首：古代的一种拜礼，其拜法是用手扶地，头先拜至手，然后再把头碰至地上，完成这一套动作就叫一稽首。㉙拜其辱：拜其自屈辱至此。㉚泽：指猎场。㉛麛（mí），幼鹿，此泛指幼兽。㉜祭肺：周人重肺，因此，吃牲肉前先用牲的肺行食前祭礼，即从肺的末端掐取一小块儿，放进祭器里祭祀先人。㉝县：通"悬"，悬挂。㉞去其国：指出国征伐。㉟大夫："大夫去其国"的省略说法，指大夫因获罪于国君而被迫离开祖国。㊱众：指讨贼御敌。㊲践阼：指上下庙堂和郊坛（设于郊外以祭祀天地、山川诸神之坛）的主阶。㊳畛（zhěn）：告诉，祷告。㊴大：太。㊵享：献。㊶九州之长：天下九州，天子于每一州中选择一位诸侯的贤才，加之一等官爵，使他主持一州之内的列国。取牧养下民之义，故叫作牧。㊷不榖：谦称。榖是善的意思，不榖即不善之人。㊸依：通"扆"，又名斧依，户牖之间绣有斧纹的屏风。㊹宁：古代宫殿的门、屏之间，为群臣朝帝王的地方。㊺邻地：邻，间也，指两国之间的边境。㊻臣某侯某：上"某"代表国名，下"某"代表诸侯名。㊼类见：类，像也。类见，指类似于正式朝见天子的礼节，但又不是正式的朝见礼节。㊽儗：拟，比。㊾谒：请的意思。㊿宰：通"采"，采食力，指采集土地的租税，收集老百姓的贡赋。㉛淫祀：过多而滥的祭祀。㉜一元大武：元，头也。武，迹也。牛若肥则脚大，因此，一元大武，犹言一头大肥牛。㉝刚鬣（liè）：鬣，指猪鬃。猪肥大则鬃硬长。㉞腯：肥。㉟尹祭：尹者正也，指将脯裁截方正后用于祭祀。㊱商祭：商者量也。祭用干鱼，应当干湿适中。㊲脡（tǐng）祭：脡者直也。用活鱼祭祀必须是鲜鱼。鱼鲜煮熟才能挺直。㊳芗合：芗，通"香"。合，指黍熟后则黏聚不散。芗合指煮熟的黍饭。㊴明粢：明，洁白。粢，稷。㊵咸蹉（cuó）：盐的咸味比较浓。㊶量币：量者度也，币者帛也。㊷袷（jié）：古代人所穿中衣的交领。㊸绥：通"妥"，绥视，指视于面部以下。㊹官：放版图文书之处。㊺府：放宝藏货贿之处。㊻库：车马兵甲之处。㊼固：固陋，指鄙野不懂礼节。㊽鬯（chàng）：酒名。用黑黍酿制，其味芳香。㊾棋（jǔ）榛（zhěn）：两种植物的果实。㊿备：充数。以下几句都是谦卑之辞，不敢以伉俪期望，仅充数而言。

【译文】

凡捧东西的人要捧在当心处，提东西的人要提至腰带处。

为天子拿器物，就要高过胸口；为国君拿器物，要和胸口一平；为大夫拿器物，要低于胸口；为士人拿器物，提到腰际就可以了。

凡为主人拿器物，要举轻若重，即使东西很轻，也要做出不胜重负的样子（以表示小心恭敬）。为主人拿器物，如币、圭、璧等物时，要左手在上（右手在下）；行走时，不要高抬脚步，要像车轮辗地一样脚跟擦地而行。站立时，上身要微向前倾，使佩玉悬垂下来。如果主人直立，腰佩依贴在身上，臣下就要弯腰，使腰佩悬垂下来。如果主人弯腰，腰佩悬垂下来，臣子就要俯身使腰佩垂到地上。（行聘礼时）手拿玉器，如果玉器

衬垫有束帛，就要袒露出里面的裼衣；如果没有衬托，就要披上外衣。

国君不直接呼唤上卿、世妇的名字。大夫不直接呼唤世臣、侄娣的名字。士人不直接呼唤家相、长妾的名字。

君大夫的儿子，不敢自称"余小子"，大夫、士的儿子不敢自称"嗣子某"，不敢和世子同名。

父亲过世后，即使能够大富大贵，也不为亡父追赠谥号。

如果国君使士与自己一块儿射箭，而士不会射，就应当以有病为托辞，说："我有负薪之忧。"

侍奉君子，如果君子发问，（应当观察一下在座诸位有无超过自己的，然后再做回答。）如果目中无人，抢先回答，这便是失礼了。

徙居他国的君子，不可改变原来的礼俗。祭祀的礼仪，守丧的服制，哭泣死者的位置，应当一如祖国的礼法，并谨慎地遵循，认真地实行。

如果离开母国已经三代了，但族人中仍然有人在朝居官，那么出入来往别国仍然需要向国君报告。如果本国仍有宗族兄弟，自己遇有婚丧诸事，也应当回去告诉族长。

如果离开母国已经三代了，族中已经没有人在朝廷做官，出入来往别国就不需要再向国君报告，但只有做了别国的卿大夫，才可以遵从新国的礼法。

君子在父亲过世后不可更换名字。父亲过世后，即使能够大富大贵，也不为亡父追赠谥号。

守丧而未下葬，应当研读有关丧礼的书；下葬之后就要研读祭礼的书；除丧恢复正常之后，就可以研读诗书了。守丧期间不谈论乐事，祭祀当中不谈论凶事，公庭之上不谈论妇女。

到国君面前（才）拂去书簿上的尘土，整理散乱的书籍，是要治罪的。

当着国君的面，颠倒筮策、翻倒卜龟，也要受到处罚。

卜问吉凶的龟策，老人使用的几杖，丧车专用的席盖，以及穿戴纯白色的衣冠和露出身体的单内衣，都不能进国君的宫门。穿丧鞋，戴丧冠，孝服装束，也不能进入国君的宫门。记录宾客赠送葬礼的方板、丧服以及丧葬所用的冥器，不事先禀告，也不得拿进国君的宫门。

凡是公家的事情，不许私下议论。

君子将要营建宫室，首先应建造宗庙，其次是马厩和库房，最后才建自己的住房。大夫家中制造器具，要先造祭器，其次造祭牲的圈牢，最后造日常使用的饮食器皿。

没有田地俸禄的人，可以不置备祭器；有田地俸禄的人，要先制作祭服。君子即使贫穷，也不能出卖祭器；即使天气寒冷，也不能随便穿上祭服。营造宫室，不砍伐墓地的树木。

士、大夫离开自己的国家，不可把祭器带出国外。大夫的祭器应寄放在大夫家中，士的祭器则应存放于士的家里。

大夫、士离开自己的母国，一出国境，就应当设置祭坛，面向母国伤心地哭泣；应当穿素衣、素裳，戴素冠；要拆去衣裳和帽子的镶边，穿生皮革做的鞋，用白狗皮覆盖车轼；要乘不修剪毛的马，不能修剪手脚指甲和胡须头发，吃饭之前也不用行食前祭礼；不向人辩解自己冤屈无罪；不同妇女行房事。这样经过三个月后，才可以恢复原来的生活。

大夫、士晋见国君，如果国君亲自对他们表示慰问，大夫、士就应当后退避让，并两次稽首拜谢国君。国君如果迎接大夫、士并行拜礼，大夫、士就应该后退避让，并且不敢回礼答拜（以此表示自己不敢接受国君的拜礼）。

大夫、士相见，彼此虽然贵贱悬殊，但如果主人尊敬客人，就可以先拜客人；如果客人尊敬主人，就可以先拜主人。除非吊丧和进见国君这两种情况，受过拜礼都要回拜答礼。

大夫去见别国国君，国君要拜谢他屈尊来访。士去见别国大夫，大夫要拜谢士屈尊来访。同国之人初次相见，主人要拜谢客人驾临寒舍。但是，国君对于士则可以不回礼答拜。如果是别国的士，国君就要答拜。大夫对于自己的家臣，即使家臣地位卑贱，也一定要回礼答拜。

男女之间一定要互相回礼答拜。

国君春天打猎不合围猎场，大夫打猎不对群处的野兽赶尽杀绝，士打猎时不获取幼兽和鸟卵。

灾荒年月，收成不好，国君用膳不杀牲，喂马不用谷物；驰道不加修整，祭祀不悬钟磬；大夫不吃稻粱饭，士请客饮酒不奏乐。

国君无故不让佩玉离身，大夫无故不撤去钟磬，士无故不撤掉琴瑟。

诸侯北面而见天子，曰觐。

天子站在屏风和路门之间，诸公站在天子的西边面朝东、诸侯站在天子的东边面朝西叫作朝。

士向国君献礼。如果有一天国君问："（你）是从哪里得来这些东西的？"士先要跪拜叩头，然后再回答。

大夫因私出国，行前必先请示君王，回来后一定要对君王有所馈献。士因私出国，行前必先请示君王，回来后一定要向君王报告。国君慰劳他们，他们应该拜谢；国君询问他们旅途的见闻，他们应该先下拜，然后回答。

国君离开自己的国家，群臣应该劝止他说："为什么要抛弃自己的社稷呢？"大夫离开自己的国家，应当劝止说："为什么要离开自己的宗庙呢？"如果是士，就应当劝止说："为什么要抛弃自己的祖坟呢？"

国君应当为社稷效死，大夫应当为黎民百姓效死，士应当为国家法制效死。

君临天下称为"天子"。朝会诸侯，分派官职，授予政事，委任事功，（天子在行使这些政务时）就称"予一人"。以主人身份主持祭祀，如果祭祖宗，就称"孝王某"；如果祭天地神祇，就称"嗣子某"。天子临幸诸侯国内，祭祀鬼神时就称"天王某"。天子去世，要说"天王崩"。为天子招魂，要说："天王，魂兮归来。"为天子讣告天下，要称"天王升天了"。将天子的神灵安置于宗庙，敬立牌位，要称"帝"。天子守丧而未除，要称"予小子"。活着守丧如此称呼，未除丧而去世也如此称呼。

天子的女官，有后，有夫人，有世妇，有嫔，有妻，有妾。

天子设立治天道、事鬼神的官职，名为六太，即太宰、大宗、太史、太祝、太士、太卜，其职责是掌管六种法典制度。天子设立的五官名叫司徒、司马、司空、司士、司寇，其职责是管理五个方面的臣属。天子设立的六府之官名叫司土、司木、司水、司草、司器、司货，其职责是掌握分类职事。天子设立的六种工匠之官名叫土工、金工、石工、木工、兽工、草工，负责六个方面的器材和制作。

公、侯、伯、子、男五诸侯向天子呈献各自的政绩，称为"享"。诸侯之长称做"伯"，主管一方的政事。他辅佐天子治理天下，因此又称"天

遇 　　　　　　　会 　　　　　　　聘

誓 　　　　　　　　　　盟

子之吏"。伯如果与天子同姓，就称为"伯父"；如果与天子异姓，就称为"伯舅"。伯对诸侯们自称"天子之老"，在封国之外称"公"，在封国之内称"君"。

九州之长进入天子京畿内，就称为"牧"。如果他同天子同姓，就称为"叔父"。如果与天子异姓，就称为"叔舅"。在封国之外称"侯"，在封国之内称"君"。

其他诸如东边的夷人、北边的狄人、西边的戎人、南边的蛮人，即使拥有广袤的土地，也只能称"子"。他们在国内自称"不穀"，在国外自称"王老"。

作为荒蛮之地的方国小侯，进入天子王畿就称"某人"。他们在国内自称"子"，在国外自称"孤"。

天子背对着屏风南面站立，诸侯面朝北而见天子叫作觐。天子站在屏风和路门之间，诸公站在天子的西边面朝东、诸侯站在天子的东边面朝西叫作朝。

诸侯之间未曾预约见面时间和地点而相见叫遇，按约定时间在两国边境附近相见叫作会。诸侯派大夫向别国诸侯慰问叫作聘。诸侯之间以言语相互约束以取信叫作誓。面对神灵杀牲缔约叫作盟。

诸侯去见天子，自称"臣某侯某"。对臣民讲话，自称"寡人"。服丧期间会见外国宾客，自称"嫡子孤某"。在宗庙主持祭祀，自称"孝子某侯某"。在郊坛主持祭祀自称"曾孙某侯某"。诸侯去世叫作"薨"，招魂时要说："某甫回来吧。"诸侯下葬后，嗣君未除丧而见天子叫"类见"。将要出葬时向天子请赐谥号叫"请类"。

诸侯派使者出使别的诸侯国，使者要自称"寡君之老"。

天子的仪容，幽深和敬；诸侯的仪容，雄壮显明；大夫的仪容，齐齐整整；士的仪容洒脱舒扬；庶人的仪容，忙忙匆匆。

天子的配偶叫作后，诸侯的配偶叫作夫人，大夫的配偶叫作孺人，士的配偶叫作妇人，庶人的配偶叫作妻。公侯有夫人，有世妇，有妻，有妾。公、侯的夫人对天子自称为"老妇"，向别国诸侯自称"寡小君"，对自己的国君自称"小童"。从世妇以下，都自称"婢子"。

子女在父母面前都自称名。

各诸侯国的大夫,进入天子的畿内就称为"某士";自己称为"陪臣某"。在别国被称为"子",在本国被称为"寡君之老"。使者出使别国,应称为"某"。

史书记载天子的事迹不用"出"字。诸侯去世,史书不直呼其名。君子不原谅作恶的天子与诸侯。因此,如果诸侯丧失自己的国土,或者攻灭自己的同胞,史书记载这些事情时可以直呼其名。

作为臣子,不当面指责国君的过错(应当微言讽谏以劝国君纠正错误)。但是,如果再三劝谏,君王仍不纳谏,做臣子的就可以离开国君而出走。然而,作为儿子,在侍奉父母的时候,如果再三劝谏,父母仍不听从,就应当号啕哭泣跟从父母(而不能离他们而去)。

国君有病需要吃药,做臣子的应当预先尝一下。父母有病需要吃药,做儿子的应当预先尝一下。行医治病相传不过三代的医生,不服用他的药物。

要比较一个人,必须把他置于同类人中间(如大夫同大夫相比,士与士相比)。

询问天子的年龄,如果年长,可以说:"听说可以穿多大的衣服了。"询问国君的年龄,如果年长,可以说:"能主持宗庙祭祀和国家大事了。"如果国君年幼,则可以说:"还不能主持宗庙祭祀和国家大事。"询问大夫儿子的年龄,如果儿子年龄已大,就可以说:"(您儿子)可以驾车了吧?"如果儿子年纪尚幼,则可以说:"(您儿子)还不会驾驶车吧?"问询士的儿子的年龄,如果儿子尚幼,就可以问:"(您儿子)还不能主持接待宾客的事吧?"如果儿子已经长大,就可以问:"(您儿子)可以主持接待宾客的事了吧?"询问庶人的儿子的年龄,如果儿子已经长大,就可以说:"(您儿子)可以背柴薪了吧?"如果儿子年纪尚幼,则可以说:"(您儿子)还不能背柴薪吧?"

问询国君的财富,应当历数国土上山川、土地出产的物产,然后再作回答;问询大夫的财富,应当回答说:"有采地可以收取租赋,祭祀时不需向人求借祭器和祭服。"问询士的家财,就用有多少车轫来回答。问询庶人的家产，就用有多少牲畜来回答。

天子应当祭祀天地之神，四方神灵，山川之神，以及户神、灶神、溜神、门神、行神等五祀之神。一年要祭祀一遍。诸侯应当祭祀封国之内的山川之神，以及户神、灶神、溜神、门神、行神等五祀之神，一年也要遍祭一次。大夫应当祭祀户神、灶神、溜神、门神、行神等五祀之神，一年也要遍祭一次。士则只需要祭祀各自的祖先。

凡是祭祀，（应当注意把握以下原则：）如果有已经废弃不再祭祀的，就不敢再祭祀；如果已经开始祭祀，就不敢再废弃了。不是自己应该祭祀的神而加以祭祀，就叫"淫祀"，淫祀不会给祭祀者带来福音。

天子祭祀用纯一毛色的牛，诸侯祭祀用经过精心饲养的牛，大夫祭祀可以用临时挑选的牛，士祭祀可以用羊和猪。

庶出的子孙不主持祭祀，（如果有特殊情况需要）主持祭祀，必须事先报告嫡系子孙。

凡祭祀宗庙所用的礼物（牲物都有特殊的称号）：牛叫作"一元大武"，猪叫作"刚鬣"，小猪叫作"腯肥"，羊叫作"柔毛"，鸡叫作"翰音"，狗叫作"羹献"，野鸡叫作"疏趾"，兔叫作"明视"，干肉叫作"尹祭"，干鱼叫作"商祭"，鲜鱼叫作"脡祭"，水叫作"清涤"，酒叫作"清酌"，黍叫作"芗合"，梁叫作"芗萁"，稷叫作"明粢"，稻叫作"嘉蔬"，韭叫作"丰本"，盐叫作"咸鹾"，玉叫作"嘉玉"，币叫作"量币"。

天子死叫作"崩"，诸侯死叫作"薨"，大夫死叫作"卒"，士死叫作"不禄"，庶人死叫作"死"。死人放在床上叫作"尸"，装进棺材里叫作"柩"。

有羽毛的鸟死叫作"降"，四脚的动物死叫作"渍"。

抵御贼寇而死叫作"兵"。

祭祀祖父称为"皇祖考"，祭祀祖母称为"皇祖妣"，祭祀父亲称为"皇考"，祭祀母亲称为"皇妣"，祭祀丈夫称为"皇辟"。

当他们在世时就分别称为父、母、妻；死后就称为考、妣、嫔。

长寿而死叫作"卒"，短寿夭折叫作"不禄"。

瞻望天子，视线往上不可高于他的交领，往下不可低于衣带。瞻望国君，视线要稍低于面部。至于士人，视线可以旁及士周围五步以内的地方。凡是瞻望他人，视线高于对方的面部就显得傲慢，低于衣带就显得忧愁，歪着头、斜着眼睛看人就显得似有奸邪之心。

国君有命令，士和大夫要认真研究学习。在官署就谈论官署的事，在府中就谈论府中的事，在库中就谈论库中的事，在朝廷就谈论朝廷的事。在商讨国家政事的地方，不谈论犬马等私事。退朝之后，（臣子们应当各自退去，不要回头观望：）如果回头观望，则不是另有他事，就是心里转换了别的念头，因此退朝而回头看，君子称之为"固"。上朝时，言谈举止都应该符合礼仪：提问题要有礼，回答问题同样要有礼。

天子设宴大飨诸侯，事先不必预卜吉日；（所用酒食器物）符合飨礼即可，无需奢侈浪费。

凡是送见面礼，天子用鬯，诸侯用圭，卿用小羊，大夫用雁，士用野鸡，庶人用鸭。儿童送见面礼，把礼物放在地上就应该退避到一旁去。

在野外行军打仗，没有别的见面礼，就可以用马缨、射箭时束袖的臂套或箭代替。

妇女的见面礼，用榛子、棒子、肉脯或干肉、枣子、栗子等物。

把女儿嫁给天子时应当说"备百姓"，嫁给国君时应当说"备酒浆"，嫁给大夫时应当说"备扫洒"。

学记第十八

【原文】

发虑宪[①]，求善良，足以謏闻[②]，不足以动众。就贤体远，足以动众，未足以化民。君子如欲化民成俗，其必由学乎！

玉不琢，不成器。人不学，不知道。故古之王者建国君民，教学为先。《兑命》曰[③]："念终始典于学[④]。"其此之谓乎？

虽有嘉肴，弗食，不知其旨也；虽有至道，弗学，不知其善也。是故学然后知不足，教然后知困。知不足，然后能自反也；知困，然后能自强也。故曰"教学相长"也。《兑命》曰"学学半"⑤。其此之谓乎？

古之教者，家有塾，党有庠，术有序，国有学⑥。比年入学，中年考校。一年，视离经辨志。三年，视敬业乐群。五年，视博习亲师。七年，视论学取友，谓之小成。九年，知类通达，强立而不反，谓之大成。夫

君子安其学而亲其师。

然后足以化民易俗，近者说服而远者怀之。此大学之道也。《记》曰："蛾子时术之⑦。"其此之谓乎？

大学始教，皮弁、祭菜⑧，示敬道也。《宵雅》肄三⑨，官其始也⑩。入学鼓箧，孙其业也⑪。夏、楚二物⑫，收其威也。未卜禘⑬，不视学⑭，游其志也。时观而弗语，存其心也。幼者听而弗问，学不躐等也⑮。此七者，教之大伦也。《记》曰："凡学，官先事，士先志。"其此之谓乎？

大学之教也，时教必有正业，退息必有居学。不学操缦⑯，不能安弦；不学博依⑰，不能安诗；不学杂服⑱，不能安礼；不兴其艺⑲，不能乐学。故君子之于学也，藏焉修焉⑳，息焉游焉。夫然，故安其学而亲其师，乐其友而信其道，是以虽离师辅而不反也。《兑命》曰："敬孙务时敏㉑，厥修乃来㉒。"其此之谓乎？

今之教者，呻其佔毕㉓，多其讯㉔，言及于数进而不顾其安㉕，使人不由其诚，教人不尽其材。其施之也悖，其求之也佛㉖。夫然，故隐其学而疾其师，苦其难而不知其益也。虽终其业，其去之必速。教之不刑㉗，其此之由乎？

大学之法，禁于未发之谓豫，当其可之谓时，不陵不节而施之谓孙㉘，相观而善之谓摩。此四者，教之所由兴也。

发然后禁，则扞格而不胜㉙；时过然后学，则勤苦而难成；杂施而不

孙,则坏乱而不修;独学而无友,则孤陋而寡闻。燕朋逆其师㉚,燕辟废其学㉛。此六者,教之所由废也。

君子既知教之所由兴,又知教之所由废,然后可以为人师也。故君子之教喻也。道而弗牵,强而弗抑,开而弗达。道而弗牵则和,强而弗抑则易,开而弗达则思。和易以思,可谓善喻矣。

学者有四失,教者必知之。人之学也,或失则多,或失则寡,或失则易,或失则止。此四者,心之莫同也。知其心,然后能救其失也。教也者,长善而救其失者也。

善歌者,使人继其声。善教者,使人继其志。其言也约而达,微而臧㉜,罕譬而喻,可谓继志矣。

君子知至学之难易,而知其美恶,然后能博喻㉝;能博喻,然后能为师;能为师,然后能为长;能为长,然后能为君。故师也者,所以学为君也㉞,是故择师不可不慎也。《记》曰:"三王四代唯其师㉟。"此之谓乎?

凡学之道,严师为难。师严,然后道尊。道尊,然后民知敬学。是故君之所不臣于其臣者二:当其为尸,则弗臣也;当其为师,则弗臣也。大学之礼,虽诏于天子,无北面,所以尊师也。

善学者,师逸而功倍,又从而庸之㊱。不善学者,师勤而功半,又从而怨之。善问者,如攻坚木,先其易者,后其节目,及其久也,相说以解。不善问者反此。善待问者如撞钟,叩之以小者则小鸣,叩之以大者则大鸣;

凡学之道,严师为难。师严,然后道尊。

过其时而学则难成。

待其从容，然后尽其声。不善答问者反此。此皆进学之道也。

记问之学，不足以为人师。必也其听语乎？力不能问㊲，然后语之。语之而不知，虽舍之可也。

良冶之子，必学为裘㊳。良弓之子，必学为箕㊴。始驾马者反之，车在马前㊵。君子察于此三者，可以有志于学矣。

古之学者，比物丑类㊶。鼓无当于五声㊷，五声弗得不和。水无当于五色㊸，五色弗得不章。学无当于五官㊹，五官弗得不治。师无当于五服㊺，五服弗得不亲。

君子曰：大德不官，大道不器，大信不约，大时不齐。

察于此四者，可以有志于学矣。三王之祭川也，皆先河而后海，或源也，或委也，此之谓务本。

【注解】

①宪：法则。②謏（xiǎo）闻：小有名气。③《兑命》：《尚书》中的篇名。兑，当为"说（yuè）"。④典：经常。⑤学（xiào）学半：前一学指教学。学学半，意思是说，教别人，一半也是向人学习。⑥"家"至"学"：塾、庠、序、学，均为学校的名称。术，当为"遂"，古代五百家为党，一万二千五百家为遂。⑦蛾子时术：蛾，即蚁。术，为"衔"字之误。⑧皮弁：皮弁服。祭菜：指举行释菜礼祭祀先师、先圣。⑨《宵雅》肄三：《宵雅》，即《小雅》，《诗经》中的篇名。肄三，指学习《小雅》中的三篇诗歌，即《鹿鸣》《四牡》《皇皇者华》。⑩官其始：以居官受任的优越之处诱导人们致力于学习。⑪孙：顺也，指恭顺的意思。⑫夏、楚：古代惩罚学生用的教鞭。夏，指用楢木做的教鞭；楚，指用荆条做的教鞭。⑬卜禘：禘，大的祭祀。在举行禘祭之前要进行占卜，因此称为卜禘。⑭视学：考校学校的优劣。⑮躐（liè）：越过，超越。⑯操缦：练习弹奏音乐的指法。⑰博依：即博喻，指博通于鸟兽、草木、天时、人事之情状。⑱杂服：指洒扫、应对、投壶、沃盥等细碎的小事。⑲与：喜欢。⑳臧：心怀学习之志。㉑敬：敬道。孙：逊，顺业。务：努力学习。敏：快速。㉒厥修乃来：指所修习的学业学有所成。㉓呻其佔

毕：呻，吟诵。佔，看视。毕，简册，书籍。㉔多其讯：讯者难也。指教师自己并不通晓义理，在外面又不肯承认，因此假装知识丰富，向学生们提问一些疑难问题，以掩饰自己的无知。㉕数：指名物制度。㉖佛：通"拂"，违背。㉗刑：成功。㉘陵节：超过限度。㉙扞（hàn）格：互相抵触，格格不入。㉚燕朋：燕者亵也。指不正当、不庄重的朋友。㉛燕辟：指贪图享受玩乐。㉜臧：善，美。㉝博喻：此指广泛地因材施教。㉞所以学为君：指向教师学习做国君的品德。㉟三王四代：三王，指夏、商、周。四代，指夏、商、周、虞。㊱庸：功劳。㊲力不能问：指学生的能力不足以回答教师的提问。㊳良冶之子，必学为裘：孔《疏》曰："善冶之家，其子弟见其父兄世业陶铸金铁，使之柔合以补治破器，皆令全好，故此子弟仍能学为裘袍补续兽皮，片片相合，以至完全也。"㊴良弓之子，必学为箕：孔《疏》曰："言善为弓之家，使干角挠曲调和成其弓，故其子弟亦观其父兄世业，仍取柳和软挠之成箕也。"㊵车在马前：指将初学驾车的马拴在车后面，使之熟悉驾车之事。㊶丑：比。㊷五声：宫、商、角、徵、羽。㊸五色：青、赤、黄、白、黑。㊹五官：泛指各级政府官员。㊺五服：斩衰、齐衰、大功、小功、缌麻。

【译文】

思考问题先考虑到法度，热衷于求得贤才，这样的人可以取得一点名气，但却不足以感动民众。亲近贤良的人，体察关心关系疏远的人，就足以感动民众，但却不足以教化人民。君子如果想教化人民，移风易俗，就一定要从办学兴教做起！

玉石不经过雕琢，不能成为（精美的）玉器。人不经过学习，

即使有美味佳肴，不亲口尝一尝，就不会知道它的滋味。

不会懂得（世间的）道理。所以说，古代的君王，建立国家，统治人民，都会把办学兴教放在第一位。《说命》里说："应该自始至终经常地想着学习。"说的大概就是这个意思吧？

即使有美味佳肴，不亲口尝一尝，就不会知道它的滋味；即使有非常好的道理，不去认真学习，就不会懂得它的美妙。因此，通过学习，才知道自己的不足；通过教育别人，才能发现自己的学识哪里还有未通达的地方。知道了自己的不足，然后才能自我反省；知道了自己还有未通达的地方，然后才能自强不息，不断进步。因此说，教和学是互相促进的。《说命》里说："教育别人，同时也是在增长自己的知识。"大概说的就是这个意思吧？

古代的教育，家里有私塾，党中有学校，遂中和国都有学校。学子们每年入学一次，隔年考试一次。学习一年过后，要考察学子们读经断句的能力以及他们的学习志趣；学习三年过后，要考察学子们是否专心致力于学业以及是否与同学们和乐相处；学习五年过后，要考察学子们是否能够广博地学习并亲敬师长；学习七年过后，要考察学子们谈论学问的深浅以及结交什么样的朋友，至此，学子们的学习便可以称之为学业小成。学习九年过后，学子们要能够触类旁通，有自己独立的见解而不违反师道，这就可以称之为学业大成。这之后，就可以教化人民，移风易俗，使自己身边的人心悦诚服，使远方的人也都慕名归附，这便是大学教育的宗旨。《记》中说："蚂蚁随时都在衔泥，（久而久之）也就积成土堆。"大概说的就是这层意思吧？

大学开学的时候，要头戴皮弁帽身穿皮弁服，用释菜礼祭祀先圣、先师，用来表示尊师重道之意。教学子们学习并歌唱《诗·小雅》中的《鹿鸣》《四牡》《皇皇者华》三首诗歌，以居官受任的优越处诱导人们致力于学习。学生入学，学官要击鼓召集学生，打开书箱发放书籍，以使学子们以恭敬顺从的态度对待自己的学业。教鞭是用来鞭笞不听教的学子，以整肃校风。国君不举行卜禘活动，不到学校考察学生的学业，目的在于让学生们从容畅游地用心学习。老师时时对学子们认真观察而不轻易开口解说，目的在于使学生们心存疑问（从而激起学子们努力学习的动力）。低年级的学子们只听（教师）讲解而不提出问题，是因为学习应当一级一级上升而不能一蹴而就。以上七项，便是教学的大原则。《记》中说："凡教学，学官应当安排好教学的相关事宜，学子们则要先树立学习的志向。"大概讲的就是以上的道理吧？

大学的教学，一定要按照季节时令安排教学内容，所教内容一定要是古籍经典，课后休息一定要有固定的场所。学习（要循序渐进，不能急于求成）：不练习弹奏音乐的指法，就不能演奏琴瑟；不广泛地学习博喻比兴手法，就学不会作诗；不学习各种服饰细碎的制度，就学不好礼仪；对技艺的学习缺少兴趣，就不可能掌握这些技艺。因此，君子对于学习，心中常怀向学的志向，经常修整学习思路而不废弃，无论是休息时间，还是闲暇游乐的时候都能如此。这样的话，便能够安心向学而亲敬师长，与同学和乐友善而笃信道义，因此，即使离开了老师和同学，也不会违背道义。《说命》中说："重视道义，顺从学业，努力学习，不断精进，不断实践，那么他修习的学业也就可以取得成功了。"大概说的就是上面的道理吧？

现如今的教师，只会照本宣科，（却不懂得其中的深奥道理；）还经常向学生提一些疑难问题，（以掩盖自己的无知；）还只讲那些名物制度，（而不去深究其中的义理，）只顾盲目地赶教学进度，而不考虑学子们的接受能力；教育学生时也并不竭尽所能地把自己的知识毫无保留地传授给学生，而是有所保留；教授给学生们的知识错误百出，向学生们提出的问题也不符合情理。像这样下去的话，学生们学得不清不楚，对老师又心怀怨恨，苦于学习的艰难而又不知道学习到底有什么用处，虽然最后毕业了，学过的知识也一定就很快忘记了。教育的不成功，大概就是这个缘故吧？

大学的教育方法：在学子们的邪念还没有萌发之前就能够及时制止便称之为"预防"，在学子们到了适龄的时候及时开始教育便称之为"适时"，不超越阶段而循序渐进地开展教育叫作"顺序"，相互观察学习对方身上的优点长处就叫作"观摩"。以上四个方面，便是教育兴盛成功的方法。

如果坏事发生了之后才加以制止，就会互相抵制、格格不入而难以奏效；错过了适学年龄才开始学习，就会既费工夫力气而又难有所成；如果杂乱无章地而不是循序渐进地教学，教学秩序就会变得混乱不堪；如果一

如果一个人独自学习而没有良师益友，就会孤陋寡闻。

个人独自学习而没有良师益友，就会孤陋寡闻。结交不正当的朋友，就会违背师教；沉溺在享受游乐中，就会荒废自己的学业。以上六者，是教育失败的原因所在。

君子知道了兴盛教育的办法，又懂得了造成教育失败的原因，这样之后就可以作为教师去从事教学了。因此，君子教育学生的方法，是去引导学生而不是强制灌输，是去鼓励学生进取而不是去抑制思维，是去多方面加以启发且又不说透的教学方法。加强引导而不强制，就能使学生心平气和地学习；鼓励进取而不抑制，就会使学生感到知识容易接受；加以启发且不说透，就会使学生勤于思索。学生在学习过程中就能够做到心平气和地学习，而且感到学习起来比较容易，而又养成了勤于思索习惯，这就可以称之为善于教学了。

学生容易犯四种错误，教师在教学过程中一定要注意。人们在学习过程当中，有的失于贪多，有的失于求少，有的失于求易，有的失于半途而废。以上四者，心理变化都是不一样的，各有各的特点。只有了解学生们的各种心理，才能纠正他们容易犯的各种错误。教育目的的根本，就在于使人的长处得到发扬、使他们的错误得到纠正。

善于唱歌的人，能够吸引别人跟着自己一块儿唱；善于教学的人，能够影响别人继承自己的治学志向。老师的语言应该言简意赅，含蓄精妙，比喻要少用且明白易懂，（能做到以上几点）就可以称得上能使人继承他的志向了。

君子懂得治学上的难易，而又知道学问上的是非，这样以后就能够广泛地因材施教。能广泛地因材施教，就能够为人师表；能够做别人的老师，就能够做国家的官吏；能够做官吏，就可以做一国之君。因此，跟随老师学习，就是在向他学习做国君的道理。因此，选择老师一定要慎重。《记》中说："三王四代（时的君主之所以圣明）就是因为他们选择了优秀的老师。"说的大概就是这个意思吧？

大凡在求学的过程中，学生尊敬老师是最难做到的。只有老师受到了尊敬，他所教授的道理才能受到尊重；道理被人尊重了，人们才会懂得崇尚学习，养成学习之风。因此，只有两种情况国君才可不以对待臣子的礼仪对待臣下：一是当臣子充当尸的时候，国君不把他当成臣子；再就是当臣子担任自己的老师时，也不把他当臣子看待。根据大学的礼仪，老师即使被召到国君那儿去讲学，也不面朝北坐在臣子的位置上，这都是为了表现对老师的尊敬。

善于学习的人，老师无须费多少力气力就可以取得事半功倍的效果，而且还能够将功劳归于老师。不善于学习的人，老师辛辛苦苦的教学也只能取得事倍功半的效果，而且还会怨恨老师。善于提问题的人，如同砍削坚硬的木头，先从比较容易砍削的部位入手，然后再是较难的结节处，砍到一定程度后，木头自然就会分解。不善于提问题的人，就刚好与此相反。善于回答问题的人就像撞钟一样，轻轻地撞击会发出轻微的声音，重重地撞击就会发出震耳的轰鸣，等到钟声渐渐消失，问题也就迎刃而解了。不善于回答问题的人，刚好与此相反。所有这些，都是促进学业进步的办法。

死记硬背书上的一些内容来等待学生的提问，作为老师就不合格。必须等学生提出问题，再（根据这些问题）一一解答才行。只有当学生们没有能力提出问题时才能够直接给他讲

善于学习的人，老师无须费多少力气力就可以取得事半功倍的效果。

君子知至学难易而知其美恶，然后能博喻；能博喻，然后能为师；能为师，然后能为长。

解；如果讲解之后他们仍然不能理解，这个问题就可以先放弃不用管了。

优秀的铁匠的儿子，一定先学会缝补衣裘。优秀的弓匠的儿子，一定先学会编制畚箕。刚开始学习驾车的小马驹，要将它拴在车子的后面（以逐渐适应驾车）。君子明白这三件事情里面的道理，就可以树立学习的志向了。

古代的学者，在各类事物的类比上都很擅长。鼓声，并不能归入五声之中，但若缺了鼓声，五声就难以和谐。水，并不能归入五色之中，但若缺少了水，五色就不可能鲜亮。学习，并不能归入五官的分内职能之事，但若缺少了学习，各级官吏就难以掌管好自己的职事。老师，并不属于五服之亲的任何一种，但若没有老师的教育，五服之亲就不会懂得相亲相爱这个道理。

君子说：具有大德行的圣人，不会局限在一官一职；掌握大道理的贤才，不会专于一种才能；拥有大信用的人，无须订盟立约；懂得把握大时机的人，绝不讲究整齐划一。明白了这四个方面的道理，就可以明确学习的根本、确立学习的志向了。

三王在祭祀河流的时候，都是先祭祀河流，后祭祀大海。河是海的源头，海是河的归宿，这种祭祀就叫作致力于根本。

冠义第四十三

【原文】

凡人之所以为人者，礼义也。礼义之始，在于正容体①，齐颜色，顺辞令。容体正，颜色齐，辞令顺，而后礼义备，以正君臣、亲父子、和长幼。君臣正，父子亲，长幼和，而后礼义立。故冠而后服备，服备而后容体正、颜色齐、辞令顺。故曰：冠者礼之始也。是故古者圣王重冠。

古者冠礼：筮日、筮宾，所以敬冠事；敬冠事所以重礼，重礼所以为国本也。

故冠于阼，以著代也；醮于客位，三加弥尊②，加有成也。

已冠而字之，成人之道也；见于母，母拜之，见于兄弟，兄弟拜之，成人而与为礼也；玄冠玄端，奠挚于君，遂以挚见于乡大夫、乡先生，以成人见也。

成人之者，将责成人礼焉也。责成人礼焉者，将责为人子、为人弟、为人臣、为人少者之礼行焉。将责四者之行于人，其礼可不重与！

故孝弟忠顺之行立，而后可以为人；可以为人，而后可以治人也。故圣王重礼。故曰：冠者礼之始也，嘉事之重者也。

是故古者重冠，重冠故行之于庙。行之于庙者，所以尊重事③。尊重事，而不敢擅重事，不敢擅重事，所以自卑而尊先祖也。

【注解】

①容体：举止，举动。吕大临说："容体，动乎四体者也。"②三加：冠礼始加缁布冠，再加皮弁服，三加爵弁服。弥尊：更加贵重。因爵弁尊于皮弁，皮弁尊于缁布冠，故每加益尊。③尊重事：尊崇嘉事。

【译文】

人之所以成为人，是因为有礼仪。礼仪的肇始，是在于使举动端正，使态度端庄，使言谈恭顺。举动端正，态度端庄，言谈恭顺，然后礼仪才算齐备；并用来使君臣各安其位，使父子相亲，使长幼和睦。君臣各安其位，父子相亲，长幼和睦，然后礼仪才算建立。所以戴上成人的帽子，然后能够举动端正、态度端庄、言谈恭顺。所以说，冠礼是成人之礼的开始。因此，古代圣王很重视冠礼。

古时举行冠礼要占卜日期和选择主持人，这是用来表示对冠礼之事的恭敬。对冠礼之事表示恭敬，因而重视守礼法；而重视礼法，又是用以立国的根本。

所以在主人阼阶上加冠，是用来显示加冠者将要替代父亲成为一家之长。又请他站在客位上，并向他敬酒，加冠三次，愈加愈贵重，则是勉励他往后有所成就。

既已加冠，就要用字称呼他，这是对待成人的道理。见了母亲，拜母亲，母亲也答拜他；见于兄弟，兄弟要再次拜见他，这是因为他已成人，而都得跟他行礼。穿戴上黑色的帽子和朝服去拜见国君，将见面礼物放在地上，（表示不敢直接交给国君；）又带了礼物去拜见乡大夫、乡先生，都是以成人的身份去拜见。

已经是成人的人，就要求他以后能行成人之礼。要求他能行成人之礼，就是要求他以后能有作为他人儿子、兄弟、臣下、晚辈的合于礼的行为。对于一个人将要求有这四种合礼的行为，那么冠礼怎么可以不重视呢！

所以为人子能孝，为人弟能悌，为人臣能忠，为人晚辈能顺，然后可以成人；可以成人了，然后才可以管治别人。所以圣王都重视冠礼。所以说，冠礼是成人之礼的开始，是嘉礼中最重要的。

因此古时候很重视冠礼。因为重视冠礼，所以要在宗庙里举行。在宗庙举行冠礼，是表示尊崇大事。尊崇大事就不敢专擅它。不敢专擅大事，是表示辈分低微而尊敬祖先。

昏义第四十四

【原文】

昏礼者①，将合二姓之好②，上以事宗庙，而下以继后世也，故君子重之。是以昏礼纳采、问名、纳征、请期③，皆主人筵几于庙④，而拜迎于门外，入，揖让而升，听命于庙⑤，所以敬慎重正昏礼也。

父亲醮子而命之迎⑥，男先于女也。子承命以迎，主人筵几于庙而拜迎于门外。婿执雁入，揖让升堂，再拜奠雁，盖亲受之于父母也。降出，御妇车，而婿授绥，御轮三周，先俟于门外。妇至，婿揖妇以入。共牢而食⑦，合卺而酳⑧，所以合体⑨，同尊卑⑩，以亲之也。

敬慎重正、而后亲之，礼之大体，而所以成男女之别，而立夫妇之义也。男女有别，而后夫妇有义；夫妇有义，而后父子有亲；父子有亲，而后君臣有正。故曰：昏礼者，礼之本也。

夫礼始于冠，本于昏，重于丧、祭，尊于朝、聘，和于射、乡，此礼之大体也。

"夙兴⑪，妇沐浴以俟见。质明⑫，赞见妇于舅姑⑬，妇执笲枣、栗、段、脩以见⑭。赞醴妇⑮。妇祭脯醢，祭醴。"成妇礼也。舅姑入室，妇以特豚馈⑯，明妇顺也。"厥明⑰，舅姑共飨妇以一献之礼⑱，奠酬⑲。舅姑先降自西阶，妇降自阼阶。"以著代也。

新娘由车夫载回，新郎先行返回，在大门口迎候。

成妇礼，明妇顺，又申之以著代，所以重责妇顺焉也。妇顺者，顺于舅姑，和于室人⑳，而后当于夫㉑，以成丝麻布帛之事，以审守委积盖藏㉒。是故妇顺备，而后内和理；内和理，而后家可长久也。故圣王重之。

是以古者妇人先嫁三月，祖庙未毁㉓，教于公宫㉔；祖庙既毁㉕，教于宗室㉖。教以妇德、妇言、妇容、妇功㉗。教成祭之㉘，牲用鱼，芼之以蘋、藻㉙，所以成妇顺也。

古者天子后立六宫㉚，三夫人、九嫔㉛、二十七世妇、八十一御妻㉜，以听天下之内治㉝，以明章妇顺，故天下内和而家理㉞。天子立六官、三公、九卿、二十七大夫、八十一元士㉟，以听天下之外治，以明章天下之男教，故外和而国治。故曰：天子听男教，后听女顺；天子理阳道，后治阴德；天子听外治，后听内职。教顺成俗，外内和顺，国家理治，此之谓盛德。

是故男教不修，阳事不得，适见于天㊱，日为之食㊲；妇顺不修，阴事不得，适见于天，月为之食。是故日食则天子素服，而修六宫之职，荡天下之阴事㊳；月食则后素服，而修六宫之职，荡天下之阳事。故天子之与后，犹日之与月，阴之与阳，相须而后成者也㊴。天子修男教，父道也；后修女顺，母道也。故曰：天子之与后，犹父之与母也。故为天王服斩衰，服父之义也；为后服资衰⁴⁰，服母之义也。

【注解】

①昏礼：郑玄说，娶妻之礼，以昏为期，因名焉。必以昏者，取其阳往阴来之义。②"将合"句：因为同姓不通婚，所以说"将合二姓之好"。③纳采：纳雁以为采择之礼，即男家向女家送一只雁，告诉已选择其女为对象。问名：询问女子姓名。纳吉：男家占卜得吉兆，通告女家。纳征：纳聘礼作为婚姻之证。请期：请求女家同意婚期。④主人：女方父母。⑤听命于庙：女方父母听受婿家之命于庙堂上的两楹之间。⑥醮：敬酒，受方不必回敬。⑦共牢：泛指夫妇共用一种食物。⑧合卺而酳（yìn）：合饮一个酒杯。卺，以一匏分为二，夫妇各用其半以酳，故称"合卺而酳"。⑨合体：合卺有合体之义。⑩同尊卑：共牢则不异牲，共同尊卑之义。⑪夙：第二天早上。⑫质明：正明，天亮时。⑬赞：助，此指协助行礼见婆婆的礼物。⑭笲：竹器。⑮赞醴妇：孙希旦说："妇既见，宜有以答之，故赞为舅姑酌醴（即斟甜酒）以礼妇也。"⑯特豚：指一头小猪。⑰厥明：馈豚的第二天。⑱"舅姑"句：孙希旦说："凡飨礼，主人献宾，宾酢主人，主人又酌自饮毕，更爵以酬宾，为一献。此飨妇之礼，舅献而姑酬，故曰'共飨妇以一献之礼'。"⑲奠酬：孔疏云："妇酢舅，舅于阼阶上受酢，饮毕乃酬，妇更爵先自饮毕，更酌酒以酬姑，姑受爵奠于荐左，不举爵，正礼毕。"⑳室人：郑氏曰："室人，女妐、女叔、诸妇也。"即丈夫的姐妹及兄弟的妻子。㉑当：称，适合。㉒审：周密。守：守护。委积：积聚，储备。盖藏：储藏。委职、盖藏，此均指家中储藏的财物。㉓祖庙未毁：指此女犹于此祖有服，则于君为亲属。㉔教于公宫：使女师教育于祖庙。㉕祖庙既毁：指此女子此祖无服，则于君为疏远。㉖教于宗室：教之于宗子之家。㉗德：指贞顺的品德。言：指辞令。容：指化妆术。功：指纺织、刺绣等女工之事。㉘祭之：祭告其女所出之祖。㉙芼：做羹的菜。郑氏云："鱼、蘋藻，皆小物，阴类也。"鱼为俎实，蘋藻为羹菜。㉚六宫：正寝一，燕寝五，共为六宫。㉛九嫔：王宫中的女官，也是帝王妃子。《周

礼·天官·内宰》："九嫔掌妇学之法，以教九御。"㉜世妇：宫中女官，相当于妃嫔之类。《周礼·天官·冢宰》："世妇掌祭祀宾客丧纪之事。"御妻：也称"女御""御女"，宫内女官，位在世妇之下。《周礼·天官·女御》："掌御叙于王之燕寝，以发时献功事，凡祭祀赞世妇，大丧掌沐浴，后之丧持翣……"㉝听：掌管。㉞"以明"两句：此句或以为当作："以明章天下之妇顺，故内和而家理"。此说见王梦鸥《礼记今注今译》。㉟六官：天地四时（春夏秋冬）之官，共六官。元士：官名。天子之士所以称元士，异于诸侯之士也。㊱适：郑氏曰，适之言责也，谴责之义。见：现。㊲食：蚀。㊳荡：荡涤，清除秽恶。㊴相须：相待，相依存。㊵资：郑玄谓当为"齐"。

【译文】

婚礼是将要合成两姓之间的融合欢好，是对祖先的祭祀和宗族的延续，所以君子看重婚礼。因此婚礼中的纳采、问名、纳征、请期，女方父母都要在宗庙里设筵摆席，并在门外敬迎男方的使者。进了庙门，互相揖让着登上堂，在庙堂的两柱子间聆听接受使者传达的婿家之命。这些都是用来使婚礼更加恭敬、谨慎、隆重又光明正大。

男方父亲在向儿子敬酒后吩咐他去迎娶新妇，这是表示男方比女方主动。儿子接受父命前去迎娶，女方父母则在庙里设下筵席，而且在庙门外拜迎女婿的到来。女婿捧着雁进门，相互揖让着登堂，下拜两次，献上雁，原来这是秉承父母之命的意思。然后下堂出来，驾好新娘坐的车，再把车上的拉手绳交给新娘登车。新郎驾车，等车轮转了三圈后让车夫驾驭，自己先返回，在大门外等候。新娘到达，新郎向新娘作揖，迎请入门。吃饭的时候，夫妇共用一种食物，合饮一个酒杯，用来表示合为一体、尊卑相同地相亲相爱。

恭敬、谨慎、隆重又光明正大的婚礼举行过后，然后去爱她，是礼的基本原则，并且这样以后男女之间的分别就建立了起来，夫妇间的道义也随之形成了。夫妇间有了分别，然后夫妇间才有道义；夫妇间有了道义，然后父与子才能亲爱和睦；父与子能亲爱和睦，然后君与臣才能各安其位、各行其是。所以说，婚礼是礼的根本。

礼是从冠礼开始的,以婚礼作为根本,丧祭礼着重于隆重,朝觐和聘问着重尊敬,射礼和乡饮酒则重视和睦,这就是礼的大原则。

婚礼第二天清早起床,新娘梳洗打扮后,等待拜见公婆。天明时分,协助行礼的妇人带着新娘去见公公婆婆。新娘拿着竹器,盛着枣子、栗子、加姜桂腌制的干肉去拜见(枣子和栗子献给公公,干肉献给婆婆)。协助行礼的妇人代替公公婆婆给新娘敬甜酒。新娘在席上祭肉酱、祭甜酒。这样就完成了做媳妇的礼仪。等公公婆婆回到卧室,新娘又拿一头小猪去进献,表明做媳妇的孝顺。次日,公婆共用"一献之礼"的方式向媳妇赐酒,公婆虽受到媳妇的回敬,但不用和她同饮。饮完后,公婆先从西阶下去,新娘再从主人的阼阶下去,用这个方式来表明新娘将替代婆婆(做一个家庭主妇)。

做媳妇的礼仪完成了,媳妇的孝顺表明了,又再次申明她将替代主妇的地位,这都是因为在郑重地要求媳妇要做到孝顺。所谓媳妇的孝顺,就是指顺从公婆,与夫家的女眷相处和睦,然后才称得上是和丈夫相匹配的;并且还要能处理丝麻、布帛的事情,周密地守护家中积聚储藏的财物。因此,做媳妇的能做到孝顺无差错,然后家庭内部和谐安定;家庭内部和谐安定,然后家族可以长久不衰。所以圣王重视妇女的孝顺。

因此古时候女子出嫁前的三个月,如果她的高祖庙还未迁,那就在太宗的庙里接受女师的婚前教育;如果她的高祖庙已经被迁走,就在宗子之家接受婚前教育。教给她有关于妇人的贞顺品德、说话谈吐、容貌化妆、女工之事。教育完成过后,祭告女子的祖先,用鱼作牺牲,用蘋、藻做成羹菜,用这些来表示成全妇人柔顺的德行。

古代天子在王后以下设立六官、三夫人、九嫔、二十七世妇、八十一御妻,用来掌管天下的内部治理,申明表白妇人的和顺,所以天下内部和睦而家庭安定有序。天子设立六官、三公、九卿、二十七大夫、八十一元士,用来掌管天下的外部治理,申明表白天下臣民的政教,所以外部和谐而国家安康稳定。所以说:"天子掌管外部的治理,王后掌管内部的管理。"教导和顺形成了风俗,外部和内部都和睦协调,国和家都得到了整治,这就叫作盛德。

因此,臣民政教不能修治,阳道之事不能施行,上天就会出现谴责的征兆,就会有日食;妇人的和顺德行不能修治,阴道之事不能施行,上天也会出现谴责的征兆，就会有月食。因此发生日食时，天子就穿上纯白的衣服，整治六官的职事，清除天下阳事中的秽恶；发生月食时，王后就穿上纯白的衣服，整治六官的职事，清除天下阴事中的秽恶。因此天子和王后，就好比太阳与月亮，阴与阳，相互依存而后才能成功。天子修治臣民的政教（就如父亲管教儿子），是父道；王后修治妇人的和顺，（就如母亲教导女儿）是母道。因此说："天子和王后，就好比父亲和母亲。"所以臣子为天子服斩衰三年，就是和为父亲服丧三年一样的意思；为王后服齐衰三年，就是和为母亲服丧一样的意思。

燕义第四十七

【原文】

古者周天子之官，有庶子官。庶子官职诸侯、卿、大夫、士之庶子之卒，掌其戒令与其教治，别其等，正其位。国有大事，则率国子而致于大子，唯所用之。若有甲兵之事，则授之以车甲，合其卒伍，置其有司，以军法治之；司马弗正。凡国之政事，国子存游卒①，使之修德学道，春合诸学，秋合诸射，以考其艺而进退之。

诸侯燕礼之义。君立阼阶之东南②，南向尔，卿、大夫皆少进。定位也。君席阼阶之上，居主位也。君独升立席上，西面特立。莫敢适之义也③。

设宾主，饮酒之礼也。使宰夫为献主，臣莫敢与君亢礼也。不以公卿为宾，而以大夫为宾，为疑也④。明嫌之义也。宾入中庭，君降一等而揖之，礼之也。

君举旅于宾⑤，及君所赐爵，皆降，再拜稽首，升成拜⑥，明臣礼也。君答拜之，礼无不答，明君上之礼也。臣下竭力尽能以立功于国，君必报之以爵禄，故臣下皆务竭力尽能以立功，是以国安而君宁。礼无不答，言上之不虚取于下也。上必明正道以道民，民道之而有功，然后取其

什一，故上用足而下不匮也，是以上下和亲而不相怨也。和宁，礼之用也，此君臣上下之大义也。故曰：燕礼者，所以明君臣之义也。

席，小卿次上卿，大夫次小卿⑦，士、庶子以次就位于下⑧。献君，君举旅行酬。而后献卿，卿举旅行酬。而后献大夫⑨，大夫举旅行酬。而后献士，士举旅行酬。而后献庶子。俎豆、牲体、荐羞，皆有等差。所以明贵贱也。

庶子官职诸侯、卿、大夫、士之庶子之卒，掌其戒令与其教治，别其等，正其位。

【注解】

①政事：在此指力役士功之事。游卒：指尚未做官者。②君立阼阶之东南：据《仪礼·燕礼》说，国君开始在堂上，见卿、大夫进来，而后下至台阶的东南。③适：通"敌"。④疑：孔疏说，拟也。公卿位尊，仅次于君，若又尊以为宾，则有拟之于君之嫌，故说"为疑也"。⑤君举旅于宾：旅酬礼是由国君举觯发端饮尽，之后酌酒酬宾，体现君礼待臣下。⑥升成拜：宾接受君的酬酒后，要下堂行再拜稽首礼以谢君。⑦小卿次上卿，大夫次小卿：上卿即"三卿"。小卿，大夫之上司徒之下的小司徒，司马之下的小司马。⑧士、庶子以次就位于下：因其未仕，故依次就位于下。⑨献大夫：旅酬毕，主人再向大夫献酒。

【译文】

古时周天子所设的官中有庶子官，庶子官掌管诸侯、卿、大夫、士的众子这些做父亲副手的人，掌管有关他们的戒令，以及对他们的教育管理，区别他们的尊卑等级，理正他们的位次。国家有大事，就率领众子到太子那里，听从差遣使用；如果有战争，就授给众子战车和盔甲，集合兵卒让他们率领，并为他们设置军官，依照军法来对他们进行管理，司马不征发他们的赋役。凡国家有力役士功一类的事，众子列入未做官的游卒中（而不参加），让他们修养德行，学习道艺。春季把他们集合在大学学习，秋季把他们集合在射宫里，以考察他们的道艺，而决定对他们升级或斥退。

诸侯举行燕礼的意义。君站在阼阶下的东南边，面朝南揖请卿、大夫们进前来，卿、大夫们都稍进前，这是为了确定卿、大夫们在燕礼上的位置。君的席摆设在阼阶上，这是表示处于主人的位置。君独自上堂站在席位上，面朝西独自站立，这是表示没有人敢与君匹敌。

设立宾主，这是饮酒礼的需要。使宰夫做献酒的主人，是因为臣没有人敢同君对等行礼。不用公卿做宾，而用大夫做宾，因为（用公卿做宾就近于）比之为君了，这体现了明别嫌疑的意思。宾进来走到庭中的时候，君要走下一级台阶而揖请他上堂，这是礼敬宾的表示。

君为宾举酒行旅酬礼，以及凡接受君所赐酒的，都要下堂行再拜稽首礼，（君要命小臣加以推辞）受赐者又上堂再拜稽首以成拜礼，这是表明臣对君应有的礼节。君要回礼答拜，这是表明对于别人的礼没有不回礼的，同时也是表明君上对臣应有的礼数。臣下为国竭力尽能建立功劳，君一定要用爵位和俸禄加以报答，因此做臣下的都致力于竭力尽能为国立功，所以国家安定而国君安宁。君对于别人的礼没有不回礼的，是表明君上不向下索取。君上必须彰明正道来教导民众，民众依从教导而有收获，然后君才向民众按十分之一的税率收税，因此政府的用度充足而下面的民众也不匮乏。所以能够上下和睦亲密而不相怨恨。和睦安宁，是运用礼的结果，这是君臣上下所应明白的大义。因此说："燕礼，是用来彰明君臣关系之义的。"

设置席位，小卿的席位在上卿之下，大夫的席位又在小卿之下，士和庶子依次在阼阶下就位。主人向君献酒，接着君为宾举酒行旅酬礼，而后主人再向卿献酒；君为卿举酒行旅酬礼，而后主人再向大夫献酒；君为大夫举酒行旅酬礼，而后主人再向士献酒；君为士举酒行旅酬礼，而后主人向庶子官献酒。各人位前所设的俎、牲肉、脯醢、菜肴，都依据尊卑等级而有差别。所有这些都是为了表明贵贱的不同。

聘义第四十八

【原文】

聘礼①：上公七介②，侯伯五介，子男三介，所以明贵贱也。

介绍而传命③，君子于其所尊弗敢质，敬之至也。

三让而后传命④。三让而后入庙门⑤，三揖而后至阶，三让而后升，所以致尊让也。

君使士迎于境⑥，大夫郊劳⑦。君亲拜迎于大门之内⑧，而庙受，北面拜贶⑨。拜君命之辱，所以致敬也。

敬让也者，君子之所以相接也。故诸侯相接以敬让，则不相侵陵。

卿为上摈，大夫为承摈，士为绍摈⑩。君亲礼宾，宾私面私觌⑪。致饔饩⑫，还圭璋⑬，贿、赠、飧、食、燕⑭。所以明宾客君臣之义也。

故天子制诸侯，比年小聘，三年大聘，相厉以礼。使者聘而误，主君弗亲飨食也⑮，所以愧厉之也。诸侯相厉以礼，则外不相侵，内不相陵。此天子之所以养诸侯，兵不用，而诸侯自为正之具也。

以圭璋聘，重礼也。已聘而还圭璋，此轻财而重礼之义也。诸侯相厉以轻财重礼，则民作让矣。

主国待客，出入三积⑯。饩客于舍⑰，五牢之具陈于内⑱，米三十车，禾三十车，刍薪倍禾，皆陈于外；乘禽日五双⑲，群介皆有饩牢；壹食再飧，燕与时赐无数。所以厚重礼也。

古之用财者不能均如此，然而用财如此其厚者，言尽之于礼也。尽之于礼，则内君臣不相陵，而外不相侵。故天子制之，而诸侯务焉尔。

聘射之礼，至大礼也[20]。质明而始行事，日几中而后礼成[21]，非强有力者弗能行也，故强有力者，将以行礼也。酒清，人渴而不敢饮也；肉干，人饥而不敢食也；日暮人倦，齐庄正齐而不敢懈惰。以成礼节，以正君臣，以亲父子，以和长幼。此众人之所难，而君子行之，故谓之有行。有行之谓有义，有义之谓勇敢。故所贵于勇敢者，贵其能以立义也；所贵于立义者，贵其有行也；所贵于有行者，贵其行礼也。故所贵于勇敢者，贵其敢行礼义也。故勇敢强有力者，天下无事，则用之于礼义；天下有事，则用之于战胜。用之于战胜则无敌，用之于礼义则顺治。外无敌，内顺治，此之谓盛德。故圣王之贵勇敢强有力如此也，勇敢强有力，而不用之于礼义、战胜，而用之于争斗，则谓之乱人。刑罚行于国，所诛者乱人也。如此则民顺治而国安也。

子贡问于孔子曰："敢问君子贵玉而贱碈者何也[22]？为玉之寡而碈之多与？"孔子曰："非为碈之多，故贱之也；玉之寡，故贵之也。夫昔者君子比德于玉焉：温润而泽，仁也；缜密以栗[23]，知也；廉而不刿，义也；垂之如坠，礼也；叩之，其声清越以长，其终诎然[24]，乐也；瑕不掩瑜，瑜不掩瑕，忠也；孚尹旁达[25]，信也；气如白虹[26]，天也；精神见于山川，地也[27]；圭璋特达[28]，德也；天下莫不贵者，道也。《诗》云[29]：'言念君子，温其如玉。'故君子贵之也。"

【注解】

①聘礼：聘，古为访问或慰问的意思。诸侯定期派出使者相互聘问，以结友好，就是所谓聘礼。②上公七介：上公，是指聘国（派使外出行聘礼之国）诸侯的等级。介，是使者的副手。③介绍而传命：相继传命。绍，继的意思。④三让而后传命：使者到达主君大门外，主君陈其摈者于门东迎接，使者谦让三次才传达聘君话。⑤三让而后入庙门：主君在始祖庙接待使者，以示隆重，使者谦让三次才入庙。⑥迎于境：使者到达主国国境，向守关人说明来意，而后主君派人迎使者一行入境。⑦大夫郊劳：使者入境后，暂时歇息在国郊馆舍中，主君派上大夫带束帛为

礼前来慰劳，叫郊劳。⑧君亲拜迎于大门之内：郊劳的第二天，使者见君，主君身穿皮弁衣，迎宾于大门内。⑨北面拜贶：贶，惠赐。主君受聘后，在庙堂阼阶上面朝北而"当楣再拜"，即拜贶。⑩摈：是主君为接待使者所设的"摈者"，相当于今天的仪仗队。摈也有等级，尊者为上摈，次者为承摈，再次者为绍摈。⑪私觌：是使者和介（副手）以个人名义拜见主国国君，以示敬意。⑫饔饩：饔，已杀死待烹饪的牲畜。饩，未杀死的活牲。⑬圭璋：美玉制成的器物。聘问主君用圭，聘问主君夫人用璋。⑭贿、赠、飧、食、燕：贿，是赠与人财物，主君要派人赠与使者束纺、礼玉、束帛、乘皮，以回报聘君所赠聘礼。赠，是以物送行，送给使者礼物。飧、食、燕，是使者在主国行聘礼期间主君款待使者之礼。⑮使者聘而误，主君弗亲飨食：主君对来使，要亲自为其举行两次飨礼和一次食礼，如果来使在主国有了过失，主君就取消了。⑯积：米的一种。⑰饩：即"饔饩"的省文。⑱五牢：泛指要宰杀及烹饪的牲畜。⑲乘禽：雌雄相伴而成群聚在一起的禽类。⑳至大礼：这是就礼仪之繁缛、行礼时间之长短而言。㉑礼成：指正礼部分完成，但不等于全部礼仪完成，全部礼仪须到日暮才完成。㉒碈（mín）：似玉的石头。㉓栗：秩之意，有条理。㉔诎：绝止貌。㉕孚尹：即"浮筠"，指玉的色彩。㉖白虹：天之白气。㉗精神见于山川，地也：孔疏认为，玉在山川之中，精气彻见于外；地气含藏于内而彻见于外，玉与地同，故称"地也"。㉘圭璋特达：行聘礼所用玉器，不仅有圭璋，还有璧琮。璧以献主君，琮以献夫人。因其贵重，需直接奉上，故说"特达"。㉙《诗》云：引自《诗经·秦风·小戎》。

【译文】

　　行聘礼：上公派出的使者配七名介，侯、伯派出的使者配五名介，子、男派出的使者配三名介，这样来表明诸侯等级的贵贱。

　　介一个接一个地传达聘君的话，是表明君子对于所尊敬的人不敢简便从事，这是对主君最尊敬的表示。

　　使者要谦让三次而后才能传达聘君的话，谦让三次而后进入庙门，行三次揖礼而后到达堂阶前,又要谦让三次而后登阶上堂,这样来表达对主君的尊敬和谦让之意。

主君派士到国境上迎接使者,派大夫到国郊慰劳使者,又亲自在朝廷大门内迎接使者,而在祧庙中接受使者的聘问礼,然后面朝北拜谢使者的惠赐。这是拜谢聘君屈尊派使者前来聘问的意思,这样来表达对聘君的敬意。

恭敬谦让,是君子用以相互接交的方式。因此诸侯用恭敬谦让的方式相接交,就不会相互侵犯欺凌了。

主君用卿做上摈,大夫做承摈,士做绍摈。主君亲自迎接使者,(正式行过聘问礼之后)使者和介还要向主国的卿大夫行私面之礼,向主君行私觌之礼。主君要向使者馈送杀死的牲和未杀的牲,要把聘国所赠送的圭和璋再送还使者,要赠送财物回报聘君的聘礼,还要赠送财物为使者送行,并举行飨礼、食礼、燕礼以款待使者,这样来表明主君对待宾客以及君臣之间应有的义理。

因此天子为诸侯定下制度,每年进行一次小聘问,三年进行一次大聘问,使诸侯用礼来相互勉励。使者出聘在异国而犯了错误,主君就不亲自为他举行飨礼和食礼,这样来使他感到羞愧而激励他改正。诸侯用礼来相互勉励,就会对外不相互侵犯,国内君臣不相互欺凌,这就是天子用来抚慰诸侯,不动干戈,而使诸侯自行正道的办法。

用圭璋做礼物行聘礼,表示聘君重视聘礼。行过聘礼主君又奉还圭璋,这体现了轻视财物而重视礼的意思。诸侯用轻财重礼的精神相勉励,民众就会兴起谦让的风气了。

主国接待来聘的使者,在使者到来和回国的时候都要三次供给饲草和粮食。把已杀和未杀的牲馈送到使者的馆舍,具备五牢而陈设在馆舍门内,同时还送有米三十车,禾三十车,饲草和薪柴分别比禾增加一倍,都陈放在馆舍门外;乘禽每天供应五只;对群介也都馈送有杀死的牲和活牲;主君还要为使者举行一次食礼,两次飨礼,燕礼随时赐设而无定数,这样用丰厚的礼遇来表示对聘礼的重视。

古时候运用财物不能事事都这么丰厚,然而对于聘礼运用财物如此丰直朝前因，是为了奉养父母兄弟妻子儿女六亲九族，都可以俯视到国内君臣不相欺诈，而对外不相侵犯，因此天子制定出礼制，即是要表率天下来行这种礼。

嫡长子，就是天子，是开始有礼、天子来开始行礼，继而中原诸侯也从之来行礼，于是身体随意有为的人从不随行这种礼，因此随有为的自身有体，并被用来行礼，就是祖示礼；（在行礼其情中），已经了冬春时其入们都来侯了，却仍然还要继开，而不敢离去，这就是孔子所说，使君臣关系建立，使父子相亲爱，使长幼相和睦，这是从难做到的，当君子外出立行礼时，因此禁住有来有往，有议行之所可来行，其又就首重敬。因此重敬的人所可来行，就并在他相独立的又、就着有义，其又敢意的又、就并在他相独立的又、就着有礼。因此重敬的人所可来行，有议行之所可来行，就并在他相独立的又、就着有义，其又敢意的又、就并在他相独立的又、就着有礼。因此重敬的人所可来行，天下不先敬其而又行孔礼，天下万民乱就行孔礼又又和着，因此敬被推尊入敬其天下，用于禁止孔又就可使民众敬又和着。国于敬推有的人，国内不再互相乱，就叫做乱，那就在行这国中，所着就改敢敢就乱了，那就是像这样的，惠就而敬为为。如果不用就行孔又和敬推有了，后来人就开以谈民，以来维以铒国家就灭亡了。

于是向孔子问道："谁同着于君事王而被观跪，是为什么呢？是因为王少就被吗？"孔子说："并不是因为他多被就被观跪，王少就看着之。从他有父用王来比他、被还行；王的姐和母亲着，被了；所被难做而也就有争护，被被；有根育而而不利所到的来做，被又；垂着其相同下臣恭其持王，被被有先；疑未自是使用将持长的事养，用了又敢就而正，被了；从被孝这事使随其的事使养，被被有也外将而礼顺，被被有也外将而礼顺，被被有也外将而礼顺；未对的将身使他为住就救，被本；在没外使礼顺

（诗》说，'天子没有人敢不尊重王，被谁；'所以着于尊王。"

孤君于子，谓谓知和矣王。

定价: 68.00元

ISBN 978-7-5113-6642-9